广州史志研究（2019）

中共广州市委党史文献研究室　编

· 广州 ·

版权所有　翻印必究

图书在版编目（CIP）数据

广州史志研究（2019）/中共广州市委党史文献研究室编．—广州：中山大学出版社，2020.12

ISBN 978-7-306-07033-3

Ⅰ．①广…　Ⅱ．①中…　Ⅲ．①广州—地方史—文集　Ⅳ．①K296.51-53

中国版本图书馆CIP数据核字（2020）第216095号

出 版 人	王天琪
策划编辑	杨文泉
责任编辑	杨文泉
封面设计	林绵华
责任校对	邱紫妍
责任技编	何雅涛
出版发行	中山大学出版社
电　　话	编辑部 020-84110283，84113349，84111997，84110779，84110776 发行部 020-84111998，84111981，84111160
地　　址	广州市新港西路135号
邮　　编	510275　　　传　真：020-84036565
网　　址	http://www.zsup.com.cn　　E-mail:zdcbs@mail.sysu.edu.cn
印 刷 者	广州市友盛彩印有限公司
规　　格	787mm×1092mm　1/16　33.75印张　800千字
版次印次	2020年12月第1版　2020年12月第1次印刷
定　　价	128.00元

如发现本书因印装质量影响阅读，请与出版社发行部联系调换

编辑说明

史志理论研究是史志工作的重要组成部分，也是推动史志实践不断发展的强劲动力。2020 年是"十三五"规划的收官之年，为进一步提升广州史志理论研究水平，营造史志理论研究浓厚氛围，推动广州史志事业高质量发展，中共广州市委党史文献研究室将近年来广州史志理论研究的阶段性成果（2019 年以前）集结成册，推出《广州史志研究（2019）》一书。

为积极发挥存史、资政、育人功能，在《广州史志研究（2019）》的组稿过程中，中共广州市委党史文献研究室广泛征稿，通过中华人民共和国成立 70 周年暨广州解放 70 周年理论研讨会征文、2019 年广州地方志理论研讨会征文、广州史志工作者的供稿等渠道，共收集到近百篇文章。为保证《广州史志研究（2019）》的质量和水平，中共广州市委党史文献研究室邀请 6 位史志鉴专家对文章进行匿名评审，根据评分情况进行遴选，最终收录 69 篇文章。《广州史志研究（2019）》分为"湾区建设：发挥广州核心引擎作用研究""城市发展：实现广州高质量发展研究""文化传承：推动广州文化出新出彩研究""党建引领：筑牢广州红色堡垒研究""存史鉴今：编纂精品志书年鉴研究""资源开发：提升史志服务水平研究" 6 个专题，重点体现了近年来广州史志工作围绕中心、服务大局的经验总结和创新探索，集中展示了近年来广州史志理论研究的新理念、新思想、新观点。

中共广州市委党史文献研究室主任黄小晶、副主任胡巧利策划推出并审定本书；一级调研员张书英，地方史工作处周艳红、王刚、姚士静、黄滢，文献研究部李玉平，年鉴工作处董泽国分别参与组稿、编辑及出版等环节的工作。在供稿方面，除了市、区两级史志部门，市直有关单位以及广州地区高校、科研院所、文博机构给予了大力支持。在论文遴选方面，中山大学历史系教授江滢河，广东省社会科学院研究员张金超，广州市社会科学院经济研究所所长、研究员郭艳华,广州市社会科学院历史研究所副所长、研究员邢照华,广州大学人文学院副教授徐霞辉,广州博物馆副馆长、副研究馆员曾玲玲提供了悉心指导。本书的出版得到了中山大学出版社的大力支持。

由于编者水平有限,书中难免有疏漏与不足之处,敬请读者批评指正。

中共广州市委党史文献研究室

2020 年 12 月

目　　录

湾区建设：发挥广州核心引擎作用研究

迈向宜居的国际一流湾区：广州建设全球宜居城市的国际比较与策略建议/陈旭佳
……………………………………………………………………………………………… 3
广州产业新活力道路探析：推动先进制造业与现代服务业深度融合/康达华 …… 14
广州在粤港澳大湾区建设中发挥核心引擎作用研究/王云峰 ……………………… 22
粤港澳大湾区建设背景下强化广州国际商贸中心功能研究/卢玉华 ……………… 29
对南沙粤港澳深度合作区制度创新的若干建议/卢兵彦 …………………………… 35
粤港澳大湾区视域下广州市人才战略刍议/黄滢 …………………………………… 40
广州"国际大都市"城市定位的发展历程探析/卢玉华 ……………………………… 46
广州市越秀区消费中心城区建设的问题与对策浅析/胡润楠　程之航 …………… 54

城市发展：实现广州高质量发展研究

《广州经济社会发展战略纲要》的出台和意义/廖惠霞 …………………………… 61
中华人民共和国成立70年广州经济社会发展的历史轨迹与展望/广州市委政研室
……………………………………………………………………………………………… 68
新时代广州发展现代慈善事业的实践与探索研究/罗玲 …………………………… 80
新时代广州民营经济高质量发展初探/周颖 ………………………………………… 90
党的十八大以来广州CBD发展建设概述/殷宝江 …………………………………… 97
党的十八大以来广州软件和信息技术服务业发展研究/董泽国 …………………… 107
广州房地产业发展历程（1979—2002年）/贺红卫 ………………………………… 120
智慧城市建设的"广州经验"/广州市智慧城市建设课题组 ………………………… 129
广州人社政务信息化建设支撑"放管服"改革的实践与思考/广州市人力资源
和社会保障局 ……………………………………………………………………… 138

"广佛同城化"的实践与启示/陈英纳 …………………………………………… 144

荔湾在中国特色社会主义道路上的探索与实践/刘艳华 …………………………… 153

文化传承：推动广州文化出新出彩研究

广州学的构建与广州地方志的编纂/胡巧利 …………………………………… 163

广州文化市场的兴起和发展（1979—2002年）/张书英 ………………………… 169

广府文化与黄埔精神/陈予欢 …………………………………………………… 178

广州历史文化名城建设三十年回顾/吴张迪 …………………………………… 185

海外发现广州十三行之天宝行印章印记述论/冷东 …………………………… 192

论清代民国壁画在广府文化研究中的史料价值/黄利平 ……………………… 205

村史志：传统村落振兴的文化资源

——以《小洲村史》《珠村村志》为中心的考察/程大立 …………………… 211

近代广州侨汇中心形成的基础及其影响/蒙启宙 ……………………………… 223

白云区自然村落现状浅析/林洽渠 ……………………………………………… 236

广州：中国首次公开纪念"三八"妇女节的活动地/王 刚 ………………… 243

党建引领：筑牢广州红色堡垒研究

改革开放以来广州基层组织建设制度创新研究/黎明泽 ……………………… 251

强化基层党建 推进社会治理体系和治理能力现代化/许小明 ……………… 256

以党建引领共建共治共享社会治理格局

——狮岭镇合成"倒挂村"创新基层社会治理实践/王 幽 ………………… 265

保护红色资源 弘扬红色精神 为实现"四个走在全国前列"提供精神动力

——关于加强广州红色文化资源保护利用的政策建议/韩玲玲 龙 瑶 …… 274

活化广州红色文化资源 助力城市文化综合实力出新出彩/和 孟 ………… 280

关于广州市红色文化传承示范区建设的几点思考/周艳红 …………………… 286

红色历史遗迹的保护和开发刍议

——以广州市为例/黄 滢 …………………………………………………… 292

探寻广州文艺界的红色基因
　　——广州文联筹建与《广州文艺》创刊的历史回顾/黄建中·········· 296
传承红色基因　讲好从化故事/李远前··· 303
杨匏安革命思想与五四精神在华南的传播/吴石坚····························· 310
五四运动中的时代青年谭平山/李玉玲·· 317
一次劳大前后的中国劳动组合书记部/罗　玲···································· 323

存史鉴今：编纂精品志书年鉴研究

关于地方志索引标目的思考/常国光··· 333
再谈志书质量及其评审功效
　　——兼及三轮修志质量的"四关"标准/王建设····························· 338
村志中人物编纂的分析与思考
　　——以广州地区近年编纂的村志为例/李玉平······························ 346
乡镇村志编纂与乡村建设
　　——基于广东乡镇旧志编修实践的考察/张丽蓉······························ 356
论城市轨道交通行业志的编纂
　　——以《广州地铁志（1992—2017年）》编纂为例/李　良　陈艳艳········ 364
改革开放以来村志编修的分析与思考
　　——以广州地区为中心/张丽蓉··· 370
浅论志书中的随文附录
　　——以广州市两轮区（县）志书为例/李玉平······························ 378
［雍正］《从化县新志》版本及编纂研究/黄敏华································· 386
地方志记述政府决策的思考
　　——以《广州市志·政府决策志》为例/陈文敏······························ 398
浅谈新时期区级综合年鉴的创新与守成/田　果··································· 405
广府文化视域下关于粤港澳区域年鉴编纂的思考/何文倩······················· 410
年鉴文字编辑工作者需要注意的三个层面的问题
　　——以《广州年鉴》编辑实例进行分析/郝红英······························ 415

关于构建珠江三角洲城市群年鉴编纂合作模式的探讨/周慧琴 …………… 421
《广州年鉴》与地方志资料年报关系实证研究
　　——兼论综合年鉴文献属性的实现路径/刘新峰 ……………………… 431
碎片化阅读时代下的年鉴编纂研究/贺　坤 ……………………………… 438

资源开发：提升史志服务水平研究

以创新精神推进我市党史与地方志工作/陈穗雄 ………………………… 447
新型方志馆建设与管理初探/刘德敏 ……………………………………… 451
浅析"详独略同"在方志馆陈设布展中的运用
　　——以广州市地方志馆为例/王艺霖 …………………………………… 458
新时代下方志馆公共服务功能浅析/张　露 ……………………………… 466
对数字方志馆建设的思考/梁斯豪 ………………………………………… 472
地方志年报资料状况的分析与启示
　　——以广州市地方志资料年报为中心/曾　新 ………………………… 477
关于地方志版权开发的几点思考/龚海燕 ………………………………… 485
从方志资料看广州建城史
　　——以五仙观的地方志资料为中心/吴石坚 …………………………… 491
地方志服务乡村振兴战略探讨
　　——以广州市南沙区东涌镇大稳村为例/梁锡潮 ……………………… 496
明清修志和新方志编修经费来源与使用情况比较启示
　　——以广州地方志工作为例/陈　蕾 …………………………………… 502
口述史料的利用与地方党史的研究问题浅析/周艳红 …………………… 508
试析党的重要文献《十八大以来重要文献选编（上）》/余宏檩 ………… 514
广州市公务员培训开展习近平新时代中国特色社会主义思想教育的探索与实践
　　——以广州市政府系统培训中心为例/王璇瑶 ………………………… 524

湾区建设

发挥广州核心引擎作用研究

迈向宜居的国际一流湾区：
广州建设全球宜居城市的国际比较与策略建议

陈旭佳

中共中央、国务院出台《粤港澳大湾区发展规划纲要》，提出打造"宜居宜业宜游的国际一流湾区"的战略目标。作为大湾区四大中心城市之一，广州具有生活服务业发达、生活便利度高、公共服务优质等优势，在率先打造全球宜居城市方面具备得天独厚的优越条件，对把粤港澳大湾区建设成为生态环境优美、宜居宜业宜游的国际一流湾区将起到重要的推动作用。为实现"生态环境优良、社会安全性高、公共服务完善、生活舒适便利"全球宜居城市的发展目标，下一步广州要强化城市综合服务功能，打造品质生活新高地，增加多层次、高水平的公共服务供给，合理控制城市居民生活成本，保持加强生态文明建设的战略定力，提高城市生活便利化水平，更好地满足人民群众日益增长的美好生活需要，增强群众的获得感、幸福感、安全感，在建设生态安全、环境优美、社会安定、宜居宜业的美丽湾区方面走在全国前列、发挥示范引领作用。

一、全球宜居城市：绿色发展，以人为本

（一）内涵特征

当前，建设全球宜居城市已经成为国际大都市制定未来发展战略的共同目标。例如，2010年，芝加哥提出建设"宜居宜业、生态平衡、经济持续繁荣的可持续世界级大都市"；2014年，新加坡在新一轮概念性规划中提出要建设"温馨的家和清洁、绿色、宜居的城市"；2016年，北京市也提出了建设"国际一流的和谐宜居之都"的目标愿景。所谓宜居城市，就是"适宜居住的城市"，即能够满足经济、社会、环境协调发展，又能够满足居民的物质和精神生活需求。适合人们工作、生活和居住的城市，内涵上应包括4个最基本的层面。

1. 生态环境优良

城市的发展应该符合生态可持续发展的要求，环境优质、生态良好、景观优美已经成为世界上每个城市共同追求的目标。从国际经验来看，全球宜居城市应具有新鲜的空气、良好的水质、舒适的气候、优美的绿化环境以及适宜的开敞空间等。

2. 社会安全和谐

社会安全和谐是城市社会、经济、文化、环境协调发展的基础，是全球宜居城市建设的重要保障。当前，社会安全和谐的城市应该是社会运行有序、社会治安良好、财富分配公平、居民安居乐业的城市。

3. 公共服务完善

城市公共服务与居民日常生活关系密切,是城市宜居的重要体现。全球宜居城市应当具备完善、便利的公共服务设施和高水准的公共服务质量,能够满足城市居民就医、上学、运动、娱乐和休闲等各类需求。

4. 生活舒适便利

不断提高城市居民的生活舒适便利水平,是全球宜居城市建设的重要内容。生活舒适便利的城市不仅能为居民提供便捷的生活服务,还应当能维持合理的城市生活成本,让城市居民的生活和工作能轻松、惬意、满足。

(二) 指标构建

基于上述分析,本研究从生态环境优良度、社会安全和谐度、公共服务完善度和生活舒适便利度4个维度构建全球宜居城市评价指标体系,运用综合线性加权法对22个样本城市进行宜居水平测算。(见表1、图1)

表1　全球宜居城市最终评价指标体系

一级指标	权重	二级指标	权重
生态环境优良度	30.86	PM2.5	15.43
		气候指数	15.43
社会安全和谐度	19.43	安全指数	19.43
公共服务完善度	25.42	教育水平	12.71
		医疗保障水平	12.71
生活舒适便利度	24.29	平均通勤时间	6.07
		每万人地铁长度	6.07
		生活成本指数	6.07
		城市娱乐消费便利度	6.07

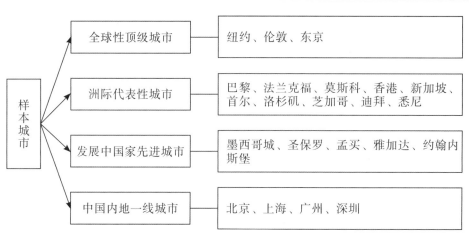

图1　样本城市的选择依据

二、广州建设全球宜居城市的国际比较：前有标杆，后有追兵

（一）总体比较：在全球城市体系中处于中等水平，居于中国内地四城之首

第一，22个样本城市总得分可以划分为4个梯队。悉尼、东京、纽约、伦敦、洛杉矶属于第一梯队，这5个城市的总得分均在60分以上。巴黎、新加坡、芝加哥、香港、首尔、法兰克福属于第二梯队，这6个城市的总得分介于50～60分之间。广州、上海、墨西哥城、圣保罗、深圳、莫斯科、北京、约翰内斯堡属于第三梯队，这8个城市总得分介于30～50分之间。迪拜、孟买、雅加达属于第四梯队，这3个城市总得分低于30分。（见图2）

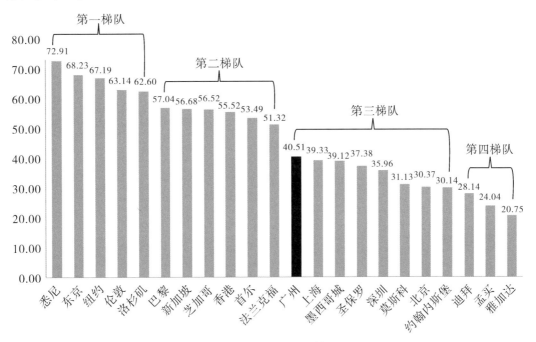

图2　样本城市总得分情况

第二，广州总排名第12位，在全球城市中属于第三梯队前列，位居中国内地四城之首。从中国内地4个一线城市的得分来看，广州总得分比上海、深圳和北京分别高出1.18分、4.55分和10.14分，位居内地4个城市之首。总体来看，广州的宜居程度在22个样本城市中属于中等水平，相比于悉尼、东京等公认的全球宜居城市来说，仍有较大的提升空间，但是与上海、圣保罗、深圳、北京、迪拜等城市相比，还是具有一定领先优势的。

第三，广州在生活舒适便利度方面排在首位，远高于东京、悉尼等城市，但在生态环境、公共服务以及社会安全方面与全球宜居城市之间仍存在较大差距。目前，广州在生态环境优良度和公共服务完善度方面的排名均为第15位，在社会安全和谐度方面的排名为第16位，处于中等偏下水平。

（二）多维评价

1. 生态环境保护取得明显成效，但与领先城市相比仍存在一定差距

近年来，广州通过实行最严格的环境保护制度，在生态环境保护方面取得了十分显著的成效。城市空气环境质量水平不断提升，水环境质量水平保持稳定，资源能源消耗强度不断降低，城市生态环境持续优化。目前，"广州蓝"已经成为广州一张靓丽的城市名片。2017年，广州市空气质量达标天数较2013年增加34天，成为国家中心城市及地区生产总值超过万亿元、常住人口超过千万的省会城市中，率先实现PM 2.5达标的城市。从气候条件来看，广州属于南亚热带季风气候，气候宜人，是名副其实的"花城"。

但与悉尼、洛杉矶、纽约、伦敦等城市相比，广州在生态优良度方面仍然存在一定差距。在22个样本城市中，广州的生态优良度排名为第15位。（见图3）在PM 2.5方面，根据世界卫生组织发布的全球空气污染数据库，广州已连续两年PM 2.5浓度达到35 μg/m³，远低于国家规定的标准值（75 μg/m³），在国内城市中也处于较优水平，但是与悉尼（8 μg/m³）、纽约（9 μg/m³）、洛杉矶（11 μg/m³）、芝加哥（12 μg/m³）、伦敦（15 μg/m³）、东京（15 μg/m³）等城市相比，仍然有一定差距。另外，广州的气候条件在样本城市中处于中等水平，排名为第10位，虽然高于纽约、芝加哥、北京等城市，但是与圣保罗、悉尼、洛杉矶等城市相比，得分相对偏低。

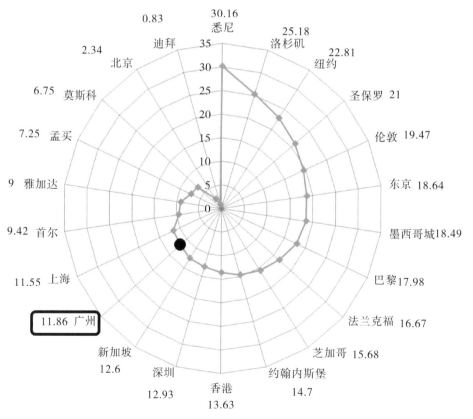

图3　样本城市生态优良度得分情况

2. 群众社会安全感持续上升，但城市安全度存在一定提升空间

近年来，广州市通过开展"平安广州"创建活动以及深入推进"飓风 2017 专项打击行动""百日攻坚大会战"等，极大地提升了城市的安全度，全市群众社会安全感持续上升。根据中山大学城市研究中心 2017 年度广州群众安全感和公安工作满意度调查数据，2017 年，广州全市群众安全感高达 98.2%，治安满意度达 98.7%，群众安全感较 2016 年提升 2.6 个百分点，群众安全感、治安满意度和公安工作满意度都达到历史新高。

但相对于东京、新加坡、悉尼等全球城市，广州在社会安全度方面仍有差距。根据测算结果，广州的社会安全度分项得分仅为 5.53 分，在 22 个样本城市中排名第 16 位（见图 4），既与排名前三位的东京、新加坡、悉尼存在较大差距，也低于上海（7.44）、深圳（7.33）、北京（5.81）等国内城市。根据经济学人智库发布的《全球城市安全指数报告》，广州城市安全指数在 50 个全球城市中排第 38 位，与榜首的东京、新加坡、大阪以及斯德哥尔摩等城市差距较大。具体而言，广州在基础设施安全方面排第 31 位，在数字安全和卫生安全两个方面的排名均为第 37 位，在人身安全方面排名尤其靠后，表明广州在城市安全的各个方面与国际先进城市相比仍存在一定差距。

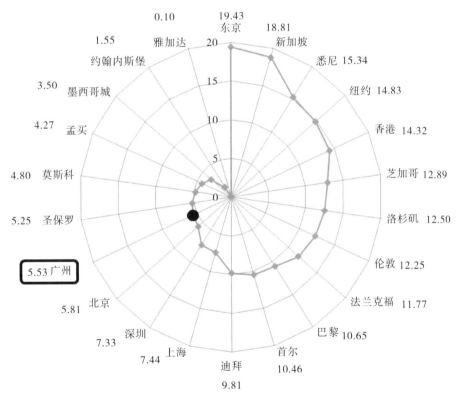

图 4 样本城市社会安全度得分情况

3. 医疗保障方面优势明显，但教育水平仍未达到国际大都市水平

根据评分结果，广州公共服务完善度得分为 10.14 分，在 22 个样本城市中排名第 15 名（见图 5），与国际大都市相比差距明显。从具体指标来看，广州医疗保障水平得分较为理想，为 6.44 分，在 22 个样本城市中排第 8 位，不仅高于北京、上海、深圳这些国内城市，甚至高于芝加哥、洛杉矶等国际发达城市。根据复旦大学医院管理研究所发布的最新《中国医院排行榜》,广州有7家医院进入综合排名前50名,9家医院进入全国医院榜前100名,占比高达9%。在《最佳专科声誉排行榜》中,广州有两个专科在全国排名第一,分别是广州医科大学附属第一医院的呼吸科以及中山大学中山眼科中心的眼科,它们已连续5年位居榜首。

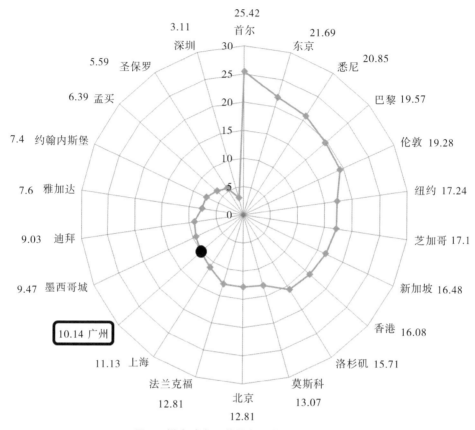

图5 样本城市公共服务完善度得分情况

虽然广州在医疗保障方面优势显著,但是,在教育水平方面的得分却不太理想。数据显示,广州教育水平得分仅为3.69分,在所有样本城市中排第16位,不仅低于首尔(12.71分)、伦敦(12.54分)、悉尼(11.78分)、芝加哥(11.24分)、东京(11.18分)等国际发达城市,也低于北京(7.64分)和上海(6.71分)这两个国内城市。根据US News世界大学排名,广州仅有2所大学入围世界500强大学榜单,远低于伦敦(15所)、巴黎(12所)、首尔(8所)、纽约(7所)、香港(6所)等城市,相比北京(5所)和上海(3所)也存在一定差距。

4. 生活舒适便利度排名高居首位,但生活服务便利化方面仍需提升

根据评分结果,广州的生活舒适便利度总得分为12.99分(见图6),在22个样本城市中排第1位,具有明显的优势。具体来看,广州在公交出行和生活成本方面都有不错的表现,但是在城市生活服务便利化方面还有待加强。

首先,广州公共交通便利度在样本城市中排第4位。广州市自2013年向交通运输部申报并成功入选国家"公交都市"创建示范城市以来,坚持落实公交优先策略,城市公共交通发展体制机制日益完善，基本建成了立体、多元的公共交通服务网络，为广州市民日常出行提供了极大的便利。根据 Numbeo 数据库的调查统计数据，广州市居民平均通勤时间为 33.6 分钟，通勤时间仅多于法兰克福（26.66 分钟）和深圳（30 分钟）两个城市，比北京和上海分别低 12.52 分钟和 14.69 分钟，通勤效率较高。另外，从能够反映城市公共交通完善度的每万人地铁长度指标来看，广州每万人地铁长度为 0.27 千米，与北京、新加坡并列第 7 位，处于样本城市中的中上水平。总的来说，广州在城市出行的高效性以及公共交通完善度两方面都表现较好，公交出行便利度在国际上处于领先地位。

其次，广州在生活成本方面排第 3 位（生活成本越低，排名越高）。众所周知，高昂的生活成本会给城市居民带来巨大的生活压力，从而严重影响城市对人口的吸引力。从最直观的房价来看，很多数据表明，城市高昂的房价已经成为驱赶人才的重要原因。近年来，广州采取了一系列措施防止房价增长过快，例如，在全国首次提出"租购同权"的概念，为新就业无房职工提供公租房，为外来工申请公租房降低门槛等。广州作为与北京、上海、深圳地位相当的国内一线城市，相对较低的房价使其变得更加宜居和宜业。根据评分结果，广州在生活成本方面的得分为 3.46 分，仅次于孟买（6.07 分）和墨西哥城（5.11 分），较深圳、北京和上海分别高出 0.31 分、0.51 分和 1.22 分。广州在一线城市中生活成本相对合理，人才吸引力很强，这是其他大城市所不具备的优势。

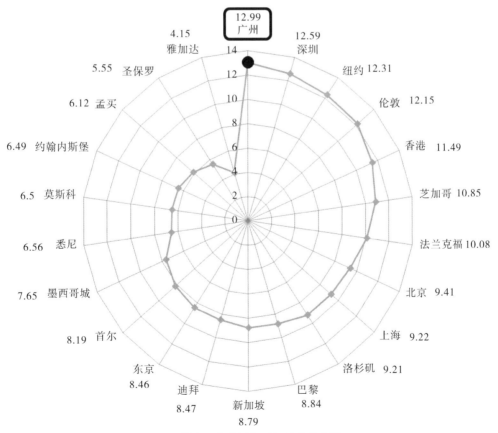

图 6　样本城市生活舒适便利度得分情况

最后，广州的文化娱乐消费活跃度得分仅为 3.17 分，排名处于样本城市中的第 10

位,与榜首的纽约相差2.90分,与伦敦、香港、巴黎、东京分别相差2.56分、2.11分、1.65分和1.19分。从内地四大一线城市的得分来看,广州文化娱乐消费活跃度得分低于上海0.31分,但是较北京和深圳分别高出0.70分和0.76分。这说明广州在城市生活服务便利化方面还有一定的提升空间。

(三)小结

从上述维度的测评,我们得到以下结论。

第一,从总体宜居水平来看,广州在样本城市中大致位于第三梯队,落后于悉尼、东京、纽约、伦敦、洛杉矶等城市,与上海、圣保罗、深圳、北京、迪拜等城市相比具有一定优势。从全球宜居城市各分项维度来看,广州在生活便利度方面排在首位,远高于东京、悉尼等城市,但在生态环境、公共服务以及社会安全方面,与领先城市之间仍存在较大差距。

第二,随着全球城市发展进入高级阶段,经济水平不断提高,城市也开始更多地关注居民自身的需求,把创造一个更加宜居的生活和生态环境提升到了前所未有的高度。广州若想在未来全球城市竞争中增强自己的国际影响力和竞争力,就需要在未来城市中长期发展战略中增加宜居理念,更加注重提高自身的生态环境以及社会文化水平,更多地关注人自身的发展、对区域和全球环境改善的贡献等。

第三,在进入全球城市建设阶段后,城市通常对宜居性有较高的要求,生活在其中的居民也从发展初期仅仅要求满足其基本的自然属性需求,到发展中后期希望城市能实现其社会属性的需求,而建设宜居型的全球城市也应符合这一发展规律。未来广州打造全球宜居城市,应该从安全性、便利性、舒适性、可持续性等方面,进一步凸显对城市居民的社会属性及个人价值等高级需求的满足和实现。

第四,城市的宜居性是一个动态变化且相对的概念,宜居性不是一成不变的,而是随着时间及城市化发展而不断变化,因此,要用发展的眼光去看待宜居性。广州未来要实现打造一个"生态环境优良、社会安全性高、公共服务完善、生活舒适便利"的宜居型的一线全球城市的愿景和目标,既需要保持并继续巩固作为传统宜居城市的优势,又需要考虑未来全球城市对宜居性的新要求以及可能出现的新挑战。

三、迈向可持续的全球宜居城市:系统谋划,重点突破

宜居城市的建设是一项全方位的系统工程,需要从生态环境、社会安全、公共服务、交通便利等多方面着手。广州是国内较早提出宜居发展战略的城市之一,早在2000年,《广州城市发展战略概念规划》就提出了"一个适宜创业发展、又适宜居住生活的山水型生态城市"的战略目标。2018年,在新一轮城市总体规划中,广州提出了"美丽宜居花城"的目标愿景。近年来,中共中央、国务院出台《粤港澳大湾区发展规划纲要》,提出打造"宜居宜业宜游的国际一流湾区"的战略目标,而广州在率先打造全球宜居城市方面具备得天独厚的优越条件,对把粤港澳大湾区建设成为环境优美、和谐共进的国际一流湾区将起到重要推动作用。

为实现"生态环境优良、社会安全性高、公共服务完善、生活舒适便利"的全球宜居城市目标愿景，打造"生态环境优良的生态文明之城""社会安全性高的安全和谐之城""公共服务完善的民生幸福之城""生活舒适便利的品质生活之城"，下一步广州要强化城市综合服务功能，打造品质生活新高地，增加多层次、高水平的公共服务供给，合理控制城市居民生活成本，深入践行习近平生态文明思想，提高城市生活便利化水平，更好地满足人民群众日益增长的美好生活需要，增强群众获得感、幸福感、安全感，在建设生态安全、环境优美、社会安定、宜居宜业的美丽湾区方面走在全国前列、发挥示范引领作用。主要有以下策略和建议。

（一）精准发力：系统推进环境综合治理，着力建设生态文明之城

1. 坚决打好污染防治攻坚战

建立污染源查处长效机制、跨行政区域的污染防治区域联动机制，打造宜居宜业宜游的优质生活圈。修订《广州市大气污染防治规定》，推进"减煤、控车、降尘、少油烟"综合治理，打赢蓝天保卫战。落实治水3年行动计划，强化各级河长责任，开展"四洗""五清"，坚决打赢黑臭水体剿灭战。推进土壤污染防治立法，建立污染地块名录及其开发利用负面清单，严控新增土壤污染，推进污染场地的治理修复。深入推进垃圾分类和资源化利用，探索采用PPP（政府和社会资本合作）模式开展城市环卫保洁和垃圾收运一体化服务。加强固体废弃物污染和噪声、辐射、光污染防治。

2. 加大生态环境建设力度

制定实施生态保护补偿办法，建立健全生态保护补偿机制，把北部山区建成粤港澳大湾区后花园。高标准建设好30千米精品珠江、城市中轴线、绿色走廊和绿色公园景观体系，实施森林质量精准提升、湿地资源保护修复、一江两岸三带绿化等重点生态工程，开展主题花树种植行动，建设美丽花城。

3. 深化"干净整洁、平安有序"城乡环境建设

编制完善面向2035年的国土空间规划，精细做好城市设计。坚持精治共治法治，深化重点区域环境治理，整体提升城乡环境品质。实施查控违法建设3年提升计划，大力消化存量违法建设，坚决遏制新增违法建设。

（二）全局谋划：加强城市安全体系建设，着力建设安全和谐之城

1. 建设平安广州

深化"四标四实"常态化机制建设，健全打击防范涉黑涉恶长效机制，守住城市安全稳定底线。完善社会治安防控体系，推进"雪亮工程"和"智慧警务"建设，健全突发事件预测、预警、预防和应急处置机制，深化数字广州基础应用平台建设，完善网络安全工作机制，防范化解社会重大风险。构建现代应急管理体系，制定广州市灾害应对地方性法规，完善防灾规划。强化能源安全保障，加强电网建设，扩大油气管道覆盖面，提高油气、煤炭储备和供应能力。落实安全生产责任，实施安全生产风险分级管控和隐患排查治理，坚决遏制重特大事故的发生。完善食品药品智能监管体系，创建国家食品安全示范城市。

2. 完善社会治理体制

健全多元化解矛盾纠纷机制，搭建矛盾纠纷网上化解平台，建立劳动人事争议三方联合调解中心，依法分类处理信访诉求。开展城乡社区治理试点，推进街（镇）管理体制创新，制定基层政府社区治理权责清单，深化社区网格化服务管理，推动实现城乡社区议事厅全覆盖。创新来穗人员服务管理机制，开展来穗务工人员融合行动，进一步推动来穗人员全面融入社会。

3. 深化依法治市实践

加强社会领域立法，全面建设法治政府，提供公平可预期的法治保障。推行行政执法公示制度、执法全过程记录制度、重大执法决定法制审核制度。深入推进司法体制综合配套改革，推行案件繁简分流机制。完善公共法律服务体系，完善全民普法机制，打造法治文化载体建设、作品传播和示范引领三大工程，努力建设最安全稳定、最公平公正、法治环境最好的城市。

（三）高标要求：增加多层次、高水平公共服务供给，着力建设民生幸福之城

1. 建设教育强市

扩大学前教育和基础教育学位供给，新改扩建一批中小学，新增一批市级示范性高中，推动中心城区优质教育资源向外围城区和农村地区覆盖。推进广州大学、广州医科大学建设高水平大学，加快华南理工大学广州国际校区、中国科学院大学广州学院建设，引进香港科技大学等世界名校、国际知名机构来穗合作办学，筹建广州交通大学、广州幼儿师范专科学院、广州旅游（烹饪）职业技术学院，与周边城市和地区共建粤港澳大湾区特色职业教育园区。完善服务高层次外籍人才子女的教育体系，筹建10所以上外籍人员子女学校。

2. 建设健康广州

完善分级诊疗体系，全面提升基层医疗服务能力，实施强基创优3年行动和基层中医药服务能力提升工程，到2020年每万人常住人口拥有全科医生3.5名。打造一流的疾病预防控制体系，有效应对传染病疫情。加快构建医疗卫生高地，支持市属医疗机构加强临床重点专科建设，加快推进粤港澳大湾区卫生与健康合作项目，全面提升医疗、科研综合实力。打造绿色智慧医疗，建设健康医疗大数据平台和智慧医疗健康服务平台，到2020年居民健康档案电子建档率突破90%。

3. 提升社会保障水平

实施全民参保计划，确保基本社会保险覆盖率达到98%以上。深化社区居家养老服务改革创新，完善"中心城区10～15分钟，外围城区20～25分钟"城乡养老助餐配餐服务网络，推进医养结合服务体系建设。完善社会救助体系，创建全国"慈善之城"。优化"关爱地图"，拓展"平安通"智慧养老服务。推动社区嵌入式和护理型养老机构建设。出台支持社会力量参与社区居家养老服务政策法规。搞好与法国开展海珠区养老服务合作试点。

（四）品质制胜：全面打造品质生活新高地，着力建设品质生活之城

1. 提高城市公交出行便利度

积极推进城市轨道交通设施规划与建设力度，加快实现城市轨道交通线网全市联通、市中心与外围主要城区快速互达。大力提升城市轨道交通设施的营运水平，科学安排"大小交路、高峰短线运营、定点空车切入、不均衡运输"等运输组织方式，挖掘既有线网的运输能力并加强地铁出入口与常规公交站点接驳衔接，增强城市居民换乘便利性。大力优化公交线网，不断新增公交线路，提升线网的整体效率，结合公交集团组建、区域客流特征以及地铁线路等逐步优化调整公交线网，提高居民出行效率。

2. 增强生活服务便利度

有序引导底商向社区聚集，不断提升基本便民商业服务功能社区覆盖率和网点连锁化率。推广社区O2O商业模式，鼓励在社区布局"一站式"生活体验馆，加快建设社区商业便民服务综合体，满足居民的基本生活需求。加强购物和便民服务的场所及设施的供应，加强智能化生活服务设施的推广，建设社区集成化智能服务终端，为居民生活提供多层次、多种类、高品质的服务。

3. 增强城市政务服务便利度

大力推行综合窗口运行模式，不断提高"互联网+政务服务"水平，深入推进网上平台建设、业务流程再造、信息开放共享、服务应用创新、基层基础建设等任务的完成，做到各级政务服务事项"应上尽上、全程在线、一网审批、一网服务"；深化"一次办好"改革，加快审批时效、简化证件证明、简化办事手续、鼓励自助办理，让群众少跑腿甚至不跑腿，让政府服务更加优质、高效，让城市居民生活更加便利。

4. 控制生活成本快速上涨

开展共有产权房屋建设，加大租赁住房供应，完善租购同权制度。继续保持对房地产市场的调控力度，加快建立多主体供给、多渠道保障、租购并举的住房制度，深入开展共有产权房屋建设，不断加大租赁住房供应。严禁教育乱收费、医疗服务乱收费等行政事业性乱收费现象，切实减轻居民生活负担。

5. 提升居民生活幸福感

关注居民心理健康，营造和谐人际关系，鼓励城市居民多参与社会公共活动，拓展社会关系，增强个体对社区的归属感。关注居民个性需求，营造个性化的居住环境，尊重和理解不同社会群体的差异性需求。对儿童和老年人给予强大的人文关怀，提升其在城市生活中的幸福感。赋予普通群众意见表达的权利和途径，提升城市居民的成就感和归属感。

（作者单位：广州市社会科学院）

广州产业新活力道路探析：
推动先进制造业与现代服务业深度融合*

康达华

2018年10月，习近平总书记在视察广东时，要求广州实现老城市新活力，在综合城市功能、城市文化综合实力、现代服务业、现代化国际化营商环境方面出新出彩。以现代服务业出新出彩为突破口，加快构建现代化产业体系，是广州实现"老城市新活力"的动力基础。2018年12月召开的中央经济工作会议指出，"要推动先进制造业和现代服务业深度融合"，明确了产业发展的方向。在推进粤港澳大湾区建设的过程中，广州该如何深度融合先进制造业，推动现代服务业出新出彩，焕发经济发展新活力，是亟须解决的现实问题。

一、广州先进制造业与现代服务业深度融合的现实意义

贯彻落实习近平总书记要求广州实现"老城市新活力"的指示精神，是广州在中华民族伟大复兴大业蓝图中继续走在前列的总纲。推动广州城市整体走向高质量发展，要以产业转型升级为基础，探索质量变革、效率变革、动力变革的道路。

（一）构建现代化产业体系是经济高质量发展的助推器

深化供给侧结构性改革，推动经济高质量发展是党中央适应引领经济发展新常态的战略部署，其重要任务是建立现代化产业体系。纵观世界发展历史，德国、日本、韩国等国家都是通过供给侧改革，尤其是依靠科技服务融合先进制造业促进产业转型，从而成功跨越"中等收入陷阱"，进入高质量发展阶段。"中等收入陷阱"表面上看是一种经济统计现象，本质上跨越"中等收入陷阱"是产业发展能够顺应趋势，成功实现转型升级，占据产业链高端以获得比较优势，保持经济持续增长的动力。[①] 习近平总书记要求广东在建设现代化经济体系上走在全国前列时指出，现代化产业体系是广东的短板，也是广州的短板。广州想实现"老城市新活力"，首先要补齐这一短板，加快产业转型升级，夯实动力基础。

---

* 本文是2019年度中共广州市委党校新型智库建设一般课题"推进广州先进制造业与现代服务业融合发展研究"（项目批准号/课题编号：DXZK1902C）的阶段性成果。

① 蔡昉：《"中等收入陷阱"的理论、经验与针对性》，载《经济学动态》2011年第12期。

（二）推动现代服务业出新出彩是广州构建现代化产业体系的突破口

在发展现代服务业上出新出彩是实现"老城市新活力"的内在要求，是习近平总书记赋予广州的时代使命，也是广州的重大机遇。作为千年商都和国际商贸中心，广州服务业占地区生产总值的比重为珠三角九市中最高（见图1），独具特色优势。但作为老城市，广州在服务型经济发展遇到阶段性瓶颈时，其服务业需要谋求新路径、释放新活力，为全国做出示范。推动现代服务业出新出彩不能仅靠服务业本身，它离不开先进制造业的支撑、营商环境的改善、综合城市功能的提升等，这样才能促进广州产业整体的升级和现代化产业体系的完善。

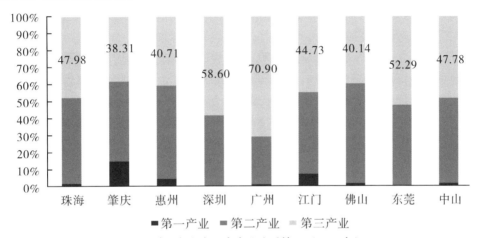

图1　珠三角九市三次产业比重情况（2017年）

注：柱状图上的数字为服务业占地区生产总值的比重（单位:%）。数据来源于广东省统计局。

（三）深度融合先进制造业是广州现代服务业出新出彩的必由之路

随着新一轮世界科技革命和产业变革孕育兴起，先进制造业成为各国产业竞争的焦点。围绕先进制造业发展现代服务业是产业价值链延伸下服务业升级的必然选择，也是产业升级的客观规律。在发达国家先进技术优势和欠发达国家低生产要素成本的双重挑战下，如何抓住全球价值链重构为中国制造业提供的机遇是新时代的重大命题。[①] 2019年7月30日召开的中共中央政治局会议指出，要提升产业基础能力和产业链水平，并强调要稳定制造业投资。党中央对产业方向的定调是广州发展服务业的根本遵循。广州要把握粤港澳大湾区建设的重大机遇，推进城市间产业协同，在制造业服务化、服务业制造化、商业模式创新、服务新业态等方面谋求新路。

二、先进制造业与现代服务业深度融合的内在机理

先进制造业和现代服务业在学术界并没有统一的定义。先进制造业相对传统制造业

---

① 曾祥炎、成鹏飞：《全球价值链重构与世界级先进制造业集群培育》，载《湖湘论坛》2019年第4期。

而言,通常具有产业的高端性、技术的先进性、管理的现代性、模式的创新性等特征。①现代服务业通常是运用现代技术在传统服务业改造升级中产生的新业态,是提供高附加值、高层次、知识型的生产服务和生活服务。②从产业演变的角度看,先进制造业和现代服务业不是单向的"需求—供给"关系,而是在互动协同中演进。③

(一)效率视角下先进制造业产业演变过程中与现代服务业的融合

在世界工业化进程中,服务业基于产业分工被分化出来,在与制造业的互动关系中,二者逐渐走向融合。制造业向"微笑曲线"两端延伸时,先进制造业能够引致对现代服务业的需求,带动生产性服务业的专业化、集聚化效应。而现代服务业的发展将使得制造业分工更加深化,生产性服务业外部化能够提高制造生产率。④可见,效率视角下的产业分工和专业化对先进制造业和现代服务业的影响是双向互动的。在产业演化的初期,现代服务业尤其是科技服务业对制造业的发展起了至关重要的作用,创新驱动是产业发展的第一动力。在产业演化的中后期,先进制造业价值链不断延伸到服务领域,通过现代服务业提升先进制造业的附加值,生产和服务环节的融合日益深化。随着"工业4.0""互联网+""5G"等新的技术不断涌现,制造业成为物质、技术、信息等要素集成的形态,传统的"产品+服务"的模式逐渐转变为制造业服务化、服务型制造等形式,制造业和现代服务业之间产业形态区分呈现模糊化特征。⑤

(二)成本收益视角下先进制造业与现代服务业在企业内部的融合

除了宏观上的产业演化外,作为经济活动的微观主体,企业在先进制造业与现代服务业融合过程中考虑更多的是成本收益问题,并以此影响二者融合的路径和模式。基于成本收益视角,产业链上的不同企业将展开竞争和合作。制造业与服务业的融合对企业利润的影响并非一定是促进作用,还存在先抑后扬的"U型"论⑥,波浪上升形状的

---

① 陈恺:《先进制造业发展中的地方政府职能研究——以南通市港闸区为例》,南京大学2019年硕士学位论文。
② 杨珂玲、蒋杭、张志刚:《基于TOPSIS法的我国现代服务业发展潜力评价研究》,载《软科学》2014年第3期;许艳丽、王岚:《高技能人才培养与现代服务业需求对接研究》,载《教育发展研究》2014年第19期。
③ Cui A., "Yangtze River Delta Economic Integration Strategies Analysis from Producer Services and Manufacture Clusters", in *Advances in Information Sciences & Service Sciences*, 2012 (4); Goldhar J., Berg D., "Blurring the Boundary: Convergence of Factory and Service Processes", in *Journal of Manufacturing Technology Management*, 2013 (3).
④ 顾乃华:《生产性服务业对工业获利能力的影响和渠道——基于城市面板数据和SFA模型的实证研究》,载《中国工业经济》2010年第5期。
⑤ 李晓亮:《制造业服务化的演化机理及其实现路径——基于投入与产出双重维度的扩展分析》,载《内蒙古社会科学》(汉文版)2014年第5期。
⑥ Neely A., "Exploring the Financial Consequences of the Servitization of Manufacturing", in *Operations Management Research*, 2008 (2).

"马鞍型"理论。① 相反,浅度的服务化水平对制造企业的绩效存在消极的影响,即引发"服务化困境"问题。② 因此,在市场竞争的作用下,有能力的优质企业把现代服务业在企业内部与制造业进行融合,打造服务性生产创造核心竞争力,从而提升竞价优势和抗风险能力,这成为先进制造业和现代服务业的重要微观路径。企业在追求自身利润最大化的逻辑下,以顾客需求为导向,不断对产品推陈出新,在生产环节融合物流、设计、服务、销售等环节,达到降低成本和节约资源的目的。

(三)供给侧结构性改革视角下先进制造业与消费性服务业的融合

供给侧结构性改革是习近平总书记为适应引领经济发展新常态提出的重大战略。推进供给侧结构性改革的重要指导思想是通过改善提升供给侧质量,以满足需求端的变化,实现更高层次的供需均衡。③ 现有文献在探讨先进制造业与现代服务业互动关系时,通常偏重于先进制造业和生产性服务业的融合,对先进制造业和消费性服务业融合的讨论较少。当前,经济发展新常态下的结构性失衡,很大程度体现在消费行为呈个性化、品质化、高端化趋势,但供给侧的产品质量无法适应、满足消费端变化,导致消费需求抑制或外溢。以消费需求为导向改善生产体系的整体质量,不仅能够促进消费性现代服务业发展,而且能倒逼先进制造业不断升级,从而发展生产力,提高经济发展质量。先进制造业与消费性服务业的融合路径通常表现在商业模式的创新上。在市场规模足够大的条件支撑下,商业模式的创新成为企业俘获消费者、获得竞争优势的尝试。例如,共享经济、个性化定制生产等。

三、广州先进制造业与现代服务业深度融合面临的问题与机遇

产业转型升级是城市发展的先导。广州是老城市、大城市,要认清产业老、体量大、转型难等问题,夯实近年来持续努力奠定的良好基础。在由服务型经济向创新型经济演变的过程中,广州先进制造业与现代服务业的融合既面临问题,也存在机遇。

(一)主要问题

1. 服务业大而不强,融合制造业程度不够

虽然广州的服务业占地区生产总值的比重呈逐年上升的态势,但现代服务业增加值占服务业的比重还不到70%,相比北京、上海、深圳仍有差距。从分行业来看,广州服务业整体质量不高。其中,占比最高的是批发零售业(2018年占20.69%),属第一梯队,彰显了广州千年商都的地位。第二梯队依次是金融、房地产、租赁和商务服务、交

---

① Kastalli I V., Looy B V., "Servitization: Disentangling the Impact of Service Business Model Innovation on Manufacturing Firm Performance", in *Journal of Operations Management*, 2013 (31).
② 肖挺、聂群华、刘华:《制造业服务化对企业绩效的影响研究——基于我国制造企业的经验证据》,载《科学学与科学技术管理》2014年第4期。
③ 李本松:《论供给侧结构性改革的内涵和实践要求》,载《理论月刊》2016年第11期。

通运输，但相比香港、深圳地区的同类行业竞争力不强。第三梯队依次是信息技术服务、教育、科学研究和技术服务、住宿餐饮、文化娱乐等，这反映了与制造业融合的现代服务业占比总体不高，规模大多不超过1000亿元。

2. 制造业投资不足，向产业链两端延伸受阻

从2008年到2018年，广州第二产业占地区生产总值比例从38.9%下降到27.27%（深圳为41.13%），第二产业对地区生产总值增长的贡献率从35.1%下降到26.6%。从历年全社会固定资产投资额来看，广州制造业投资不足，导致广州制造业更新较慢；房地产投资占比较高，实体经济和虚拟经济关系有待优化（见表1）。长期以来，汽车、电子信息和石油化工是广州制造业的三大支柱，占全市规模以上工业总产值比重为55.5%（2018年），有"船大难掉头"的困难，战略性新兴产业整体规模不高，产业方向还不明确。而且，广州超大型创新型企业不多，缺乏类似硅谷、中关村等级的创新型产业集聚载体，对生产性服务业的带动效应不强。

表1　广州历年全社会固定资产投资完成额情况（2009—2017）

（单位：亿元）

年份	总投资	制造业投资	房地产业投资	制造业占比（%）	房地产占比（%）
2009	2659.8516	345.59	943.23	12.99	35.46
2010	3263.5731	371.43	1123.74	11.38	34.43
2011	3412.2	427.95	1489.54	12.54	43.65
2012	3758.3868	453.41	1667.36	12.06	44.36
2013	4454.5508	581.26	1943.54	13.05	43.63
2014	4889.5026	562.32	2230.01	11.50	45.61
2015	5405.9522	644.21	2481.13	11.92	45.90
2016	5703.586	553.56	2763.31	9.71	48.45
2017	5919.8316	578.87	2871.47	9.78	48.51

资料来源：该表数据来源于广东省统计局。

3. 产业布局有待优化，"中心—外围"间融合需深化

"中心—外围"模式是区域发展的规律，这种结构不仅体现在各城市的经济总量层面，而且体现在产业的空间布局层面。在现代化城市的产业布局中，通常是以现代服务业为"中心"，先进制造业为"外围"。① 目前，广州已形成以天河中央商务区为现代服务业中心，东翼、北翼、南翼三大制造业产业集聚带为外围的空间布局，但中心和外围之间的融合还需深化，天河和开发区之间融合的示范引领作用不强。此外，在大湾区建设视野下，只靠天河一个现代服务业中心不足以强化广州的核心引擎功能，还需结合周边城市的产业特点，发展南沙、广州南站等多个现代服务业集聚中心，构建多中心发展模式，融合带动周边区域共同发展。

---

① 陈阳：《制造业与生产性服务业的协同集聚时空演变——基于东北三省地级市数据》，载《区域经济评论》2018年第3期。

（二）主要机遇

1. 工业投资迎来拐点，有力带动经济增长

在第二产业占地区生产总值比重和对地区生产总值贡献率连续多年下降的背景下（见图2），广州以供给侧结构性改革为主线，大力振兴实体经济，避免陷入"发展的陷阱"。① 2018年，广州第二产业完成投资增长51.7%，高技术产业（制造业）投资比上年增长1.54倍，先进制造业投资增长80.2%。2019年第一季度，广州工业投资继续提速，完成工业投资额同比增长44.3%。对工业投资的力度加大，体现了振兴实体经济的决心，给市场带来了强心剂，促进了经济增长。2019年第一季度，广州地区生产总值增长7.5%，在全国居于领先地位。

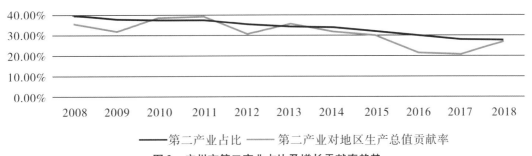

图2 广州市第二产业占比及增长贡献率趋势

资料来源：该图和该段落数据来源于广州市统计局历年统计公报。

2. 经济发展新动能显现，高端生产要素集聚效应初显

企业是产业转型升级的主体，是科技、资本、人才等高端要素集聚的枢纽。近三年来，广州高新技术企业增长迅速，年均新增超过3000家，2018年已达1.1万家，稳居全国第三。2019年第一季度，八大新兴产业、先进制造业的重点行业都呈现较快增长态势，产业向高质量方向转型。互联网和相关服务业、软件和信息技术服务业、现代物流等新模式、新业态成为服务业较快增长的主动力。②

3. 土地开发强度尚有空间，粤港澳大湾区建设带来新机遇

土地资源是经济发展的空间载体，是先进制造业发展的重要因素保障。同粤港澳大湾区其他三个核心城市香港、澳门、深圳相比，广州的每平方千米创造的地区生产总值和城镇化率还存在一定差距，土地开发和集约节约使用还有空间。例如，作为粤港澳大湾区三大合作发展平台之一的南沙，区位优势、先发优势、空间优势明显，发展潜力巨大。而作为粤港澳大湾区核心引擎的广州，在辐射带动周边佛山、肇庆、清远等城市发展的过程中，也将为自身产业升级带来更多空间上的支撑。

---

① "发展的陷阱"是指在未完全实现现代化的时候就过早"去工业化"，从而使经济失去活力。其典型的案例就是巴西。早在50多年前，巴西就已是中等收入国家，工业水平处于世界领先地位，但由于过早地去工业化，失去了工业这个经济增长的"发动机"，服务业也被困在较低水平，从而被钉在世界产业链的低端，最终陷入了"中等收入陷阱"。广州实现老城市新活力需要培育经济增长新动能，在产业转型升级上要警惕这一现象。

② 数据来源于《广州市统计公报》《广州市科学技术局2018年工作总结和2019年工作安排》。

四、广州推动先进制造业与现代服务业深度融合的对策建议

实现老城市新活力和推进粤港澳大湾区建设二者相互联系、相互融合、相互促进。广州作为全国首批服务型制造示范城市,要以这两个战略为纲,以推动先进制造业和现代服务业深度融合为抓手构建现代化产业体系,助力广州经济高质量发展。

(一)坚定深度融合先进制造业的战略方向

1. 打造好全国服务型制造示范城市

大力推广服务型制造新模式,推进"制造+服务"的产业融合和区域融合,推广"广州定制"制造业模式,打造生产性服务业发展新引擎。大力发展科技服务业,对接广深港澳科技走廊战略,落地建设一批创新平台,拓展穗珠澳科技创新走廊,构建珠江口东西两岸创新产业带集聚格局。发挥广州高校资源多的优势,完善知识产权保护机制,推进产学研一体化,走一条不同于深圳"逆向创新"的创新道路。

2. 加大先进制造业投资,促进动能转换

坚持以新发展理念为指导,构建"实体经济—科技—金融—人才"协同发展的现代化产业体系。以先进制造业作为实体经济根基,向产业价值链两端拓展延伸。落实2019年7月30日召开的中央政治局会议"稳定制造业投资"的要求,以制造业投资促进产业更新,协调好制造业和服务业关系,补齐制造业投资不足的短板(见图3)。加强产业规划,抢先布局人工智能、生物医药、新能源等战略性新兴产业,注重各产业链的整体培育,发挥政府的作用,扶持一批领先企业。

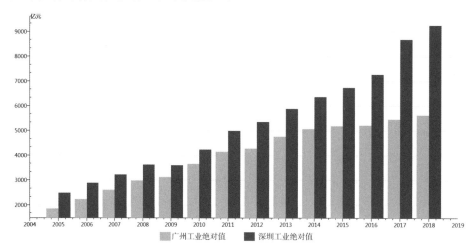

图3 广州和深圳历年工业绝对值数据比较

(数据来源于 wind)

3. 促进消费性服务业新业态集聚

夯实"千年商都"优势,适应消费信息化、个性化、品质化的变化,打造新型消费之都,引领世界消费时尚,打造"全球定制之都"。鼓励商业模式创新,发展夜间经济、青年经济、女性经济等,满足不同层次消费者需求。发挥粤港澳大湾区文化中心优势,

挖掘岭南文化资源,大力发展养老、饮食、旅游、体育等消费性服务业。推进广州消费性服务业供给侧结构性改革,提高供给质量,打造广州消费质量高地。

(二) 优化湾区视野下的产业空间布局

1. 打造现代服务业多中心格局

在推进大湾区建设过程中,除天河中央商务中心外,还应加快第二商务区、金融创新服务区、南沙明珠湾商务区、广州南站商务区、东部交通枢纽商务区等现代服务业中心的建设,形成先进制造业和现代服务业的良性互动。尤其是在南沙明珠湾商务区和广州南站商务区,要基于东、西两岸电子信息技术产业和先进装备制造业的现有格局,发展融合两岸的枢纽型现代服务产业。

2. 以产业合作为抓手,推进广佛同城化

要重点发挥广佛产业互补性强的优势,把佛山拓展为广州的制造业腹地,为广州现代服务业升级提供支撑。要加强产业规划,协调好两地的竞合关系,畅通两地要素流动渠道,重点建设广佛"1+4融合试验区"。其中,以广州南站为核心的先导区应以现代服务业为中心,"花都+三水""白云+里水""荔湾+桂城""南沙+大良容桂"4个融合试验区则应以先进制造业为重点。

3. 打造"一核一带一区"的区域协调发展新格局

要强化综合交通枢纽功能,提升广州枢纽能级,推进广深港高铁广州南站至广州站连通线、广中珠澳高铁等建设。加快与泛珠三角城市的硬件软件互联互通,探索产业合作新模式。例如,与清远的合作可依托广清产业园,采取"广州孵化、清远落地"的模式,打造国际科技创新成果转移转化示范点,探索"飞地经济"合作模式。

(三) 完善体制机制和保障政策

1. 实施好积极的财政政策

贯彻中央政治局会议"财政政策要加力提效"的精神,继续落实落细减税降费政策,为市场"放水养鱼"。可适度提高政府杠杆率,发挥好政府地方债的作用。一方面,为制造业投资提供财政支持,设立产业基金,引导资本流向先进制造业领域;另一方面,提高居民收入,扩大中等收入群体,带动消费性服务业发展。

2. 为先进制造业和现代服务业提供集聚空间

要全面推进城市更新和乡村振兴战略,为产业获得新发展、城市焕发新活力提供空间。要加快城中村改造,下定决心推进城市更新,积极推进违建治理工作,做到土地精细化管理。要做好乡村振兴大文章,让农村土地流转起来,为产业转型升级提供土地保障。

3. 优化现代化产业体系的引导政策

重点在工业设计、软件服务、规模化定制等方面出台一系列战略规划和政策。发挥政府和市场的协同作用,以企业需求为导向优化市场营商环境。要建立多层次的资本市场,大力发展直接投融资业务,做好校园创新走向市场的衔接。要树立吸引人才就是获得未来的发展观念,优化广州的人才政策并确保政策落地执行。

(作者单位:中共广州市委党校)

广州在粤港澳大湾区建设中发挥核心引擎作用研究

王云峰

一、全球城市格局体系及其演变

（一）全球城市演变历程与规律

全球城市（world city），又称为国际城市（international city）。这一概念作为学术用语，最早在1915年由英国城市和区域规划先驱格迪斯（Paitrck Geddes）在其所著的《演化中的城市》一书中提出，并从经济和商业等两方面将"全球城市"描述为在世界商务中具有异乎寻常优势的那些城市。

15—17世纪是全球市场形成的初期，推动经济发展的主要力量是商业与贸易，商业资本成为资本的主要存在形式，荷兰的阿姆斯特丹以其优越的地理位置和商业资本的集聚成为当时欧洲的商贸、金融中心。18—19世纪，伦敦通过工业革命，实现了产业资本对商业资本的替代，成为世界市场的主角、新的全球城市。在"二战"后的工业化时代以及20世纪80年代以来的全球化时代，世界产业结构的调整主要表现在传统制造业的衰退与现代服务业及高新技术产业的兴起。由此，服务业取代工业成为城市的主导产业。纽约、东京等城市依靠服务业的繁荣，成为20世纪新兴的全球城市。数个世纪以来，全球城市从伦敦的一枝独秀，到伦敦、纽约的双城记，再到纽约、伦敦、东京、巴黎、芝加哥、香港、新加坡、悉尼、迪拜等的各放异彩，其发展足迹从欧洲到美洲，再由欧美走向亚洲。

追溯世界主要城市的发展历程，世界顶级城市如纽约、伦敦、新加坡等的发展，无不起源于贸易，而贸易的前提是交通，尤其是沿江靠海的地理条件，便于贸易与航空、航运叠加发展，成就航空/航运枢纽。与航空/航运枢纽随之而来的人流、资本流和信息流，为制造业升级发展创造了市场条件，其终极形态则是以现代服务业为核心的综合服务中心。

（二）广州建设全球城市的基本定位

围绕着力建设国际大都市的发展目标，立足广州从超大城市向超级城市转变的市情，依托国际航运枢纽、国际航空枢纽和国际科技创新枢纽三大枢纽，依托综合交通枢纽构建全球战略性通道，发展高端高质高新全球战略性产业，推动人流、物流、资本流、技术流和信息流在全球网络中的充分流转和优化配置，提升广州对全球战略性资源的集聚吸引能力、整合开发能力和辐射扩散能力，形成具有全球影响力的国际资源配置中心、多元文化融合交流中心。

从内涵上看，国际资源配置中心，是指在世界城市体系中，在对全球战略性资源、战略性产业和战略性通道的占有、使用、收益和再分配的过程中，能掌握配置主动权、发挥决定性作用的中心城市。[①] 其中，战略性资源包括硬性的资源、能源、资金等资源，也包括软性的政策、人才、信息等资源，是一个与城市的运转、发展、壮大息息相关的重要条件和实现资源开发利用红利的关键要素。

战略性产业包括战略性支柱产业和战略性新兴产业。战略性支柱产业立足竞争优势，对经济发展具有重大贡献，同时又直接关系经济社会发展全局，对带动经济社会进步、提升城市综合实力具有重要促进作用。战略性新兴产业更多地表现为具有市场需求前景，具备资源能耗低、带动系数大、就业机会多、综合效益好的特征，广义上包括新能源、新材料、生命科学、生物医药、节能环保、信息网络、空间、海洋开发等产业。

战略性通道就是以战略性区位优势为依托，以港口、航空、公路、铁路等现代化、立体化的综合交通体系为基础，构建面向全球的资源要素流通和产业梯度转移通道，这都是涉及全球政治安全和经济发展的长期性、全局性、关键性问题。

二、建设全球城市是广州打造区域发展核心引擎的价值导向

（一）广州打造区域发展核心引擎的基础

经济建设方面，广州具有厚重的商业传统和优良的商业基础，作为岭南久负盛名的千年商都，以两千年前任嚣筑城为起点，明代时期，广州已成为近代意义的城市，成为沿海重要通商口岸。改革开放以后，广州成为沿海开放城市，一跃成为一线城市，被定位于国家中心城市。改革开放以来，广州以内外贸流通为突破口，发挥中国进出口商品交易会（简称"广交会"）的开放引领作用，在全国率先放开搞活，商贸批发市场遍布全城，海陆空综合物流体系日益健全，市场化程度走在前列，流通体系呈现出多业态、多功能、多层次融合态势。广州具有对接国外市场、利用国际资源的便利条件，通过提高全球资源配置能力，可以更好地发挥对全球资源的集聚扩散作用。

在国际交往方面，近年来，在穗举办国际会议和活动的数量和质量日益增多和提高，广州逐步实现了从"旁观者"到"参与者"和"合伙人"的角色转变。在会展方面，以广交会为代表，广州扶持了一批专业展会做大做强，大力引进国际知名会展机构，促成法国智奥中国总部落户广州。在国际会议方面，广州构建金字塔型国际会议体系，既大力争取承办国家级高规格领导人峰会，也注重鼓励行业性、专业性国际会议在穗举办。近年来，高端国际会议频繁落地广州，形成国际会议的"广州品牌"，通过各种渠道讲好广州故事。在国际交往方面，广州与220多个国家和地区保持贸易往来，现有国际友城37个、国际友好合作交流城市34个、外国驻穗总领事馆达59个。与世界大都市协会及世界城市和地方政府组织（UCLG，简称"城地组织"）共同发起创设广州国际城市创新奖，成为中国城市参与和推动全球城市治理创新的有效模式和创新品牌。[②]

---

① 连玉明：《关于北京建设世界城市的基本战略》，载《城市问题》2010年第7期。
② 申卉：《不断提高城市国际化水平 构建广州开放型经济新体制》，载《广州日报》2017年6月5日。

文化基础方面,历史上,中原文化与南越土著文化在岭南大地上交相融合,再加上郑和下西洋以来,东南亚文化和西方文化在东南沿海率先传入,最终形成了独具特色的岭南文化。从岭南文化的形成过程来看,其本身是本地文化包容、接纳、融合外来文化的过程,之后经过一系列创新,才形成今天之局面。多元文化融合造就的岭南文化,开放、包容、务实、创新是其内在的本质特点,以至于岭南成为近代中国革命的发源地,成为现代中国改革的先行者。广州厚植岭南文化,是多元文化融合的典范。在新型全球化中发挥岭南文化优势,多元文化在广州得以包容、融合、创新乃至引领,前景可期。

社会治理方面,2014年以来,广州以创建"干净、整洁、平安、有序"城市为突破口,激发基层治理要素活力,大力推进社会治理创新。通过建设"榕树下"议事会、市民议事厅、志愿者工作室等参与平台,鼓励居民积极参与社区公共事务。按照"以项目促计划"的形式,开展"两代表一委员"社区行动计划,建立完善进社区听取社情民意的常态化机制。通过社会组织直接登记,建立培育基地,在基层社区加大力度培育发展各类互助性、服务性、公益性社会组织,推动社会组织的社区参与。建立健全了政府采购、质量评估、日常监督、市场化竞争等方面制度,政府购买社会服务机制日臻完善、投入快速增长。总体上,广州形成了政府主动作为,社会协同参与,政民良性互动的共建、共治、共享社会治理新格局,进一步增强了群众的幸福感、获得感。

(二) 区域发展核心引擎的作用机理

在经济上,发挥对全球资源的集聚扩散作用。全球化首先是经济的全球化,通过要素和产品在全球的自由流动,形成全球市场。在美国经济学家弗里德曼看来,一个城市在全球城市金字塔体系中的最高层次,体现在全球化中对全球经济的控制能力上。这种能力的形成前提是物质产品与信息文化产品的生产和消费,但关键在于经济分工和高度的专业化,这使得生产和消费高度集聚,形成生产中心、消费中心,尤其是形成生产性服务业中心,是奠定一个城市对全球经济控制能力的基础。城市随着自身的发展,达到一定的稳定规模后,由于企业生产经营成本上涨,不再成为企业最佳的生产区位。当非规模经济超过规模经济,资源开始向周边城市和区域扩散。周边城市由于低廉的地租和良好的交通,区位条件改善,资源流通成本降低,成为中心城市企业和人口郊区化的最好选择。这样,生产要素从集聚到扩散,通过主要城市对全球资源的配置作用,区域之间的差异开始逐渐减小,形成区域共同发展的良好局面。

在政治上,发挥对国际交往的平台载体作用。经济全球化不仅促进了世界各国和各大城市之间分工的专业化,也带来了要素和资源市场流动的全球化,与此同时,还带来了政治和社会交往的全球化。全球城市在全球政治经济版图中的地位如何,其城市外交的表现是重要的考察指标之一。全球经济受全球城市的影响愈加深远,在国际政治舞台上,全球城市的地位也与日俱增,成为新型全球化之下政治经济新格局的重要节点。正如经济全球化带来政治和交往的全球化,反过来,政治和交往的全球化又进一步促进了市场融合和经济全球化。在世界经济事务中,原本由国家层面承担的许多管理和服务职能,也逐步层级下放到全球城市。借助跨国界的全球城市网络,国际交往围绕全球合作、环境和人权等议题开展对话交流,成为全球政治空间的新表达形式。

在文化上，发挥对多元文化的融合引领作用。文化是全球化进程中城市的重要功能。历史长河中，世界文明的兴起、繁荣与昌盛，离不开世界主要城市的贡献：奥运会发源于雅典，文艺复兴始于佛罗伦萨，世博会最早由伦敦举办，咖啡馆文化离不开巴黎，后现代主义思潮则主要出自纽约。可以说，一个具有国际影响力的城市，没有文化基础的铺垫是难以想象的。[1] 全球化中，跨国界的全球城市网络、便捷的交通联系和先进的信息通信技术带来了人口和文化的流动与融合。同时，社会冲突性在所难免。全球化中的城市人口中相当一部分属外来移民，包括本国人口和外国人口，在文化上必然面临冲突与交融。从区域中心城市迈向全球城市，一个重要的前提是本地文化的国际化与外来文化的地域化等两个进程的高度一致性。

在社会上，发挥对社会治理的示范带动作用。新型全球化进程中，全球政治经济格局的深刻变革使得社会结构随之深刻变动，利益格局随之深刻调整，社会治理创新成为全球城市体系面临的共同问题。全球化进程中的社会治理，其指导思想需要全球情怀内嵌其中，战略方向需要全球取向指引全局。在社会治理中发现问题、解决问题，视角不能局限于一城一域，而要放眼全球，站在全人类的角度，以维护全人类的利益为出发点，推动社会进步、人类发展。[2] 一般而言，中心城市作为各地区经济、政治和文化中心，社会治理的任务更艰巨、矛盾更突出、需求更迫切，通过社会治理创新，形成可复制、可推广的经验，将成为牵引全国乃至全球社会治理创新的强大引擎。

三、对标全球城市，提升广州区域发展核心引擎的思考

（一）全球城市的发展逻辑

遵循"贸易中心—航空/航运枢纽—现代服务业中心"的世界顶级城市发展链条，当前广州还处于向全球城市进化的初级阶段。在世界主要城市中，巴黎、芝加哥、新加坡市这三个城市分处欧、美、亚，其发展路径对广州下一步的发展而言，可能更具借鉴意义。

1. 文化促成巴黎屹立于全球城市金字塔尖

巴黎既不像伦敦或纽约，曾是产业革命的发源地，也缺少国际贸易赖以繁荣的口岸，制造业中心、金融中心等地位与其无缘。但无论在欧洲大陆还是在全球，巴黎都是可与伦敦、纽约相匹敌的全球城市，拥有多数城市所不具备的国际号召力。其关键在于文化因素与城市发展的有机融合。

巴黎在进行城市改造与产业变迁的过程中，始终注重维护城市独特的历史文化氛围，围绕文化传承开展特色服务业，形成了独树一帜的商业特色——将早在殖民时代铸就的商业时尚引领者的地位保持至今，以拥有文化底蕴的时尚、浪漫之都著称于世。

2. 航运是芝加哥、新加坡发展的共同起点

1848年，沟通密歇根湖和密西西比河的伊利诺伊 - 密歇根运河建成，沟通了两大水

---

[1] 曾刚、王秋玉、滕堂伟：《上海建设全球城市的战略框架和重点》，载《科学发展》2016年第3期。
[2] 曾刚、王秋玉、滕堂伟：《上海建设全球城市的战略框架和重点》，载《科学发展》2016年第3期。

道之间的航运。同年,芝加哥的第一条铁路开始修建。自此,芝加哥开始成为连接美国东、西部的重要交通枢纽,确立了美国中西部水路交通中心地位。

新加坡的发展同样得益于先天区位条件,作为马六甲"咽喉"所在地,是世界上最重要的航海通道,凭借其发达的航运业把东南亚纳入其经济腹地,形成以水水中转为特色的国际物流航运中心。

3. 产业升级是芝加哥、新加坡的制胜要诀

芝加哥凭航运优势,在20世纪初期已成为美国中西部工业中心,20世纪中叶大力发展期货业务,成为期货和商品交易中心。20世纪80年代以来,芝加哥大刀阔斧地进行产业升级,积极发展高科技产业和第三产业,推动现代服务业和制造业融合发展,商贸、会展、旅游和金融业成为城市经济的重要支柱。

新加坡自20世纪60年代独立以来,依托港口航运实行全方位开放,充分利用外国资源、市场、技术和资金,迅速发展成为世界制造中心。20世纪80年代,新加坡提出"产业高端环节战略",发展技术密集型、高附加值产业。到了90年代,电子、化工和船舶成为新加坡制造业"三驾马车"。21世纪后,新加坡大力发展生物医药、信息、数字传媒等知识密集型产业,贸易、物流、金融、咨询、旅游迅速做大做强,构建了多元化创新经济格局,成为亚洲地区重要的金融中心、物流中心和国际贸易中心。

对比以上三个全球城市的发展路径,广州具有和巴黎一样悠久的历史文化积淀,也具备和芝加哥、新加坡类似的港口航运基础,并已经形成了一定的先进制造业和现代服务业基础,通过创新驱动技术引领,推动广州产业竞争力和文化软实力有机结合、稳步提升,未来完全有条件、有可能在全球城市体系层级中向前一步、提升一级。

(二) 广州未来发展构想

立足广州从超大城市向超级城市转变的市情,实施创新驱动战略,围绕国际航运枢纽、国际航空枢纽和国际科技创新枢纽三大枢纽,依托"三中心一体系"全球战略性通道,加快建设枢纽型网络城市,发展高端、高质、高新全球战略性产业,推动人流、物流、资本流、技术流和信息流在全球网络中的充分流转和优化配置,提升广州对全球战略性资源的集聚吸引能力、整合开发能力和辐射扩散能力,形成具有全球影响力的集生产者服务中心、消费者购物中心为一体的国际资源配置中心和多元文化融合交流中心,把广州打造成为汇聚国际人才、科技、资本等高端要素的中国特色社会主义引领型全球城市。

(三) 路径选择

第一,完善基础设施建设,打造资源流转配置新通道。充分发挥广州国际航运枢纽、国际航空枢纽的作用,结合珠三角轨道交通、高速公路网络,建立便捷高效的多式交通换乘联运系统,构建起完善、便捷、统一的交通信息网络体系,促进珠三角人流、物流、信息流加入全球体系的交换和互动。一是围绕人流,以便捷为诉求,打造"零距离换乘"便捷周转枢纽。以白云国际机场和市域各规划新建或改造火车站为重点,优化高铁、国铁、轻轨和地铁线路与机场的无缝衔接,打造综合性人流周转枢纽。二是围绕货流,以效率为目标，打造"多渠道联运"快速流通体系。打破民航、铁路、海港各自为政的营运模式，推进空、铁、港信息资源共享，在营运里程、运输服务、经营成本上互为依托，实现三种运输的"海陆空"互联互通。三是围绕信息流，以智能为诉求，打造"互联网+"国际互联网络中心枢纽。依托互联网国际出口三大节点城市优势，大力拓展存储、灾备、高性能计算、高精度位置服务等云增值业务，不断提升服务能级，拓展服务领域，满足珠三角及华南地区经济社会发展的计算需求。

第二，突出现代服务业，完善战略性产业新体系。在优化投资环境和完善基础设施的基础上，大力发展现代服务业、先进制造业、战略性新兴产业等高端、高质、高新产业，奠定国际资源配置中心的产业基础。一是打造具有国际影响力的生产者服务中心。依托珠江新城、广州国际金融城、琶洲互联网创新集聚区融合发展的黄金三角区，提升广州总部、金融、科技集聚区，打造沿珠江生产性服务业发展带，辐射及带动区域性城市集群的发展，形成与枢纽型网络城市地位相匹配的生产性服务业空间布局，打造集功能和形象于一体的生产性服务业亮点和城市地标。二是建设具有国际竞争力的先进制造业基地。依托十大重点领域促进产业创新发展，形成产业创新保持国际同步、产品质量比肩国际水平的先进制造体系，支持企业制造业数字化、网络化、智能化改造，鼓励产业链上下游企业采用众筹模式建设一批先进制造业基地，成为世界重大原创性技术成果产业化重要集聚区。三是形成一批具有国际影响力的战略性新兴产业。聚焦新一代信息技术、生物与健康、新材料与高端装备制造、新能源汽车、新能源与节能环保、时尚创意产业6个战略性新兴产业集群，培育新兴业态，聚集要素、聚合力量，把广州建设成为全国重要的战略性新兴产业基地。

第三，加快战略性资源流转，提升要素资源配置新水平。聚焦商贸、科教、资金等"硬性资源"和政策、人才、信息等"软性资源"，加快战略性资源流转。一是尊重善待人才资源，推动人才与产业良性互动。完善人才服务工作，探索成立高端人才服务中心，通过政府购买服务的形式，提供公司注册、人才绿卡申请等代办服务，协助申请各类科研、人才专项奖励，协调解决创业、居留、落户、社保、子女入学等方面遇到的实际问题，打造全球人才高地。二是深度挖掘科教资源，提高自主创新能力。广州创新不缺少科教资源，但缺乏效率与积极性。广州应充分利用好科教资源存量，增加对科教的投入，放宽对科教经费使用的管制，推动产、学、研深度融合，强化企业创新主体地位，完善以企业为主体，市场为导向，应用为目的，产、学、研相结合的技术创新体系，在战略性新兴产业和重点领域抢占发展制高点，加快创新成果向现实生产力转化。三是优化配置商贸资源，加快国际贸易中心建设。围绕国际贸易中心建设，把广州千年商都资源优势转换为现代商都产业优势。建立"广州价格"形成机制，努力建设"全球采购、广州集散、辐射全球"的大宗商品采购与价格形成中心。创新会展经济发展模式，优化会展企业管理服务，打造国际会展之都。四是大力集聚资本资源，提升金融服务经济水平。发展产业金融和新金融，提高金融业配置资源和服务实体经济的能力。发挥广州金融机构众多的资源优势和本外币存款全国第三的实力优势，依托广州股权交易中心，把广州金融资产交易中心建设成为全国性金融交易平台。五是调整创新制度资源，优化营商环境。推动营商环境与国际接轨，以南沙新区和南沙自贸试验片区为重点，深化金融、专业服务、商贸会展、现代物流等服务业合作，推进粤港澳离岸数据试验区建设，把南沙自贸片区经验复制推广到全市。六是有效配置信息资源，发展"互联网＋交叉产业"。促进"互联网＋发展"，改造提升传统产业，发展新兴信息产业。实施"互联网＋"行动计划，推动"互联网＋"设计、物流、商务等示范工程，建设互联网创新创业基地。

第四，推动世界文化融合，重建广府人文新精神。加强历史文化资源保护利用，打造文化品牌，发展文化产业，发展现代文明。一是提升传统文化，塑造城市历史文化品牌。加强对海上丝绸之路文化遗产的整合、研究和发掘，保护利用遍布全市的特色商业街区、老字号等，擦亮中国近现代革命史文化品牌、南越国历史文化品牌，加强对岭南历史文化资源的保护和利用，提升文化的承载力。二是将文化资源优势转化为现代产业优势，提高广州文化的竞争力。促进科技与文化联姻、融合，加快新闻出版、广播影视、版权等传统文化产业优势再造，重视和扶持数字技术、数字内容、网络技术等核心技术的研发和应用，推进网络、手机等新兴文化业态的发展，积极发展文化会展业，把广州建设成为国内外具有影响力的文化会展产业核心区域。三是推进文化与旅游结合，打造具有国际国内影响力的国际旅游目的地。做好四季花卉轮替工作，办好和开发特色花卉节庆活动，策划四季主题花卉旅游新产品，突出传统"花城"新形象。依托广州新中轴线开发，打造广州旅游消费聚集区、城市会客厅和国际都市旅游发展示范区。加速引进国际品牌、国内知名品牌和专卖旗舰店，将广州建设成为国际品牌集聚地、流行时尚传播地、现代消费模式体验地。组建粤菜城市产业联盟，向世界宣传推广粤菜文化、传统技艺、习俗风情，擦亮"食在广州"的金字招牌。

（作者单位：中共广州市委党校）

粤港澳大湾区建设背景下强化广州国际商贸中心功能研究

卢玉华

广州素有"千年商都"之称，有悠久的商贸业历史和文化积淀，在城市的发展沿革中，商贸服务业扮演着举足轻重的角色，是广州城市发展的灵魂。从2200多年城市发展的历史轨迹可以看出，广州"因商建城、城因商兴"，商贸经济一直是城市发展的主业，无论在国内还是国际上，历史上广州商贸业都具有较大的影响力。广州曾经因为对外通商而繁荣，特别是明清时期广州长期一口对外通商，故而商贸底蕴深厚。中华人民共和国成立后，"广交会"的创立又使广州一度成为中华人民共和国最重要的进出口商品交易中心。改革开放以来，尽管广州在城市功能定位上曾先后树立多个引领性目标，如区域金融中心、区域科技中心、先进制造业基地等，但时至今日，被人们高度认同的，仍是广州作为全国乃至国际商贸中心的地位。从历史传承看，无论是古代海上丝绸之路、明清时期的国家商业中心还是新中国的进出口商品交易中心，都表明了广州城市灵魂与个性定位的核心，就是商贸。因此，建设国际商贸中心，既是对历史基因的延续，也是基于现实机遇和客观条件的必然选择。

一、广州建设国际商贸中心的历史路径

改革开放40多年来，毗邻港澳的独特区位和华南中心的交通枢纽优势以及强大的珠三角制造业支撑，成为广州发展商贸业得天独厚的优势。尽管广州在经济实力上实现了重大跨越，经济结构日趋多元，但以批发、零售、物流、会展等为主体的商贸服务业始终构成广州经济的第一支柱和最大优势。2008年，广州商贸服务业增加值达2350亿元，占地区生产总值的比重接近30%。[①] 根据城市总体发展战略规划，广州市政府明确提出了以"国际商贸中心"作为未来城市发展的战略定位，这是在综合考虑广州市产业基础、区位优势和资源禀赋，把握广州经济发展环境的基础上做出的一项重要战略选择。至2012年，经过改革开放30多年的发展，广州业已形成门类齐全，轻工业较为发达、重工业有一定基础，综合配套能力、科研技术能力和产品开发能力较强的外向型现代产业体系，广州建设国际商贸中心已取得阶段性成果。2012年9月，广州市委、市政府印发《关于建设国际商贸中心的实施意见》，提出到2020年，"基本建成市场开放度与贸易便利化程度高，国际国内两个市场资源配置功能强大，会展中心、购物天堂、贸易枢

[①] 广州市统计局：《广州市第二次经济普查资料汇编》，2010年。

纽、采购中心和价格形成中心、物流航空航运中心、区域金融中心、电子商务中心、美食之都等主体功能完备的国际商贸中心"①。2016年，国务院批复《广州市城市总体规划（2011—2020年）》，将广州的城市定位上升为我国重要的中心城市，并明确提出广州要建设国际商贸中心城市。

进入21世纪以来，以互联网技术为代表的新一代信息技术迅速向商贸流通领域渗透与推广，为现代商贸业发展注入了强大动力，深刻改变了传统商贸流通业。同时，随着全球贸易格局的变化，广州建设国际商贸中心面临重大机遇和严峻挑战。当前，我国正在大力推进"一带一路"倡议的落实，着力构建全方位对外开放新格局。广州作为国家中心城市，也是"21世纪海上丝绸之路"的重要枢纽城市，具有独特的地缘优势，因此，应该从国家层面来看待广州建设新型商贸中心的意义。广州建设新型商贸中心将着力增强城市综合服务功能和全球资源配置能力，这显然符合国家新一轮对外开放的战略需要，有利于更好地发挥广州作为对外开放的重要窗口和平台的作用，从而在全球化背景下促进我国企业参与国际合作与竞争，更有效地运用国内和国际两个市场、两种资源。

二、强化广州国际商贸中心功能是广州融入粤港澳大湾区建设的应有之义

2019年2月，中共中央、国务院印发《粤港澳大湾区发展规划纲要》（以下简称"《规划纲要》"），明确了广州在大湾区的定位，即"充分发挥国家中心城市和综合性门户城市引领作用，全面增强国际商贸中心、综合交通枢纽功能，培育提升科技教育文化中心功能，着力建设国际大都市"②。建设粤港澳大湾区是我国经济社会发展进入新时代的重大国家战略，把粤港澳大湾区建设成为世界级城市群，将构造我国开放发展的新引擎并进一步提升广州的城市功能定位。根据《规划纲要》对广州未来发展方向的表述，广州在国家全面推动粤港澳大湾区建设的背景下，今后的发展抓手之一仍然是国际商贸中心建设，并且要"全面增强"国际商贸中心"功能"。显然，全面增强广州市国际商贸中心功能已经被纳入建设粤港澳大湾区的大局，广州这座千年商都也迎来了发展黄金期，应该抓住这个历史新机遇，顺势而为、补足短板，全面增强国际商贸中心功能，巩固提升广州作为粤港澳大湾区区域发展的核心引擎地位。

从《规划纲要》对广州在粤港澳大湾区发展中的定位来看，全面增强国际商贸中心功能是实现系列定位的关键抓手，也是广州在粤港澳大湾区核心引擎地位发挥的题中应有之义。

（一）"充分发挥国家中心城市和综合性门户城市引领作用"的前提，需要广州全面增强国际商贸功能

国家中心城市必然是经济、文化等综合实力相对强大的城市，而综合性门户枢纽在历史上的形成与国际商贸有关，在当今经济全球化条件下更应强化其与国际经贸关系的

---

① 中共广州市委、广州市人民政府：《关于建设国际商贸中心的实施意见》，2012年9月19日。
② 中共中央、国务院：《粤港澳大湾区发展规划纲要》，2019年2月18日。

联结，其商流、物流、金融流、信息流及人流的规模、强度与范围必然越来越大。因此，增强广州的国际商贸功能，对建好国家中心城市和综合性门户城市具有基本的支撑作用。

（二）"综合交通枢纽功能"，需要广州全面增强国际商贸功能

交通枢纽固然需要有航空、航运、公路、铁路的建设，但交通枢纽功能的发挥则在于它所承载的货物"吞吐量"，即完成运载的客流量、货运量等。如果商贸不发达，货物吞吐量就无法做大，由此造成交通功能下降、运力闲置，交通枢纽的建设便无从谈起。因此，强大的商贸功能所带来的商品集散和商务活动的丰富，既需要发达的交通运输条件的配套支持，反过来又影响和制约着综合交通枢纽功能的实现。

（三）"培育提升科技教育文化中心功能"，有赖于广州国际商贸中心功能的提升

虽然科技文化与商贸活动看似关联度不大，但从当前的发展态势看，科技文化功能中包含一定的产业化比例。当今的商贸内容远远超出传统商业仅限于一般货物商品的范畴，其中也包含大量的非物质形态的产品或权利的交易。例如，知识产权交易已成为高端商贸市场的重要组成部分，而发达的文化产业更能带来大量文化产品贸易的机会。因此，从扩展和提升商贸内容的角度看，增强广州商贸中心功能将对科技文化教育中心功能的培育产生积极的影响。

（四）"着力建设国际大都市"，客观上要求广州不断强化商贸中心功能

强大的商贸功能是国际大都市辐射影响力的重要体现，也是国际大都市不可或缺的城市功能，国际上公认的著名大都市，如纽约、东京、伦敦等，均将强大的商贸功能作为其发挥国际影响力、竞争力的一个主要抓手。国际商贸已经不能仅仅被理解为外贸口径，而是围绕国际商贸已经形成丰富的国际商务服务体系，涵盖金融、物流、财务、法律、运输等诸多领域，构成了服务商贸的强大产业链条。从现代国际社会评价全球城市的指标体系来看，国际商贸以及围绕它所发展起来的跨国投资等商务活动的相关指标，都是评价一个城市量级的重要依据。

三、以大湾区建设为契机，全面增强广州国际商贸中心功能

在粤港澳大湾区城市群建设中，珠三角与港澳的城市群内部，既应有各成员的个性化定位与发展特色，更应有城市群的协同性、系统性的合力动作，才有可能取得整体系统的积极效应。当代产业间的关联性、渗透性和交叉性不断增强，而中心城市功能的提升也需要体现在与所在城市群其他城市间的协同上。因此，产业协同与区域协同、产业群与城市群的共建，是全面增强广州国际商贸中心功能的必要条件，广州要全面增强国际商贸中心功能，应对加强区域内外协同、产业纵横合作给予高度重视，并采取积极措施，抓住粤港澳大湾区建设的契机，以高质量发展推进广州国际商贸中心职能的提升。

（一）以"商贸+"推动商旅文融合发展

要全面增强国际商贸中心功能，必须突破狭义商贸的局限，通过"商贸+"的方式，提高产业间合作与协同水平。《规划纲要》强调要"构建现代服务业体系，聚焦服务业重点领域和发展短板，促进商务服务、流通服务等生产性服务业向专业化和价值链高端延伸发展，健康服务、家庭服务等生活性服务业向精细和高品质转变，以航运物流、旅游服务、文化创意、人力资源服务、会议展览及其他专业服务等为重点，构建错位发展、优势互补、协作配套的现代服务业体系"。这其中所提到的"商务服务、流通服务"，就是商贸中心建设的基本内涵，它的外延包括其他各类服务在市场上的交换和贸易。

当前，在政府行政体制改革中已经带来了有利于"文商旅一体化"协同发展的制度条件，《规划纲要》提出的与广州相关的若干文化、旅游项目建设，与广州商贸中心功能的增强是一致的。如《规划纲要》中提出的完善"文化创意产业坐标系""繁荣文化市场""支持广州建设岭南文化中心和对外文化交流门户"等内容，客观上都包含了对商旅结合的要求。文化创意产业的主要内容属于市场化，文化市场的发展是商贸中心功能的重要延伸，对外交流门户的功能也同样包括属于产业化可贸易的文化产品的"走出去"和"引进来"。同时，《规划纲要》提出支持广州等地"弘扬特色饮食文化，共建世界美食之都"，反映了广州商贸饮食业的特色与优势。目前，广州饮食业在社会商品零售额中的占比居全国一线城市之首，广州是国际上较为少见的可容中外各主要饮食类别于一城的都市，有"食在广州"的金字招牌，饮食业也将是持续增强广州国际商贸中心功能的一大支柱。《规划纲要》还提到，要"有序推动香港、广州、深圳国际邮轮港建设，进一步增加国际班轮航线，探索研究简化邮轮、游艇及旅客出入境手续"。邮轮母港是广州谋求商旅一体化并提升国际商贸中心功能的一个重要举措。近年来，广州已不断增强其作为旅游目的地的吸引力，在这方面，广州尚须抓住粤港澳大湾区建设的机遇，发扬自身在国内一线城市中历史文化传统积淀深厚的优势，进一步整合商、旅、文的资源与功能，形成全面增强国际商贸中心功能的新的增长极。

广州应大力推进商旅文融合发展，挖掘旅游市场潜力，推进标志性商圈、特色商圈、特色商业街以及大型购物中心等实现以"商旅文+互联网"为模式的发展。抓住体验消费兴起的发展契机，发展与吸引能带来大规模客流的服务项目，形成与长隆旅游度假区、万达文旅城协同的发展格局，重点抓好"广州塔—珠江黄金水道"商旅文示范区、北京路文化核心区、汉溪—长隆—万博商旅圈等商旅文融合重点功能区的建设和发展。推动建设南沙、黄埔大型邮轮（游艇）码头，加强与港澳地区邮轮旅游业合作，吸引国内外大型邮轮公司入驻，拓展国际航线邮轮业务，打造广州游艇旅游品牌。同时，要充分发挥广州历史文化资源丰富的优势，依托著名的历史文化旅游景点或功能区，以历史文化旅游带动商旅文融合发展，提升商旅文活动的品牌化、国际化水平。

（二）以改善营商环境推动广州国际商贸中心功能全面增强

粤港澳大湾区的营商环境目前已居全国前列，不仅香港、澳门的营商环境长期得到国际社会的好评，广州也曾获得福布斯等国际评价机构的认可，获评在中国内地营商环境第一。近年来，国内评价内地主要城市的营商环境质量，排在前四位的城市中，深圳、广州都在大湾区，这是粤港澳大湾区建设有竞争力的世界级城市群、实现高水平的全球资源配置的良好环境基础。

同时，粤港澳大湾区有着"一国两制"三个关税区的制度差异以及原有珠三角九市营商环境的差异，对大湾区加强市场与资源整合又构成一定的限制性影响。因此，《规划纲要》高度重视大湾区共同打造一流营商环境的问题，提出要"深化粤港澳合作，进一步优化珠三角九市投资和营商环境，提升大湾区市场一体化水平，全面对接国际高标准市场规划体系，加快构建开放型经济新体制，形成全方位开放格局，共创国际经济贸易合作新优势，为'一带一路'建设提供有力支撑"。广州在大湾区建设中要全面增强国际商贸中心功能，必然"提升大湾区市场一体化水平"，而这种一体化水平的形成，又有赖于营商环境的相对一致性。

《规划纲要》还提出："发挥香港、澳门的开放平台与示范作用，支持珠三角九市加快建立与国际高标准投资和贸易规则相适应的制度规则，发挥市场在资源配置中的决定性作用，减少行政干预，加强市场综合监管，形成稳定、公平、透明、可预期的一流营商环境。"为此，广州要充分借鉴、吸收香港、澳门营商环境建设的经验，以及此前深圳前海、广州南沙、珠海横琴等广东自贸区各片区创造的先行先试的营商环境建设中可复制、可推广的经验，研究出若干通用规则，进而把这些先进经验措施整合打包，率先在广州市范围内开始试验性复制、推广，同时加快落地实施《规划纲要》已经明晰的营商便利化措施，提供经过实践验证的广州范例，为大湾区整体营商环境，特别是内地珠三角九市营商环境的改善提供参考和蓝本。

（三）以电子商务发展新趋势推动广州国际商贸中心功能全面升级

近年来，随着全球贸易格局的变化和电子商务的兴起，广州国际商贸业既面临重大机遇，也面临严峻挑战。为了在未来商业版图重新划分的过程中占据有利位置，广州在建设国际商贸中心、提升商贸中心功能的过程中，要有新理念、新思路、新举措，既要立足于广州的实际，又要顺应经济与商贸发展的新形势与新趋势，实现由传统国际商贸中心向新型国际商贸中心的转变。广州要强化国际商贸中心功能，不但要把握全球商贸业发展的新趋势和新特征，还要立足自身特色，坚持走具有广州特色的新型国际商贸中心建设道路，在全球城市体系中找准自我定位。

进入21世纪以来，电子商务进入快速发展阶段，网络购物越来越受到消费者的青睐，在社会消费品零售总额中的占比快速上升。2001年，全国网络购物交易额仅6亿元；至2018年，我国实现电子商务交易额31.63万亿元，网上零售额9.01万亿元，均位居世界第一。2019年1月，《电子商务法》正式实施，为跨境电子商务海关监管、保护消费者权益和知识产权等方面提供了法律支持。展望未来，基于互联网的线上贸易额占比将继续攀升。

与此同时，移动电子商务呈现爆发式增长。2015年，中国移动端网购交易规模较上年增长123.8%，达2.1万亿元，占全部网络购物交易额的55.3%。跨境电商成为电子商务的新蓝海。2011年以来，中国跨境电商交易规模年平均增长30%以上，2018年达9万亿元。因此，我国把跨境电商作为新的外贸增长点和新的外贸渠道而大力扶持和培育，跨境电子商务规模将继续保持较快增长并对国际贸易产生越来越重要且深远的影响。

2015年以来，广州跨境电商规模一直保持全国第一；2018年，广州跨境电商进出口规模超过200亿元。这说明广州具有发展跨境电商的良好基础和有利条件。广州市政府也在这方面持续发力，先后于2016年、2018年印发并修订《加快广州跨境电子商务发展若干措施（试行）》，提出"推进中国（广州）跨境电子商务综合试验区建设，加快广州跨境电子商务发展，促进外贸经济转型升级"[1]的总体发展目标。今后，广州应充分发挥这一优势，做大做强跨境电子商务板块，成为全国跨境电子商务第一中心城市。

传统国际商贸中心主要依赖实体贸易网络，随着越来越多的商贸活动将电子商务作为主要交易方式，以信息流为先导的全球线上商贸网络逐步形成并快速发展，国际商贸中心相应成为这种线上商贸网络的重要枢纽。线上商贸网络不是实体商贸网络的简单叠加，而是深刻改变了原有的实体网络，并与之融合在一起。在未来，线上商贸网络的贸易量比重将逐步提高并将在创新商业模式、提高产业组织效率、激发市场活力等方面发挥日益重要的作用。广州可以通过鼓励基于互联网的新型商业模式和业态的发展，构建完善的电子商务支撑体系，支持新一代信息技术推广应用等举措，着力拓展线上商贸网络的深度和广度，提升广州电子商务的发展地位和量级。

广州要充分发挥作为跨境电子商务综合试验区的先行先试优势，叠加广东自贸试验区南沙片区的政策优势，成为中国跨境电子商务发展高地和亚太地区跨境电子商务中心城市。加快建设一批跨境电子商务示范基地和功能区，加大财政、税收、金融、用地、人才激励等方面的政策扶持力度，培育本土跨境电子商务示范和龙头企业，同时大力引进国内外优秀跨境电子商务企业落户。完善"海外仓"运营机制，建立线上线下融合机制，推进跨境电商公共服务平台建设，提升完善广州国际贸易的"单一窗口"，优化产业发展保障机制。

综上所述，新时代全面强化广州国际商贸中心功能，既符合国家新一轮对外开放的战略需要，也是巩固和提升广州"千年商都"地位的必然要求，在粤港澳大湾区建设的背景下，广州强化国际商贸中心功能的意义更为重大。因此，广州建设国际商贸中心必须把高质量发展摆在更为突出的位置，着力使国际商贸中心功能提质升级。

（作者单位：中共广州市委党史文献研究室）

---

[1] 广州市人民政府办公厅：《关于修订加快广州跨境电子商务发展若干措施（试行）的通知》，2018年4月4日。

对南沙粤港澳深度合作区制度创新的若干建议

卢兵彦

南沙自贸片区自挂牌以来,就突出粤港澳合作的主题,并在南沙枢纽区块规划建设粤港融合发展试验区,打造粤港深度合作示范区和粤港澳生产性服务发展基地。目前,中央将"共建创新发展示范区"纳入粤港澳大湾区规划,指出:支持粤港澳三地按共建共享的原则,在南沙规划建设粤港产业深度合作园,探索建设粤澳合作葡语国家产业园。在内地管辖权和法律框架下,营造高标准的国际化、市场化、法治化营商环境,提供与港澳相衔接的公共服务和社会管理环境。

粤港澳大湾区是在"一国两制"背景下谋求内地与港澳共建、共享、共赢的发展战略,拥有"三关三法三货币",即在一个国家两种制度背景下的三个关税区、三种法系、三种货币,这是粤港澳大湾区区别于其他大湾区的特色,也是其制度优势。但优势也是挑战,其中最大的障碍和困境是制度和法律层面的冲突问题,即港澳的规则标准如何适用于内地合作区。

南沙建设粤港产业深度合作区、粤澳合作葡语国家产业园,若采用与其他自贸区同等水平的开放政策和制度体系,沿用传统产业园、开发区的模式,既不符合中央的要求与期待,对港澳工商界、港澳投资者也欠缺具有竞争性的吸引力。我们建议将地方性法规的制定作为突破口,解决制度法律依据和管理机构的问题并实行一套与港澳衔接更紧密的制度政策体系。

一、制定《广东南沙粤港产业深度合作区条例》,解决创新发展示范区的法律授权问题

营造高标准的国际化、市场化、法治化营商环境,提供与港澳相衔接的公共服务和社会管理环境,制度创新是关键,构建港澳衔接更紧密的制度政策体系是健全法规政策体系的主要内容。开展制度创新,在创新发展示范区内引入香港或澳门标准规则、国际通行的投资贸易规则、现代法治管理理念,南沙首先需要立法授权,即报请上级人大或政府授予地方政府在创新发展示范区内适用法律和制定规范性文件的自主权。

一是争取中央对南沙与港、澳两创新发展示范区法律适用及管理制度建设给予概括性授权。《粤港澳大湾区发展规划纲要》对粤港产业深度合作区和粤澳合作葡语国家产业园的明确规划,是我们开展改革创新的主要依据,也有必要在内地和香港、澳门《关于建立更紧密经贸关系的安排》的补充协议中予以明确。由三方共同推荐专家组成专家团队研讨制定粤港产业深度合作区、粤澳合作葡语国家产业园发展规划的总体方案,经

三方共同审议通过后报请中央批准,对产业发展、基础设施建设、公共服务设施、国际营商环境构建及社会治理等各领域港、澳规则标准的引入进行原则性规定,给予地方政府及创新发展示范区管理机构在区域内法律适用和制定规范性文件的自主权。上级对创新发展示范区事务的管理权限可以负面清单的形式列出。

二是开展广东省地方立法,内化国际通行规则。在中央先行先试授权下,由广东省人大制定《广州南沙粤港产业深度合作区条例》《广州南沙粤澳合作葡语国家产业园条例》两个地方性法规,分别作为南沙粤港产业深度合作区、南沙粤澳合作葡语国家产业园的基本法。这两个条例与《广州南沙新区条例》《中国广东自由贸易试验区条例》属同等法律效力层级。

在制定程序上,两个条例建议由南沙自贸片区会同港澳三方共同选聘来自三地的法律专家拟写条例建议稿,委托第三方机构评估论证通过后,报请省人大按照地方性法规的制定程序发布实施。

在内容上,两个条例要明确粤港产业深度合作区和粤澳合作葡语国家产业园的定位,设立法定机构、区内制度创新空间并提供法律保障。具体内容包括创新发展示范区的开发、建设、运营、管理架构,为创新发展示范区体制机制的创新提供依据和空间,授权南沙自贸片区制定相关领域的指引,从而在创新发展示范区内适用香港或澳门的制度规则,为引入港、澳规则标准和国际通行的投资贸易规则提供依据。

二、在当前适用的法律规则类型之外,创设一种新的法律渊源,即采用拿来主义原则,以最优适用为规则,制定相关领域适用的指引,为在创新发展示范区内适用港、澳及国际通行的规则标准寻找出路

目前,南沙自贸片区适用的法律规则类型有法律、行政法规、地方性法规、政府规章及规范性文件,相比前海地处特区可以变通适用市法规规章,缺少了制度创新的灵活性。而南沙自贸片区要建设粤港澳创新发展示范区,必须依靠制度创新,这是粤港澳各方创新性社会管理与服务体系落实的一个前提条件。如何解决在内地管辖权和法律框架下营造高标准的国际化市场化法治化营商环境和提供与港澳相衔接的公共服务和社会管理环境之间的矛盾,引入"指引"这种新的法律渊源不失为一种积极的探索。

一是制定相关领域适用港、澳规则标准的指引。为促进创新发展示范区的发展,南沙自贸片区及其创新发展示范区管理机构可以在我国法律框架下、不与法律基本原则相违背的前提下,依照权限制定有关法规、规章、决定和命令在区域内施行;创新发展示范区管理机构可以按照授权,根据需要,在不与国内法律相冲突的前提下以香港标准制定具体的管理运作规则及规范性文件。但是,在港、澳规则标准与国内规定不一致的情况下,就会出现法律适用的冲突。此时,若要在港、澳创新发展示范区内适用港、澳规则标准,就要制定解决冲突的规则,可以采用制定"指引"的方式,在相关领域适用香港、澳门的制度政策或规则标准。用"指引"的方式将香港、澳门适用的相关规则标准引入创新发展示范区内,在粤港产业深度合作区适用香港相关领域的规则标准,在粤澳合作葡语国家产业园适用澳门的规则标准,为港人、澳人提供其更熟悉、信赖的制度政

策供给。

引入程序上，可以由港、澳创新发展示范区管理机构依职权和需要提出引入建议，也可以由其企业、行业协会或社会团体等公共组织提出引入建议。由创新发展示范区管理机构委托第三方专家科研团队对引入草案的内容和形式进行评估，评估通过后，由委托机构或机关进行审查，审查通过后，报上级政府备案或批准。

引入内容上，有关政治体制、刑事责任以及亲属、婚姻等涉及人身、身份关系等事项避免引入；技术性较强的标准规范，反映市场经济规律、公共社会服务等则可以大胆引入，如可以引入香港建设规划设计、发展管理、建设管理等标准、国际通行的贸易规则及纠纷解决机制，在居民自治方面适用香港通行的标准契约，在范围上还可以引入外国国际通行的规则和惯例。

引入方式上，除由创新发展示范区管理机构或其上级授权机关制定适用港、澳规则标准的指引外，在经济领域，可通过民商事主体之间订立合同的方式，约定有关合同事项适用港、澳标准规则和通常做法，将香港标准内化为合同双方的权利和义务，由此对合同双方产生约束力。

引入注意事项上，避免简单引入标准规范的条文，应当仔细甄别，避免机械照搬，对已显现滞后性或者阻碍性的，在引入过程中应进行抛弃或改造升级，避免出现已经显现的弊端。标准规则本身并不存在"孰优孰劣"，只有其是否更能契合客观实际需要的差别。故而，引入前我们要仔细甄别，选择符合客观实际需要的规则标准。

二是建立港、澳规则标准引入审查机制。既然国内与香港或澳门的规则标准可能存在冲突，那么在何种领域引入香港、澳门规则标准呢？我们既要引入香港、澳门规则标准，又要保障其在国内管辖和法律框架下进行，那么我们就要在引入程序上予以把关，建立港、澳规则标准审查机制，对港、澳规则标准的内容和有效性进行甄别。

审查的范围上，对民商事领域以合同形式约定之外的标准和规则，原则上应提请审查，确保引入的相关标准规范不违反国家强制性法律法规。

审查的提请机制上，由创新发展示范区管理机构相关工作部门以及行业商协会等公共组织在充分征询各方意见后提请审议。提请审议前，由创新发展示范区管理机构相关工作部门以及行业商协会等公共组织进行初步调研和筛选、论证可行性，需要审查批准的，依程序提请审议。

标准的审查、评估机制上，由创新发展示范区管理机构成立的标准审查委员会及相应专业委员会对拟提请的标准进行可行性、必要性、合法性分析，提出审查意见后，报示范区管理机构研究确定；按有关规定需要报备的，报有关部门备案；对涉及上级事权的，按程序报批。由专家委员会对标准引入的实施效果进行定期评估，对出现问题的标准提出调整或暂停实施的建议，由示范区管理机构进行修订调整或暂停实施。

审查标准上，可以设禁止引入、选择引入、不完全引入、直接引入4个层级。涉及政治制度、基本经济制度、全国人大立法权保留事项及公民基本政治权利、人身权利、财产权利的标准规范一律适用内地现有的标准规范，禁止引入港、澳规则标准；涉及公共安全、环境安全领域，在符合国内现有的强制性标准和法规的基础上，可选择引入更为先进的、更加安全的港、澳通行标准；政府管理、公共机构管理方面可综合考量港、澳标准规则得以有效施行的环境因素,立足自贸片区实际,引入港、澳标准规则制定背后的精神及原则,改进国内现有的规则标准;不涉及政治、经济及公共安全的领域,在不违反国家强制性规定或者国家未作出强制性规定的前提下,可以径直引入港、澳成熟的规则标准,如商事规则、公共服务领域。

三是港、澳规则标准的适用应遵循择优选择、意思自治的原则。适用港、澳规则标准,不是为了降低标准,也不是为了提高标准,而是在港人、澳人投资、兴业、安居的区域适用港人、澳人更熟悉、更具权威、更可信赖、更可预期的制度规则,最终目的是促进创新发展示范区的建设和发展。港、澳规则标准和国内规则标准哪个更有利于创新发展示范区的建设和发展则选用哪一标准。在国家强制性法律领域以外,充分尊重当事人的意思自治,在行政管理和社会治理、服务领域,行政管理机构及其授权机构可以参照适用港、澳规则标准。在民商事领域,当事人可以以合同的形式,约定选择产品或服务的标准及相应纠纷的解决方式,可以选择国内标准,也可以选择香港标准;对于有争议的可以选择国内仲裁机构解决,也可以选择香港或澳门的仲裁机构;裁决依据可以选择依据国内的法律进行裁决,也可以选择依据香港或澳门的法律进行裁决。

三、以法定机构的形式设立粤港产业深度合作区和粤澳合作葡语国家产业园管理机构,组织实施和保障创新发展示范区建设管理和服务

南沙自贸片区已经依据《中国(广东)自由贸易试验区广州南沙新区片区明珠湾区建设管理局设立规定》《中国(广东)自由贸易试验区广州南沙新区片区产业园区开发建设管理局设立规定》两部市政府规章成立了明珠湾区建设管理局、产业园区开发建设管理局,其法律性质为法定机构、具有法人资格,接受广州南沙经济技术开发区管理委员会、中国(广东)自由贸易试验区广州南沙新区片区管理委员会、广州南沙保税港区管理委员会(以下简称"管委会")的领导,承担区域内规划和土地管理、建设管理、投资计划管理、招商引资、探索政府和社会力量共同参与的运营管理模式和统筹协调城市基础设施、公共服务配套设施的运营和维护管理等职责。南沙粤港产业深度合作区、粤澳合作葡语国家产业园的规划、建设、管理和服务等工作得以顺畅开展及推进,也需要成立专门的管理机构。

一是南沙粤港产业深度合作区、粤澳合作葡语国家产业园管理机构依据《广州南沙粤港产业深度合作区条例》《广州南沙粤澳合作葡语国家产业园条例》两部地方性法规设立。此外,还应当设立由粤港和粤澳组成的南沙粤港产业深度合作区、粤澳合作葡语国家产业园管理机构协调委员会。

二是明确创新发展示范区管理机构的法律地位、行政地位、职责、治理模式等内容。南沙自贸片区粤港产业深度合作区、粤澳合作葡语国家产业园管理机构的法律性质为法定机构、具有法人资格,接受广州南沙经济技术开发区管理委员会、中国(广东)自由贸易试验区广州南沙新区片区管理委员会、广州南沙保税港区管理委员会(以下简称"管委会")和南沙区人民政府的领导,承担区域内规划、建设、管理和服务等职责。由自贸片区有关机构制定创新发展示范区管理机构人事管理制度,配备专门人员负责区域

内的管理、服务工作，集中专业人员、力量建设创新发展示范区。

三是构建创新发展示范区内民商事纠纷的解决机制。在创新发展示范区内发生的民商事纠纷案件由南沙自贸片区法院集中管辖，自贸片区法院培养专业的审判队伍研究、审理创新发展示范区内民商事纠纷案件，充分发挥南沙自贸片区法院专业化审判职能作用；邀请港、澳陪审员参与个案审理，增强创新发展示范区内民商事案件审判的对外影响力和公信力。充分发挥中国南沙国际仲裁中心的解决仲裁解纷作用，引导创新发展示范区内的民商事主体选择仲裁的方式解决纠纷，发挥仲裁解决纠纷既可以选择依据国内的法律进行裁决，也可以选择依据香港或澳门的法律进行裁决，充分尊重当事人意思自治的优势。

（作者单位：广州市南沙区人民政府办公室）

粤港澳大湾区视域下广州市人才战略刍议

黄 滢

人才是第一资源，一个国家和地区的综合实力竞争，归根到底是人才竞争。习近平总书记曾多次强调，要加快实施人才强国战略，确立人才引领发展的战略地位。广州市委、市政府高度重视人才工作，紧密围绕中央和省委关于深化人才发展体制机制改革的部署要求，大力实施人才强市战略，大力推进人才发展体制机制改革创新，着力把人才作为"第一资源"的作用充分发挥出来。

一、广州市人才战略优化提升的背景分析

党的十八大以来，中共中央将人才工作放在极其重要的位置，明确提出要实施人才优先的战略布局。广州市委、市政府紧密围绕中央和省委关于深化人才发展体制机制改革的部署要求，着力把人才作为"第一资源"的作用充分发挥出来。进入新时代，《粤港澳大湾区发展规划纲要》提出"打造教育和人才高地"。在这一特殊背景下，广州市采取措施进一步推动人才工作格局战略性提升，抓住历史机遇，集聚高层次人才。

（一）政策基础：广州市逐渐形成人才政策体系

2015年6月，国务院印发了《关于大力推进大众创业万众创新若干政策措施的意见》，发出"大众创业、万众创新"的号召。随后，各地纷纷开展"双创"活动。为了吸引人才，各地出台各种人才政策。

2016年，广州市出台了《中共广州市委 广州市人民政府关于加快集聚产业领军人才的意见》（穗字〔2016〕1号）及具体落实该《意见》的4个政策（《羊城创新创业领军人才支持计划实施办法》《广州市产业领军人才奖励制度》《广州市人才绿卡制度》《广州市领导干部联系高层次人才工作制度》），正式形成了集聚现代产业人才、促进创新驱动发展的"1+4"政策体系。

2017年年底，广州市出台《广州市高层次人才认定方案》《广州市高层次人才服务保障方案》《广州市高层次人才培养资助方案》3份文件，给各行业领域高层次人才提供在全国极具竞争力的住房保障、资助补贴、子女入学等方面待遇。同时，市政府印发《广州市人民政府办公厅关于实施鼓励海外人才来穗创业"红棉计划"的意见》。该《意见》指出，从2018年起5年内每年引进并扶持不超过30个海外人才来穗创业项目，集聚一大批具备较高专业素养和丰富海外工作经验，掌握先进科学技术、熟悉国际市场运作的海外创业人才；培养和孵化一批创新型企业集群，打造高端、高质、高新的现代产

业新体系,推动新常态下我市产业转型升级,打造海外人才创新创业集聚高地。①

2018年,广州市印发《广州市"岭南英杰工程"实施意见》(以下简称《实施意见》)。该《实施意见》提出,争取用5年时间,培养20名位于国际科技前沿的中国科学院、中国工程院院士后备人才,200名具有国内领先水平的国家级重大人才工程人选后备人才。②

广州逐渐形成了具有广州特色的人才政策体系并持续优化,这为广州进一步探索人才发展体制机制创新、营造良好的人才发展环境奠定了良好的政策基础。

(二)历史机遇:粤港澳大湾区"打造教育和人才高地"

2019年2月18日,中共中央、国务院印发《粤港澳大湾区发展规划纲要》(以下简称《规划纲要》),对粤港澳大湾区的定位、目标、发展路径等做出全面规划。人才是第一资源,粤港澳大湾区的发展离不开教育和人才的支撑与保障。为提升粤港澳大湾区的国际竞争力,《规划纲要》提出"打造教育和人才高地","对教育、人才工作的部署既有目标任务,也有重大举措,理念先进、重点突出、责任明确,对加快发展粤港澳大湾区教育和人才工作做出顶层设计,充分体现了党中央、国务院对大湾区教育和人才工作的高度重视和殷切期望,对于深入推进大湾区教育发展和人才建设,着力提升教育科技水平,建设人才强国、教育强国,都具有重大的现实意义和深远的历史意义"③。

《规划纲要》提出"打造教育和人才高地"并出台一系列具体措施,实际上为珠三角九市,尤其是为广州市创造了巨大的历史机遇。改革开放以来,广州得改革开放风气之先,凭借毗邻港澳的地理优势,成为华南地区教育和科技创新资源最为密集的城市,优质的人才资源为广州在改革开放伟大实践中"先行一步"贡献了智慧和力量。进入新时代,新一轮科技革命和产业变革蓄势待发,粤港澳大湾区的建设发展既面临重大机遇,也面临诸多现实挑战。在这一背景下,广州迎来了发展跃升的历史性战略机遇期,要充分利用粤港澳大湾区建设的重大机遇,紧紧抓住粤港澳大湾区建设这个"纲",在粤港澳大湾区建设中发挥核心引擎作用。乘粤港澳大湾区"打造教育和人才高地"的东风,打造现代产业新高地和国际化人才新高地。

二、广州市人才战略优化提升的需求分析

在这一阶段,广州市的发展呈现出其特有的阶段特征,同时也对人才战略的优化提升产生了特有的需求。基于这些需求,广州市迫切需要对人才战略实施优化提升,同时,这也为广州市进一步优化提升人才战略提供了新的动力和新的方向。

---

① 广州市人民政府办公厅:《广州市人民政府办公厅关于实施鼓励海外人才来穗创业"红棉计划"的意见》(穗府办规〔2017〕21号),2017年12月12日。

② 中共广州市委组织部、广州市人力资源和社会保障局:《中共广州市委组织部广州市人力资源和社会保障局关于印发〈广州市"岭南英杰工程"实施意见〉的通知》,2018年1月10日。

③ 周洪宇:《打造粤港澳大湾区教育和人才高地》,载《光明日报》2019年3月11日第16版。

（一）提升广州城市竞争力的需求

改革开放的过程中，全球资本、技术、人才涌向广州，40 年的发展给了广州充足的底气。站在新的历史起点上，广州需要进一步提升自身的城市竞争力，积极构建高端、智能、绿色的现代服务业产业体系，以巩固其在粤港澳大湾区中的重要增长极地位，发展要"从一般要素驱动开始向高端要素驱动加快转换，从依靠低成本土地和劳动力驱动发展阶段开始转向依靠制度文化、高端投资和创新驱动发展阶段"①。当前，放眼粤港澳大湾区中的各个城市，"与香港、澳门和深圳相比，广州在地区生产总值增长率、劳动参与率、人口总数与人口结构方面表现出优势"。但不容忽视的是，广州在"地区生产总值、人均地区生产总值、财政能力及对外开放水平方面表现出劣势"，具体表现在"广州的地区生产总值明显低于香港，且人均地区生产总值是四个中心城市中最低的；广州的财政收入和财政支出均低于深圳，且差距在逐渐拉大；与此同时，广州的对外开放水平远低于深圳，主要是因为广州的对外承包工程业务营业额和进出口总额明显低于深圳"②。

人才是现代经济社会发展最重要的要素，为了进一步提升城市竞争力，粤港澳大湾区各地已经展开"抢人"大战。香港特区政府推出一项为期 3 年的"科技人才入境计划"，旨在通过快速处理入境安排，为香港科技公司和机构输入海外和内地科技人才。澳门则营造金融保险、中葡双语、海洋经济和创新型人才培育、优化海外人才回流的政策环境。此外，深圳出台"鹏程英才计划""鹏程孔雀计划"，珠海、中山出台"英才计划"，东莞出台"蓝火计划""特色人才特殊政策"，惠州出台"人才双十行动"等，各地都为了招揽高层次人才而推出创新举措。可见，粤港澳大湾区内的"抢人大战"已经进入白热化阶段。广州想要进一步增强自身在粤港澳大湾区中的城市竞争力，就必须扭转劣势，对人才战略进行优化升级，才能在粤港澳大湾区内的"抢人大战"中脱颖而出，广聚天下英才而用之。

（二）促进粤港澳大湾区融合发展的需要

从全国范围来看，粤港澳大湾区拥有丰富的高校资源，聚集了一大批高水平的重点实验室与科研机构，形成了以广深港澳科技走廊为核心的产学研合作区，这些高端创新资源为大湾区人才创新、创业创造了环境。但是放眼世界，与国际一流湾区相比，粤港澳大湾区在聚集人才优势资源方面依然还存在一定的差距。只有充分强化粤港澳大湾区的人才聚集力，才能切实促进粤港澳大湾区的融合发展，从而为我国在世界经济深度调整和科技竞争日益激烈的环境中赢得一席之地，为全国改革开放再出发提供新鲜经验。

粤港澳大湾区在人才协同发展方面也面临着重大的挑战。粤港澳大湾区"特有的'9 + 2'的城市构成，分属不同关税区，拥有不同法律制度和行政体系，是导致人才发展不协同的重要原因，主要体现为人才结构、平台载体、引才机制、人才流动、发展环境

---

① 阮晓波：《建设国际创新枢纽城市的人才战略研究》，载《广东科技》2017 年第 12 期。
② 崔聪慧、覃成林：《广州在粤港澳大湾区中的竞争力分析》，载《特区实践与理论》2019 年第 4 期。

等方面的不协同问题"①。这一问题体现在许多具体方面,例如,粤港澳大湾区内国际人才比例较低,尤其是高层次海外人才相对较为缺乏;教育资源虽然丰富,但匮乏世界一流的教育资源;人才流动机制尚不完善,尤其是港澳地区与珠三角城市的人才流通渠道不畅。

抓住教育和人才就是抓住了粤港澳大湾区的未来。面临上述挑战,粤港澳大湾区内各地有必要进行进一步的融合发展,尤其是在人才协同发展方面。广州作为中心城市,在促进粤港澳大湾区人才协同发展方面具有不可推卸的责任,应充分发挥中心城市的引领作用,主动出台相关举措,进一步深化粤港澳大湾区人才交流合作,打造更具吸引力的环境,出台更积极、更开放、更有效的人才政策。

三、广州市人才战略优化提升的具体举措

为了进一步优化提升人才战略,促进粤港澳大湾区人才协同发展,广州市在原有人才政策体系的基础上,进行了一系列政策调整、思路变更和对策转换。

(一) 积极配合粤港澳大湾区的"人才新政"

为构建起"人才湾区",在全球人才战争中积极发力,实现"弯道超车",粤港澳大湾区出台了一系列具有竞争力的"人才新政"。广东省出台了《关于粤港澳人才合作示范区人才管理改革的若干政策》、支持广东自贸区建设及创新驱动发展的16项出入境政策措施、《关于加快新时代博士和博士后人才创新发展的若干意见》、《关于深化职称制度改革的实施意见》、人才优粤卡政策和《关于加强新形势下引进外国人才工作的实施意见》等,在推进粤港澳大湾区人才发展体制机制改革、进一步优化吸引和聚集海外高层次人才创新创业的人才发展环境等方面进行了创新探索。此外,如前所述,各城市也积极配合在粤港澳大湾区中的城市定位和主导产业制定差异化人才政策。这样一来,粤港澳大湾区内构建起多层次、多角度的人才政策体系,在全国范围内具有显著的优势和吸引力。

粤港澳大湾区充分发挥拥有自贸区的优势,"享受在广州南沙新区、深圳前海蛇口片区和珠海横琴新区片区等自贸区区域实现政策创新与先行先试的一大优势"②。以南沙新区为例,广州出台《广州南沙新区(自贸片区)集聚人才创新发展若干措施》及其实施细则等政策措施,在人才引进、奖励、保障、培养等方面体现出政策亮点。尤其是在人才服务方面,广州在南沙新区做出了创新:一方面,落实人才市民待遇,实行直接引进与柔性引进相结合,"经自贸区南沙片区认定的港澳及外籍人才,可直接办理广州市人才绿卡,在不改变原籍和身份的基础上享受广州市市民待遇";另一方面,提供高端人才专属定制服务,"持卡人可享受子女优先入学、本人及家属入户、便捷通关、优先就医、免

---

① 陈杰、刘佐菁、苏榕:《粤港澳大湾区人才协同发展机制研究——基于粤港澳人才合作示范区的经验推广》,载《科技管理研究》2019年第4期。

② 全球化智库(CCG):《粤港澳大湾区人才发展报告》,2018年12月13日。

费体检、消费优惠等12项优质服务"①。这充分体现了广州积极为粤港澳大湾区聚集人才作出探索，充分配合粤港澳大湾区的"人才新政"。

（二）出台城市人才发展战略性文件

为贯彻落实《规划纲要》中关于建设国际科技创新中心、打造人才高地等战略部署，为广州发挥好粤港澳大湾区区域发展核心引擎作用提供坚强的人才保障和智力支撑，广州市委、市政府于2019年6月正式发布《关于实施"广聚英才计划"的意见》（以下简称"《意见》"），提出了19项创新举措。《意见》的出台，是广州市将聚才视野拓展到粤港澳大湾区的优化提升人才战略的重大举措，也是《规划纲要》颁布后，大湾区内出台的首个城市人才发展战略性文件。

"广聚英才计划"为全力集聚国内外"高精尖缺"人才、全方位优化人才发展环境，加快构筑具有高度竞争力、辐射力、引领力的全球创新人才战略高地提供了具体的政策保障。在人才评定方面，经市高端创新人才举荐委员会委员联名推荐并通过公示的人才直接被认定为市高层次人才或入选相应市级人才项目；鼓励处于行业领先地位的企事业单位自主建立人才评价标准并支持纳入全市行业人才评价体系；开辟突出贡献人才、高层次留学回国人才职称评定"绿色通道"。在待遇保障方面，战略科学家团队实施"团队带头人全权负责制"，被赋予用人权、用财权、用物权、技术路线决定权、内部机构设置权和人才举荐权，优先保障经费支持和工作条件。在团队激励方面，滚动支持或追加资助成长性好或业绩突出的产业人才团队，探索按"一人一策""一企一策"方式量身创设发展条件，扶持人才一路"快马加鞭"。在资金服务方面，探索实施"人才投""人才贷""人才保"项目；研究设立较大规模的人才创新创业基金。建立"人才服务银行"为高层次人才创业提供最高2000万元免抵押、免担保的人才信用贷款。在医疗教育方面，"上管老下管小"，在市属三甲医院探索实施国际医疗保险结算服务；在部分中小学探索开展双语教学试点。在住房保障方面，为高层次人才提供住房补贴或免租入住的人才公寓；对来穗工作的博士后、博士给予安家费或生活补贴，支持各区为硕士生、本科生等青年人才提供安居保障。

《意见》作为广州市人才发展战略性文件，具有非常鲜明的特点。一是推动聚才视野战略性转变，紧紧围绕"湾区所向、港澳所需、广州所能"，以粤港澳大湾区的发展方向、港澳地区的具体需求以及广州的优势特点为落脚点，强化国家中心城市和省会城市的责任担当，将聚才视野拓展到粤港澳大湾区，注重提升人才国际竞争力。二是推动人才政策战略性优化，对标粤港澳大湾区建设，优化整合现有人才政策体系，推出系列创新政策，重点聚焦在粤港澳大湾区发展所需的高端专业人才上。三是推动人才工作格局战略性提升，"积极发挥市人才工作领导小组在全市人才工作中的战略谋划、宏观指导、综合协调和督促检查功能，着力构建上下联动、左右协调、齐抓共管的工作局面，凝聚推动全市人才工作创新发展、助力大湾区建设的整体合力"②。

---

① 南沙区发改局：《广州南沙新区（自贸片区）集聚人才创新发展的若干措施》，2017年10月13日。
② 广州市人才工作领导小组办公室：《"广聚英才计划"解读》，2019年8月20日。

四、结语

发展是第一要务,人才是第一资源,创新是第一动力。进入新时代,为进一步发挥人才"第一资源"作用,进一步强化创新"第一动力"、助推发展"第一要务",广州在新的时代背景下,以建设粤港澳大湾区为契机,遵循粤港澳大湾区发展战略和省市工作部署,以产业发展为导向,以培养引进高精尖缺人才为重点,推进人才政策创新,提高人才培育引进与产业转型升级的匹配度。广州将在新的起点再出发,大胆探索、先行先试,为打造粤港澳大湾区人才高地贡献力量。

(作者单位:中共广州市委党史文献研究室)

广州"国际大都市"城市定位的发展历程探析

卢玉华

2019年2月,中共中央、国务院印发《粤港澳大湾区发展规划纲要》,将香港、澳门、广州、深圳4座大湾区中心城市作为区域发展的核心引擎。其中,对广州的发展定位为"充分发挥国家中心城市和综合性门户城市引领作用,全面增强国际商贸中心、综合交通枢纽功能,培育提升科技教育文化中心功能,着力建设国际大都市"[①],再一次明确了广州的发展目标是建设国际大都市。实际上,早在20世纪90年代,广州就提出了建设国际大都市的城市战略定位,然而,在随后的20多年里,这一城市定位也并非一成不变,其间也经历了城市发展定位的修正与变更。梳理广州建设国际大都市城市发展定位从酝酿、提出、淡化,进而接续发展,以及在更高水平上提升的过程,成为观察广州改革开放发展历程及其前景走向的重要角度。

一、广州建设"国际大都市"城市定位的提出与淡化

20世纪80年代以来,国际化成为时代的基本特征之一,在全球社会、经济、文化一体化程度逐渐加强的过程中,国际大都市作为其一体化的空间载体,也成为全球商品、服务、资本、技术、信息、人才等一系列要素流动与扩散的集散地。1984年,广州被国务院列为全国沿海开放城市、计划单列市和经济体制综合改革试点城市,体现了广州在全国改革开放战略布局中的重要地位。广州的外向型经济也得到迅猛发展,经济国际化水平得以不断提升。为了更好地发挥广州作为华南地区中心城市的作用,1986年3月,广州制定的第七个五年计划明确提出:"把广州建设成为具有强大的内外辐射能力、高度文明、多功能的社会主义现代化中心城市"[②],拉开了建设现代化中心城市的帷幕。随着改革开放的不断深入,广州经济社会实现跨越式发展,中心城市功能不断增强。

(一)"国际大都市"城市定位的酝酿

广州作为"千年商都",商贸业一直比较发达,市场较为繁荣,市场发育水平一直处于全国前列,不仅是华南地区乃至全国重要的商品集散地,也是全国著名的消费示范城市和外商进入的"中转站"。改革开放以来,随着外向型经济的发展和第三产业的兴起,广州的市场化水平不断迈向新高,至20世纪90年代初期,已拥有较为发达的批发

---

① 中共中央、国务院:《粤港澳大湾区发展规划纲要》,2019年2月18日。
② 《广州市经济社会发展第七个五年计划》。

零售网络、先进的商贸设施、灵活多样的经销方式，而且逐步形成了包括商品、要素、产权交易及期货在内的配套的市场体系。此外，由于金融、保险、信息、旅游等新兴产业的发展以及外国机构、外资企业的大量进驻，广州各类市场中介组织日益发达，与市场运作相关的各类法规也不断完善，在珠三角城市中形成了较为突出的示范效应。其强大的综合经济实力、优越的门户城市定位、完善的基础设施、发达的第三产业、齐全的经济门类，使广州对珠三角、华南乃至全国具有较强的辐射作用，也奠定了广州作为区域中心城市的不可替代的作用。到了1991年，城市综合实力跃居全国第三位，为国际大都市的目标提出与建设奠定了良好的基础。

实际上，建设国际大都市的提法，是在20世纪90年代初由广州官方开始提出的，当时对广州的发展目标定位为"现代化大都市"。1991年8月，广州市政府常务会议通过的《广州市国民经济、社会发展十年规划和第八个五年计划纲要》提出：要"把广州建成繁荣、安定、文明、美丽的社会主义现代化大都市"①。

1992年春，邓小平同志视察南方并发表重要谈话，希望广东争取用20年时间赶上亚洲"四小龙"。1992年4月，广州市委召开工作会议，学习贯彻邓小平视察南方的重要讲话精神，会议决定，力争用15年左右的时间实现现代化，人均国内生产总值全面赶上亚洲"四小龙"同期平均水平，明确提出了"把广州建设成为现代化的大都市"②的奋斗目标。此时对广州所提出的目标定位，依然是"现代化的大都市"。

(二)"国际大都市"城市定位的提出

真正明确提出要建设"国际大都市"这一目标，还是在1992年邓小平南方谈话和党的十四大之后。1992年10月，党的十四大提出"力争经过20年的努力，使广东及其他有条件的地方成为我国基本实现现代化的地区"③的战略目标。广州市委认为，广州作为全省乃至华南最大的中心城市，原有基础比较好，作为全国综合配套改革试验区、广东省省会城市和对外开放的"桥头堡"，以及华南地区经济、政治、交通、金融、科技、信息、文化的中心，是有这个基础和条件的，有条件在全省现代化进程中"先行一步"，应力争用15年左右的时间率先基本实现现代化，全面赶上亚洲"四小龙"。为此，市委经过充分酝酿，广泛听取各方意见并经专家学者研究论证和广大市民深入讨论，确定了用15年左右的时间基本实现社会主义现代化，力争把广州建设成为社会主义现代化国际大都市。

为进一步厘清现代化大都市的内在要求和广州建设国际大都市的软硬件条件，在此前后，广州市政府、社科理论界围绕广州建设国际化大都市的目标定位，多次强调并不断对该目标进行拓展和深化。1992年12月，《广州日报》连续刊登了4篇广州市市长黎子流围绕广州建设国际大都市谈发展思路的文章，第一篇就是《跨世纪的选择与战略：

---

① 广州市政府：《广州市国民经济、社会发展十年规划和第八个五年计划纲要》，1991年8月9日。
② 《解放思想 抓住机遇 加快我市发展步伐》，载《广州日报》1992年4月21日。
③ 江泽民：《加快改革开放和现代化建设步伐，夺取有中国特色社会主义事业的更大胜利》，载《江泽民文选》第一卷，人民出版社2006年版，第230页。

现代化国际大都市》。它全面回答了广州建设现代化国际大都市的固定资产投资规模以及筹集这笔巨额资金的渠道和方法，强调广州是全国的广州，要充分发挥优势，继续先走一步，做好深化改革、扩大开放这篇大文章，建造21世纪的"大磁场"，以吸引更多的外来资金和人才，同时要以现代化的意识、措施和手段，不断地研究、解决新的矛盾和问题，特别是交通管理、社会治安和计划生育等方面的问题，加快城市管理现代化的步伐。

在这一时期，广州市委还组织国内外专家学者和相关部门就广州建设现代化国际大都市的课题进行了广泛的调查研究和理论研讨活动，举行了一系列建设国际大都市的理论研讨与宣传推介活动。1993年3月，广州召开建设现代化国际大都市理论与对策研讨会，会议集中讨论广州向现代化国际大都市发展的客观必然性以及存在的问题和对策，认为应强化广州的城市服务功能，突出基础设施的现代化建设，摒弃建设卫星城的结构模式，以城市内部结构的多中心化和城市区域群体化的现代城市结构为依据来开发新城区，规划老城区。1993年4月，"现代化国际大都市：迈向21世纪的广州"国际研讨会成功召开，专家们对广州建设现代化国际大都市的发展目标、战略思路和有关政策提出了许多新颖的有价值的意见，呼吁加强水资源的保护，对因城市建设开发而致绿化面积减少表示忧虑。1994年10月，"现代化国际大都市：迈向21世纪的广州"第二次研讨会成功举办，市长黎子流做了题为《加强国际交流合作，加快广州国际大都市建设步伐》的报告，明确广州要由区域性的中心城市向国际大都市迈进。

在社科理论界不断为广州建设现代化国际大都市展开研讨的同时，为进一步明确目标、细化步骤，从1992年下半年起，市政府组织起草《广州市十五年基本实现现代化总体发展方案》。1993年7月，《广州市十五年基本实现现代化总体发展方案》正式颁布，提出要将广州"初步建成具有强大内外辐射能力的现代化国际大都市"①。同时下发的还有14个附件，包括高科技轻型工业、交通运输业、商品流通业、金融保险业、建筑与房地产业、旅游服务业、市场体系建设、第三产业、社会事业、科学技术、能源建设、八区经济、乡镇企业13个发展方案，并正式提出，到2005年，将广州初步建成具有强大内外辐射能力的现代化国际大都市。此后，"现代化国际大都市"的提法成为广州发展的新定位，这也是广州在正式文件中首次将建设"国际大都市"作为城市发展的目标和定位。

1994年年初，《广州建设现代化国际大都市的战略构想》出台，至此，广州建设国际大都市的战略构想基本成型。依照广州现代化国际大都市战略的总体构想，战略实施分为两个阶段进行。从1993年至1997年为战略起步阶段，主要目标是实现社会主义市场经济转型和现代化国际大都市战略的基本布局。世纪之交的几年是现代化国际大都市总体战略设想全面实现的阶段，提出到2010年，把广州建设成为金融、信息、商业、科技、旅游、房地产等第三产业和高新技术工业高度发达，以信息、金融、商业和配套工业服务珠江三角洲地区，以金融、外贸辐射华南地区，以科技教育文化辐射整个东南亚

---

① 中共广州市委党史研究室：《广州改革开放40年大事记》，中共党史出版社、广州出版社2018年版，第153页。

地区，并具有现代化城市建设与管理水平的国际化大都市。

与此同时，广州还积极参加世界大都市协会的活动并开展城市对外交流和招商引资等工作。1993年9月，广州市代表团应邀出席了在加拿大蒙特利尔市举行的世界大都市协会第四届大会。经董事会提名和大会通过，广州市被接纳为世界大都市协会正式会员，成为中国内地第一个参加该协会的城市。1996年3月，广州世界大都市交流协会正式成立，其宗旨是促进广州市与世界大都市协会及其会员城市的合作交流，为广州市建设现代化国际大都市服务。

1996年12月，广州市第七次党代会成功召开，市委书记高祀仁在《以新的姿态、新的业绩，跨入新世纪》的报告中明确提出，按照市"九五"计划确定的奋斗目标，到20世纪末，综合经济发展水平接近亚洲中等发达国家和地区的平均水平，"现代化国际大都市的主骨架基本形成"[1]。在党代会上，首次明确了广州建设国际大都市的愿景。

（三）"国际大都市"城市定位的淡化

20世纪90年代以来，随着我国对外开放的程度不断加深，国内大中城市的国际化程度日益深化，各大城市提出建设国际大都市的战略目标逐渐成为一股新的潮流。据统计，在全国664个城市中，提出建设"国际化大城市"的城市，1995年为43个，1996年上升到90个，2001年增加到182个。[2] 不仅直辖市、省会城市纷纷提出建设国际大都市的宏伟目标，就连一些中等城市也提出建设国际城市的目标，一些城市在城市规划上贪图"高大上"，争相上马"大工程"。毋庸讳言，改革开放以来，我国城市现代化建设取得了举世瞩目的成就，然而，争相把发展目标定位于建设"国际大都市"，显然是不切实际的。由此，中央自20世纪90年代中期以后，逐渐对各城市的国际化都市建设热潮进行"降温"，在此过程中，广州所提的"国际大都市"建设愿景也逐渐淡化，城市建设定位开始修正为建设区域性中心城市。

1998年7月底，省委、省政府召开广州市城市建设现场办公会议，在会上要求广州加快城市建设，完善城市功能，把广州逐步建设成为环境优美、秩序优良、文明富庶、经济繁荣，具有较强辐射力、吸引力的现代化经济中心城市。"建设现代化中心城市"[3]的目标的提出，实际上放弃了之前"国际大都市"的发展定位。及至2000年，广州开国内大城市之先河，开展城市总体战略规划编制工作，对城市的发展定位、发展目标、城市功能和空间布局进行前瞻性研究，编制完成《广州城市建设总体战略概念规划纲要》（以下简称《"概念规划纲要"》）。2001年3月30日，该《概念规划纲要》经市政府常务会议审议通过，该规划除明确广州"南拓、北优、东进、西联"的空间发展战略外，提出广州的城市发展定位为："将广州建设成为适宜创业发展、又适宜生活居住的国际性

---

[1] 《中共广州市第七次代表大会隆重开幕》，载《广州日报》1996年12月20日。
[2] 楚汉：《透析"国际化大都市"》，载《长江建设》2002年Z1期。
[3] 《省委、省政府在广州召开现场办公会》，载《广州日报》1998年8月2日。

区域中心城市和山水型生态城市的目标"①。"国际性区域中心城市"的提法,在此后较长时间里,成为广州城市发展的新的目标定位。

2003年1月,中共中央政治局委员、广东省委书记张德江在广州考察时,要求广州围绕全面建设小康社会,加快率先实现社会主义现代化的目标,以提高城市综合竞争力为核心,全力推进工业化、信息化、国际化,精心打造经济中心、文化名城、山水之都,"把广州建成带动全省、辐射华南、影响东南亚的现代化大都市"②。"现代化大都市"的提法,尽管与20世纪90年代所提的"国际大都市"的发展目标在表述上只少了"国际"两个字,实际上内涵还是差别不小。2005年12月22日,国务院原则同意《广州市城市总体规划(2001—2010年)》。在批复文件中,国务院对广州的发展目标作出如下定位:"广州市是广东省省会,华南地区中心城市之一,国家历史文化名城。"③显然,其中也并未赋予广州"国际大都市"的城市定位。

2006年4月,广州市发布"十一五"规划纲要,提出广州的发展目标是到2010年,全市人均生产总值达到1万美元,达到中等发达国家和地区水平,2020年,全市人均生产总值比2010年再翻一番,基本达到发达国家和地区发展水平,"把广州建设成为带动全省、辐射华南、影响东南亚的现代化大都市"。建设"现代化大都市"的提法与2003年广东省对广州发展的要求是一脉相承的。但在"十一五"规划纲要中,对广州发展的定位又细化为城市的六大功能建设目标,排在"经济中心"之后的,就是"国际都会",提出要"成为具有广泛国际影响力的活力之都和魅力之都"④,在某种程度上给广州朝着国际大都市方向发展,做了较为明确的铺垫。这意味着,自20世纪90年代中期以来,广州重新将建设国际大都市作为城市发展定位和目标,时机已越来越成熟。

二、"国际大都市"城市定位的再次明确与接续发展

2009年1月,国家发改委发布《珠江三角洲地区改革发展规划纲要(2008—2020年)》(以下简称"《珠三角规划纲要》"),将包括广州在内的珠三角地区改革发展提升到国家战略层面,从国家战略高度明确提出,广州要充分发挥省会城市的优势,增强高端要素集聚、科技创新、文化引领和综合服务功能,强化国家中心城市、综合性门户城市和区域文化教育中心的地位,"将广州建设成为广东宜居城乡的'首善之区',建成面向世界、服务全国的国际大都市"⑤。这一表述,实际上是自20世纪90年代初广州将建

---

① 中共广州市委党史研究室:《广州改革开放40年大事记》,中共党史出版社、广州出版社2018年版,第246页。

② 中共广州市委党史研究室:《广州改革开放40年大事记》,中共党史出版社、广州出版社2018年版,第262页。

③ 中共广州市委党史研究室:《广州改革开放40年大事记》,中共党史出版社、广州出版社2018年版,第288页。

④ 广州市政府:《广州市国民经济和社会发展第十一个五年规划纲要(2006—2010)》,2007年4月27日。

⑤ 国家发展和改革委员会:《珠江三角洲地区改革发展规划纲要(2008—2020年)》,2008年12月。

设国际大都市作为城市发展定位以来，首次以中央的名义重启了广州建设"国际大都市"的征程。

广州作为当时华南地区最大的经济中心城市，其经济总量规模比改革开放初的1978年增长了40多倍。2008年，全市实现地区生产总值8216亿多元，30年来平均每年增长高达14%左右，人均地区生产总值更一直居于全国大城市的首位，按常住人口计算的人均地区生产总值达到81233元，达到中等发达国家和地区水平，作为华南地区的门户城市和交通枢纽，其中心城市功能日渐提升。

《珠三角规划纲要》对广州的功能和定位做了较大篇幅的描述："广州市要充分发挥省会城市的优势，增强高端要素集聚、科技创新、文化引领和综合服务功能，进一步优化功能分区和产业布局，建成珠江三角洲地区一小时城市圈的核心。优先发展高端服务业，加快建设先进制造业基地，大力提高自主创新能力，率先建立现代产业体系。增强文化软实力，提升城市综合竞争力，强化国家中心城市、综合性门户城市和区域文化教育中心的地位，提高辐射带动能力。"[1] 在规划中，广州作为广东的省会城市，不仅是全省政治、经济、文化中心，还被赋予了更为艰巨的任务，即发挥好在珠江三角洲的辐射和带动作用，引领珠江三角洲地区的快速发展。从这个角度出发，广州需要强化中心城市的各项功能。

因此，《珠三角规划纲要》又为广州增添了一个新定位——国家中心城市，广州也拥有了明显的信息、人才、资金、教育、科技等高端要素集聚优势，经济发展形成特色的规模产业，科技教育得天独厚，发展迅速，基本形成生产、服务、消费等门类齐全的国民经济体系，利用好这种优势，将有助于广州实现迈向面向世界、服务全国的国际大都市的目标。广州的政治、经济、文化、社会资源丰富，有省、市两级行政资源优势，可以利用两级财政规划共建社会公共设施，拥有较为完善的公共交通、通信网络、文化、市场设施优势，岭南特色和毗邻港澳具有吸引国内外人才的优势以及吸纳外资、开拓市场、国际商贸中心建设的优势，也有科教文卫体资源集聚和利用的优势。广州作为华南门户城市，在带动珠三角、泛珠三角集聚发展方面，有条件发挥举足轻重的作用。

《珠三角规划纲要》所提出的"建成珠江三角洲一小时城市圈的核心"，是对广州区位优势的进一步确认，建设好这个"核心"，对发挥广州作为国家中心城市的作用以及国际大都市的带动引领作用，无疑意义重大。广州既要考虑本市发展需求，还须站在更高更远的目标需要，强化与"国际大都市"目标相匹配的各项城市功能。广州作为珠江三角洲的中心城市，具有强大的城市规模和人口规模，在经济、商业、金融、科教、文化、旅游、交通、信息等方面，在珠江三角洲产生了较好的辐射效应，在部分领域与邻近城市已形成区域一体化市场。其中，与广州经济联系最为密切、互补性最强的是佛山，广佛都市圈建设已初具规模，在产业的集聚效应和中心功能作用增强的带动下，广州与珠江三角洲各城市的经济联系与辐射能力也在逐年增强。

在外向型经济发展方面，至2012年，广州市外贸进出口总额达1171.31亿美元，比1987年的21.71亿美元增长了54倍。出口产品从资源型、低增加值的劳动密集型产业向

---

[1] 国家发展和改革委员会：《珠江三角洲地区改革发展规划纲要（2008—2020年）》，2008年12月。

机电产品、高新技术产业转变，出口市场从少数几个国家到遍及全世界五大洲绝大多数国家。截至2012年年底，广州累计实际利用外资超过650亿美元，位居全国各大中城市的前列，世界500强企业中，已有近232家在穗投资。显然，广州无论是珠江三角洲内部中心城市功能的发挥，还是外向型经济引领国际大都市建设方面，都取得了显著的成就和持续的进步。

三、粤港澳大湾区背景下"广州大都市区"建设开启新征程

党的十八大以来，广州围绕建设国家中心城市的目标，科学把握"五位一体"总体布局和"四个全面"战略布局，全面强化城市中心城市功能。2012年以来，广州继续推进广佛同城、广清一体、穗莞合作、广深合作等城际合作，在广州与周边城市的深度协同发展方面持续发力，实现同城化发展，努力提升中心城市功能。

2016年2月5日，国务院原则同意《广州市城市总体规划（2011—2020年）》，在批复文件中，国务院明确广州的城市定位为："广州是广东省省会、国家历史文化名城，我国重要的中心城市、国际商贸中心和综合交通枢纽。"① 首次确立广州国家重要中心城市地位，同时还出现了"国际"二字，将广州的城市定位置于全球视野与国际层面加以考察。广州，从早期定位为广东省的政治、经济、文化中心，到华南地区中心城市之一，再到我国重要的中心城市，广州城市定位在国务院对城市总规的批复中逐渐提升。

2019年2月，中共中央、国务院印发实施《粤港澳大湾区发展规划纲要》，将广州的发展定位明确为"着力建设国际大都市"，这既是对20世纪90年代以来广州建设国际大都市城市发展定位的再次确认，也是对20多年来广州国际大都市功能的高度认可。同时，建设国际大都市的目标定位不是一种简单的重复，而是站在新时代的历史发展关键时期，在粤港澳大湾区建设的大背景下，对广州下一阶段提升国际大都市功能、发挥中心城市作用的期许与动力。

当前，大都市区成为城市区域参与全球竞合的重要形式，伦敦、纽约、巴黎等国际领先城市纷纷推进大都市区建设。随着"一带一路"倡议和粤港澳大湾区建设等国家战略的出台，粤港澳地区承载了更多的国家和区域责任，急需大都市区载体参与国际竞争与合作。在粤港澳大湾区协同发展的背景下，广州开始围绕建设国际大都市功能与定位，对城市发展战略进行调整和深化。2019年5月13日，广州市规划部门对城市总体发展战略规划及相关规划研究项目中标情况进行公示，广州大都市区规划即将进入研究编制阶段。

广州新一轮城市总体规划提出"广州大都市区协同发展"的战略，要求促进广州与周边城市深度协同，实现同城化发展，逐步形成生产与生活高度融合的广州大都市区。在新的历史机遇下，广州提出以大都市区建设为重要战略，强化"一带一路"重要枢纽地位，携手共建世界级城市群。本项目将总结国际上大都市区的发展经验，研究粤港澳大湾区的发展模式，明确提出广州大都市区的范围，研究广州与周边地区协同发展的格

---

① 国务院：《关于广州市城市总体规划的批复》，2016年2月5日。

局，提出建设广州大都市区的策略建议。项目将摸查粤港澳大湾区各城市近期发展总体思路和重点发展平台，从产业、交通、生态等方面梳理广州大都市区发展格局。

2019年6月13日，《广州市国土空间总体规划（2018—2035年）（草案）》公示，是广州面向2035年的总体性、纲领性的空间战略谋划，其中提出的目标愿景是建设"美丽宜居花城、活力全球城市"。广州的城市定位为广东省省会，国家历史文化名城，国家中心城市和综合性门户城市、粤港澳大湾区区域发展核心引擎，国际商贸中心，综合交通枢纽、科技教育文化中心，着力建设国际大都市。其中，"着力建设国际大都市"这9个字与《粤港澳大湾区发展规划纲要》中对广州的城市定位完全一致，意味着建设国际大都市已经成为从国家层面确认到广州本地的一致目标定位。

草案提出的分阶段目标是到2025年，国家中心城市和综合性门户城市建设全面上新水平，实现老城市焕发新活力，建成科技创新、先进制造、现代服务、文化交往强市，国际商贸中心、综合交通枢纽、科技教育中心功能进一步增强，粤港澳大湾区区域发展核心引擎作用进一步凸显。到2035年，建成国际大都市，成为具有全球影响力的国际商贸中心、综合交通枢纽、科技教育文化中心，城市经济实力、科技实力、生态环境、文化交往达到国际一流城市水平。到2050年，全面建成中国特色社会主义现代化国际大都市，成为彰显中国特色社会主义制度优越性，繁荣富强、文明和谐、绿色低碳的美丽宜居花城、全球活力城市。

围绕广州与周边城市融合发展，广州积极强化中心城市和国际大都市功能，共建广州大都市圈。草案提出，推动更高层次的广佛同城化，推动更高质量的广清一体化，提升与珠江口两岸城市的合作水平，推动广佛肇清云韶经济圈合作发展。其中，加快广佛同城化，共建粤港澳大湾区核心极点。推动基础设施互联互通，形成轴带支撑。共建世界级机场群、港口群。重点推进广深港高铁广州南站至广州站联通线、广中珠澳高铁等建设。规划与佛山、东莞、清远、中山等周边城市地铁的衔接通道。同时，规划了多条湾区直连通道，除了广深港高铁外，还规划建设广深第二高铁，实现两座城市中心城区15分钟通达，按照公交化模式来运营。

当前，"一带一路"和粤港澳大湾区建设为广州的发展提供了难得的机遇。2019年8月，广州市委第十一届第八次会议召开，对粤港澳大湾区建设背景下广州强化国家中心城市和国际大都市功能进行重点部署，提出要推动穗港澳产业合作再深入，着力建设先进制造业强市和现代服务业强市，提升广州先进制造业优势与港澳现代服务业优势融合发展，推动穗港澳合作发展平台再升级。同时，广州与大湾区城市协同发展进入快车道，围绕"广州大都市区"这一城市新定位与发展目标，强化广州—深圳双核驱动，强化广州—佛山极点带动，实现更高水平的广清一体化，服务全省区域一体化发展，全面提升粤港澳大湾区核心引擎功能。广州，正在以扎实的步伐，立足于20多年国际大都市建设底蕴与积累，向着"大都市区"的目标稳步迈进。

（作者单位：中共广州市委党史文献研究室）

广州市越秀区消费中心城区建设的问题与对策浅析

胡润楠　程之航

越秀区提出打造国际消费中心核心区，将持续扩大新兴消费市场规模，有效集聚各类消费资源，有力促进各类市场主体加快产品、服务及商业模式创新，进一步推动经济结构现代化、向服务型转变，为广州培育全球竞争新优势，加快建设国际消费城市，奋力实现"四个走在全国前列"提供坚实有力的支撑。

一、将越秀区打造成为国际消费中心的先发优势

越秀区作为千年商都核心、广府文化发源地，是广州的城市中心、传统经济大区，拥有丰富的历史文化资源，提出建设国际消费中心具有一定的先发优势。

（一）经济质量效益良好

2018年，越秀区实现地区生产总值3281.61亿元，经济总量保持全市前三，其中第三产业实现增加值3222.02亿元，占全区生产总值的98.18%；商贸、金融、医疗、文化创意四大主导产业实现增加值2100.99亿元，占全区生产总值的64.02%；全年实现社会消费品零售总额1356.73亿元，增长6.0%，占全市社会消费品零售总额的14.6%；总部经济及楼宇经济特色鲜明，全区共建成重点商务楼宇375栋，评定星级商务楼宇32栋，总部经济实现增加值1595.70亿元，占全区生产总值的48.63%，全区经济密度、服务密度居全省各城区第一。综上所述，越秀区经济质量效益突出，商业氛围浓厚，消费市场规模较大，为加快建设国际消费中心奠定了坚实的经济基础。

（二）会商文旅体资源丰富

越秀区被誉为"没有围墙的博物馆"，区内全国重点文物保护单位占全市的55.2%，省文物保护单位占全市的28.6%。2018年，全区共接待游客5056.71万人次，同比增长15.57%，占全市总接待人数的22.37%；全区旅游总收入为559.27亿元，较去年同期增长14.98%，占广州市全年旅游收入的13.95%。随着北京路文化旅游区成功打造为全国第三、广东首个世界优秀旅游目的地、国际知名会展企业——法国智奥会展公司落户及越秀国际会议中心即将落成、流花展馆功能升级改造、广府旅游文化嘉年华、获评"越秀国家体育产业示范基地"等一系列重大会商文旅体项目与品牌活动的开展，越秀区对外来游客及国内外重要会议会展活动的吸引力不断增强，为建设国际消费中心创造了有利发展条件。

（三）消费环境优越便利

公共交通方面，珠江主航道及地铁1、2、5、6号线贯穿交汇于越秀重要交通节点，与邻近的空港、高铁构成四通八达、快捷便利的立体交通网络体系。文体设施方面，辖区内拥有省市大型文化场所40多个、文体广场167个，形成全省公共文化设施密度最高、最齐全、最便利的"10分钟文化圈"及"10分钟生活服务圈"。地标商圈方面，以北京路步行街、中华广场及环市东商圈为代表的标志性商圈，汇聚了越秀区乃至全广州最丰富的高端百货品类及全品质生活服务。未来，越秀区围绕海珠广场片区，将着力建设国际大都市文化金融CBD，推动构筑越秀区"新消费、新体验"模式生态体系，为建设国际消费中心营造更加优质的发展环境。

二、将越秀区打造成为国际消费中心存在的问题

（一）城区空间载体严重短缺

随着经济社会快速发展，越秀区面临的发展空间小的问题越来越凸显。一方面，越秀区面积全市最小，开发强度饱和，高品质楼宇载体不足，难以有效满足国际消费中心主体产业和新兴市场快速发展的空间需求；另一方面，辖区物业产权关系复杂，历史遗留问题较多，历史建筑及周边规控限制较严，城市更新阻力大、成本高，造成北京路步行街、环市东商圈等标志性商圈明显存在建筑楼宇相对破旧、经营业态芜杂低端等问题，直接影响消费者体验，在一定程度上降低了高端客户前来旅游消费的意愿，限制了商贸消费迈向国际化、高端化。

（二）城区环境品质有待提高

越秀区在早期城市规划和建设方面存在一定历史局限，老城区大部分建筑建设标准低、密集度高、外观陈旧破损甚至存在安全隐患；基础配套设施老旧和改造滞后，普遍缺乏公共活动空间、街头绿地、停车场地，交通拥堵和停车难等问题较为突出；商业片区基础设施老化，商业片区和网点间的联通性差，直接影响消费休闲体验。越秀区城区品质竞争力下滑，导致近年来诸多奢侈品品牌、大型企业总部、外国领事机构外迁，进一步降低了辖区商圈品牌集聚度、产业竞争力和国际影响力。

（三）高端商品服务供给不足

当前，越秀区传统商业同质化竞争加剧，商业业态和模式相对单一，新兴消费手段应用不足，购物业态多于体验业态，物质消费多于文化消费，社区消费发展推进缓慢。同时，国际化商品和服务资源较国际化大都市尚有差距，高端商业规模较小，高端业态聚集度较低，高端消费竞争力不足，时尚消费、特色服务优势不明显，各消费业态的聚合联动不够。此外，越秀区经济业态过于传统，主导产业在国际分工和全球竞争的参与层次较浅，以会计、咨询、金融、科技等为代表的高端中介服务业支撑不足，对国际资本、人才、技术、信息等资源要素的整合能力不强，产业发展国际化关联度较低；缺乏

国际化生活方式的影响力，旅游目的地的形象特质还不够突出，时尚文化尚在培育之中，商业辐射影响力有限，对境外游客缺乏吸引力，跨境消费活力不足。

（四）消费市场开放力度不大

一方面，广州市消费免税退税政策优惠力度不高。从退免税商店数量、分布、退免税商品销售等方面来比较，都与上海市存在相当的差距，直接降低了国际游客入境消费的意愿，减弱了境内市场对国际消费需求的吸引力。另一方面，广州服务行业市场开放力度尚显不足。部分服务行业依然面临行政审批过多、相关限制条件过严等问题，新模式、新业态的发展在一定程度上受到掣肘，从而影响高端服务业的有效供给和质量提升。

三、将越秀区打造成为国际消费中心的对策建议

越秀区应找准自身定位，发挥传统商贸强区优势，以服务经济为导向，以供给侧结构性改革为主线，以创新转型激发活力为主题，以促进会商文旅体深度融合为依托，以完善消费设施优化消费环境为推力，牢固树立新发展理念，坚持全球站位、世界眼光、国际视野，把握建设"一带一路"、粤港澳大湾区的重大机遇，通过政府引导、市场运作、机制创新、政策支持等手段，聚集消费资源要素，增加消费有效供给，提升综合城市服务功能市场开放水平及投资消费环境和对外服务水平，提高发展质量和效益，打造"越秀消费"品牌，培育建设国际消费中心城区。

（一）强化消费要素集聚，加大高端商品服务有效供给

对标国际一流商业街区，集聚高端消费资源要素，打造北京路文化核心区等世界级商圈商街，围绕城市传统中轴线建设海珠广场、环市东等差异化区域性商圈，培育新河浦片区等具有岭南文化特色的特色文化商圈街区。一是支持文旅资源活化利用，增加中高端特色文旅消费供给。鼓励国有资本、社会资本共同参与，集中打造北京路文化核心区及新河浦片区"老东山"特色品牌，整体升级中山路骑楼、海珠广场片区等传统历史街区，优化整饰东方宾馆、广州宾馆、白云宾馆、爱群大厦等历史建筑风貌，构建具有浓郁广府文化特色、传统城市印记的规模化、品牌化文化旅游休闲区。二是弘扬千年商都活力，促进优质特色消费品牌集聚。放大广交会、广州国际旅游展览会、广州国际购物节等高端平台效应，瞄准国内外优质商品和服务，营造国际知名商业品牌、优质原创品牌、特色本土品牌集聚共荣生态。三是加快跨境贸易发展，鼓励支持跨境电商、市场采购贸易、外贸综合服务企业等外贸新业态在辖区试点布局，多渠道扩大中高端消费品进口。

（二）鼓励消费创新，推动商业发展提质增效

紧扣消费市场热点，大力培育消费新动能推动商业服务转型升级。大力发展夜间经济，鼓励集聚区内购物餐饮企业、文博娱乐设施提供夜间延时服务，点亮北京路步行街、环市东商圈夜经济消费地标。大力引进新零售、智慧零售等创新消费业态，推动线上线下消费融合创新，促进消费业态多元化、个性化发展。鼓励老字号企业积极引入新零售

赋能，拓展"老字号＋互联网""老字号＋新零售"等新模式，推动老字号传统店铺向具有岭南风情的文化展示中心、定制体验中心转型。促进流通技术创新应用，鼓励传统零售业依托云计算、物联网、人工智能等创新技术实施数字化改造和大数据应用，推动商品服务向智能化、信息化转型。

（三）突出特色优势，促进会商文旅体融合发展

大力推进海珠广场国际大都市文化金融 CBD 建设，紧扣广州全球金融资源配置中心战略布局，积极引入商贸、金融企业总部及高端消费品牌等商业配套，将海珠广场片区打造为宜居、宜业、宜游的产业经济发展新增长极。大力实施"全域旅游"发展战略，充分发挥辖区商业优势、旅游资源和文化底蕴，以文代旅、以旅兴商、以商成文，以北京路国家级文化产业示范园区暨国家文化与金融合作示范区创建、全国首批步行街改造提升试点工作为契机，打造一批会商文旅体融合、功能配套设施齐全、各具特色的商业街区，依托"广州古城游"精品线路、广府文化旅游嘉年华精品活动等，通过"全域旅游"撬动"全域消费"。把握广州市建设"国际会展之都"、越秀国际会议中心落成的重要时机，加强与法国智奥等全球知名会展企业合作，打造国际合作交流平台，通过引入国内外知名会议会展、知名国际组织等，支持国内外企业及组织机构开展合作，促进人员、知识和文化的双向交流互动，不断提升、凸显岭南文化影响力。加快环二沙岛国家体育产业示范基地建设，积极举办、引进各类文体赛事，推动体育与旅游、健康等融合发展，丰富中高端体育产品供给，积极构建现代化体育产业体系。

（四）推进对外开放，提升商业服务能力及消费便利化

以提升城区对外服务能力为导向，促进城市公共空间、公共旅游资源的扩充与提质，着力提升城区综合功能。大力开拓知名会展、商务旅游，推进与"一带一路"沿线国家合作，加强与国际性旅游组织机构沟通联系，深化穗港澳区域合作，搭建多元合作平台，提升越秀区的影响力、竞争力和吸引力。

全面实施市场准入负面清单，向国家市场监管总局争取外商投资企业核准登记授权，大力推行商事服务"跨境通"，促进投资贸易自由化、便利化，促进高端产业资源要素集聚，推动引进一批外资龙头企业。支持区内企业尤其是重点商圈内企业申请退税商店资质，鼓励银行等退税代理机构积极开展退税业务，提升境外消费者购物的便利性和优惠度，完善跨境消费服务功能。

（五）提速城市更新，拓展国际消费中心发展空间

坚持"一街一品牌""一社区一特色"，加快推进城市更新，打造一批人文社区、国际社区、魅力社区，彰显"老广州、广府味、国际范"的独特韵味。一是大力推进北京路文化核心区升级改造，以广府文化源地、千年商都核心、公共服务中心的城区功能为依托，整合商圈周边文旅资源，融入广府文化生活特色，加大力度引入时尚潮流品牌，注入体验式消费内容，通过传统及潮流文化的融合发展，将北京路商圈打造成文化主题鲜明、商贸业态多元、旅游资源丰富的"文化大观园、购物首选地"。二是对标香港、

新加坡等国际一流商圈，学习借鉴国内著名商圈成功经验，全面启动环市东商圈改造项目，以构建广州市品质化示范楼宇和特色街区为抓手，发挥友谊商店等龙头企业的引领带动作用，大力扶持培养本区域的重点企业，加快培育一批文商旅服务品牌企业，全力打造广州现代核心商务区和高端新兴消费区。三是坚持疏解整治和提质增效相结合，加快广州火车站片区的改造规划设计，为流花商圈打造国际化时尚会展业中心腾出地理发展空间，通过矿泉街、人民街等专业批发市场项目改造，通过主题注入、功能重组、空间再造，加速高端产业导入，引导低端、低值、低效物业"腾笼换鸟"，进一步优化提升中心城区功能品质。支持市场主体建设以高档时尚设计和消费为主的现代化商业楼宇，打造媲美国际一流的综合性、现代化、高品质的地标性商业建筑群，扩展高端商业承载空间。

（六）完善软硬设施，营造国际化营商消费环境

一是加强商务诚信和标准体系建设。通过完善消费者权益保护机制，改善优化市场信用环境，通过减少商品零售流通环节，降低商品流转成本，提升越秀区投资贸易便利程度。二是完善环境卫生、公共治安、通信及交通等消费配套设施，实施步道、河道、绿道、廊道"四道连通"工程，通过完善过街设施、架设空中走廊、加盖风雨顶棚，构建无缝连接的慢行系统。同时推动重点商圈完善区域空间规划、完善导览系统，优化城市铺装、美化节点景观，下大力气改善交通环境，建成智慧停车引导系统。三是建设中英文国际化公共标识和引导系统，设置互联网应用的信息查询设施和具有外语咨询功能的消费服务平台。深入开展"市民讲外语"活动，促进外语标识规范化，改善城区国际语言环境，广泛开展涉外文明礼仪普及教育活动，提高居民的国际化素养。

（七）开展城市营销，打造"越秀购物""越秀消费"品牌

一是加强城区形象营销和对外宣传，以"古越今秀"为主题，打造越秀城市品牌；以国际消费中心为统揽，将"世界优秀旅游目的地"营销推广和建设"总部基地和现代服务业发展高地"招商推广进行整合，形成系统的营销推广行动。依托粤港澳大湾区建设契机，加强与香港在产业、文化、旅游等方面的合作，发挥香港国际大都会对全球的影响力和辐射力，以香港为桥头堡推进国际推广营销，提升越秀的国际知名度。充分利用《财富》全球论坛、达沃斯论坛广州之夜、广州国际投资年会等高端平台以及广交会等重大事件和活动平台，展示越秀的城区特色和品牌形象。二是着力打造"越秀消费"品牌形象，实施"越秀购物"推广计划。加强对越秀形象的整体策划，搭建本土企业、优势品牌对外宣传交流的窗口和通道，围绕文化、时尚元素，深入挖掘重大节庆活动特色，培育特色消费活动品牌；着眼于"买全球、卖全球"，建设一批具有全球知名度的"越秀购物"平台，聚焦新消费、新体验，通过时尚买手、直播平台等新媒体平台挖掘"越秀消费"特色，传播"越秀消费"品牌。三是积极引进和承接国际会展、国际赛事、影视拍摄、国际论坛落户越秀，吸引国内外影视明星、商业领袖、文化名家等汇聚越秀，依托沿江路酒吧休闲街区、环市东商圈、二沙岛等国际友人集聚区，将越秀塑造成国际生活方式交流中心和现代消费方式创新中心。

（作者单位：广州市越秀区人民政府办公室）

城市发展

实现广州高质量发展研究

《广州经济社会发展战略纲要》的出台和意义

廖惠霞

改革开放之初,广州充分运用特殊政策和灵活措施,于 1987 年实施《广州经济社会发展战略纲要》。这是对广州改革开放以前 30 多年社会主义建设比较全面的总结,是指导广州经济社会持续、快速、协调发展的纲领性文件,它为此后制定广州市中长期国民经济和社会发展计划和各专项规划提供了依据,为广州建设成为国际大都市打下了基础。

一、《广州经济社会发展战略纲要》出台的历史背景

经济社会发展战略,体现着人们对当时社会经济条件和为之奋斗的目标、方向、道路的认识。《广州经济社会发展战略纲要》(以下简称"《纲要》")有它出现的历史背景和社会原因。

(一)中华人民共和国成立以来的广州城市发展方针

从 1949 年广州解放,到改革开放之初的 20 世纪 80 年代初期,关于广州的城市建设方针,先后有过多次不同的提法,主要有"使广州由消费城市转变为社会主义的生产城市""将广州建设成为社会主义工业生产城市""把广州建设成为广东省的工业基地"。

可以看出,在 1979 年以前,广州的历次城市发展方针主要是围绕着把广州从消费城市转变为生产城市,从商业城市转变为工业城市,建设华南地区的工业基地这样一个目的来考虑的。在这段较长的时间里,广州一改历史上以商业和外贸见长的经济结构,大力发展基础薄弱的工业特别是重工业。工业化的发展战略符合当时现实的政治经济条件对广州经济社会发展的要求,与全国的发展战略也是相一致的。

可以说,在中华人民共和国成立初期,这种发展战略有其必要性和可行性。在一个时期内(主要是在"一五"计划时期),它带动了整个城市经济的发展,使广州能够成为一个拥有一定生产能力的大城市。但同时,我们在工业化的问题上也存在过急的倾向,表现在三个"急于":第一,急于由商业城市向工业城市转变。第二,急于加强薄弱的工业基础并力图自成体系。第三,急于提高工业生产技术水平。但是,一切围绕工业,以工业为中心、为重点来进行整个广州的经济建设,甚至把工业视为城市的唯一功能和唯一生产行为,并祈求建立独立完整的工业体系的做法,就不可避免地出现忽略商业、金融业、饮食服务业和其他城市基础设施建设的现象。虽然广州的工业建设取得了一定的成绩,但为城市自身经济发展和人民生活服务,以及为整个华南区域经济服务的第三产业日益衰退,广州的产业结构失衡,商品供给短缺。随着改革开放的逐步深入,如何

调整产业结构，加速发展第三产业，就成为广州经济建设中的一个突出矛盾。

（二）思想解放为《纲要》出台提供了思想和舆论准备

1978 年的思想解放打破了理论界长期保守封闭的现状，对传统的社会主义经济理论和中华人民共和国成立以来的经济政策进行反思，成为思想解放的主要内容之一。这一反思的一个结果，就是彻底纠正了认为社会主义经济不是商品经济的传统观念，树立了社会主义商品经济观。反思的另一个结果是，提高经济效益成为一切经济工作的根本出发点。在这一思想指导下，因地制宜、扬长避短、发挥优势、开展竞争，就成为各地制定经济发展战略时必须充分考虑的问题。

广州经济社会的发展目标和方向应该怎样制定呢？应该说，在改革开放初期，广州人存在着实践经验不足，理论准备也不充分等问题。从 1978 年到 1982 年，广州的改革基本上处于试验阶段，还不可能提出明确的发展目标和方向。

把广州市的建设方针提到经济社会发展战略的高度加以研究，是从 1983 年 4 月市政府召开"关于广州市经济和社会发展战略问题——全国翻两番，广州怎么办"的专题座谈会正式开始的。1984 年 2 月，广州经济社会发展研究中心成立，成为组织和协调研究工作的专门机构。参加研究的机构和人员有：市委研究室、市社会科学研究所、市经济研究所、广东省社会科学院、暨南大学、中山大学、华南师范大学等 20 多个学术团体，以及各部门的实际工作者。

从 1984 年到 1985 年期间，广州先后组织了有广州地区各方面专家学者和实际工作者参加、重点围绕如何发挥广州中心城市作用的各种研讨会，如"关于发挥广州中心城市作用问题讨论会"（1983 年 7 月）、"广州经济效益问题讨论会"（1983 年 9 月）、"关于进一步开放、发展广州外经外贸问题讨论会"（1984 年 8 月）、"十四个沿海城市改革与开放理论讨论会"（1985 年 4 月）、"广州市第三产业讨论会"（1985 年 8 月）以及"广州经济发展战略问题座谈会""广州经济社会发展战略双月研讨会"（共四次）等。围绕着如何认识广州、如何理解广州所拥有的优势、要把广州建设成怎样的城市，以及由此而决定的广州经济社会的发展战略等重大问题，展开了深入的讨论。

经过讨论，人们对广州作为中心城市的认识有了新的提高：广州是祖国的南大门，毗邻港澳，依托富饶的珠江三角洲以及华南广袤的腹地，历史上就是对外贸易的重要门户，是联结华南、中南以至西南部分地区的经济中心。广州的优势体现在：①广州是珠江三角洲、华南地区的交通枢纽和最大的商品集散地。②广州毗邻港澳，旅居海外的华侨和港澳同胞有 140 多万人，是我国对外交往的重要口岸，也是对内对外开放和"外引内联"的结合点，是沟通东南亚、香港与内地的桥梁和纽带。③广州是我国重要的轻纺工业基地，工业结构呈轻型化。④广州在发展我国南部沿海地区和华南地区的经济建设中的中心城市的地位和作用日趋重要。

这些特点都说明，广州是珠江三角洲、广东省乃至华南地区工业、科技、金融、饮食服务、交通通信最集中、力量最雄厚的中心城市。对广州这样一个中心城市来说，它本身的工业生产能力固然重要，但是，它更重要和更基本的功能，在于组织华南地区或更大地区的区域性市场，实现区域的资源要素合理配置，从而组织华南地区经济的运行，达到整个区域的最佳经济效益。

根据广州市的地位和特点,应当选择什么样的发展战略呢?它应当利用外资、侨资、港资,引进国外新技术革命的成果,采取建立新的产业和改造传统产业结合起来的办法,大力发展商品生产,参加国际市场分工,实现市场结构转向国际化、产品结构转向集约化、城市功能转向信息化的方向过渡,实现经济效益与社会效益的统一,使广州经济从以国内循环为主逐步转向以国外循环为主,力争作为前沿基地,起到迎接新技术革命的作用。

这样的思想认识,为确定广州经济社会发展战略,制定此后的发展规划打下了思想基础。

(三)广州确定为沿海港口城市为《纲要》出台提供了契机

1984年1月底和2月初,邓小平视察了广东和福建后,明确提出实行对外开放政策不是收而是放的指导思想,并建议增加对外开放城市。5月4日,中央发出《沿海部分城市座谈会纪要》的通知,确定进一步开放包括广州在内的14个沿海港口城市。10月5日,国务院批准广州市恢复计划单列体制,赋予省一级的经济管理权限。12月5日,国务院批复省政府《关于做好广州市对外开放工作的报告》,同意在广州市兴办经济技术区。

在全国对外开放的大环境下,中央赋予广州在改革开放中承担先行先试的使命。广州适应时代要求,改变了以往重点发展重工业的方针,重新选择广州的发展战略。

二、《纲要》诞生及其对广州经济社会发展的影响

(一)决策民主化科学化促成《纲要》的诞生

1983—1985年对广州地位的再认识系列活动,既是广州市领导决策民主化、科学化的开端,又直接促成了《纲要》的诞生。

在对广州地位的再认识系列活动基础上,1985年8月,市委政策研究室、广州经济社会发展研究中心组织起草了《广州经济社会发展战略设想》(以下简称"《设想》"),提出20世纪广州经济社会发展的总目标和总方向是"以外经外贸为导向,以工农业为依托,以轻纺工业和第三产业为重点,把广州建设成为具有强大的内外辐射能力、高度文明、多功能的社会主义现代化中心城市"。

11月,市委、市政府领导朱森林、杨资元、石安海带队,广州市计委、经委、外经委、农委、商委、科委、教委,以及广州市委研究室、广州经济社会发展研究中心等部门参加,在北京举行了一系列座谈会。座谈会旨在征求首都的领导、专家学者从全国的高度对广州经济社会发展战略的意见,同时对外宣传广州,扩大影响。国务院有关部门、中央各部门几十个单位、首都学术界以及外省市的专家学者共430多人参加了座谈会。以一个城市的社会发展战略为题在北京举行这样规模的会议,在全国还是第一次。

会议期间,与会领导和专家们一致认为,《设想》是在认真分析了广州的优势和劣势后,制定出来的比较完整而又有特色的一个发展战略。他们还从全国的发展高度对广州作出评价,认为广州是全国对外经济活动中心之一,是全国的外贸中心,承担了港澳

和东南亚地区进出口业务及其他对外经济联系的组织工作，因而广州的城市功能中还应该具有一个特殊功能，即综合性政策试验基地。

对于《设想》中提出的广州发展的总目标、总方向，与会领导和专家们提出了修改和补充，同时对发展广州的生态农业、轻工业，发展以商业、金融、交通通信、房地产、科教、信息、旅游为重点的第三产业，重视科学教育和文化事业，重视城市基础设施等问题，也提出了许多具体而有益的建议。专家们指出：《设想》的全面实现，关键在于研究制定出完整系统的政策措施，坚定不移地推进体制改革和对外开放，坚持改革先行。他们还强调，建设中心城市必须有相应的立法保障，必须加强法制建设，先立法，后办事，维护社会主义的经济秩序。

这次会议还争取到中央有关部门的支持，对解决广州经济社会发展中存在的实际问题有一定的帮助，如进一步落实广州拥有省一级经济管理权限等。

同时，从1985年9月到1986年6月，广州也多次召开各种类型的论证会、座谈会、讨论会，广泛征询专家、学者和领导干部的意见。1986年3月至6月，广州还组成经济数学模型小组，对其中的主要经济指标建模测算。

在上述工作的基础上，广州市委、市政府认真修改了《设想》，特别是对实现这个设想的步骤和需要采取的对策等问题进行了深入的可行性研究，形成了《纲要》。1986年12月11—17日，中共广州市委第五次代表大会召开，会议讨论通过了《纲要》。1987年8月18日，广州市第八届人大常委会第31次会议通过了《纲要》，在社会公布执行。

《纲要》提出，从1986年到20世纪末，广州的经济社会发展战略的目标是以外经外贸为导向，以科技、教育为依靠，以工农业为基础，以轻纺工业和第三产业为重点，大力发展能源、交通运输业，为把广州建设成为具有强大的内外辐射能力的、多功能的和高度文明、高度民主的社会主义现代化中心城市打下基础。

《纲要》分为两个阶段实施。第一阶段，从1986年到整个80年代末，为起步阶段。基本任务是打好管理和技术基础，理顺各种经济关系，保持经济持续、稳定地发展，为全面实现《纲要》准备体制条件和后续能力。第二阶段，20世纪90年代是《纲要》全面实施阶段。其主要任务是大幅度提高广州市的经济技术水平，促进新兴产业的发展。在新的经济体制和较高技术水平的基础上，加快经济发展速度，形成与港澳和珠江三角洲地区比较完善、健全和较高水平的经济联合与技术协作，增强广州经济实力和城市辐射能力，使城市面貌根本改观，人民生活在经济发展的基础上提前达到"小康水平"。

另外，除了已初步制定出的工业、农业、第三产业、科技、交通、教育等发展战略外，广州还开始着手制定外经外贸、文化、商业、旅游等方面的发展战略，从而使整个总体发展战略更加完善。

(二)《广州经济社会发展战略纲要》对广州发展的影响

1. 外向型经济成为推动广州经济发展的重要力量

《纲要》提出了"以外经外贸为导向"的发展战略，从此，发展外向型经济成为广州经济社会发展的战略选择。

广州市委、市政府把握有利时机，充分发挥毗邻港澳、华侨众多的地缘人缘优势，积极引进资金和先进技术，发展外向型经济。它使广州对外开放的规模和领域不断扩大，进出口贸易总额大幅度增长，利用外资和引进先进技术设备的成绩显著，外向型的经济格局基本形成。

对外经济交流健康发展。从1985年到1991年，广州积极开展"三来一补"、中外合资经营、中外合作经营、外商独资经营、劳务输出、境外投资、国际经济技术合作业务，促进了外向型经济发展。到1991年，已投产的"三资"企业总数居沿海开放城市的首位。外资企业、国有外贸企业、自营进出口企业已成为出口的三支主要力量，民营企业出口、海外承包工程、境外加工贸易逐步成为带动全市出口的新生力量。

对外贸易出口持续增长。1985年出口额4.13亿美元，比1984年增长19.83%，1986年比1985年增长46.18%，1987年比1986年增长48.61%，1988年出口额突破10亿美元大关，1991年增至18.41亿美元。[①] 七年出口总额达到73亿美元，年平均递增率27%。外贸出口增长速度居全国大城市前列和计划单列市首位。1991年外贸出口总值已占全市国民生产总值的25.15%，出口遍及世界140多个国家和地区，其中出口欧、美等远洋市场约占15%，外贸出口已成为推动经济发展的重要力量。

出口商品结构得到优化。随着出口商品规模不断扩大，出口商品的结构也在不断调整优化，初级产品与制成品的比例从1985年的1∶0.78提高到1990年的1∶2.57，高技术含量、高附加值产品的出口所占的比重不断上升，已基本实现出口商品结构由出口初级产品向主要出口制成品的第一次转变。[②] 同时，根据市场的需求及广州市工业的传统优势，重点扶持发展了一批"拳头"产品，如五羊摩托车、家用电器、电池等。到1991年，年出口100万美元以上的商品已突破200个，在广州市出口中起到举足轻重的作用。在商品的系列化方面，形成了服装、钟表、玩具、手袋、家电、文体、食品等系列的商品出口，各系列的年出口额均超过千万美元。

利用外资的数量和规模不断扩大，外资在全市经济建设中的贡献大幅度上升。到1991年，广州市利用外资项目共15184个，合同外资金额达45.85亿美元，实际利用外资19.96亿美元。[③] 随着利用外资的数目与规模的不断上升，外资在全市经济建设中的作用日益重要。以1990年为例，当年全市外商投资企业总产值占全市社会总产值的19%，工业总产值占全市工业总产值的14.9%，出口值占全市出口总值的24.2%。[④] 外资投向领域涉及工业、农业、市政、建筑、能源、交通、旅游服务及文教卫生等行业。利用外资较好地解决了广州市建设资金不足的问题，有效地扩大了建设规模，同时，它对于改造老企业，建设新兴产业，优化产业结构，促进出口贸易，发展进口替代产业，带动本市经济发展等起到极大的推动作用。外商投资企业已成为广州经济发展的一支重要力量。

2. 发展第三产业，增强中心城市功能

《纲要》提出了"以轻纺工业和第三产业为重点，为建设中心城市打下基础"的方

---

① 《广州年鉴》1986年到1992年。
② 《中国改革开放辉煌成就十四年（广州卷）》，中国经济出版社1992年版，第282页。
③ 《广州年鉴（1992）》。
④ 《发展中的广州外商投资企业》，中国对外经济贸易出版社1992年版，第27页。

针。这就在实际上恢复了第三产业在国民经济发展中应有的地位，使第三产业的主要部门如交通运输、商业服务、对外贸易、科学教育等得到应有的重视，同时也使它们的发展得到应有的政策保证。

此后，市委、市政府把第三产业摆到了从未有过的突出地位，在发挥城市的多种功能方面，除了继续保持并强化广州作为全国重要的轻工业基地之外，也逐步恢复广州作为南方最大的商业中心的地位，并在某些方面发挥了全国商业中心之一的作用，尤其是充分发挥了广州在内外贸易方面的优势，使中心城市的流通功能大大增强。1984年以后，广州商品零售总额和进出口贸易额连续多年保持了高速增长，金融业创造的国民生产总值明显增加，旅游、科技、教育、信息等领域发展迅猛，第三产业按照多元化、多层次、高素质、具有地方特色的方向发展，初步形成了以商业贸易、服务旅游、金融保险、交通运输、邮电通信和房地产业为主的第三产业体系。广州第三产业在此时期得到了迅速的恢复和发展，到20世纪90年代初已超过了历史上的最好水平，初步形成了以商业贸易、服务旅游、房地产、金融保险为主体的第三产业体系。1990年，三次产业国民生产总值构成比例为8.05∶42.65∶49.30。1991年，第三产业产值达178.58亿元，比1978年增长4.75倍，从业人数为126.74万人，比1978年增长96.34%。① 1991年，广州社会商品零售总额达177.40亿元，排在上海、北京之后，居第3位，拥有的宾馆、酒店数量和出租小汽车数量均居全国大城市首位。1990年，广州三次产业的比例为8.05∶42.65∶49.30，第三产业从业人员从1978年的64.55万人增加到126万人，第三产业的发展速度、从业人数和占国民生产总值的比重均居全国大城市之首。广州第三产业的发展，使广州作为中心城市的功能显著提高，在珠江三角洲和华南地区的经济发展中的位置日益重要，为广州成为带动全省、辐射华南、影响东南亚的中心城市创造了条件。

3. 综合经济实力逐步增强

1991年，广州市已经建设成为一个以工业为主体、国民经济综合发展的现代化中心城市，经济发展水平显著提高，综合经济实力逐步增强。1991年，国内生产总值达386.67亿元，比1978年增长3.63倍，平均每年递增12.51%。各项经济指标的增长速度在全国大城市中居于前列，其中国内生产总值仅次于上海和北京，居全国十大城市第3位，人均国内生产总值1991年达到6464元（当年价），已达到国家提出的小康水平标准；社会商品零售总额、城乡居民储蓄存款余额和农村居民储蓄存款余额均居全国十大城市第3位和计划单列城市第1位；1991年轻工业总产值已超过北京市，跃居十大城市第2位，仅次于上海市；工业总产值、全民所有制固定资产投资额、预算内财政收入、外贸出口商品总值和利用外资规模等，仅次于上海、北京和天津市，居全国大城市第4位，广州已成为华南地区最大的经济中心和珠江三角洲的龙头城市。

三、对《纲要》的评价与思考

一个城市的经济改革能否取得成功，同其发展战略选择的正确与否关系极大。从20世

---

① 顾明主编：《中国改革开放辉煌成就十四年》（广州卷），中国经济出版社1992年版，第90页。

纪80年代中期至90年代的实践证明，广州所选择的经济社会发展战略尽管存在不够完善、不够成熟和有待改进的地方，但基本思路是正确的。这体现了广州人民对广州的再认识，经过反复的探索，总结了正反两方面的经验教训，思想不断提高，对建设社会主义的经济规律的认识在不断深化。与过去的城市经济发展战略相比，《纲要》有如下特点。

第一，《纲要》突出反映了广州特点和优势，体现了广州社会发展的客观要求。一个城市的发展战略不能离开这个城市的特点，不存在一个适合中国各个城市或各个历史发展阶段的发展战略。《纲要》强调体现广州城市的特点，发挥广州的优势，强化广州中心城市的多种功能，使其发挥华南地区的一个枢纽、两个扇面的辐射作用。它把发展外经外贸、轻工业和第三产业放到前所未有的重要位置，这是符合当时广州实际情况的，是切实可行的。

第二，《纲要》是理论与实践相结合的产物，是领导与群众、专家学者与实际工作者共同研究的产物，是决策走向民主化科学化的产物。《纲要》是政府部门、学术团体、基层企业和普通群众共同参与决策的尝试。在改革开放时期，在新旧体制交替和经济形态向商品经济转变的过程中，市委、市政府依靠广大群众和专家，发挥他们的智慧，走决策民主化、科学化的道路。经过充分发挥民主和慎重的科学考证，制定了改革开放时期广州经济社会的发展战略。

第三，《纲要》开始把广州作为一个综合性的经济中心城市来认识和建设。《纲要》的目标是"为把广州建设成为具有强大内外辐射能力的、多功能的和高度文明、高度民主的社会主义现代化中心城市打下基础"。这样的目标与出发点，与过去相比有了质的飞跃，而观念的更新必然带来实践的成果，也为此后广州经济的快速增长、城市综合实力的明显提高奠定了基础。

第四，《纲要》以提高经济效益为中心，以提高人民物质生活水平为目的。《纲要》以提高经济效益为经济工作的中心，在不断提高经济效益的基础上保持国民经济稳定持续的增长。同时，它把满足人民的需要、改善人民的生活作为经济发展的根本目标。它提出要坚持城市建设、经济建设和改善人民生活协调进行，在发展经济的基础上改善人民的生活。它要求在20世纪末，城乡居民的实际收入和消费水平有显著提高，人民生活提前达到"小康水平"，从而改变了过去的高积累低消费、以牺牲人民生活的改善为代价换来的经济增长速度的提高的做法。

另外，《纲要》也存在着下列不足，主要表现为在坚持以经济建设为中心的同时，忽视了"以人为本"的指导思想，以致在某种程度上出现了经济发展与人的生存发展环境相背离的现象，如城市的经济增长与社会文化的发展不协调。人们的文化、教育、卫生与经济没有同步发展，人的全面发展没有受到应有的重视，同时，城市生态环境的保护也没有纳入发展规划。它说明，人们对客观规律的认识，是一个不断深入，不断提高，不断发展的过程。随着经济体制改革的深入，一些新情况、新矛盾还会不断出现，再认识的任务是长期而艰巨的。而随着实践、认识、再实践、再认识的不断发展，随着人们的主观能动性与客观规律性的统一，一个经济繁荣、社会和谐发展的新广州会离我们越来越近。

（作者单位：中共广州市委党史文献研究室）

中华人民共和国成立70年广州经济社会发展的历史轨迹与展望

广州市委政研室

习近平总书记深刻指出,"无论我们走得多远,都不能忘记来时的路"。2019年9月23日,习近平总书记在参观庆祝中华人民共和国成立70周年大型成就展时强调,要展示好、宣传好新中国波澜壮阔的发展历程、感天动地的辉煌成就、弥足珍贵的经验启示,激励全党全国各族人民更加紧密地团结在党中央周围,高举中国特色社会主义伟大旗帜,团结一致、锐意进取,为决胜全面建成小康社会、夺取新时代中国特色社会主义伟大胜利、实现中华民族伟大复兴的中国梦、实现人民对美好生活的向往而不懈奋进。

中华人民共和国成立70年来,广州作为祖国的南大门、国家中心城市、省会城市和改革开放的先行地,坚决贯彻党中央路线方针政策,认真落实省委、省政府的部署要求,在百废待兴的环境中不忘初心、牢记使命、接续奋斗,在改革开放的大潮中解放思想、实事求是、敢闯敢试,在高质量发展的探索中闻鸡起舞、日夜兼程、风雨无阻,始终勇立时代发展潮头,取得了从贫穷落后到全面小康的辉煌成就,谱写了从赶上时代到引领时代的壮丽篇章,为坚持和发展中国特色社会主义贡献了广州智慧、广州力量。70年沧海桑田,广州经济社会发展成就熠熠生辉,发展历程波澜壮阔,发展经验弥足珍贵。

一、中华人民共和国成立70年,广州经济社会发展取得显著成就

70年来,广州始终与时代同脉搏、与国家共奋进,在社会主义现代化建设中始终走在前列,经济总量连续30年居全国前4位,先后承办第6届和第9届全运会、第16届亚运会和第10届亚残运会、2017年《财富》全球论坛等盛大赛事和国际高端会展活动,共举办125届广交会,获评"全国文明城市""国家卫生城市""国家环境保护示范城市""法治政府建设典范城市""国家森林城市""国际花园城市""中国大陆最佳商业城市"等荣誉称号,多次被国内外权威机构评为世界一线城市、机遇之城榜首,实现了从"赶上时代"到"引领时代"的历史性跨越。特别是党的十八大以来,在以习近平同志为核心的党中央坚强领导下,在习近平新时代中国特色社会主义思想科学指引下,广州朝着高质量发展的方向不断迈进,谱写了经济社会发展的壮丽篇章。

(一)从基础薄弱到跨越式发展,经济实力大幅提升

70年来,广州始终坚持发展是第一要务,经济总量连上新台阶,综合实力明显提升。地区生产总值从1949年的2.98亿元,增长到2018年的22859.35亿元(见图1),

按可比价格计算增长了1736倍，年均增长11.4%，占全国的比重从1952年的0.8%提高至2018年的2.5%。来源于广州地区的财政总收入从1950年的1.03亿元提高到2018年的6205亿元，增长6204倍，年均增长12.6%，地方一般公共预算收入从1950年的1.03亿元，提高到2018年的1634.22亿元，增长1585倍，年均增长11.4%。三次产业结构持续优化升级，比例从1949年的27.37∶33.02∶39.61，调整为2018年的0.98∶27.27∶71.75。图2为1979—2018年广州与世界、全国、广东地区生产总值增速。

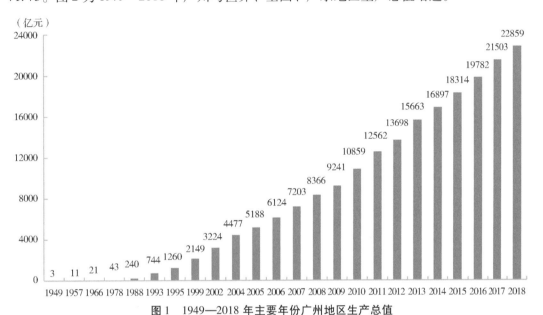

图1　1949—2018年主要年份广州地区生产总值

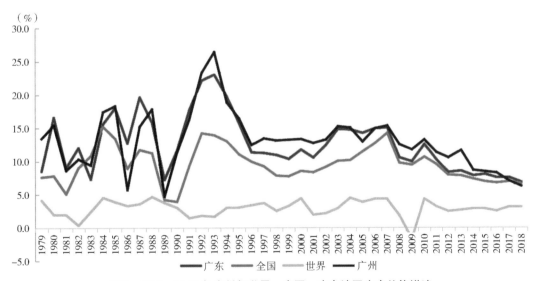

图2　1979—2018年广州与世界、全国、广东地区生产总值增速

（二）从历史口岸到发展前沿，改革开放水平不断提高

广州是中华人民共和国最早的对外贸易通商口岸，1957年第一届中国出口商品交易会在这里成功举办。改革开放后，广州承担起"先行一步"的历史重任，第一批个体户

应运而生,第一个劳务集市开锣,首家超级市场开业,广州一次次创造历史。进入新时代,广州主动承接107项国家试点和48项省级试点任务,形成了一大批可复制、可推广的经验。1987—2018年,进出口总额从21.71亿美元增长到1484.83亿美元,增长67倍,年均增长14.6%,其中2018年广州对"一带一路"沿线国家进出口2463.5亿元,占全市进出口总值的25.1%。1979—2018年,实际利用外商直接投资从165万美元增长到66.11亿美元,增长4000倍,年均增长26.7%。截至2018年年底,累计引进外商直接投资项目36537个,实际使用外资66.11亿美元,有301家世界500强企业在广州投资兴业。

(三)从跟跑、陪跑到并跑、领跑,科技创新步伐加快

广州高度重视发挥科技对生产力的促进作用,把科技创新强市作为长期战略深入推进。2018年,全社会研发(R&D,Research and Development)经费内部支出600.17亿元,比2000年的29.1亿元增长19倍,年均增长18.3%。2015—2018年,专利申请量累计45.4万件、年均增长39.0%,专利授权量累计23.8万件、年均增长33.7%。截至2018年年底,共有高新技术企业11707家、居全国第三位,国家科技型中小企业备案入库企业8377家、位居全国各大城市第一位。目前,广州有在穗工作诺贝尔奖获得者8人、"两院"院士98人、国家级高层次人才49人。

(四)从华南区域中心到综合性门户城市,城市能级显著提升

广州充分发挥国际综合交通枢纽支撑作用,不断提升全球资源配置能力。机场旅客吞吐量从1978年的不足70万人次,增长到2018年的近7000万人次,位居全国第3、全球第13,增长了近100倍。广州港货物吞吐量从1952年的311万吨,增长到2018年的6.13亿吨,位列全球第五,增长了196倍。广州南站客流量日均50万人次、位居全国第1,是全亚洲最繁忙的高铁站。直至2018年年底,广州已开通运营15条地铁线路和1条有轨电车线路,运营线路长度达485千米,位居全国第3。全市邮电业务总量从1950年的0.27亿元增长到2018年的2615.46亿元,增长9685倍,年均增长14.5%;全市拥有移动电话用户从1991年的1.09万户增长到2018年的4007.73万户,增长3675倍,年均增长37.5%。

(五)从基本温饱到高水平全面小康,人民生活蒸蒸日上

广州始终把人民利益摆在至高无上的地位,坚持民生是"指南针",用心、用情、用功办好民生实事。人均地区生产总值从1949年的121元,增长到2018年的15.55万元,增长1284倍,年均增长10.1%,按世界银行的划分标准,广州人均地区生产总值于2010年(13015美元)已达高收入国家或地区水平(12275美元)。1978年,广州城市、农村常住居民人均可支配收入分别是442元、440元,2018年增长到59982元和26020元,分别增长134倍和58倍,年均分别增长13.7%和13.2%。中华人民共和国成立之初,广州百业待兴,1949年年末,社会从业人员仅99.2万人,2018年年末,社会从业人员达896.54万人,增长8倍。2018年,城镇登记失业率为1.90%,自2013年以来连续

6年保持在3%以下。社会消费品零售总额从1949年的1.77亿元，增长到2018年的9256.19亿元，增长5228倍，年均增长6.0%。高等院校数量从1978年的15所增长到2018年的82所，普通高校在校生从1978年的2.17万人增长到2018年的108.64万人，增长50倍，年均增长10.3%。全市各类卫生机构（不含村卫生室928个）3670个，其中医院255个，比1978年增加115个。2018年年末，全市基本养老、社会医疗、失业、工伤、生育保险参保人数分别为928.37万人、1247.70万人、608.71万人、639.87万人和585.30万人。2018年，企业退休人员月均养老金提高至3513元，位于国内副省级城市前列。市、区两级共建成13个儿童公园，广州大剧院、广州粤剧馆等一批标志性文化设施相继建成开放，广州图书馆跻身于世界公共图书馆前列，广州美术馆、广州文化馆、广州科学馆等面向未来的文化设施启动建设。截至2018年年底，全市共有爱国主义教育基地85个、文化馆13个、文化站169个，村（社区）综合文化中心实现全覆盖。PM2.5平均浓度连续两年达到国家二级标准，城镇污水处理率为95.53%，生活垃圾无害化处理率达100%，全市森林覆盖率达到42.26%。

二、中华人民共和国成立70年广州4个发展阶段的探索与总结

按照中华人民共和国成立70年来我国经济社会发展的历史轨迹，广州70年的发展历程可分为4个阶段。

（一）1949—1977年，社会主义道路的初步探索

在党的领导下，广州扎根社会主义建设，建立了相对完整的国民经济体系。1978年广州地区生产总值43.09亿元，在全国城市中排名第8位，财政收入14.01亿元，进出口总额1.34亿美元。

1. 1949—1952年，建立和稳固地方政权休养生息

1949年10月，广州解放，人民政府成立，随即全面开展地方政权建设，开展清剿"匪特"、镇压反革命、调整工商业、稳定市场、恢复生产等工作并实行土地改革，全面贯彻"公私兼顾、劳资两利、城乡互助、内外交流"政策，有力推动社会经济的全面恢复和发展，实现工农业总产值年均增速15.3%，为进行工业化建设，逐步向社会主义过渡打下了基础。

2. 1953—1957年，建立社会主义公有制经济

坚决贯彻党在过渡时期的总路线，广州扎实推进新民主主义向社会主义过渡的工作，1956年完成了对农业、手工业和资本主义工商业的社会主义改造并开展社会主义工业生产城市的建设，建立了以公有制为主体的社会主义经济制度，工农业总产值年均增长17.9%，超额完成第一个五年计划。1957年，首届中国出口商品交易会（广交会）开幕，广州作为中国重要外贸城市的地位更加稳固。

3. 1958—1965年，从"大跃进"运动到人民公社化

1958—1960年，广州和全国一样开展了"大跃进"、大炼钢铁、人民公社化运动，工业减产，农业歉收，粮食、副食品和日用品供应全面紧张。1961—1965年，广州贯彻

中央提出的"调整、巩固、充实、提高"8字方针，增加农业、轻工业和手工业的投资，使国民经济中的农、轻、重比例趋于合理，扭转了国民经济衰退和人民生活水平下降的困难局面。

4. 1966—1977 年，"文革"十年遭受重大挫折

"文化大革命"时期，全市国民经济和社会事业遭到严重破坏，1967 年、1968 年和 1976 年出现负增长，1976 年全民所有制职工平均工资相比 1965 年下降了 6.4%。其间，广州在困难的条件中，建成了广州宾馆、白云宾馆、中国出口商品交易会新馆和广州新火车站等重大项目，国家在广州的外事活动以及中国出口商品交易会照常进行。

在这一阶段，广州社会主义建设走过艰难曲折的道路，为改革开放和经济社会发展腾飞奠定了坚实基础。

（二）1978—1991 年，改革开放的伟大转折

1978 年 12 月召开的党的十一届三中全会，开启了中国特色社会主义伟大征程。广州把握住历史脉搏，推动经济社会发展突飞猛进。这一阶段，广州地区生产总值增长 9 倍，年均增长 12.7%。

1. 1978—1983 年，大胆探索，率先推动以市场为导向的改革试点

1979 年，党中央、国务院根据以习仲勋同志为领导班子的广东省委的请求，决定对广东实行特殊政策和灵活措施，改革开放先行一步，加快发展地方经济。这一阶段，广州的改革以"放"为主要特点，着重放权让利、放开价格、放开市场。在价格体制改革方面，1978 年，在全国率先放开部分水产品市场；1984 年，在全国率先放开蔬菜价格，逐步形成"三多一少"（多种经济成分、多渠道、多形式、少环节）的流通体制。在农村体制改革方面，1979 年，农村地区实行联产到组、联产到劳动力；1984 年，农村基本上实行了家庭联产承包责任制。在投融资体制改革方面，1981 年，率先打破政府单一的投资体制，探索实行以电养电、以水养水、以桥养桥、以路养路等政策，改革土地使用制度，将无偿划拨土地改为有期有偿出让，为地铁等大型城建项目筹集资金。在对外开放方面，1978 年，引进外资开发了全国第一个商品住宅项目；1979 年，开办全国首家"三资"企业。白天鹅宾馆、花园酒店、中国大酒店 3 家五星级酒店的兴建，开创了中国酒店业引进外资的先河。

2. 1984—1991 年，全方位改革开放，推进综合配套改革

1984 年，广州被国务院列为全国沿海开放城市、计划单列市和经济体制综合改革城市，获批设立广州经济技术开发区。广州领风气之先，大力推进国有企业管理体制、金融体制、科技和教育体制、劳动和社会保障制度等改革，1983 年，接受世界银行贷款创建广州大学；1986 年，被列为全国首批金融体制改革试点城市；1987 年，实现企业所有权、经营权分离和政企分开；1992 年，被列为国家科技经济体制综合配套改革试点城市；1985—1991 年，组建了白云山企业集团、万宝电器集团、南方大厦股份集团等 44 家企业集团。积极扩大对外开放，1985 年，在全国率先设立"广州外经一条街"，实施以外经外贸为导向的发展战略，"两头在外，大进大出"加工贸易蓬勃壮大，进出口总额由 1978 年的 1.34 亿美元增长到 1991 年的 70.75 亿美元，基本形成了外向型经济格局。

在这一阶段，广州先行先试，开启了改革开放的伟大转折，使经济全球化的世界潮流转化为促进经济快速发展的重要因素。1989年，广州经济总量达288亿元，从此开启了连续27年位居内地第3的辉煌历史。城市居民人均可支配收入从1978年的442元增加到1991年的3124元，农村居民人均可支配收入从1978年的250元增加到1991年的1736元。

（三）1992—2012年，社会主义市场经济体制的建立和完善

1992年春天，邓小平同志在广东发表著名的南方谈话，以"三个有利于"对姓社姓资问题正本清源；2000年春天，江泽民同志在广东提出"三个代表"重要思想，要求广东"增创新优势，更上一层楼，率先基本实现社会主义现代化"；2003年，胡锦涛同志在广东提出了科学发展观的思想，要求广东加快发展、率先发展，更好地发挥排头兵作用。

1. 1992—2001年，构建社会主义市场经济新体制，迈入跨越发展阶段

1992年，广州市委、市政府发布《关于进一步深化改革、扩大开放的若干决定》，提出用15年左右的时间基本实现现代化，建设国际大都市的奋斗目标。着力深化所有制改革和流通体制改革，大力支持非公有制经济发展，引进外资建设大型购物广场，新扩建10大类批发市场，大力发展劳动力、技术、期货等生产要素市场，逐步形成大商业、大市场、大流通格局。加快利用外资改造提升产业步伐，日本三大汽车巨头齐聚广州，广州出口商品遍及亚、欧、北美洲、太平洋、非洲的国家和地区。围绕"一年一小变、三年一中变、2010年一大变"的目标，推动广州城市建设管理进入全面提速期。

2. 2002—2012年，全面融入国际产业链分工体系，迈向科学发展阶段

抓住我国加入世贸组织的契机，广州实施外向带动战略并加强与香港、澳门的经贸合作关系。加快产业转型升级，积极构建现代产业体系，金融、物流、会展等现代服务业发展势头良好，汽车、石化、电子信息成为三大支柱产业，初步形成了以信息、生物技术、新材料和医药产业为主体的高新技术产业群，经济增长从"量"的扩张转向"质"的提升。实施"南拓、北优、东进、西联"城市发展战略（后增加"中调"），全市先后进行了两次大的行政区划调整：2000年，番禺、花都撤市设区；2005年，越秀区与东山区合并，荔湾区与芳村区合并，新设萝岗区和南沙区。建设新机场、南沙港、广州南站、高铁公路网、轨道交通等城市基础设施，广州大学城和国际会展中心相继建成。2010年，成功举办第16届亚运会和第10届亚残运会。2008年，经国务院批准实施《珠江三角洲地区改革发展规划纲要（2008—2020年）》，广州作为国家中心城市、综合性门户城市和区域性文化教育中心的地位得到进一步确认和提升。

这一阶段，广州经济社会发展迈入科学发展阶段，经济综合实力实现较大跃升。广州经济总量于2010年突破10000亿元，人均地区生产总值于2008年突破10000美元，一般预算财政收入于2012年突破1000亿元。城市居民人均可支配收入从1992年的3967元增加到2012年的35408元，农村居民人均可支配收入从1992年的2152元增加到2012年的14234元。

（四）2012年以来，迈向新时代全面改革开放新征程

党的十八大以来，中央高度重视广东的各项工作，习近平总书记多次对广东工作作出重要讲话和重要指示批示，两次亲临广东视察并为广州改革发展指明了前进方向。

1. 认真贯彻落实习近平总书记"三个定位、两个率先"重要指示精神

党的十八大后，习近平总书记首次到地方视察就来到广东，要求广东"努力成为发展中国特色社会主义的排头兵，深化改革开放的先行地，探索科学发展的实验区，率先全面建成小康社会，率先基本实现社会主义现代化"。广州认真学习贯彻习近平总书记重要指示要求，加快推动产业转型升级，全面增强自主创新能力，着力深化重点领域改革，广州国际金融中心、广州股权交易中心、广州碳排放权交易所开业运营，开展商事登记制度改革试点，完成市属经营性国有资产统一监管工作，广州汽车工业集团成为广州首家进入世界500强的市属企业。

2. 深入贯彻落实习近平总书记"要在全面深化改革中走在前列"重要指示精神

2014年3月6日，习近平总书记在参加第十二届全国人大第二次会议广东代表团审议时强调，广东要在全面深化改革中走在前列，协同推进各领域改革，推动产业优化升级，努力交出物质文明和精神文明两份好的答卷。广州坚决贯彻落实习近平总书记指示精神，打造国际航运枢纽、国际航空枢纽、国际科技创新枢纽，调整增城、从化、黄埔行政区划，南沙先后获批国家级新区和自由贸易试验片区，阿里巴巴、腾讯、小米等一批总部项目、优质品牌和总部企业落户，获批国家自主创新示范区和全面创新改革核心区，枢纽型网络城市建设持续提速。

3. 全面贯彻落实习近平总书记"四个坚持、三个支撑、两个走在前列"重要批示精神

2017年4月4日，在广东省召开第十二次党代会前夕，习近平总书记作出重要批示，要求广东"坚持党的领导、坚持中国特色社会主义、坚持新发展理念、坚持改革开放，为全国推进供给侧结构性改革、实施创新驱动发展战略、构建开放型经济新体制提供支撑，努力在全面建成小康社会、加快建设社会主义现代化新征程上走在前列"。2017年7月，习近平总书记在中央财经领导小组第十六次会议上，要求北京、上海、广州、深圳等特大城市要率先加大营商环境改革力度。习近平总书记还先后向第120届广交会、广州金砖国家运动会、广州《财富》全球论坛致贺信，对广州工作给予更大指导和鼓励。2017年10月18日，党的十九大胜利召开后，广州把学习宣传贯彻落实习近平新时代中国特色社会主义思想和党的十九大精神作为首要政治任务，坚决贯彻中央部署，落实省委要求，扎实推进"大学习、深调研、真落实"活动，在学懂、弄通、做实上下功夫。加快构建以IAB（新一代信息技术、人工智能、生物医药）、NEM（新能源、新材料）为主导的高端高质高新现代产业新体系，成功举办2017年《财富》全球论坛，中新广州知识城上升为国家级双边合作项目，蝉联全国文明城市，持续优化干净整洁、平安有序城乡环境，有力推动国家中心城市建设全面上新水平。

4. 牢记习近平总书记重要嘱托，坚定践行"四个走在全国前列"、当好"两个重要窗口"

2018年3月7日，习近平总书记参加第十三届全国人大第一次会议广东代表团审议

时,强调广东要"在构建推动经济高质量发展体制机制、建设现代化经济体系、形成全面开放新格局、营造共建共治共享社会治理格局上走在全国前列",当好"向世界展示我国改革开放成就、国际社会观察我国改革开放"的重要窗口。广州坚持深入学习宣传贯彻习近平新时代中国特色社会主义思想和党的十九大精神,扎实推进中央巡视、督察、审计等反馈意见整改,坚决全面彻底肃清李嘉、万庆良的恶劣影响,在政治立场、政治方向、政治原则、政治道路上同以习近平同志为核心的党中央保持高度一致。着力在构建推动经济高质量发展的体制机制、建设现代化经济体系、形成全面开放新格局、营造共建共治共享社会治理格局上持续发力,工程建设项目审批制度改革成为国家试点,黄埔区、广州开发区获批全省唯一营商环境改革创新实验区,富士康、乐金、思科、琶洲互联网创新集聚区等一批项目加快建设,加强南沙自贸试验区制度创新,世界500强企业已有301家在广州落户,推动市区街三级社会协同治理,坚决打好三大攻坚战,统筹推进稳增长、促改革、调结构、惠民生、防风险各项工作,为党和国家发展全局做出新的更大贡献。

5. 牢记习近平总书记"老城市新活力、四个出新出彩"重要指示,奋力谱写新时代广州改革发展新篇章

2018年10月,习近平总书记亲临广东视察,对广州提出实现老城市新活力,在综合城市功能、城市文化综合实力、现代服务业、现代化国际化营商环境方面出新出彩的重要要求。广州坚决贯彻落实习近平总书记重要讲话精神,落实省委"1+1+9"工作部署,优化"1+1+4"工作举措,制定实现老城市新活力的实施意见,推动国家中心城市全面上新水平,着力建设国际大都市。紧紧抓住粤港澳大湾区建设这个"纲",推进共建国际科技创新中心,与港澳产业合作蓬勃开展,要素流动不断加快,港澳居民在穗发展更加便利。坚持把习近平总书记关于"实现老城市新活力、'四个出新出彩'"重要指示作为一切工作的"金钥匙","四个出新出彩"行动方案获省委全面深化改革委员会审议通过并印发实施。着力推动综合城市功能出新出彩,持续增强经济中心、枢纽门户、科技创新、文化引领、综合服务、社会融合功能,建设国际综合交通枢纽,用绣花功夫提升城市管理品质;着力营造"适宜创业发展、适宜生活居住"的城市环境,不断提升城市核心竞争力;着力推动城市文化综合实力出新出彩,打响红色文化、岭南文化、"海丝"文化、创新文化等四大文化品牌,打造社会主义文化强国的城市范例;着力推动现代服务业出新出彩,把发展现代服务业摆在更加突出的位置,优化国际商贸中心功能,建设具有国际影响力的服务经济中心;着力推动现代化国际化营商环境出新出彩,深入推进营商环境2.0改革,深化三项国家级改革试点,开展10个专项行动,实现政府投资、社会投资项目审批时间分别压缩至78个和28个工作日以内,企业获得感得到新提升。

这一阶段,广州地区生产总值年均增长8.6%,2018年经济总量达22859亿元,人均地区生产总值155491元(约23497美元)。2018年城市居民人均可支配收入达59982元,农村居民人均可支配收入达26020元,改革发展成果更多更公平地惠及全市人民,经济综合实力继续稳居全国前列。今天,一个风华正茂的广州、一个日新月异的广州,正焕发出蓬勃的生机活力,展现出无限光明的发展前景。

三、中华人民共和国成立 70 年广州经济社会发展取得的经验

70 年沧桑巨变，一度面临经济瘫痪、民生凋敝的广州一再攀登新台阶、创造新传奇，实现了前所未有的历史性跨越，取得了举世瞩目的辉煌成就，演绎了中国特色社会主义的生动实践，成为世界认识中国、读懂中国的一扇窗口。这 70 年，广州数次得到历史机遇的眷顾垂青，也曾经几度面临风险挑战、坎坷难关。但历史一再证明，只要认定了正确的道路，抓住每一次机遇、驰而不息、攻坚克难、创新探索、砥砺前行，就没有闯不过去的难关，就没有创造不了的奇迹。

这 70 年，广州的每一步发展，都承载着党中央的重托和期许，坚定不移走中国特色社会主义道路。70 年来，广州在党中央坚强领导下，坚决贯彻省委、省政府部署要求，推动经济社会发展不断取得新成就、实现新跨越。从中华人民共和国成立后到改革开放的 29 年间，广州在党的领导下医治战争创伤，恢复发展国民经济，确立社会主义制度，经济社会逐步走上正常发展轨道，逐步建设成为一个新型的社会主义大城市。党的十一届三中全会后，广州坚决响应党中央提出的"走自己的路，建设中国特色社会主义"的伟大号召，积极发挥中心城市作用，成为改革开放前沿阵地。党的十八大后，习近平总书记高瞻远瞩、饱含深情，及时为广东发展把脉定向、擘画蓝图。2012 年 12 月，习近平总书记到地方考察的第一站就选在广东，作出"三个定位、两个率先"的重要指示。2017 年 4 月，习近平总书记对广东作出"四个坚持、三个支撑、两个走在前列"的重要批示。2018 年 3 月 7 日，习近平总书记在参加第十三届全国人大第一次会议广东团审议，要求广东做到"四个走在全国前列"，当好"两个重要窗口"。在改革开放 40 周年之际，习近平总书记再次亲临广东视察指导，要求广州实现老城市新活力，在综合城市功能、城市文化综合实力、现代服务业、现代化国际化营商环境方面出新出彩，为广州改革开放再出发指明了前进方向、提供了根本遵循。实践证明，只有中国特色社会主义道路才能引领中国走向繁荣富强。作为国家中心城市，作为全国改革开放排头兵、前沿地，广州发展得好不好，就看政治站位高不高，服务全国、辐射全国的能力强不强。只有自觉增强"四个意识"、坚定"四个自信"、做到"两个维护"，在全国大局下谋划推动广州工作，全面落实以习近平同志为核心的党中央赋予的新的重大使命，才能跳出广州看广州、立足全局看广州、在服务全国中发展广州。

这 70 年，广州的每一次突破，都来源于敢闯敢试、敢为人先，坚定不移将全面深化改革进行到底。70 年来，广州不论是改革开放前的 30 年，还是在改革开放 40 年的历史进程中，一直坚持敢闯敢试、敢为人先，以"杀出一条血路"的勇气和担当，推动探索实践，始终在全国全省先行一步、走在前列。特别是改革开放之初，广州在"用足政策"的思想指导下，在改革上做到"起步略早一点，范围略宽一点，措施配套一点，管理灵活一点"，鼓励敢闯敢试，宽容失败，大力发展市场经济，推动广州迅速成长为综合实力较强的国内一线城市。比如，天河区率先把股份制引入农村集体合作经济，杨箕村成立了全国首个农村股份制经济联社，"龙头 + 农户"的专业合作"江高模式"成为全国最早出现的农业产业化模式，等等。进入新时代，广州在遵循中央顶层设计前提下，

坚持用改革的办法解决前进中的问题，大胆试、大胆闯、自主改，推动战略战役性改革取得突破，在国际贸易"单一窗口"、公共资源交易信用体系建设、"一窗式"政务服务等方面形成了一批可复制、可推广的经验。实践证明，改革是由问题倒逼而产生的，又在不断解决问题中得以深化，只有敢于改革、勇于创新，才能抢占发展先机、赢得发展主动。站在新的历史起点上，我们只有把改革的旗帜举得更高更稳，敢于啃硬骨头、敢于涉险滩，敢于向积存多年的顽瘴痼疾开刀，才能实现广州的高质量发展。

这 70 年，广州的每一个机遇，都得益于面向世界、面向未来的开放胸怀，坚定不移推动形成全面开放新格局。开放是广州最大的优势，以开放促改革、促发展，是广州经济保持较快发展的重要因素。素有"千年商都"美誉的广州是我国对外开放的重要窗口，并且是唯一从未关闭过的对外通商口岸。中华人民共和国成立初期，广州相继批准一批私营进出口商经营进出口业务，成立了第一家国营进出口公司，从 1957 年起每年春、秋两季举办"广交会"，对外贸易持续快速发展。党的十一届三中全会胜利召开后，广州创造性地运用中央赋予的特殊政策和灵活措施，充分发挥地缘人缘优势，打开祖国南大门搞建设，率先向港澳地区开放，率先开办"三资"企业，建设首批国家级经济技术开发区、高新技术产业开发区，通过开放引进了发展所需的资金、技术、人才和管理经验。党的十八大以来，广州积极抢抓"一带一路"建设、粤港澳大湾区建设等重大历史机遇，坚持"引进来"和"走出去"并重，着力提升国际交往水平，与全球 220 多个国家和地区保持贸易往来，企业投资遍布全球 72 个国家和地区，逐渐形成一个全方位、多层次、宽领域的对外开放格局。实践证明，开放带来进步，封闭必然落后。一个城市要振兴，就必须坚持开放发展，从全球城市体系中找标杆，从国家战略中找动力，从区域发展中找动力，从国际产业分工和要素配置中找动力，不断为经济发展增添新活力、拓展新空间。

这 70 年，广州的每一轮前进，都离不开一心一意谋发展，坚定不移提升城市能级和核心竞争力。发展是党执政兴国的第一要务，是解决中国所有问题的关键。对此，广州与全国一样，经历了一个思想认识不断提高和深化的过程。特别是在党的十一届三中全会后，广州积极响应中央号召，将工作重心从"以阶级斗争为纲"转移到"以经济建设为中心"的正确轨道上来，推动经济社会发展走在全省乃至全国前列，形成了"发展才是硬道理"的生动实践。党的十八大以来，广州忠实践行新发展理念，坚持适应、把握、引领经济发展新常态，推动高质量发展取得新进步。经济发展方面，遵从产业发展规律，坚持先进制造业和现代服务业协调发展，厚植传统优势、创新的优势，推动新旧动能接续转换，城市创新力和竞争力不断增强。科技发展方面，坚决贯彻实施创新驱动发展战略，共建大湾区国际科技创新中心和综合性国家科学中心，科创企业发展快、创新创业环境好，着力营造"适宜创业发展、适宜生活居住"的城市环境，创新正成为广州发展的不竭动力。城市发展方面，科学配置城市资源，不断完善大交通网络体系，推进城乡更新改造，集中力量建设一批事关长远的重大项目，新白云国际机场、南沙港、高铁站、大学城、地铁网络持续优化完善，城市综合承载力和辐射带动能力不断提升。实践证明，发展是基础，经济不发展，一切都无从谈起。必须始终坚持发展是硬道理，坚定践行新发展理念，以提高发展质量和效益为中心，推动广州实现更高质量、更有效率、更加公平、更可持续的发展。

这 70 年，广州的每一个梦想，都根植于人民、都为了人民，坚定不移实现人民对美好生活的向往。70 年来，广州牢记全心全意为人民服务的根本宗旨，坚持把实现好、维护好、发展好广大人民群众的根本利益作为改革发展的根本出发点和落脚点，努力让广大人民群众共享改革发展丰硕成果。中华人民共和国成立之初，广州百业待兴，1949 年年末人均寿命才 35 岁左右，我们加快对城市的接管和建设，逐渐改善人民群众温饱不足的情况。改革开放后，广州逐步形成以市场为导向的就业体制，逐渐建立覆盖全民、保障适度的多层次社会保障体系，率先解决群众温饱问题。进 21 世纪，广州坚持富民优先、民生为重，成功应对"非典"疫情，人民生活水平不断提高。党的十八大以来，广州坚持每年办好 10 件民生实事，在全国率先推动公立医院综合改革、取消药品加成，首推"租购同权、学位到房"，率先实施两轮精准扶贫，着力解决老百姓最关心、最直接、最现实的利益问题，人民群众的获得感、幸福感、安全感不断增强。实践证明，来自人民、植根人民、服务人民是中国共产党区别于其他政党的显著标志，是广州发展壮大的重要因素。必须真正贯彻以人民为中心的发展思想，更好地顺应人民对美好生活的向往，让人民群众分享发展红利、感受生活幸福、迸发创造伟大力量。

这 70 年，广州的每一项成就，根本在于中国共产党的领导，坚定不移推进全面从严治党。2018 年，习近平总书记在视察广东时强调，什么时候重视党的领导、加强党的建设，什么时候就能战胜困难、夺取胜利；什么时候轻视党的领导、漠视党的建设，什么时候就会经历曲折、遭受挫折。广州市委于 1949 年 10 月 24 日重建，党的建设不断巩固加强，为基本完成社会主义改造、全面开始社会主义建设提供了可靠政治保证。历届广州市委紧扣党在每个历史时期的中心工作，坚持围绕发展抓党建，抓好党建促发展，推动全市党的建设在探索中前进、在创新中提升，为保持社会稳定和推进改革开放提供了有力政治保证。党的十八大以来，在以习近平同志为核心的党中央的坚强领导下，广州市委坚决落实新时代党的建设总要求，认真履行管党治党政治责任，从严管党治党，为经济社会各项事业发展提供了坚强的政治保证。实践证明，办好广州的事情，关键在党，关键在党要管党、从严治党。只有不断加强党的领导和党的建设，充分发挥党总揽全局、协调各方的领导核心作用，才能在改革发展中战胜各种风险挑战，从胜利走向新的胜利。

四、站在新的历史起点上，广州初心如磐、使命在肩

2019 年 10 月 1 日，习近平总书记在庆祝中华人民共和国成立 70 周年大会上发表重要讲话时指出："中国的昨天已经写在人类的史册上，中国的今天正在亿万人民手中创造，中国的明天必将更加美好！"今天的广州，肩负着更好地服务全国改革发展大局的光荣使命，也面临着实现自身高质量发展的历史责任。推动广州改革开放再出发，最根本的是坚持以习近平新时代中国特色社会主义思想为指导，深入学习贯彻习近平总书记视察广东重要讲话和重要指示批示精神，牢记习近平总书记嘱托，牢记使命担当，抢抓粤港澳大湾区建设、支持深圳建设中国特色社会主义先行示范区的重大历史机遇，奋力实现老城市新活力、"四个出新出彩"，推动国家中心城市建设全面上新水平，着力建设国

际大都市,在全省实现"四个走在全国前列"、当好"两个重要窗口"中勇当排头兵。

新时代的广州砥砺前行,更加需要加强党的领导和党的建设。坚持把党的政治建设摆在首位,以改革创新精神落实新时代党的建设总要求,树立大抓基层鲜明导向和选人用人正确导向,建设忠诚干净担当的高素质干部队伍,构建"令行禁止、有呼必应"基层党建引领社会治理格局,持之以恒正风肃纪反腐,巩固优化风清气正的政治生态。

新时代的广州勇挑重担,更加需要增强粤港澳大湾区区域发展核心引擎功能。主动落实"中央要求",按照"港澳所需""湾区所向""广州所能",举全市之力推进粤港澳大湾区建设,支持深圳建设中国特色社会主义先行示范区,拓展与港澳、深圳等城市在科技、交通、产业、高端平台、环境保护、民生等领域的合作广度和深度,共建国际一流湾区和世界级城市群。

新时代的广州奋急争先,更加需要全面深化改革开放。在更高起点上推进全面深化改革,以营商环境改革为牵引,谋划推动更多的战役战略性改革和创造型引领型改革,增创广州发展新优势。在更高水平上扩大对外开放,大力建设"一带一路"重要枢纽城市,高标准建设南沙自贸区,服务全省"一核一带一区"区域协调发展格局,率先形成内外联动、区域协调发展的开放格局。

新时代的广州厚积薄发,更加需要坚定不移推动高质量发展。充分发挥国家中心城市和综合性门户城市引领作用,聚焦打造国际航运枢纽、国际航空枢纽、国际信息枢纽、世界级高铁枢纽,着力建设科技创新强市、先进制造业强市、现代服务业强市,不断增强城市能级和核心竞争力。深入实施乡村振兴战略,让农村和城市比翼齐飞、协调发展,打造高质量发展的典范。

新时代的广州幸福美好,更加需要为人民群众创造高品质生活。坚持以人民为中心的发展思想,着力建设幸福广州、美丽广州、平安广州、法治广州、廉洁广州,传承红色基因、打造文化强市,大力推进城市更新九项重点工作,推动白云山、麓湖、越秀山等"还绿于民""还景于民",不断焕发云山珠水、吉祥花城的无穷魅力,不断满足人民群众日益增长的美好生活需要。

70年筚路蓝缕,70年波澜壮阔,从高峰迈向更高的高峰,前路会有更大挑战,会有更多艰险,会有更多要跨越的沟沟坎坎。但我们坚信,只要广州更加紧密地团结在以习近平同志为核心的党中央周围,继承这座英雄城市的光荣传统,矢志追求卓越、富于创造、奋发有为,就一定能跑出我们这代人的好成绩。广州这座历久弥新的老城市,必将不断迸发新的活力,创造新的传奇,续写新的华章。

新时代广州发展现代慈善事业的实践与探索研究

罗 玲

党的十八届三中全会指出，全面深化改革的总目标是完善和发展中国特色社会主义制度，推进国家治理体系和治理能力现代化。社会治理现代化是推进国家治理体系和治理能力现代化的重要组成部分。党的十九大报告进一步提出"打造共建共治共享的社会治理格局"，对新时代社会治理发展和创新提出了新目标和新要求。2018年习近平总书记在全国"两会"参加广东代表团审议时，要求广东在营造共建共治共享社会治理格局上走在全国前列，并对打造这一新格局提出了明确要求。而慈善事业所具有的理念，与以善治为核心的现代治理理念不谋而合，如强调多元参与、注重改善民生等。在全面深化改革总目标下，慈善事业在整个国家治理体系中的地位和作用无疑变得更加突出，是撬动各方力量参与社会治理的重要平台。

广州自觉肩负起在营造共建共治共享社会治理格局上走在全国前列的光荣使命，加快社会治理理念体制路径创新，先行先试，大力改革发展现代慈善事业，充分发挥公益慈善组织在社会治理中的重要作用，不断满足群众日益增长的美好生活需要，为广州建设国际大都市，实现老城市新活力和"四个出新出彩"提供重要支撑。

一、新时代广州发展现代慈善事业的现状

广州市在党委政府领导下，出台了多项慈善政策，深入调整政府与慈善组织的关系，搭建了政府、慈善组织、企业、市民之间的合作平台，进一步激发了民间慈善活力，形成了党委领导、政府主导、组织运作、社会参与、人人共享的创建"慈善之城"运作机制。广州慈善事业已从起步阶段进入了一个快速成长的阶段。

这主要表现在政府和社会的关系基本理顺，政府的定位重点为深入推动政策制度、体制机制上的改革；公众慈善意识不断提升，人人慈善理念普遍为公众认可，慈善从过去被看作好人好事转变为被视作公民的权利和责任，民众对慈善的理解也从过去的个人道德行为转变为有组织的现代慈善行为，慈善的本质正从过去的单方面的施舍转变为民众的互惠行为；慈善组织不断增多，慈善资源有效配置不断强化，慈善组织的管理和活动逐步规范，慈善监督体系不断完善，慈善组织公信力明显提升，慈善组织参与到各个领域并提供社会公共服务和产品，成为除政府、市场主体之外的社会治理重要力量，在推动广州社会治理现代化过程中发挥着越来越重要的作用，慈善事业的社会影响不断扩大。

二、新时代广州发展现代慈善事业的实践特色

广州市在发展现代慈善事业中不断创新探索,形成了鲜明的发展特色,慈善事业走在全国前列,很好地发挥了作为中心城市的示范引领作用。

(一)推动慈善事业社会化,扶持培育现代慈善组织

1. 以法促善,为现代慈善组织培育提供制度支持

广州重视慈善制度建设,大胆改革创新,在我国总体慈善公益法规缺位的情况下,通过地方性法规的局部突破来改革现有法规,不断为慈善组织松绑,为培育现代慈善组织提供广阔的制度空间,推动公益慈善发展。

一是出台《广州市募捐条例》。2012年5月1日,《广州市募捐条例》(以下简称"《条例》")正式实施,这是全国省会城市中首部规范募捐工作的地方性法规,对募捐主体、募捐许可、募捐行为、募捐程序、募捐信息公开等做了明确具体的规范。《条例》最大的亮点是开放公募权并要求拥有公募资格的民间公益组织适应变革,在提高自身能力的前提下接受公众监督,公开、透明地开展公益慈善活动。《条例》适当扩大募捐主体,引导慈善回归民间;设定了6类社会募捐主体,除现行法律、法规规定的红十字会、慈善会和公募基金会外,还扩大到公益性的社会团体、民办非企业单位和非营利性的事业单位。其中,将民办非企业单位扩大为募捐主体,是一项在全国具有首创性的改革措施。这是对公募资格垄断的突破,意味着广州慈善募捐不再只姓官,更多规范化运作的民间公益组织在政策保障下登上舞台、大展拳脚,标志着广州慈善事业从垄断化行政型慈善向市场化服务型慈善的方向发展。[①]《条例》指出的募捐组织有摊派或变相摊派情形的,由市民政部门给予警告,责令改正,这有利于减少行政力量介入慈善募捐,为慈善回归民间创造了法律环境。这样真正将动员资源的能力赋予每一个公民,赋予每一个公民所参与的组织,它对于未来的社会建设、成长,乃至每一个人在这个社会中提升自己的力量都非常有意义。

《条例》实施、公募平台放开后,申请公募的慈善组织越来越多,竞争越来越大,特别是一些民间公益性社会团体、民办非企业单位从观望、尝试到积极参与。《条例》实施一周年,市民政局公办来募捐许可170多次,备案申请940多次。其中,由80多家公益性社会团体、民办非企业单位和非营利性事业单位取得了募捐许可。

二是改革社会组织登记管理。广州社会组织登记管理体制改革的步伐一直走在全国前列。2012年,广州在全国率先实施了社会组织直接登记试点。从2012年1月1日起,除依据国家法律法规需前置行政审批的社会组织外,行业协会、异地商会、公益慈善类、社会服务类、经济类、科技类、体育类、文化类8类社会组织在广州可直接向登记管理机关申请登记。2012年4月,市民政局制定《关于实施"广州市社会组织直接登记"社

---

① 广州市慈善服务中心编:《努力推动 慈善回归民间——2013年广州市慈善事业发展报告》,载《广州市慈善事业发展报告2014》,广州出版社2014年版。

会创新观察项目的工作方案》，规定从 5 月 1 日起，全面铺开社会组织直接登记，除依据国家法律法规需前置行政审批的社会组织外，其他社会组织可直接向登记管理机关申请登记，而无须再找业务主管单位挂靠。该举措突破了社会组织双重管理的限制，进一步简化了登记程序，打破垄断限制。从 2012 年 9 月起，广州全部实行社会组织网上成立、变更和注销登记。

2014 年，广州被民政部列为全国社会组织建设创新示范区之一。以此为契机，广州进一步深化社会组织登记管理改革，颁布了《广州社会组织管理办法》。这在全国率先以地方立法形式确认了社会组织直接登记的改革成果，也率先在统一管理社会组织方面进行了创新，对其他地方的相关立法具有示范意义，也为制定国家层面的社会组织管理法提供了经验。

《办法》在降低社会组织等级门槛、推进社会组织去行政化、建立年度报告制度和信息披露制度等方面进行了改革，包括：改变过去非竞争性原则下，禁止在同一行政区域内设立业务范围相同或者相似的社会组织规定，允许同一行政区域内成立业务范围相同或者相似的公益服务类社会团体；取消社会团体和民办非企业单位的注册（开办）资金要求，放宽社会组织住所要求；取消年检制度，建立年度报告制度；建立社会组织行业自律制度、第三方评估机制等。这样一方面放松了准入管制，激发了社会组织的活力；另一方面加强了对社会组织的后续监管，通过实行宽进严出，为社会组织发展创造了良好环境并引导其规范化运作和可持续发展。

2. 推进政社合作，创新政府培育扶持机制

一是举办慈善项目推介会，打造慈善资源供需对接平台。2013 年，广州市举办首届慈善项目推介会。按照政府搭台、社会参与、慈善组织运作的方式，为慈善项目展示、交流、合作提供平台，积极引导社会热心企业、机构、个人参与慈善活动，帮助困难群众解决最迫切、最现实的生活困难。推介会共有 102 家慈善组织，推出慈善项目 1080 个，主要集中在扶老、助残、济困、赈灾等领域，涉及关注独居空巢老人、失独家庭等。截至 2013 年 12 月 31 日，推介会累计认捐善款 3.3481 亿元，共对接慈善项目 458 个。截至 2016 年，共为 1200 多个项目对接善款 12 亿元。

推介会由慈善组织运作，包括慈善项目的设计、推介、募捐、实施等都由慈善组织自主进行。同时，所有推介项目均按照《广州市募捐条例》的规定办理了募捐许可或备案手续并被纳入新成立的广州市慈善组织社会监督委员会（以下简称"慈监委"）的监督范围。推介会实现了善款与慈善项目的直接对接，让慈善组织、企业和个人有了更多选择权，让捐赠者明了捐赠款项的用途。推介会改变了以往在大规模慈善募捐活动中先募集资金、再配置资源的传统操作方式，鼓励慈善组织自主参与，以项目找资金，让捐赠者在捐款之前先看到项目策划，甚至看到更具体的资金使用项目，先认可项目，再进行捐赠。

二是开展公益创投活动，实现慈善事业的共创共建。从 2008 年起，广州走在全国前列，率先试点推行政府购买社会项目模式，不断加大政府投入力度，扶持和促进公益慈善组织发展。

2013 年，广州出台《广州市社会组织公益创投项目管理办法》。2014 年，启动第一届社会组织公益创投活动，通过政府扶持和创新资源配置方式，帮助社会组织发展成为合格的公共服务提供者、政府购买服务承担者。首届社会组织公益创投活动共收到公益创投项目238个，经专家评审组评审，共有100个项目最终成功立项，获得市级福利彩票公益金的1500万元立项拨付，获得社会配套资金资助超过1100万元。这些获得资助的项目根据其自身需求和专家对其实际情况的评估结果，分别获得了3万～30万元不等的种子资金。据统计，首届公益创投100个项目的合格率高达95%，优秀率达到36%，最终使41.5万人次直接受益，130.5万人间接受益。此后，政府拿出的资金连年加码，从1500万元到1850万元，2016年增至2240万元。至2018年，5年共投入财政资金1.0044亿元，资助项目696个，撬动社会配套资金6438万元，有效拓宽了公益慈善服务群众的渠道，形成政府、市场与社会协同共治的"善治"平台。①

公益创投的主要特点是"共创共建"。它有别于其他城市，不仅仅是单一的政府购买服务、社会组织提供服务模式，而更加强调政府、社会、社会组织共创共投，社会组织不仅自己设计创投项目争取政府创投资金，还要争取社会配套资金，与政府创投资金比例至少达到2∶3，以达到通过创投撬动社会资源参与，形成共创共投、协同发展的局面。② 通过开展公益创投活动，广州市政府带动了一大批社会资源进入慈善领域，围绕公益创投活动编织起了一张巨大的慈善事业网络，其中既有经济领域的企业，也有社会领域的慈善组织，政府则是这张慈善事业网络的总协调人。

三是建立专项扶植基金，推动慈善生态链完整。随着慈善组织多元化发展，进一步开放官办慈善组织特别是慈善会、公募基金会资源，扶持弱小民间慈善组织的成长，对推动整个慈善生态链的完善大有裨益。2013年9月，广州市慈善会设立了首期资金为200万元的"相伴成长慈善组织助长专项基金"，专项用于资助慈善组织开展优质慈善项目。符合条件的社会组织，最高可获得10万元资助。这是广州市慈善会首次与民间慈善组织牵手，希望实现优势互补，合作共赢。通过评审，广州市慈善会对首批20个公益特点鲜明、方案设计科学、操作性强、经费预算合理的慈善项目进行资助，共资助113.58万元。获得资助的社会组织，须接受第三方专业机构的项目进程评估。广州市慈善会与《广州日报》合作的"广爱同行"专项基金也牵手广东省千禾社区公益基金会，拨款200万元用于开展社区公益，包括社区流动人员服务、社区教育、文化保育等项目。

"相伴成长专项基金"的设立，带动了区域内民间自发组织的整体发展，对社会组织的健康发展以及促进社会的多元共治有着开创性的积极意义。

（二）完善慈善监管体系，规范慈善组织和活动

完善的慈善监管体系，是慈善事业健康有序发展的重要保障。以"廉洁慈善""阳光慈善"为目标，广州市不断改革慈善组织监督形式，加强对慈善组织行为的规范化要求，逐步探索建设政府部门依法监管、社会专业监督、行业自律监督、社会广泛参与的"四位一体"的广州慈善事业监管体系，让公众放心做慈善。

---

① 《"人人慈善为人人"在广州扎根开花》，载《中国社会报》2018年11月1日。
② 广州市慈善服务中心编：《广州市公益慈善事业发展报告2015》，中国社会出版社2015年版。

1. 设立慈监委，创新社会监督机制

广州大部分公益组织能规范运作和履行基本的信息公开义务，但因慈善领域广泛、组织类型各异、制度规范缺失等因素，单纯依靠政府监管显得力不从心。为指导公益慈善组织规范管理，弥补政府监管的不足，健全慈善行业社会监督，促进广州慈善事业健康发展，市民政局开风气之先，倡导成立慈监委。2013年6月，广州慈监委正式成立，这是全国首个地区性独立第三方慈善组织社会专业监督机构，旨在强化社会专业监督力量，提升慈善组织的透明度和公信力。首届慈监委15名监督委员由人大代表、政协委员、专家学者、律师、会计师、媒体人和知名慈善人士7个类别的人员组成，经各类别权威组织推荐后选举产生，没有现职公职人员，体现出慈监委的独立性、民间性、广泛性和专业性。

依据慈监委章程，慈监委监督对象包括广州市各级红十字会、慈善会、广州市各级民政部门登记且根据条例取得募捐许可的公益性的社会团体、民办非企业单位以及冠以广州市行政区划名称并接受广州市相关部门业务指导的公募基金会。其履行的主要职能：一是对广州地区各类慈善组织的慈善募捐活动、慈善资金使用管理以及信息公开等情况独立进行监督；二是为政府有关部门开展慈善监管、慈善组织开展活动提供咨询意见。为规范慈监委履职行为，慈监委制定了"委员守则"，规定委员志愿参加慈监委工作，不因履职领取任何工作报酬；当与被监督组织和事项存在利益关联或冲突时，委员应主动向监委会报告并申请职务回避；不得利用委员身份从事营利性活动或其他谋取私利的活动。

此后，广州不断深化慈监委改革。2014年，慈监委正式登记注册为独立社团法人，修改了组织章程。最大的区别是，慈监委委员由慈监委自主依照章程产生，不再由市民政局聘任。注册为独立社团法人后，慈监委首次增补委员，增补财务、法律等方面的专家，专业性、权威性更强。同时，根据广州市慈善组织发展实际和社会各界建立、扩大监督范围，将承接政府购买服务的慈善组织及其承接的服务项目均纳入监督范围。

慈监委成立后，以其独立性和专业性扬名公益慈善领域。截至2019年9月，慈监委共对全市16亿多元的慈善资金进行监督，向社会公布了30份慈善监督报告，有力推动了慈善组织规范运作，被媒体誉为盯住慈善组织的"第三只眼"。

广州市成立慈监委，在全国首创引入社会第三方力量监管公益慈善运行的尝试，是广州慈善事业发展的重要创举，在全国范围内具有重要的引领和示范作用。这是广州在慈善事业领域探索政社共治迈出的重要一步，对创新社会治理具有积极的导向意义。

2. 筹建慈联会，探索行业治理新路

为推动广州市慈善民间化发展、促进慈善行业自律和健康发展，2014年6月，广州成立了广州市公益慈善联合会（以下简称"慈联会"），有在广州注册登记或住址在广州的近百家公益慈善组织加入。这是广东省成立的首个公益联合组织，也是广州继2013年成立慈监委后，进一步深化慈善改革，健全慈善监管体系，推动慈善回归民间的又一重要举措。其首要意义是推动广州市慈善会的社会化转型。成立之前，协助政府指导服务广州慈善组织的职能由市慈善会履行；成立后，有关行业指导服务和自治自律职能交由慈联会履行。广州市慈善会回归到募捐组织定位，与其他公益慈善组织地位平等，依法开展募捐活动。慈联会本身不从事慈善项目运作，不充当慈善领域资源竞争主体，主要促进公益慈善行业规范、自律自治、交流合作，发挥政府与公益慈善组织之间、公益慈善组织相互之间的桥梁纽带作用。

广州慈联会的成立，有助于强化行业自治并与政府部门的依法监管职能、广州市慈监委的社会专业监督职能优势互补、互动。

3. 提升透明度，打造阳光廉洁慈善

一是注重政策引领和信息公开，加强对慈善组织的依法监管。《广州市募捐条例》建立了完善的行为管控机制，即针对慈善组织的募捐行为，建立了一整套事前、事中和事后管控机制，这在国内尚属首创。条例要求慈善组织在募捐前，将募捐公告、方案、组织登记证书、许可证等信息向社会公布；在每次募捐活动结束后，向社会公布募捐的具体情况；在募捐财产使用期限届满或者期限届满一个年度后，向社会公布财产的使用情况；在本组织网站上公布募捐相关信息等。《广州社会组织管理办法》形成比较完善的社会综合监管制度体系，特别是社会组织年报制度和信息公示制度的配套措施，改变了以前主要依靠政府单向监管的局限，让社会组织不仅置于政府监管之下，更加曝光于社会，社会公众可以便捷地查询社会组织的各方面信息。

同时，加强慈善信息发布平台建设。广州市慈善会紧跟"互联网+"的发展要求，建设慈善会信息平台，为公益慈善组织开展慈善募捐提供支持，成为地区慈善生态建设的重要支撑。2016年8月，广州市慈善会慈善信息平台——广益联募平台入选民政部首批13家全国慈善组织互联网公开募捐信息平台，成为全国唯一入选的慈善会信息平台。2017年，广益联募平台升级上线，实现捐赠资源、慈善项目与社会救助精准对接，做到捐赠信息实时显示反馈、项目实施进展信息公开反馈查询全流程公开透明。

二是开展慈善组织募捐透明度评价工作。为了促进慈善组织的信息公开工作，2014年，广州制定了慈善组织募捐透明度评价指标，开展慈善组织募捐透明度评价工作，加强对慈善组织的监管。在评价过程中，以慈善组织开展募捐活动的信息公开、守法信息和募捐活跃情况等作为透明度评价的标准。通过信息公开内容的完整性，及时性和慈善组织开展募捐、接受监管的积极程度等方面评价透明度情况，并根据基础指标和进阶指标进行量化打分。在全国层面来看，这是第一次由政府和社会监督机构合作开展的对慈善组织透明度进行评价的活动，充分发挥了政府在信息数据收集和第三方社会监督机构独立专业的优势，是第一份由一个城市来发布的透明度评价结果。2017年，在修改制定《慈善组织透明度评价体系（广州地区试行版）》的基础上，广州对58家已进行慈善组织认定的基金会、社会团体、社会服务机构3类组织的透明度公开情况进行分析，形成了全国首个基于大数据挖掘与分析的地方慈善组织透明度排行榜。2018年，参与该评选的慈善组织增长到106家，透明度平均分为105.7分，得分率为70.47%（满分为150分），同比2017年的得分率60.8%上升了9.67个百分点，而且评价榜的内容、项目更加细化，更加有利于社会公众了解慈善组织的运作、捐赠标准和善款去向等信息，从而更信任慈善组织，提高参与捐赠的积极性。

三是开展慈善类社会组织等级评估和慈善资金使用专项审计。2015年，广州制定全国首个慈善类社会组织等级评估标准，全面开展慈善类社会组织等级评估。通过政府部

门、科院机构和律师事务所代表组成的专家组进行评估，对社会组织根据等级不同授予3A级、4A级、5A级，引导慈善类社会组织健全以章程为核心的内部管理制度，强化规范运作，推进社会组织诚信自律建设。2016年，为了贯彻落实《中华人民共和国慈善法》（以下简称"《慈善法》"）的相关规定，广州市慈监委联合广州市注册会计师协会制定出台《广州市慈善组织监督审计指引》。制定和推行《广州市慈善组织监督审计指引》，是贯彻落实《慈善法》，加强社会监督、行业自律的创新举措，目的是希望通过明确的正面指引，引导慈善组织规范预算管理、资产管理，提高绩效管理能力。这是全国首个针对慈善组织审计工作的行业指导性地方标准，有助于强化慈善组织风险防范和内部控制意识，健全内部控制体系，提升内部控制运行效果，促进慈善组织进一步管理好、使用好慈善资金，提高慈善资金的使用效益，从而提升广州慈善组织的公信力。截至2018年11月，共对全市51家公益慈善组织进行了执法检查和审计，审计资金14亿多元。

（三）突出慈善为民，发展社区慈善，人人共建慈善之城

2016年《慈善法》颁布后，广州首次以"人人慈善为人人"理念，提出"羊城慈善为民"行动系列，将"解决群众最关心、最直接、最现实的问题"视为慈善工作的重点，推出传承发展、创新推动和综合提升三大板块共19项重点行动，在精准扶贫、扶老、济困、助残以及儿童救助等领域，直接受益人超过100万人次。特别在慈善救助、义工服务与社区居家养老深度融合，筹集社会资金支持社区居家养老"大配餐"项目，定期开展关爱独居、空巢、失能等困境老人，将老年人民生改善落在实处方面取得实实在在的效果；在推动慈善医疗救助、医养融合等方面，也取得了新突破。2017年，广州市创新提出深化"羊城慈善为民"行动，创建全国"慈善之城"，持续以"慈善为民"为核心，围绕慈善捐赠、慈善救助、慈善文化、慈善组织、交流平台、监管体系、激励机制系统化制定10项指标，到2020年全面建成全国慈善之城。2018年，广州市整合全市慈善资源，推出首个"慈善为民月"，全市在6月开展了27项慈善活动，助力创建全国"慈善之城"。

社区慈善是广州发展现代慈善事业的一大特色。2016年9月，广州市政府《关于促进慈善事业健康发展的实施意见》明确指出：扶持发展社区互助型、服务型慈善组织，鼓励建立慈善互助或设立互助基金，推动社区慈善发展。11月，市民政局印发《关于培育发展社区社会组织的意见》，提出到2020年，实现每个街（镇）有1个社区社会组织联合会，每个区打造1个以上品牌社区社会组织，常住人口每万人拥有5个以上社区社会组织的发展目标，基本形成功能齐全、服务完善、运作规范、作用明显的社区社会组织管理体系和运行机制，进一步提高城乡基层社会治理水平。广州市通过大力发展社区慈善，推动慈善向社区下沉，让市民能够在社区、家门口感受到慈善成果，吸引社区内更多的居民参与慈善事业。截至2017年年底，广州市各区正式登记注册的慈善类社区社会组织总数为481个。

为了更好地参与社区治理、支持社会服务，推动社区健康发展，2019年，广州市慈善会成立首批社区慈善基金和社区慈善捐赠站点，人民街和岭南街等新一批社区慈善基

金和社区慈善捐赠站点成立，为人民南周边地区社会组织提供资金、能力提升培训等支持，推动社会工作服务持续、专业化发展，增强志愿服务力量、建立志愿服务长效机制，助力人民南周边地区社会治理和社会服务。2019年5月，广州市发布《广州市实施"社工+慈善"战略工作方案》，突出服务兜底，以聚焦一批社区困难群体迫切期待解决的问题为导向，发挥"社工+慈善"在改善基本民生保障的积极作用；提出广州将在全市各社工站设立社区慈善捐赠站点，赋予慈善捐赠功能，形成下沉社区、服务群众的全市慈善捐赠网络，同时鼓励支持慈善组织设立社区慈善基金用于社区公益服务，形成"由社区来，到社区去"的"社工+慈善"战略协同发展运作模式。广州逐步形成社工站（家综）、社区慈善捐赠站点和社区慈善基金三者结合的社区慈善体系，让市民在社区、家门口就能参与慈善、感受慈善发展成果，增强困难群众的获得感和幸福感。

由此，广州社区慈善发展模式以全市188个社工服务站为阵地，发布"社工+慈善"战略，从社区慈善项目推介，到搭建社区慈善多元参与平台，将社区慈善基金（会）嵌入社区治理，依托广益联募平台建立慈善募捐长效机制，开展耆乐安居、微心愿等项目回应居民真切需求等，不断探索社区慈善助力社区治理发展模式并逐渐形成本土特色，确保社区慈善落脚点回归社区。

在发展社区慈善，强调慈善为民、服务基层群众的基础上，广州不断推陈出新，不断拓宽公众参与慈善的渠道，营造人人慈善、共建慈善之城的氛围。

2016年以来，广州提出以"慈善+"理念打造"羊城慈善为民"行动平台，创新"慈善+运动""慈善+艺术""慈善+互联网"等模式，拓宽公众参与慈善渠道，使慈善与更多领域连接，让慈善遍布全城，公众行善越来越顺畅。首届广州慈善电影周举办期间，慈善组织积极开展慈善主题拍卖会、筹款音乐会等，筹集善款近400万元。通过举办各类活动，以"众筹+运动"为理念，打造广州大型公众慈善众筹活动平台，吸引了近5000人次参与，累计带动3万多人次参与捐赠，筹集善款320万元。另外，广州市慈善会信息平台成功入围民政部指定的首批13家慈善组织互联网公开募捐平台。由广州市慈善会推出的冠名基金、月捐计划，满足企业、个人个性化、参与式的慈善需求，受到市民欢迎。据不完全统计，2016年，广州有近1000万人次参与各类慈善活动；仅广州市慈善会接收捐赠款物超过3.1亿元，增幅30%，划拨支出各类救助款物2.7亿元。①

此外，广州组织开展慈善进家庭活动，在全市寻找100个优秀慈善家庭并评选10个最美家庭，用榜样示范作用弘扬慈善文化；推出"广州慈善榜"，涌现一批优秀慈善组织、人物、项目和爱心企业，2016年、2017年共有656家单位、496名个人上榜；启动广州慈善标志建设，建成慈善广场、慈善街道、慈善社区、慈善公园等各类慈善活动基地120个。2017年，广州开始推广使用"善城广州"标识、吉祥物，唱响"广州慈善之歌"。通过这些活动，广州多途径、多形式地宣传慈善文化、传播慈善理念、实践慈善创新、丰富慈善活动，从而营造"人人都是慈善家"的全民慈善氛围，让慈善遍及广州每个角落。

---

① 《广州创建"慈善之城"》，载《南方日报》2017年3月14日。

三、新时代广州发展现代慈善事业的经验和方向

（一）主要经验

1. 政府支持

广州成为中国慈善事业发展的前沿地区，其中一个重要的因素就是政府的大力支持。市委、市政府高度重视和支持慈善事业发展，在理念和实践方面都走在全国前列。政府重视加强慈善法规政策的制定和完善，以此推动政府部门职能向社会组织转移，促进政府由管理型向治理型、由经济建设型向社会公共服务型转变。同时，关注和重视公众产品和公共服务的薄弱环节和空白领域，规范社会公共事业的建设和投入，进而投入资金（例如公益创投资金和公益慈善项目资金），不断增强政府对慈善公益事业的供给能力，让市民切实享受到经济发展和社会进步的成果。

2. 开拓创新

在慈善事业的改革发展过程中，广州市始终保持敢为人先、敢闯敢试的城市精神，与时俱进，不断更新慈善理念，求新求变，推动慈善事业不断提升高度：不断深化慈善组织登记管理体制改革；率先实施政府购买服务；颁布《广州市募捐条例》，全面开放慈善募捐市场；创新举办慈善项目推介会，打造慈善供需对接平台；成立广州市慈善组织社会监督委员会，强化社会专业监督；在全国首次以官方和民间合作的方式发展慈善组织募捐透明度等改革创新举措，有力推动传统慈善向现代慈善转型，进入健康发展的快车道。

3. 多元共治

广州倡导"政府搭台、慈善组织运作、社会参与"的理念，改变过去政府通过行政指令、行政动员等方式直接办慈善，管办不分、监管乏力的做法，促进慈善回归民间。从加强制度建设，培育慈善组织，搭建和丰富慈善参与平台，到创新综合监督机制，弘扬慈善文化，广州把"人人慈善为人人"理念贯穿于"慈善之城"创建的全领域、全过程，推动慈善实现多元主体参与、优势互补、渠道畅通、帮扶精准，让人人可慈善、人人能慈善、人人享慈善成为城市的基因和品质。

（二）发展方向

1. 政府主导，健全慈善事业发展政策体系和体制机制

大力加强政府组织的创新，推出系列扶持管理慈善组织的政策法规。充分发挥广州作为改革开放先行地、实验区的优势，推动广州慈善事业在创建慈善支撑、发展慈善信托等方面先行先试。深化慈善事业管理体制改革。强化慈善信息公开，畅通监督渠道，提高慈善透明度。坚持"政府+行业+专业"第三方政社合作的原则，规范慈善行业建设，强化行业自律自治。强化第三方监督，提升慈善行业公信力。加大内部挖潜和引智、引技力度，努力建设一支高素质慈善人才队伍。

2. 创新驱动，进一步引领慈善事业发展前沿

加大慈善创新力度，紧贴国际发展前沿，探索公益金融、慈善信托、社区基金会等

新型慈善主体和内容。着力发展社会企业和社会创新项目，不断探索慈善体制机制改革，创新慈善平台，广开慈善渠道，优化慈善事业发展环境。进一步支持社会企业和各种社会创新，探索开展捐赠知识产权收益、技术、股权、有价证券等新型捐赠方式，大力发展慈善信托，推动慈善信托成为广州慈善事业发展的新动力。鼓励慈善组织兴办复合型慈善实体，支持金融机构探索金融资本，支持慈善事业发展的金融产品、服务方式，参与渠道，大力挖掘社会慈善资源，激发社会活力。

3. **下沉基层，推动慈善事业社区治理功能**

鼓励和支持慈善组织围绕社区开展项目设计、推介、成果展示、慈善活动，慈善项目来自社区，项目推介进入社区，项目成果在社区展示，让市民在社区、家门口就能感受慈善成果，看到慈善带来的改变，体验参与慈善的乐趣，形成看得见、摸得着，可参与、易监督的公益慈善氛围，推动广州慈善事业健康发展。要进一步推动公益慈善组织发展，激发民间公益慈善活力，引导慈善向社区延伸并在社区生根发芽，推动社区治理创新，为社区带来改变。

（作者单位：中共广州市委党史文献研究室）

新时代广州民营经济高质量发展初探

周 颖

民营经济是推动社会主义市场经济发展的重要成果,是推进供给侧结构性改革、推动高质量发展、建设现代化经济体系的重要主体。2018年10月24日,习近平总书记视察广州时指出:"民营企业对我国经济发展贡献很大,前途不可限量。党中央一直重视和支持非公有制经济发展,这一点没有改变、也不会改变。创新创造创业离不开中小企业,我们要为民营企业、中小企业发展创造更好条件。"[①] 这是对民营企业和民营经济地位和作用的肯定,为广州民营企业走向更宽阔的舞台指明了前进方向,也为做好民营经济工作提供了根本遵循。关于民营经济,国内外专家学者的看法并不完全一致,本文所讨论的民营经济是指个体经济和私营经济两种经济形式。

党的十八大以来,作为占据广州经济半壁河山的民营经济,取得了良好的发展成效。广州民营经济的快速发展,既与加强政策引导和支持分不开,也和注重民营经济服务体系建设有关,同时还与民营经济内生力量的增强密不可分。面对新机遇新挑战,要推动广州民营经济高质量发展,不仅要总结和坚持以往发展经验,还要找准民营经济发展的着力点,为民营经济创造更大的发展空间,让民营经济的发展活力充分释放。

一、新时代广州民营经济取得的主要成就

党的十八大以来,广州民营经济活力增强,发展成就喜人,不仅数量庞大,而且整体质量较高、国际竞争力较强,呈现出主体多、发展快、动力足、业态新、"走出去"步伐不断加快等特点,是推动广州经济转型升级的重要力量,在稳定经济增长、优化产业结构、扩大社会就业、增加税收、服务民生、加快市场化和国际化进程等方面发挥着越来越重要的作用。

(一)民营经济成为广州经济发展的重要主体

广州民营经济地区生产总值总量规模不断扩大。2018年,广州民营经济增加值为9139.47亿元,同比增长6.7%,占全市地区生产总值的39.98%,较2012年提高0.28个百分点。[②] 2017年,规模以上民营工业完成产值3898.47亿元,增长2.5%,占全市规

---

① 《习近平在广东考察时强调:把改革开放不断推向深入》,见新华社报道,2018年10月25日。
② 《2018年广州市国民经济和社会发展统计公报》,见广州市统计局网站(http://tjj.gz.gov.cn/gzstats/tjgb_qstjgb/201904/369f2210193c45eb8e225374ea28d3a4.shtml)。

模以上工业总产值的18.62%。固定资产投入不断加大。2018年，广州民营经济固定资产投资额占全市的四成；2019年上半年，全市民间固定投资同比增长41.3%。新登记以及实有单位个数增长迅速。2017年，全市新登记私营企业18.77万户，注册资金达到13246.78亿元，同比分别增长44.8%和1.24倍；新登记个体工商户12.07万户，注册资金95.64亿元，同比分别增长17.5%和1.27倍。[①] 据统计，2019年上半年，全市私营企业和个体工商户户数双双突破100万户大关，合计达206万户。

（二）民营经济日益成为广州转型升级的重要力量

民营企业已发展为广州高新技术企业的主力军，成为广州企业创新的中坚力量。2017年，全市科技企业中90%以上是民营企业，在专利申请量、新三板挂牌数量、高新技术企业数量等多项指标上，民营企业占比均达到95%以上；省级企业技术中心中70%是民营企业，设有博士后创新实践基地和博士后工作站的企业中，2/3是民营企业。雪松控股集团进入世界500强行列。金发科技、冠昊生物等龙头企业，不仅自身创新能力强，还筹建了专业孵化器，带动整个产业链协同创新。民营经济产业层级呈现高端化发展趋势。2013年，华南地区最大的电商企业唯品会在广州建成全国最大的物流中心。2017年，全市电子商务企业的95%、机器人企业的90%、生物医药企业的90%、大数据企业的90%、物联网企业的85%是民营企业。[②] 可见，随着转型升级步伐的加快，民营经济已成为商业模式创新、业态更新的重要力量。

（三）民营经济对社会的贡献日益明显

民营企业缴纳税金逐年增长。2017年，全市民营企业累计缴纳税金1557.32亿元，比上年增长17.4%。民营经济具有广泛的覆盖面，全市民营企业就业人数超过450万人，成为吸收就业人员的主力军。2018年，民营经济为广州市贡献了40%的税收、固定资产投资和地区生产总值，50%的出口总额，80%以上的新增就业和95%以上的市场主体。[③] 广大民营企业充分尊重和切实维护员工合法权益，积极为员工办理社会保险，从而激发员工的劳动积极性和创新精神。

（四）民营经济彰显开放型经济高地优势

近年来，全市民营企业对外开放水平不断提高，在对外开放中的作用愈加突出。2017年，广州市新增民营企业对外贸易经营者6787家，占全市新增对外贸易经营者的95.47%。全年民营企业进出口总额4053.31亿元，比上年增长26.90%，增速比国有企业高21.5个百分点，比外商投资企业高22.3个百分点，占全市进出口总额的41.7%，增加4.3个百分点。其中，民营企业出口值2933.75亿元，占全市出口总值的50.65%；进口值1119.56亿元，占全市进口总值的28.54%。民营企业"走出去"意识明显增强。

[①] 广州年鉴编纂委员会：《广州年鉴（2018）》，广州年鉴社2018年版，第374页。
[②] 广州年鉴编纂委员会：《广州年鉴（2018）》，广州年鉴社2018年版，第374页。
[③] 温国辉：《用"加减乘除法"发展民营经济》，见中国新闻网，2019年1月19日。

全市民营企业对外投资有138家企业（机构），占全市对外投资企业92.62%，中方协议投资额13.85亿美元，占全市中方协议投资总额53.33%。①

二、新时代广州民营经济发展经验

作为改革开放"先行一步"的城市，广州的营商环境、公共服务、创新创业氛围等，为民营经济提供了茁壮成长的沃土。进入新时代，广州民营经济增长稳、质量好、活力强，取得了骄人的发展成绩，这与市委、市政府重视发展民营经济、加强政策引导与支持、优化营商环境、持续加强公共服务体系建设以及民营企业自身内生力量的增强密不可分。

（一）加强政策引导与支持，优化民营经济发展环境

良好的社会政策环境是民营经济快速发展的必不可少的条件。党的十八大以来，以习近平同志为核心的党中央高度重视民营经济发展，从"两个毫不动摇"②，到"三个没有变"③，再到"对非公有制经济人士多关注、多谈心、多引导，帮助解决实际困难"，多次强调要促进民营经济健康发展，改善民营企业经营环境，给民营经济发展打气。党中央、国务院接连出台了一系列扶持民营经济平等发展的改革举措，不断地激发民营企业的活力和创造力。

广州积极贯彻落实中央关于推动民营经济发展的改革举措，先后制定出台民营经济发展的有关政策及配套措施，大力提升国际化营商环境。市委、市政府高度重视民营经济的发展，先后制定出台《广州市促进中小微企业发展的若干政策》《广州市促进民营企业人才队伍建设试行办法》《关于民营企业申请有关扶持资金及政策支持的指引》《关于加快实施创新驱动发展战略的决定》《广州市加快推进中小微企业服务体系建设工作方案》《加快推进中国（广州）中小企业先进制造业中外合作区建设行动方案（2016—2020）》《关于进一步减轻企业负担促进中小微企业健康发展的工作方案》《广州市创新完善中小微企业投融资机制十条工作措施》《关于促进民营经济发展的若干措施》等一系列政策文件，这些涉及人才队伍建设、资金扶持、创新驱动发展、投融资机制、中外合作区建设、营商环境改善等的政策举措，为民营经济的发展营造了更大空间、更好环境，有效缓解了民营企业面临的难题，推动新时代民营经济更好更快发展。特别是2017年9月出台的《关于促进民营经济发展的若干措施》（以下简称"民营经济20条"），共细分为83项政策措施，聚焦营商环境方面的共性问题，直面"玻璃门""弹簧门""旋转门"等现象，是一份专门为民营企业"量身定制"的政策文件，针对性极强、含金量极高。

---

① 广州年鉴编纂委员会：《广州年鉴（2018）》，广州年鉴社2018年版，第376页。
② "两个毫不动摇"：毫不动摇巩固和发展公有制经济，毫不动摇鼓励、支持、引导非公有制经济发展。
③ "三个没有变"：非公有制经济在我国经济社会发展中的地位和作用没有变，毫不动摇鼓励、支持、引导非公有制经济发展的方针政策没有变，致力于为非公有制经济发展营造良好环境和提供更多机会的方针政策没有变。

（二）持续加强民营经济服务体系建设

广州不断创新体制机制，把强化服务民营企业、服务民营经济发展放在突出位置，不断加强服务体系建设，推动民营经济蓬勃发展。近年来，广州市建立健全中小企业服务体系，实现区级中小企业服务中心全覆盖，推动小微企业双创基地和中小企业公共服务示范平台建设。设立广州市融资再担保有限公司，成为全国首家省会城市中小企业融资再担保公司。举办2017中国（广州）国际创新创业大赛，在国内首创龙头企业技术悬赏参与方式。改善民营中小企业融资环境，市本级财政投入专项资金到科技、工业、金融、商务等产业，支持企业创新发展，其中60%以上是民营企业受益。大力支持民营企业人才培养引进，实施"1+4"人才政策①项目，积极培育创新领军人才、产业高端人才和急需紧缺人才，提升民营企业的软实力。深入推进放管服改革，2018年，广州政务服务环境满意度位居全省首位；开展企业投资项目承诺制改革试点，打造了广州工程建设项目审批"高速公路"。构建培育"亲""清"新型政商关系文化，市领导挂点联系重点民营企业，协调解决实际困难；举办市领导与民营企业家恳谈会，协调解决企业诉求；成立广州市促进中小企业（民营经济）发展工作领导小组，统筹协调全市民营经济工作，研究解决民营经济发展重大问题。

（三）民营企业注重自主创新，增强内生力量

创新是第一动力。只有坚持自主创新，聚焦核心业务，企业才能稳步发展，在国际竞争中崭露头角。近年来，广州一大批民营企业通过自主创新、科技攻关，完成了从跟跑到并跑、领跑的转变，主动"走出去"参与全球竞争，甚至成为行业的"隐形冠军"。如广州明珞汽车装备有限公司拥有自主知识产权300多项，多项革命性的核心技术为全球首创。广州视源电子科技股份有限公司的液晶电视机主控板卡业务已占据全球30%份额；广州洁特生物过滤股份有限公司则打破国外的技术垄断和市场垄断，其产品销往全球40余个国家。2018年，全市科技型中小企业备案入库企业8377家，占全国入库总量6.9%，占全省入库总量45%，居全国城市之首；新增高新技术企业2000多家，高新技术企业总量首次突破1万家，总量居全国第三，其中90%以上是民营企业。②

三、新时代广州民营经济高质量发展的着力点与展望

2018年10月，习近平总书记视察广州时指出，"各级党委和政府要贯彻党中央关于支持民营企业、中小企业发展的政策措施，在政策、融资、营商环境等方面帮它们解决

---

① "1+4"人才政策，即《中共广州市委广州市人民政府关于加快集聚产业领军人才的意见》（穗字〔2016〕1号）及4个配套文件（《羊城创新创业领军人才支持计划实施办法》《广州市产业领军人才奖励制度》《广州市人才绿卡制度》《广州市领导干部联系高层次人才工作制度》）。

② 《去年广州民营经济增加值9100多亿》，载《广州日报》2019年4月5日。

实际困难,也希望民营企业、中小企业聚焦主业,加强自主创新"①。广州民营经济发展基础好、市场化程度高、综合竞争力强,但也不可否认,由于外部环境变化、内部转型升级等因素,一些民营企业遇到一些新情况、新问题。因此,新时代要深入贯彻落实习近平总书记关于民营经济发展的重要论述,抓住共建"一带一路"和粤港澳大湾区建设的良好机遇,用改革的精神、开放的态度,内强素质,外优环境,坚定不移地推动民营经济高质量发展,从而助推广州经济的整体繁荣发展。

(一)完善民营经济发展政策体系,推动政策落地生根

任何政策出台,不管初衷多么好,都要考虑可能产生的负面影响,考虑实际执行同政策初衷的差别。因此,要注重民营经济政策的完善和落实。一是增强政策含金量和可操作性。要继续认真贯彻落实党中央关于民营经济发展的方针政策,对出台的政策措施再梳理,更加主动、更精准地对接民营企业需求,针对融资难、融资贵、制度性交易成本较高等突出问题,细化、优化改革举措,力求在商事制度改革、放开市场准入、完善产权制度、完善市场监管体制等各方面出新招、有更大突破,不断提高配套措施的针对性、有效性和可操作性,帮助企业打破"卷帘门""玻璃门""旋转门"的阻碍,让民营企业从政策中增强获得感。二是完善政策执行方式。加强政策衔接协调,建立健全民营企业参与政策制定的常态化机制。② 探索推动项目建设关联事项一体化办理,搭建跨部门涉企政策"一站式"发布平台,实行政策兑现"一门式"办理。引进第三方机构定期评估政策执行情况和民营企业发展环境,建立评估结果反馈机制。三是抓好政策的落地生根。一分部署,九分落实。广州的"民营经济20条"、被誉为"营商环境新43条"的《广州市营商环境综合改革试点实施方案》,是打造营商环境改革"广州样本"的重大改革措施。为让改革举措发挥最大效益,必须进一步提高政策"执行力",用好问责利器,加强组织保障,打通政策落实"最后一公里",防止在贯彻执行过程中调门高、行动差,让民营企业有更高的满意度。

(二)打好优化营商环境"组合拳",激发民营经济发展新活力

好的营商环境不仅是企业家投资兴业的沃土,更是企业发展壮大必不可少的条件。广州要继续在政务服务环境、市场化法治化环境、融资环境等方面下大力气,构建助力民营企业发展的最优营商环境。一是优化政务服务环境。加大"放管服"改革力度,取消和调整一批影响民营企业发展的行政许可事项,压缩开办企业时间,形成具有全球竞争力和比较优势的开办企业规则体系。加快公共服务体系建设,推动广州"数字政府"建设,为企业提供更加优质高效的政务服务,以政府服务效率换取企业发展效益,让民营企业家安心投资、顺心办事、舒心创业。二是完善市场化法治化环境。建立完善合法权益保护机制,依法保护民营企业和民营企业家的财产权、自主经营权、创新收益权;

---

① 《习近平在广东考察时强调:把改革开放不断推向深入》,见新华社报道,2018年10月25日。
② 温国辉:《在广州市促进中小企业(民营经济)发展工作领导小组会议上的讲话》,2019年4月4日。

在执法方面,确保平等对待、公平保护市场主体的权利,为民营企业健康发展营造公平竞争环境;进一步放宽市场准入,支持民间资本进入公用事业、战略性新兴产业等领域,推进一批新增产业投资项目和公益类项目向社会资本开放。三是改善民营经济融资环境。坚决贯彻落实国家减税降费优惠政策,加快推进口岸提效降费,坚决遏制涉企违规收费行为。开展企业获得电力改革,持续降低企业用电成本。拓宽企业融资渠道,降低企业融资成本,组织企业债发行中介服务机构与民营企业对接。扩大分支机构授信审批权限,优化审查流程,缩短贷款审批时间。①

(三) 加强品牌建设,培育龙头企业

广州的民营企业经营规模小,以劳动密集型企业为主,以价格低廉作为主要的竞争手段,经过多年的发展,虽然涌现了一批具有行业核心竞争力和国际影响力的大型领军企业,如海大集团、白云电气、金发科技、立白集团等先进民营企业,在日用化工、机器人、无人机、人工智能、生物医药、新材料、移动互联网等领域领跑全国,但广州民营企业"星星多月亮少"的特点仍十分明显,全国知名品牌比较少。面对国内其他城市的品牌的冲击以及国外大品牌的不断涌入,广州民营企业要在复杂激烈的竞争中立足,必须加快发展具有国际竞争力的大品牌。一方面,要进行产业结构的调整升级,加快发展高科技产品,加强创业创新,发明具有自主的核心竞争力和知识产权的品牌产品,不断拓宽企业的发展路径;另一方面,要加强对企业的总体宣传力度,进一步提升知名度和品牌影响力,提高在国内外市场中的"显示度"。同时,要改善"星星多月亮少"的局面,需要培育一批龙头企业和头部企业,不断提升广州对相关行业产业链条的市场话语权。对一些通过联合、兼并等方式壮大自身的企业给予一定的支持,使其成为具有较强竞争力的大企业;鼓励民营企业和跨国公司合作,接受先进的技术和理念的改造,提高规模竞争力;鼓励民营企业走出国门,在国外建立分公司为产品开拓市场,建立跨国的产品与服务营销体系,增强企业竞争力。大力鼓励民营企业进入以"互联网+"、物联网、云计算、智能机器人、大规模定制化生产、3D打印、可穿戴设备等为主体的新经济的产业链增值环节,寻求发展空间,做优、做大、做强广州民营经济。

(四) 大力激发和保护企业家精神

企业家精神是社会的稀缺资源,是市场经济的活力之源。广州市民营经济发展的历程,就是企业家精神高扬的过程。当前,广州处于高质量发展的重大机遇期,要进一步提升民营经济发展水平,必须强化企业家精神,创新激励机制,发挥机制的导向作用,营造尊重企业家、善待企业家的浓厚氛围。一些民营企业面临着转型升级的压力,要更加主动送培训、技术改造等服务上门,充分激发带头人、创业家的主观能动性,持续激发企业家精神、工匠精神,推动更多企业矢志创新,向价值链高端跃升,把广州民营企业、中小企业的数量优势转化为更强大的质量优势。同时,要加强企业家队伍建设。要引导教育广大民营企业家做爱国敬业、守法经营、创业创新、回报社会的典范和践行亲

---

① 《温国辉在广州市促进中小企业(民营经济)发展工作领导小组会议上的讲话》,2019年4月4日。

清新型政商关系的表率；要转变理念，提升境界，完善现代企业法人治理结构，提升管理能力，当好新旧动能转换、改革创新的排头兵。

（五）充分发挥民营经济在"一带一路"和粤港澳大湾区建设中的重要作用

在"一带一路"建设、粤港澳大湾区建设等成为国家战略的背景下，广州民营企业要抢抓战略机遇，进一步增强责任意识，激发担当精神，积极投身于"一带一路"和粤港澳大湾区建设的伟大实践，积极参与国际竞争与合作，抢占行业制高点，开展跨地区兼并重组，发展文化创意产业，着力推动大湾区在科技创新能力和生态环境质量方面取得重大突破；积极吸引和对接全球创新资源，加强创新人才培养和引进，加快建设具有全球影响力的国际科技创新中心，着力构建对外开放新格局；广州的民营企业家联盟更应发挥桥梁纽带作用，促进粤港澳三地深度融合和民营企业转型发展，共享粤港澳大湾区高质量发展期带来的重大机遇，携手共建国际一流湾区和世界级城市群。

党的十八大以来，广州民营经济在推动经济快速发展方面做出了重要贡献。政府在政策、融资和营商环境方面的大力支持，企业在自主创新方面的不懈努力都是民营经济繁荣发展的宝贵经验。新时代新任务不仅为广州民营经济的高质量发展提供了广阔空间，也提出了更高要求，我们要以更坚决的态度、更扎实的举措，全力推进广州民营经济实现新一轮大发展，为广州实现高质量发展增添新动能。

（作者单位：中共广州市委党史文献研究室）

党的十八大以来广州 CBD[①] 发展建设概述

殷宝江

广州，兴于通商，盛于开放。如今，围绕"国家中心城市"定位，聚焦粤港澳大湾区建设，实现老城市新活力，在综合城市功能、城市文化综合实力、现代服务业、现代化国际化营商环境方面出新出彩，努力营造干净、整洁、平安、有序的城市生活环境，风清气正、干事创业的政治生态环境，同时加快国际航运、国际航空和国际科技创新三大"枢纽"建设。

中华人民共和国成立70年来，从20世纪六七十年代"27层"广州宾馆和"32层"白云宾馆，到改革开放后的"63层"广东国际大厦、中信广场，再到21世纪432米的西塔、530米的东塔、600米的广州塔，屡屡刷新着中国高楼的纪录。它们在城市序列里突出又不可或缺，撑起了天际线的新高度，记录着城市扩张的新地标，这些高楼记录着城市的成长，共同书写着共和国的荣光，86.51米、114.05米、391米、432米、530米、600米……

改革开放以来，广州的城市重心不断东移。可以说，每一次地标高楼的崛起，均带动城市发展重心的迁移，城市发展的巨大变迁，人们从高楼地标的更替间见证着这座城市的巨变，广州的城市外延和内涵同步提升。而贯穿广州天河路商圈和珠江新城的城市新中轴线不仅是中华人民共和国成立以来广州取得成就的"地区样本"，更彰显着广州建设国家中心城市的雄心。广州要在国际舞台上成为全球资源配置中心，就要在全球城市体系中竞争、合作、谋求发展资源。高层地标承担着传播城市形象的作用，广州塔作为世界著名高塔，反映广州在世界舞台上的竞争需求。放眼全球，每一个全球地标的诞生，都是城市融入全球舞台的标志，也是城市崛起的有力见证者。

广州缘何持续领跑全国"第一高"？为何一再拥有全国"第一高"？不得不说，广州正积极回应城市发展需求，有着城市经济实力增强和科技创新进步的底气。

一、高度更迭，与城市发展同行；高楼迁徙，开启城市中心向东之旅

20世纪60年代，伴随着曾经相对冷清的土地，这座城市开始张望着扩张，城市中轴线也走出了自己的新路径。"27层"在广州传统中轴线上崛起，成为这条2200多年传统中轴线上继南朝始建六榕塔、明代始建五层楼后新的地标。20世纪70年代开始，城市向东发展，新的最高楼"32层"在曾经是田野山冈的环市路上崛起。20世纪90年代初，

---

① Central Business Distriet，中央商务区。

被老广州人称为"63层"的广东国际大厦成为中国大陆楼层最多、高度最高的大厦。20世纪90年代后期,随着天河北路CBD的规划,总高度391米的中信广场在1997年竣工,广州的最高天际线继续东移,市长大厦、维多利广场等一大批150米以上的建筑群拔地而起。再到珠江新城CBD规划建设,广州迎来地标高度的又一次飞跃,广州塔、东塔、西塔撑起亮丽的新中轴线城市图景,呈现迈向全球化城市的新气象。

二、每个国际化大都市都以CBD为引擎,驱动着一城经济的繁盛,CBD——永不落幕的城市价值创造者

广州CBD,即广州天河中央商务区(天河CBD),是中国三大国家级中央商务区之一,包括天河北、珠江新城、广州国际金融城三大板块。目前,天河CBD以珠江新城为核心,涵盖天河北及员村延伸区,主要服务于珠三角经济圈,是华南地区最大的CBD、唯一的世界商务区联盟成员、粤港澳服务贸易自由化示范基地,已成为华南地区总部经济和金融、科技、商务等高端产业的高度集聚区。

毫无疑问,天河CBD区域是拥有高层建筑最多的地区,是中国300米以上摩天建筑最密集的地方,广州十大最高建筑全部分布于天河CBD区域,同时,这里也是广州地区世界500强企业最密集的区域,拥有跨国公司总部13家,世界500强企业总部3家。按照世界一流CBD的标准规划和建设的天河CBD,努力打造成与世界一流CBD相媲美的广州标志性发展平台。

2018年,中国社会科学院城市所及社会科学文献出版社发布的《商务中心区蓝皮书:中国CBD发展报告》也用数据证明了广州天河CBD的巨大贡献:广州天河CBD、深圳福田CBD、北京CBD地区生产总值位居全国前三,其中,广州天河CBD位列国家级CBD生产总值第一。

2018年广州市金融白皮书显示,天河CBD共有持牌金融机构189家,占天河区的97.4%,占全市的69%;外资银行32家,占全市的97%。在这里,每平方千米范围内的地区生产总值,从2011年的125.5亿元上升到2017年的249.3亿元,同比增长98.6%。目前,142家世界500强企业设立的201家项目机构、105家广州市认定的总部企业进驻天河CBD,总部效应和财税贡献在全市首屈一指。在这里营业收入超过10亿元,年税收超过亿元的"亿元楼",从2017年的51栋增至62栋,整个天河CBD甲级写字楼为120栋,"亿元楼"在甲级写字楼中的占比已超过一半。天河CBD已成长为华南地区总部经济和金融、科技、商务等高端产业高度集聚区。

天河CBD能拥有如此傲人的成绩,离不开区域内各大企业的贡献。2018年,天河CBD完成整体提升行动纲要编制,新增亿元楼宇11栋、10亿元楼宇1栋,分别累计达62栋和16栋,绿色CBD建设获评2018中国最具幸福感城市发展创新范例。未来,天河CBD要对标国际一流,推动环境整体提升成果落地实施,发挥粤港澳服务贸易自由化省级示范基地的作用,借力港澳深度参与国际竞争与合作,打造国际化中央活力区。这预示着广州天河CBD正向着国际一流CBD迈进,未来潜力可想而知。

（一）天河路商圈

随着城市东移，天河区已成为广州的新城市中心，在这个区域内，驻扎了许许多多公司和机构，有众多世界500强企业选择在天河北开设分公司。在不足2000米的天河北路，有各种金融机构21家、二手中介38家、车行11家、高级酒店（家）8家。大批标志性的高级写字楼，如中信广场、广州大都会广场、广州国贸中心等均聚集于此。

天河路位于广州市新中轴线上，是广州核心商圈，也是中国最具规模的高端商贸集聚区之一，有"华南第一黄金商业带"之美誉，集聚了首次进入广州70%以上的国际品牌。西起天河立交，东至岗顶，全长约2.8千米，天河路商圈英文名为"Tinho Town"。天河路商圈有着20多年的辉煌发展历史，已成为集购物、餐饮、休闲、娱乐、文化、旅游、商务于一体的"华南第一商圈"。为贯彻落实广州市关于建设国际商贸中心的实施意见，天河路商圈迎来了新一轮全方位的规划改造提升，将以打造"立足华南、面向亚太的世界级商业门户"为愿景目标，构建国际商贸中心核心承载区，塑造亚太潮流生活时尚引领区，构筑美丽商都绿色人文窗口区。

（二）珠江新城

坐落在广州新中轴线上的珠江新城CBD，是广州市21世纪中央商务区核心区域，是继北京、上海之后获国务院批准的第三个中央商务区，区内统筹布局国际金融、商务、商业、贸易、文化、旅游、行政和居住等多种功能，有金融中心、高端服务业中心、文化中心和跨国公司总部中心……珠江新城的崛起，标志着广州作为中国三大城市之一的特殊地位；它把广州从省会城市推向影响整个南中国的现代大都市的高度，其社会经济文化辐射力直指东南亚。

1998年开始规划的珠江新城，用地规模为6.19平方千米。城市主次干道将珠江新城CBD划分为14个街区，按规划功能区分为西区、中轴线区和东区：西区以商务办公为主。东区以公寓、住宅为主。划分商务、行政办公区、高层居住街区、金融贸易街区、文化活动街区、商业购物街区。中轴线区为珠江新城CBD的核心，定位为金融商务区。在广州城市中轴线和珠江新城景观轴的交汇处，建有多个标志性建筑，如广州大剧院、广州博物馆、广州图书馆、广州市第二少年宫、海心沙市民广场等。

珠江新城人口规模达17万～18万，提供近30万个就业岗位；地区性质为21世纪广州市中央商务区的重要组成部分，将统筹布局国际金融、贸易、商业、文娱和行政等多种功能，成为推动国际经济、文化交流与合作的基地，是集中体现广州国际性城市形象的"窗口"。

作为广州市21世纪城市中心商务区硬核的一个重要组成部分，珠江新城未来的发展仍是社会关注的热点，其仍拥有其他地区缺乏的发展优势，比如大型的开发规模、较强的综合性、完善的服务配套设施和公共设施以及区域的中心作用等。可以预计，在引入更多政府项目、地铁等公共交通不断完善、大型公共商业服务设施在区内布置等有利因素的带动下，珠江新城商务办公区域的建设将得到有效的带动，它与环体育中心商务办公区共同形成一个完整的CBD核心，树立珠江新城的中心区域形象。

（1）东塔，即广州周大福金融中心（俗称"东塔"），位于天河区珠江新城CBD中心地段，高530米。作为广州第一高楼，广州东塔在"天际线"上占据重要位置。整栋建筑共有116层，其中，地上111层，地下5层，是集办公楼、酒店、娱乐、餐饮等于一体的综合性超高层建筑，如今已成为广州法律服务业的"第一高楼"，顶级律师事务所云集，共有超过2000名律师进驻。

除了毕马威、花旗银行等在内的多家全球500强企业入驻外，广州K11购物艺术中心同步入驻广州周大福金融中心，为广州带来首创的艺术馆零售概念。广州K11位于东塔地下2层到地上8层的共10层空间，总面积约7万平方米。另外，东塔的94层还配备了泳池和水疗室，市民可体验在500米高空中游泳的感觉。

广州东塔集商业、办公、高级公寓和酒店于一体，主楼分为三部分：K11 Office位于第7—66层，瑰丽服务式公寓位于第68—91层，瑰丽酒店位于第93—108层。此外，东塔还有用来打造大型商场的附属裙楼，定位广州市内最高端奢华的广州K11购物艺术中心，汇聚国际顶级奢侈品及全球知名设计师品牌，业态包括品牌零售、高端精品超市及大型电影院，集艺术、娱乐与餐饮于一身。世界最高酒店瑰丽酒店已入驻广州珠江新城的东塔——周大福金融中心，广州再添一家世界级奢华酒店。

（2）西塔，即广州国际金融中心（俗称"西塔"），高432米，是目前广州第二高商务楼宇。西塔为广州珠江新城六大标志性建筑之一，位于珠江新城西南部核心金融商务区，东临珠江大道，西靠华厦路，南接华就路，北望花城大道，处于新城市中心的中轴线上，由地下4层、地上103层的主塔楼和两栋28层的附楼组成。由超甲级写字楼、五星级超豪华四季酒店、友谊商店、雅诗阁服务公寓以及国际会议中心等五大功能区组成。同时，这里吸引了多家世界500强企业、全国500强企业入驻，从业人员8000多人，2017年纳税额超过10亿元，是名副其实的"亿元楼"。

广州国际金融中心包括超甲级写字楼、国际会议中心、酒店式服务公寓、超豪华五星级酒店、高档商场、高级餐厅、地下停车库等。裙楼近5.3万平方米的商业部分引进了广州友谊商店，香港兰桂坊集团领衔运营珠江新城核心区中央广场及地下空间项目。这是世界上一次性建成规模最大的综合性地下空间立体开发项目之一，打造成集百货零售、文体休闲、餐饮等商业功能于一体的国际级、园林式和景区式购物中心。

高空酒店畅享30层阳光中庭，广州国际金融中心的内部结构在第70层以上发生了很大的变化，一个贯穿30层楼宇的中空结构为进驻的超五星级酒店带来更直接的阳光体验。广州国际金融中心第70层以上为超五星级豪华酒店——四季酒店，这也是目前广州最高的豪华酒店。

CBD是一个城市现代化的象征与标志，广州CBD的崛起，见证了广州城市新高度，同时加速了广州建设成为国际一流城市的新步伐！

三、新时代，广州城市天际线继续向东；新梦想，正在这座活力之城徐徐展开

新时代，在粤港澳大湾区建设新的起点上，广州也正在发挥国家中心城市和综合性

门户城市的引领作用，全面增强国际商贸中心、综合交通枢纽功能，培育提升科技教育文化中心功能，着力建设国际大都市。

2017年，广州市"两会"的政府工作报告提出："要建设国际金融城——黄埔临港经济区为核心的第二CBD。"广州第二CBD跨天河区、黄埔区，由位于天河区的广州国际金融城和位于黄埔区的黄埔临港经济区两大核心板块构成，广州第二CBD将打造成国际航运综合服务区，极大地推动广州经济发展。其中，广州国际金融城整体规划范围北起黄埔大道、中山大道，南至珠江，东至天河区界，西至华南快速干线，总面积为7.5平方千米；黄埔临港经济区在精品珠江东10千米的核心范围，拥有重要的核心资源——黄埔港，同时还拥有21.2千米的江岸资源、34.5千米的岛屿岸线，两岸有长洲岛、南海神庙、黄埔军校等生态、历史文化资源。黄埔临港经济区的定位为新时代的全球创新港城、粤港澳大湾区的现代服务创新区、世界级城市群的新贸易创新中心、传承"海丝"文化的绿色人文城区。

随着广州第二CBD内涵的明确，其两大核心板块——位于天河的广州国际金融城和位于黄埔的临港经济区，将打造升级版CBD，推动广州在更高水平上实现高质量发展，黄埔临港经济区将成为全球创新港城，形成以港兴城、港城互动的空间格局，临港地区除了低效用地的有效盘活，其环境基底更让其在聚集高端要素上有着天然优势，同时也是这座临港之城的雄心壮志。

四、每一个CBD背后，都代表着一座城市的新梦想。每一个CBD最显著的特征就是国际化

（一）广州国际金融城

广州国际金融城核心区总面积为2.3平方千米，包括起步区和西核心区两部分，西核心区北至花城大道，南至临江大道，东至员村四横路，西至员村大道，面积为1.2平方千米。

广州国际金融城定位于打造以高端现代服务业为主体，金融机构集中、金融要素市场齐备、金融交易活跃、金融服务完善、全国一流的金融总部聚集区，拥有立足广州、依托珠三角、服务泛珠三角、面向东南亚的全球视野和国际抱负。建设中的国际金融城，作为珠江新城的延伸，具有包括金融总部、金融贸易、金融商业和金融创新等功能定位，被称为广州的"华尔街"。

起步区规划定位：以金融办公为核心功能，复合发展商业服务、文化娱乐、特色居住及相关配套服务功能，形成金融办公区、总部办公区、综合商业区、中央休闲区和特色生活区五大功能区，计算容积率建筑面积为497.1万平方米。

规划人口：居住人口1.3万人，就业人口17.8万人。

北区规划定位：广州国际金融城向北拓展的区域，重点打造为以商务办公、创意办公等功能为主的综合办公配套区。计算容积率建筑面积为389.1万平方米，其中，地下商业建筑面积为7.2万平方米。

规划人口：居住人口3.8万。规划整体形成"商业办公、综合生活、创意办公"3

个功能组团。

东区规划定位：金融城东区是广州东部沿江发展带的重要组成部分，重点打造为科技创新集聚区。计算容积率建筑面积为 250 万平方米，其中，地下商业建筑面积为 6.2 万平方米。

规划人口：居住人口 0.5 万人。

打造具有岭南建筑风格和岭南特色"慢生活"，国际金融城规划形成"一带、四组团、多廊"的结构，以滨江休闲景观带串联四大功能组团并控制多条南北向通江绿廊，体现岭南建筑风格，构建闲适繁华的两岸河涌水系景观。岭南风情街将紧扣金融城独具的"方城、曲苑、翠岛、玉带"景观规划理念，充分考虑传统岭南建筑特色。使建筑与河涌水系及公共绿化整体景观风格协调统一，形成岭南风情景观建筑群，设置购物、餐饮、文化、运动等商用设施，打造成一个集休闲、娱乐、购物、观光旅游为一体的岭南滨水空间，既有岭南特色，又有金融特征和现代商业信息，为国际金融城的商业办公人士、广州市民、来访游客提供休憩消费场所。

金融城起步区所在区域地块依托立体人车分流系统，将实现高品质的"慢生活"交通环境，将慢行交通与公共交通站点、重要功能设施、城市景观节点紧密结合，引导市民形成新的交通出行习惯。构建立体人车分流系统，围绕金融城交通枢纽规划设置步行、非机动车道网络以及相应的公共自行车停靠设施，沿内部醉金涌河涌开行观光游艇和画舫，优化出行环境，充分体现岭南特色"慢生活"品质。

1. 国际金融交流中心

金融城首期开工建设的是起步区，面积为 1.32 平方千米，规划为金融办公、总部办公、综合商业、滨水休闲和特色生活五大功能分区，还将建设金融论坛、金融服务中心、金融博物馆等。其中，规划中的国际金融交流中心将建成 450 米高的超高大楼，建成后将集高端办公、酒店、文化等综合性功能于一体，与珠江南岸的琶洲古塔和黄埔古港遥相呼应。国际金融交流中心一旦建成，其高度仅次于广州第一高楼广州东塔，有望成为广州第二高楼，在羊城天空中竖起一道亮丽风景。

2. 南方财经大厦

它是广州国际金融城金融方城内的"先建导向"标杆项目。根据规划设计，南方财经大厦总建筑面积超过 10 万平方米，裙楼部分规划布局了数据产权和数据资源交易平台、财经论坛及演艺活动多功能厅、电视演播大厅、电影院、媒体办公区，塔楼部分为甲级写字楼。

南方财经全媒体集团将以金融数据服务为重点，全力推动媒体融合发展，打造高端国际财经论坛，实施移动优先、数据赋能、技术赋能，夯实媒体、智库、数据、交易核心业务的四梁八柱，打造湾区一流、国内一流、国际知名的财经全媒体集团，大力服务广州建设区域金融中心和粤港澳大湾区建设一流国际金融枢纽，努力把总部大楼建成广州人为之骄傲的人文地标、永不落幕的国际财经论坛地。

3. 超大的地下空间和商业购物中心

广州金融城起步区，规划高达 5 层、规模颇大的地下空间。金融城还将拥有全国最大的地下城，地下空间面积约 180 万平方米，约为目前广州珠江新城地下空间的 3.6 倍。

它主要服务于地下公共交通，连接地铁站、社会停车场以及各产业地块，形成立体复合的城市综合体，这是全球金融城的一大创举，也将是广州的又一形象标志。它不仅将汇聚地铁、轻轨、公交、APM（Automated People Mover System，自动旅客捷运系统）等立体交通方式，更将实现地面零车流，把更多的土地留给自然，让出行同步世界。

除了超高层的写字楼外，这里还将建设一个超大的商业购物中心，购物中心建筑面积约 12.8 万平方米，项目总投资约 100 亿元，建成后将成为集商业、零售、餐饮、影院、写字楼于一体的大型多功能商业综合体，将打造成广州国际金融城门户地标，服务于金融城及周边，辐射珠三角，集购物零售、餐饮娱乐、休闲体验、商务旅游于一体的购物中心。

4. 未来，广州国际金融城交通便捷

广州国际金融城项目紧靠黄埔大道，配有 1500 多个车位，与地铁 5 号线相距 40 米，地铁科韵路站 A、B 出口近在咫尺；配套规划有 7 条地铁、1 条有轨电车、1 条城际轨道，规划有 21 万平方米的地下商业区。

地铁 7 条：已开通 2 条（4 号线、5 号线），在建 3 条（11 号线、13 号线、21 号线），规划 2 条（19 号线、25 号线）。

城际轨道 1 条：广佛环线，于金融城起步区内设置国际金融城站。

有轨电车：呈东西走向，西起天河五羊邨、东至黄埔鱼珠，大致沿花城大道、规划临江路以及黄埔大道东等市政道路布设，共设置 18 个车站（包括地下站 2 座，其余为地上站）。有与地铁接驳站 9 座，将设停车场 1 座，控制中心设置在停车场内，作为地铁线路的补充与加密。

（二）黄埔临港经济区

根据广州提出的按照国际化标准优化提升珠江水系、打造 30 千米珠江黄金岸线，通过 30 千米的珠江黄金岸线这一条江轴，指引着城市发展的方向。随着广州珠江东岸前 20 千米岸线资源已基本开发完成，黄埔临港经济区辖内的 10 千米岸线被称为"最后的 10 千米黄金岸线"。这一方案更显示出在城市建设过程中，人的舒适性应该是第一要素，严控滨江建筑高度与整体尺度，塑造前低后高、错落有致的滨江建筑形态。广州还提出将整合天河、海珠、黄埔三区在编规划，形成城市设计"一张图"，把东部沿江发展带规划建设为世界一流滨水发展区，借鉴伦敦金丝雀码头、横滨未来城、上海北外滩等世界级滨水商务区开发经验，将环境塑造成为创新要素产生活力的一大源泉。

广州的繁荣从不停留片刻，滚滚珠江，一路向东。黄埔临港经济区早已提出，将打造国际品质、可持续的滨水空间和地标。结合滨水空间，构建由开敞空间、街道、标志性地区等组成的公共空间体系，推动码头与工业岸线功能转型与环境改造提升，将文化与活动融入滨江，塑造国际品质、可持续的滨水空间。规划的第一策略，即是保育生态资源，打造水绿网络的公园城市。

1. 华南国际港航服务中心

作为黄埔临港 CBD 高端综合体，华南国际港航服务中心将被打造为以国际航运服务为核心的现代产业和生活服务中心。它地处临港经济区鱼珠核心功能区，是集超甲级写字楼、商业配套、星级酒店、码头等不同业态于一体的高端临江综合体。项目功能规划为广州港口及相关商务活动的临港经济综合服务中心，总建筑面积约为 27 万平方米，以超过 250 米的高度，打造成为片区新地标。

历史发展证明，金融中心和航运中心是相伴而生的，世界著名的五大国际航运中心纽约、伦敦、东京、新加坡和香港都是著名的国际金融中心。而港口码头与城市繁华相融更添风情，既繁华亦宜居，也是临港 CBD 的魅力所在。

港航中心是广州第二 CBD 的重要组成部分，黄埔临港经济区因而被赋予重要使命。在黄埔港片区，保利鱼珠港项目正在建设，中部的华南国际港航服务中心一期已建成，二期建设亦基本完工，高耸入云的写字楼建筑，留给到访者对未来广州第二 CBD 发展的无限遐想。

2. 四区四中心

随着大湾区建设的深入，广州提出了"四区四中心"的规划发展方向，牢牢把握知识城、科学城、黄埔港、生物岛在粤港澳大湾区中的定位。建设知识城大湾区知识创造示范区，打造具有全球影响力的国家知识中心；建设科学城大湾区制度创新先行区，打造具有国际影响力的中国智造中心；建设黄埔港大湾区现代服务创新区，打造服务港澳的新贸易创新中心；建设生物岛大湾区生命科学合作区，打造世界顶尖的生物医药研发中心。"四区四中心"，定位不同，功能互补，有效增强空间互联、产业互动、政策互通，即在更高的格局中思考空间的弹性，黄埔正计划拓展四片联动新内涵。其中，黄埔港承担着大湾区现代服务创新区打造服务港澳的新贸易创新中心的重任。CBD 的产业发展空间，绝不能仅仅依附于物理空间，更重要的是通过 CBD 的吸附集聚作用，让高端人才、智力服务、资金资源打通、辐射，这样，在有限的空间里，可以创造更高的效率，可以创造更高的产出。

3. 两带多廊、生态织补、六区多点、产业联动

根据最新规划，黄埔临港经济区将形成"两带多廊、生态织补、六区多点、产业联动"的整体结构。"两带多廊、生态织补"，是指保育以龙头山、江心岛为主的绿色生态基底，以珠江景观带及东江景观带为统领，多条通江廊道，整合绿地、水脉形成生态网络。"六区多点、产业联动"，是指打造六大分区：航运服务商务区、国际科技展贸区、国际总部中心区、全球智创集聚区、文化创意展示区、绿色生活配套区。

CBD 在新的发展阶段下，还应成为中央活力区，多种功能区域的联动，将会让 CBD 在未来的城市竞争中更具活力。中央活力区是 CBD 品质和内涵的延伸，继承了 CBD 的商业、商务等主要功能，又突出了城市功能的多样性，增加了活力要素，打造体验式购物街区、休闲娱乐首选目的地，创造工作、休闲、生活一体化的现代办公区，建造文化展示体验区，为创业创客提供办公生活空间。作为一个城市的核心功能区和标志性战略区域，中央活力区有足够的功能密度和适宜的空间尺度，具有开放、多元、混合等包容性特征，孕育着城市活力的创新基因。

4. 未来黄埔临港经济区轨道交通快速、便捷、高效

交通与商务的关系不言而喻，在国际上，构建城市 1 小时交通圈是大都市聚合优势产业、提高竞争实力、促进商务增长的关键，尤其在城市商务中心 CBD 区域，轨道交通

的规划体现了其对公共空间与公共服务的重视。目前，该经济区共规划轨道交通线路 15 条，规划区内总长 60.3 千米（不含远景预留轨道控制线）。其中，轨道站点 800 米覆盖率为 87.7%，第二 CBD 范围内达到 98%。新型综合交通规划体系的基础理论是交通、产业和空间的新型三要素协同模型，而轨道交通则是缩短城际、市域距离的最高效运输方式。此外，两条高铁线路或将在该片区设站点。

（1）15 条轨道交通线。

城市高速轨道 2 条，为 17 号线和 28 号线，设计时速为 160—250 千米。

地铁快线 3 条，为 13 号线、25 号线和 7 号线，设计时速为 100—140 千米。

地铁普线 4 条，为 5 号线、黄埔地铁 1 号线（远景预留西延线）、12 号线支线（远景预留）和 30 号线（远景预留），设计时速为 80—100 千米。

有轨电车 6 条，为 HP2、HP3、HP7（向东延伸与增城区有轨电车衔接）、HP8（向西延伸与天河有轨电车衔接）、HP9、HP13。

（2）2 条高铁。

规划有广中珠澳高铁、广深第二高铁，在黄埔临港片区设高铁站 1 座，高铁站点位于规划区北侧。

（3）1 座国际邮轮港。

在黄埔老港区规划国际邮轮港 1 座，可进驻 8 万吨级邮轮，占地面积约为 3.97 万平方米。

公共交通是破解 CBD 土地空间与交通问题的必然之举。不过，在建设地面路网的同时，未来核心区块地下交通可能更为繁忙。这样的规划思路，可以看出世界知名湾区轨道交通的规划身影。东京都市圈有着全世界最密集的轨道交通网，其中，地铁和有轨列车是联系整个东京都市圈最重要的交通工具，在高峰时段，市民的轨道交通出行占比高达 91%。建立快速、便捷、高效的交通体系不仅有利于促进 CBD 价值的再挖掘，更是提升广州城市经济综合实力的载体。在高度整合、资源共享的年代，让公共资源使用效率越来越高，"个人资产"使用率越来越低，才能符合 CBD 高效生产的核心内涵。

广州一路向东，珠江新城、广州国际金融城和黄埔临港经济区串联成线，再延伸到广州开发区西区的珠江黄金岸线轴带。对标世界一流、围绕黄埔区"世界知识城、湾区创新源、国际人才港"的目标，黄埔临港经济区将成为全球创新港城，广州将能从 CBD 单中心走向 CBD 网络化布局，中央活力区也将撬动整个城市的活力，越来越多的核心区域将担当起 CBD 的重任，未来超过 600 米的双子塔或将崛起在广州东部的黄埔港，与珠江新城的东西两塔交相辉映，为广州 30 千米珠江黄金岸线再添两颗明珠。

五、新时代、新机遇、新挑战，广州奋进正当时

2018 年 10 月，习近平总书记在视察广东时，要求广州实现老城市新活力，在综合城市功能、城市文化综合实力、现代服务业、现代化国际化营商环境方面出新出彩。《粤港澳大湾区发展规划纲要》进一步明确了广州的定位，为广州发展指明了前进方向。实现老城市新活力，是总书记交给广州的重要政治任务。

习近平总书记指出："要让城市留下记忆，让人们记住乡愁。"老，意味着城市气质。千年沧海桑田、风雨洗礼，西关骑楼下不起眼的士多，狭窄的青石板路小巷里的甜品店，珠江边粤韵悠扬、自得其乐的私伙局，十三行络绎不绝的人流……老，意味着深厚的历史底蕴。时光从来不会亏待一座城市，文化积淀是其无私的馈赠。作为国家历史文化名城，广州是海上丝绸之路的发祥地、近现代中国革命策源地、岭南文化中心地、改革开放前沿地，作为千年不衰的商贸名城，中西文化在这里碰撞、交流、融合。广州的古迹众多、遗产丰厚，粤剧、广绣、广彩等非物质文化遗产享誉世界。辉煌厚重的历史文化积淀，既是老城市的荣光，也是宝贵的资源，更是支撑城市赓续前行的重要软实力。老，意味着雄厚的综合实力。全球权威世界城市研究机构 GaWC 发布的 2018 年世界级城市名册中，广州在世界一线城市中排名第 27 位。全球城市的竞争，从来不是"单项技能"的角逐，而是"多项全能"的比拼，这也是广州综合实力雄厚的最佳证明。广州地区集中了全省 2/3 的普通高校、70% 的科技人员、97% 的国家重点学科、77% 的自然科学与技术开发机构以及绝大部分国家重点实验室……这些都是广州创新发展的实力支撑。

时光如潮，滚滚向前。站在中华人民共和国成立 70 周年的时间节点，在全面建成小康社会关键之年，粤港澳大湾区建设这个广州发展的重大战略机遇，只有牢牢抓住，才能不负时代的青睐、历史的重任。纵观广州发展历程，正是得益于敢为人先、敢闯敢试的城市精神，广州才能在经济发展的不同阶段都走在时代前列；正是凭借求新求变、与时俱进，广州才得以在全球城市体系中不断提升新高度。

奋斗的城市永远年轻！

奔跑的城市永葆活力！

奋进的城市最能出新出彩！

广州，正昂首阔步奔向新时代的广阔未来！

（作者单位：中共广州市委党史文献研究室）

党的十八大以来广州软件和信息技术服务业发展研究

董泽国

软件与信息技术服务业是指利用计算机、通信网络等技术对信息进行生产、收集、处理、加工、存储、运输、检索和利用并提供信息服务的业务活动,包括基础软件、工业软件与行业解决方案、嵌入式软件、信息安全软件与服务、信息系统集成服务、信息技术咨询服务、数字内容加工处理、服务外包、新兴信息技术服务、集成电路(IC)设计等。软件和信息技术服务业是关系国民经济和社会发展全局的基础性、战略性、先导性产业,具有技术更新快、产品附加值高、应用领域广、渗透能力强、资源消耗低、人力资源利用充分等突出特点,对经济社会发展具有重要的支撑和引领作用。发展和提升软件和信息技术服务业,对推动信息化和工业化深度融合、培育和发展战略性新兴产业、建设创新型国家、加快经济发展方式转变和产业结构调整、提高国家信息安全保障能力和国际竞争力都具有重要意义。为此,国务院印发《关于进一步鼓励软件产业和集成电路产业发展若干政策的通知》《关于加快培育和发展战略性新兴产业的决定》和《软件和信息技术服务业"十二五"发展规划》等政策,从税收、研究经费、进出口优惠、人才培养、知识产权保护、市场开发和投融资等方面给予了较为全面的政策支持。广州也高度重视软件和信息技术服务的发展。早在"十一五"规划时期,广州就提出要跨越式发展高新技术产业,要集中力量在软件、生物技术、新材料、环保新能源和数字内容等重点领域取得突破性进展。到了"十二五"和"十三五"规划,广州市更是提出发展新一代信息技术。自党的十八大以来,广州的软件和信息技术主营业收入由2013年的2277亿元[1],增长到2018年的3605亿元[2],在中美贸易战不断加剧、国际整体经济环境变差、国内经济下行压力增大的背景下,2019年前三季度包括软件和信息技术服务业在内的广州市信息传输软件和信息技术服务业营业收入增长达到17.1%[3],成为推动广州市经济增长的重要力量。

一、党的十八大以来,广州软件和信息技术服务业发展的基本情况

党的十八大以来,广州市的软件和信息技术服务业呈现高速发展的态势。2013年至

---

[1] 《广州年鉴(2014)》,广州年鉴社2014年版,第271页。
[2] 运行监测协调局:《2018年软件和信息技术服务业统计年报》,见中华人民共和国工业和信息化部网(http://www.miit.gov.cn/n1146285/n1146352/n3054355/n3057656/n5340637/c7459624/content.html)。
[3] 广州市统计局:《前三季度广州经济运行稳中有进》,见广州市人民政府网(http://www.gz.gov.cn/gzstatsjg/tjfx/201911/8807b90bbdad49d18373133af5999a57.shtml)。

2019年，广州市的软件及信息技术服务业营业收入年平均增速达到18.8%，由2013年的2277亿元（2013年以前数据统计口径与2014年及以后的数据统计口径不一致）增长到2018年的3605亿元（见表1）；经国家认定的软件和信息技术服务业企业由2014年的914家①增长到2018年的2086家②，4年间增长了128%。根据广州统计年鉴相关数据统计，广州市包含且以软件和信息技术服务业为主的信息传输、软件和信息技术服务业，其增加值由2013年的485.5亿元（为修正后数据，与2014年及以后统计口径一致），增加到2018年的1427亿元③，5年间增加值名义增长了近两倍，为194%；其法人数，由2013年的7953个至2017年增长到17976个，4年时间增长了126%，年均增长率23.1%；其从业人数，由2013年的16.96万人增长到2018年的29.89万人，5年时间增长了76%，年均增长12.3%；其规模以上企业由2014年的708家，增长到2018年的1310家，规模以上企业营业收入由2014年的1058.6亿元，增长到2018年的2836.8亿元，4年间规模以上企业数增长了85%，营业收入名义增长了168%（见表2）。④ 自2012年广州市获得"中国软件名城"称号以来，广州市"中国软件名城"建设进程不断加快，拥有软件和信息服务产业园区约40个，天河软件园、广州科学城、黄花岗科技园3个老牌软件和信息技术服务园区形成规模，建成天河、黄埔、海珠、越秀、荔湾5个省级"互联网+"创建小镇，形成一批创新活跃、生机勃勃的产业集群，涌现出如海格通信、广电运能、UC动景、中望龙腾等一大批拥有自主品牌软件产品的龙头骨干企业。广州开发区创建以区块链为特色的中国软件名城示范区，率先打造国内领先的"税链"区块链发票平台及"政策公信链"政务应用。2019年，广州有网易、唯品会、三七互娱、欢聚时代、汇量科技、多益网络、世纪龙（21CN）、荔枝8家企业入选全国百强互联网公司榜单，百强数位列北京、上海之后。

---

① 《广州年鉴2015》，广州年鉴社2015年版，第268页。
② 运行监测协调局：《2018年软件和信息技术服务业统计年报》，中华人民共和国工业和信息化部网（http://www.miit.gov.cn/n1146285/n1146352/n3054355/n3057656/n5340637/c7459624/content.html）。
③ 引自广州市工业与信息化局上报《广州年鉴2019》材料。
④ 说明：由于单纯反映软件和信息技术服务业的经济数据比较少，本文在此使用包含软件和信息技术服务业的信息传输、软件和信息技术服务业统计数据对广州市软件和信息技术服务业进行考察。根据2018年及2019年广州统计年鉴，在信息传输、软件和信息技术服务业中，以电信、广播电视和卫星传输服务为主的传统信息传输规模以上企业仅占3%，营业收入仅占两成甚至不到；而包含"互联网+"的广义软件和信息技术服务业企业占97%，营业收入占比达到八成（见表3）。这个数据表明在信息传输、软件和信息技术服务业统计数据中，软件和信息技术服务业占据着主体，使用信息传输、软件和信息技术服务业的统计数据能够反映软件和信息技术服务业的发展情况。为此，本文在后面的研究中，将以信息传输、软件和信息技术服务业统计数据为基础，研究党的十八以来广州软件和信息技术服务业的发展。本文有时为了表述方便，也将信息传输、软件和信息技术服务业简称为"信软业"。

表 1　2013—2018 年广州市软件及信息技术服务业经济活动数据统计①

年　份	2013	2014	2015	2016	2017	2018
软件及信息技术服务业营业收入（亿元）	2277	1965	2247.82	2700	3082	3605
软件及信息技术服务业营业收入增长率（%）	15.9	22	15.5	25	18.8	15.5

表 2　2013—2018 年广州市信息传输、软件及信息技术服务业经济活动数据统计②

年　份	2013	2014	2015	2016	2017	2018
信息传输、软件及信息技术服务业增加值（亿元）	485.5	499.1	583.7	831.4	1116.2	1427③
信息传输、软件及信息技术服务业法人数	7953	9701	10955	12695	17976	—
信息传输、软件及信息技术服务业从业人数（万人）	16.96	17.35	19.56	20.51	24.17	29.89
规模以上信息传输、软件及信息技术服务业企业数	—	708	774	912	1299	1310
规模以上信息传输、软件及信息技术服务业企业营业收入（亿元）	—	1058.6	1181.9	1668.4	2244.8	2836.8

表 3　2017—2018 年广州市规模以上信息传输、软件和信息技术服务业企业主要财务指标④

项　目	企业单位数（个）		营业收入（单位：万元）	
	2017	2018	2017	2018
信息传输、软件和信息技术服务业	1299	1310	22447567	28367636
电信、广播电视和卫星传输服务	40	43	4630258	4564068
互联网和相关服务	77	149	2332072	6229288
软件和信息技术服务业	1182	1118	15485237	17574280

二、党的十八大以来，广州软件和信息技术服务业发展的主要特点

纵观广州软件和信息技术服务业近几年的发展，主要呈现两个特点。

（一）政策不断加持，推动广州软件和信息技术服务产业飞速发展

广州市既是改革开放的前沿地，也是千年商都；既是现代化的大都市，也是一个老城市。自改革开放以来，直到 2017 年之前，广州市地区生产总值长期居全国第三位，地区生产总值虽然长期处在全国领先的位置，但其经济倚重的还是传统制造业，软件和信

---

① 说明：2013 年到 2017 年数据来源于《广州年鉴》，2018 年数据来源于工业和信息化部官网（http://www.miit.gov.cn/n1146285/n1146352/n3054355/n3057656/n5340637/c7459624/content.html）。由于 2014 年全国经济普查对 2013 年经济数据进行了修正，本表所引用的数据为普查前统计数据，所以 2013 年的营业收入数据与 2014 年及以后的数据在统计方法口径方面发生了变化。
② 数据引自 2014—2019 年《广州统计年鉴》（除脚注③数据外）。
③ 数据引自广州市工业与信息化局报送 2019 年广州年鉴材料。
④ 数据引自 2018—2019 年《广州统计年鉴》。

息技术服务业所代表的新兴产业在国民经济中的权重并不高。2013 年，广州市的"信软业"增加值为 485.54 亿元，在北京、上海、广州、深圳 4 个城市当中最少，仅为北京的四分之一；就业人数也最少，仅为 16.96 万人，为北京的五分之一（见表 4）。图 1 和图 2 将广州在这一方面与北京、上海、深圳的差距更为直观地呈现出来。由图 1 和图 2 可以看出，2013 年，无论是"信软业"增加值绝对值，还是"信软业"相对地区生产总值的占比；无论是"信软业"从业人员数量，还是"信软业"从业人员在总就业人数中的占比，广州在北上广深 4 个城市中均处于最后一位。

表 4 2013 年北、上、广、深四地"信软业"经济数据统计①

	北京	上海	广州	深圳
"信软业"增加值（亿元）	1901.50	1086.06	485.54	814.48
"信软业"增加值在地区生产总值中的占比（%）	9.35	4.98	3.13	5.44
"信软业"从业人数（万人）	79.40	44.62	16.96	33.60
"信软业"从业人员在总就业人员中的占比（%）	8.09	3.26	2.23	3.74

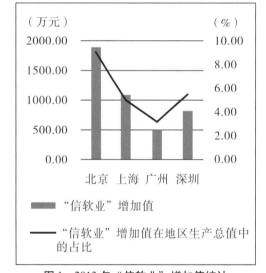

图 1 2013 年"信软业"增加值统计

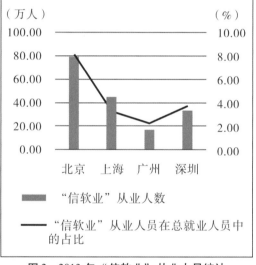

图 2 2013 年"信软业"从业人员统计

事实上，广州市委、市政府早就发现广州软件和信息技术服务业发展相对滞后、在地区生产总值中占比偏低的问题。早在 2011 年，为了实现经济发展模式由传统的制造向科技创新产业的转型，广州市在"十二五"规划中就将软件和信息技术服务业作为战略性新兴产业优先发展。围绕着《广州市国民经济和社会发展第十二个五年规划纲要》提出的"创新发展，增强转型动力"的总体目标，2012 年，广州市颁布了《广州市"十二五"信息化发展规划》，提出"信息产业高端转型"和"信息技术创新突破"的目标，规划到 2015 年，广州市以创意设计、网游动漫和企业信息服务为主的软件和信息技术服务业营业收入达到 3000 亿元，物联网相关产业营业收入达到 500 亿元。同年，结合智慧

---

① 数据引自 2014 年北京、上海、广州、深圳统计年鉴。

城市建设，广州市出台的《关于建设智慧广州的实施意见》也提出"着力发展新一代信息技术产业。……实施'创建中国软件名城行动计划'，打造珠三角工业创意设计中心和'网游动漫之都'"的战略构想。党的十八大以后，广州市围绕着经济发展的总体战略布局，为进一步推动软件和信息技术服务业的发展，又陆续出台了与软件和信息技术服务业相关的诸多专项规划、计划、措施等。至2016年，广州市进一步将软件和信息技术服务业确定为战略性新兴产业并予以全力支持。在《广州市国民经济和社会发展第十三个五年规划纲要（2016—2020年）》中，多个章节涉及软件和信息技术服务业，软件和信息技术服务业不仅被定位为广州市支柱产业，还被定位为战略性新兴产业而予以扶持。2019年10月，广州市围绕着一年前习近平总书记视察广州时提出的"广州实现老城市新活力，在综合城市功能、城市文化综合实力、现代服务业、现代化国际化营商环境方面出新出彩"要求，出台了"四个出新出彩"行动方案，进一步重申了包括软件和信息技术服务业在内的战略性新兴产业的地位，优化了营商环境，加强了文化和人才支撑。

为切实推动广州市战略新兴产业的发展，广州市不断出台涉及软件和信息技术服务业发展的专项规划和计划。2012年，广州市颁布施行《广州市政府信息共享管理办法》《广州市"十二五"信息化发展规划》以及软件和信息服务业、电子信息、科技服务业、云计算、电子商务等专项规划[①]；2013年，出台《关于加快电子商务发展的实施方案（试行）》和《广州市人民政府关于进一步鼓励和引导民间投资加快发展的意见》；2014年，出台《广州市加快新业态发展三年行动方案》《广州市人民政府办公厅关于全市电子商务与移动互联网集聚区总体规划布局的意见》；2016年，出台《广州市战略性新兴产业第十三个五年发展规划（2016—2020年）》；2017年，出台《广州市人民政府办公厅关于促进大数据发展的实施意见》《加快广州跨境电子商务发展若干措施（试行）》；2018年，出台《广州市人民政府关于加快工业和信息化产业发展的扶持意见》《广州市人民政府办公厅关于加快文化产业创新发展的实施意见》；2019年，出台《关于推动电子商务跨越式发展的若干措施》等。

以上列举了2012—2019年涉及软件和信息技术服务业的诸多政策、意见、规划和计划等，事实上，广州市这些年来出台与软件和信息技术服务业发展相关的法规文件比本文所列举的要多得多。窥一斑而见全身，从本文所列举的广州近年出台的法规文件可以看出，广州市在推动软件和信息业发展的过程中，在政策层面是全方位的支持，包括了行业政策、金融、营商环境、人才支撑等多个方面。在政策的不断加持下，党的十八以来，广州市的软件和信息技术服务业的发展异常迅猛，年均增速在18%以上。2015—2018年，广州市"信软业"名义增长率位居北上广深的首位（见图3），"信软业"增加值在地区生产总值中所占比重也逐年增加，由2013年、2014年的占地区生产总值约3%到增长了2018年的6.25%，5年时间以软件和信息服务业为主的"信软业"增加值在地区生产总值中所占比重翻了一倍多。

---

① 《广州年鉴（2013）》，广州年鉴社2013年版，第272页。

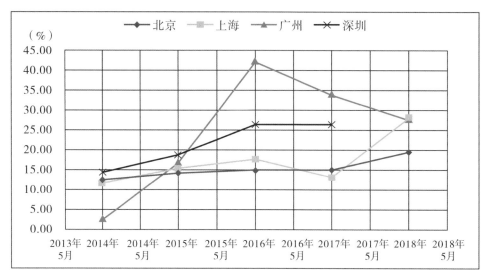

图3 2014—2018年北上广深"信软业"名义增长率

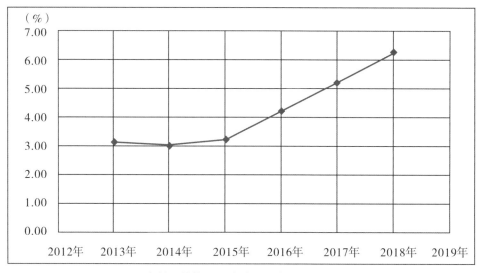

图4 广州"信软业"在地区生产总值中所占比重

（二）大力发展园区经济，助力广州企业在多个细分领域夺魁

在广州市大力发展软件和信息技术服务业的战略指引下，广州的策略是大力发展软件（互联网）产业园区经济，通过建设产业园区，孕育软件和信息服务业小微企业，加强软件和信息技术服务业的产业聚集度，建立软件和信息技术服务业的产业生态链，形成软件和信息技术服务业"百花齐放"的产业格局，突出软件、电子商务、动漫游戏等领域的发展，助力广州企业在多个细分领域夺魁。

产业园区是广州软件和信息服务业发展最核心的平台和载体，广州大部分软件和信息服务业产出均源自产业园区。天河软件园是广州最早建立且专门从事软件和信息技术服务业的园区，是全国首批国家级高新技术产业开发区，于1988年6月经国家科委和广东省人民政府批准成立。其成立后一直是广州软件和信息技术服务产业的主要园区。

2012年，天河软件园实现软件收入719.47亿元①，占广州市2012年软件业务收入的53.06%；2013年，天河软件园实现软件收入906.73亿元②，占广州市2013年软件业务收入的56.88%；2014年，天河软件园实现软件收入1106.5亿元，聚集企业1700多家③，无论是营业收入，还是企业数，在广州软件和信息技术服务业占比均超过一半。除了天河软件园，广州早期建立与软件和信息服务产业相关的科技园区还有广州科学城和黄花岗科技园。截至2016年，广州有互联网大小产业园区近40家④；截至2017年，广州拥有天河、黄埔、海珠、越秀、荔湾5个省级"互联网＋"创建小镇，位于广东省之首，广州市绝大部分软件和信息服务业企业和产出均出自产业园区。

在园区经济的带动下，广州软件和服务业产业不断发展壮大，涌现出一批行业龙头和单项冠军。党的十八大以来，广州市软件和服务业的龙头企业保持稳定，在2014—2019年6年间的互联网百强企业榜单上，广州上榜企业数量除2017—2018年两个年份位列全国第四外，其他年份一直位列全国第三（见表5），网易、唯品会、欢聚时代、酷狗、世纪龙（21CN）、多益等龙头企业一直是全国百强互联网企业的常客。

表5 2014—2019年全国互联网百强广州上榜企业数量统计

年　份	2014	2015	2016	2017	2018	2019
全国互联网百强广州上榜企业数量（家）	9	8	8	6	5	8
广州上榜互联网百强数在全国的排名	3	3	3	4	4	3

在细分领域，海格通信、广电运通、北明软件入围全国软件收入百强企业。其中，海格通信在北斗定位应用软件设计方面处于全国领先位置。广电运通ATM产品长期保持国内市场占有率第一。北明软件是中国领先的IT解决方案及云计算服务提供商。中望龙腾软件公司是国内唯一掌握三维CAD工业设计软件核心技术的软件公司，拥有包括55家世界500强企业在内的18万用户⑤。拥有UC优视的广州市动景计算机科技有限公司是中国第一家在移动浏览器领域拥有核心技术及完整知识产权的公司，在2015—2016年成为全球第二大移动浏览器。近三年来，UC的用户份额虽有所下滑，但份额仍保持在全球第三到第四位。YY是中国最大的互联网语音平台提供商，2016年占据国内80%以上的市场份额。⑥酷狗音乐是中国综合排名前列的数字音乐客户端。网易和三七互娱（广州）游戏业务收入在2018年分别达到61.7亿美元和10.9亿美元，位列全球第7和第22位。奥飞动漫、漫友文化、原创动力、灵动创想、蓝弧文化、广州达力、嘉佳卡通、广州天艺、俏佳人文化、艺洲人文化、咏声文化、酷漫居等形成广州动漫企业方阵，《美食大冒险》在全球200多个国家播出，《超级飞侠》在全球130多个国家和地区播出。在互

---

① 《广州年鉴（2013）》，广州年鉴社2013年版，第275页。
② 《广州年鉴（2014）》，广州年鉴社2014年版，第272页。
③ 《广州年鉴（2015）》，广州年鉴社2015年版，第269页。
④ 《广州年鉴（2017）》，广州年鉴社2017年版，第388页。
⑤ 《广州年鉴（2018）》，广州年鉴社2018年版，第229页。
⑥ 《广州年鉴（2017）》，广州年鉴社2017年版，第387页。

联网应用方面,微信总部、飞信、飞聊、灵犀、139 邮箱、MM 商店应用等基础趋势应用服务发源并发展于广州。

党的十八大以来,在龙头企业的引领下,广州软件和信息服务业在众多细分领域占据领先位置,推动了广州软件和信息服务业的快速发展。

三、党的十八大以来,广州软件和信息技术服务业发展存在的不足

（一）软件和信息技术服务业在社会经济中的占比仍然偏低

由于广州以传统制造业和商业见长,与北上深相比,广州的软件和信息技术服务业的基础是相对比较弱的。因此,尽管党的十八大以来,广州的软件和信息技术服务业迅速发展,但其在社会经济中所占比重还不高。笔者对北京、上海、广州和深圳 4 个城市在 2013—2018 年"信软业"的增加值及就业人员进行统计（见表 6、表 7）并根据这些统计数据绘制了统计图（见图 5—图 8）。从这些图表我们可以看出,尽管党的十八大以来,广州的"信软业"发展速度很快,但与北京、上海、深圳 3 个城市相比,差距仍然存在。具体而言,与北京的绝对差距在扩大,与上海、深圳的差距保持相对稳定。由于北京的基数大,虽然广州这几年"信软业"增速快于北京,但广州与北京的绝对差距呈扩大态势。比如,2013 年广州"信软业"增加值比北京少 1426 亿元,而到 2018 年差距扩大到 2532 亿元;从业人口差距也从 2013 年的 62.44 万人,扩大到 2018 年的 81.61 万人。与上海、深圳相比,这种差距保持相对稳定。从"信软业"在经济及就业占比的角度上看,广州与上海的差距在近两年还稍稍缩小,广州与上海差距为 3～5 年,广州与深圳的差距大概为 5 年。

表 6 2013—2018 年北上广深"信软业"增加值统计①

年份	"信软业"增加值（万元）				"信软业"在地区生产总值中所占比重（%）			
	北京	上海	广州	深圳	北京	上海	广州	深圳
2013	1901.50	1086.06	485.54	814.48	9.35	4.98	3.13	5.44
2014	2136.10	1211.83	499.09	931.56	9.73	5.14	2.99	5.66
2015	2441.90	1398.59	583.67	1105.80	10.31	5.45	3.22	6.14
2016	2805.80	1647.66	831.44	1397.86	10.93	5.85	4.20	6.96
2017	3229.00	1862.27	1116.21	1767.06	11.53	6.08	5.19	7.86
2018	3859	2387	1427.6	—	12.73	7.30	6.25	—

---

① 数据引自 2014—2019 年北京、上海、广州、深圳统计年鉴。

表7 2013—2018年北上广深"信软业"从业人口统计[①]

年份	"信软业"从业人口（万人）				"信软业"在总业人口中占比（%）			
	北京	上海	广州	深圳	北京	上海	广州	深圳
2013	79.40	44.62	16.96	33.60	8.09	3.26	2.23	3.74
2014	84.40	45.72	17.35	33.65	8.35	3.35	2.21	3.74
2015	92.20	46.26	19.56	34.34	8.78	3.40	2.41	3.79
2016	92.90	48.60	20.51	40.57	8.53	3.56	2.46	4.38
2017	101.60	52.47	24.17	41.62	9.07	3.82	2.80	4.41
2018	111.50	—	29.89	—	9.94	—	3.33	—

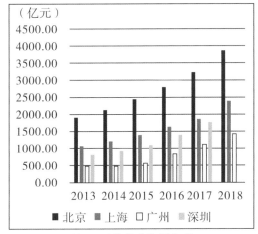

图5 "信软业"增加值

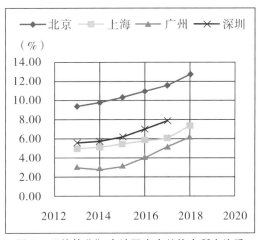

图6 "信软业"在地区生产总值中所占比重

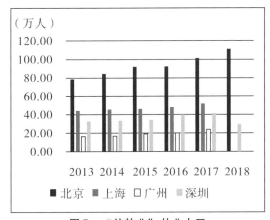

图7 "信软业"从业人口

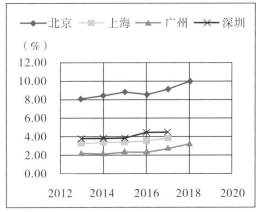

图8 "信软业"在总就业人口中占比

（二）产业龙头还偏弱

尽管广州市在全国互联网百强企业上榜企业数量保持在全国第三到第四名，但与互

---

① 数据引自2014—2019年北京、上海、广州、深圳统计年鉴。

联网巨头相比,广州市软件和信息技术服务业的龙头企业还是比较弱的。以网易为例,网易是广州市最大的互联网企业,在广州互联网企业中是个巨头,但与 BAT(百度、阿里巴巴、腾讯)三巨头相比,网易就是个"小孩"。2018 年,阿里巴巴、腾讯、百度的估值分别是 31600 亿元、31417 亿元和 5242 亿元,而网易的估值仅为 2292 亿元。① 根据全球知名的新经济产业第三方数据挖掘和分析机构 iiMedia Research(艾媒咨询)评选的 2018 中国互联网企业价值 TOP 100 榜单,广州的上市互联网公司有网易、唯品会、欢聚时代、虎牙直播、云从科技、小鹏汽车、途虎养车、蓝盾股份共 8 家企业上榜,上榜数量位列全国第三位(见图9),排在杭州、深圳之前。但 8 家企业总市值仅有 3960 亿元(见图10),排在杭州、北京、深圳、上海之后,且与上述 4 个城市差距巨大。

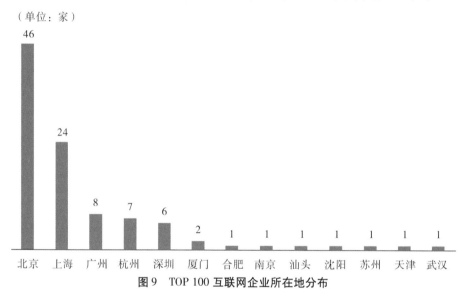

图 9　TOP 100 互联网企业所在地分布

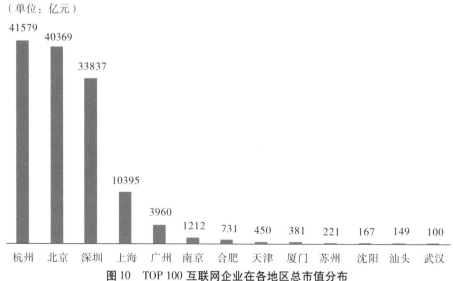

图 10　TOP 100 互联网企业在各地区总市值分布

---

① 《2018 中国互联网企业价值 TOP 100 榜单》,由新经济产业第三方数据挖掘和分析机构 iiMedia Research(艾媒咨询)发布。

（三）优势领域地位并不牢固

作为一线城市，广州的软件和信息服务业起步比较早，也在动漫游戏、移动浏览器、工业软件等一些领域形成优势，但是这些领域的优势地位并不牢固，且有下滑趋势。如动漫产业，"动漫"一词出自广州，第一份中国漫画刊物、第一家与港资合作的动画企业、中国动漫第一奖、第一家A股上市动漫企业、第一部票房过亿元的动画电影等都出自广州。从1905年中国第一份漫画刊物《时事画报》在广州创刊起，广州在动漫产业一直领全国之先。除广州动漫在理念、历史积淀、人才、产业和读者群等各方面具有良好基础外，广州市政府也非常早地看到动漫产业的行情前景，大力扶持动漫产业，早在2006年广州"十一五"规划中，明确提出要大力发展创意及数字内容产业，以建设广州国家网络游戏动漫产业发展基地为契机，以网络游戏、动漫开发和数字影视娱乐产业为龙头，形成综合性数字娱乐产业示范基地。同年，中国动漫第一奖"金龙奖"永久落户广州。到了2012年，《广州市"十二五"信息化发展规划》规划到2015年，广州市以创意设计、网游动漫和企业信息服务为主的软件和信息技术服务业营业收入达到3000亿元，物联网相关产业营业收入达到500亿元。同年出台的《关于建设智慧广州的实施意见》提出打造"网游动漫之都"的战略构想。2017年，广州将建设"动漫之都"纳入《广州文化广电新闻出版事业发展第十三个五年规划》。这些年来，广州市动漫产业政策的成效非常显著，有力地推动了广州动漫产业的发展，广州市动漫产业也保持在全国的第一方阵。但在广州动漫产业发展的同时，其他地区和城市的动漫产业也在迅速发展，特别是北京、华东地区、深圳等地市，近些年发展非常迅速，大有赶超之势。2008年，广州市的动漫行业产值占全国大约五分之一，到2018年比重缩减为占全国的十分之一，动漫产值已经被北京所超越。近几年来，北京已经展现了其强大的吸引力，北京动漫的发展不断跃上新台阶，涌现出《大圣归来》《大鱼海棠》《哪吒之魔童降世》等票房巨作。相比之下，具有先发优势的广州动漫在动漫大片上已经落后，"国漫向上，广州向下"等言论在网络上盛行。如果按此趋势发展，如当年"音乐北漂"一样，新一轮"动漫北漂"极有可能上演，可能会危及广州"动漫之都"的战略构想。与动漫行业相类似，广州在移动浏览器方面具有先发优势，广州动景的UC是中国最早的移动浏览器，拥有核心技术及完整知识产权。UC在国产移动浏览器一直占据榜首的位置并在2015—2016年成为全球第二大移动浏览器，但最近的三四年，UC的用户份额明显下滑，其全球份额由2016年3月的顶峰近20%下滑到2019年9月的6.32%，虽仍保持在全球第四位，但与排名第一的谷歌酷容浏览器61.04%的市场份额差距巨大，仅为其十分之一左右。

四、针对广州软件和信息技术服务业未来发展的对策与建议

总体来说，党的十八大以来，广州在软件和信息技术服务业的产业定位及行业政策是非常正确的，成效非常显著，增速在北上广深四城中位列第一。然而，由于广州的软件和信息技术服务业的基数比较小，因而尽管其发展速度很快，但是在与北上深三市相

对差距在逐渐缩小的同时，绝对差距仍然保持甚至在扩大。可以肯定，在现在和将来较长的一段时间里，软件和信息技术服务业都是经济领域发展的高地和人才聚集的高地，广州要成为现代化的国际都市，必须坚定把软件和信息技术服务业作为城市支柱产业的战略决心。然而，与北京、上海、深圳相比，广州的软件和信息技术服务业在产业基础、国家定位以及对人才的吸引力等诸多方面均处于劣势，甚至与杭州、重庆等市相比，广州也不占优势。面对诸多挑战与困难，广州必须继续发扬敢试敢闯、敢为人先的改革精神，在软件和信息技术服务产业保有自己的应有地位。具体来说，就是广州市在未来发展中，在保持当前软件和信息技术服务业的产业政策基础上，做好做强"小、大、人"，以实现软件和信息技术产业的跟跑与并跑，甚至弯道超车。

（一）多角度创新，孵化并培育更多的软件和信息技术服务小微企业

"小"即育小，孵化并培育更多软件和信息技术服务业的小微企业。创新是一个国家和民族的灵魂，对于软件和信息技术服务业来说，更依赖于创新。自从 20 世纪 80 年代计算机从实验室走进家庭以来，计算机及信息技术面向个人大众市场的应用已经发展近 40 年，在这近 40 年的时间里，软件和信息技术产业也由当初的小、新企业，演变为互联网巨头的垄断。与 40 年前相比，互联网小微企业向大和强突破的难度要大得多。但是，在现在及未来一段较长时间里，信息技术产业仍然是朝阳产业，是一片蓝海，不同时期会出现不同巨头，今天的巨头可能会被明天的小企业所打败，比如说微软、谷歌、脸书（Facebook）就是不同时期的巨头，而新浪、百度、腾讯、阿里巴巴也是中国不同时期的巨头。虽然说软件和信息技术服务业的小微企业的发展壮大与 40 年前相比难度更大，但其发展壮大的概率还是很大的，只是由以前的信息技术企业整体的万马奔腾局面向由新技术、新市场代替老技术、老市场的层出不穷的局面转变而已。因此，虽然说现阶段广州的软件和信息技术服务业要弱于北京、上海、深圳、杭州等市，但只要从产业政策、金融支持、人才优待等多个角度创新制度，鼓励小微企业及个人的创新精神，赋予小微企业及个人创新空间，孵化并培育更多从事软件和信息技术服务业的小微企业，那么，广州的软件和信息技术服务产业必能快速地成长和壮大，同时也能为广州产生下一代信息技术产业巨头提供可能。

（二）突出扶持优势产业，强化广州企业在软件和信息服务优势领域的龙头地位

"大"即扶大，突出对优势产业的扶持，强化优势领域的龙头地位，推动广州出现互联网企业巨头。在面向大众市场之后，信息业在近 40 年的发展中已经巨头化，互联网产业是典型的头部经济，即行业龙头通吃，排名靠后企业只能喝汤的局面。以移动浏览器为例，2004 年，UC 优视在全球首次将服务器、客户端混合计算的云端架构（简称"云端架构"）应用到手机浏览器领域，使很多手机用户第一次实现了用手机上网。谷歌直到 5 年后的 2009 年才首次发布其移动浏览器——酷容浏览器，早期其市场份额很低，直到 2013 年才以 1.9% 的市场份额排名全球第 7，此时 UC 以 8.7% 的市场份额排名全球第 4。在此之后，谷歌的酷容浏览器的市场份额飞速上升，仅用了一年多的时间，市场

份额就由全球第 7 上升到全球第 1，约为全球市场份额的四分之一。其后，酷容浏览器的市场份额仍然快速上升，至 2019 年 9 月，其市场份额达到空前的 61%，其他所有移动浏览器的市场份额加在一起也不及谷歌。而 UC 浏览器在 2015—2016 年经历了短暂的高光，全球市场占有近 20%、全球排名第 2 之后，一路下滑，至 2019 年 9 月市场份额仅 6.3%，全球排名第 4。谷歌酷容浏览器迅速爆发的根本原因就是谷歌利用其在安卓系统的优势地位，在国外的手机中，将酷容浏览器与手机捆绑销售，直接将早期从事移动浏览器应用开发的企业全部打翻在地。UC 和酷容是这样，在软件和信息技术服务业的其他领域也是这样，由于互联网巨头拥有其他企业所没有的行业技术垄断优势、资本优势、客户群垄断优势，一旦互联网某一细分领域进入快速上升期时，互联网巨头就会迅速切入该领域，利用其先天优势，迅速占有并垄断市场，而早期从事该领域研发的公司则不得不面对被并购甚至竞争失败的局面。UC 是这样，广州其他的软件和信息技术服务企业也是这样。微信发端于广州，其依靠腾讯在社交领域的优势地位，成为中国社交软件的老大，并向移动支付、电商等多个领域扩张。酷狗是中国最大的 P2P 音乐共享软件，中国领先的数字音乐交互服务提供商，面对激烈的市场竞争，也于 2016 年 7 月与 QQ 音乐、酷我合并。2017 年 1 月，酷狗成为腾讯音乐娱乐集团旗下的业务平台。动漫领域也是这样，尽管广州仍有一定的先发优势，但面对北京、杭州、深圳等市的强烈竞争，金融巨头、互联网产业巨头利用其优势快速切入该领域，使得广州动漫在竞争中有落于下风的征兆。因此，广州在发展软件和信息服务业的过程中，应该突出对优势产业的扶持，鼓励广州软件和信息技术服务业企业间的强强联合，打造广州市的互联网行业巨头，形成广州互联网产业战舰；对于一些无法在本市进行联合的企业，也应鼓励其与地区以外的企业进行联合，以提高其市场竞争力。

（三）全方位优化政、商、居环境，吸引更多软件和信息技术服务人才扎根广州

"人"即聚集人才。21 世纪最需要的是人才，软件和信息技术服务业更是这样。与北京、上海、深圳相比，广州在吸引软件和信息技术服务业人才上处于劣势，但广州作为一个比较包容、宜居的城市，对人才吸引力仍然很大，广州在吸引人才方面已经出台了《关于加快集聚产业领军人才的意见》《实施鼓励海外人才来穗创业"红棉计划"的意见》及《关于实施"广聚英才计划"的意见》等多个吸引人才的"广聚英才"政策和方案，成效也非常明显。虽然广州对软件和信息技术服务业人才的吸引力要弱于北上深等地，但只要充分发挥城市包容宜居的优势，进一步优化环境，必然能吸引大批软件和信息技术服务人才聚集广州。具体而言，广州在进一步落实"广聚英才计划"的同时，应进一步全方位优化政、商、居环境，打造更富吸引力、有别于北上深等市的具有广州特色的人才引力点，以聚集世界各地的软件和信息技术服务人才在广州发展。

（作者单位：中共广州市委党史文献研究室）

广州房地产业发展历程（1979—2002 年）

贺红卫

中国房地产业的发展以土地有偿使用、房屋商品化、住房制度改革三大政策为基础，而广州房地产业的发展，是中国房地产业发展的一个缩影，其经历了长期的原始积累和萌芽，并在 1979—2002 年曲折的探索中逐步发展壮大起来，走向了振兴。

一、试点引进外资和土地有偿使用，商品住房市场化

（一）有地没钱，试点引进外资建设东湖新村

1979 年，根据当时的用地红线，广州市划出大沙头三块相连的地块共约 14 万平方米给东山区（今属越秀区）开发。但是，彼时的广州缺乏建设资金，靠国家和单位投资难以为继，面临着有地没钱的局面。在对外开放的新形势下，广州决定率先试点引进外资兴建新型住宅区。当年 10 月，以东山区引进外资住宅建设指挥部（广州东华实业股份公司前身）名义，同香港宝江发展有限公司合作开发广州市第一宗引进外资建成的住宅楼宇——东湖新村。1979 年 12 月 21 日，东湖新村正式动工。① 东湖新村住宅小区建筑面积为 6 万平方米，根据协议，港商投资人民币 1080 万元，广州提供 3.1 万平方米的土地并拆迁和"三通一平"；建成后港商得房 2 万平方米，由港商在香港销售，用于收回港资的成本与利润；剩余面积归指挥部，其中 2 万平方米作为商品房进行销售，作为开发公司的初步资金积累；另外 2 万平方米交归政府做居民拆迁安置房，改善居民居住状况。这种开发模式可以说是"一箭三雕"。②

（二）土地有偿使用和商品住房市场化的破局

东湖新村的开发模式，开了土地有偿使用的先河，很快，这种思路和模式便被验证为走在全国前列。1980 年 4 月，邓小平同志在谈到建筑业和住宅问题时提出，"城镇居民个人可以购买房屋，也可以自己盖；不但新房子可以出售，老房子也可以出售；可以一次付款，也可以分期付款；住宅出售以后，要联系房价调整房租，使人们考虑到买房合算，因此要逐步提高房租；将来房租提高了，对低工资的职工要给予补贴；建房还可

---

① 廖靖文、王燕：《记者探访东湖新村 几代人安居乐业见证现代城市的成长》，载《广州日报》2015 年 10 月 1 日。

② 《理性的辉煌——探寻广州地产 20 年发展足迹》，载房地产导刊社《广州地产二十年（1985—2005）》，第 13 页。

以鼓励公私合营或民建公助，也可以私人自己想办法"①②。同年6月，中共中央、国务院批转《全国基本建设工作会议汇报提纲》，提出"准许私人建房、私人买房，准许私人拥有自己的住房"，正式推出城镇住房商品化。紧接着，国务院当年在批复《第二次城市规划工作会议纪要》中，明确地提出了要实行城市建设综合开发和土地有偿使用这两个方针。广东省看到了这个方针的重要性和潜在意义，抓住时机、大胆实践，在1981年确立了"以地养城"的指导思想。③

（三）广州房地产业茁壮起步

东湖新村于1982年年底基本建成，开创了中国利用外资开发房地产的先河，成为广州现代房地产业的起始点，是全国第一个商品住宅项目、第一个实施小区管理的住宅区。随后，广州房地产市场发展的步子越迈越开，也越走越实。广州市城市建设开发总公司（前身是1979年成立的广州市住宅建设办公室，1983年改制为城建总）、穗华房产开发公司、珠江实业总公司（1979年成立）相继与外商合作，利用外资经营开发员村昌乐园、晓园新村、江南新村、五羊邨、湖滨苑、拥翠花园、晓港新村、白云花苑、番禺华侨新村等住宅区，合作的港商公司也扩至4家，投资额达3.5亿美元，面积近43万平方米。④那时"商品住房"的特点是以引进外资的方式启动，主要以针对华侨和港澳市场的外销为主。由此，广州房地产业逐渐恢复了原来的面貌，在经历长久的销声匿迹之后，重新形成一个独立的行业。⑤

二、土地有偿使用制度的确立和完善

（一）土地有偿使用相关制度走在全国前列

土地有偿使用的方针确定以后，广州市在对市区土地进行全面普查的基础上，于1984年出台了中国最早的关于国有土地有偿使用的法律法规⑥——《广州市土地有偿使用管理办法》，首先对新建项目、中外合营企业和经济技术开发区按不同等级向土地使用者征收土地使用费并开始实行对新建区的土地实行招标投标，创造性地把城市建设综合开发与土地有偿使用这两个方针结合起来，而且在结合中抓住了发展房地产业这个重要环节，逐步改革管理体制，改变按行政隶属关系管理房地产业的做法，制定了一些发展

---

① 杨慎：《〈邓小平关于建筑业和住宅问题的谈话〉发表纪实》，载《中国发展观察》2010年第4期。
② 广州市住房制度改革办公室：《广州房改资料选编与问题解答》，广州市住房制度改革办公室1992年，第5页。
③ 周干峙：《房地产开发经营的广州模式》，载《广州房地产业的崛起》，广东人民出版社1990年版，第2页。
④ 袁奇峰等：《改革开放的空间响应——广东城市发展30年》，广东人民出版社2008年版，第386页。
⑤ 陈龙乾、许鹏、张志杰、陈龙高：《中国房地产业发展的历史、现状及其前景》，载《中国矿业大学学报（社会科学版）》2003年第4期，第103-109页。
⑥ 法律法规是指法律、行政法规、司法解释、地方法规、地方规章、部门规章及其他规范性文件以及对于该法律法规的不时修改和补充。

房地产业的办法。当年,"房地产"一词最早在广州出现,当时中国其他地区所使用的词语还是"住宅建设"。直到 1988 年 4 月,全国人大修改《中华人民共和国宪法》,增加了"土地使用权可以依照法律的规定转让"的内容,国有土地使用权出让才正式"合法化",我国的城市土地使用制度开始向有偿有期限使用制过渡和转换,形成有偿使用和无偿划拨并存的"双轨运行机制"①。

(二) 土地使用权商品化加速旧城改造和住宅建设

广州市在保证土地所有权为国有的条件下,实施土地使用权商品化,让土地最开始以实物有偿、现金有偿的方式进入流通领域,加速了旧城改造和住宅建设的发展。

1986 年 4 月,广州市首次用公开招标的方式出让土地使用权,将旧城区东风街小区用地面积 25.7 万平方米作为招标开发成片改造试点。中标的广州市城市建设开发总公司越秀分公司,按合同"无偿"(实际是从销售商品房中收回)投资兴建小区的市政和公建配套设施,并"无偿"上交 2.3 万平方米房屋给市政府作旧城改造专用房。②

1988 年 8 月,市政府以招标方式出让花地湾小区 107 万平方米的住宅用地,宣布招标以"有偿使用,招标开发,明标暗投,价高者得"为原则,标书的底价为 6000 万元,共有 15 家公司参加投标,广东省信托房地产开发公司以 2.808 亿元中标,获得土地的开发经营权。这也是当时国内规模最大的一次土地使用权商品化经营活动,在广州取得了成功。

而广州市城市建设开发总公司负责开发的 5.2 平方千米的天河开发区(天河体育中心所在地)也将土地使用权商品化的优越性发挥了出来。当时,为了 1987 年在广州召开第六届全国体育运动会,共需投入约 7 亿元,而国家和地方财政的投资不足 3 亿元。广州市城市建设开发总公司利用这块土地的价值和这块土地经过开发后转让所得的效益,用于兴建为体育场馆配套的立交桥、道路、广场、供水、供电、供气管线,保证了第六届全国体育运动会的召开。

(三) 土地有偿使用制度的规范和完善

1992 年 7 月,广州市全面实行土地有偿使用制度,从实物有偿使用转变为货币有偿使用,房地产开发区用地从行政零星划拨逐步转变为"五统一"(统一规划、统一征用、统一开发、统一出让、统一管理),1997 年起则不再以行政划拨、协议的形式出让土地,结束了有偿使用和无偿划拨并存的"双轨运行机制"。1997 年 10 月 13 日,由副市长戴治国任组长的广州市国有土地使用权招标拍卖领导小组成立,广州市建设用地使用政策的重大改革进入实际操作阶段。从 10 月 13 日起,广州市经营性房地产开发项目用地一律实行公开招标、拍卖,不再进行行政划拨、协议出让,从而避免了土地出让中人为因素的影响,使土地出让市场走上公正、公平、公开的轨道。1998 年 6 月 23 日,广州市举

---

① 袁奇峰等:《改革开放的空间响应——广东城市发展 30 年》,广东人民出版社 2008 年版,第 370 页。
② 广州市国土和房屋管理局:《广州市国土房地产管理志》,2006 年版,第 41 - 42 页。

行了第一次国有土地使用权公开拍卖出让会,对机场西路及工业大道等总面积86732平方米的5个商品住宅用地地块的土地使用权进行公开拍卖出让,最终成交了3个地块,分别由广州鸿泽实业发展有限公司、广州市腾安房地产开发公司、广州市恒大房地产开发有限公司竞得。此次拍卖会与会人士达500多名,其中,来自全国各地的记者达80多名,共有11家房地产开发商参与竞投,拍卖会持续了1小时40分钟。

自1998年6月至2002年12月,广州共组织公开招标拍卖挂牌11次,推出41幅土地,用地面积129.5万平方米,建筑面积366.1万平方米,成功出让26宗,用地面积77.7万平方米,建筑面积231.97万平方米,成交价32.7亿元。在2002年12月中旬举行的3幅地块拍卖均大大超过底价成交,成交总价5.535亿元,比起拍价高出了1.955亿元,增幅近60%,创造了广州市土地使用权出让参与竞拍单位最多、举牌次数最多、拍卖持续时间最长、超过底价幅度最高的历史记录。

三、国有房地产企业在改革浪潮中快速发展

(一)房地产开发公司快速形成

1983年开始,广州市住宅建设按照"综合开发、配套建设"的思路,将原来千家万户分散建房、单位建房、自建自用,逐渐变为由专门的国有房地产开发公司成片、成线集中综合开发建设,主体建筑与配套建设同步进行,新区开发与旧城改造相结合,由市政府统一规划,国营开发公司集中开发,各个单位购买后再分配给职工。这使得城市建设有计划、有步骤地拓展,住宅建设速度大大加快。房地产市场也开始转型,各行业纷纷利用自己的优势,从基建办、建筑队等角色转变为房地产开发公司,形成了第一个阶段房地产公司的组成部分,广州市房地产开发企业开始大量增加。五羊新城、花地湾、六运小区等就是这样建设起来的。随着房地产开发规模的扩大,企业数量不断增多,在城镇住房改革尚未启动、公有住房仍为主体的情况下,广州的商品房已经有了超前的发展。

(二)房地产开发公司在市场上各显神通

在1985年以后,广州房地产业进入无序发展的时期,发展非常迅猛。1985—1988年,广州市房地产开发投资每年分别增长8.3%、13.1%、33.2%、100%,广州房地产产业基本形成并走向第一次高潮。但与此同时,广州房地产业发展缺少秩序和规划,全市也只有几家大的设计院,经营范围和内容比较单一。[①] 1986年,广州房地产开发企业有60个,竣工商品住宅面积为69.14万平方米,占当年住宅建设总量的12.37%。1990年,广州房地产开发公司增加到109个,竣工面积160.19万平方米,已经占该年竣工总量的1/3。[②] 但是,基于当时的政策和市场环境,整个20世纪80年代,广州房地产业的

---

① 张南宁:《广州地产的阶段亢奋》,载房地产导刊社《广州地产二十年(1985—2005)》,第445页。
② 袁奇峰等:《改革开放的空间响应——广东城市发展30年》,广东人民出版社2008年版,第386页。

发展主体是国有房地产开发公司，而且还是以几个国有企业为龙头，当时的开发商没有形成一种合力，靠各自的能力找地块、建楼和卖楼。

珠江实业总公司成立于1979年，伴随着改革开放的大潮，在国内开创了工程总承包的先河。广州市城市建设开发总公司的前身是1979年成立的广州市住宅建设办公室，1983年改制为城建总，是广州市最早成立的房地产综合开发企业之一，广州地产业的第一批"开荒牛"，在1996年被改制为城建集团，经历了从计划经济到市场经济的转变，积极进行经营思路和战略的调整，提出了从住宅产品开发向住宅开发，与商业地产经营相结合发展的观点，以物业经营为核心的经营方向，将房地产向外、向下延伸，实现企业优质资产的转化和沉淀，同时创造长期稳定的企业经营效益。① 2001年，城建集团与越秀集团重组方案获国务院批准，广州城建集团等资产注入香港越秀集团，跨入了新的发展里程。

越秀区房地产开发经营公司则是在那段时期成立和发展壮大的中小房地产开发企业的典型代表。成立于1985年9月的越秀区房地产开发经营公司，是以1984年9月成立的房地产开发经营部为基础扩充而成的。1989年5月，越秀房地产开发公司加入了广州市房地产交易中心并设点挂牌办公，推销商品房。②

保利地产则是20世纪90年代初期发展壮大起来的国有企业代表。③ 保利地产于1999年提出了"和谐生活、自然舒适"的品牌主张，形成了一套独有的节能、环保、智能型的社区规范标准。当时，保利花园是广州市唯一一个通过了国家康居示范工程验收的小区，全国许多专家组织了四五百个参观团队到保利花园参观，建设部让保利地产到全国各地做推介，可以说是广州市地产商对全国的贡献。④ 除了保利地产，王石率领的万科地产在20世纪90年代以后则可以敏锐把握主流思想，渡商海历风雨，至今仍稳居房地产市场潮头，也为行业发展树立了榜样。

（三）住房制度改革和住房公积金制度的建立

作为商品住房市场化的重要制度保障，广州推出了住房制度改革和建立了住房公积金制度，加快了住房从隶属于各企事业单位向社会统筹过渡的步伐。推出房产证作为住房制度改革的试点内容，1987年，广州出现了中国最早的房产证。1989年8月16日，经广东省政府批准，广州市正式印发了以"卖房起步，分步提租，相应发贴，新分配的住房实行新制度"为主要做法的《广州市住房制度改革实施方案》（穗府〔1989〕80号），改革了原来的统包统分的低房租、高暗贴、福利制、实物分配的住房制度，合理调整居民的消费结构，使人们按自己的经济能力选择购、建、租用住房，开始克服住房分配的不合理现象，使住房资金投入产出进入良性循环，加快了住房解困的步伐。广州成

---

① 李飞：《城建集团与广州地产共繁荣》，载房地产导刊社《广州地产二十年（1985—2005）》，第81页。
② 越秀区房地产管理局：《广州市越秀区房地产志》，1992年版，第47－50页。
③ 赵卓文：《广州房地产精华》，广东科技出版社2003年版，第268页。
④ 李飞：《城建集团与广州地产共繁荣》，载房地产导刊社《广州地产二十年（1985—2005）》，第481－482页。

为全国第一个全面实施住房制度改革的省会城市。到了1992年，广州市政府借鉴新加坡通过建立住房公积金解决居民住房问题的成功经验，参考上海市的做法，决定建立住房公积金制度。①住房制度改革以及公积金制度的建立，扩大了广州住房市场的需求，极大地助推了以国有企业为主体的房地产企业的发展。

（四）商业地产在国有企业的主要推动下稳步发展

广州的商业地产，如写字楼、购物中心等，是从20世纪80年代后期开始由国有企业开发起来的。从80年代开始，广州的高层建筑如雨后春笋般出现。屹立在广州海珠广场北侧的广州宾馆（28层，高86.51米）和越秀山麓的白云宾馆（32层，高114.05米），是当时广州也是全国最高的建筑物。其后，白天鹅宾馆、花园酒店、东方宾馆、中国大酒店、广东电视台大厦、广州文化假日酒店、广州国际贸易中心、广东国际金融大厦（63层，高198.4米）、华侨大厦等高层建筑拔地而起。1996年落成的中信广场大厦（80层，高410米）是当时亚洲最高的建筑物。至于二三十层高的建筑物更像满天星斗，遍布广州全市。高层建筑已成为广州城市一大景观。②再比如，由广州设计院从1991年开始设计的天河城，在当时是国内最大、最新的购物中心，到1996年开始营业时，上海也没出现这样大的商城。③

四、"国"退"民"进，广州民营房地产企业快速崛起

（一）广州房地产出现过热现象

20世纪90年代初期，港澳同胞回来购房的需求越来越多，优惠的政策吸引了海内外的大批热钱，房地产金融活动异常活跃，许多领域的资金都流向房地产业，出现了全面的房地产热，非理性投资引发的房地产泡沫严重破坏了宏观经济的良性运行。广州是严重的受灾区，1991—1993年是房地产投资最为集中的年份，出现了"全民搞房地产"的疯狂投资潮，全市房地产投资年度增速分别高达33.2%、150%、220%，开发量远远大于竣工量，地产价格虚热之下留下了大量烂尾地、烂尾楼。与此同时，房地产开发企业不断增加。1992年年底，广州市具备资质的房地产开发企业达到269家④，1993年猛增到3359家。另外，大量"小产权房"以"集资建房"名义在广州近郊农村出现。集体土地上的"房地产开发"，不通过规划管理，镇级政府就可以办理报建手续。这些住宅主要在城区周边，比如白云、海珠、天河等区。"集资建房"严重冲击了国家土地政策和城市规划，使得在城乡接合处的规划完全失控，成为早期房地产开发的重大教训。

---

① 广州市国土和房屋管理局：《广州市国土房地产管理志》，2006年版，第131-133页。
② 陈代光：《广州城市发展史》，暨南大学出版社1996年版，第492-493页。
③ 郭明卓：《广州商业地产的冷思考》，载房地产导刊社《广州地产二十年（1985—2005）》，第444页。
④ 戴治国：《广州房地产总览》，改革出版社1997年版，第42页。

(二) 解决广州房地产市场需求不足问题

为了解决20世纪90年代初期房地产业高速发展之后大量积压的空置商品房问题，解决市场有效需求不足的问题，广州陆续推出了一系列举措：一是推出了户口救市，即"蓝印户口"政策，减少广州市空置积压商品房，刺激广州市房地产市场；二是降低地价救市，于1996年8月22日决定大幅度调整地价，地价收费标准降低1/4，市政配套费也降低1/5，从而降低商品房价格，相对提高居民购买力；三是以成本价出售公有住房救市，市政府于1995年7月颁布《广州市深化住房制度改革实施意见》，开始全面实施以成本价出售公有住房，售房给予现住房折扣、工龄折扣、一次性付款折扣；四是提供购房按揭救市，1996年，中国最早的按揭市场化在广州出现；五是停止住房实物分配救市，这既是救市的根本措施，也是住房制度改革的最终目标。广州市从1998年1月1日起发住房补贴，是全国第一个实行住房货币分配制度的省会城市。① 1999年是福利分房的最后一年，仅12月的售房量就超过8万套，占全年售房总量的52.4%，是1998年同期的23.68倍。12月27日8时至31日，市国土房管局15个与房改售房业务、保卫有关的处室实行了112小时持续办公，开创全国行政机关、事业单位对外通宵办公的最高纪录。数以万计的群众顺利搭上"房改末班车"。

(三) 政企不分弊端显现，民营房地产企业借机崛起

为解决国有企业政企不分的弊端，广州房地产业1994年进入盘整、消化阶段，加快了企业经营机制转换步伐，实行政企分开，把企业进一步推向市场。根据市场需要组建的广州金城房地产开发有限公司，成为全市第一家股份制大型房地产企业，此外，广州还组建了大型的、多元化经营的市房地产实业总公司。同时，地产界开始洗牌，经过几年的调整，广州的几大民营地产商逐步脱颖而出，例如祈福、富力、合生等，他们都以广州的周边作为基地，慢慢壮大发展。1996年以前，国有房地产开发企业在市场中占有重要位置，知名楼盘多，商品房开发势头猛，竣工面积和销售面积均占有较大份额。但随着市场竞争的加剧，国有企业的优势逐步消失，而民营企业则有资金和经营机制的优势，逐步获得市场竞争主动权，逐步取代国企成为行业支柱。广州房地产投资增长的动力，到后期越来越多地来自私营经济以及股份合作经济投资的增长。到了1997年，广州市房地产完成的投资中，国有房地产企业占34.9%，而民营企业以及合作、合资房地产项目公司占65.1%；全市房地产开发面积中，国有企业仅占41.2%，而商品房销售面积中则有59.8%是国有经济实现的。1998年以后，民营房地产开发企业更是迅速占领市场，规模较大的明星楼盘大多是非国有经济开发企业完成的，除个别实力雄厚、管理较强的国有企业外，大多数国有开发企业都逐渐隐退了。随着市场竞争日益激烈，一批经济实力较弱、没有开发业绩的房地产开发企业被逐渐淘汰出局，房地产商进入优胜劣汰阶段。

---

① 广州市国土和房屋管理局：《广州市国土房地产管理志》，2006年版，第129、134页。

(四) 房改再次助推民营房地产企业发展

1998年,对于中国房地产的发展来说像一个分水岭,从1996年、1997年两个年头的谷底,一下反弹起来。而这一切都得益于1998年7月3日《国务院关于进一步深化城镇住房制度改革加快住房建设的通知》的出台,以及从1998年开始的货币分房、银行按揭和因此而蓬勃发展起来的房地产市场和民营企业。当然,1998年震惊世界的东南亚金融危机也让香港资本在内地的投资开始萎缩,为广州地产商提供了足够的生长空间。

房地产改革对广州许多有了一定实力的民营房地产开发公司来说是一个机遇,因为当时国家经济房适用政策动摇,国营房地产企业失去优势。但房改房的需求量很大,而国营房地产开发企业的能力有限,所以民营企业得到了介入房改房开发的机会。一方面,不少民营房地产开发公司借机积累了比较雄厚的经济实力,再利用当时政府推动国营企业改制和工业退出中心城区之机,拿下了不少旧工厂用地;另一方面,又利用广州行政区划调整的机会,从即将裁并的两个县级市(花都、番禺)拿到大量土地。

(五) 民营房地产企业崛起的几个样本

许家印和他执掌的恒大地产就是得益于这阵春风,快速成长为中国"首富"型的民营企业。创立于1996年的恒大实业,从1998年广州金碧花园项目捞到第一桶金开始,就形成了"开盘必特价,特价必升值"的"成本价"策略和快速营销手段,让恒大迅速走出广州,布点全国。而被舆论戏称为中国房地产"92黄金一代"的其他民营企业当然也具有高度敏锐的政治嗅觉和企业运作能力。这些在邓小平"步子还要再快点"的号召下发展起来的民营企业,虽然没有像许家印那样强硬推动,但他们在把握机遇和快速扩张方面也各有千秋,比如,善用制衡术使战友同自己相得益彰,共创一片富力帝国的李思廉、张力,有大魄力和大决心逐步完成碧桂园集团从家族制向现代型企业转型的杨国强,"兄弟齐心、其利断金"的雅居乐地产朱孟依、合生创展集团陈卓林、奥园集团郭梓文等地产大鳄。① 其中,富力的业务与旧城改造紧紧联系在一起,在这个过程中,富力既改造了旧工业厂房的工业污染,也改善了旧城面貌,探索出一条中国房地产界独具特色的成功之路,并在2002年进入北京房地产市场,开始了向全国迈进的步伐。②

(六) 21世纪广州房地产开发企业的经营运作模式

房地产业是典型的资金密集型产业,从土地储备到项目开发,需要数千万元甚至上亿元的投入。大型房地产项目首先意味着总量很高的地价,这是"入市"的第一道门槛。据统计,2001年全市的开发资金中,企业自有自筹资金仅占20%,在房地产30强中,企业资金70%为商品房定金和预售款,即使是一些大型开发企业,仍难免受到资金周转问题的困扰。上市、结盟、扩张成为此后房地产开发企业三种最主要的经营运作模式。

---

① 欧阳曙:《广州房地产十年黄金路 居住让广州更美好》,载《住有所居:广州房地产黄金十年. 2000—2010》,2011年版,第29-30页。

② 陆毅:《旧城改造是富力特色成功之路》,载房地产导刊社《广州地产二十年(1985—2005)》,第483页。

1. 上市模式

房地产开发企业上市，一方面能够获得稳定的融资渠道；另一方面，通过上市改善企业的股权结构，规范经营运作管理，进一步扩大品牌影响，有利于企业的可持续健康发展。

2. 结盟模式

通过几家企业结盟，形成稳定的、良好的经营发展关系。比如，1996年起步的奥园集团（原广东金业集团）在2002年10月与海尔集团结盟，信和集团则选择入股好又多连锁超市，实现"房地产+商业"的正式结盟，城启—粤泰集团则选择与零售企业广州百货集团参股联姻。

3. 扩张模式

越来越多的广东房地产巨鳄游进京城，珠江投资、合生创展、富力地产等房地产粤军汇聚成势，争夺京城房地产市场，北上"攻城略地"。广州本市成长起来的地产商向全国主要大城市输出广州地产品牌，证明了经济发展成果的进一步扩散，为向全国推广房地产开发建设经验，加速全国城市化做出了贡献。

五、广州房地产业发展的经验

城市既是多种经济活动集中进行的场所，又是人们聚居生活的地方。制定城市的规模和空间布局，既要与城市经济事业的建设和布局相配合，又要满足居民在城市居住生活的要求。① 广州市房地产业的改革，促进了房地产开发事业的发展，从而为加快城市建设、经济建设和住房建设做出贡献。总结广州市房地产开发实业的发展，最根本的是最早对外开放、对内搞活经济的政策②，结合实际，解放思想，进行了一些改革：第一，在建房方式上，从分散建房、不搞配套，向统一规划、成片开发、搞好配套、提高社会效益转变。第二，在土地划拨上，从零星、分散、见缝插针，向成片划拨转变；从用行政方法划拨，向以招标投标方式划拨转变。第三，在城市土地使用上，从无偿使用，向有偿使用转变。第四，在建房体制上，从各单位自行建房和统建办公室部分统一建房，向多家经营开发公司建房、互相竞争、共同发展转变。第五，在建房资金上，从单靠国家和单位投资，向多渠道多方面集资、既集内资也引外资转变。第六，在企业经营体制上，从单一的封闭式经营，向一业为主、多种经营、发展优势、搞活经济转变。第七，在住宅管理制度上，从按产权归属分散管理、不搞生活服务，开始向综合管理、为居民提供多层次生活服务转变。第八，在房管部门的业务工作上，从主要管理公房、业务范围狭窄，向全面对全社会各类房屋实行政策与行政管理转变。第九，在住宅分配制度上，从低租统配，向个人出售住宅转变。第十，在房屋租金上，从长期的低租制，向工商用房实行成本租金、新开发铺面房试行商品租金制转变。

（作者单位：中共广州市委党史文献研究室）

---

① 林初昇：《广州城市发展分析》，广东人民出版社1986年版，第114页。
② 许绍基：《广州市房地产开发实业蓬勃发展》，载广州房地产业协会、广州房地产经济研究会1986年汇编《广州房地产开发》，第9页。

智慧城市建设的"广州经验"

广州市智慧城市建设课题组[①]

建设新型智慧城市是贯彻落实新发展理念，推进供给侧结构性改革，促进新型工业化、城镇化、信息化、农业现代化同步发展的战略举措，是坚持以人民为中心，提升城市治理能力和公共服务水平，增强人民群众获得感的必然选择，也是实施网络强国战略、加快建设数字中国的重大任务。广州市坚持以习近平新时代中国特色社会主义思想为指导，深入贯彻习近平总书记关于"分级分类推进新型智慧城市建设"的重要指示精神，紧紧围绕实现老城市新活力、四个出新出彩和建设国际大都市的目标要求，持续推进新型智慧城市建设，成效显著，先后荣获"宽带中国"示范城市最佳实践奖——政策环境创优奖、2016 年中国智慧城市建设 50 强、中国城市信息化 50 强第二名、"互联网＋"城市榜前三甲、2017 年"智慧城市领军城市"、2017—2018 年度中国最具魅力宜居智慧城市、2018 中国城市治理智慧化综合奖等系列荣誉。

一、广州市智慧城市建设的背景

（一）新常态下，智慧城市建设步入新阶段

自 2008 年年底智慧城市的概念提出以来，中国智慧城市建设快速发展，先后经历了智慧城市、新型智慧城市等典型阶段。2014 年 8 月，国家发展改革委等八部委联合印发《关于促进智慧城市健康发展的指导意见》，成为指导中国智慧城市建设的纲领性文件。随后，国家发展和改革委员会同 24 个部门联合成立了"促进智慧城市健康发展部际协调工作组"，形成了国家层面跨部门统筹协调和沟通配合的工作机制。2015 年 12 月，根据国务院领导的批示，原有的各部门司局级层面的协调工作组升级为由部级领导同志担任工作组成员的协调工作机制，并更名为"新型智慧城市建设部际协调工作组"，由国家发展和改革委员会和中央网信办共同担任组长单位，新型智慧城市建设成为新的里程碑。2018 年，习近平总书记在两院院士大会上提出，"要把握数字化、网络化、智能化融合发展的契机，以信息化、智能化为杠杆培育新动能"，新型智慧城市建设进入融合发展的新阶段。

[①] 课题组组长：中共广州市委党史文献研究室主任黄小晶；副组长：广州市工业和信息化局党组成员、总工程师胡志刚，中共广州市委党史文献研究室副主任胡巧利；成员：广州市工业和信息化局数字产业处处长王宇同、科员李昆朋，中共广州市委党史文献研究室地方史工作处处长周艳红、副处长李玉平、副调研员董泽国。执笔人：广州市工业和信息化局数字产业处处长王宇同。

（二）新形势下，建设智慧城市成为湾区战略

《粤港澳大湾区发展规划纲要》（以下简称"《纲要》"）提出"建成智慧城市群"重大战略，明确了"推进新型智慧城市试点示范""加强粤港澳智慧城市合作"的发展思路，对粤港澳三地数据互联、公共应用平台互通、信息基础设施全面覆盖、智慧城市应用广泛渗透等方面作出重要部署。此外，《纲要》还提出了充分发挥珠三角九市特色城镇数量多、体量大的优势，"建设智慧小镇，开展智能技术应用试验，推动体制机制创新，探索未来城市发展模式"。

（三）新时代下，广州新型智慧城建设成为当务之急

早在2011年，广州市就成立了智慧广州建设工作领导小组，统筹智慧广州建设工作并探索出一套有效的政府信息化建设推进机制以及政府投资信息化项目管理机制，协调信息化主管部门、业务部门、信息化建设部门各司其职、联动协作。2012年，市委、市政府明确将智慧城市作为三大城市发展理念之一，出台了《关于建设智慧广州的实施意见》，为智慧广州建设指明了方向。经过6年的建设，广州智慧城市建设效果显著，为其他城市提供了可资借鉴的丰富经验。但随着经济社会发展步入新的阶段，新一代信息技术持续更新迭代，新型智慧城市建设也面临新的形势和挑战。广州作为世界一线城市和国家中心城市，理应在基础信息化、领域信息化已经基本完成的情况下，率先探索如何实现数字政府、数字经济、城市治理、智慧社会的有机共生，形成广州特色的新型智慧城市发展模式。同时，广州市作为粤港澳大湾区中心城市，应率先进行新型智慧城市试点示范，探索与港澳两地的智慧城市交流合作及与佛山的同城化建设，为智慧城市群建设贡献广州智慧和广州经验。

二、广州市智慧城市建设的举措及成效

（一）加强集约化建设，打造泛在先进的基础设施

2014年以来，广州加大力度贯彻落实国家和广东省关于加强信息基础设施建设的工作部署，把信息基础设施建设作为落实信息化先导战略的基础性、战略性工程强力推进，采取联席会议、部门协作、市区联动、政府督办等多种有力举措，推动信息基础设施加快发展。

1. 全面谋划信息基础设施建设

2018年，广州市政府常务会议审议通过并印发了《广州市信息基础设施建设三年行动方案（2018—2020年）》，以光网城市全面提速工程、有线无线城乡全覆盖工程、信息基础设施安全保障工程等重点任务为抓手，聚焦5G、IPv6等新技术、新产业，谋划全市新一轮的信息基础设施建设。市财政连续三年安排专项资金1.3亿元用于支持开展全市20户以上自然村光纤入户、城中村光纤改造、农田"多杆合一"等关乎民生的建设工作。全面推进以"一杆多用、共建共享"为理念、集成5G等新技术的智慧灯杆试点建设，编制《广州市智慧灯杆试点工作方案》《广州市智慧灯杆系统技术及工程建设规范》

《广州市智慧灯杆及道路合杆整治技术导则》等顶层规范文件,从试点开始构建智慧灯杆的建设、标准、管理体系,积极探索可推广、可复制的"广州模式"。2019年4月,广州市工业和信息化局印发了《广州市移动通信基站站址布局专项规划(2017—2020年)》,重点落实广州市城市、交通、林业和园林等"十三五"规划确定的26处重点平台、27条线性廊道及22个公园景观,全市共规划站址31900站(存量优化站址16439站、新增站址12561站、预留站址2900站)。推进《广州市通信管廊专项规划(第五期)》的编制工作,实现全市区域内通信规划覆盖率达100%。截至2018年12月,全市固定宽带接入用户548.3万户,其中,光纤接入用户达493.9万户。全市4G基站达6.2万座,信息基础设施建设水平稳步提升。

2. 构建"管运分离"的信息化云服务平台

广州市政府信息化云平台是广州建设"新型智慧城市"的重要组成部分,旨在通过云计算的技术,将原来分散孤立建设的政务资源,弹性而高效地汇集到政务云平台,实现基础资源的高效利用。目前,已完成两期建设,第一期从2014年至2017年11月,第二期2017年11月完成招标,现已全面建成。平台可提供多达60项服务,覆盖了IaaS层、PaaS层、SaaS层、DaaS层、安全、灾备等服务。平台运行以来已为325家单位1381个业务系统提供支撑服务,完成了超过6236台虚拟服务器、1401台物理服务器、7780TB存储、616套中标麒麟国产操作系统、71套达梦国产数据库、超过1000套开源软件及中间件等主要云服务资源的供给。涉及合约金额超过1.5亿元。建立形成"一套管理机制,两级服务模式,三个运营核心,四支专业队伍,多块专有区域"的总体管运模式。建设了"广州市信息化云服务门户业务管理系统",利用智能化工具监控各服务商产品(服务)和用户方资源使用情况,实现云平台资源从预算申报、资源租赁、业务使用到售后服务的全过程监管。全市各委办局用户信息化建设周期缩短近70%,资源利用率提升了50%以上;通过丰富的服务目录和健全的管理机制实现快速高效的业务部署响应,保障委办局信息化业务的健康平稳运行。

3. 优化贯通三级的政府信息共享平台

早在2006年,广州市便已建成市政府信息共享平台,成为横向广州市连接全市各部门,纵向贯通省、市、区三级的政府信息共享交换枢纽和信息资源管理中心,为政府部门提供便捷高效的信息共享服务,实现信息互通共享。2012年,广州颁布了《广州市法人基础信息共享管理办法(暂行)》《广州市政府信息共享管理规定》《广州市政府信息共享管理规定实施细则》《广州市网上办事管理办法》等文件,构建政府信息共享法律保障体系。2013年以来,广州配套制定《政府信息共享平台接入规范》《政府信息共享业务指南》《广州市政府信息共享争议处理工作规则》,印发了《广州市政府信息共享目录》第一版和第二版,将市政府信息共享平台上的信息资源分为基础、部门、专项应用信息三大类,每个类别下的信息资源通过数据主题、数据项、提供单位、提供频度、用途以及共享方式、共享范围、时效等内容进行描述。截至2018年年底,广州市政府信息共享平台已接入132个成员单位,实现省、市、区三级数据共享交换;建立信息资源主题2004个,日均交换数据约2000万条,汇集数据超过96.66亿条,支撑了综合治税、居民家庭状况核对、"四标四实"等40余项跨部门业务协同。中小客车总量调控信息共享专项中，申请者仅需花费 15 分钟在线填写资料即可提交申请，相较于共享前需要 2 个工作日、每次 2 小时的办理时间，实现了充分简化办理流程、减少出行次数、提高审批效率、缩短办理周期的目标；居民家庭经济状况核对专项中，以信息共享的方式稳定开展核对工作，共完成核对业务 347224 宗（744340 人次），核对整体准确率达 98.8%（复核率仅为 1.2%）；通过核对检出不合格申请 52862 宗（132020 人次），检出率高达 15.22%，节约各项社会救助资金约 5.86 亿元，保障了社会救助政策的公平公正实施，产生了良好的社会效益及经济效益；来穗人员随迁子女中考信息共享专项中，通过市政府信息共享平台加强 16000 多名进城务工人员相关信息互通，尽量减少考生、家长到各部门开证明的环节，让数据多跑路、群众少跑腿，实现相关数据比对和审核在线完成，为随迁子女报考提供省时省力、优质高效的服务。

（二）坚持以人为本理念，提供普惠便捷的民生服务

围绕"卫生强市""健康广州"的建设目标，广州以信息共享、互联互通为基础，以为广大市民提供便捷、优质的医疗卫生信息化服务为宗旨，大力推进健康信息化建设。

1. **努力发展"互联网＋医疗"事业**

广州市于 2012 年建成广州市全民健康信息平台，2015 年通过"国家人口健康信息互联互通标准化成熟度测评四级乙等"水平，成为首家通过国家区域卫生信息互联互通标准化成熟度测评的超大城市。目前，广州市区域全民健康信息平台已联通 25 家省部属医院、全部市属医院、公共机构及 36 家区属医院、167 家社区卫生服务中心等共 273 家机构，实现 2300 多万份"电子健康档案"为核心数据的共享及调阅等应用。基于平台建立了"互联网＋"移动医疗服务品牌——"广州健康通"，通过手机 App、微信公众号、支付宝实现了预约挂号、当天挂号、医疗缴费、导航导诊、排队候诊接种预约、健康档案查询、检验检查报告查询、出生证预约、家庭医生签约等惠民便民服务，减少排队候诊时间，优化就诊流程，为居民提供优质便民惠民服务。"广州健康通"2015 年获得最受用户喜爱服务奖，2016 年荣获人民日报社颁发的"移动政务服务十佳"称号。截至 2018 年 12 月，"广州健康通"入驻 76 家医院（含全部三甲医院），基本覆盖全市所有大型医院。预约挂号系统总注册用户数超过 292 万人，总预约量超过 1220 万人次。

2. **加快智慧医院建设步伐**

分步实施广州市重点智慧医院打造计划，努力打造广州医科大学附属第一医院、广州市妇女儿童医疗中心两个省级智慧医院；加快推进广州医科大学附属第二医院、广州市第一人民医院、广州市红十字会医院 3 家市级智慧医院试点建设。部分医院通过国家互联互通标准化成熟度五级乙等和国家电子病历系统功能分级评价六级评审，信息化建设水平走在全国前列。广州市妇女儿童医疗中心在世界范围内首次实现用 AI 精确推荐治疗手段的突破，被广东省卫健委列为首批智慧医院名单，其研发的新一代 AI 平台，既能读 X 光片和超声数据，又可以阅读 CT 和 MR，还可在几秒内对儿童肺炎病原学类型进行差异性分析和判定，诊断的准确性和灵敏性均为 90% 以上。

（三）深化"放管服"改革，打造透明高效的数字政府

1. 创新"一窗式"集成服务模式，全面提升政务服务水平

2015年起，广州市在总结前期基层政务服务改革创新试点经验的基础上，在全市全面推行政务服务"条块结合、四级联动、以区为主、重心下移、集成服务"的"一窗式"集成服务模式改革。一是破一部门设窗，立"一窗式"集成服务模式。打破以往政务服务大厅按部门"摆摊设窗"的传统，全市四级政务服务中心全面推开"窗口综合受理、后台分类审批、统一窗口出件"的"一窗式"集成服务模式改革，由审批职能部门委托各级政务服务中心负责本级政务服务事项统一受理和出件工作，政务服务窗口由过去的部门窗、业务窗变成综合窗、集成窗。二是破多头管理，立集中管理方式。打破以往部门内部审批机构各自为政的现象，根据各部门实际科学配置审批管理职能，设立专门的审批管理机构（审批管理处、科），统一负责审批管理工作，承担审批综合协调职责以及本部门所有事权办理流程和服务优化工作。三是破人员归属壁垒，立受审分离制度。改变以往政务服务大厅窗口人员因各部门派驻、管理造成的人员身份类型不一、服务标准各异的局面，市、区两级统一配备事业编制工作人员，成立政务服务中心，负责统一受理和出件工作，形成不见面审批的工作机制，筑起不能腐的制度篱笆。四是破审批随意性，立标准化受理规范。打破以往审批部门随意退件和材料收取、事项受理、裁量标准、操作规范不一致的常态，由各审批职能部门将受理事项所需的材料、份数、形式、办事情形、受理标准以清单列明，窗口人员按清单标准受理，群众按受理清单转化而来的办事指南提交材料，审批内外标准首次实现了一致。杜绝退件现象，实行闭环操作，压减受理环节自由裁量空间；窗口统一受理表单，规范补齐补正程序，压实一次性告知制度，减少群众重复提交材料和跑腿次数。广州作为"互联网+政务服务"示范工程试点城市，深入总结推进"一号一窗一网"经验做法，参与国家文件编写，积极贡献推进"只进一扇门"、实行"一窗受理、集成服务"的广州经验并刊登在国务院门户网站；广东省政府领导对广州"一窗式"集成服务改革给予充分肯定，批示在全省范围内推广；山东、甘肃、浙江、江苏等地也发文在全省推广广州市的经验做法；广州市各级政务服务中心每年接待国内外近200批次考察学习团组等，广州政务成为广州新的名片。

2. 创优营商环境，夯实高质量发展基础

近年来，广州市推进商业领域的智慧建设和应用，加大营商环境改革力度，出台实施营商环境综合改革试点方案，精心组织11个专项行动，3个国家级改革试点（开办企业时间，政府投资工程建设项目、社会投资项目技术审查和行政审批，增值税和出口退税"一键申报"），3大重点区域（广州开发区、南沙自贸片区、广州空港经济区）改革，在2018年世界城市组织（GaWC）发布的55个世界一线城市中，广州的排名由2016年的Alpha-级（第40位）上升到了Alpha级（第27位）；根据中央广播电视总台发布的《中国城市营商环境报告2018》，广州在政务环境和基础设施两个评价维度中排名全国第一。对全企业类型、全业务登记（包括设立、变更备案、注销），实现企业申报、签名、审核、发照、归档、公示全程电子化，首创商事登记"智能无人审批"新模式。广州市"人工智能+机器人"全程电子化商事登记改革被国务院办公厅选入参加国

家博物馆"伟大的变革——改革开放40周年成果展",并入选全国首届市场监管领域十大社会共治案例(政府类)。广州市深入实施企业名称、住所(经营场所)、经营范围自主申报,"一址多照","集群注册"等一系列措施,进一步降低市场主体准入门槛。2018年,全市实有市场主体205.68万户,其中企业104.88万户,个体工商户100.65万户,全年新增市场主体41.11万户,新增企业27.97万户。

(四)创新数据驱动模式,提升城市精细精准治理水平

1. 推进"雪亮工程",提高社会治安综合治理智能化水平

2016年9月,广州市获评为全国唯一超大型公共安全视频建设联网应用示范城市。截至2018年年底,全市视频总体规模达150万个,联网整合各类视频资源达12.2万个,社会治安防控与城市综合管理能力全面提升。2018年,全市各级公安机关利用视频服务各类案件66428宗,破获刑事案件22588宗;利用视频系统查处各类交通违法行为526万次。全面提升公安机关指挥调度、侦查破案、交通管理、应急封控的警务实战支撑能力,群众安全感和治安满意度保持高位,分别达98.4%和97.8%。近年来,在"110"快速反应机制建设的基础上,充分整合警用地理信息系统、无线通信系统、可视化调度系统、警务实战平台等资源,运用大数据、云计算、电子沙盘、高清视频监控、数据围栏、人流热力图、安检数据采集等技术,为春运、迎春花市、广州马拉松、党代会、香港回归庆典等重大活动及各类警保卫任务提供有力的信息化支撑,基本实现了预案推演实景化、威胁评估精准化、现场监控实时化、警力部署动态化、情况处置精确化。创新构建以"情报、指挥、巡逻、视频、卡口、网络"6个元素构成的动态化治安管控体系,全市300多个视频监控中心通过整合在联网平台的12.2万路视频监控资源,开展对热点地区和案件高发区域的虚拟巡逻;通过全市1590套卡口系统,构建"中心、外围、全城"3道防线,确保市内一旦发生重大紧急事件,街面警力能够快速反应,对嫌疑人和车辆开展查控堵截;利用公共网络安全预警防范系统,深化网上虚拟空间防控工作,及时发现和通报网络安全隐患,提升网络安全防护和处置水平。

2. 构建"城交通大脑",提升交通系统运行效率

智慧交通是智慧城市的"领跑者",得到优先、重点建设发展。广州市构建"一个中心、三大平台、四项保障"(一中心:交通大数据中心;三大平台:智慧感知平台、综合业务平台、创新服务平台;四项保障:技术标准体系、安全保障体系、信息共享开放机制、数据创新应用机制)的智慧交通体系。推出智慧春运3.0系统,实现对客流、车流、路况、交通环境等交通全要素实时感知、综合分析、趋势预测等,获评中央政法委"雪亮工程优秀创新案例"、广东省"粤治——治理能力现代化"优秀案例、中国智能交通协会科学技术奖。组建广州智慧交通专家智囊团,聘任7名交通领域专家为广州交通建设"把脉会诊"。在全国率先实现二维码在特大城市公交全面应用,推进全国交通一卡通在广州公交领域的全面应用。打造全国首款交通综合信息服务应用"行讯通",集聚实时路况、实时公交、停车服务等21项综合交通信息的"一站式"服务,用户总量超过730万,获得"全国十佳交通信息服务手机软件"称号第一名。广州是国家首批、城市交通领域唯一的物联网应用示范城市,项目研发了24套系统平台、形成26项专利

与软件著作权，部署的物联网终端超过 3 万个。基于物联网的城市智能交通关键技术研究与应用总课题荣获中国公路学会科学技术一等奖。试点"互联网+信号灯"的路口信号控制，探索"互联网+交通诱导"。

3. 建设智慧机场，提升国际航运航空科技创新枢纽能级

推动空运物流智能化系统与广州国际贸易"单一窗口"平台对接，实现空运"单一窗口"舱单数据的传输、回执接收和企业传输数据共享。实施"无纸化"通关、"互联网+空港 e 通"等举措，进一步提升空港口岸通关效率。目前，货物报关单通过"单一窗口"申报覆盖率达 100%，实现对跨境电商业务的全覆盖。2018 年，通过"单一窗口"平台申报货物约 100 万票，涉及货物总值约 286 亿美元。建成机场协调决策系统，白云机场智慧机场建设方案被列为国家民航局"四型机场"首批示范项目及首批未来"智慧机场"建设示范单位。推行二维码过检和自助登机，建成国内首个覆盖 5G 的航站楼。

4. 建设智慧水务一体化平台，聚力水污染防治

建成基础水务数据大平台，整合接入市水务行政资源管理系统等 18 个业务信息系统，基于平台"水务一张图"统一发布地图服务和数据服务，实现了广州市五级污染源源头减污作战图生成，共生成作战图约 2 万张，实现网格作战全覆盖。打造"PC+App+微信+电话+门户"五位一体的广州河长管理信息系统，推动了各级河长由"形式巡河"向"内容巡河""成效巡河"转型，压实"河长领治""部门联治"和"全民群治"。"广州河长 App"的优秀做法被水利部和广东省水利厅专刊推广。

（五）发展高质高端的信息产业，培育经济增长新动能

1. 大力推进制造强市战略

广州注重产业规划引领，先后出台实施建设"中国制造 2025"试点示范城市、加快 IAB 产业发展、价值创新园区、低效园区提质增效、促进民营经济发展、降低制造业企业成本、新一轮技术改造等 40 多份产业政策和规划。重点发展以高附加值产业链为主导，具有国际辐射带动力的总部经济、现代金融、产业科技创新、信息服务、商贸服务、文化旅游、教育、健康、体育等现代服务业，高水平打造珠江新城、广州国际金融城、琶洲会展总部与互联网创新集聚区等现代产业集聚发展核心区。着力培育新能源汽车、智能装备、新型显示、人工智能、生物医药、互联网六大千亿级新兴产业集群。

2. 重点发展电子信息制造业

广州已初步形成了新型显示、新一代移动通信、金融电子等优势产业。2018 年实现产值 2761 亿元，增长 2.8%，其中，新型显示相关产业实现制造业产值 1525.57 亿元，增长 3.4%。新型显示方面，拥有乐金显示、视源电子、广州创维等全球领先企业，超视堺 10.5 代液晶面板和乐金显示 8.5 代 OLED 产线正加速推进。新一代移动通信方面，京信通信移动通信天线产能全球第一，欧菲影像手机用 CMOS 摄像头模组国内市场占有率第一。集成电路方面，兴森快捷是国内最大的印制电路样板小批量板快件制造商之一。金融电子方面，广电运通 ATM 机产品国内市场占有率第一。此外，奥翼电子在纳米电泳电子纸方面拥有国际专利，广东聚华印刷及柔性显示创新中心是全国 5 个国家级制造业创新中心之一，也是广东省目前唯一的国家级制造业创新中心。

3. 打造人工智能产业高地

人工智能产业主要集中在南沙区、黄埔区，产值超过 500 亿元，拥有广州国际人工智能产业研究院、广州智能软件产业研究院、云从人工智能视觉图像创新中心等人工智能产业研发平台。聚集多个领域的优势企业，如广州瑞松是华南地区最大的系统集成综合服务商，广州明珞的柔性总拼系统、焊接机器人集成系统在华南地区首屈一指，广州数控、广州启帆入选由工信部和中国机器人产业联盟共同成立"中国机器人 TOP 10"，云从科技在安防领域通过公安部重大课题研发火眼人脸大数据平台等智能化系统，亿航智能被评选为全球无人机企业前三强。南沙国际人工智能产业高地已汇聚云从科技、小马智行、异构智能等 40 多家掌握自主核心技术的人工智能企业。

三、广州市智慧城市建设面临的问题与对策

随着新型智慧城市建设步入深水区，广州市智慧城市发展也面临一些新的问题与挑战：一是新型智慧城市建设理念亟待更新。新型智慧城市建设以新理念为引领，近年来"规建管"一体化、数字孪生、"城市大脑"等新理念新思路不断涌现，广州新型智慧城市亟须赋予新内涵、新使命，创新形成新型智慧城市建设的"广州模式"。二是高位统筹协调力度亟待加强。新型智慧城市建设是推动经济社会体制全面改革的重要抓手，强有力的高位统筹推进机制，是新型智慧城市在较短时间内取得改革成效的组织保障。广州市目前尚未建立智慧城市高位统筹推进机制，信息化管理部门的统筹管理职能、协调力度和人员配备等都难以支撑发展需求。三是信息技术创新应用能力亟待提升。5G 商用服务万物智联，将带来超高清流媒体业务、VR/AR、车联网等新业态的蓬勃发展，高性能计算、量子通信、人工智能等颠覆性技术涌现，将推动无人驾驶、智能制造、智能医疗等新应用、新模式不断创新，极大地丰富人类的生产生活手段。新一代信息技术产业是广州的优势产业，如何提升新一代信息技术在新型智慧城市领域的创新应用水平，两者互相促进、共同提升，对智慧广州建设至关重要。

下一步，广州市将肩负起作为国家中心城市、粤港澳大湾区中心城市的使命，紧紧围绕实现老城市新活力、四个出新出彩和建设国际大都市的目标要求，坚持高起点、高要求、高标准，将广州打造成为世界一线城市数字化转型中国样板和粤港澳大湾区新型智慧城市先导示范区。

（一）赋予广州新型智慧城市建设新使命

坚持高端高位发展，注重智慧创新枢纽建设和城市品牌打造，参与全球智慧城市同台竞争，瞄准"大城市病"，围绕交通拥堵、环境污染、公共服务等人民群众重点关注的领域开展智能化治理与智慧化服务体系建设，加强流动人口和特殊人群的精细管理与包容服务创新，将广州打造成为世界一线城市数字化转型中国样板。充分发挥广州作为粤港澳大湾区中心城市的示范引领和辐射带动作用，率先在智慧城市建设规划、信息技术标准互认、城市运营大数据开发等领域与香港、澳门两地开展对接与合作，探索跨境电子支付智慧城市应用推广，推进面向 5G 技术的智慧城市示范应用，将广州打造成为粤

港澳大湾区新型智慧城市先导示范区。

（二）统筹共建，夯实基础设施

广州要适度超前探索部署 5G 移动通信网、窄带物联网、北斗导航定位基准站网等新一代信息基础设施；统筹城市光纤、基站、管道、数据中心建设，推动信息基础设施建设与老城改造、新城建设同步规划、同步实施、同步建设、同步验收，保障通信机房、通信基站等基础设施用地、用电需求。

（三）坚持为民服务，凸显惠民效应

广州应以服务民众、便利企业作为智慧城市建设的出发点和落脚点，以提升城市生活品质、增强民众获得感和幸福感为标尺，切实增强城市服务的有效供给能力，提升政府行政履职效率，提高城市运行管理水平，让新型智慧城市建设成果惠及广州市民。利用大数据、人工智能、物联网等，促进创新成果与公共服务深度融合。加快实施广州"互联网＋人社""互联网＋医疗健康"等行动计划，推进基本公共服务均等化、普惠化、便捷化。学习借鉴福州国家电子健康卡"三码融合"试点项目，将社保卡与电子健康卡、银行卡等融合叠加为手机"二维码"，实现无卡就诊，多码融合，一码通行。

（四）推动政府治理体系和能力现代化

"数字政府"是深化"互联网＋政务服务"、推动政府治理体系和治理能力现代化的重大举措。广州要通过建立公共云平台和公共数据平台，促进跨部门、跨层级的数据共享；通过精简审批环节、压缩办理时限、优化用户体验，提高企业和群众办事效率；汇聚社会治理大数据，提升社会风险预测、预警能力，构建智能感知、快速反应、科学决策的"多元参与、共建共享"治理格局。针对城市管理粗放、精细度不高、决策支撑能力不强等问题，广州应围绕城市规划布局、运行管理、安全防控等领域，着力深化和发挥数据资源支撑作用，创新城市规划、管理、运行、决策、安全的一体化、协同化发展理念，推动城市治理向"数据驱动、精准治理、高效联动、安全有效"转变。

（五）因地制宜发展数字经济

目前，电子信息制造业进入升级换挡期，传统领域增速放缓，新兴领域尚处于爆发前夕，软件和信息技术服务业收入和效益保持较快增长，结构持续调整优化，新的增长点不断涌现。结合自身的区位优势、资源基础和产业特点，广州要利用网络信息技术培育壮大新兴产业、改造升级传统产业，推动广州产业发展模式向以数字经济为主体的产业发展模式转型，做大做强数字经济，拓展经济发展空间。构建全面互联制造体系，打造全面信息数据链，催生融合发展新模式新业态，推动制造业数字化、网络化、智能化发展。加快服务业数字化向规范提质方向发展，争取在消费零售、智慧物流、电子支付、社交娱乐、在线教育等领域不断突破。

广州人社[①]政务信息化建设支撑"放管服"改革的实践与思考

广州市人力资源和社会保障局

当前,"互联网+放管服"改革推进如火如荼,给政府部门工作和管理能力提出了更高的要求。人社部门作为重要的民生部门和服务窗口的前沿阵地,涉及民生事务众多,业务数据量大。为人民群众提供高水平、高质量的信息服务,是摆在我们面前的一项重大工作任务。

一、广州政务信息化建设支撑"放、管、服"改革所取得的成效

近年来,市人力资源和社会保障局注重把握人社事业发展的阶段性特征和信息技术发展趋势,顺应群众对人社服务的新期待,推动由"人社信息化"向"信息化人社"转变,由"信息化人社"向"互联网+人社"升级,为群众提供优质高效便捷的服务。主要工作及成效有以下几点。

(一)推进了人社互联网公共服务宽覆盖

目前,"广州人社"在省政务服务网的政务服务事项(许可备案公共服务)共158项,可在线办理事项133项,在线办理率84.2%。市人社互联网公共服务覆盖包括劳动就业、养老保险、医疗保险、工伤保险、生育保险、失业保险、社保综合业务、劳动鉴定、技能鉴定、劳动保障监察、技工教育、职业培训、退休人员管理、劳动仲裁、人才引进、人才补贴、人才培训、集聚产业领军人才等业务,实现了全业务、全对象的信息化应用全覆盖,支持业务办理线上、线下以及线上线下融合多种业务办理模式。

(二)积极拓展了多服务渠道

近年来,市人力资源和社会保障局积极探索出一条基于互联网提升政府公共服务能力的新路子,充分利用互联网技术,包括门户网站与网上办事、移动应用、自助服务一体化等,实现多渠道服务,各渠道应用由人社互联网政务服务门户统一提供服务接口。多渠道主要包括PC、自助终端系统、移动终端系统(微信)。据统计,2018年至今,我市人社信息门户访问量高达778.6万人次,公共服务网上办理系统日登录达2.8万人次,业务查询量达1767万次,业务共受理240万笔,办结227万笔。

[①] 人力资源和社会保障,本文以下简称"人社"。

（三）提升了技术基础支撑能力

市人力资源和社会保障门户网站、办事系统、移动应用、自助服务等提供线上线下综合身份认证手段，形成业务办理的实名制验证能力，做到"单点登录、全网通办"，与广东省、广州市统一用户身份认证平台实现了用户身份认证体系实现互联互通。借助移动互联网、生物特征识别等技术，推进待遇享受资格远程认证，结合生物特征识别技术，进一步提高身份认证的准确度与方便性。同时，与省市电子证照平台实现了电子证照体系的互联互通，部分政务服务通过省市电子证照库信息共享接口实现。

（四）推动服务模式和服务内容创新

以线下服务即经办大厅窗口服务和基层服务为基础，以互联网服务体系为依托，以"12345"人工服务为纽带，移动互联网服务为桥梁，以微信等第三方服务为补充，打造覆盖全市的人力资源和社会保障服务体系。

（五）加强公共服务门户建设，做好信息公开、渠道交流工作

2018年，市人社局门户网站信息公开累计8074条，模版维护926次，完成门户网站栏目更新共计325个，新闻信息采集发布约8000条。通过局门户网站向市民进行信息公开和交流，2018年共完成局长邮箱、业务咨询、监督投诉等交流互动平台的服务请求9170件转办，畅通了公众交流的渠道。

（六）配合省高频事项服务小程序建设，完成"粤省事"上线需求

市人力资源和社会保障局提供了个人缴费历史查询、城乡居民个人缴费查询、个人权益单查询、医疗保险卡发放查询、个人就业登记信息查询、个人信息修改等22项业务查询和办理的数据接口，努力保障了"粤省事"的顺利上线。从2018年7月中旬至年底，"粤省事"小程序调用我局提供的接口高达2116万多次，平均每天查询量高达11.8万次，稳居各部门前列。

二、人社政务信息化建设存在的主要问题

我市人社政务信息化建设在经历展开和发展阶段后，初步探索出符合广州实际的信息化路子，但与国际国内先进城市相比，仍处于探索阶段，还存在理论研究落后，缺乏经验积累，应用领域零散，应用水平不高等问题，与群众的期待还有不小差距。主要问题如下。

（一）信息化需求不够精准，"以人为本"的理念还需要进一步增强

人社政务信息化建设工作主要还是"政府端菜"，"群众点餐"方面的措施还不够深入，群众作为"互联网+政务服务"需求侧这一角色尚未被充分理解和认可。

（二）信息化宣传不够到位，官网知晓率还需要进一步提升

"广州人社"部分功能、部分页面的访问量还不够多，影响力还不够大，吸引力还不够强，受众的黏性还不够好，系统模块的实际运行效果与预期目标之间存在不小差距。同时，对新媒体的重视不够，官网和微博微信没能形成合力。有些事项办理的功能在线上已经能够实现，但由于宣传不够、引导不足，导致群众没有及时了解。

（三）信息共享不够充分，业务协同亟待进一步深化

我市跨地区、跨部门、跨层级、跨业务的信息共享和业务协同进展并不乐观。首先，各部门、各区网上政务服务平台还存在条块协调问题，信息孤岛仍然存在。其次，对于需要共享的信息资源底数不清，信息资源目录体系尚未成熟，没有形成高效的政务服务协同协调机制，一事一办、特事特办、重复采集、一数多源等情况较为普遍。再次，人社系统内部也存在着诸多的"管理孤岛"，不仅有以工作种类划分的若干个大的"孤岛"，也有以业务流程划分的若干个小的"孤岛"，业务很难协同。

（四）线上办事流程不够优化，放权障碍还需要进一步克服

线上服务范围覆盖面还不够广，存在"好上先上""能少上就少上""能不上就不上"的现象，不少业务仍旧停留在线上线下"两条线"并行的层面，离"借助互联网手段，发挥数据跑腿作用，使行政事项能上网办理的全部网上办理"的目标还有不小差距。官网中"提供的服务不需要，需要的服务找不到""主动上网的服务事项少，被动上网的服务事项多"的情况在一定程度上还存在。

（五）数据挖掘应用不够广泛，"智慧人社"还需要进一步探索

当前，我市人社信息系统汇集了大量的信息，但人社数据信息整合力度不够、统计调查力量有限、统计数据信息公开力度不够等因素使信息无法从数据中提炼出来，形成对决策有用的知识。此外，我市人社数据挖掘应用基本还停留在初级阶段，数据对服务决策、服务管理、服务社会的巨大潜力远远未被开发，运用大数据来解决人社业务发展问题的目标任重而道远。

（六）相关基础配套不够扎实，保障工作还需要进一步细化

一是数据采集质量还有待提高。在对我市人社数据核查过程中发现，登记信息错误、一人多号现象时有发生，造成参保人数统计失真，地税等兄弟单位信息无法正常接收等问题。二是网络安全存在漏洞。统计显示，政府网站最易成为攻击者选定的目标，以网页篡改和垃圾邮件为主的网络安全事件发生率正在大幅攀升。三是人才队伍对信息化建设的支撑能力不足。既精通业务、又懂技术的通才和既精通技术、又懂业务的通才都很缺乏。市区人社系统里懂数据处理和应用的人才更是凤毛麟角。

三、进一步加强我市人社政务信息化建设的建议

"互联网＋放管服"改革是加快建设人民满意的服务型政府的必由之路，面对着如此的机遇和挑战，全市人社系统应该努力创造良好发展环境、提供优质公共服务，使人社工作权责更加协同、监督监管更加有力、运行更加高效。

（一）深化干部思想认识

由"人社信息化"到"信息化人社"，是指导思想的根本转变。人社系统的广大干部要转变观念，突破传统的思维定势，真正实现"不进人社门，能办人社事"，适应党和政府对"互联网＋放管服"改革的要求，满足人民群众对美好生活的向往。

（二）健全协调联动机制

信息化建设涉及人社系统的方方面面，包括思想观念的转变、部门利益的调整、工作职能的整合、经办业务的协同等，是一项复杂的系统工程。一是把信息化建设作为我市人社系统各单位、各部门的"一把手"工程，通过层层签订责任状，明确职责任务，形成协同合力。二是把信息化建设纳入我市人社系统各级单位班子会议的重要议程，促使各级"一把手"及时研究新情况、解决新问题。三是把各单位各部门主要领导抓信息化建设情况作为评优评先依据。通过"一票否决"等奖优罚劣措施，形成"主要领导亲自过问、亲自部署、亲自协调、亲自研究解决问题"的新局面。

（三）优化业务办理流程

要坚持"以人民为中心"，从用户体验角度优化政务服务流程和应用设计。一是全面梳理人社政务办理事项。重点梳理就业创业、社会保险、人事人才、劳动维权等公共服务事项，弄清弄实业务经办流程及法定规范，最终实现所有现行法律法规和规范性文件所列事项一个不漏。二是优化业务办理流程。通过同质性高的事项合并、申请材料简化、新技术的应用、减少审批环节、审查周期的缩短、行政许可的智能化决策、工作流程的便民化再造等方式解决人社政务服务的痛点和堵点。三是及时评估动态调整。通过委托第三方机构开展民情调查等方式掌握情况、问计于民，用"群众来不来用、爱不爱用"的结果检验成效，及时调整、持续改进。

（四）畅通信息共享渠道

改变传统以部门为中心的服务模式，树立以公众需求为中心的新型人社公共服务模式。一是加强源头治理。提高全市人社系统内部各单位各部门各业务板块之间的高度协作和无缝隙信息共享程度，完善中标公司在项目建设的各主要阶段向局信息化协调部门定期报告等制度，避免出现"信息孤岛"增量；按照一体化要求研究管理需求和操作需求，有步骤申报建设项目，减少"信息孤岛"存量。二是加强与市政务等兄弟部门的横向合作力度，打通系统间壁垒。巩固和加强我们与公安、工商、民政等部门的合作，完

善人社业务审批系统与市政务等系统的数据交换接口，实现数据互联、业务互通，减少重复输入等工作。三是积极争取省厅及周边城市相关部门的支持，深入开展跨地区、跨部门的纵向数据共享。拓宽数据的来源渠道和数量，建立健全跨业务、跨层次、跨领域的业务协同和信息共享机制。

（五）规范信息录入标准

建立一套合理规范的录入方案和标准非常重要，提高数据质量势在必行。一是深入开展数据清理清洗等专项工作。全面检查基础字段值错误、历史存量一人多号数据、有效证件不统一等各类错误信息，通过后台统一修改、通知参保人修改相关基础信息等方式开展数据整改。二是以严明纪律维护信息录入关口。统一数据采集口径和标准，对数据录入监督执纪问责，促进数据质量提升。三是创新数据方式，压缩填报环节。按照真实有效、全面覆盖、过程留痕、可以追溯源头的要求重构采集流程，改进填报程序，从根本上提高数据质量。

（六）释放人社服务潜力

充分发挥大数据作为基础性战略资源在人社领域的作用，提升人社部门整体数据分析能力，提升人社服务效能。一是营造"用数据说话、用数据决策、用数据管理、用数据创新"的良好氛围。培养各个层级利用数据开展判断、制定方案的科学态度和良好习惯，健全利用大数据平台推动人社业务决策科学化和管理服务精准化的顶层机制，提高社保、医保、人才等民生业务的服务水平。二是夯实人社系统开展数据挖掘的基础。大力推进人社系统数据资源"聚、通、用"，为大数据应用创造条件。三是加强与高水平专业公司合作。积极与阿里巴巴、腾讯等通信、金融、保险、大数据等领域知名企业开展多方位的沟通与合作，探讨研究人社行业大数据及跨行业大数据应用方案，积极推进"人社智慧云"等项目建设。

（七）加快人员队伍建设

信息技术是"互联网＋放管服"改革的重要支撑，关键在人，在于整个队伍的信息化理念和信息化技术应用。一要制定符合人社行业特点的信息化人才队伍建设规划。二要提高专业技术人员的能力。有计划、有步骤地培养专业技术人员，鼓励专业技术人员掌握核心技术，提高技术与业务融合能力，加强各个层级信息人员的业务培训，培养适应新技术发展的人社信息化项目管理队伍。三要提高行政干部队伍的信息化素养。结合实际，组织开展全员技术应用培训和考核，全面提升干部职工的信息技术能力，以适应人社工作数字化发展需要。

（八）升级安全防范能力

按照"全员参与、明确责任、预防为主、快速响应、风险管控、持续改进"的方针抓好门户网站等的安全防范工作。一是落实网站及数据信息的安全保障责任制。把等级测评、安全建设、自查和整改等工作的任务和责任都落实到人。二是加强技术防范，着力提高信息系统自主可控能力。定期开展门户网站信息系统安全检查，研究制定信息系统安全检查专项实施方案，开展信息系统安全自查，利用技术手段等推动安全隐患整改。三是组织开展实战演练。通过模拟攻击，提升信息系统防护能力。健全和落实政府网站安全事件应急预案，建立和完善网站安全保障应急响应机制、值班制度。

（九）提高资金使用效率

加强信息化项目绩效管理，提升项目管理科学化、精细化水平，提高项目应用成效和资金使用效益。一是引导项目需求单位要对项目建设依据进行充分论证。严格立项的审核把关，推动项目需求单位充分评估项目的紧迫性和效益。二是明确项目建设单位的合同主体责任。严格按照政府采购、招标投标、信息安全、信息共享等相关方面的规定和要求实施信息化项目。三是健全项目绩效评估制度。应充分听取民意，吸收基层操作人员合理的意见，可在一定范围内开展公众参与的绩效评估试点，以评估结果为依据，决定人社政务信息化系统的后期资金投入与改进方向。

（十）强化人社政务宣传

人社政务信息化建设工作事关每一个人的切身利益，离不开有关单位的大力支持，需要进一步加强社会面的宣传工作。一是加强官网内容建设，提高内容的时效性、实用性和针对性。一方面，要严格规范信息采集、审核、发布制度，确保网站发布的内容来源可靠、内容真实；另一方面，要全面及时发布人事招考、社保缴纳等群众关心、关注的信息。二是通过打造新媒体阵地、加强与社会媒体对接等多种方式加强宣传。要积极利用新媒体开展宣传。要重视新媒体在青年中的作用，强化官网与微博、微信等新媒体的联动。三是开展精准推送。开展形式多样的宣传和咨询活动。针对老年人、外来务工人员等群体，在市、区、镇街、村居、小区楼宇物业等开展有针对性的精准推送工作，不断提高人社信息化系统的知晓率和使用率。

"广佛同城化"的实践与启示

陈英纳

广州、佛山同处珠三角核心区域,地域相连、历史相承、文化同源、产业互补,在珠江三角洲、广东省乃至全国区域发展格局中均占有重要地位;中心城区直线距离仅20千米,接壤地段长达200千米,分别是广东省经济总量第一和第三的城市,地区生产总值总量占全省经济总量的35.6%。① 2008年年底,国务院批准实施《珠江三角洲地区改革发展规划纲要(2008—2020年)》,明确提出"强化广州佛山同城效应,携领珠江三角洲地区打造布局合理、功能完善、联系紧密的城市群"。广佛同城化成为推进珠三角一体化的突破口,极大地示范带动了珠江三角洲区域一体化的进程。

一、"广佛同城化"提出的背景

"广佛同城化"作为一个自上而下设计的城市发展规划,它不是两地政府自发的冲动,而是顺应社会经济发展规律的必然产物。

(一)国家层面给予的政策支持

2002年,佛山合并顺德、南海、高明、三水,建立"大佛山"的构想成为现实。这次行政区划调整,使佛山与广州在地域上的联系更加紧密,进一步为实现"广佛同城"战略减少了行政区划限制。同时,受惠于经济基础较好的顺德、南海的加入,佛山经济实力迅速得到壮大。这也为佛山于2007年进入"地区生产总值3000亿俱乐部"进一步夯实了基础。②

2005年,中国城市规划设计研究院编制《全国城镇体系规划》,其中就明确提出了"以广州和香港为中心的珠三角大都市连绵区"作为全国5个核心发展区域③之一,以及广州作为国家一级综合交通枢纽城市的重要地位;2010年,中国住房和城乡建设部发布《全国城镇体系规划》,正式将广州确立为国家五大中心城市④之一,赋予广州在区域发

---

① 数据来自广东省2009年国民经济和社会发展统计公报、广州市2009年国民经济和社会发展统计公报以及佛山市2009年国民经济和社会发展统计公报。

② 唐晓平:《聚焦都市圈——来自珠江三角洲的启示》,科学出版社2008年版,第17页。

③ 全国5个核心发展区域分别为:以北京为中心的京津冀大都市连绵区,以上海为中心的长三角大都市连绵区,以广州和香港为中心的珠三角大都市连绵区,以重庆和成都为中心的成渝城镇群,以武汉为中心的江汉平原城镇群。

④ 国家五大中心城市分别为:北京、天津、上海、广州、重庆。

展中的核心地位,要求广州在社会、经济、文化等各项事业中发挥主导作用。

2008年,全球金融危机爆发,国家经济开始转向内外需协同发展的阶段,这也间接促成了国家新一轮区域规划高潮的来临。① 12月,国家发改委发布《珠江三角洲地区改革发展规划纲要(2008—2020年)》,从国家战略层面提出要"强化广州佛山同城效应,携领珠江三角洲地区打造布局合理、功能完善、联系紧密的城市群",为"广佛同城"的实质性进展提供了宏观层面的引导。

(二) 广东省委、省政府层面作出的方向性规划

在广东省政府的城市发展规划理念中,广州与佛山总是成对出现的。1988年的《广东省国土综合规划(1988—2000年)》提出了珠三角"三大城市群"的概念,其中就包括了以广州为中心、佛山为副中心的城市群。② 1989年8月1日,全国第三条高速公路、广东省第一条高速公路——广佛高速正式通车,佛山与广州的距离再一次被拉近。这一天,超过万人骑着自行车在新开通的高速公路上"过把瘾",很多广州人甚至到现在都清楚地记得第一次坐车经过广佛高速公路时那种强烈的新鲜感。1995年,广东省计划委员会编制的《珠江三角洲经济区现代化建设规划纲要(1996—2010)(草案)》提出城市发展要在遵循经济规律的基础上,打破行政区划的界线,加强分工合作,从而提高珠三角城市群的整体功能,同时规划了以广州—佛山、深圳—香港、珠海—澳门为中心衍射的环珠江口大都市圈。③

自2008年开始,省委、省政府着手有关"广佛同城"的发展规划。时任中共中央政治局委员、广东省委书记汪洋多次牵头召集广佛有关领导商谈广佛合作的具体事宜,明确要求从省的层面高度来规划"广佛同城"。此外,省领导还多次视察广佛地铁施工现场,了解工程进展情况,深入佛山各镇和产业园了解传统产业和高新产业的转移、升级和引入,在"两会"中与广州、佛山的人大代表商讨广佛发展方向。④ 2009年2月13日,在参加省第十一届人大第二次会议广州代表团分组讨论时,汪洋强调:"实施《珠江三角洲地区改革发展规划纲要(2008—2020年)》的突破口是珠三角一体化发展,推动珠三角一体化发展的突破口是广佛同城化。"此外,他还强调:一是要建立强有力的领导机构和工作机构;二是要加强广佛同城化的规划;三是要按照先易后难的原则,每年重点解决广佛同城化中的若干突出问题。这一指示,成为广佛同城化发展的新起点。

2011年2月,省委、省政府下发《关于进一步完善和深化顺德行政体制改革的意见》,顺德区被正式确立为首个省直管县试点,这就意味着作为佛山与广州联系的重要核心区域之一的顺德区将享有地级市管理权限和行政执法权限并将独立编制本级财政收支预算和年终决算。一方面,改革有利于突破顺德撤市设区后所面临的发展瓶颈,将进一

---

① 魏宗财、陈婷婷、甄峰、王波:《对我国同城化规划实施的思考——以〈广佛同城化发展规划〉为例》,载《城市规划学刊》2014年第2期。
② 另外两大城市群分别为:以香港为中心、深圳为副中心和结合点的东部城市群,以澳门为中心、珠海为结合点的西部城市群。
③ 朱虹霖:《"广佛同城化"的政府协同研究》,广州大学2011年硕士学位论文,第24页。
④ 朱虹霖:《"广佛同城化"的政府协同研究》,广州大学2011年硕士学位论文,第25页。

步推动顺德乃至佛山的经济发展；另一方面，这也是广东省推行大部制改革的纵向调整，更是为广佛同城化行政管理体制改革投石问路。①

（三）广佛同城有其深厚的历史和现实基础

广佛自古唇齿相依，同根同源、同风同俗，千百年来，行政区域上虽然分分合合，但是两地居民的自然交流是广佛融合的最大动力。

在地理位置上，广佛两市接壤边界长约200千米，路网衔接多达60处，珠江河段横跨两市，可谓一脉相连；广州花都区与佛山三水区接壤，白云区和荔湾区与南海区接壤，番禺区与南海区、顺德区相连，"南（海）番（禺）顺（德）"的传统叫法，更是表明了两地的整体性。城镇布局呈连绵分布状，不到10平方千米就有1个城镇，城市间的边界日渐模糊。这种区位相邻的地理因素是实现广佛城市空间同城化的必要条件。②

在人文背景上，广佛两地是岭南文化特别是广府文化的核心区。在漫长的历史演进中，两地先民共同创造了广府文化，他们不仅同说粤语、同唱粤剧，而且在赛龙舟、婚娶、祭祖等民俗以及饮食习惯上都保持着一致。最重要的是，很多大家族往往散居在两座城市间。以广州最为著名的传统聚居区西关为例，从这里走出的名人有很多祖籍都是佛山，如"岭南三大家"之一的诗人屈大均，"西关三鼎甲"梁耀枢、谭宗浚、李文田，"岭南碑帖第一人"罗原觉，岭南画派第二代画家赵崇正等。③ 正是文化上的同根同源，使得广州和佛山这两座城市随着时间的推移正朝着同城化方向不断地推进。

在经济上，2008年，广州生产总值为8215.82亿元，佛山为4333.3亿元，经济总量分别位居全省第一、第三；两地生产总值也保持高速增长，增长率分别为12.3%和15.2%，经济发展潜力巨大，为广佛同城化奠定了坚实的经济基础。④ 此外，广佛两地产业的同构系数由1998年的0.6降至2007年的0.37⑤，这说明两地产业结构的互补性越来越强，关联度越来越高，这种经济错位发展的典型例证便是汽车产业。日本三大汽车巨头相继进入广州后，佛山也以特有的区位优势吸引了300多家汽配企业进驻，逐渐形成"广州整车、佛山汽配"的格局。⑥

可以说，基于地理、人文和经济优势上的广佛同城构想，既是政府顺应历史发展规律的科学决策，又反过来进一步巩固了广佛同城化的发展基础。

---

① 朱虹霖：《"广佛同城化"的政府协同研究》，广州大学2011年硕士学位论文，第25页。
② 杨海华：《同城化视角下的区域合作研究：广佛同城化例证》，载《广州城市职业学院学报》2010年第2期。
③ 《广佛同城》，收录于王林生、王桢桢《广州发展纪事》，广东人民出版社2012年版，第159页。
④ 数据源自2008年《广州统计年鉴》以及2008年《佛山统计年鉴》。
⑤ 杨海华：《同城化视角下的区域合作研究：广佛同城化例证》，载《广州城市职业学院学报》2010年第2期。
⑥ 《广佛同城》，收录于王林生、王桢桢《广州发展纪事》，广东人民出版社2012年版，第159页。

二、"广佛都市圈"概念的提出

2000年,《广州市城市总体发展战略规划(2001—2010)》《广州城市建设总体战略概念规划纲要》开始实施,明确了广州的城市建设目标,"东进、南拓、西联、北优"的城市发展战略步入全面推进的轨道,其中"西联"的重点就是要加强广佛都市生活圈的建设。2001年,在佛山市政府的支持下,广佛两市社科界联合举办了首届"广州·佛山区域合作论坛",学者们呼吁建立由政府主导的广佛产业协作机制及其相关协调机制并提交了有关理论研究报告。广州的学者还在会上提出了"广佛都市圈"的想法。研讨会过后,"广佛经济圈"的提法不胫而走,广佛两市的领导也开始有了"广佛经济圈"的概念。[①]

2002年年初,时任广州市市长林树森首次提出了建设"广佛都市圈"的战略设想,得到了广佛双方从政府到民间的热烈响应。在广东省第九次党代会期间,佛山市市长梁绍棠在接受采访时就明确表示佛山要依靠广州发达。经过两地专家、学者及政府部门的努力,广佛两市在推进一体化发展方面达成了共识。专家们认为,广佛一体化发展将形成合力,有利于提升中心城市的功能和作用,一体化将大大强化广州作为珠三角的中心和龙头的地位,扩大中心城市的区域辐射力,对佛山的发展也有着极为重要的作用。"广佛都市圈"有望成为未来大珠三角体制框架的中心[②];此外,专家们还提出,必须尽快启动"广佛都市圈规划"项目,在两地规划衔接、资源共享和中长期发展上导入一体化的思路。10月,"广佛地铁"开始动工,广州还规划了一条地铁线连接顺德区,而佛山也在此基础上规划建设了自己的地铁网,广佛都市圈的建设开始有了实质化的推进。

2003年,在广州市规划局的牵头下,提出了广佛都市圈规划,佛山也提出了"东承"发展战略,与广州"西联"不谋而合,主动承接广州辐射带动。5月和11月,两市宣传部门和社科联先后两次举办了"广佛区域合作与协调发展研讨会",围绕广佛都市圈的空间结构、如何推进广佛经济关系密切化等问题展开讨论,提出了对广佛都市圈未来发展的构想,认为"建设广佛都市圈的条件和时机已经成熟",从理论上为广佛都市圈的建设做了充分准备。

2004年3月18日,"广佛经济圈与泛珠三角"高层论坛召开,经过两年多的探讨与磨合,由广州、佛山两地政府共同推动的广佛经济圈构建工作已从理论层面转为实际行动,理论界的探讨也日益与政府工作更紧密地结合起来,引导着社会各界尤其是企业界对"广佛经济圈"和"泛珠三角"发展的认识,有力推动了"广佛经济圈"区域合作的顺利发展。4月20日,广佛签署建设广佛区域公交电子收费一卡通系统备忘录,计划于7月底前实现两地跨行政区域、跨系统界限的彻底互联互通,为两地市民享受"一卡通行广佛"提供便利,这在全国尚属首例。2005年11月30日,时任广州市市长张广宁率领广州市政府考察团一行到佛山参观考察,双方就广明高速公路等工程进行了协调,明

[①] 《"广佛很多事情在做,但没去宣传"》,载《南方都市报》2004年2月20日。
[②] 《广东打造"广佛都市圈"》,载《南方都市报》2004年5月8日。

确建立稳固的沟通联系机制。12月12日，第三届"广州·佛山区域合作发展论坛"召开，由前两次的理论探索变为围绕建立产业链、基础设施等实质问题的合作，被认为是继前两次"广州·佛山区域合作与协调发展"研讨会之后又一场层次较高、准备充分、主题鲜明、成果显著的探讨广佛区域合作发展新思路的理论盛会。

2006年9月，广州市城市规划局、广州市交通规划研究所、佛山市规划局、佛山市城市规划勘测设计研究院按照两市政府的工作安排，综合各部门意见，开始编制《广佛两市道路系统衔接规划》，打破了两市基础设施各自为政的僵局，开始进行整体规划①，并于10月24日召开了专家评议会，对规划成果进行技术审查。同年，有17个路口通向广州的"佛山一环"通车，成为畅行广佛的"坦途"。

2007年6月28日，国内第一条城际轨道交通线路——广佛地铁全面动工，项目计划总投资146.75亿元，由省政府给予一定补贴，并由广州、佛山两市按51∶49的比例共同出资建设。广佛地铁的破土动工标志着珠江三角洲城际快速轨道交通线网建设的开始，建成后将与广州市已建成运营的1号线、2号线、3号线、4号线、5号线、8号线和3号线北延线共同构成广佛都市圈轨道交通的基本骨架。12月3日，由广州市委宣传部、佛山市委宣传部联合举办的第四届"广州·佛山区域合作发展论坛"在佛山举行。开幕式上，时任佛山市委书记林元和表示，广佛都市圈不仅是互补的经济圈，还是两地市民共享的生活圈、全方位合作的城市圈，按照党的十七大的战略部署，广佛都市圈最有可能、最有条件和优势成为国内重要的经济圈和增长极。与往届不同的是，为了更具针对性和现实指导意义，这一届论坛在内容和形式上进行了创新，事先邀请有关部门对"经济合作战略""同城化整合"和"产业合作"3个课题进行研究并在论坛上发布报告，两地专家进行了热烈的理论探讨，不断碰撞出思想的火花。

自2002年广州市政府首次提出建设广佛都市圈设想以来，广佛都市圈的发展逐步从理论探讨到在实践中取得实质性的进展。到了2008年，广佛都市圈地区生产总值达12500亿元，工业总产值达22000亿元，城市居民人均可支配收入达25317元，农村居民人均纯收入达9828元，对比同期上海的地区生产总值（13700亿元）、规模以上工业增加值（5649亿元）、城市居民家庭年人均可支配收入（26675元）以及农村居民家庭年人均可支配收入（11385元），广佛都市圈几乎可以与上海相当；在地区生产总值增长方面，广州增长12%，佛山增长15%，而上海只有9.7%，广佛经济圈的经济增长速度已远超上海。② 2008年6月19日，时任中共中央政治局委员、广东省委书记汪洋调研佛山时强调，要推进广佛都市圈取得实质性进展，力争为广东、为全国打造一个区域合作的样板。

三、"广佛同城化"成为现实

广佛两市的发展与人民的期待，引起了国家的高度重视。2008年12月，国家发改委

---

① 朱虹霖：《"广佛同城化"的政府协同研究》，广州大学2011年硕士学位论文，第26页。
② 数据分别源自2008年广州市、佛山市以及上海市国民经济和社会发展统计公报。

发布了《珠江三角洲地区改革发展规划纲要（2008—2020年）》（以下简称"《纲要》"），作为珠三角地区今后一段时期改革发展的行动纲领和编制相关规划的依据，在国家战略层面上明确提出推动广佛同城化携领珠三角城市群协调发展，正式提出"广佛同城化"的概念，成为广佛同城化发展中里程碑式的事件。2009年2月13日，时任中共中央政治局委员、广东省委书记汪洋到省第十一届人大第二次会议广州代表团参加分组讨论时强调，实施《纲要》的突破口是珠三角一体化发展，推动珠三角一体化发展的突破口是广佛同城化。这一指示，成为广佛同城化的新起点。"两会"过后，广佛同城化被提上广佛两地政府的议事日程。

2009年3月2日，广佛两市党政领导班子朱小丹、张广宁、林元和、陈云贤等主要负责人齐聚一堂，共商加快同城化大计，迈出了两地政府强力推动广佛同城化建设的实质一步。会上，两市领导达成共识，决定成立由两市党政主要负责人组成的4人领导小组，负责特别重大事项的决策和协调，不定期召开领导小组会议；建立市长联席会议制度，负责广佛同城化的总体组织协调，两市市长为联席会议召集人，分管副市长和政府秘书长参加，确定相关对应的政府部门主要负责人为成员，联席会议下设办公室在两市发展改革委员会，作为日常办事机构；先行设立4个专责小组，分别为城市规划专责小组、交通基础设施专责小组、产业布局专责小组和环境保护专责小组；尽快形成一系列重要文件，包括广佛同城化合作框架协议、广佛同城化规划、年度工作计划、专责小组工作规划以及新闻发布制度等。3月19日，广佛两市市长在南海签署了《广佛同城化建设合作框架协议》（以下简称"《框架协议》"）及城市规划、交通基础设施、产业协作、环境保护4个对接协议，简称"1+4"框架协议①，成为两市同城化的指导文件，被视为广东省贯彻落实《纲要》的首个重大突破②，标志着广佛同城化建设的正式启动，也表明广佛地方政府间合作进入新阶段。③

2009年4月16日，广佛同城化首次市长联席会议在广州召开，张广宁、陈云贤两位市长率两市20多个部门负责人出席会议，讨论审定了广佛同城化市长联席会议及工作协调机制及广佛同城化建设2009年度重点工作计划，确定了年度52项重点项目并要求作为指导广佛同城化建设的纲领性文件《广佛同城化发展规划》须于当年6月完成。第一次市长联席会议的召开，标志着广佛同城化建设进入具体操作落实阶段。④9月25日，广佛同城化第二次市长联席会议在佛山举行，共同商讨广佛间的多层次合作，审议并原则通过了《广佛同城化发展规划》及交通基础设施、产业协作、环境保护3个专责小组三年工作规划，标志着广佛同城化建设进入新的发展阶段。会议明确下一阶段广佛两市将围绕规划的一些重点领域、关键环节，找准突破口，真正落实到各级政府、各有关部门，落实到重点工作、重大项目中去，争取尽快干出实效、干出成绩，将规划描绘的蓝

---

① 《广佛同城化建设合作协议》，载《广州日报》2009年3月20日。
② 王鹰翅、曹滢：《"广佛同城化"合作协议解读与战略研究》，载《规划创新：中国城市规划年会》，2010年。
③ 李辉、钱花花：《"广佛同城化"建设及其对中国地方政府间合作的启示》，载《科学与管理》2012年第1期。
④ 《张广宁、陈云贤在穗召集广佛同城化第一次市长联席会议》，载《广州日报》2009年4月17日。

图变为现实。①

2009年12月,《广佛同城化发展规划（2009—2020）》（以下简称"《同城化规划》"）正式颁布,对两市的空间发展布局、产业发展空间格局、交通发展空间格局、生态安全空间格局以及主体功能区等方面做了总体规划,将广佛区域发展概念正式确定为"广佛同城",并深化到操作层面,提出了3年内相关具体工作开展的最终实现目标。②《同城化规划》作为国内最早编制并开始实施的同城化规划之一,是一个特殊类型的区域规划,是落实《纲要》《框架协议》的具体文件,也是指导广佛同城化建设的纲领性文件。《同城化规划》提出,率先加快推进广佛同城化（荔湾－南海）综合试验区建设,推动同城化先行先试并选取基础设施、产业协作、科技创新、环境保护、社会事业、区域合作、机制体制协调和创新八个方面作为发展重点,极大地加快了广佛同城化的步伐,为广佛同城化的推进提供了新的机遇,广佛同城效应日益凸显。③

2010年4月7日,广佛同城化第三次市长联席会议在广州召开。会议检查了第二次市长联席会议议定事项的落实情况,52个合作项目推进情况总体良好,审议并通过了《广佛同城化建设2010年度重点工作计划》和《广佛同城化建设城市规划3年工作规划》；决定成立通信资费一体化、金融服务一体化两个专责小组,力争在通信资费和金融服务同城化方面迈出新步伐；会议再次敲定69个同城项目,更加注重民生内容,在落实措施、责任单位、完成时间、年度目标等方面有了更清晰的安排,要求继续把交通作为同城重点,发挥好先行引导作用。按照汪洋提出的"发挥广佛同城化的示范效应,推进'广佛肇''深莞惠''珠中江'三个经济圈深度合作,加快形成优势互补、互利共赢的区域经济发展格局"的指示精神,会议要求继续深入实施《珠江三角洲地区改革发展规划纲要》,加快推进广佛同城化,早日形成布局合理、功能互补、结构有序、整体优化、协调一体的广佛同城化发展格局,使广佛同城化成为珠三角一体化发展的典范。④ 11月3日,中国首条城际地铁——广佛地铁（佛山魁奇路—广州西塱）正式开通,标志着同城化发展有轨时代的到来。⑤

2011年10月25日,广佛同城化第四次市长联席会议在佛山召开,会议审定了《广佛同城化建设2011—2012年度工作计划》,初步确定了53个合作项目并达成了将广州地铁6号线和12号线延伸至南海里水、将地铁7号线延伸至顺德北滘的初步合作意向,争取早日实现广州城区和市辖各区中心到佛山中心区行程基本在30分钟以内的目标。⑥

2009—2011年,广佛两市商定合作项目共计174个,自2009年4月广佛同城化首次

---

① 《广佛同城化第二次市长联席会议昨举行,会议通过同城发展规划》,载《信息时报》2009年9月26日。

② 朱虹霖：《"广佛同城化"的政府协同研究》,广州大学2011年硕士学位论文,第27页。

③ 魏宗财、陈婷婷、甄峰、王波：《对我国同城化规划实施的思考——以〈广佛同城化发展规划〉为例》。

④ 《张广宁、陈云贤出席广佛同城化第三次市长联席会议》,载《广州日报》2010年4月8日。

⑤ 刘艺默：《同城化中的政府协作效应实践与启示——以广佛同城为例》,华南理工大学2014年硕士学位论文,第10页。

⑥ 《加强对接,携手合作大力推进广佛同城化》,载《广州日报》2011年10月26日。

市长联席会议以来，绝大多数的项目按计划顺利推进，在区域经济发展、规划编制、交通枢纽建设、产业协同发展、区域环境质量改善、公共服务和社会管理一体化建设等方面取得了显著成效，同城效应日益凸显。在交通方面，广佛已经开通了公交线路 32 条、城巴 20 条、快巴 20 条，开通了城际轻轨，同步发行了公交一卡通，实现了车辆通行费年票互认，形成了一体化道路交通圈和一体化公交服务；在金融、通信方面，部分银行已经取消了银行取款跨市手续费，一些通信运营商取消了手机异地收费；在医保互通方面，广州在佛山认定了 9 家定点医疗机构，佛山在广州认定了 30 家定点医疗机构。到 2012 年年底，广佛已然初步实现了同城化。①

四、"广佛同城化"的启示

广佛同城化发展至今已走过了 10 余个年头，有关同城化的做法与探索也已逐步完善，机制、体制、管理模式、组织上的创新，以及如何协调不同行政主体间的利益都为我国区域发展提供了实践和理论的参考。②

（一）充分的历史基础和现实条件是实现同城化合作的前提

一般来说，合作的基础和条件越充分，就越有利于减少合作障碍、推动合作进程。广佛两市同城化便有着充分的历史基础、物质条件和社会条件——两地紧邻、文化同根同源，是两地合作的历史基础；基础设施日臻完善，"一小时都市圈"逐步成型，是两地交流合作的物质条件；两地产业结构互补性强，是两地共同利益的主要来源；再加上两地民间合作、资源和要素流动频繁，市民在心理上早已将对方视为一家，是两地实现同城化合作的社会基础。

（二）共同利益驱动是实现同城化合作的根本动力

广佛两市经济和社会发展的共同利益较为明显：从提升整体优势上，2008 年，广佛两市生产总值总量已达 12500 亿元人民币，接近第一大城市上海，排在全国（各省、自治区、直辖市）第八位；从产业结构上，两地产业具有较强的互补性，有利于实现双赢；从社会管理和公共服务上，年票互认、医保卡互通、联合办案等均有利于改善公共服务水平，降低社会管理成本；从城市容量上，同城化建设有利于拓展广州的地理空间，缓解人口过于密集与城市容纳能力有限之间的矛盾，同时也能改变区域内经济和社会发展水平不均衡的现状。在实际推进过程中，广佛两市本着务实精神，优先推进最紧迫、成效最明显、群众最受益的项目，争取最大限度发挥"1 + 1 > 2"的效应，使双方共同利益看得见、摸得着，从而获得两地社会各界的支持。

---

① 陆昂、张涌：《广佛同城化的实践及启示》，载《宏观经济管理》2013 年第 4 期。
② 李辉、钱花花：《"广佛同城化"建设及其对中国地方政府间合作的启示》，载《科学与管理》2012 年第 1 期。

（三）政府领导者的战略思维是实现同城化合作的重要推力

在全球化竞争压力和区域一体化并行的发展趋势下，国家发改委适时颁布了《纲要》，从国家战略和区域发展的高度对广佛同城化建设给予了战略指导和政策支持；广佛两市市长互访，跳出竞争的短视思维，寻求共同利益的结合点，提出"广佛都市圈"的概念设想和"西联""东承"战略，对同城化合作起到了关键性的作用。此外，"广佛区域合作与协调发展研讨会""广州·佛山区域合作发展论坛"对两地区域合作问题与合作模式的交流和探讨，也在关键时刻起到了重大的推动作用。

未来的竞争是区域之间的竞争，而区域竞争力强弱和核心优势取决于区域内城市之间，特别是区域网络体系中处于中心地位的城市与节点城市，以及政府机制与市场机制作为序参量来引导区域系统的发展。广州要打造国家重要中心城市，需要更为广阔的经济腹地和经济辐射能力，必须跨行政区域配置资源；佛山要实现产业升级，成为珠三角一体化建设的主力军，也必须与广州资源共享、优势互补。唯其如此，广佛才能真正积聚起势能，形成一个凝聚力强、辐射范围广的经济增长极，真正成为推动珠三角一体化的核心力量。①

（作者单位：中共广州市委党史文献研究室）

---

① 朱虹霖：《"广佛同城化"的政府协同研究》，广州大学2011年硕士学位论文，第2页。

荔湾在中国特色社会主义道路上的探索与实践

刘艳华

1921 年到 2019 年，从开天辟地的重要时刻，到带领中华民族走向伟大复兴，中国共产党走过了 98 年的征程。这是党高举共产主义的理想旗帜，把马列主义与中国实际相结合、探索救国图强真理、开辟民族独立和民族复兴道路的 98 年，是党凝聚起万千民众之伟力，为一个个不同历史阶段目标进行艰苦奋斗的征程。广州荔湾的历史见证了这一征程的苦难和辉煌。

一、共产主义早期在荔湾的传播

19 世纪，欧美第一次工业革命后，新生的资产阶级以蒸汽机等科技促生了大工业企业，推进了生产力发展与社会进步。但与此同时，资本主义新形成的金钱第一的生产关系，出现了工人每天要工作十几个小时，以及童工、女工受到非人对待等新的剥削现象，产生了劳资间严重的矛盾。在国际上，新兴资本主义国家对殖民地及其他国家的战争与掠夺，加速了国际贫富国家间的矛盾。马克思正是在这样的时代背景下，吸取了当时社会科学和自然科学的研究成果，形成了哲学、政治经济学和科学社会主义的马克思主义理论体系，马克思主义的最终目标是实现共产主义，实现人的全面发展。

1848 年 1 月，马克思、恩格斯受国际工人团体"共产主义者同盟"委托，撰写了同盟纲领——《共产党宣言》。宣言指出了工人阶级斗争的最终目标："当阶级差别在发展进程中已经消失而全部生产集中在联合起来的个人的手里的时候，公共权力就失去政治性质。原来意义上的政治权力，是一个阶级用以压迫另一个阶级的有组织的暴力。如果说无产阶级在反对资产阶级的斗争中一定要联合为阶级，如果说它通过革命使自己成为统治阶级，并以统治阶级的资格用暴力消灭旧的生产关系，那么它在消灭这种生产关系的同时，也就消灭了阶级对立和阶级本身的存在条件，从而消灭了它自己这个阶级的统治。""代替那存在着阶级和阶级对立的资产阶级旧社会的，将是这样一个联合体，在那里，每个人的自由发展是一切人的自由发展的条件。"

在马克思吹响了受压迫民族解放号角后，中国有识之士推翻了清朝的封建统治，当袁世凯窃窃了这一胜利成果，复辟称帝身亡后，中国被军阀割据，自由主义、无政府主义、君主立宪、社会主义等思潮并存，恰逢俄国十月革命爆发，给中国思想界带来了巨大的影响。大量马克思主义著作在中国被翻译和出版，有识之士期望向俄国学习，以马克思主义指导中国的社会革命。1920 年，在中国多地成立了地区共产党组织。1921 年 7 月 23 日，中国共产党正式成立。

荔湾地区是历史上的外贸商埠西关和花乡芳村之所在，是外国各种思潮较快传入的地区，曾经历过第一、第二次鸦片战争。清代洋务运动曾在这里掀起涟漪，西关幼童詹天佑、梁普照兄弟曾被官派留美，清末，这里已办起广雅书院、广东工艺局等新学。俄国十月革命和北京五四运动，引起了人们对马克思主义理论的关注。辛亥革命后，在广州西村的省立一中①毕业的杨匏安到日本游学，学习了马克思主义日文译著。1918年，杨匏安回到广州，在西关时敏中学任教，后来又在河南②的南武中学和西村的甲种工业学校任教。1919年5月至12月期间，杨匏安为《广东中华新报》撰写了介绍马克思主义和世界新文化的文章近10万字。《社会主义》一文简介了欧文、圣西门、傅立叶、蒲鲁东和马克思等各种流派的社会主义学说。他指出："近代生产事业，虽以资本制度而益形发达，然今日贫富之悬隔，及社会上各种罪恶，莫不由是而生。然则现在之社会状态，实劳动者奋起革命，以求改造之时期也。"《马克思主义——一名科学社会主义》一文则系统地介绍了马克思主义的3个组成部分，与当时在北京宣传马克思主义的李大钊，形成了南北呼应。1920年10月，谭平山、谭植棠等人在广州西关第七甫创办了《广东群报》，以宣传马克思主义。1921年春天，他们在广东与陈独秀等人成立了广东共产党组织，《广东群报》成为党组织的机关报。杨匏安经谭平山介绍加入了中国共产党。③ 陈独秀曾前往西村的甲种工业学校开展"工学生与劳动运动"演讲，着重指出了脑力劳动者和体力劳动者都是同一阵营，鼓励工学生"要和体力劳动者携手共进"。

二、荔湾在追寻理想中的探索与实践

共产主义的伟大理想与现实中的社会毕竟有巨大差别。因此，要实现这一理想，就要从不同时期的历史阶段的社会实际出发，订立可行的阶段性目标，朝着理想前进，努力奋斗，才能脚踏实地奔向理想世界。正如马克思和恩格斯在1872年德文版《共产党宣言》序言中写道："不管最近25年来的情况发生了多大的变化，这个《宣言》中所阐述的一般原理整个说来直到现在还是完全正确的。某些地方本来可以做一些修改。这些原理的实际运用，正如《宣言》中所说的，随时随地都要以当时的历史条件为转移，所以第二章末尾提出的那些革命措施根本没有特别的意义。如果是在今天，这一段在许多方面都会有不同的写法了。"

（一）荔湾在革命时期的探索与实践

20世纪20年代初，是第一次国共合作的大革命时期，中共主要领导工农开展反帝、反封建、反军阀割据斗争和争取自身正当权益的斗争。1924年7月，沙面租界当局颁布"新警律"，限制华人自由出入沙面，3000多个华工在7月15日宣布罢工，要求废除新警律，斗争坚持一个多月，迫使沙面当局取消了新警律。1924年7月，在阮啸仙等共产

---

① 即广雅书院的前身、现今的广雅中学。
② 即今海珠区。
③ 此部分内容参见中共珠海市委党史研究室编的《杨匏安文集》。

党人的指导下，在广州芳村中市谢家祠成立了市郊一区农民协会和中共党支部。随后，芳村地区 20 多个乡村相继成立了农会，入会农户达 1000 多户。10 月，广州进行市长选举，唯独农会没有选举权。芳村招村农民林宝宸等发动了"广州市郊农民协会力争市长选举权"请愿游行，时任中共广东区委书记周恩来发表了《工农阶级与广州市选》一文声援，最终争得选举的权利。1924 年春，共产党员杨殷等领导广三铁路工人组织了临时工会，会址就设在石围塘火车站。随后，临时工会向铁路局争得了保障工人治病、分配工人宿舍、办工人子弟学校等权利。1925 年 10 月，在广三铁路石围塘车站建立了中共党支部。1926 年，广三铁路总工会正式成立，建立了广三铁路总工会纠察队，出版《广三工人》周刊，成立了铁血剧社及工人夜校。1927 年 4 月 15 日，广州发生反革命政变，中共开展了针锋相对的武装斗争，转而为建立工农革命政权而斗争。但由于革命武装不足，此目的暂时未能达成。同年 12 月 11 日，中国共产党在广州领导工人、农民和革命士兵举行反抗国民党反动派的武装起义，广三铁路工人与市郊一区农民协会农民自卫军组成第六工人赤卫队联队，攻占了广三铁路管理局和花地警察局等要地。农会党员黄谦等带领农民自卫军，渡过珠江，参加攻打市公安局，直到起义失败后才撤出市区。几个月后，参加过广州起义的党员陈锦生等回到芳村，重新恢复党组织与农会，继续作战。但在 1928 年年底，因叛徒告密，被国民党重兵包围，陈锦生、梁耀、梁添、梁灿坚、陈秋成、陈巨城、原南、叶佳、郭珠 9 名党员被捕，壮烈牺牲。西村甲工学生刘尔崧、阮啸仙、周师贞、张善铭、罗国杰、周文雍、黄学增、赖炎光等早期参加共产党的革命志士，是国共合作时期工农运动及反抗国民党反动派武装斗争的骨干，都在斗争中献出了宝贵的生命。

  1931 年，日军发动"九一八"事变吞并了东北后，民族矛盾上升为国内的主要矛盾。中国共产党审时度势，高举抗日救亡大旗。1936 年 12 月的西安事变，开启了第二次国共合作，联手抗日。在广州荔湾地区，在中国共产党的领导下，抗日潮流汹涌。1937 年在上海创办的以国共合作形式出版的《救亡日报》，在上海沦陷后，于 1938 年元旦迁至广州西关长寿路复刊，社长为郭沫若、总编辑为夏衍。尽管这里离日机重点轰炸的西村工业区和黄沙火车站不远，但报社坚持每天高质量出报，报道国共两党的抗日大事。直至 10 月 21 日，日军进占广州前夕，报社工作人员坚持散发了当天报纸后，才徒步离开报社，转往桂林。在梯云东路的市立第五十四小学任教师的中共党员谈星，1937 年在该校组织了广州儿童剧团，宣传抗日。广州沦陷前，儿童剧团被编入第四战区民众动员会辖下的战时工作第五大队，西撤辗转粤西、广西、粤北宣传抗日，整整 6 年，后来在因国共摩擦引起的牢狱之灾后脱险。1939 年，中共广州市抗日游击队第二支队派出党员黄友涯等人到凤溪村复建党组织，组建地下武装，配合第二支队与日伪军作战，拔除了日伪南海九区在葵蓬的据点。

  1945 年 6 月，在抗日战争胜利前夕中共七大通过的《中国共产党章程》，在总纲部分指出了现阶段的奋斗目标："中国共产党在目前阶段的任务是：对内，组织与团结中国的工人、农民、小资产阶级、知识界和一切反帝反封建人们以及国内各少数民族同自己一道，对外，联合全世界无产阶级、被压迫人民及一切以平等待我之民族，为解除外国帝国主义对中国的侵略，为肃清本国封建主义对民众的压迫，为建立独立、自由、民主、统一和富强的各革命阶级联盟与各民族自由联合的新民主主义联邦共和国而奋斗，为实现世界和平与进步而奋斗。"

抗日战争取得胜利后，中共为建立新民主主义共和国而努力奋斗。在国共关于联合政府的谈判破裂后，国民党发动了内战，共产党则应之以解放战争，结束了国民党政权在大陆的统治。内战时期，在荔湾地区，经济上严重崩溃，纸币贬值极快，原本能买10斤米的钱，转眼间只能买1斤盐。而此时国民党军队还忙于打内战。人们终于喊出了"拍错手掌，烧错炮仗，迎错老蒋"的感叹。在中共地下党领导下，广东省立法商学院成立了地下党小组，各校学生设立民盟小组、《学习》壁报社、爱国民主协会（后改称为"地下学联"）等党的外围组织，高举"反内战、反迫害、反饥饿"大旗，开展合法游行示威和刻印革命传单、书籍等地下斗争。1948年，由于通货膨胀、校方贪污，第二侨民师范学校学生伙食难以为继，3个月内发生4次断炊，校内学联于12月15日组织学生游行至市区繁华路段，拍卖衣物、擦鞋、卖花，在社会上引起轰动。1949年5月，国民党当局通令结束该校。地下党安排该校部分进步学生，参加了粤赣湘边纵队等中共部队，苏丹、李洁容、陈恒光、吴其霭、肖开伦、庄銮等人为中华人民共和国的成立献出了宝贵的生命。中华人民共和国成立前夕，广雅中学发展地下学联近60人，邵源堃等人担负组织交给的刻印秘密刊物任务，刻印从电台收听到和从香港《华商报》等报刊剪辑的解放军消息，以及散发《南京政府何去何从》《中国人民解放军报告》（"约法八章"）等中共文件。解放军攻城前夕，地下党发动工人、学生开展护厂、护校斗争，使西村地区的士敏土厂①、水厂、电厂等大型厂房设备，以及广雅、协和、广东省立海事专科学校等校舍得以完好保留。中华人民共和国成立后，海专一批师生参加了人民解放军海军部队。原海专总务长池敬梓、轮机系学生罗成章和罗伯仪、渔捞系学生陈仲良等师生，在解放沿海岛屿时牺牲。

（二）荔湾在建设和改革开放时期的探索与实践

新的党组织和政权在荔湾建立后，继续高举为共产主义奋斗的理想旗帜，在不同的阶段，为达到不同目标进行道路探索。

在荔湾，中共接管了国民党旧政权，建立起新的党组织与政权，继续按七大关于"现阶段为实现中国的新民主主义制度而奋斗"②的阶段目标，贯彻执行1949年9月中国人民政治协商会议第一届全体会议通过的《中国人民政治协商会议共同纲领》国家大法，依靠人民当家做主，医治战争创伤，恢复正常生活。根据纲领关于"在普选的地方人民代表大会召开以前，由地方各界人民代表会议逐步地代行人民代表大会的职权"③的规定，于1950年2月、1950年6月、1951年1月，广州先后召开了荔湾地区各区第一、第二、第三届各界人民代表会议，由协商产生的各界人民代表，审议区政府工作报告，对政府工作和社会公共事务提出建议。在政权建设方面，一定程度上体现了人民民

---

① 即水泥厂。
② 见1945年6月11日中共七大通过的《中国共产党党章》总纲第一段。
③ 《中国人民政治协商会议共同纲领》第二章第十四条。

主。在经济工作方面，用以工代赈的方式帮助失业群众渡过难关，同时又完成了清涌和修筑芳村堤围、如意坊路、广中路等市政工程。1949年12月，市区有关部门针对国民党垮台前金融崩溃对社会的危害，在十三行开展了取缔非法炒卖黄金、银元、美元、港币的钱庄的行动并于1951年2月出布告禁止港币在市面流通使用，有效地稳定了金融秩序。政府鼓励与扶持民营工商业的发展，鼓励进出口贸易，为企业增加活力。如中华人民共和国刚成立时在十八甫创办的星群中药提炼厂①，办起了专业的中医月刊并提炼出200多种单味中药材，试验中医药新的应用方法。政府还派出工作组到农村扶持农业生产，保障城市粮食和蔬菜、副食品等的供应。政府还根据《中国人民政治协商会议共同纲领》的规定，在农村地区开展土地改革，使耕者有其田，同时也给被分了土地和房产的地主及其家庭以劳动生活出路。

中共七大通过的《中国共产党党章》就曾指出："在将来阶段，在中国民族革命与民主革命得到彻底胜利后，中国共产党的任务是：根据中国社会经济发展的需要与中国人民的意愿，经过必要步骤，为在中国实现社会主义与共产主义的制度而奋斗。"② 3年的新民主主义道路探索，在恢复国民经济方面取得了很好的成效。与此同时，还开展了抗美援朝、"三反""五反"、镇反、禁烟禁毒等斗争。由于中苏友好同盟互助条约的签订，在抗美援朝中，中、苏、朝站在同一阵线，中国共产党加快了从民主主义转向社会主义的步伐。1952年9月，毛泽东在中央提出"中国怎样从现在过渡到社会主义去"的设想。1954年2月，中共七届四中全会正式批准了过渡时期的总路线："从中华人民共和国成立，到社会主义改造基本完成，这是一个过渡时期。党在这个过渡时期的总路线和总任务，是要在一个相当长的时期内，逐步实现国家的社会主义工业化，并逐步实现国家对农业、手工业和资本主义工商业的社会主义改造。这条总路线是照耀我们各项工作的灯塔，各项工作离开它，就要犯右倾或'左'倾错误。"1954年年初，当时的荔湾区开始普选人民代表，召开了区人民代表大会，选举产生区政府组成人员、区法院院长，建立了"每两年普选换届一次"的政治制度。同时，建立起区政协会议制度，完善了工会、共青团、妇联、工商联等群众团体。在全区学习与实施《中华人民共和国宪法》，初步形成了新型的民主政制。在经济方面开展了农业合作化、手工业合作化和资本主义工商业的社会主义改造。在工商业改造中，区委常委学习了毛泽东相关指示，做好团结教育资本家的工作，执行相关政策，顺利开展公私合营工作。不少设备陈旧的私营小厂（如针织、橡胶、电筒、电池、冶金等）合并为规模化生产的大厂。如广州铜材厂就是由20多间分散的有色金属加工私营厂企合并，改组成2间有色金属轧延厂后，再合并而成的。

1956年9月，党的八大召开，要求全党的工作重心适时地转移到集中力量发展生产力。1958年，中央提出了"鼓足干劲、力争上游、多快好省地建设社会主义"总路线，力图加快社会主义建设的步伐。在荔湾市区领导的筹划下，几项民生工程相继完成：一是发动全区近10万人次干部职工义务劳动，在原荔枝湾风景区开挖人工湖，建荔湾湖公

---

① 今星群制药厂的前身。
② 见1945年6月11日中共七大通过的《中国共产党党章》总纲第四段。

园，并在黄沙大道荔湾涌口，建成荔湾防潮闸。这一方面解决了西关地区遇雨水浸街的问题，另一方面也大大改善了西关地区的生态环境。二是把原泮塘的乡村小茶楼改建成由园林建筑专家莫伯治设计的接待国宾的大型园林酒家。该酒家在 1960 年 7 月竣工开业后，接待过多位外国政要。三是建成了连通粤西的铁路公路两用珠江大桥双桥，圆了昔日陈济棠治粤时期已规划而未建设的"西南大桥"梦。江中还特意保留了昔日建造的几个桥墩，以做对照。与其配套新建的中山八路，也竣工通车。四是为昔日世世代代居于水上的疍民，在新建的中山八路旁的党恩新街等处，建成一批水上居民住宅，使他们得以上岸定居。五是扩建了一批工厂，如 1957 年在白鹤洞创办了广州钢铁厂，1958 年在环市西路建设了广州钢管厂的新厂。但是，在转向发展生产力时，由于缺乏科学态度和科学步骤、科学的监管，定出过高指标，虚报浮夸成风，因而生产下滑、物资匮乏，引起国民经济的严重困难。荔湾地区坚决贯彻党的第八届九中全会决定的"调整、巩固、充实、提高"八字方针，各级干部也带头与群众共甘苦，短短几年时间，使地区经济得以恢复。

1966—1976 年的"文化大革命"，使社会出现了极大混乱，经济濒临崩溃。1978 年党的十一届三中全会，再次决定把全党工作重点转移到社会主义现代化建设上。这次的重点转移，是以一系列科学理论与制度为保障，中央确认了当前中国仅处于社会主义初级阶段，因此既要坚持四项基本原则，也要对内把经济搞活，对外实行开放政策，开启了中国改革开放的新时代的探索。1978 年，习仲勋主政广东，决定率先进行农副产品价格和购销体制改革，芳村最先放开河鲜、蔬菜、塘鱼价格，产销见面，按质论价，促进了生产，搞活了流通。在西关，也恢复了清平农副产品市场，鲜活产品，随行就市，大大地改善了城市居民的生活。20 世纪 80 年代，当时的荔湾区的区街工业企业，充分利用了"三来一补"，与外资合资、合作等政策，引进先进设备，开发市场适销对路的产品，在全市各区中处于领先地位。尤其是广州电工合金厂，1987 年有 14 个节银电触头品种获国家科技进步二等奖。20 世纪 90 年代初，邓小平的南方谈话，掀起了第二次思想解放的热潮，进一步调动创业者的积极性。荔湾区委区政府明确提出荔湾区的发展思路：扬长避短，充分发挥荔湾区商业悠久繁荣的优势，突出重点，优化发展第二产业，优先发展第三产业，努力把荔湾区建设成为商贸旅游区，把目标定位为"现代商贸文化旅游区"。在经济建设中，荔湾实施"商旅带动、商贸升级、科教兴区、环境优化"四大战略。荔湾加快了从传统计划经济向社会主义市场经济体制转变的步伐，以建立"产权明晰、权责明确、政企分开、管理科学"的现代工商业企业为目标，实施产权企业制度改革。实施"非公经济"战略，促进私营工商业与个体工商户发展。很多民营大企业如鱼得水。如创建于 1994 年的广州立白企业集团有限公司，主营家居日化产品，综合实力雄居中国洗涤品行业前三强。立白集团在全国各地拥有八大生产基地，员工总人数达 7000 余人。

进入 21 世纪，荔湾分别制定了"十五"至"十二五"计划。确定了不同时期的奋斗目标。"十五"期间，在全区干部的共同努力下，地区生产总值实现 330.15 亿元，地区生产总值平均增长 10.9%，社会消费品零售总额实现 185.41 亿元，年平均增长 10.7%；财政一般预算收入完成 15.5 亿元；全社会固定资产投资（项目在地口径）完成 33.53 亿元；工业生产总值年均增长 9.7%；一般预算收入平均增长 12.2%，职工年人均工资年均增长 10.2%。"十一五"荔湾的奋斗目标是：坚持以邓小平理论和"三个代表"的重要思想为指导，坚定不移地以科学发展观统领经济社会发展全局，围绕建设现代化商贸文化旅游区的目标，积极实施"商旅带动、产业升级、科教强区、环境优化"的发展战略，以推动经济社会发展模式转型为主线，以改革开放和创造为动力，以提高城市建设和管理服务水平为重点，全面构建平安和谐荔湾，促进经济社会全面可持续发展，努力把荔湾建设成为"两个适宜"的现代化文明城区、繁荣兴旺的商贸中心区，富有岭南文化特色的旅游名区和水秀花香的生态城区。"十一五"期间，地区生产总值实现 612.55 亿元，年均增长 10.8%，社会消费品零售总额实现 405.11 元，年均增长 14.9%，财政一般预算收入完成 31.18 亿元，年均增长 15%；全社会固定资产投资（项目在地口径）完成 188.23 亿元，年均增长 36.7%。

三、荔湾在现阶段的奋斗目标

"十三五"时期，是全面建成小康社会奋斗目标的决胜阶段，是广州市落实国家"四个全面"战略布局、巩固提升国家中心城市地位、引领全省实现"三个定位、两个率先"目标要求的关键时期，也是荔湾全面深化改革、加快转型升级、争做"湾区门户"、打造"广州名片"、建设"产业高地"、创建"现代商都"的攻坚时期。

毋庸讳言，"十三五"时期，荔湾经济社会面临经济新常态下的深度调整和转型攻坚，正面临诸多新挑战。从国际形势看，世界经济环境依然复杂，产业结构和投资贸易规则深刻调整，荔湾区企业面临的国际竞争将更加激烈。欧美发达国家推动的"再工业化""工业 4.0"革命与新兴市场国家推动的低成本工业化浪潮，共同蚕食着我国工业产品的国际市场份额，特别是特朗普当选美国总统后，美国开始与中国发生贸易摩擦，从对中国输美商品三番五次加征关税，到打压中兴、华为等中国企业，再到认定中国是"汇率操纵国"，对中国进行极限施压，导致荔湾区享受全球化红利的空间进一步被压缩。从国内形势看，我国经济正处在"三期叠加"的特定阶段，因此，认识经济发展新常态、适应经济发展新常态、引领经济发展新常态是今后贯穿荔湾发展全局和全过程的大逻辑。

在这样的国际国内形势下，荔湾依据什么制定自己的奋斗目标以自强？首先，在思想认识层面，习近平新时代中国特色社会主义思想为荔湾不断破解发展难题、增强发展动力、厚植发展优势、制定奋斗目标提供了强大的思想基础。其次，我们依据的是荔湾的先天禀赋。从荔湾自身禀赋看，作为广州市独具岭南特色的中心老城区、广佛肇一体化的产业聚焦区、广州西联战略的重点区、珠江前后航道商业与生态功能的交汇区，区位特征明显，市场化程度较高，千年商都底蕴深厚，科教文卫体资源集中，城区环境宜居宜业。再次，荔湾不仅有党的坚强领导，有一批素质优良、任劳任怨、无私奉献的党员，而且还有一批具有世界眼光、现代意识、战略思维的干部。综上所述，荔湾提出了今后的发展思路和目标，即以习近平新时代中国特色社会主义思想为指导，全面贯彻党的十九大和十九届二中、三中全会以及中央经济工作会议精神，全面贯彻落实习近平总书记对广东的重要讲话和对广东工作一系列的重要指示精神，落实省委第十二届第六次全会、市委第十一届第六次全会要求，统筹推进"五位一体"总体布局，协调推进"四个全面"战略布局，坚持稳中求进工作总基调，坚持新发展理念，坚持推动高质量发展，坚持以供给侧结构性改革为主线，坚持深化市场化改革、扩大高水平开放，扭住粤港澳大湾区建设这个"纲"，坚持"一个目标、两个融合、三大平台、四大抓手"，坚定不移推动"四个出新出彩"，坚持不懈推进全面从严治党，保持经济持续健康发展和社会大局稳定，打造"湾区门户、广州名片、产业高地、现代商都"，努力实现老城区新活力，推动国家中心城市核心功能区建设全面上新水平，着力建设国际大都市现代化中心城区。

98年的风雨征程，荔湾在党的坚强领导下一步步走向辉煌。在全面建成小康社会奋斗目标的决胜时期，我们要脚踏实地肩负起历史交给我们的接力棒，砥砺前行，不辱使命。

（作者单位：中共荔湾区委党史研究室）

文化传承

推动广州文化出新出彩研究

广州学的构建与广州地方志的编纂

胡巧利

广州学作为一门学科被提出,当然不仅仅是一个研究领域,而应该是一门具有学科体系和未来应用指向的"新兴科学"。至于要使广州学真正建立起自身的学科体系,能够发挥其社会功能,实现创建学科的目的,则需要学者们坚持不懈的努力。而厘清与其他学科的关系,借鉴或融合其他学科的优长,则是建设广州学必然要做的功课。广州学作为城市地方学的一个分支,顾名思义,是以广州这一地方或区域作为其研究对象的。同样,以某一地方或区域为研究对象的地方志,是中华传统文化的重要组成部分,这可追溯至周代,《周官·外史》就有"外史掌四方之志"的记载。编纂地方志,就是研究某一地方或区域的山川、土地、人口、物产、民俗等各方面情况并加以系统记述的学问。以广州为研究对象的著述,可追溯至东汉杨孚《南裔异物志》。广州学概念犹如新生婴儿呱呱坠地,于2010年才被提出。广州地方志则是有着2000年历史的古老而又有持久的生命力的学科。既然他们都以广州为研究对象,那么两者之间有什么异同?如何互相促进、共同发展?这是一个非常有趣而又有积极意义的课题。笔者作了初步思考,提出几点粗浅想法,就教于各位专家。

一、从研究范畴来说,广州学与广州地方志具有同一性

广州学与广州地方志的同一性,主要体现在它们的研究范畴均具有地方性和综合性。

广州学与广州地方志均具有鲜明的地方性,即以广州这一具有明确空间界定的地域为研究主体,并注重发掘广州的地方特色。民国方志学家李泰棻曾言:"修方志者必先考定此方疆域沿革,此所谓修志之先决问题也。"[①] 而方志界奉为圭臬的"不越境而书"编纂体例,更是对方志的地方性作了进一步的强调。广州自古至今的地方志,均谨守这一法度并以彰显地方性为首要任务,对于具有广州地方特色的事物做浓墨重彩的记述。同样地,广州学以探讨广州地方特点、彰显广州个性为主要课题。有学者甚至认为,地方学的宗旨"就是要研究某一空间变为某一地方的过程,深入挖掘其地方性及这种地方性形成的过程、发展规律、地域特点和动力机制等,在彰显地域文化特色的基础上对地方的'未来'作出判断,从而为地方的文化、社会、经济、政治、生态发展等提供理论支

---

① 李泰棻:《方志学》,河北人民出版社1990年版,第101页。

持"①。当今全球经济一体化的大格局中，世界各国都担心全球化浪潮淹没了自己的民族个性，越来越注重本土文化研究，注重提升自己的核心竞争力。广州作为国际化大都市，要在国际竞争中找到自己的定位和竞争优势，必须做好自己的城市主题，保持自己的独立性和特色，显示与其他城市的比较优势。广州学是在这样的背景下提出的，其存在的意义毫无异议就是要发现广州的地方特点，凸显广州城市的个性，探讨适应广州未来发展的特有路径。

从研究内容或领域来说，两者均具有综合性，而且均有一个由点到面、由局部到整体的发展过程。广州地区最早的地方志，即东汉杨孚所撰的《南裔异物志》，其所记内容主要是岭南物产。元代陈大震编纂的《大德南海志》，原书 20 卷，今仅残存 5 卷。从仅存的这 5 卷残本之中，我们仍可以大概摹画出其主要内容，涉及户口、土贡、税赋、物产、舶货、社稷、坛壝、城濠、学校、兵防、水马站、河渡、局务仓库、廨宇、诸藩国等，已由单一趋向综合。新编的《广州市志》，包括 100 多个分志，可谓横涉百科百业，囊括了广州经济社会发展的方方面面。地方学发展的实践证明，由点到面、由局部到整体、由历史文化到现实经济社会发展，这是地方学必然的发展趋势。如敦煌学由对敦煌发现的文献研究，拓展成了一门对敦煌地区的历史文化进行研究的学问；又如温州学，从主要关注当代温州经济和温州人精神，研究古代温州和近代温州，进而研究温州经济与文化的关系。曾有人提出，"地方学是一门以特定地域为特征的，以历史文化研究为主线的、应用性的、诸多学科交叉的文化学科"②。但是，随着研究的推进，越来越多的学者认为地方学是一门综合性的学科。如萧放认为："地方学顾名思义是对特定地域空间内的生态环境、经济方式、社会构成、文化传统等诸多方面进行综合研究的学问。"③ 朱永杰认为："地方学是一门研究某一区域自然和人文环境共同组成的区域综合体的形成、深化规律的学科。"④ 由于广州学的概念提出相对较迟，反而起点较高，一经提出，已吸收了其他城市地方学研究的成果，把广州学定位为一门综合性学科。涂成林即提出："广州学显然不是指传统的、专业门类意义上的一门学科，而是一门综合的、交叉的、集成的新兴学科。"⑤ 广州学的研究领域不是单一的、专门的，而是具有综合性，包括了"广州的历史沿革、历史文化、社会经济、当代发展，广州人以及自然状态等"⑥，可以说几乎涉及广州城市历史与现代生活的方方面面。

广州学与广州地方志所具有的地方性和综合性，虽然是随着两门学科的逐步发展而日益彰显的属性，却也是两者"与生俱来"的天然属性。从这个意义上来说，两者之间

---

① 张勃：《概念、视角与追求：中国地方学的兴起》，载《2014 年广州学与城市学地方学学术报告会论文集》，广东人民出版社 2016 年版，第 53 页。

② 刘开美：《关于地方学构建中的几个理论问题》，载《论地方学建设与发展——中国地方学建设与发展研讨会文集》，内蒙古人民出版社 2014 年版。

③ 萧放：《地方文化研究的三个维度》，知识产权出版社 2012 年版。

④ 朱永杰：《地方学学科属性探讨》，知识产权出版社 2012 年版。

⑤ 涂成林：《关于"广州学"学科建构的几点思考》，载《2014 年广州学与城市学地方学学术报告会论文集》，广东人民出版社 2016 年版，第 57 页。

⑥ 邱昶、黄昕：《广州学引论》，广州出版社 2014 年版，第 13 页。

有着相同的文化基因，具有高度的同一性。

二、从社会功能来说，广州学与广州地方志具有互补性

每一门学科都必然有其独有的社会功能。地方志的社会功能随着历史的发展而不断变化。古方志资政的意义更加突出。《周官》有言："育训掌道方志以诏观事。"东汉郑玄注称："说四方所识久远之事，以告王观博古所识。"[①] 可见方志诞生之时，最主要的功能是为了统治者掌握地方情况，便于施政。杨孚撰著《南裔异物志》的主要目的是让皇帝及京城百官了解岭南物产。晋唐之际，方志教化功能被提到重要位置。晋代常璩认为，方志具有"达道义，章法戒，通古今，表功勋，而后旌贤能"的作用。[②] 宋代方志定型后，尤其是至明清方志鼎盛时期，方志的存史功能得到了大力宣扬，阮元《广东通志》《广州府志》均在序言中开篇明义："郡之有志，犹国之有史。"当代修志，对方志功能的探讨进一步深化，并将之高度概括为"资政、存史、教化"。尽管对于三项功能的排序和具体内涵的阐述仍会有争议，但这一直是志界的主流说法。2015年9月，国务院颁布《全国地方志事业发展规划纲要（2015—2020）》，将方志的功能表述为"存史、资政、育人"，则是从国家层面明确方志的首要功能是"存史"。

广州学的社会功能是什么？笔者曾做了基本的检索，没有找到专门研究广州学社会功能的文章。《广州学引论》作为专著，在基础理论部分只讨论广州学的基本概念、时空范围、研究对象和研究方法，未论及广州学的功能。从全国范围来看，研究地方学社会功能的文章也不多。梁柠欣提出"一项特定对象的研究如果上升为一门独立的学问，就必须看是否能够为人类的文明知识体系贡献出一种独特的范式"[③]。笔者非常赞同这一观点并由此认为，广州学要成为一门学科，明确其自身的社会功能将是一个根本性的问题。这一点如果是模糊的，很可能就会重复已有学科的功能，那么广州学这门科的创建意义也就不存在了。虽然广州学定位为综合性学科，但如果仅是把已有的若干学科的功能归拢在一起，则是对广州学的简单化和庸俗化认识。可以预知，广州学的社会功能必会随着研究的深入而更加明确甚至发展变化。但就笔者当前的有限认识来看，广州学应该关注历史、立足现在、着眼于服务广州发展。具体来说，广州学应当通过研究广州的历史，更好地认识和把握广州的现在，探讨广州的优劣、强弱以及发展特点、发展规律，最终实现为广州未来发展指明方向、途径的社会功能。

地方志以存史为首要功能，地方志的资政功能，主要是提供历史上的经验教训，是为了让后人更好地认识过去的广州，找到自己的源头，便于理解现在的广州是怎么来的、为什么是这样的。广州学的着力点是当下的经济、社会和民生，还要探讨广州未来走向哪里和怎么走的问题。因此，广州地方志和广州学在社会功能上刚好形成互补，前者是

[①] 林尹：《周礼今注今译》，书目文献出版社1985年版，第89页。
[②] ［晋］常璩：《华阳国志》卷十二，齐鲁书社2010年版，第200页。
[③] 梁柠欣：《地方学：走向真正学科的可能性》，载《城市规划和发展：2015年广州学与城市学地方学学术报告会论文集》，广东人民出版社2017年版，第123页。

后者的基础,后者是前者的发展。面向现实和未来的研究,应成为广州学的着力点。笔者之所以不赞成把历史文化作为广州学研究重点的主张,是因为那是属于历史学范畴的课题,是地方史志应该做的事。对广州城市未来发展的研究,更需要对标发达国家城市或国内先进兄弟城市,进行不同城市间的比较研究,搞清楚不同城市间的经济、社会、文化发展的共性和个性,揭示广州自身发展特点和发展规律。这是广州地方史志力不能及的,而恰恰应当成为广州学的强项。但如果缺乏历时性的纵向比较,其所得到的成果也许脱离广州实际,成为虚妄的空谈,与广州学的创立宗旨相背离。因此,广州学研究需要纵横结合,广州地方志则为纵向研究提供支持,可以让广州的发展立于深厚的历史传统之上,保持自己的个性,发挥自己的所长,在国际城市中形成自己独特的竞争力。着眼于过去与未来的融通,这才是广州学存在的特殊意义。其提供的决策不能太过于功利性,而应是更高层次的智慧,这又是广州学与当前有关单位所作的决策研究的不同之处。

三、从学科发展来说,广州学与广州地方志具有互助性

广州地方志为广州学研究提供最基础的文献资料。任何研究都需要占有相当部分的文献资料。开展广州学研究,首要的工作是占有广州地情文献,而历代编纂的广州地方志,无疑是广州学研究最基础的文献资料,因为地方志具有其他文献资料所无法相比的特殊优势,即对于地情的记载具有连续性、全面性、整体性、权威性。①自隋唐确立史志官修制度以来,地方志编修代代相继,从历史纵轴上来看,其文献资料具有连续性。②宋以前,方志记述内容偏重于地理、物产;宋以后,地方志则以全面反映地情为己任,凡区域内的自然、政治、经济、文化、社会、人物等,无所不包,因而从内容涵盖面来说,地方志资料具有全面性。③尤为可贵的是,地方志不只是由某一个县编修,而往往是省、府、州、县统一行动,因而地方志提供的资料不是独立的、片段的,可谓具有整体规模效应,如果以现代大数据技术对这些资料进行分析,其价值将无法估量。④明清以来,地方志基本由地方行政长官主持编修,资料来源相对可靠,因而具备权威性。就广州来说,历代所修方志卷帙繁多,其数量在各类地情文献中居首位。例如,于2015年4月30日全面出版的《广州大典》,按经、史、子、集、从五部分类,收录文献4606种,编成520册。其中,史部192册,而地方志就占了66册,在史部占比高达34.38%,况且这里所说的仅是省、府(州)、县志,尚有大量的山水志、寺庙志、物产志、人物志、乡镇志、街道志、村志、行业志、部门志以及各种杂志、小志未计算在内。可以毫不夸张地说,广州地方志是广州学研究的最基础文献资料,是必须首选且不可或缺的资料。

广州学研究为广州地方志的活化利用提供了最大的可能性。地方志一旦编纂成书,也就实现了存史的功能,但存史毕竟不是唯一目的或最终目的。2014年4月,李克强总理对第五次全国地方志工作会议作出批示,以"修志问道,以启未来"八字寄语地方志,把长期以来局限于研究"过去"的地方志,提到了面向未来的新高度,赋予地方志探索规律和启示未来的社会功能。就广州地方志而言,其根本意义就在于认识广州以及

为广州未来发展提供某种借鉴，正所谓"治天下者以史为鉴，治郡县者以志为鉴"。广州地方志记载着广州发展的历程，凝聚了千百年来广州人的智慧和精神，需要通过被广泛利用和研究，将其活化为于今天广州发展具有重要意义的经验甚至良策，从而让地方志实现资政、育人的功能。这其中的关键问题就是要找到过去与现在的结合点。广州学则正好承担起了这一历史使命。广州学研究恰恰就是要通过对包括《广州地方志》在内的历史文献的研究、解读、诠释，发现广州的文化基因、揭示广州的发展规律、探索广州的未来走向。可以说，广州学研究使静态的广州地方志资料变成鲜活的现实财富，拓展了地方志资料活化利用的途径，提升了地方志的应用价值。还值得注意的是，广州学研究在利用广州地方志资料的同时，还可以对资料是否全面、系统、翔实、准确进行实践检验，对是否便于检索使用等属于方志编纂体例范畴的问题进行验证，从而可以推进方志编纂学的发展，对于提高新一轮志书编纂质量必将具有重要意义。

广州学研究可以为更好地编纂广州地方志提供最有力的支持。过去，修志是临时性工作，编写班子是临时组织的，资料也是临时收集的。当代修志则完全不同，一轮志书即将完成出版之时，就开始对下一轮志书的编纂准备。正所谓"兵马未动，粮草先行"，志书编纂尚未启动，就先开始收集地方志资料。2006 年，广州市首创实施地方志资料年报制度，就是要求及时把上一年度广州发生的各方面情况记录下来。这就对地方志工作提出了新要求，不仅要关注过去，更要关注当下，及时了解当前发展情况，研究和把握当前发展的重点特点，以便更好地反映广州发展的历程、取得的成就及其经验教训。收集地方志资料的过程，同时也是一个研究广州现实的过程，需要吸收各行各业关于广州现实的研究成果。而广州学研究立足现实，以研究诸多广州现实发展问题作为切入点和增长点，其研究成果显然可以直接为地方志编纂提供各种启示，对地方志框架篇目的设计、记述重点的确定、入志资料的取舍等诸多问题提供有益参考。

四、增强广州学与广州地方志研究的互动性

基于以上三点认识，笔者认为，无论是构建广州学还是广州地方志发展，都需要增加两者的互动性。互动应是全方位的，而且应该随着广州学研究的持续开展而不断深入，但在当前广州学初创阶段，应着重在以下两方面开展合作。

首先，从文献建设来说，可以合作共建"广州学文献中心"。文献是一门学科得以构建和可持续发展的重要条件，也是学科研究成果的最终表现形式，是衡量学科建设成效的标准之一。许多专家都不约而同地提出，建设广州学首先应考虑的问题，即进行相关文献的建设。可以说，广州地方志部门在相关文献建设方面已经有了相当的积累。就以广州市地方志办公室所建立的广州地情资料库来说，与广州学有关的文献资料主要有四个方面：一是历代编修的地方志书。包括广东省志、广州府志、广州府所属各县志书，当代编修的广州市志、所属各区各县的地方志书，还有各行业各部门编纂的事业志、行业志、企业志等，以及其他古今专题志如海关志、寺庙志、山志、书院志、学校志等。二是当代编纂的广州年鉴，所属各区县年鉴。《广州年鉴》从 1983 年至 2015 年，每年一册，已出版了 32 年，完整地记录了改革开放以来广州走过的历程，可以说是当代广州连

续不断的史册。三是广州地方志资料年报。从2006年开始，广州市实施地方志资料年报制度，市地方志办指导全市170多个单位编写年报，全面系统地记录了本单位所在行业（事业）发展情况，积累了极为丰富的资料。四是广州地情书籍。广州市、区（县）两级地方志办在修志编鉴的同时，开展地情研究，编纂出版了一批有关广州历史文化的地情书籍。上述文献可以说都是有关广州历史和现在的权威资料。构建广州学应充分利用广州地方志资源，与广州地方志合作共建"广州学文献中心"，可以把广州地方志资料库作为基础文库，在此基础上再不断丰富扩展。

其次，从研究力量来说，可以合作共建"广州地方智库"。广州学所研究的领域，从纵向考察，贯串了广州的过去、现在和未来，从横向考察，则几乎涉及任何一门学科。构建广州学，需要协调整合广州地区的所有学科资源，需要充分动员广州地区的所有研究力量，共同研究有关广州历史、现在和未来发展的重大问题，尤其是当前广州城市发展面临许多新的困难和问题。建立一个类似"广州地方智库"这样的平台，团结凝聚各学科专家，应是构建广州学所要考虑的重要议题。再从广州地方志编纂来说，由于志书内容涉及全市各行各业，涉及众多学科门类，编纂工作更是需要调动全市各部门力量，正所谓"众手成志"。根据国务院《地方志条例》的规定，地方志书20年一修，广州市新一轮志书所要记载的是2001年至2020年这段历史。这20年间，广州的发展特点、重大成就、主要经验、重大失误各是什么？仅靠地方志部门去关注是远远不够的，需要调动各方面力量进行深入研究。所以，广州地方志也需要建立"广州地方智库"这样的平台，以凝聚各方智慧。而与广州学、广州地方志相关的学科有很大一部分是相通的，所以两者完全有合作共建"广州地方智库"的基础。此外，广州地方志研究人员应自觉投入广州学研究，成为广州学研究力量的组成部分，并努力成为"广州地方智库"的一员。

总而言之，广州学和广州地方志都是以广州为研究对象的学科，它们之间有着天然的联系，有着相同的文化基因，无论是构建广州学，还是编纂地方志，都应借鉴和利用另一方的成果。在今后的学科建设中，加强两者的合作，必然取得双赢的结果。两者各自发挥优长，形成合力，对于广州城市发展必将产生更大的积极意义。

（作者单位：中共广州市委党史文献研究室）

广州文化市场的兴起和发展（1979—2002年）

张书英

一、"计划经济为主、市场调节为辅"时期（1979—1984年），广州文化市场率先兴起

党的十一届三中全会后，凭借中央赋予的特殊政策和灵活措施，广州最先进行了文化和经济相结合以促进经济发展的尝试，广州文化市场首先从娱乐业崛起，多种文化市场如雨后春笋般迅速兴起，从而成为国内文化市场的发祥地。[①]

（一）采取多项措施推动广州文化事业市场化

1. 部分文化事业单位通过经济管理体制改革走向市场

1981年，广州市文化部门根据中央的调整方针，对艺术表演剧团提出了"经济上国家少补贴，集体有积累，个人增收益"的改革要求。各剧团从实际出发，进行了各有特点和程度不同的调整改革。广州杂技魔术团率先实行承包责任制，试行民主管理，独立核算，集体经营，结余分成，改变了过去靠国家补贴才能勉强维持的状况。1983年，又有红荔轻音乐队、新华电影院等5个单位以及新华书店的7个售书亭试行承包责任制。通过改革，文化单位逐步走上自主经营、自主管理、自负盈亏、自我发展的道路，积极参与市场经营活动，从而推动了文化市场的兴起与发展。

2. "以文补文"[②] 促进了文化产业的产生和发展

从1980年开始，广州市属文化事业单位利用自身的业务技术、设备和场地，开展"以文补文"的经营和有偿服务。一是与港资合作兴办文化事业。比如，广州文化服务公司与香港和记电业集团合办"粤声国际舞台音响器材咨询中心"等，使部分文化产品和服务开始具有商业性质。二是自筹资金办实业。广州市1984年创办的新时代影音公司，自筹12万元创业，业务发展迅速，创造了较高的利润。三是开展"一业为主、多种经营"综合服务。比如，电影院、影剧场以演、映为主，兼营舞厅、音乐厅、录像放映、餐厅等业务。"以文补文"促使文化单位转变思维，走向市场。

[①] 温朝霞：《广州文化市场的现状与发展探析》，载蒋述卓主编《广东文化产业发展与对策研究》，广东人民出版社2005年版，第245页。

[②] 1980年，中宣部等部门首次提出"以文补文"措施。当时，一些文化事业单位迫于生存压力，自筹资金开展多种形式的文化活动，进行有偿服务，以改善职工生活及扩大再生产。这被专家视为文化产业的发端。

3. 支持社会各阶层共同参与办文化，活跃了文化市场

1980年，广州兴起了企业办文艺。1984年，白云山制药厂建立了全国第一个企业办专业艺术表演团体——白云歌剧团。到年底，广州市已有80多个企业单位办起了近100个轻音乐队、音乐茶座、舞场等。一些企业还通过赞助文化单位，开展横向联合办文化。比如，广州动物园与广东木偶剧团合办"欢乐世界"；广东运动饮料厂与广州粤剧团合作，既扩大了企业影响，也促进文化单位的发展。同时，广州还出现了集体和个体办文化的现象。广州由过去单一的国家办文化逐步转变为国家、社会共同兴办文化。

（二）广州文化市场的率先兴起

1. 文化娱乐市场迅速崛起

1979年，广州东方宾馆出现了我国第一支业余的轻音乐队和第一家音乐茶座，中国大酒店、白云宾馆、华侨大厦等一批豪华宾馆纷纷组建轻音乐乐队，演唱以粤语流行曲为主的歌曲。1981年开始，广州的一些宾馆和文娱场所办起了舞厅，经营方式逐步从内部包场发展到面向社会。到1984年年底，广州地区有音乐茶座76家、舞场72个、电影院34个，各种文化娱乐场所分布在全市各个角落。这一时期的文艺演出活动丰富多彩，演出市场活跃。据《广州年鉴》记载："广州市区由电影院、剧场、舞场、音乐茶座、文化室、桌球室、游乐园等100多处文化阵地组成的文化夜市，丰富多彩，被誉为'南国文化不夜城'。"①

2. 图书和报刊市场逐步兴起

随着工作重心的转移和人民生活水平的提高，人们对书籍、报刊的需求量大幅增长。各类型各层次的报纸相继创办或复刊，教材类、科普类、文学类图书的品种和产量大幅度增长。广州地区的图书、报刊的生产、销售、发行量不断增长，图书和报刊市场呈现出购销两旺的局面。图书和报刊生产方面，数量逐年增多，品种不断丰富。各报社积极开展新闻改革，创办了一些有特色的栏目或专版，同时进行经营管理改革，开展"一业为主、多种经营"，利润和营业额均连年大幅上升。广州地区的期刊在改革开放后迅速崛起，创刊于1979年的《花城》杂志，率先为中国文学界打开了一扇南风窗。《家庭》《黄金时代》《武林》等杂志的发行量超过了100万份，无论发行量、读者量还是影响力，在全国都名列前茅。②广州市进行了图书和报刊发行体制改革，书报刊发行在经济结构和流通渠道方面发生了重大变化，集体、个体书刊批发、零售业迅速发展，以国营新华书店为主渠道，集体、个体二级批发和零售为重要补充的书报刊市场逐步形成，个体书报刊零售摊档遍及城区街道和农村乡镇。时值全国书报刊业发展迅猛，各类图书、报刊荟萃广州。据《广州年鉴》记载，"自1984年起，广州市就已成为全国书报刊集散地之一"③。

---

① 广州年鉴编纂委员会：《广州年鉴（1985）》，香港经济导报社1985年版，第453页。
② 李宗桂等：《文化精神烛照下的广东——广东文化发展30年》，广东人民出版社2008年版，第98页。
③ 广州年鉴编纂委员会：《广州年鉴（1989）》，广州文化出版社1989年版，第445页。

3. 电影音像市场逐步兴起

改革开放后,广州地区的电影业经过整合找准突破口,制作了一批受欢迎的作品,迅速占领大众文化的消费市场。珠江电影制片公司掀起创作生产高潮,1979—1984年影片生产数量达47部。放映业由于大量影片解禁、新片的问世以及人们观映欲望的释放,获得迅速恢复和发展。20世纪80年代,为适应改革开放后社会文化娱乐生活方式的多元化,市区电影院调整了业务结构,改变传统的单一的放映功能,使之成为以电影为主,集视、听、舞、玩、吃于一体的综合性的文化娱乐场所,创造了良好的经济效益。同时,广州市音像出版事业发展迅速,音像出版单位由1979年年初的1家发展至1984年年底的7家。广州的音像出版单位技术、设备比较先进,制作实力雄厚,出版品种数量多、质量好,逐渐形成产业化规模。加上大量海外音像制品源源流入,广州形成了一个较庞大的音像市场。

二、"有计划的商品经济"时期(约1985—1991年),广州文化市场日趋活跃和不断拓展

1984年党的十二届三中全会后,随着经济体制改革不断推进,文化的产业属性进一步显现,文化市场日益活跃。1988年发布的《关于加强文化市场管理工作的通知》正式提出了"文化市场"的概念。① 1987年,广州市人大常委会审议通过了《广州文化发展战略纲要》。1986—1990年,广州市先后召开了4次文化发展战略研讨会。在良好的环境下,广州文化市场在探索中不断前进。

(一)加快文化体制改革步伐,提高文化产业的市场化程度

1. 进一步调整和转换文化体制

按照中央1983年《关于艺术表演团体的改革意见》和1988年《关于加快和深化艺术表演团体体制改革的意见》,广州市文化局对所属25个单位在干部人事管理、机构设置、艺术委员会的组成、演出单位的组建、经费使用等7个方面简政放权。1987年年底,广州话剧团、木偶剧团、电影公司等9个文化艺术单位和15个专业电影院、8个影剧院等,均实行了团长或经理负责制。1988年,广州乐团、广东歌舞剧院等单位开展了有关劳动报酬制度、下放管理权限、扩大艺术表演管理权等方面的改革。这些改革使文化单位加深了与市场的融合,逐步发展成为充满活力的市场主体。

2. 市属文化事业单位进一步深化了"以文补文"并开展了"多业助文"

一些市属文化单位进一步延伸主业,从单纯服务型向服务、生产、经营综合型转变,经营范围扩大到生产、贸易、服务等多个领域。比如,广州市新华书店先后创办了集雅斋、图书仪器服务公司、音像发行总汇等一批文化企业。到1988年年底,广州市文化系统开展"以文补文"业务的机构已达54个,上缴税金186.7万元。② 一些文化单位注重

---

① 李宗桂等:《文化精神烛照下的广东——广东文化发展30年》,广东人民出版社2008年版,第69页。
② 广州年鉴编纂委员会:《广州年鉴(1989)》,广州文化出版社1989年版,第441页。

利用外资开展多种经营,比如,广州文化器材公司在澳门开设了经营字画工艺的商场,利用港资开设代理产品陈列销售中心,被文化部评为全国"以文补文"先进单位。"以文补文""多业兴文"的开展,增强了文化单位自身的造血功能,促进了主业的发展,实现了文化产业的良性循环。

3. 出现了大批个体、集体、中外合资等不同经营性质的文化单位和团体

在以国有文化企事业单位为主的情况下,广州的集体所有制文化经营单位有了很大的发展,同时个体文化经营单位发展迅猛,中外合资企业在文化市场中所占比例越来越大,发展势头强劲。1988年,全市有100多个企业开展文化建设,有些单位还建立了大型文体场所。1989年,农村电影市场呈上升趋势,集镇电影院有33家,农民个体办的电影院有3家。由此可见,广州文化市场的经营主体逐步多元化。

(二)广州市文化市场日益兴旺、不断拓展

1. 文化娱乐市场蓬勃发展

一是市场规模有所扩大。1985—1991年,广州地区的舞厅由99个增至1120个,专业艺术团体演出由7011场增至7048场,放映电影由11.5万场增至15.7万场。二是流行音乐由本土推向全国。广州流行音乐从之前的引进、模仿香港、台湾的流行音乐发展到自主创作阶段,并开始向全国进军。20世纪80年代中后期,广州本土音乐人陈小奇、李海鹰等在全国流行音乐界脱颖而出。20世纪90年代初,广州率先引进歌手签约制度,创造了中国流行乐坛的包装制,最早尝试用市场的规律去经营流行音乐的产品。三是出现了新的大众娱乐项目——"卡拉OK"。1988年年初,广州市建成第一家"卡拉OK",成为国内最早出现营业性歌厅的城市之一,至1990年已形成"卡拉OK"热。四是文化娱乐市场的自我调节能力增强,较好地满足了市场需求,创造了良好的经济效益。

2. 图书和报刊市场更上一层楼

这一时期,广州地区报刊在内容、导向和经营发行体制上均进行了大胆探索和改进,图书和报刊市场品种丰富,交易活跃。一是出版的书报刊数量逐年增加,质量明显提高。1991年,广州地区全年出版各类图书2432种,比1985年提高了54.3%;市属期刊有67种,其中有36种是1985年后创办的。① 市属报纸由1984年的31种增至1990年的60种。二是报业市场开始崛起。这一时期,广州逐步形成一个以党报为核心的多层次、多样化的适应改革开放形势需要的报纸结构。1990年,市属报纸每期发行总量近297万份。《广州日报》进行了一系列改革:1987年,在全国地方报纸中率先从每天4版扩到8版,引领了中国报纸扩版的潮流。从1990年起,《广州日报》改邮局发行为自办发行,一度使喝早茶、看《广州日报》成为一道独特的城市风景。三是进一步改革图书发行体制,确立并完善了以新华书店为主体,以出版社自办发行、集体和个体书店书摊为补充的多渠道发行网络。1990年,市新华书店全年总销售额达1.17亿元。

3. 影视音像市场的得以拓展

一是电影市场稳步推进。珠江电影制片公司适应形势的发展,进一步开展外引内联

---

① 广州市地方志编纂委员会:《广州市志》(卷十六),广州出版社1999年版,第951–954页。

多种经营，不断提高生产能力，1985—1991 年共拍摄影片 98 部，其中近 20 部电影获得全国、省级奖项。广州电影发行放映业继续开展经营管理体制改革，调整业务结构，实行承包责任制，形成了"一业为主、多种经营"格局。广州发行放映业调整、转型的做法和经验在全国获得推广，被称为全国电影发行放映系统的"广州模式"①。二是音像市场跃居全国前列。在激烈的市场竞争，特别是在大量非法音像制品的冲击下，广州地区的音像业不断适应市场需求进行改革，逐步得到扩展。《广州市志》记载，"无论音像制品的数量、质量，还是技术设备的先进性，在国内均居前列，成为全国三个中心之一"，"广州音像制品的出版与发行，均居全国领先地位"。② 三是广州电视市场逐步兴起。1988 年 1 月，广州电视台正式开播。虽然建台较晚，但该台勇于开拓创新，先后拍摄了在全国很有影响的《商界》《外来妹》等电视连续剧，取得较高收视率，广告投放量也取得很大突破。同时，广州电视台坚持开展多种经营，经营收入在全国城市电视台中居领先地位。③

三、社会主义市场经济时期（1992—2002 年），广州文化市场逐步成熟和繁荣

党的十四大召开后，广州经济体制改革向纵深方向发展，为文化事业的发展注入了强劲动力，创造了更加有利的条件。随着广州文化体制改革全面展开，文化产业的整体实力和竞争力不断增强，文化市场不断向纵深推进并逐步成熟和繁荣。

（一）全面推进文化体制改革，力促文化市场的繁荣发展

1. 广州市把文化市场作为重要的新兴产业和经济增长点加以精心培育和扶持

20 世纪 90 年代，广州市提出"大城市以文化定输赢"的理念，指出"文化中心是广州的重要支柱之一"。1992 年，广州制定《关于加快我市宣传文化事业发展的意见》，提出了深化广州文化体制改革、加强宣传文化事业发展的具体措施。1996 年制定的《广州市文化文物事业发展"九五"计划及 2010 年发展目标》提出，"九五"期间要"建立起与市场经济体制相的文化运行机制"。21 世纪初制定的《广州市文化产业"十五"发展计划》提出，"把文化产业培育成为广州新的经济增长点，使广州成为全国重要的文化产业基地"。这些措施极大地促进了广州文化市场的繁荣发展。

2. 改革经营管理体制并从 20 世纪 80 年代的"以文补文"转向"文商结合，综合经营"

为适应市场经济发展的需要，广州市对一些文化企事业单位实行经营权和管理权分离，比如把全市演出管理职能从市演出公司分离出去，使之全力开展剧场经营；广州电视台成立了广州电视广播有限公司，专门负责经营台属的 20 多家企业。珠江电影制片公司在 20 世纪 90 年代逐步转变为自筹资金拍片、自主经营、自负盈亏、自办发行，形成

---

① 广州市地方志编纂委员会：《广州市志》（卷十六），广州出版社 1999 年版，第 331 页。
② 广州市地方志编纂委员会：《广州市志》（卷十六），广州出版社 1999 年版，第 1049 - 1050 页。
③ 广州市地方志编纂委员会：《广州市志》（卷十六），广州出版社 1999 年版，第 1046 页。

产供销一条龙、影视录一体化的新生产经营体制。市属剧场拓宽经营项目,对外招商租赁,增设娱乐设施,为主业发展提供了财力支持。20世纪90年代后期,广州各剧场、艺术团体还大力地推进文化和旅游相结合,实现了文化与旅游合作"双赢",大力地提升了文化事业的市场化程度。

3. 打造大型产业集团,培育有实力、有活力的市场竞争主体

1996年,《广州日报》在改革上迈出了坚实的一步,在全国率先组建报业集团,由地方机关报转变为以市场机制运营的企业集团。之后,该集团的发展狂飙突进,以资产为纽带、以主报为核心的国有报业资产运营、管理体系日趋完善;以集团为依托、延伸报业固有功能与横向联合有机结合的规模经营道路不断拓宽。1992年11月,成立全国首家图书发行企业集团——广州新华书店企业集团。至2000年,该集团拥有28家成员企业。2000年重组后,广州市新华书店集团有限公司形成跨行业、跨地区、跨所有制结构形式,开展多元化经营、多功能服务的现代化图书发行集团。组建文化产业集团,极大地提升了文化单位的竞争力和影响力,加快了文化市场的整合和结构调整。

(二)广州文化市场向纵深发展,逐渐成熟和繁荣

进入21世纪,广州文化市场的外延得以扩大、内涵得以深化。此时,广州市书报刊市场、娱乐市场、电影市场、音像市场同时并举,其中出版印刷发行业构成主体,报业成为"龙头",广播电视行业是高速增长点和重要支柱,文化娱乐行业是辅助补充成分。①

1. 广州书报刊市场闻名全国

一是报业成为广州文化市场的"龙头"。至2002年,广州已形成以党报为主体,兼有政治、经济、科技、教育、文学艺术、文化娱乐、生活服务等多门类、多层次、多功能的较为合理的报刊业结构,各类报刊发行量从5亿多份增至9亿多份。二是图书出版发行市场是广州市文化市场的中坚力量。建立起以国有新华书店为主体,多种发行渠道、多种经济成分、多种购销形式的发行体制。2002年,国有图书全年总销售4.98亿元,实现利润2717万元。1994年11月开业的广州购书中心,集图书展览、零售、批发、订货于一体,被称为"神州第一书城",2002年的销售额达2.44亿元。各种个体、集体经营的书社、书亭、书摊异常活跃,至2001年年末,广州市内有书报刊二级批发单位72家,图书零售经营单位1100余家,报刊零售店档2190余家。② 还多次举办"羊城书市""南国书香节"等展销活动,广州图书市场的影响力不断扩大。三是逐渐形成电子出版物市场。1998年5月,广州市在全国率先实行电子出版物经营许可证制度。至2001年,全市有近20个电脑城、130余家电子出版物软件经营单位,销售电子出版物的经营业户最多时达300多家,初步形成以天河区为中心,逐步向老城区、边远地区拓展的经营格局。

2. 广播影视音像市场成为广州市文化市场的重要支柱

一是电影市场实力增强。2001年,全市电影放映单位113个,放映场所300多个,

---

① 温朝霞:《广州文化市场的现状与发展探析》,载蒋述卓主编《广东文化产业发展与对策研究》,第248页。

② 广州市地方志编纂委员会:《广州市志(1991—2000)》(第八册),广州出版社2009年版,第830页。

全年发行各种新影片102部，播放电影近7.5万场①，并在全国率先建立电影售票网络系统。2002年，广州市电影公司、珠江电影制片公司和广州市演出公司联合组建广东珠江电影院线有限公司，当时有29家影院加盟，经营区域以广州为中心，辐射广东及广西、福建等地，是华南地区第一家跨省院线。院线制改革推进了电影产业化进程，促进了广州电影市场的繁荣发展。二是广播电视市场迅猛发展。1991年12月正式开播的广州电台，走出了一条"频率定位特色化、管理运营频率化、广播经营市场化、广播技术领先化"的发展道路，创下国内广播界的多个第一，形成了"广州广播模式"②。广州电视台坚持电视多元化、产业化发展方向，不仅开展电视、广告节目的策划、设计和摄制，还开展旅游、商贸、电视节目营销等经营，综合能力居全国城市电视台的前列。1994年建成的广州有线广播电视台，创办了全国第一个24小时播出的购物频道。至1997年年底，在全市各市、县、镇建成广播与电视、有线与无线相结合的完善的广播电视体系。2001年，全市广播人口覆盖率99.8%，电视人口覆盖率99.5%。三是音像制品市场稳步推进。至2001年年末，广州市内有音像制品经营单位1100家。除了由新华书店系统、音像出版社等形成的正版音像制品经营渠道外，20世纪90年代还形成海印、西场、万国等19个民营音像制品场，从事音像制品租赁的个体经营者在街头到处可见。对广州的音像制品市场，有专家做出这样的评价：广州是全国最早的音像物流中心，市场交易额和正版音像制品供应份额在全国是最大的，音像制品销售量位于全国前列。③

3. 文化娱乐市场是重要组成部分

一是文化娱乐市场健康繁荣。1992年至2000年，广州市的专业艺术表演团体由15个增至19个，民间职业剧团由18个猛增至82个，艺术表演场所由23个增至82个，卡拉OK由93间猛增至537间。20世纪90年代中期开始，广州的演出市场得以全面展开，逐步形成规范有序的市场体系。每年都有世界各地的艺术名团、名家来广州演出，"广州新年音乐会""广州之夜"等成为重要的演出品牌，广州成为与北京、上海齐名的国内演出"重镇"④。二是流行音乐市场由盛转衰，但实力仍存。1992年后，广州的流行乐坛展开了声势浩大的"造星"运动，形成由"签约歌手—音乐制作人—唱片公司—歌迷"的艺术生产和艺术消费的良性循环机制，电子传媒不断推出"排行榜""新歌榜""新人榜"，各大报纸也大力推介广州流行音乐，加大了本土流行音乐的传播力度，将原创音乐作品源源不断地推向全国音乐市场。20世纪90年代前期，广州流行音乐乐坛空前繁荣，在全国居引领地位。到20世纪90年代后期，由于多种原因，广州在流行乐坛的地位落在北京后面，但仍有实力，不少音乐作品获全国性奖项。

---

① 胡燕妮、张煜、付勇：《广州文化产业的现状分析与对策研究》，载《探求》2003年第1期，第67页。
② 王晓玲：《广州改革开放30年》，广东人民出版社2008年版，第247页。
③ 温朝霞：《广州文化市场的现状与发展探析》，载蒋述卓主编《广东文化产业发展与对策研究》，第248－249页。
④ 《广东文化产业竞争力日益强大》，载《中国文化报》2003年11月15日。

四、改革开放后广州市文化市场的特点和启示

纵观广州市文化市场20多年的形成和发展,呈现出以下三方面的特点。

其一,在多方面走在全国前列,为我国文化市场的发展提供了借鉴。改革开放时期以来,广州文化市场起步早,敢闯敢冒,亮点纷呈。据《广州日报》报道:广州"在中国率先提出文化产业口号并开始进行研究,国内第一个音乐茶座诞生在广州,全国首家报业集团诞生在广州……可以说,广州打响了中国将文化作为商品的头炮"①。《广州日报》不仅于1996年组建全国首家报业集团,而且在国内报界率先推行广告公司代理制,在国内第一个设立报业连锁店;广州新华书店在全国省会城市书店中率先实现改组转制,逐步建立起现代企业制度,广州购书中心是国内首家超级书店;广州首先开创我国流行音乐发展的先河,最早按现代市场经济模式进行运作;广州芭蕾舞团是全国艺术院团中第一个实行全员聘任制的,被称为全国最有创新意识的芭蕾舞团,还有在国内广播界创造多个第一的"广州广播模式"等。广州在多个领域、多个方面为全国文化市场提供了经验。

其二,形成以国家办文化为主导、社会办文化为基础的格局。广州市委市政府鼓励文化单位多渠道筹集文化发展资金,允许国内民间资本、非文化企业介入文化产业领域,支持和引导外资、个体、私营、民营企业对文化产业的投资和经营。20世纪90年代,影视音像业中的民营资本迅速崛起,形成"巨星影业""俏佳人""中凯"等品牌,音像制品租赁业几乎全为个体经营。广州图书销售市场形成以"新华"系为主导,社会其他资金介入竞争的多元化、多层面格局。广州娱乐市场也注入大量外资、民营资本,比如,海内外10家企业首期投资6.7亿元兴建广州市世界大观的8大剧场等。广州文化市场逐步形成政府、企业、私人、外商多方投资,国有、集体、中外合资和合作、股份制、个体等多种经济成分共同发展的新格局。②

其三,文化产业科技含量较高,生产经营的竞争力强。广州文化市场的形成和发展,倒逼文化产业进入竞争状态并不断增强竞争力。仅以报业市场为例:当时,广州有6家综合性报纸同在一个市场竞争,《广州日报》以报业市场化先行者的姿态,在新闻竞争、发行竞争、广告竞争、人才竞争等方面频出高招,得以冲出重围并取得主动,成为中国大陆最大的报业集团。广州文化市场无论在生产和制作方面,还是在销售和流通方面,科技化趋向明显,科技含量较高。例如,广州音像出版社制定"以高科技出精品,以高科技为突破口"的发展方针,研发的产品曾获专利权;以高科技为依托的数字院线制,使电影的发行、放映更加快速、便捷等。较高的科技化水平,提升了广州文化产品的竞争力。

当然,2002年之前的广州文化市场还存在不少不尽如人意的方面,但我们不能否

---

① 卜松竹、窦丰昌:《广州文化市场酝酿产业升级》,载《广州日报》2003年2月17日。
② 温朝霞:《广州文化市场的现状与发展探析》,载蒋述卓主编《广东文化产业发展与对策研究》,第249页。

认,广州文化市场曾经创造了辉煌,总结这段历史,我们可得到以下启示。

其一,始终坚持先行一步的创新文化发展战略。广州作为我国社会主义市场经济建设的先行者和改革开放的前沿阵地,不但在经济建设中敢为人先、勇于闯关,在文化领域同样具有创新精神和超前意识,积极探索社会主义文化市场建设的有效途径。2003年,《中国文化报》曾用"先行一步天地宽"来评价广东文化产业的体制优势,具体到广州也是如此:全社会办文化、转企改制、兼并重组、资本经营等市场手段较早应用于文化事业发展中,使广州文化市场充满生机与活力。在文化创作方面,无论影视作品、流行音乐,还是图书、报刊,均创作出一批独具岭南特色的、反映改革开放大潮的文化精品。在文化生产、文化经营、文化流通、文化消费领域,都能领略到广州先行先试、敢闯敢干的创新精神。创新,使广州文化市场保持旺盛的发展潜力和强大的竞争力。

其二,不断深化文化体制改革,着力构建有利于文化市场繁荣的体制机制。自从1980年开始兴起企业办文化并涌现出大批集体和个体文化摊档,广州市计划经济时代由国家独办文化的格局逐步被打破。自1981年广州杂技魔术团开始实行承包责任制,广州逐步展开了艺术表演团体的经济管理体制改革。1988年《广州市属艺术表演团体体制改革的意见》的实施,加快了广州文化体制改革的步伐。随着社会主义市场经济体制的建立和不断完善,广州文化系统在所有制形式、人事制度、分配机制、领导体制改革等方面均取得突破性进展,大大地促进了广州文化市场的发展。特别是广州日报报业集团、广州新华书店企业集团的建立,更是带动了文化艺术、新闻出版、广播电视等事业单位的改革深入开展。不断推进文化体制改革,逐步消除束缚文化事业发展的体制机制弊端,为广州市文化市场持续、健康、科学发展创造了条件。

其三,强化"广州创造",抓好文化精品生产。改革开放以来,广州在文化产品创作中,注重取材于本地改革开放的热潮,积极反映新事物新气象,紧贴老百姓生活,使作品充满时代气息和本土特色,取得令人瞩目的成就。例如,电影《雅马哈鱼档》获得金鸡奖,成为"广东改革开放的第一张名片";广州话剧团排演的《商界》《南方的风》在全国首次被邀请到中南海演出;电视连续剧《外来妹》轰动全国,其"把广州形象和岭南文化推向全国"[①]。广州原创流行音乐、广州电视台的《美在花城》节目、创造多个第一的原创音像制品、具有岭南现代表演艺术风格的杂技节目等"广州创造"的精品,大大地增强了广州文化市场的竞争力。加快广州文化市场的繁荣发展,应进一步弘扬优秀岭南文化,同时要与市场接轨、与时代同行,创新文化生产的内容和形式,不断推出文化精品,努力占据文化艺术的制高点。

(作者单位:中共广州市委党史文献研究室)

---

① 黄菘华:《破浪前行——广州改革开放中我的经历》,广州出版社2016年版,第20页。

广府文化与黄埔精神

陈予欢

以广义考释广府文化,即汉族广府民系之文化,指的是广东省广州府地区使用粤语的汉族居民的文化,具体范围是以珠江三角洲为中心以及其周边的粤西、粤北部分地区。广州作为岭南政治、经济和文化的中心,前后历经2200多年,被誉为"岭南古都",是岭南文化和粤语等的最早发祥地。广府文化是中华汉文明的重要组成部分,从属于岭南文化,在岭南文化中个性最鲜明、影响最大,在各个领域中常被作为广东文化的代称。广府文化,覆盖海峡两岸广袤地域,从20世纪90年代以来日益发展的民间社团的互相往来和频繁的交流活动,使两岸同胞增进了解和互信,特别是增进了对中华传统文化的认同,这种强烈的共通的民族文化认同感,把两岸同胞的心联系在一起。对于海峡两岸来说,一个中国的认同,其基本含义:世界上只有一个中国,大陆和台湾同属一个中国,中国的主权和领土完整不容分割。如果仅仅诉诸民族认同、文化认同和学术认同,并不足以实现海峡两岸民众对一个国家的普遍认同,进而无法有效地维护国家统一。2019年是孙中山先生亲自创立的黄埔军校建校95周年,同时又是孙中山先生诞生153周年纪念年。黄埔军校作为现代中国著名军校,在现代中国军事史上留有凝重辉煌的一页,黄埔师生共同缔结的"黄埔精神",更在浴血奋战的14年抗日战争中凝聚上升为"民族精神",激励鞭策中华民族最终取得近150年来第一次反抗外来侵略之抗日战争的伟大胜利。在这个意义上思考如何推进海峡两岸的国家认同、文化认同、民族融合,就显得尤为重要。笔者拟从广府文化、岭南文化之宏旨,以继承弘扬"黄埔精神"之考量,构建海峡两岸文化认同与民族融合,漫谈个人粗浅考释。

一、孙中山思想,是维系中华民族共同体的精神纽带,是海峡两岸文化认同,实现两岸和平统一的源泉动力

孙中山革命之时,中国社会正处于逐渐裂变的过程。1905年取消科举后,城与乡、农与士之间沟壑渐深,知识分子日益边缘化,"士农工商"的四民社会也趋于解体;政见上,顽固派、立宪派和革命派各立营垒;即使在革命派内部,也存在广东、江苏、浙江、湖南、湖北等亦松散亦聚合的集团。旧的权威和秩序失落,新的社会力量崛起,社会结构急剧变化,社会关系急剧调整,上升者尚不知如何处世,下降者不能接受现实,新生者也还没有一定之规。在此过程中,孙中山领导革命派不断根据形势需要,进行策略的调整、力量的整合,联络革命力量组建中华革命党、联合西南军阀建立广州军政府、联俄联共改组中国国民党,以求为国家统一共同奋斗。孙中山先生上下求索以图破解奇

局，奋力而为先驱，即使是在力量最为微弱的时候，都不曾有丝毫的懈怠。在这样的大历史转型期中，社会各阶层联合成为孙中山革命动员的重要一翼。他由联络会党走向动员学生，"留东学生提倡于先，内地学生附和于后"，终于掀起革命的巨澜。反清革命力量从分裂到集聚，首先是与广东、湖南、江苏、浙江等地域分野相对应的兴中会、华兴会、光复会的团体，而孙中山先生创建的同盟会，极大地促进了革命力量的整合。通过孙中山先生的三大政策与新思想新力量的接轨，革命力量已经铺垫下整合的基础。

海峡两岸都十分认同和推崇孙中山，目前两岸应多谈既有共识，少谈歧见，而孙中山思想刚好就是共识的一个重要基础。孙中山思想主张国家统一，是激励两岸同胞的精神动力。孙中山的毕生事业是实现以振兴中华、统一祖国为核心内容的中华民族伟大复兴，他合作、锲而不舍的革命精神，对于两岸和平统一有着重要启示。他很早就昭告世人：台湾是中国领土不可分割的一部分，台湾同胞是中华民族大家庭的重要一员。孙中山思想源于广府文化与岭南文化，是连接海峡两岸人民之间的重要桥梁之一，孙中山关于中国和平统一的政治主张，今天仍有现实意义。只要能够求同存异，继续遵循孙中山思想，两岸就会越走越近。从海峡两岸文化认同看，孙中山是两岸之间的重要桥梁，是能够促进两岸统一大方向里的一个共同基础，希望能促进两岸学界来共同研究孙中山，不要让研究孙中山思想的青年人才产生断层。不仅仅是对孙中山个人的尊敬，还要发现其思想与中国大陆实践的关联，而这也是拉近两岸关系的重要方式。

广府文化是中华文明重要一脉。广州是广府文化的核心区域，广州中心城区则是广州建城 2000 多年来未曾变更的中心圆点，是广府文化发源地、千年商都核心。伟大的革命先行者孙中山早就指出："中国是一个统一的国家，这一点已牢牢地印在我们的历史意识中，正是这种意识使我们能够作为一个国家而被保存下来，尽管它过去遇到了许多破坏的力量。"1922 年 8 月，孙中山在发表的《统一宣言》中，强调"中国是一个统一的国家"。而统一的方法则有舆论和武力两种。孙中山认为，前者是文治感化，即靠宣传赢得民心来谋求统一，后者是用兵力铲除军阀、官僚、政客。由于"世事变化不定"，因而统一办法"没有一定的公式可以遵循"。"台湾是中国领土，要决心收复。"中日签订《马关条约》后，台湾被割让给日本。1912 年 5 月，孙中山对赴台湾组织光复起义的同盟会会员罗福星说："中国人民再也不能容忍别人瓜分自己的国家，他们希望统一，成为一个强大的和不可动摇的民族。"孙中山先生关于国家统一民族复兴的言论，翻阅《孙中山全集》比比皆是，意味深长。在 21 世纪的今天，随着两岸交流的日益增多，和平与和解已成为两岸人民的共同追求。但近来"台独"势力的沉渣泛起，也让我们不能不时刻对此保持足够的警醒。在这种时代大背景下，重温孙中山先生当年的言论："提倡中国分裂的人一定是野心家。"1911 年，帝国主义列强利用民国初年南北对峙之势，鼓吹分割中国，甚至公然提出"南北分治"的分裂中国主张，并以此作为对南京临时政府外交承认的先决条件。孙中山对此表示，鼓吹中国分裂的言论是"卑劣之言"，制造中国分裂的人是"中国之仇敌"。"认同"是两岸关系研究的一个热门词汇，现代汉语对"认同"有三个解释：一是认为一致，相同；二是具有亲近感和可归属的愿望；三是赞同。文化"认同"语义学的定义告诉我们，认同是分层次、分程度的。文化认同包括地域文化之认同，譬如广府文化、岭南文化等之认同，先从两岸同胞都能够一致赞同的方面入手，然后再逐渐建立起其他领域的认同。从目前来看，增进台湾民众对和平发展的认同，对统一前景的认同是当务之急；这一认同的建立，可以为两岸政治问题的解决创造条件，为"中国"和"中国人"的认同创造机会，而后者更强调的是归属感和亲近感。

二、广府文化，黄埔之光：海峡两岸文化认同民族融合相近相亲

1924年的头两个月里，孙中山以大元帅的名义下了三道命令。第一道是创办黄埔军校。第二道是要求将国立广东高等师范学校、广东法科大学和广东农业专门学校合并改为国立广东大学。第三道命令与第二道一同下达——"派邹鲁为国立广东大学筹备主任"。1925年3月12日，孙中山先生与世长辞。为纪念伟人，1926年国民政府下令将国立广东大学易名为国立中山大学，是中山大学把国共两党第一次正式连接在一起的。1924年1月召开的国民党"一大"，就是在中山大学前身——国立广东高等师范学校的大礼堂召开的。在这次大会上，中共党员以个人名义加入中国国民党，正式建立了革命统一战线，为中华民族的复兴而开始并肩战斗。在后来的抗日战争及内战时期，中山大学作为思想的前沿阵地，发挥了巨大的宣传鼓动作用。如今中山大学，为集聚民间力量，研讨孙中山思想，弘扬中华文化，增强海峡两岸同胞的中华民族凝聚力，推动构建两岸政治、经济、文化交流的长效机制，为促进两岸政治互信、深化两岸经贸合作交流做贡献。这对于进一步增强联系两岸同胞的精神纽带、维护两岸和平发展大局、凝心聚力共筑中国梦，都有着非常积极的促进作用。

1924年6月16日，孙中山先生在黄埔军校成立典礼上说："革命军是救国救民的军人，诸君都是将来革命军的骨干，都担负得救国救民的责任，便要从今天起，先在学问上加倍去奋斗；将来毕业之后，组织革命军……所以要诸君不怕死，步革命先烈的后尘，更要用这500人做基础，造成我理想上的革命军。有了这种理想上的革命军，我们的革命便可以大功告成，中国便可以挽救，四万万人便不致灭亡。所以革命事业，就是救国救民。我一生革命，便是担负这种责任。诸君都到这个学校内来求学，我要求诸君，便从今天起，共同担负这种责任。"① 孙中山先生"用这500人做基础，造成我理想上的革命军"，这500人实际系指黄埔军校第一期生，对实施他的军事构想和建军路线，起到了十分重要的推动作用。黄埔军校从1924年至1949年，25年当中举办了23期，仅以黄埔军校广州、南京、成都校本部计算，培养学员53591名，各地分校培训学员累计近30万人，其中抗日战争爆发前毕业学员有25383名。可以肯定地说，许多黄埔军校学员都经历了中华民族14年抗日战争战火的考验，他们用生命和鲜血谱写了抗日战争英雄的诗篇，为了民族生存和国家兴亡所做出的巨大牺牲和突出贡献，应当得到历史和后世的认同称颂。在中华民族生死攸关的14年抗日战争中，相当数量的黄埔军校各期生统率军队，始终战斗在抗日战场第一线并取得显著战果，这个历史功绩和作用应当得到承认。海峡两岸的黄埔军校历届师生始终坚持"一个中国"并为之长期进行不懈的努力，始终站在中华民族统一复兴和引领历史的潮头，始终认定黄埔军校是海峡两岸同属一个中国

---

① 《孙中山全集》第十卷，中华书局1986年版，第300页。

的现代诠释。今年（2019 年）101 岁高龄的黄埔军校第 12 期生郝柏村曾说过"反对任何形式的'制宪'或以'修宪'之名行'制宪'之实，确保领土主权完整"。在海内外黄埔军校校友及其后人心中，中国只有一个。

广府民系内部对于本民系的共同心理认同感比较强烈，民系凝聚力强，人们普遍以繁荣的岭南粤语文化而自豪，主要从 19 世纪末叶的珠江三角洲一带兴起。广府民系在三大民系（广府民系、潮汕民系、客家民系）中最具开放性，最易接受外来新事物，敢于吸收、模仿和学习西方文明并与传统文化相互融合。广府人还具有敢于探索和尝试的拼搏精神，视野宽广，思路开阔，商品意识和价值观念较强，精明能干，善于计算，促使珠江三角洲多元化农业商品经济兴起，以广府人为主干的"广帮商人"在清中期就已驰名全国。显然，广府文化强调的是"认同"与"融合"，无论是文化认同抑或学术认同，在以下几方面，海峡两岸都需要改进，认同是一个相当复杂的长期过程，并不能够一蹴而就。认同需要深入的了解，需要同情的理解，需要相互的尊重，需要理性的思考，更需要超越自我的勇气。如果道听途说、一知半解就无法产生稳定的认同。而由黄埔军校诞生而升华的黄埔精神，是海峡两岸黄埔军人及其后代亲属的共同点与交集点。2014 年，尽管海峡两岸对黄埔军校 90 周年纪念存在"建校"与"建军"一字之差，两岸各界依然尽力寻找共同结合点，从而扩大两岸各阶层交流，加强沟通增进认识。"黄埔精神"的诠释与弘扬确实起到了很好的联络与桥梁作用，两岸融合亲情叠加，天下黄埔是一家，形势与前景令人欣喜、催人奋进。实现海峡两岸学术认同，不仅是解决两岸学术冲突的现实需要，也是实现两岸文化认同和政治认同的重要桥梁。民族认同虽然在不同时代、不同地点表现出不同的形式，但总能产生强大的民族凝聚力和情感归属感，同时也是中华民族赖以生存发展和团结统一的内在动力。大陆对台政策在"一个中国"民族认同、民族融合影响下，始终呈现原则上的坚定性和政策上的包容务实性。两岸历史学学术认同过程中存在着现实障碍，因此，必须以两岸共同的历史文化传统为基础，寻找学术认同的支点：在一定的原则指导下形成两岸学术认同的意识；注重学术认同的"内生性"，以此作为实现两岸学术认同的重要举措，并通过具体的措施逐步实现两岸的学术认同。

三、黄埔军校研究与黄埔精神，是广府文化的延续与出彩之处

广府文化研究是一个涉及学科门类多、时间跨度长、实用性很强的研究领域。如何将广府文化研究与黄埔军校研究有机结合起来，是摆在我们面前的一个崭新课题。广州是中国近现代革命的策源地、岭南文化的中心地、改革开放的前沿地、海上丝绸之路的发祥地。广州的"四地文化"恰与"广府文化"紧密相连、唇齿相依。而黄埔自古以来是华南门户，作为民主革命策源地的黄埔军校，时逢其时、推陈出新。从 20 世纪 80 年代中期开始，黄埔军校过往的历史风采与轶事，逐渐为世人所了解和认识，在现代中国军事历史上留下了深深的印记。发源于 20 世纪 20 年代前期的广州黄埔军校，开创了中国军事成长历史，绵延连续了半个多世纪，流传着不朽传颂与军人风采。无论从哪方面看，广府文化研究、黄埔军校研究以及黄埔精神，都对海峡两岸文化认同、学术认同、

目标认同和民族融合统一复兴，起到了良好的示范引领作用。孙中山先生的博大思想和崇高风范是两岸同胞共同的宝贵财富，迄今仍是激励中华民族不断前进的深邃源泉，值得大力挖掘、继承和弘扬。

什么是"黄埔精神"？它以黄埔军校师生在黄埔建校、建军和投身于革命战争过程中，弘扬爱国爱民、团结合作、勇敢无畏为主要特征。"黄埔精神"不仅为黄埔军人所认同，还成为革命军人克敌制胜的精神力量，还是那个时代的民族精神。虽然不同历史时期对"黄埔精神"的诠释各有不同，但是它有其稳定而深刻的内含。其中，"团结，奋斗，负责，牺牲"精神是主旨，"爱国革命"是核心内容，"亲爱精诚"是关键要点，"团结合作"是显著特点，"奋斗牺牲"是相互诠释。"振兴中华，统一祖国"是当今海峡两岸黄埔学生共同的目标愿景。"黄埔精神"就是海峡两岸之文化认同、精神认同、学术认同、目标认同，此外，还涵盖广府文化、岭南文化之地域认同等。时至今日，"黄埔精神"仍是振兴中华和民族复兴的精神力量，而广府文化则是这一精神生长、发展、升华的历史渊源与动力。综观辛亥革命前后的中国，军阀混战、民不聊生，中国社会变得极为黑暗和混乱，毫无秩序和前途。这正是沉沦与颓变到谷底的一些表征，正像黑暗过后是光明一样，中国历史发展在谷底时期出现了向上转机。辛亥革命是以孙中山为代表的资产阶级革命派领导的资产阶级民主革命，是推翻封建专制的伟大历史变革。革命失败后，先驱者们重新寻求出路，于是有了新文化运动。马克思主义在中国传播并为人们所接受，孙中山领导中国国民党改弦易辙。从这些历史转折，我们可以看出，中国社会内部发展明显呈现上升趋势，中国人民的民族觉悟和阶级觉醒的步伐明显加快了。我们企盼两岸同胞和海内外中华儿女共同努力，携手推动两岸关系和平发展，共同实现中山先生的伟大理想，共谋民族兴，共圆中国梦。孙中山先生的"中国梦"，与习近平总书记提出的"中国梦"，属于不同阶段的"中国梦"。当今时代的"中国梦"要靠每一个中华儿女共同完成，要从每一个人做起。中山先生原来就是在实行"中国梦"，是第一阶段的"中国梦"，（使中国人）脱离被列强欺辱的噩梦，开始自己当家作主。习近平总书记提出这个时代的"中国梦"，就是实现中华民族伟大复兴。这是不同时代、不同阶段的"中国梦"。孙中山先生倡导的"中国梦"，其实与习近平总书记关于"中国梦"的论述是完全相通的。中华民族共筑"中国梦"，这个梦想就能早日实现。我们今天的"中国梦"更具有时代的特征，更具有丰富的内涵。这些都有一个共识，就是需要我们整个民族，海峡两岸和香港、澳门，海外的华人华侨，一起共筑"中国梦"。

广府文化在各个领域中常被作为粤文化的代称。如广州话称为"粤语"，广州方言歌统称为"粤讴"，广州戏剧音乐分别称为"粤剧""粤曲""广东音乐"。黄埔军校研究，无疑是源于广州，起步扩展至中华大地，是广府文化向国家政治、军事、社会、文化的延伸与拓展，是广府文化发展至现代，具有革命与进步意义的一件大事。近年来，以广府文化为渊源之粤港澳合作不断深化，基础设施、投资贸易、金融服务、科技教育、休闲旅游、生态环保、社会服务等领域合作成效显著，已经形成了多层次、全方位的合作格局。最近，国家颁布了《粤港澳大湾区发展规划纲要》。粤港澳大湾区是我国开放程度最高、经济活力最强的区域之一，在国家发展大局中具有重要战略地位。建设粤港澳大湾区，既是新时代推动形成全面开放新格局的新尝试，也是推动"一国两制"事业发展的新实践。粤港澳大湾区的建设有利于全面准确贯彻"一国两制"方针，充分发挥粤港澳综合优势，深化内地与港澳合作，进一步提升粤港澳大湾区在国家经济发展和对外开放中的支撑引领作用，支持香港、澳门融入国家发展大局，增进香港、澳门同胞福祉，保持香港、澳门长期繁荣稳定，让港澳同胞同祖国人民共担民族复兴的历史责任、共享祖国繁荣富强的伟大荣光。粤港澳大湾区合作基础良好，以广府文化与岭南文化为基础，香港、澳门与珠三角九市文化同源、人缘相亲、民俗相近、方言共鸣、优势互补。全面准确贯彻"一国两制""港人治港""澳人治澳"以及高度自治的方针，严格依照宪法和基本法办事，坚持新发展理念，充分认识和利用"一国两制"制度优势、港澳独特优势和广东改革开放先行先试优势，解放思想、大胆探索，不断深化粤港澳互利合作，进一步建立互利共赢的区域合作关系，推动区域经济协同发展，为港澳发展注入新动能，为全国推进供给侧结构性改革、实施创新驱动发展战略、构建开放型经济新体制提供支撑，建设富有活力和国际竞争力的一流湾区和世界级城市群，打造高质量发展的典范。

笔者研究黄埔军校30多年，深深感受到广府文化的强大魅力与深层动能，黄埔军校研究，以断代史划分显然是中华民国史或中国现代军事史研究中的一个新兴分支学科。关于黄埔军校研究，我们可以做出以下结论：黄埔军校研究，对于政党研究、政治学术、国家政体、军事教育以及军队建设，乃至经济、社会、文化种种文明形态，具有中华民族与国家范畴的历史与现实意义。研究黄埔军校，不仅要研究前六期生，还要研究黄埔军校延伸的关于政治、政党、军事、教育等方面的学科。如果对黄埔军校研究定义为只研究前六期，是不够全面和完整的。这就像从前研究革命史只研究革命势力方面，而不研究反革命势力或者统治阶层势力方面一样，都是片面和不科学的。换个角度说，中共党史作为独立学科，也要在研究中寻求广阔的历史背景支持：从历史本身发展的需要，从学科发展和学术研究的需要。同时，黄埔军校研究也应当向更为宽广的历史视觉中延伸和拓展。从20世纪80年代至21世纪初，由于历史与政治原因，黄埔军校研究的范围主要集中在第一次国共合作时期。其中，在此期间的黄埔军校国共两党知名人物皆成为记述或研究对象，为黄埔军校研究探求开辟了广阔空间和学术氛围。特别是在此期间与黄埔军校相关联的许多军事问题、军队建设、军校教育等方方面面，骤然成为主要的研究对象和重要方面。纪念是连接历史和未来的桥梁，在孙中山先生诞生153周年之际，以广府文化与黄埔精神为深长视线，两岸关系正面临一个重要关节点，广府文化以及岭南文化之代表人物孙中山先生因其伟大的历史功绩成为国共两党认同的政治人物，也是两岸特殊的历史纽带。海峡两岸同属中华民族，同文同脉，一样的血缘、共同的文化，这是两岸合作交流的原动力。孙中山思想与大陆实践重叠互动部分很多，仍旧是两岸共同的思想纽带和互动桥梁，是两岸和平统一的重要元素。

四、结语

2019年是中华人民共和国成立70周年纪念年，同时又是伟大的革命先行者孙中山诞生153周年。我们要从广府文化、岭南文化之弘扬推崇，持续推进海峡两岸交流合作，扩大文化交流，增强国家认同、民族认同、文化认同和学术认同，密切人民往来，融洽同胞感情。两岸同胞同属中华民族,是血脉相连的命运共同体,理应相互关爱信赖,共同推进两岸关系,共同享有发展成果。只有这样,广府文化与黄埔精神才能更为有效地推动两岸民众之间进行富有开放性的、理性的、建设性的交流和沟通,才能为两岸文化认同、国家观念认同和推动祖国和平统一奠定坚实的基础。广州以及粤港澳大湾区作为联系两岸同胞情感纽带和传播博爱精神的重要阵地,将两岸共同的价值观点点滴滴地渗透到台湾人民心中,只有赢取台湾民众对祖国大陆同根同源的认同感和归属感,才能在中华民族伟大复兴进程中实现祖国统一大业。

(作者单位:广州市社会科学院)

广州历史文化名城建设三十年回顾

吴张迪

一、广州历史悠久、文化源远流长

广州自秦汉以来,一直是岭南地区的政治、经济、文化中心。早在公元前 9 世纪的周代,这里的百越人和长江中游的楚国人已有来往,建有"楚庭",这是广州最早的名称。秦始皇三十三年(公元前 214 年)统一岭南后建南海郡(郡治设在"番禺",即今天的广州)。公元 226 年,孙权将交州分为交州和广州两部分,"广州"由此得名。直至 1918 年广州市政公所成立,为广州建市之始;1949 年 10 月 14 日广州解放,广东省府仍驻广州。

作为岭南文化的发源地,广州文化源远流长,内涵丰富,脉络清晰,一脉相承。城市文物众多、文献丰富、人文荟萃,建设和建筑文化富有地方特色,民风民俗多姿多彩,地方语言与众不同。广州城市发展史就是一部岭南文化史书。

党的十一届三中全会结束后,我国在各项领域拨乱反正。1982 年,国务院批转国家建委等部门《关于保护我国历史文化名城的请示的通知》[①]。其中提出:

> 我国是一个历史悠久的文明古国,许多历史文化名城是我国古代政治、经济、文化的中心,或者是近代革命运动和发生重大历史事件的重要城市。在这些历史文化名城的地面和地下,保存了大量历史文物与革命文物,体现了中华民族的悠久历史、光荣的革命传统与光辉灿烂的文化。各级人民政府要切实加强领导,采取有效措施,并在财力、物力、人力等方面给予应有的支持,进一步做好这些城市的保护和管理工作。

与此同时,《通知》公布了我国第一批 24 个国家历史文化名城名单,作为岭南文化代表的广州是其中之一。

二、广州历史文化名城建设探索阶段(1982—1998 年)

广州被国务院公布为历史文化名城后,广州市委、市政府十分重视历史文化名城保

[①] 国发〔1982〕26 号,1982 年 2 月 8 日。

护工作,采取了相应措施,探索如何保护近代以来历经战争及"建设性破坏"① 的千年古城,其中取得了一些成果,也碰到了许多尚待深入研究的问题。

（一）首先进行的是对广州这座千年古城的保护研究调查工作

1989 年成立的广州历史文化名城研究会、广州古都学会和 1991 年成立的广州市国家历史文化名城办公室（原叫名城发展中心,以下简称"市名城办"）,这些部门的主要任务就是开展文物资源调查,弄清楚广州名城保护的核心内容。1990 年,广州历史文化名城研究会和广州市文物管理委员会一起对广州市的文物保护状况进行调查,写出了《广州市文物保护的现状及建议》,提出了依法保护名城和加强文物管理的建议。在此同时,开展一系列研究,为广州实施历史文化名城建设提供理论支撑。在这一阶段,影响力较大的是广州建城历史研究与十三行调查研究活动。

（二）深入持久开展名城宣传工作

广州将出版宣传、会议宣传和开展群众性的宣传活动结合起来。一是出版发行有关名城的书籍,如《名城广州》《广州名城保护与现代化国际大都市建设》《名城知识 100 题》；二是举办各种学术研讨活动,召开名城研究会、古都学会学术年会,如 1992 年举办"名城发展战略专家讨论会"；三是每一两年举办一次"识名城,爱广州"宣传活动和"名城广州"电视系列宣传；四是举办名城展览,印发名城宣传资料和名城工作简报,如《广州名城研究情况反映》和《广州名城工作简报》等；五是组织大学生开展名城调查实践活动。

（三）进行广州文化名城保护规划并完善名城保护规划体系

1983 年,广州市组织编制了《广州市历史文化名城保护与城市景观保护规划》,提出了点、线、面相结合的保护体系。其中,"点"的保护对象主要为各级文物保护单位、茶楼建筑和园林式酒家；"线"的保护对象是城市传统轴线、骑楼街、城市道路景观线、珠江游览线；"面"的保护对象是传统民居保护区和城市园林绿化建设区。保护规划还对重点文物保护单位,例如中山纪念堂、烈士陵园、农讲所、陈家祠、光孝寺等,具体划定保护范围和建设控制地带并提出建筑高度的控制。该项保护规划被纳入《广州市城市总体规划》上报国务院,1984 年,国务院批复了广州市城市总体规划后,名城保护已被作为城市总体规划的一项专项工作认真组织。1988 年,为了加强城市规划管理工作,经过广州市人民政府批准施行《广州市城市规划管理实施细则》,明确规定由市规划部门和文物管理部门共同确定应保护的文物古迹、传统民居和制定有关的保护措施。1989 年,广州市开始编制新一轮跨世纪的城市总体规划,而历史文化名城保护规划作为一项重要的专项规划被加以完善与深化。新修编的名城保护规划,在保护原则方面,进一步

---

① 战争主要指鸦片战争时期及抗日战争时期,"建设性破坏"指民国初年拆城墙修马路及 20 世纪五六十年代极左思潮对城市文化遗产的破坏。李卓彬:《城市文化与广州城市发展》,天马图书有限公司 2001 年版,第 177 - 178 页。

继承和发扬历史文化名城的传统,在城市发展中,既要实现经济和社会发展目标,又要保护历史文化遗产,融岭南文化特色于其中;注重城市的可持续发展,以有效的建设达到积极的保护,建立完整的历史文化名城保护规划体系。

(四)名城资源普查

1997年,广州市历史文化名城保护办公室对各区、县级市文化遗产的保护情况及存在问题进行调查,将基本情况编入《名城广州》第二卷。1998年,开始对全市八区、四县级市开展全面的名城文化资源普查工作,重点调查了传统街区、古村寨和重点地段并组织专家进行论证。报市政府批准后,在2000年年底公布了第一批16片历史文化保护区和21片内控保护区。同时,又公布了广州市第一批27个老字号保护单位。

这也暴露出一些非常明显的问题。首先就是名城保护无立法保障,在一定意义上说,名城保护是领导的保护,由于没有法律的保障,一旦没有领导的重视和支持,名城保护就无法推进。其次是有关人士还缺乏名城保护的整体意识。有不少人对名城保护的认识仍然停留在文物点的保护上,把文物保护等同于名城保护,实际上文物保护只是名城保护工作的一部分。与此相关的还有城市规划滞后,有待深化细化;旧城改造中房地产开发过热等问题。另外,文物保护和管理、维修经费缺少,而维修审批手续时间长,资金落实慢,影响维修计划,又是影响这一阶段名城保护的重要原因。①

三、广州历史文化名城建设的大力推进阶段(1999—2018年)

(一)《广州历史文化名城保护条例》的制定和实施

对于历史文化名城建设无法可依的问题,早在1993年10月,《全国历史文化名城保护工作会议纪要》就提出"加强法制建设,依法加强对历史文化名城保护的管理工作。当前法制建设的重点是加快立法步伐的要求"。广州市政府对文化名城十分重视,于1996年4月专门成立了以一位副市长为组长的广州历史文化名城保护条例起草小组,有30多个单位和部门的领导参加了起草工作。起草小组做了大量的调研工作,广泛征求有关部门的意见,召开专家论证会,并借鉴昆明等名城的立法工作经验,紧密结合工作的实际,对条例草案反复进行修改,六易其稿。1997年10月13日,广州市人民政府常务会议原则通过《广州历史文化名城保护条例》,并报广州市人大常委会审批。1998年6月12日和11月27日,广州市人大常委会和广东省人大常委会分别通过和批准《广州历史文化名城保护条例》,自1999年3月1日起施行。

《广州历史文化名城保护条例》(以下简称"《条例》")共30条,其中规定了名城保护重点:从整体上保护名城的历史格局和传统风貌特色;具有地方历史传统特色的街区和地段;古建筑和近现代优秀建筑。要重视对古城区和老城区的保护。《条例》还规定了要设立历史文化区:在名城内,文物古迹比较集中的区域,或比较完整地体现某一历史时期传统风貌或民族地方特色的街区、建筑群、镇、村寨、风景名胜,应当划定为历

---

① 《名城保护难在哪里》,载《南方都市报》2001年2月22日A4版。

史文化保护范围。

最为关键的是《条例》还要求各级人民政府应当把名城保护纳入本级经济和社会发展计划。名城保护所需资金，由本级人民政府给予安排。自此，广州的名城保护和管理工作正式走上了法治的轨道。①

（二）广州市历史文化名城保护委员会的建立及其机构调整

为贯彻实施《广州历史文化名城保护条例》，发挥政府各职能部门及专家的作用，为加强政府决策的民主性、科学性，把名城广州保护好、管理好、建设好，市政府同意成立广州市历史文化名城保护委员会。②该委员会由林树森任主任，李卓彬、陈万鹏、吴家华（市政府办公厅）任副主任，以及各职能部门和区政府负责人组成。专家委员组成专家组，作为委员会的一个组成部分，其主要任务：研究总结历史文化名城保护工作中正、反两方面的经验；对名城保护与建设中出现或遇到的问题提出政策性建议、技术咨询意见、预警报告。为加强专家的交流和沟通，充分发挥专家在名城保护工作中的作用，专家委员除参加委员会召开的会议外，一般每两个月召开一次会议，也可根据需要临时召集有关会议和咨询活动。专家组的会议及活动由委员会办公室（广州市国家历史文化名城办公室）负责组织。专家委员聘期5年，期满后续聘或任期内需要调整、增补由委员会领导批准。③

作为广州市人民政府名城保护工作的协调、指导、监督机构，广州市历史文化名城保护委员会的主要职责是：①审核名城保护工作重大事项；②监督、指导名城保护工作；③协调名城保护工作的相关事宜；④组织审核历史文化保护区；⑤法律法规规定的其他职责。

2001年，经市委、市政府批准，广州市机构编制委员会印发了《广州市文化局职能配置、内设机构和人员编制规定》。市文化局划入历史文化名城保护工作的职能，内设机构增设名城处（挂"广州市国家历史文化名城保护办公室"牌子）。名城处负责历史文化名城保护工作，编制历史文化名城保护规划；审核名城保护工作重大事项；组织划定历史文化名城保护区工作；监督、指导名城保护有关工作；协调名城保护工作相关事宜。④到了2010年，广州市文化广电新闻出版局成立，将原市文化局承担的历史文化保护和监督管理有关职责划给市规划局，具体包括：组织、编制历史文化名城保护的保护规划，指导区、县级市编制历史文化名镇、名村保护规划，会同市文物等部门加强保护规划实施的监督检查，负责指导、协调历史文化名城、名镇、名村保护工作。⑤市规划局新设名城保护处（挂"市历史文化名城保护委员会办公室"牌子）负责全市历史文化名城名镇名村保护规划的编制、上报和实施管理、监督检查工作，负责对优秀历史建筑、

---

① 广州的社会、经济和城市建设发生了巨大变化，原有的历史文化名城保护法规和制度难以适应实际情况，2015年《广州市历史文化名城保护条例》在原有基础上重新制定。
② 穗府办〔1999〕1号。
③ 穗名城委字〔1999〕5号。
④ 穗编字〔2001〕86号。
⑤ 穗府办〔2010〕23号。

优秀近现代建筑的认定、保护和规划管理工作,承担广州市历史文化名城保护委员会的日常工作。

2012年,为进一步规范行政秩序,提高行政效率,市政府对市政府系统的议事协调机构进行了清理,并印发了通知。按照文件精神,市历史文化名城保护委员会加挂"市文物管理委员会"牌子。市名城委与市文管委的职责和专业不同,市规划局与市文广新局的职能不同,两个委共用一块牌子,两个部门共用一个委员会。为进一步推进名城保护及文物保护工作的开展,市规划局经与市文广新局沟通,拟请示市政府建议市名城委与市文管委各自单独运作为妥,如确需合并运作,建议有一个过渡期,在过渡期内市名城委和市文管委先按照单独运作的方式,各自尽快组织召开委员会第一次会议,加快推进名城保护和文物保护的重点工作,同时,两局再按照合并的思路重新研究相关工作,逐步择机合并运作。① 2013年,习近平提出建设"丝绸之路经济带"和"21世纪海上丝绸之路"规划,广州作为海上丝绸之路申遗的重要城市,市政府将"市文物管理委员会"和"市历史文化名城保护委员会"合并,新设"市文物管理和历史名城保护委员会"(下设广州海上丝绸之路史迹申报世界文化遗产工作小组,加挂"市文化遗产普查领导小组"牌子),委员会下设市历史文化名城保护办公室(设在市规划局)和市文管理办公室(设在市文化广电新闻出版局)。在广州历史文化名城保护工作全面推进阶段,根据形势所需,市委、市政府在不同时期对落实、实施广州市历史文化名城工作的机构进行了全方位调整。

(三) 广州历史文化名城保护与发展规划

上文提到,广州早在20世纪80年代就开始探索如何对城市进行历史文化名城的规划。广州市历史文化名城保护委员会建立后,如何有效实施广州历史文化名城保护与发展规划便成为当时所急需处理好的问题。广州市政府邀请国内外著名专家学者和专业规划单位在国内首先提出城市发展概念规划,把广州名城的保护和建设带进一个全新的时代。专家提出:要确立广州名城发展的战略理念,为广州城市的持续发展建立区域性保障系统并制定新的城市发展战略规划。②

从2003年8月开始,广州市城市规划编制研究中心进行广州市历史文化名城保护规划的编制工作,历经11年反复研究论证、征求意见、修改完善,备受关注的《广州历史文化名城保护规划》(以下简称"《规划》")于2013年12月经市政府常务会议审议通过,并于2014年11月获省政府审批通过实施。《规划》提出包括市域历史文化遗产的保护、历史城区的保护、历史文化名镇名村及传统村落的保护、历史文化街区及历史风貌区的保护、不可移动文物及历史建筑的保护,以及非物质文化遗产的保护。《规划》还首次公布了广州市的77种各个级别的非物质文化遗产,其中世界级、国家级和省级的非

---

① 穗府办〔2012〕20号。
② 李卓彬:《把广州城市建设带进一个全新的时代》,载《南方日报》2001年8月5日。

物质文化遗产将获重点保护。①与此同时，《规划》还确定了全国重点文物保护单位29处、省文物保护单位48处、市文物保护单位347处、区文物保护单位256处，其他不可移动文物2806处。②《规划》为这些历史建筑的保护提供了护身符。

更重要的是，历史文化名城保护规划的核心内容，目前已纳入城市总规。依据《规划》内容，广州历史城区面积划定为20.39平方千米。历史城区已成为传承广府文化的核心载体，更是城市功能提升的重要地区。而根据广州城市发展新阶段计划，2020年年底，《规划》内容将全面进行修编。本次修编将统筹评估广州历史文化名城保护利用工作的总体状况，加强名城保护顶层设计，包括划定文物保护单位、地下文物埋藏区、历史建筑、历史文化街区的核心保护范围和建设控制地带界线，制定相应的保护控制措施；划定历史城区的界限，提出保护名城传统格局、历史风貌、空间尺度及其相互依存的地形地貌、河湖水系等自然景观和环境保护措施等。

作为广州历史文化名城保护的最重要纲领性文件，《规划》对广州历史城区的功能性发展有着举足轻重的作用。如今，广州面向新时代发展，不断加强广州历史保护与文化传承，对于提升城市全球魅力和吸引力具有重要价值。

（四）广州历史文化名城建设经验

近年来，广州市坚持新发展理念，以党的十九大精神和习近平总书记重要讲话作为历史文化保护工作的根本遵循，不断创新、探索和实践，着力提升人民群众的获得感、幸福感。通过建设南粤古驿道、"最广州"历史文化步径等，广州将散落的历史文化遗存串联起来，彰显城市文脉和特色，形成"遗产融入城市功能，让生活更美好"的新格局。

1. 深入挖掘驿道文化内涵

广州市积极贯彻"古道兴村、古为今用"的要求，以修复古驿道文化线路为抓手串联起沿线传统村落，助力乡村振兴和精准扶贫。按照"修旧如旧"的要求，广州市以古驿道遗存遗迹为基础、以人文历史为主题、以本土"三头"（石头、木头、砖头）为原材料，打造古驿道示范段。

2. 实施文化资源串联工程

广州市以老城区丰富的历史文化资源为本，以"穿越上下两千年，追忆古今羊城事"为主线，将最能体现"广州味道"的碎片化文化景点串联起来，策划出西关寻踪路、"一盅两件"美食路、珠水丝路、红色文化等不同主题的9条历史文化步道，打造出一批优秀文化景点。

广州市还通过小转弯半径设计、人行道拓宽、公共场所微改造等措施，提升百年西堤整体空间品质；通过加强历史街区成片保护和修缮，完善步行空间和骑行空间；通过

---

① 《广州名城保护规划获批实施 77 种非物质文化遗产首次公布》，载《南方日报》2014年12月19日。

② 《广州历史文化名城保护规划拟于明年底完成修编 817 处历史建筑"护身符"升级》，2019年3月8日。

活化更新古城墙文化休憩环境，丰富古城墙环廊的文化体验；通过安业里、海幢寺片区复兴，实现业态升级和空间品质提升；通过优化交通系统，提升滨江界面可达性和公共活动空间；通过组织"走读广州"等试点项目，让市民群众全方位品读广州历史、体验广州文化、感受广州活力。

3. 传播文化产业繁荣发展

近年来，广州市围绕打造世界文化名城的目标，坚持"创造性转化，创新性发展"，注重政府主导、加强部门联动，通过政策引导、资金资助、简化程序、加强统筹等一系列措施，建立起包括国土规划、文物管理、城市建设、消防安全、工商管理等多个部门在内的联动保护和监督机制。

广州市不断探索创新，推动历史文化遗产保护利用集聚发展。以古驿道和"最广州"历史文化步径为载体，以加强红色资源旅游等文化遗产保护利用为抓手，策划实施寻访珠水古韵、读懂红色羊城等系列主题旅游线路，打造"旅游+文化+运动"的"坐标行者·感知城市"文商旅体跨界融合品牌，形成现代服务业新增长点，增强文化可持续发展的活力。广州市还出台了文化与科技和金融融合发展等一系列政策措施，推动文、商、旅发展一体化。

广州市注重宣传、展示、培育和提升文化软实力。广州市坚持正确舆论导向，不断创新传播手段，开展"广州记忆"数字名城建设，实施文化精品工程，打造文艺力作，推动岭南文化"走出去"，深入讲好广州故事、唱响文化主旋律，提升文化传播力和影响力。

四、结语

在市委、市政府的大力支持下，广州这座千年古城的历史文化名城建设力度不可谓不大，成果也是非常显著的。受政绩观影响与房地产开发热影响，文物建筑被拆毁，古建筑、古民居和传统街区被"改造"得面目全非等现象近年来也基本销声匿迹。但是，历史文化名城保护只做到单纯保护仍显不足，未来广州市将更加努力以坚定的文化自信、高度的文化自觉、强烈的文化担当，以"绣花"功夫让广阔大地上的遗产活起来，让城市文脉得以延续、让老城焕发出活力。

（作者单位：孙中山大元帅府纪念馆）

海外发现广州十三行之天宝行印章印记述论

冷 东

从乾隆二十二年（1757）实行"一口通商"政策至道光二十二年（1842）《南京条约》签订，广州成为中国重要的通商口岸，产生"以官制商、以商制夷"的外贸体制及商会组织，即学术界和社会民众普遍称谓的"十三行"。天宝行作为广州十三行重要的一员，在国际商贸和文化交流活动中扮演了不可替代的角色。进一步挖掘天宝行的历史文化资源，将天宝行的历史完整、系统、真实、准确地记载下来，具有重要的现实意义和深远的历史意义。对作为天宝行商会的重要标记的印章的研究，就是一个亟待填补的空白领域。

一、国内天宝行文献来源

天宝行创始人梁经国字调礼，号左垣，商号经官（Kingqua I），世为广州番禺人，明洪武初，由北亭乡迁凤埔（黄埔）乡南约荣西里（今属广州市海珠区）。经国自幼孤贫，年稍长，习洋务生理，经营日遂。初为冯姓洋行伙伴，升充司事。其后冯氏远赴外洋，以行务托之者 10 余年，颇有盈余，冯氏感焉。经国尺累寸积，至嘉庆十三年（1808）承充行商，创立天宝行。道光七年（1827），经国以老病，由其子纶枢接办行务。梁纶枢字拱辰，号星藩，商名承禧，商号亦称之为经官（Kingqua II）。鸦片战争后，天宝行由洋行转变为茶行，一直经营到 19 世纪末期，光绪三年（1877），梁纶枢病卒。

天宝行的创建、活动及家族的有关研究历史，追溯起来可谓时日悠久。首先是天宝行后裔梁嘉彬，有着对祖先显赫历史的关注热诚和拥有资料的独特优势，遍访行商后代，阅读行商家谱族谱，查阅相关文献，更赴香港、澳门、北京搜集资料，根据《东印度公司对华贸易编年史》《达衷集》《清代故宫档案》《清代外交史料》等最新中西文献档案互相印证，完成《广东十三行考》（南京国立编译馆 1937 年初版），成为研究十三行的奠基性著作。《广东十三行考》有《广东十三行行名、人名及行商事迹考》一章，记述历年中外文献所载洋行 39 家、茶行 1 家，对天宝行梁家有着较为详细的论述，但遗憾没有涉及天宝行印章。

20 世纪下半叶以来，天宝行研究逐渐升温，出现了一轮轮颇具规模的研究热潮，代表性成果是黄启臣、梁承邺编著的《广东十三行之一：梁经国天宝行史迹》一书（广东高等教育出版社 2003 年版）。该书介绍清代以来广东经营进出口贸易的商业机构十三行之一的梁经国天宝行家族 200 年的沧桑，涉及天宝行的创立，其创始人建祖祠、热心公益事业，家族风云人物，家族后人的文书诗词及历史文献内容。此外，还有黄启臣《从官商到吏士——天宝行商的演变》（《广州十三行沧桑》，广东省地图出版社 2001 年版），广州市政协文史资料委员会编《名城明珠黄埔村》（广州出版社 2001 年版），黄启臣、庞新平著《明清广东商人》（广东经济出版社 2001 年版），黄启臣《黄启臣文集》（中国评论学术出版社 2007 年版）等，其中皆有涉及天宝行的内容。

广州黄埔古港古村研究会成立于 2013 年 3 月，是在广州市人大常委会原副主任郭向阳、广州市政协原副主席司徒梅芳、中山大学历史系教授刘志伟等领导专家积极呼吁下成立的，宗旨是进一步挖掘黄埔古港古村的历史文化资源。自成立以来，该研究会组织和协调有关研究力量，推动黄埔古港古村系统的研究和宣传，围绕古港古村的保护开发做了大量的工作，出版了《广州黄埔古港古村丛书》，积极开展对黄埔村、黄埔古港、天宝行有关文献资料的征集、考证、整理、注释，已经出版刘正刚教授编辑整理的《梁松年集》（广东人民出版社 2018 年版）。但是，有关天宝行印章的研究领域仍是空白，发掘研究天宝行印章及其作用，已经成为迫切的任务。

2017 年及 2018 年，笔者两次前往英国，全面收集研究了剑桥大学图书馆所藏怡和洋行中文档案，以及英国国家档案馆关于广州商馆的中文史料，即编号 FO/1048 的档案，在数千份林林总总的信函、契约、债条中，发现了天宝行印章证据，成为填补天宝行印章研究领域最好的原始文献。

二、国外天宝行文献来源

从目前掌握的情况来看，海外收藏与广州史志编撰相关的中文档案文献广泛而丰富，但是绝大部分海外中文档案文献收藏在诸多地点，文献本身也多呈局部专题的状态，在阅读和研究利用上仍存在较大困难。广州大学广州十三行研究中心已经基本掌握了收藏集中、内容丰富、价值重大的三种中文档案。

（一）《葡萄牙东波塔档案馆藏清代澳门中文档案汇编》[①]

这是一部具有重要学术价值的历史档案文件汇编，总数有 1500 余件，是根据澳门历史档案馆近年来从葡萄牙东波搭档案馆（Instituto dos Arquivos Nacianais da Torre do Tombo）缩微复制回来的清代官私中文文书编注而成的。这批档案主要形成于 18 世纪中叶以迄 19 世纪中叶，即在中国清代乾隆朝初期到道光朝末期，既有反映当年在葡萄牙租居澳门的特殊情况下，清葡双方的公务往来文书（按照当时的规定，中文是双方文移往来的正式文字），又有反映着当时澳门的社会状况、人民生活、城市建设、工农业生产和商业贸易、赋税差饷、与内地商馆如广州十三行等的财货往来的记录，还有与中国各省的经济联系、华洋杂处以及引起的矛盾纠纷、与东西洋各国的航运交通和对外贸易，并因而产生的各种账目、信札、契约、合同等。其中的第九章"清朝官员与澳门"、第十章

---

① 刘芳辑、章文钦校：《葡萄牙东波塔档案馆藏清代澳门中文档案汇编》，澳门基金会 1999 年版。以下简称《汇编》。

"官府政令文书"包含了大量粤海关资料；关于清朝政府对澳门对外贸易的管理，在粤海关下专门设置总口以加强控制，其职任重点和特点，《汇编》也提供了很有价值的具体材料。

这是由澳门在中外交通贸易上占有的特殊地位所决定的。根据当时只允许一口通商的原则，澳葡和吕宋（今菲律宾）、西洋的商船被允许进入澳门港口贸易。英、美、法等其他西方国家的商船，则先停泊在澳门附近海面，向澳门同知衙门请领引水和买办，然后驶入广州黄埔口岸。因此，粤海关在澳门设有海关监督行台，并设有澳门总口，由澳关委员驻扎，就近处理有关事务。澳门总口是粤海关属下业务最繁重、地位最重要的总口之一，它在澳门各水陆要冲之处均设有税口，以监管船只进出和人员往来，履行征收关税和查缉走私的职能。

《汇编》还披露出，为了保证以上任务的有效完成，当时广东督、抚、府、县等各级官员还联同粤海关，对澳葡方面和其他外国的航运贸易和活动动向，采取严格监管的方针，直到道光初年执行严禁鸦片的政策。

（二）英国国家档案馆 FO/1048 档案

在粤海关研究领域特别要关注编号 FO/1048 的档案，总数有 1100 余件，主要介于 1802—1834 年间①，举凡此时段东印度公司对华贸易的方方面面，该档案均有提及，如商馆与粤海关和广东各级官员往来的文书，或是清廷的奏折、谕帖等，也有商馆与行商的交易、赊借、货品清单，商馆与华人买办、通事的通信等，甚至有当时粤海关监督、两广总督、买办、行商的亲笔信函，史料价值极高。

在某些粤海关关注的人物或事件上，FO/1048 档案均完整连续地进行了记载。例如，该套档案收有华人通事李怀远相当丰富的材料。李怀远是 19 世纪初东印度公司在华贸易重要的通事，广州商馆人员常透过他打听广州的商情、市价等情报。他于 1814 年被粤海关以"曾为夷人服役"的罪名逮捕②，不久被流放伊犁，对此，英国方面长期与粤海关交涉，甚至不惜以中断中英贸易为要挟。以往对李怀远的认知多来自中国官方的陈述，然而，FO/1048 档案里收录他的文书约 40 封③，包含多封亲笔信，内容跟官方说法出入颇大，除描述他的身世、被捕的经过、臆测可能"加害"他的人外，也提到当时各个通事、行商与英美等国商人间的利害关系与网络，甚至有他被捕后，东印度公司给予他安家费、路费等资助的统计。这批珍贵的信件有助于学界从不同角度对李氏的生平事迹进行推敲，还原该事件的来龙去脉，尽可能为后人展现当时的商场恩怨和利益纠葛。

李怀远之外，FO/1048 档案里亦提到多名与东印度公司往来华人通事（包括姓名或工作内容），若进一步将其与商馆《会议纪录簿》和《日志》结合，交互考据与融通，更有助于后人深刻地理解当时华人通事在东印度公司参与对华贸易时所扮演的角色。

---

① 该档案仅有一件 18 世纪末的文献，是 1793 年英王乔治三世（1760—1820）给清乾隆帝的国书的抄写本。
② FO/1048/14/46.
③ 参见 FO/1048 档案 1814、1815、1817 年部分。

FO/1048 档案的另一特色是搜罗广州商馆与粤海关和行商们互动的文件,除知名的伍浩官、潘启官外,亦不乏规模较小的行商如潘长耀、梁经国等人。档案中即有1811—1824年间关于潘长耀的书信大约70封,提到潘氏的家族情况、他和东印度公司的各项生意往来、其身后积欠的债务、粤海关安排如何偿还等事。如1811年,商馆因需货物仓储空间,曾请托潘长耀和潘启官代寻荳栏街合适铺户的记载;1824年则记有潘氏债主的姓名,包括港脚商人意登治、查顿(William Jardine,1784—1843)①,这些书信中均涉及与粤海关的各种关系,皆可与其他档案相印证,甚至填补其缺漏不足。

此外,此时广州中外贸易常见的名词或人物,包括巴斯商人、西瓜扁(接驳小船)、黑奴等,也经常出现于FO/1048档案内,有助于对粤海关体制下商品、人物、地名、船名的考索与厘清。该套档案还散见其他有趣题材,如1817年商馆给买办的信内称:"男爵觅家府令下买办②,将本公司水车及行内各有字之器写上英吉利国公司六个字,买办不可自专加口字旁,乃照样就是。"显见英人相当重视粤海关对外国人称谓的问题,认为口字旁含有贬抑之意。

(三)剑桥大学怡和洋行档案

英国怡和洋行(英文名称:Jardine,Matheson and Company,中文前名"渣甸洋行"),是最早进入中国的外国洋行之一。该洋行的创办人威廉·查顿与合伙人詹姆士·马地臣(James Matheson,1796—1878)于公元1832年在广州开设了怡和洋行,通过与广州十三行密切的商务往来发展壮大,成为日后影响世界的著名财团。怡和洋行保留了与此相关的大量中文档案,后来捐给剑桥大学图书馆,后者设立了《怡和洋行档案》资料室。已有少数学者注意到这批档案的重要性。1979年,张荣洋利用这批档案,推出了《官员与怡和洋行商人:一个十九世纪早期的中国代理行》,公布了许多以前未被人所知的事实。③ 杨联陞发表《剑桥大学所藏怡和洋行中文档案选注》④,对怡和洋行保存的6份中文档案进行了注释研究,内容涉及怡和洋行与十三行贸易往来的契约文书。陈国栋的《红单与红单船——英国剑桥大学所藏粤海关出口关票》⑤ 分析考证了红单(船牌)的格式及内容,探讨了外贸船只的运行情况。但因客观原因限制,利用者及研究成果并不显著。

阅读这批资料并不容易,要向怡和洋行管理机构正式提出申请,述明申请人所在机

---

① FO/1048/11/56,FO/1048/24/5,FO/1048/24/12。
② 觅家府即Theophilus J. Metcalfe,此时他是广州商馆的大班,即特选委员会的主席。参见FO/1048/17/10。
③ 张荣洋:《官员与怡和洋行商人:一个十九世纪早期的中国代理行》,Curzon出版社1979年版;张荣洋:《陈寿官的时代(1720—1759)》,载Karl Reinhold Haellquist编《亚洲贸易路线》,Curzon出版社1979年版;张荣洋:《广州的行商》,Curzon出版社1997年版。参见杨国桢《洋商与大班:广州十三行文书初探》,载《近代史研究》1996年第3期;杨国桢《洋商与澳门:广州十三行文书续探》,载《中国社会经济史研究》2001年第2期等。
④ 台湾《清华学报》第一卷第三期,1958年9月。
⑤ 李庆新:《海洋史研究》第五辑,社会科学文献出版社2013年版。

构、职称、研究题目、使用研究资料起讫年份、使用资料目的等。申请书要用申请者所在单位标识的信纸书写；要由该机构的主管签名盖章。如得到怡和洋行允许，将以书面回复，附件抄送剑桥大学图书馆，在指定时间地点办理阅读手续，方可查阅该批资料。为了办理图书证，除护照外还要提供有家庭住址的英文涉外公证书。英国剑桥大学图书馆编号为 MS JM 的怡和洋行档案，目录、数量及涵盖年限如下：

A：会计及相关文件，13 书柜，1798—1941 年。

B：寄入信件，401 盒 +80 卷，1806—1913 年。

C：寄出信件，529 卷 +1 信封，1800—1913 年。

D：信件复印件，135 盒，1824—1907 年。

E：电报，4 盒，31 卷 +1 捆，1862—1938 年。

F：法律文件，22 盒，1813—1940 年。

G：市价表和市场报告，83 盒 +20 封，1821—1905 年。

H：中文档案，4 盒 +2 文件夹，1766—1935 年。

I：其他公司的资料，36 卷，22 盒，4 活页本 +3 信封，约 1841—1941 年。

J：后期寄出的信函，327 卷，50 文件夹，23 活页本 +1 信封，1886—1941 年。

K：其他信函，10 盒 +6 卷，约 1814—1939 年。

L：其他文件，12 盒，29 图纸，1 相册 +1 档案，约 1770—1942 年。

以及部分其他语言的档案。

其中编号 MS JM/H 系列中文档案涵盖时间为 1766—1935 年。这一系列档案是由 19 世纪，尤其是 19 世纪上半期各种各样的商业、法律以及官方的中文档案组成的，目录如下：

H1：贸易单据，1809—1914 年，577 件。

H2：法律文件，1766—1868 年，35 件。

H3：海关文件，1852—1866 年，17 件。

H4：钱庄票据，约 1877 年，15 件。

H5：官方文件，1830—1935 年，41 件。

H6：其他文件，约 1852—1885 年，51 件。

此外，还有《达衷集——鸦片战争前中英交涉史料》，是英国东印度公司广州商馆所保存的与十三行行商及中国官方来往的函件、公文底稿，共有文件 97 篇，抄本原藏于英国牛津大学图书馆，20 世纪 20 年代为许地山先生校录，由上海商务印书馆出版，成为研究中英关系重要资料。[1] 佐佐木正哉《鸦片战争前中英交涉文书》[2]，黄菊艳《英国东印度公司——商船货物监管人特别委员会中文档案介绍》[3]，杨国桢《洋商与大班：广州

---

[1] 许地山：《达衷集——鸦片战争前中英交涉史料》，商务印书馆 1931 年版。

[2] 佐佐木正哉：《鸦片战争前中英交涉文书》，东京南岩堂书店 1967 年版。

[3] 黄菊艳：《英国东印度公司——商船货物监管人特别委员会中文档案介绍》，载《广州十三行研究回顾与展望》，世界图书出版公司 2010 年版。

十三行文书初探》①，杨国桢《洋商与澳门：广州十三行文书续探》② 等论文，对海外各地收藏中文档案的情况进行了介绍。但是，这些都不能与上述三大中文档案文献比肩。

三、天宝行印章印记形制

天宝行有单独的印章吗？学术界对此从无任何证据和研究成果。本次在英国剑桥大学图书馆和英国国家档案馆首次发掘到较为丰富的关于天宝行印章和变化形式的资料，其中，既有天宝行商行的印章，也有天宝行行商梁经国和梁纶枢（承禧）的中文和英文私章，还有签字画押印记，实属可贵。在颜色已经泛黄的档案文献上，数百年前的印章仍然鲜红醒目，画押仍然特色鲜明别致，成为天宝行最好的历史见证。

（一）天宝行商行印章两种

印章印信，渊源古远。起自泥陶印模，作用器物凭信，传自金鼎雅石，尤其是商业活动及商人身份必不可少的信物。迄今发现了两枚天宝行商行印章，具体如下。

1. "天宝行大柜印"方形印章。

在英国怡和洋行档案中发现的天宝行十余份商务契约，皆盖有印文为"天宝行大柜印"的印章，例如道光十七年（1837）三月二十五日天宝行写给怡和洋行渣甸的茶叶销售清单，包括茶叶种类、数量、价格及结算方式等，清单上盖有四处同样印章，印文"天宝行大柜印"。③

这是天宝行的正式印章，印章为方形，因为中国印章以高、方、大为佳。切成正方形的章，耗料最多。方方正正，是中华民族崇尚的美德，高则有气势，大则气势磅礴。

2. "天宝行"长方形印章

之所以认为"天宝行大柜印"方形印章为天宝行正式印章，是因为还发现了长方形印章，印文"天宝行"。④ 用印在契约文中相关金额数目之处，作为正式印章的补充，也可用于其他内容的文书之中。

（二）天宝行英文私章两种

语言是人类沟通交流的纽带和桥梁。清代中期，十三行成为中西商贸和文化交流的中心后，首先需要解决的就是语言上的沟通问题。为此，十三行行商成为中国传统社会最早掌握外语、从事贸易的商人先驱，成为商业成功的重要基础。天宝行作为广州十三行重要的一员，在国际商贸和文化交流活动中扮演了不可替代的角色，英文私章的使用，就是一个例证。

1. 梁经国的英文私章

梁经国的英文私章为长方椭圆形，印文"Kingqua"，是梁经国商名"经官"之意。

---

① 杨国桢：《洋商与大班：广州十三行文书初探》，载《近代史研究》1996 年第 3 期。
② 杨国桢：《洋商与澳门：广州十三行文书续探》，载《中国社会经济史研究》2001 年第 2 期。
③ 剑桥大学图书馆怡和洋行档案 MS JM/H1/10/5。
④ 剑桥大学图书馆怡和洋行档案 MS JM/H1/10/2。

如道光十年（1831）十二月初六日梁经国写给英国东印度公司的信函，涉及港脚船长所欠饷银数额及还款安排，希望英国东印度公司监管并确保饷银归还。信函结尾署名"天宝行谨启"，盖有梁经国英文私章，印文"Kingqua（经官）"。①

2. 梁纶枢的英文私章

道光十七年（1837）三月初二，梁纶枢寄给身在澳门怡和洋行大班查甸的一封信函，要求在天宝行在泂澜街产业出售之前，宽限偿还债务的日期。信函结尾署名"梁天宝"，盖有英文印章，印文"Kingqua（经官）"。因为梁经国于道光七年（1827）病故，由其子梁纶枢接办行务，这枚英文印章当属梁纶枢。② 印章仍为长方椭圆形，边框及花纹相同，但是颜色发生了变化，梁经国英文私章为黑色，梁纶枢英文私人印章则为红色，作为两代行商的区别。

（三）天宝行签字画押两种

画押是指在公文、契约等文书上署名或作私记，作为同意、认可、承担责任或义务之证明。画押源于先秦，汉唐以降，逐渐渗入民众生活，成为日常习见的私记。唐宋时流行以草书字体签署自己的名字，以求防伪及表现个人特色，又称为"花押"，即所谓的"名字稍花之"。元代以后为使画押以简单的符号快速书写又不易为人模仿，开始画押"入印"，流行押印。清代押印在铸造方式、文字特点与印式外形上，均有很大改变，成为一支独立而有特色的印系。天宝行也继承了这一传统签押符号。

1. 梁经国的签字画押

嘉庆二十二年（1817），梁经国致信英国大班的信件末尾使用了签字画押，但是比较简单，只是"字"的简单变体。③

2. 梁纶枢的签字画押

道光十二年（1832）八月十一日，英国广州商馆大班马治平在离华前策划了一项北上探查的秘密任务，即派遣英国东印度公司广州商馆高级职员胡夏米（Hugh Hamilton Lindsay，1802—1881）探查福建、江浙一带沿海港口与英国通商的可能性，以及观察各地方政府及百姓对与外人通商的反应。1832 年 2 月，胡夏米偕同普鲁士传教士郭实猎（Karl F. A. Gutzlaff，1803—1851）及水手、兵丁 60 名乘坐"阿美士德号"（The Lord Amherst）自澳门出发，经厦门、福州、宁波、上海一路向北行驶侦察。此事引起清廷高度警惕，责成十三行行商严加勘察。

与梁经国的签字画押相比，梁纶枢的签字画押明显复杂很多。签字为手写，而画押由于笔画过于繁杂，很难在每次签写中不致出错，因此也以印章的形式使用。比较不同场合使用的画押，可明显看出是相同印章的效果。

（四）"护封"章

古代的一种印章，印面刻"护封"二字。护封印多用在信札的封口处，功用是防止

---

① 英国国家档案馆 FO 1048/31/10。
② 剑桥大学图书馆怡和洋行档案 MS JM/H1/10/8。
③ 英国国家档案馆 FO 1048/17/85。

别人打开以偷窥信的内容。在一些文件、文书的接缝处，人们往往也要盖上印，即所谓骑缝印，也是怕人动手脚。护封印的起源，应是古代的封泥。1828年，天宝行梁经国致函身在澳门的英国大班，在信封上加盖"护封"印。中间贴上一条红纸，书写收信人姓名。

（五）信封、信纸

人类的历史是信息交流的历史，雁去鱼来、音问相继的交流从来没有停止。天宝行适逢近代电信时代之前的书信年代，人际信息交流是书信的世界，人们通过书信互相问候、贸易往来、交流思想，更是事关商业成败的关键。信件虽短，但在邮票、邮局、邮戳、邮差、信封等近代邮政基本要素还没有出现的时代，不仅通过天宝行书信可以窥见19世纪中外商贸信息内容，信封、信纸也成为特殊的信息载体，映射出与印章类似的印记功能，为19世纪中国邮政史的发展提供了翔实有趣的个案，完全可以称为"商书抵万金"了。

信纸和信封是书信的重要组成部分，广州十三行时期出现过"信""封"一体的现象，美国商人在澳门把信写好后竖式折为三折，再在上端和下端折为两折，交汇处用红色火漆封印。信纸的背面成为信封，信封正面为中文，注明信件中转机构地址，是研究广州邮政史的宝贵资料。①

此次发现的天宝行信封与信纸还是分离开来的，既有书写在信纸上的具体内容，也有信封是信的外部包装，但是信封并不是规范的，而是天宝行自身特制的。有的信封上印有"同兴"字样，说明当时存在专门印制信封、信纸的作坊，信封印有精美的图案，中间留出空白，根据需要加贴红纸书写既定内容，成为一种独有生动的印记。② 小小的信封承载了最大的私人空间，最大的功能是保证民间书信作为一种对话文体，对话双方的相互熟悉和信任，营造了一个在相对隔断的有限时空中可以无所顾忌、畅所欲言的安全言说语境。③

天宝行的信纸也很有特点。中国传统文化重视信息的载体信笺，需要纸质精美的笺纸。笺纸用作书札，称"信笺"；用以题咏写诗，名为"诗笺"。在雕版印刷术发明之前，为使各行文字书写整齐，文人仿照简册之原有界线，用朱笔或墨笔画上界栏。雕版印刷术盛行以后，书坊为了美观，用赤丝或黑丝印成稿纸，专门供书写之用，红色者谓之朱丝栏，黑色者谓之乌丝栏，还有蓝格、绿格等。为书写美观，信纸又分为栏或阑。上方叫"上栏"，下方叫"下栏"，两旁叫"左右栏"。黄庭坚曾经写了一首著名的诗："俗书只识《兰亭》面，欲换凡骨无金丹。谁知洛阳杨风子，下笔便到乌丝栏。"（《山谷集》卷二十八《题杨凝式书》）精美的信笺随商人鱼雁往来、商贸交流而生。明清时期，专有印刷各种颜色笺格的作坊，用不同颜色界栏笺纸抄写的古籍，通常直接著录为红格、黑格、蓝格、绿格等，但是并未普及。笔者在英国查看了数千份遗存档案文献，包括天

---

① 冷东、邢思琳：《从一封信管窥十九世纪广州邮政》，载《集邮博览》2018年第8期。
② 剑桥大学图书馆怡和洋行档案 MS JM/H1/10/8。
③ 赵宪章：《论民间书信及其对话艺术》，载《清华大学学报（哲学社会科学版）》2008年第4期。

宝行在内的行商普遍使用的是朱丝栏和乌丝栏信纸。

除此以外，天宝行还使用了木刻雕版，以水色印刷的方法制作的信笺即将中国吉祥纹饰和吉祥语完美结合，成为中国吉祥文化的重要载体。颜料融于纸而又不使其过于绮丽，纹饰雕印于上又不使其过于凸显，水色墨色自然拓印。例如，将"福臻栈"印在信笺之上，成为专有信纸，增加了信息交流中的雅趣，也成为商贸往来的文化底蕴。

一枚笺纸，或清新淡雅，或浑朴凝重；或抒情写怀，或商务运筹，时光已逝，风雅犹存。

《广东十三行考》中记载，道光七年（1827），梁经国以老病，遂由其予梁纶枢（商名承禧，一作丞禧）接办行务。但是梁纶枢的画押契约在1822年就已出现，至少说明梁纶枢更早就参与甚至主持着天宝行的商务。1831年梁经国的英文私章还频频出现，这说明梁经国退休后仍积极参与主持天宝行的商务。

四、天宝行印章印记的意义

正如黄启臣教授所言：这批首次发掘的天宝行印章，对进一步深化广州十三行特别是天宝行的研究具有极其重要的历史价值。我们重新检阅之前研究出版有关天宝行的论著，就算是天宝行行主梁经国的第4代孙梁嘉彬所著的《广东十三行考》，也未曾利用过这批文献。因此，这批档案文献的发掘，对于天宝行的创立、商行地址、商行与外商贸易运作、商行与清朝官府的关系、商行与外商的关系等问题，都会提供新的史料证据，有些文献还具填补空白的价值。①

（一）填补了天宝行印章研究领域的空白

继笔者2017年在英国剑桥大学图书馆及国家档案馆找到的"外洋会馆图记"，当即见到消失已久的"十三行商会印章"②。而当时的疑惑就是除了商会印章外，商会下属的多家单独行商有无自己的印章呢？本文发掘出来的诸多印章，则填补了这一空白，对十三行之一的天宝行印章有了较为完备的认识。目前发现的有"天宝行大柜印"方形印章、"天宝行"长方形印章、梁经国英文私章、梁纶枢英文私章、梁经国签字画押、梁纶枢签字画押、"护封"章等，承载着天宝行的文化基因，显示出在共性基础上具有个性的形态和功用特点，实是填补以往研究的空白。

（二）印证天宝行的商欠问题

商欠又称行欠或夷欠，即行商欠外商的债务，发生于康熙末年，乾隆年间初步发展，嘉庆年间进一步发展，道光年间恶性发展，成为终结十三行的主要原因。梁嘉彬在《广东十三行考·本篇》论述天宝行的发展时，特意强调：自嘉庆十六年（1811）始有Kinqua之名。道光四年（1824），麦同泰（Poonequa）之破产几至连累Kinqua，但在1827

---

① 黄启臣：《广州十三行天宝行海外珍稀文献汇编》，广东人民出版社2018年版。
② 冷东、罗章鑫：《"外洋会馆图记"之发现暨"十三行"正名考》，载《古代文明》2018年第3期。

年得公班衙代垫 3 万元之力，始转危为安。是年 10 月，伍怡和告知公班衙，Kinqua 已得粤海关批准由彼第三子接理行务，此次条件基属平和，由 Kinqua 缴费 3 万元左右与粤海关。而我们则找到印有天宝行印章的借据，交代了此次借款的详情，包括查颠和伍秉鉴为其斡旋的情况，具体内容如下①：

> 内函烦寄上英吉利公司美士美律、美士部楼顿、美士德秘师仁兄台启 天宝行缄项承浩官说知，已蒙仁兄帮借敝行银叁万员，其银弟已收到，足征雅爱，不胜感佩。至搭报一事，即使仁兄不复叮嘱，弟亦断不肯再行搭报，祈为放心。借单已交浩官收入。合并奉闻，此候近好，诸希荃照不备。
> 上：美士美律、美士部楼顿、美士德秘师 仁兄台电
> 　　　　　　　　　　　　　　　　　　　　　　　　　弟梁经国拜

梁嘉彬只是提到了一次借款，而实际从发现的印章材料看还有多次，又进而深入揭示了天宝行的商欠问题。如道光八年（1829）十一月二十六日天宝行写给渣甸 7000 元的贷款收据②；道光十年（1831）十二月初六日梁经国写给英国东印度公司的信函，涉及港脚船长所欠饷银数额及还款安排③；道光十五年（1835）三月二十五日天宝行写给渣甸 3 万元的借款收据，并由同顺行、兴泰行、广利行、东兴行、中和行、顺泰行 6 家行商担保④；道光十七年（1837）三月二日天宝行写给渣甸关于商欠的信件，信中提到需要售出天宝行在洄澜桥的商铺房产后方能偿还欠款⑤等。

除了借款数额，文献还记载了有关利率："本行借到美士渣甸大班番银三万元，每百元每月加息银一元，算其银定明分作四年本息清还不误。此照！"⑥ 如此算来，天宝行借款 3 万元，每百元每月加息银 1 元，3 万元每月利息 300 元，每年 3600 元，利率 12%，4 年利息合计 14400 元，连本带利还款 44400 元。

（三）了解天宝行的贸易详情

在长达 100 多年的岁月里，天宝行以其得天独厚的地理环境、开放的人文意识和悠久的商贸传统，与处在工业革命时期的西方各国在政治、经济、文化方面进行全方位的交流，而这批盖有印章的契约文献则是揭示天宝行贸易往来详情的最好依据。

首先，从贸易契约上看，茶叶是天宝行的主要经营商品。例如，道光十七年（1837）三月二十五日天宝行写给渣甸的茶叶销售清单，包括茶叶来源、种类、数量、价格及结算方式等，清单上盖有 4 处印章，具体内容为⑦：

---

① 英国国家档案馆 FO/1048/FO 1048/28/35。
② 英国剑桥大学怡和洋行档案 MS JM/H1/10/2。
③ 英国国家档案馆 FO 1048/31/10。
④ 英国剑桥大学怡和洋行档案 MS JM/H1/10/3。
⑤ 英国剑桥大学图书馆怡和洋行档案 MS JM/H1/10/08。
⑥ 英国国家档案馆 FO/1048/FO 1048/28/35。
⑦ 英国剑桥大学《怡和洋行档案》MS JM/H1/10/4。

本行附寄祥兴功夫茶五百九拾七件，共计净茶三万五千三百零五斤，托浼美士渣甸公司下威士船载往祖家发卖。订明每百斤先收价银二十两，其茶到埠卖出价目不拘多少，明年回广之日清算，赢亏统归本行名下认回，此照。

道光十七年三月二十五日单

同年另一份茶叶销售清单具体内容为①：

本行附寄利达号功夫茶四百七十七件，共计净茶二万九千四百九十六斤，托浼美士渣甸公司下巴地利船载往祖家发卖，订明每百斤先收价银二十两六钱六分，其茶到埠卖出价目不拘多少，明年回广之日清算，赢亏统归本行名下认回。此照。

道光三十七年三月二十五日单

此外，清朝道光十七年（1837）三月二十五日天宝行写给渣甸的茶叶销售清单，包括茶叶种类、数量、价格及结算方式等。清单上盖有四处印章，印文"天宝行大柜印"。具体内容为：

本行附寄德丰号粗庄功夫茶四百一十件，共计净茶二万五千五百二十二斤，浼美士渣甸公司下架兰船载往祖家发卖。订明每百斤先收价银壹拾六两，其茶到埠卖出价目不拘多少，明年回广之日清算，赢亏统归本行名下认回，此照。

棉花也是天宝行的重要业务。在18—19世纪广州十三行进口的外国商品中，棉花是中国市场唯一欢迎的大宗商品，而且在商船的航行中也有重要作用，一般被用作压舱货，帮助船只抵御海洋上的大风大浪，契约和书信中经常涉及棉花销售事宜。②

通过这批契约，还可以得知天宝行还从事一些特殊商品的交易，例如玛瑙贸易，以往则不多见。道光十年（1831）十二月初六，梁经国写给英国东印度公司的信函，涉及港脚船长进口玛瑙又拖欠海关税款，希望英国东印度公司监管并确保饷银归还。信函具体内容为③：

敬启者：
港脚昔亚申宁泵治七八年份各船入口玛瑙三斤，玛瑙珠饷银均未交付，今与算明，共欠本行饷银八千五百九十员。昔亚申现写欠单交本行收执约完，目下回港，准于明年七月内自行带来清还。伹远涉重洋，不知昔亚申果否明年七月来粤。特投知贵公司，敢烦代为问明昔亚申，务令如何着宾佣本行饷项有归，足仞高谊，为此启。

---

① 英国剑桥大学《怡和洋行档案》MS JM/H1/10/5。
② 英国国家档案馆 FO/1048/17/85。
③ 英国国家档案馆 FO/1048/31/10。

玛瑙，也称为码瑙、马瑙、马脑等，是玉髓类矿物的一种，经常是混有蛋白石和隐晶质石英的纹带状块体，常用做饰物或玩赏用，清代从外国进口，供贵族阶层享用。粤海关规定玛瑙十斤征税一两。玛瑙珠，由玛瑙加工后的串珠，是珍贵的装饰品，清代从外国进口，供贵族阶层享用。粤海关规定玛瑙珠每斤征税一钱。这些对天宝行乃至十三行的贸易往来研究，提供了具体事例。

（四）揭示天宝行文书格式

广州是清代重要的对外通商口岸，在清代海上对西洋"一口通商"时期，曾长期充当中西交流唯一的窗口。十三行在百余年的经营活动中，曾经形成庞大的文书资源，这些十三行文书具有重要的史料价值，在日趋深入的十三行研究中，可以重现十三行贸易体系的具体运作情况，可以引导十三行研究从制度性阐述向经营管理运作的纵深发展。学术界目前仍对清代中期十三行文书制度的情况所知甚少，因此，十三行的文书制度是个亟待研究的领域，填补这个空白，有助于对清代的政治、经济及社会动态产生更加系统的了解。

例如，天宝行使用的"护封"是古代公私文书保密常见的手段。秦汉时，书写材料主要是竹简，为防止在传递过程中失密，人们把简牍固定紧密，然后在封口处填泥，再盖上印章，收件人就可根据封泥和印记的完整情况来判断简牍有否被拆过。这种方法称为"封泥"，又称"泥封"。封泥所用的印章，叫"封记"。其后纸张代替了竹木简书，封泥之用渐废，但公私文书的保密仍然采取封检用印，不过，这印不是盖在泥上，而是盖在信封之上，方法是在信封封口处贴一纸条，纸条上盖印章，这就是"护封"。护封所用的印章叫"封完印"，又叫"封柬印""书柬印""书简印"，现在一般称"书简印"。封检用印印文的内容，因时而异。秦汉时代，只用姓名印。明甘旸《印章集说》云："秦汉书简间，止用名印。"唐宋印文的内容相对复杂，有"某某言事""某某白事""某某启事""某某白笺""某某白疏""某某言书""某某封完""某某完封"等。明清时期的印文内容，主要有以下 5 种情况：一是用"某某顿首""某某再拜""某某敬缄""某某谨封""某某护封"等印；二是只用姓名印；三是"封完""白事""言事"等二字印与姓名印并用；四是用韵文印，如"姓某私记，宜身至前，迫事无间。唯君自发，即信封完"；五是只用"护封""顿首""慎余""副启""谨封"等二字印。[①] 而天宝行的护封章有自己的特点，为表示缜密，在书信封套的封口贴上红纸条，于其上书写收信人姓名并在信封右上角钤印，既继承了中国传统文书格式，又显示了外贸商务文书的特点。

再如天宝行的用印格式。契约的末尾要盖上"天宝行大柜印"方形印章，不能偏斜，以示庄重；文中涉及金额的关键地方或盖上长方形"天宝行印"，或者盖上"天宝行大柜印"方形印章，但是以菱角向上，不是方正盖印，以示区别，显示了天宝行严谨的文书格式。在契约的顶部还有骑缝半截印章，说明是在买卖双方各自持有的契约上印

---

① 周正举：《封泥与护封》，载《秘书工作》2011 年第 1 期；周正举：《护封考》，载《文史杂志》2001 年第 1 期。

制，显示了商务文件的严谨。

我们注意到，除了信封信纸具有规范批量印刷的特点，天宝行的契约合同也是如此，印刷了带有"天宝行"和年月的固定格式契约，只要填入具体内容和日期即可，显示了天宝行商贸往来的规模化和规范化。

（五）重要历史制度的记录

十三行之名由何而来以及十三行由哪些行商组成一直是学界和民众十分关心的问题。据彭泽益统计，从康熙五十九年（1720）至道光十九年（1839），有具体数据统计的38个年份中，共有行商404家或421家，行商最多的年份为乾隆二十二年（1757）的26家，最少年份为乾隆四十六年（1781）的4家，通常行数为10～13家（占20个年份），实数为13家的只有嘉庆十八年（1813）和道光十七年（1837）两个年份。[1] 但是，这十三家具体是什么商行和商人并没有说明，不免令人有点遗憾。而我们在天宝行精美的信笺上则发现了这些资料，十分难得。清朝道光十七年（1837），天宝行等十三家行商致函外商，回复外国商人与中国民众冲突事宜。[2] 十三家行商为怡和行行商伍绍荣（时为十三行总商）、广利行行商卢文锦、同孚行行商潘正炜、天宝行行商梁纶枢、东兴行行商谢有仁、兴泰行行商严启昌、东昌行行商罗福泰、同顺行行商吴天垣、顺泰行行商马佐良、中和行行商潘文涛、仁和行行商潘文海、孚泰行行商易元昌、安昌行行商容有光。

五、结语

方寸之痕天海间，印章是人类文明薪火相传的重要载体。方寸印章是"取信于人"的物件，书画家钤于作品之上，用以表示自己的创作；鉴赏家盖于作品之上用以表示自己的慎重鉴别；藏书家盖于作品之上，是曾为己有和"为我鉴定"的宣示；政治家盖于条约之上，代表的是国家的意志和承诺；商人们盖于契约之上，代表的是身份和义务的约束。印文的篆字体现了中国文化的精髓，印章的材质融合了万物的精华。在广州十三行与世界经贸和文化交流中，天宝行印章显示了厚重的历史内涵、多样的风格形式和丰富的外延表现，宣示了儒商的文化基因。

天宝行诸多印文的发现，固然是一个进展，但是仍有很多遗憾与空白，最重要的是印章实体迄今没有发现，因此不免留下很多遐想：天宝行行商与岭南文人交由甚密，印文为何人撰写？刻印者又为哪方大师？印章质量为铜为金？如果为石，是年黄还是寿山？有无边铭记载更多史实？印上是龟纽还是兽形？平时保管于何处？如何用印？诸多谜团，还待来日考究。

（作者单位：广州大学十三行研究中心）

---

[1] 彭泽益：《清代广东洋行制度的起源》，载《历史研究》1957年第1期。
[2] 英国国家档案馆 FO 682/2462/104。

论清代民国壁画在广府文化研究中的史料价值

黄利平

古代壁画被认为是反映社会历史文化的重要资料，得到学界的普遍重视。当年张大千的敦煌壁画摹本在重庆展出时，就得到史学大师陈寅恪的高度评价。目前，在广州及周边地区现存的传统建筑如祠堂、神庙和民居上，还可以看到大量的从19世纪初到中华人民共和国成立前约一个半世纪之间的清代壁画原作［目前，所见最早的有佛山市顺德区北滘镇黄龙村谈氏宗祠，嘉庆十六年（1811），最晚的时间到民国（广州市增城区小楼镇正隆村潭村厅夏，1948年）］。一个建筑少则数幅，多则近200幅（深圳沙井街新桥村曾氏大宗祠）。据第三次全国文物普查结果，已登记为文物的广州古建筑有2219座（《广东文化遗产——不可移动文物名录（上册）》科学出版社2013年版，第8页）。最保守估计，其中1/3以上还保存着壁画。按一座建筑10幅计算，仅广州就有清代民国壁画约一万幅，其中大多数已有百年以上的历史。

从内容上，壁画可分为人物、花鸟、山水和书法四类。人物画内容多是中国古代经典故事，一画一故事，画上多有题跋，以白话叙述传统经典故事的梗概。山水、花鸟画讲究用笔清丽、纤细，层次分明，线条圆润流畅。画上多题有脍炙人口的古代诗词小品。书法内容多是中国历史著名诗人的代表性作品。与敦煌、贵族墓葬壁画相比，壁画不但内容多是传统经典，透露出民间社会文化风尚，而且画上多有画家名款和年款。画家通过题款，交代壁画含义、丰富壁画内容、标示作画时间和画家名号。

清代广府壁画所在的建筑如祠堂、神庙等都是乡间民众心目中的神圣之处，非等闲之地。因此，这些壁画既非古人的信手涂鸦，其题材也不是由画家随心所欲决定的，而是直接体现了建筑主人的理念，从一个侧面表现出广府文化的内涵及其历史状态。壁画记录了广府地区百余年前的文化生活，是地域文化的载体和鲜活的民间史料。比如，其中大量的文化信息就直观地告诉了我们哪些传说故事在广府基层社会家喻户晓，什么诗词歌赋在广府基层社会妇孺皆知。

由于官修史书极少有基层社会文化方面的资料，史料的缺乏是长期以来广府文化研究难以避免的缺陷。清晰的年款使壁画在今天有了很高的历史价值，弥补了广府民间文化文献资料先天的不足，可以说它不仅真实记载了晚清以来基层社会生活的丰富信息，同时也为我们研究这个时期的广府文化的审美情趣和习俗变迁，提供了第一手的直观资料。像文字一样，图像也是历史载体，它不仅能够印证文献的记载，也为我们观察历史提供了新的媒介和角度，并与文字资料一起，给我们勾勒出历史的全息图景。此外，它携带的信息是许多典籍所不及的，是很多文字难以表达、无法替代的。但是，一些在同时代的人看来浅显易懂的图画含义，随着沧海桑田，今天往往已变得模糊不清。因此，今天我们不但要对壁画在当时社会上的影响及其作用进行考察和论证，就是其内涵也需要研究和分析，其史料价值往往就体现在这些关键环节之上。总之，由壁画观察当时的基层社会是今天广府文化研究的重要途径，它不仅有利于我们更好地了解广府绘画艺术的灿烂成就，也能加深我们对广府文化的认识。现试从以下几方面给予讨论。

一、壁画是广府家族理念的形象展示

壁画是重要的历史文化载体，特别是这些古代祠堂对于家族，传统民居对于家庭的重要意义不言而喻，这些建筑显著位置上的壁画当然不是古人闲时的信手涂鸦，而是这些家族和家庭崇尚的形象展示。处于大庭广众视野的清代广府壁画不仅真实传递了当时广府基层社会文化的丰富信息，更是观察广府文化内涵的形象资料，令人信服地解说了当时家族风尚的主要内容。例如广州市萝岗区庆一汤公祠正门上光绪六年（1880）的壁画，上面抄录《朱子家训》："黎明即起，洒扫庭除，要内外整洁。既昏便息，关锁门户。"下面抄颜真卿《劝学诗》：三更灯火五更鸡，正是男儿读书时。黑发不知勤学早，白首方悔读书迟。① 这表现出人们接受、崇敬和宣扬的家训和家风。

自元代以来，在中原地区广泛流行的"二十四孝"故事也是这里的壁画上常见的内容。如江门市新会区罗坑镇桂林村珽琳黄公祠上同治六年（1867）的壁画《母子相逢图》（即《弃官寻母》）②、广州市花都区炭步镇茶塘村明峰汤公祠光绪六年（1880）的壁画《陆绩怀橘》③。这是《二十四孝》故事在清代广府地区广泛流传的可靠证据。如此类推，我们从中可以看到清代广府家族家风的一些显著特点：出自《搜神记》的《蓝田种玉》图④是行善积德；出自《汉书》的《伏生传经》是崇文重教；《渔樵耕读》⑤《一家诗赋》⑥ 显示了重视耕读、崇尚书香门第的世风；《香山九老图》⑦《三多九如》⑧ 讲的是尊老敬老，宗族和睦；《三田合和》⑨《剪桐封弟》⑩ 表现的是兄友弟恭，礼义贤良；《燃藜图》⑪《飞熊入梦》⑫，是教育子弟发奋读书，建功立业；《苏武牧羊》⑬ 讲的是家国

---

① 广州市文化广电新闻出版局等：《广州传统建筑壁画选录》，广州出版社2015年版，第137页。
② 广东省文物局：《广府传统建筑壁画》，广州出版社2014年版，第28页。
③ 刘兆江：《广州祠堂壁画》（上），广州出版社2015年版，第119页。
④ 广东省文物局：《广府传统建筑壁画》，广州出版社2014年版，第4-7页。
⑤ 广州市文化广电新闻出版局等：《广州传统建筑壁画选录》，广州出版社2015年版，第128页。
⑥ 广州市花都区洪秀全纪念馆：《花都祠堂壁画》，华南理工大学出版社2016年版，第260页。
⑦ 广州市文化广电新闻出版局等：《广州传统建筑壁画选录》，广州出版社2015年版，第185页。
⑧ 《三多九如之图》，载广州市文化广电新闻出版局等编《广州传统建筑壁画选录》，广州出版社2015年版，第163页。
⑨ 《三田和合图》，载广州市文化广电新闻出版局等编《广州传统建筑壁画选录》，广州出版社2015年版，第176页。
⑩ 刘兆江：《广州祠堂壁画》（上），广州出版社2015年版，第228页。
⑪ 广州市文化广电新闻出版局等：《广州传统建筑壁画选录》，广州出版社2015年版，第183页。
⑫ 广东省文物局：《广府传统建筑壁画》，广州出版社2014年版，第73页。
⑬ 《苏武牧羊》，载刘兆江《广州祠堂壁画》（下），广州出版社2016年版，第132页。

情怀,以国为先;《风尘三侠》① 是合作共赢;《龙女牧羊》② 是施恩无念,受恩莫忘;《周处夺勇》③ 是知耻后勇造福乡里;等等。壁画上的这些内容无疑是当时广府地区真实的家风家训,是广大宗族和家庭理念最直接的艺术表现,是当时家族道德理念和文化风貌可靠的第一手资料。

二、隐士壁画是广府乡绅精神的告示

清代广府人物壁画中出现频率最高的是古代隐士,从渔樵耕读到竹林七贤,从王羲之、陶渊明到李白、林逋等众多古代隐士都是壁画中的常见人物。这不是偶然的。"大多数珠江三角洲宗族声称他们的血统来自中原,这种'历史记忆'是将自己转化为帝国秩序中具有'合法'身份的成员的文化手段。通过认同国家文化的方式,强调自己行为合乎礼法,炫耀功名以及宗族门第。编写族谱、建立祠堂,是他们加强这种形象的有效方式。通过确认'汉人'身份,他们划清了自己同当地原居民之间的界线……他们获取了广袤的沙田,控制墟市和庙宇,炫耀自己与士大夫的联系,这些向上提升自己社会地位的人演示一些被认为是中国文化认同的正统命题以及身份标志。"④

在传统文化的观念里,居住在乡村中的他们显然没有"居庙堂之高",而是"处江湖之远",现实的境遇使得他们在文化取向和认同上对魏晋南北朝以来的隐士文化有着极大的推崇。换句话说,这些传统文化偶像是他们在传统文化中找到自信的依据,因此,画上的这类题材显然不再同魏晋南北朝一样,是一种与求仙主题密切相关的文化符号,而是表现了广府乡绅阶层对这些隐士文化的认同、对其生活方式的向往、人生境界的尊崇和对于士族文化的仰慕,这一切折射出的是他们对自身处境的自信。画上的"隐士"也就是现实生活中的乡绅。从族谱、墓碑等也可看到晚清广府民间社会的乡绅崇尚隐逸、追慕虚玄的热情和风气。了解这一点对我们今天认识晚清以来广府民间社会文化的特点和壁画题材的内涵也有重要的意义。

三、壁画是广府民间故事的图像讲述

广府壁画的人物画不是以表现人物形象为主的肖像画,而是根据诗文、传说、典故而创作的带有一定情节的故事绘画。如《携柑送酒》是据《宋史》戴颙的故事而画;《五柳归庄》是根据陶渊明的作品《归去来兮辞》创作的。还有如《采菊图》来自陶渊明诗文中的意象。可以说,它们无一不是根据故事与传说进行的创作,用图绘的形式记

---

① 《风尘三侠》,载广州市番禺区文物管理委员会办公室编《番禺古建壁画》,华南理工大学出版社 2016 年版,第 147 页。
② 《龙女牧羊》,载广州市花都区洪秀全纪念馆编《花都祠堂壁画》,华南理工大学出版社 2016 年版,第 31 页。
③ 《周处夺勇》,载广州市花都区洪秀全纪念馆编《花都祠堂壁画》,华南理工大学出版社 2016 年版,第 260 页。
④ 刘志伟:《地域社会与文化的结构过程》,载《历史研究》2003 年第 1 期,第 56 页。

录的故事，由此我们得以确切掌握哪些传说故事在广府基层社会家喻户晓，而不是毫无根据的揣测。

据不完全统计，壁画上的故事上自商周下到清代，几乎涵盖整个古代社会，与中原社会已无大的差别。那里家喻户晓的传说故事，这里也基本是人人皆知。经初步整理，广府壁画中的民间传说故事题材有百余个之多。①

如《金带围》也称《四相图》或《四相簪花》，故事出自北宋沈括《梦溪笔谈》（补笔谈·卷三·异事条），是广府壁画中最常见的一个题材，今天在广大的广府文化区域都可以看到自嘉庆至民国时期这个题材的壁画。这个故事在长江区域也非常流行，证据就是金庸在创作《鹿鼎记》时，将其放在韦小宝回扬州的三十九回中。众多壁画说明，光绪时这个故事在广府地区可谓家喻户晓。另外，《红楼梦》第五回提到宁国府中挂有一幅《燃藜图》，惹得宝玉一时不快。以东汉刘向夜读为题材的《燃藜图》也是广府壁画中可见的作品。壁画使我们今天对百余年前在这里流传的民间故事有了细致准确的了解。

四、壁画是广府民间古典诗歌流传的佐证

广府壁画不但书法部分以古诗为主要内容，画上题款也多引古代诗词歌赋。由于壁画位于乡间百姓可以随意看到的民间建筑上，画上的古代诗歌应是广为人知。由此可知，哪些诗词在当时民间脍炙人口，什么歌赋曾经在乡村广泛流传。壁画是今天认识百余年前广府地区古代诗歌传播状况的第一手资料，上面的古代诗词歌赋开辟了获得古代广府民间文学史料的另一途径，改善了民间历史文化资料极度缺失的状况，补充了历史文献对民间文化记载的不足。虽然目前这批清代民间文化资料中的大部分尚散乱在基层村落中的传统建筑上，但随着近几年来广东及其辖区多部壁画图录的问世，整理其中相关的诗歌信息、窥探其时这里古典诗歌流传的状况已有了可能。

据不完全统计，广府壁画有上起春秋战国时期，下至清代各个时期的中国古代诗词歌赋等。从壁画可以知道，当时人们十分喜爱古代诗歌，从先秦到明清的许多佳作都可以在壁画上找到，其中最多的是唐宋和明清诗人的作品。壁画上所见到的许多诗歌已淡出今天的普及范围之外，说明了当时基层社会中传统文化的普及程度。诵读壁画中的古典诗歌可见当时这里人们的一些独特的文学品位。比如，咏讼梅花的诗词在壁画中比比皆是，数量众多。不但常见林逋、高启等历代咏梅名家的作品，而且一些影响相对较小的作家的咏梅佳作也常出现在壁画上。如宋代陈与义《和张规臣〈水墨梅〉五首》中的名句："晴窗画出横斜影，绝胜前村夜雪时。"② 明代杜耒《寒夜》："寒夜客来茶当酒，竹炉汤沸火初红。寻常一样窗前月，才有梅花便不同。"③

另外，不论是在书法里或是画款上，当时在这里流行的古代诗词歌赋与今天通行的

---

① 参见黄利平《清代民国广府壁画故事》，广州出版社 2017 年版。
② 广州市番禺区新造镇曾边村观生曾公祠清代花鸟壁画。
③ 广州市番禺区沙湾镇三善村报恩寺。

版本多有差异，一方面反映出当时基层民间流传的诗歌版本的状况；另一方面也表现出作为工匠的绘制者、草根艺术家的文化水平。当然，壁画毕竟不是诗词读本，画家在画款中往往节选数句，引用诗中最贴近画面的句子；或是径直改动原诗，组成新的更贴近画意的诗句。如广州市萝岗区九龙镇埔心村庆一汤公祠光绪六年（1880）壁画的画款："好消息，几时来？春月桃花秋月桂；实功夫，何处下？三更灯火五更鸡。"这里的"三更灯火五更鸡"显然是套用唐代颜真卿著名的《劝学》："三更灯火五更鸡，正是男儿读书时。黑发不知勤学早，白首方悔读书迟。"这也说明了颜真卿《劝学》一诗在这里广泛流传。

五、壁画是民间社会基础教育程度的显示

壁画长期占据着乡村社会传统建筑的显著位置，是基层民众随时随地可以观赏的老少皆宜的艺术品，对那些没有多少文化，甚至不识字的广大基层民众来说，壁画上的传说故事等于是直接向他们图解了传统文化的具体内容，在传播国学文化方面起着和西方教堂圣经故事画传播宗教文化一样的作用。从某种程度上说，壁画承担着如同今日小学传统文化教育的职责，其许多内容，在当今的低幼读物中也比比皆是。如古诗《画》："远看山有色，近听水无声。春去花还在，人来鸟不惊。"① 就曾是清代民国广府壁画上常见的款识，壁画上还有许多仍然是今天启蒙教育的历史故事，如《白鹅换字》《米芾换画》等。由山水、花鸟壁画上的传统诗词名句可以看出广泛流传于民间社会，成为当时脍炙人口的国学"精品"是哪些古代诗词歌赋，它们已是广府社会普及的文化知识。

六、壁画是广府民间美术的真实写照

清代至民国，广府传统建筑壁画主要分工笔彩绘和水墨两类。彩绘画的主要题材有山水、花鸟和人物，这类花红柳绿、色彩斑斓的画占绝大多数。它多采用传统的重彩设色技法，敷色艳丽。在人物的刻画上，从形象神态、服饰衣冠上讲究细致入微；画面人物安排聚散有致，前后呼应。在历史典故画上多有题跋，以白话叙述该典故的全貌，使画作易于被广大文化程度不高的乡亲所理解、认可。花鸟画讲究用笔清丽、纤细，层次分明，线条圆润流畅。画款多引古代诗歌。水墨画题材比较少，常见的只有《教子朝天》这一种。它在白灰底上用单一的墨色展现飞龙在天、腾云驾雾的效果，真的有国画一般的意境，当时人们叫它为"水墨龙"。

广府传统建筑壁画是其时代影响广泛的民间艺术，壁画家的艺术水平代表着一个时期该区域的民间文化风尚和美术水准。他们多数是身处社会底层的画匠，就整体而言，他们的绘画是程式化、机械化的临摹，有着职业化特点。不过，其中也不乏技艺高超、享有盛誉的大师，如道光时期的梁汉云、杜锦澜，同治、光绪时期的杨瑞石、黎天保等。这些艺术家在当时社会上已经有相当大的影响，常被请去为许多大型宗祠、神庙作画，

---

① 白彬彬：《还原一首诗的本来面目》，载《中华读书报》2014 年第 8 期。

因此，在许多传统建筑中至今留有他们的杰作。这些画作在广府基层社会的美术教育中占有重要的地位，其影响不可低估。佛山市顺德区勒流扶闾廖氏宗祠中光绪三年（1877）杨瑞石绘制的《三聘诸葛》图右上角有1944年修补画作的题记，这段话充分说明了清代壁画对后世的深远影响："杨瑞石先生此幅《三聘诸葛》图，所作人物惟妙惟肖。余儿时尝见之。世事沧桑，忽忽垂五十载。画面已剥蚀浸口，殊为可惜。兹值廖氏宗祠修缮，主事诸公命为补阙。余以珠玉在前，深惭狗续，盖亦不得已也。甲申（1944年）重阳节后三日，连陵张锦池题记。"① 由此可以看出，杨瑞石的壁画艺术对那一代人的影响。我们今天研究晚清以来岭南绘画的艺术历程时，不应当只将目光放在上层文人画家的作品之上，而对这些当年脍炙人口、深入千家万户，真正在广大人群中有着巨大影响力的艺术视而不见。

总之，很少有什么实物能同壁画一样，向我们如此准确地传递百余年前广府乡土社会流行的国学内涵，使我们如此切肤地感受当时这里国学文化的热度，真切地把握当时人们的艺术品位。壁画无疑能够弥补许多文献资料记载的先天不足，改变学界对民间社会文化误读错解的情况，弥补民间知识的缺乏；扭转轻民间、重官方的历史叙事价值取向。长期以来，学术界对晚清以来广府基层社会文化的研究受到史料的影响，很难完整地反映广府文化整体。壁画的研究和整理将在一定程度上改变这一状况，并使文化史特别是岭南地区绘画史的深入研究成为可能。

（作者单位：广州市南沙区虎门炮台管理所）

---

① 广东省文物局：《广府传统建筑壁画》，广州出版社2014年版，第4页。

村史志：传统村落振兴的文化资源
——以《小洲村史》《珠村村志》为中心的考察[①]

程大立

一、村史志研究现状

（一）村史志

村史志是自然村或行政村的历史和志书。村史以村庄的形成演变、政治经济、文化教育、姓氏家族和民风民俗为主要内容，以时间为线索，以优良传统和信念为主题，将各个时期的重大事件和重要人物串联起来；村志是全面记录乡村地理、历史、经济、风俗、文化、教育、物产、人物等方面状况的地方志，有着非常特殊的历史价值、文化价值和学术价值。村史志是中国乡村文明的主要载体，为后人留住文化遗产、记住乡愁、维系乡情发挥着重要作用，"为实施乡村振兴战略，探索农村发展经验提供科学素材"[②]。中国古代是以农耕经济为主的社会，中华文明孕育、诞生并成长于乡村，因此，记录乡村文明的村史志，"既是乡村治理的专有文化资源，也是最终完善国家治理体系的文化资源"[③]。

（二）村史志研究

我国自古就有编纂村史志的历史。有记载的最早村志为明代中期徐光润所作的《砚山志》（已佚）[④]，成书于康熙二十四年（1685）的《杏花村志》聚星楼刻本是唯一收入《钦定四库全书总目》的村志，多数学者认为它是我国古代第一部村志。据毛曦、董振华不完全统计："目前可知有清代村志 9 种、民国村志 14 种。"[⑤] 村史的编纂亦由来已久，但留存于世的极少。中华人民共和国成立后 30 年，由于没有认真组织管理，体例不够统一，村史志编写水平良莠不齐，正式的出版很少。20 世纪 80 年代，首轮省、市、县三级志书编修工程启动，历史学家、方志学家陆续注意到村史志的重要性，政府也开始

[①] 项目来源：广州市哲学社会科学发展"十三五规划"2018 年度一般项目"乡村振兴战略下广州传统村落保护和利用研究"（2018GZYB141）阶段性成果。
[②] 黄凯端、盖含悦：《村志编纂的几点思考》，载《福建史志》2019 年第 2 期，第 16 – 19 页。
[③] 窦春芳：《"三治合一"乡村治理体系中的村史志功能探析》，载《中国地方志》2019 年第 3 期，第 40 – 47 页。
[④] 钱茂伟：《浅谈公众社区史的编写》，载《中国地方志》2015 年第 9 期，第 23 – 32 页。
[⑤] 毛曦、董振华：《城市化进程中系统开展村志编纂的意义与建议》，载《中国地方志》2016 年第 6 期，第 34 – 38 页。

鼓励兴修村史志,拉开乡村史志编修大幕。广东省广州市积极作为,2002年天河区《政府工作报告》明确提出:"保护村镇文化遗产,启动村志编写工作。"自2003年至2008年,共有17部天河系列村志陆续出版。① 海珠区要求用10年时间编纂完成全区所有村的村志②,至2018年年底已有80%的行政村完成村志编纂工作。2016年10月,中国名村志文化工程又正式启动。2017年12月29日,国家推出首批《中国名村志文化工程丛书》26部。尽管村史志编写有巨大进展,但全国大多数地方的村史志编纂工作仍没有提上工作日程,其编修还处于民间自发的状态。③ 各地没有充分认识到村史志文化价值和社会功能,没有认识到村史志作为重要文化资源在乡村振兴中的巨大意义和作用。

村史志研究在20世纪60年代已经开始。李行、黄成礼等认为,村史是近代史和现代史的一部分。④ 吴南星认为村史编纂是为了总结人民的优良传统和经过科学检验的成功经验,为了教育我们自己和下一代。⑤ 邵循正、苏述认为,村史是提高青年的社会主义觉悟的有效手段。这个时期的研究认为,村史编纂要服务于阶级斗争。⑥ 伴随着20世纪80年代新修村志的潮流,90年代对村志的研究开始发力。魏桥认为,农民自己开拓了业绩,创造了历史,同样需要纪录历史,村志编纂是一种可贵的觉醒的表现。⑦ 孙达人认为,把族谱提高到村志,是教育农民自己,激扬民族自信、自强精神最直观生动、最明白易懂的教材,也是沟通世界各地炎黄子孙的一条感情上的纽带和桥梁。⑧ 梁耘、王家彦认为,新村志是精神文明建设的组成部分,是社会主义文化建设的系统工程。通过对模范人物业绩的讴歌,更好体现这一地域的地灵人杰,使志书真正发挥存史、资治、教化的作用。⑨ 这个时期的研究开始重视农民作为村史志主人身份的地位和作用,重视新村志对社会主义精神文明和文化建设的意义。20世纪90年代至今,特别是2010年以后村史志研究进入高潮。刘正刚、陈嫦娥认为,新村志所包含的丰富的乡村社会史料是研究传统乡村社会变迁以及了解传统乡村社会向现代都市转变极重要的文献。⑩ 蔡锦涛认为,村志中对于宗谱记录,有助于聚落异姓的文化融合和情感相通。⑪ 毛曦、董振华认为,系统

---

① 张丽蓉:《改革开放以来村志编修的分析与思考——以广州地区为中心》,载《中国地方志》2016年第10期,第32-38页。
② 海珠区政府办公室:《关于印发海珠区村志编修工作方案的通知》,海府办〔2013〕35号。
③ 黄建安:《论"村落终结"时代的村志编纂》,载《中国地方志》2019年第2期,第4-22页。
④ 李行、王兴福、姚辉、黄成礼:《村史初探》,载《浙江学刊》1964年第3期,第46-49页。
⑤ 吴南星:《谈写村史》,载《前线》1963年第11期,第18页。
⑥ 邵循正、苏述:《关于编写村史的几个问题——读〈北京四史丛书〉后所想到的》,载《历史教学》1965年第5期,第54-57页。
⑦ 魏桥:《神州大地新鲜事——村志初探》,载《中国地方志》1995年第8期,第32-34页。
⑧ 孙达人:《中国农民史的价值和意义——兼论族谱、村志的社会功能》,载《社会学研究》1994年第6期,第60-64页。
⑨ 梁耘、王家彦:《浅谈村志中"人物编"的地位与纂写》,载《黑河学刊》1998年第2期,第70-71页。
⑩ 刘正刚、陈嫦娥:《新修村志的文献价值》,载《图书馆论坛》2010年第2期,第171-174页。
⑪ 蔡锦涛:《修村志乎续宗谱乎——值得方志学界研究的课题》,载《中国地方志》1994年第6期,第44-47页。

的村志编修可以为后人留住消失或即将消失的文化遗产。① 窦春芳认为，编修村史志可培育村民自觉，激发村民自治意识；善用村史志和村规民约，夯实乡村法治基础；挖掘村史志中的多元文化资源，以德治促进乡村和谐。② 这个时期的研究，紧密结合党的十八大以来党的农村政策，特别是乡村振兴战略以及城镇化背景下乡村传统文化的抢救性保护和创新性传承。

综上所述，我国村史志编纂实践尚未形成全民共识和全国行动，理论研究能够与党和国家大政方针密切结合，侧重论述村史志的时代意义和社会功能，侧重于编纂方法论，没有通过案例考察分析新编村史志如何在新农村小康社会建设、乡村振兴战略中发挥文化资源作用，客观上造成村史志小范围发行后，束之高阁、无人问津的尴尬局面。城镇化进程中抢救性地编修村史志，只是为了形成文化品牌，没有通过新修村史志工作，对正在破坏和消失的传统村落的保护、利用和振兴发挥借鉴和示范作用。

本文拟以广州市《小洲村史》《珠村村志》为考察对象③，通过对传统村落村史志价值的分析，论述其在传统村落社会治理中的价值和作用。

二、村史志在传统村落社会治理中的价值

村史志的编纂和出版，保存了历史记忆，建立其基本的文献价值；在编写组织管理、阅读传播和使用应用过程中，村史志建立并发挥其核心的文化价值；村史志在乡村建设和发展过程中，能发挥资政和教育功能，这是其衍生的社会价值；村史志对乡村经济的发展有一定的支撑作用，这是其附加的经济价值。

（一）文献价值

村史志是记录乡村历史的地方文献，村史志的编纂，就其价值而言，"存史"为第一要义。④ 传统村落村史志是研究传统村落发展史的学术文献，以《珠村村志》为例，其文献价值体现在：①记录传统村落聚落历史原貌及其演变过程。《珠村在清代番禺县鹿步司位置图》《珠村在天河区位置图》《珠村土名图》《2004年珠村航拍图》《2005年珠村主要街道及文物示意图》等一组图片，以及第一章《自然地理》、第二章《建置》记录了珠村自古以来的地理位置、自然环境、建置沿革及其演变过程等，是乡村变迁史的重要文献，可供地理学、社会学研究。②记录传统村落宗族关系、行政组织和社会治理。第四章《姓氏宗族》记录了潘、钟、陈等氏族源流、迁徙定居和世系功名，第七章《乡

---

① 毛曦、董振华：《城市化进程中系统开展村志编纂的意义与建议》，载《中国地方志》2016年第6期，第34–38页。
② 窦春芳：《"三治合一"乡村治理体系中的村史志功能探析》，载《中国地方志》2019年第3期，第40–47页。
③ 沙钟文：《小洲村史》，广州出版社2004年版；广州市珠村实业有限公司（珠村村委会）：《珠村村志》，2007年。
④ 沈渭滨：《晚清村镇志纂修的成熟及其人文历史价值——以江南名镇志〈紫堤村志〉为中心的分析》，载《史林》2007年第2期，第173–181页。

村管理》、第八章《政治》分别记录了自清代、民国至中华人民共和国成立后行政机构、党政和群团组织及其管理方式等资料,是宗族、社会组织与治理的历史文献,可供政治学、社会学研究。③记录传统村落农耕文化、产业发展的历史。第八章《经济》记录了珠村农业、企业、物业、私营和个体工商业、集市和农贸市场、供销合作社的发展,《文件选辑》收录了1993年至2006年合作经济社章程等,是乡村经济发展的历史文献,可供经济史学研究。④记录传统村落风俗民情、历史文物、杰出人物。第十章《社会》《人物》、第十三章《文物古迹》分别记录了风俗习惯、地方掌故、民间俗语、祠堂、庙宇、社坛、旧址、墓葬、历史人物、革命烈士等资料,是乡村文明和文化建设的重要文献,可供民俗学、社会学研究。

村史志是最本真、最鲜活、最接地气的乡情资料,是彰显和传承中华优秀传统文化的重要载体;既可以补县志范围广、线条粗之不足,又可以成为传统村落地理、历史、经济、人口、文化、民俗、教育、物产等各方面的历史与现状的工具书,具有特殊的文献资料价值。

(二) 文化价值

文化价值体现在两个方面:一是具有文化意义的客体,能满足社会文化需要;二是具有文化需要的主体,期待获得文化满足。当客体达成主体需求时就实现了文化价值。村史志的核心内涵体现在文化价值上。传统村落文化积淀和传承,让每个时代的村民产生了文化归依和自信;村史志以文字凝练村庄文化精神、以物态呈现村庄文化品质,让村民获得文化自豪感和自信心。传统村落村史志的文化价值体现在五个方面:①高度认同的集体记忆。村史志编纂是唤醒村民集体记忆的过程。传统村落历史上的人和事经过风霜洗礼和时间沉淀,能写入史志的都是村民记忆之精华。《珠村村志》记录的"摆七娘"风俗,简洁细致。"在各坊较大的姑娘屋(俗称妹仔屋)中设坛,用自制的谷粒、米粒、瓜子壳、棉花、糖纸、布料等常见物品,做成花鸟虫鱼及各种微型工艺品。姑娘们梳妆打扮,穿上节日的盛装,集中在'摆七娘'的地方,互相观摩。"每一年都有"七夕",每一个"七夕"都是姑娘们创造和展示的机会。村史志记述的内容是村民主体意识觉醒和自我关怀追求,必能"有益于建立一个有高度凝聚力的村落共同体"①。村史志叙事能增强传统村落文化亲和力和凝聚力,关注本土经验,重视乡土民生,弘扬村域文化,村史志或许能作为一种集体记忆的表达方式,长久地伴随着村庄发展,根深蒂固于村民的思想之中。传统村落已由传统农业经济时代迈进工商业经济时代,正迈向互联网经济时代,村民因求学和工作迁居外地,因新建现代化楼房而弃住老宅,因外来人口进入而出租旧居,传统村落已不再是传统意义上的宗族家庭聚居,离乡之愁、离别之情油然而生。编纂村史志让传统村落村民有了一个消解乡愁、回忆乡情的载体。《珠村村志》记录了钟姓源流、迁徙、迁居、世系表,为钟姓族人寻根提供帮助;记录了钟姓族谱存毁、流传状况,为钟姓族人寻亲提供线索;记录了钟姓宗祠和墓葬现存的数量、位

---

① 彭家国:《徽州村志的研究价值》,载《安徽省徽学学会二届二次理事会暨"徽州文化与和谐社会"学术研讨会论文集》2007年第1期,第153页。

置、规模、格局、状态,为钟姓族人祭祀提供指引。传统村落村民可以从村史志中寻得到根、望得见山、看得见水、记得住乡愁,从而"激发精神力量、提高文化素养、净化乡村社会风气、唤起人们对乡村生活的认同感和幸福感"。②厚实可信的乡土文化。传统村落为中国传统文化根脉所系,儒家文化博大精深,农耕文化源远流长,宗族文化深厚悠久。"中国文化的根就是乡村。"① 村史志植根于深厚的乡土文化,汇集于族谱和各类文献,来源于地理原貌或遗迹遗址,采访老一代农民,都较为可信。《小洲村史》中的《瀛洲八景》记录了八景所在位置、名称由来、景点特征等,或引用诗文、典故、民谣以佐证,尽管景已不再,却让人置信不疑。"文物古迹"关于玉虚宫(北帝庙)的记述,通过多张照片、楹联、宫匾等印证其祭祀之神及建筑年代;对于书法的现代性特征,通过简汉根和简允成两位长者证实系"文革"破坏后今人仿写,同样具有很高的可信度。村史志编纂是对独具禀赋和特质的传统村落文化的传承和弘扬,也将为乡村振兴提供厚实可信的乡土文化资源。③坚定执着的文化自信。中国文化以乡村为重,以乡土为本。中国农民亲身经历由传统农耕时代向现代化迈进的过程,农民创造历史,写史志、入史志、用史志、传史志,既是农民自我觉醒的表现,也是文化自信的体现。《小洲村史》在《今非昔比》中通过一组组数据对比,记述了小洲村在农、林、渔、果以及工业、教育、医疗等方面的巨大发展,记述了中华人民共和国成立后特别是改革开放以来,在党的领导下发挥传统文化和生态自然基础的优势,建立现代生态型水乡村落的史实,表达了传统村落村民的现代意识和文化自信。④村落文化的引领示范。通过对传统村落文化的挖掘和整理,村史志从村规民约、族规家训中提炼出孝亲敬祖、光耀宗族的"家风文化",从祠堂礼俗中提炼出宗族和睦、友爱团结的"根脉文化",从民间宗教和民俗仪式中提炼出忠诚善意、敬畏自然的"礼仪文化",从艰苦创业、回馈桑梓的事迹中提炼出热爱家乡、奉献乡邻的"乡贤文化",从革命斗争、抗敌反侮的历史中提炼出英勇不屈、追求光明的"红色文化"。这些乡村文化与社会主义核心价值观要求相融相通,将在传统村落振兴战略中起到文化引领和示范作用。《小洲村史》记录了小洲人亲水、爱水的文化传统,即使在城市化进程中也努力保留自然生态原貌,形成现代都市"最后的小桥流水人家",吸引艺术家部落入驻,打造现代艺术小镇。

(三)社会价值

作为社会文化产品,传统村落村史志也会发挥一定的社会功能,产生一定的社会价值。①优秀传统文化思想的政治价值。历史悠久的传统村落深受中华传统文化思想熏陶,积淀形成特有的道德价值体系,教育和影响着历代村民。村史志是中华传统道德思想的载体,对当代村民的道德教育会产生一定影响作用。《珠村村志》记录大量"民间俗语",通俗易懂,警示后人。"手勤不贫,忍心有债。""本小利大利不大,本大利小利不小。"分别阐述了勤劳、善良、本分、诚实的道德追求,以对村民良好的道德教育支持乡村治理。②传统治理先进经验的社会价值。传统村落记录的族规家训、村规民约是带有浓郁中华乡土特色的文化产物,其积极健康的内容在今天乃至今后仍然是乡村治理的文

---

① 梁漱溟:《乡村建设大意》,载《梁漱溟全集》(第1卷),山东人民出版社1989年版,第610页。

化资源。虽然乡绅治理已成为历史，但乡贤在乡村治理中的作用仍然客观存在。《珠村村志》记录了中华人民共和国成立前乡绅父老议事制、"上祠堂""联会"和中华人民共和国成立后的农民协会、生产合作社、管理委员会、革命委员会、村民委员和董事会，既反映了乡村经济变革与管理机构、管理方式的演变史，也一脉相承地保留了村民议事、自治的基本方式，具有承传性。③天人合一自然观念的生态价值。历史上的传统村落从村庄建筑、生产方式到生活消费都顺应自然、保护自然；城市化和工商业化的现代村庄则破坏了传统村落原始生态，严重影响了村庄的自然环境。《小洲村史》记录了"河涌绕村流，小桥通街有""百年老榕树，人在树下游"等天人合一的和谐景观，也记录了由于生态破坏和治理不力，"龙舟水""白露汤"造成的自然灾害，从正、反两面警示人们善待自然、保护环境。

（四）经济价值

作为地方文献的村史志，其本身并不会产生直接的经济效益。但在乡村文化旅游、特色食品、传统工艺品、文化创新产品的开发和销售环节，村史志也能发挥来源佐证、工艺求证和品牌验证等功能，一定程度上将文化资源转化为经济资本。从这个角度看，村史志也具备间接的经济价值。①来源佐证。在数百年乃至千年的传承中，传统村落的文化活动逐渐成为村民心中神圣的仪式，让这种仪式接续并成长为文化体验旅游，需要村史志的来源佐证以提高品牌的附加值。"乞巧节"在广府文化中是一种具有广泛性的民俗活动，《珠村村志》全面记录了珠村该活动的历史起源、流程演变、当代盛况，特别是收录清末举人潘名江的《珠村七夕吟》，为该活动升级为当代文化体验旅游产品提供了来源证明。②工艺求证。传统工艺是传统村落传统艺术文化的一种形式，是传统村落村民生产劳动和社会实践的智慧结晶，是中华优秀文化遗产。《珠村村志》在《世韶潘公祠》中记录的灰雕艺术，包括灰雕的主题、风格、格局和形态，并配图片以实证，为灰雕艺术在当下的数字化生产和产业化发展提供工艺设计和制作流程范本。③品牌验证。传统村落在农耕经济发展过程中已经形成的商业品牌和文化品牌，由于经济转型曾经有过衰落，随着乡村产业振兴和互联网经济发展，这些品牌完全可以在新技术条件下复苏和繁荣。小洲村天人合一的自然环境，在工业化和城镇化的进程中险被毁灭，但由于群众自觉、专家呼吁和政府支持，最终回归生态型文化村落的本质定位。《小洲村史》记录的《瀛洲八景》《古码头与古城墙》以及小洲村阳桃、荔枝、龙眼、番石榴等水果的种植历史、种植比例、收获和收入、水果品质等内容，为小洲村恢复和申报生态文化品牌以及岭南佳果地理标志商标提供了品牌验证。

三、村史志在传统村落社会治理中的作用

村史志厚实的文献价值、丰富的文化价值、积极的社会价值和间接的经济价值，使其能充分发挥存史、资政、教化功能和一定的经济功能，成为助力传统村落社会治理的文化资源。

（一）利用村史志文献价值，保障传统村落培根

村史志编纂可以将消失或即将消失的传统村落历史留存下来，为后人留住文化遗产的根脉，接续传统文脉，努力保持传统村落的完整性、真实性和延续性。村史志挖掘的深度和书写的完整度可以影响传统村落保护和利用的高度和广度。①维护原生态村居风貌。村史志记录传统历史村落地理坐落、耕地农舍、山水林草，记录的是中国传统乡村特色景观和原居民生活形态，富含历史古韵和人文之美，符合自然生态规律。传统村落要充分利用村史志文献资源，切实保护现存原有建筑风貌和村落格局，尊重原居民生活形态和传统习惯，把民族和民间文化元素纳入乡村建设，在此基础上融入时代感和现代性，重塑田园风光和乡情乡愁。《小洲村史》记载的文物古籍、历史建筑和传统民居，现存的一段50多米的清代古城墙、5个清代古码头、11间岭南古祠堂、4间清代古庙宇、3间蚝壳屋、8口明清古井，是小洲村历史文化深厚和商贸发达的见证，也是小洲村空间生态化、人性化和多样化的标志；同样，《小洲村史》记录的纵横交错的水道、青石麻石的小巷、整齐完好的村落格局是闲散生活气息和文化艺术氛围的体现，是构成绿色休闲、艺术创作和文旅商贸一体化、"最后小桥流水人家"的艺术小洲蓝本。《珠村村志》记录了32座潘氏公祠的位置、规模、格局、风格和存毁现状，激发珠村人尽力保护这幅明清珠村宗族社会民俗风情画。②修复乡村自然生态。城镇化和工商业化已经对传统村落的自然景观和生态环境有所破坏，需要尽快保护和修复，加强水源涵养、滨水带保护、山体养护和湖草种植等。村史志记录传统村落农耕时代的林田湖草、山脉水体，再现了自然、生态、绿色的田园景观和村落环境，可以为修复乡村自然生态提供重要的参照。《小洲村史》中的《瀛洲生态公园》是在保护河流和水体原貌前提下建立的以绿水、湿地、林草为基础，水产、水果、旅游为产业的自然生态产业链，打造了"具有岭南水乡魅力的花城、水城、绿城特色生态城市样板区"①。③传承保护农耕文化。农耕文化是传统村落最原始、最本质的乡土文化。城市化对农耕文化的破坏尤其严重，传承和保护农耕文化，特别保护农村遗迹、灌溉工程遗产，保留农业生产业态，整理低效农用地，复垦历史遗留土地，对位于城镇边缘和远离中心城市的传统村落具有现实意义。村史志记录的农业用地、生产方式、种植养殖、加工经营等，是传统农耕文化和现代农业产业升级的基础性条件。《小洲村史》记录了小洲村世代以种果为生，果林面积占新滘的1/5，素有"岭南佳果之乡"美誉。自明末清初起，当地农民懂得修建堤岸果基，保水增产，使之成为广州"南肺"。正因为有这样深厚的农耕文化基础，小洲村在城市化过程中并没有工业化，而是传承了果树种植业，打造了"万亩果园"核心区。④建设宜居宜业美丽村庄。尊重自然、顺应自然和保护自然是传统村落的基本理念。村史志记录了生态的村居风貌、绿色的自然环境和本质的农耕文化，对于传统村落保护、利用和振兴的意义在于：在保留传统农耕文化的基础上，实现农业赓续和产业升级，培养现代新型农民，培育美好乡风文明，建立宜居宜业新农村。《广东省人民政府关于广州市天河区珠村历史

---

① 陈霭雯、韦娅、朱志军：《广州海珠生态城生态安全格局的基础构建研究》，载《西部人居环境学刊》2015年第4期，第43-47页。

文化名村保护规划的批复》（粤府函〔2017〕268 号）①，提出注重保护古村传统风貌和整体山水格局、传统街巷，提及《珠村村志》记录的 27 处不可移动文物、2 处历史建筑线索、30 处传统风貌建筑线索和历史环境要素等物质文化遗产，以及以"乞巧节"为代表的传统风俗和地方民俗等非物质文化遗产；建议完善基础设施和公共服务设施建设，提升珠村的文化传承、旅游休闲、特色发展等功能，努力实现社会效益、环境效益和经济效益的协调统一。正是立足于村史志记录的物质与非物质文化遗产，美丽珠村建设更有基本依据。

（二）发挥村史志文化价值，助力传统村落铸魂

文化是乡村的核心和灵魂，是归依村民的精神支柱，"以文化人"是文化育人的主要方式。村史志是传统村落文化建设的底本，通过对历史文化的抢救和整理、对乡村文化的挖掘和复兴、文化力的培养和形成、乡风文明的培育和弘扬，为传统村落铸造文化之魂。①抢救和整理历史文化。村史志记录乡村发端、形成、发展和演变过程，是对乡村基本情况的回溯，也是对乡村历史文化的抢救和整理。随着城镇化和现代化进程加快，村史志肩负着抢救历史文化的使命。"在历史文化上，城中村保留了早期的物质和精神遗产。"②"北帝诞""扒龙舟""乞巧节""珠绣"这些传统民俗，曾因地理条件改变走向式微。改革开放后，随着社会思潮解放，传统文化弘扬，村民再次启动这些被淡忘的仪式，因为有了《珠村村志》的准确记录，找寻非物质文化遗产传承人，并通过他们的回忆和努力，逐步还原并不断丰富传统民俗的全部流程及知识内容和文化内涵就显得容易许多。所以，村史志的编纂是整理和抢救历史文化工程，也是传统村落文化保护、开发和利用的基础和前提。②挖掘和复兴乡村文化。乡村文化抢救和整理的终极目的是"古为今用"，即通过阐释和实践使已经变为历史的优秀传统文化在当下"复活"，成为教育村民的优秀教材。村史志记录的传统村落农耕文化蕴含的优秀思想观念、人文精神、道德规范，要通过创造性转化融入当代社会生活之中，还要通过创新性发展成为引领乡村文化方向、推进文化繁荣的抓手。"摆七娘""拜七娘"是"乞巧节"活动中两个传统仪式，在口头传说中，"拜"重于"摆"，即年轻女子通过"虔心焚香"祷告神灵认可自己的巧手工艺，为自己觅得如意郎君。《珠村村志》以"摆"重于"拜"，侧重记录了微型工艺品的制作过程、摆出来供族人和游人欣赏评价以及"摆七娘"时的热闹盛况，其意义在于强调社会主义新时代人们对美好生活和精品艺术的追求，有利于推动传统村落文化复兴，保护传统文化基因，充分发挥优秀传统文化传承和乡风文明建设。③形成和递增乡村文化力。村史志的编纂是传统村落的集体工程，需要全体村民的积极参与和协同努力。编写过程中，可以集合星散全国各地的村民，甚至异国他乡的宗亲；如同修宗谱一样，将村民写入村史志，使之有强烈的归属感和自豪感，可以使远离故土的精英有效

---

① 《广东省人民政府关于广州市天河区珠村历史文化名村保护规划的批复》2017 年 10 月 11 日，http://zwgk.gd.gov.cn/006939748/201710/t20171011_726069.html。

② 许松辉：《"园中村"改造与发展探索——以广州市小洲村为例》，载《规划师》2007 年第 6 期，第 45 - 47 页。

回归；在村史志的采访、写作、校订和出版、发行过程中，也需要全体村民参与，逐渐形成并递增乡村的凝聚力、向心力。村史志记录的民风民俗也能更好地在当下流传，成为凝聚人心的文化力。《珠村村志》记录了"扒龙舟"习俗，从五月初一至初六，分别在本村迎接各乡龙舟共演和探访他村的过程。2019 年 6 月 3 日（农历五月初一），由于珠村"招景"成功，35 个自然村 80 多条"飞龙"到珠村探亲①，形成了历史上盛况空前的"龙舟竞渡"，显示了传统文化的魅力和珠村文化感召力。④推动和开展乡风文明教育。村史志是民众教育的永久性文化教材，是知乡爱乡的最佳载体，其文化教化功能还体现在村史教育和传统教育的具体实践之中。建立村史志展览室，让村民和游客可以随时阅读村史志，感知传统村落文化的厚重；开办村史志文化讲坛，请传统村落长者、非遗传承人说村史、谈文化；围绕村史志内容，编纂可读性强的传统村落历史读物，开展村史村情普及教育；打造村史志馆、乡愁室、乡贤室、传习室，向村民特别是青少年开展爱家、爱村、爱乡、爱国教育。再现村史志记录的仪式，让村民和游客接受传统村落文化礼仪、社会规范和道德教育，"是乡村历史、传统文化与民族精神的外化"②。2014 年和 2019 年珠村"乞巧节"分别呈现了"古代女子成人礼"和"美味新意七娘饭"③，这些在村史志一笔带过的传统文化教育仪式的"复活"，既使人重温了传统，又传播了责任担当、文明和谐、团结友善等与社会主义核心价值观相融通的思想观念，是"爱国主义教育、社会主义教育的一项重要内容"④。

（三）把握村史志社会价值，优化传统村落治理

村史志记录了一个个小村庄的历史变迁，从侧面"反映了中国农村数百年来因社会变迁而引起的政治、经济、文化、道德、伦理等方面的深刻变革"⑤，蕴含着丰富而成熟的乡村治理经验和智慧，体现在法治精神的培育、村民自治的自觉、生态治理的引领和治理人才的培养。①以道德滋养法治精神。村史志文化教化功能体现在乡村治理体系中就是对村民的教化，"发挥好道德的教化作用，必须以道德滋养法治精神、强化道德对法治文化的支撑作用"⑥。村史志记录的族规家训和乡规民约，是中华乡土文化的产物，孝老爱亲、爱族爱乡、诚实做人、敬业奉献等传统道德思想，融入当代社会讲原则、讲规则、讲诚信、讲法治的精神，更具有时代意义和实践价值。《珠村村志》收录了《珠村村民委员会村规民约（1988）》《珠村计划生育村规民约（1991）》《珠村股份制合作经济

---

① 《80 多条"飞龙"来"探亲"珠村敲响今年广州龙船招景第一锣》，2019 年 6 月 4 日，http：//www.360kuai.com/pc/9d4231f40dfac70b4？cota = 4&kuai_ so = 1&sign = 360_ 57c3bbd1&refer_ scene = so_1。（访问时间：2019 年 6 月 4 日）
② 陆剑于、郑海华、谢钦巨：《村史馆为凡人"立传"》，载《温州日报》2006 年 6 月 17 日第 1 版。
③ 《2014 广州乞巧文化节珠村开幕 古代女子成人礼再现》，http：//tv.people.com.cn/n—0731/c187594 - 25375463.html。（访问时间：2014 年 7 月 31 日）
④ 魏桥：《神州大地新鲜事——村志初探》，载《中国地方志》1995 年第 8 期，第 32 - 34 页。
⑤ 颜越虎：《从〈白沙村志〉到"珠三角现象"——乡村志编纂的解读与分析》，载《中国地方志》2014 年第 10 期，第 10 - 21 页。
⑥ 习近平：《习近平谈治国理政》（第 2 卷），外文出版社 2017 年版，第 117 页。

联社章程（1993）（1997）（2006）》《珠村股份实业有限公司章程（2005）》《珠村老人协会章程（1992）》《珠村村民自治章程（1999）》《珠村村民合作医疗方案（1999）》《珠村关于完善第二轮土地承包责任制方案（1999）》等一系列自治性文件。这些文件，从族规家训到乡规民约，扩展到生产、经济、医疗、生育、养老民生事项，村庄诸事皆有治理"法规"；这些"法规"既体现了以党的领导和社会主义法治为前提的基本原则，又体现了公平正义、诚实经营、公正分配、扶老助弱、人人平等的传统道德观念，是村民共同意识和统一规则的构建。②以自觉促进村民自治。村史志编纂可以唤醒和提高传统村落村民的民主意识和文化自觉。传统村落村民以宗族和家庭入史志为荣耀，也希望村庄历史得到传承，更希望把一代代人在村庄管理和治理中的经验教训留存下来，成为后辈更好地管理和治理村庄的文化资源。《小洲村史》是在海珠区政府统一部署下启动的，为编写出高水平村史，村委聘请了文史专家沙钟文主笔，还多次召集村民商议和讨论，确定了以水乡原生态环境特征为主线，以现代农业、艺术创作和文化旅游为业态的经济特征，村史在编撰的同时也为小洲村今后的管理和治理定下了基调。《珠村村志》成立了以潘炳富为组长、主编，村两委负责人、村民代表、志书专家组成的志书编纂领导小组和编辑部，在天河区政府和方志办领导下，集全村之力，形成了一部很完善的村志。村史志"既是村民自治的应有内容，也是村民自治的专属文化成果"①。③以绿色引领生态治理。传统文化"天人合一"观念让传统村落从村庄选址到村居建设，从耕作方式到生活习惯无不遵从自然，保护自然。村史志记录了传统村落格局原貌、山体水系自然状态、种植养殖科学布局、人居生活绿色环保等历史，是当下生态破坏、环境污染背景下村庄环境治理的文化资源。2019年5月10日下午，"爱水护水齐参与，共享珠吉河水清"誓师大会在珠村东环路七夕广场上举行，500名志愿者集体宣誓，愿为保护好水资源、改善人居环境、建设美丽珠吉献上一份自己的力量。②此活动展现出珠村人在经济富裕以后追求绿色高品质生活的共同心愿。与此同时，长度1.9千米、流域面积0.84平方千米深涌中支涌揭除覆盖工程启动。③清淤除污，恢复20年前的原貌，《珠村村志》记录的涌原貌为该工程提供了重要治理依据。同样，小洲村龙舟活动兴盛、水神崇拜仍存，与小洲人重视水资源保护和水系水网管理，做足做好"水"文章密切相关，《小洲村史》"最后的小桥流水人家"主题也成为小洲人对村庄治理的一致追求。④以乡情吸引治理人才。传统村落衰落很大程度上在于原居村民特别是青年村民的外流，村史志编纂有利于增强村民的归属感、认同感和荣誉感。对村庄历史的深入了解，对村庄文化的真切感知，也是对村庄建设责任的认识和担当。《珠村村志》在编纂过程中，各姓村民对本族历史人物及其贡献如数家珍，潘文治、潘文绚、潘文谱三位战功显赫的军事将领和潘启明、

---

① 窦春芳：《"三治合一"乡村治理体系中的村史志功能探析》，载《中国地方志》2019年第3期，第40－47页。
② 《志愿者齐聚广州珠村七夕广场，宣誓爱水护水》，http：//finance.sina.com.cn/roll/2019－05－12/doc－ihvhiqax8137436.shtml。
③ 《暗渠封存廿年重现　珠村乞巧水街复原》，http：//news.dayoo.com/guangzhou/201904/12/139995_52537178.htm；《广州珠村河涌明年底完成整治》，http：//gd.sina.com.cn/city/csgz/2016－08－12/city－ifxuxnak0055759.shtml。

潘耀廷两位烈士让潘姓家庭无上光荣。《小洲村史》的《情系宗亲》记录了海外简姓子弟对家乡发展的关心和支持，激发了当代简姓青年特别是文化能人回乡创业。村史志编纂"有助于促进乡村社会的和谐与人心凝聚，是乡村治理体系中的文化力量"①。

（四）挖掘村史志经济价值，促进传统村落振兴

生态宜居、乡风文明、治理有效分别从生态环境、精神文明和乡村治理三个方面提出了乡村振兴的基本要求，产业兴旺、生活富裕是乡村振兴基本前提和根本要求，后二者互相影响且与乡村经济振兴密切相关。村史志附属的间接性经济价值，在乡村产业全面振兴中可以发挥一定的文化资源支持和支撑作用。①保护特色品牌，振兴乡村传统工艺。乡村振兴要推动农村实施传统工艺振兴计划，开发传统文化产品、民间艺术、民俗表演项目，促进传统文化资源与现代消费需求的有效对接，提高品质、形成品牌、带动就业。村史志记录了上述文化项目的起源、特征、内容、流程、传承人和历史演变，是其保持原汁原味文化特质的重要依据，也是其不断演进、创新发展的重要线索，还是其品牌保护的重要支撑。正因为依据《珠村村志》的详细记录，珠村"乞巧节"在 21 世纪持续举办并不断创新，使之成为"中国第一乞巧村"。2006 年，"乞巧文化"商标成功注册，包括主商标"广州七巧文化节"和分商标"珠村乞巧""乞巧婆""乞巧女儿"等共 8 个②，为"乞巧"文化品牌打造和传统工艺品产业化发展奠定了坚实基础。②挖掘文化符号，盘活乡村文化资源。要让这些写在纸上的静态文化符号走进火热的乡村振兴战略中，形成特色资源保护与村庄发展的良性互动机制，成为能创造社会效益和经济价值的文化资源。而传统村落蕴藏着丰富的文化资源，有的已形成文化符号，并将之写进村史志之中。《小洲村史》记录的《一望五洲》《瀛洲神话》，通过历代典籍、神话传说追溯了小洲村及其名称的来历，描述了一个神仙化的自然世界。中华人民共和国成立以来，特别是改革开放以来，小洲村在国际都市演化中，不断用实践演绎"小洲"这一文化符号的历史本义，"曹崇恩雕塑园""在水一舫"与"荷塘花语"正是在对符号文化阐释的基础上形成的具有经济价值和社会效益的物态文化。如此类推，复兴老字号产业，创立非物质文化遗产文化表演项目，建立与村庄传统文化相吻合的众创空间、星创天地，让老品牌、老字号等文化符号从村史志中走出来、活起来，盘活文化资源。③加强规划引导，发展特色文化产业。传统村落特色文化产业振兴需要强化发展、保护和服务相统一的意识，借鉴村史志记录的内容，做到规划与设计相协调、历史与现实相统一、文化与旅游相结合。小洲村由一个传统的岭南渔村成为广州重要的城市文化与创新空间，完全可以从《小洲村史》中找到蝶变的线索。小洲村以水为原始生态，小洲人以果基渔业为经济来源，当现代交通工具取代传统航运后，小洲村并没有快速地工业化，而是在政府引导下，坚持以绿色生态文化规划小洲村的发展前景。关山月、黎雄才、曹崇恩等艺

---

① 周亚、李旺：《村史馆：乡土中国的文化力量》，http：//kns. cnki. net/kcms/detail/44. 1306. G2. 20190524. 1020. 002. html。

② 《"乞巧文化"申请注册商标　成穗文化品牌》，http：//gz. bendibao. comnews200725/content8453. shtml。

术家选择了小洲,大学城的艺术学子们也选择了小洲,让小洲成为广州这个国际化都市里一个绿色生态的"艺术村"。《珠村村志》记录的"乞巧节"已成长为广州市民俗文化品牌。"加快发展根植于农业农村、由当地农民主办、彰显地域特色和乡村价值的产业体系,推动乡村全面振兴。"① 村史志记录的地方特色文化的形成过程和发展形态,在规划引导中有典型示范意义。④推动三产融合,振兴传统村落经济。传统村落产业振兴重要路径是城乡互动、三产融合。推动文化、旅游与生态农业、休闲观光、健康养老、文创艺术等产业的深度融合,推动城乡居民消费升级,发展乡村共享经济。村史志记录了传统村落与城镇人员交往、物产流通、产业互补、经济互动的历史,为乡村振兴战略中的城乡三产融合提供可以利用的线索。《小洲村史》记录了农林渔果生产历史,为小洲村农副产品加工产业化,产品销售与消费服务信息化、网络化提供了基础依据。《珠村村志》记录了城市化后潘、钟等宗亲在珠村周边分布状况,记录了珠村与周边村庄在政治、经济、教育、文化等社会生活各方面的密切联系,以及在"乞巧节""扒龙舟""北帝诞"共有民俗上的交流与互动,为以"乞巧文化节"为代表的民俗文化产业群升级提供了线索。如今已举办乞巧体验周游园活动②、摄影比赛③、3D画展④、美食攻略⑤,以及广州珠村七夕(情人)节暨首届中国情博会⑥等系列活动,形成了以珠村"乞巧节"为中心,辐射周边村庄的节庆文化产业集群。

文化振兴是乡村振兴的灵魂。激发优秀传统文化活力,培育与新时代发展相适应的乡村文化,使良好家风、淳朴民风、文明乡风得到弘扬、凝聚人心。充分认识和发挥村史志在传统村落振兴中文化引领和示范作用,努力挖掘村史志的文化价值,转化为传统村落社会治理、生态文明建设和产业经济发展的重要文化资源,让静态村史志"活化"起来,在乡村振兴战略中生长和成长。广州市海珠区小洲村、天河区珠村是国际化都市里的城中村,前者延续着以果基渔业为基础,融汇现代艺术创作、展销和文旅经济的岭南"水乡"风貌,后者依然保留着完整的明清建筑群和以"乞巧"为代表的民俗文化,为传承和弘扬优秀传统文化,实现传统村落振兴提供了样本和范例;《珠村村志》《小洲村史》对传统村落历史文化的记录以及在乡村振兴中发挥的文化资源作用,亦是村史志当代价值的体现和示范。

(作者单位:广州工程技术职业学院)

---

① 中共中央 国务院印发《乡村振兴战略规划(2018—2022年)》,http://politics. people. com. cn/n1'0926/c1001 - 30315263. html。
② 《到珠村游园观乞巧民俗》,http://www. sohu. com/a/331107438_ 120091004。
③ 《2018广州珠村乞巧文化节摄影比赛》,https://mp. weixin. qq. com/s?biz = MjM5OTU2OTc3Ng%3D%3D&idx = 1&mid = 2650968782&sn = a32b095fc4c0af0a6597a452ed48fa8e。
④ 《广州3D画展珠村乐都汇(乐购)站》,http://gz3dhz. ebdoor. com/。
⑤ 《广州美食 + 天河珠村乞巧文化节一日闲情游》,https://m. keyunzhan. com/gonglve - 15315/。
⑥ 《2012广州珠村七夕(情人)节暨首届中国情博会》,http://www. foodmate. net/exhibit/show - 855. html。

近代广州侨汇中心形成的基础及其影响

蒙启宙

一、问题的提出

就侨批业①形成的时间而言，早在1869年，广州朱广兰熟烟庄便开始兼营侨批业了。1889年，在广州经营纱绸出口的岑兴记开始兼营安南（今越南）银信，同一时期，在广州专营美洲银信的侨批局还有汇安庄等。②广州侨批业的史载时间比福建的晋江（1871年）③，广东的汕头以及海南的海口（1882年）④ 还早，是中国最早有侨批业记载的地区之一。就侨汇区域而言，广府地区是近代中国唯一同时融通美洲侨汇和南洋侨汇的侨汇区域，其"侨汇活动皆以广州为中心"。⑤ 侨汇的巨额汇入使广州成为连接四邑⑥、琼崖、港澳和潮汕地区的侨汇中心。

目前学术界对侨汇中心的研究，往往以华侨银信汇入量，或以民信局、侨批局等侨汇兑换商号数量为研究对象。对侨汇中心的经济功能的研究并不多见，对近代广州侨汇中心形成及其影响的研究就更少。

广州侨汇中心被忽视的原因与其在近代中国的政治和经济地位有关。侨汇对近代中国社会经济的影响非常巨大。"侨汇（既）是平衡我国国际收支的重要项目"，"是补充我国外汇基金的主要来源"⑦，同时也"是平衡华侨家庭收支的有力因素"⑧。因此，侨汇是近代中国非贸易外汇的主要来源之一，无论是晚清政府还是国民政府都有垄断侨汇经营的政策欲望，希望通过扶持银行和邮局等官办机构，取缔那些"根深蒂固"的民信局、批信局和其他民间侨汇汇兑商号，以实现国家对巨额侨汇收入的垄断经营。在这种情况下，地处华南地区政治和经济中心的广州侨批业的发展必然会受到打压。例如，抗战胜利后，国民政府财政部颁布了收复区商业银行复员办法，要求申请复业的银号必须

---

① 侨批业在海内外的称谓颇不一致，有称侨汇汇业、银信业、侨批业等。为了便于论述，本文将有关侨汇汇兑业等统一称为侨批业。但史料引用仍然保留原文称谓。
② 陆青晓：《解放前广州的侨批业》，载《广州金融》1994年第5期。
③ 王付兵：《侨批档案文献的价值》，载《中国侨批与世界记忆遗产》，鹭江出版社2014年版，第58页。
④ 刘佐人：《当前侨汇问题》，广东省银行1946年版。
⑤ 姚曾荫：《广东省的华侨汇款》，商务印书馆1943年版。
⑥ 由于近代四邑是广府地区侨汇量最大的地区，为了便于论述，本文所谓的"四邑"泛指整个广府地区。
⑦ 刘佐人：《侨汇问题》，载广东省银行经济研究室《金融与侨汇综论》1947年，第36页。
⑧ 刘佐人：《批信局侨汇业务》，广东省银行1946年版。

备缴 7 项证件,"令广州银号深感窒碍难行"①。财政部广州金融管理局成立后,将侨批局视为地下钱庄予以打压。例如,1948 年年初,广州金融管理局以非法买卖侨汇的名义对广州余仁生号进行了查封。② 而余仁生银号是广州经营南洋侨汇最早、资本最雄厚、组织最为庞大的侨批局之一。③ 因此,无论是在晚清还是在民国,对广州侨批业的评价往往贬大于褒。

为了有效地规避政府监管和制度约束,并充分利用侨汇资金支付上的时间差、兑换上的汇率差以及货物上的价格差获取更多的利润。广州侨批局大多由银号、找换店、金铺和杂货店等兼营。例如,广州市文物保护单位的"广州和平东路侨批局"就是当年的永昌叻庄银号。因此,广州侨批局更具复杂性和多样性,广州侨汇中心的史料更具隐蔽性,搜集和整理的难度也更大。

本文从金融的角度,对近代广州侨汇中心的经济功能进行梳理,对其对中国社会经济的影响进行阐述。

二、广州侨汇中心形成的基础

"广府人或广州人""为来自广州市及广州湾一带之移民,在近代出海华侨中,广府人开端最早,彼等大都由香港澳门等地来至南洋,其中更有前往大洋洲、南北美等远地者"。④ 因此,广府华侨具有全球移民的特征,广州侨汇中心具有融通和接驳美洲侨汇与南洋侨汇⑤的经济功能。

(一) 千年商都的国际贸易基础

近代"广州与上海、天津同为中国三大通商口岸","连接港澳接近南洋","不特为对外贸易之吞吐口,亦华侨之汇合地,在经济上具有特殊情形者"。⑥ 作为近代世界海上运输网络上的一个重要节点,中西方贸易几乎都云集广州。以广州为起点的"海上丝绸之路"不但实现了广州与世界的海上运输大循环⑦,也实现了广州对世界各地侨汇的大融通。

进出口商人在广州进行国际贸易时,"常购买侨汇来支付货款"⑧。因此,各地对省单(即广州汇单)的需求十分旺盛。例如,每年农历十月至十二月为琼崖(海南)"生

---

① 《广州市银业沿革及复员后之概况》,广州市钱银商业同业公会 1947 年版。
② 《金管局捕捉银虱》,载《环球报》1948 年 1 月 27 日第 4 版。
③ 姚曾荫:《广东省的华侨汇款》,商务印书馆 1943 年版。
④ 章渊若、张礼平:《南洋华侨与经济之现势》,商务印书馆 1946 年版。
⑤ 本文沿用史料记载,将华侨活动区域分为南洋与美洲两大部分。"美洲"是指南洋以外的区域,包括美、欧、非和澳洲等。
⑥ 《广州游资的集散地》,载《穗商月刊》(创刊号)1948 年。
⑦ 霍建国:《中国对外贸易史》,中国商务出版社 2016 年版,第 169 页。
⑧ 区予吾译:《当前的华侨汇款问题》,载《商业导报》1948 年。

意最旺时期"，琼崖大小进出口商号将侨汇兑换成省单，前往省城（广州）办货回埠应市。① 在粤省，"四邑一带的人口货几全部来自广州，故当地对于省单的需求亦至为殷繁"②。

每年的4—7月是广州进口贸易旺季。此时，在广州用港纸（香港货币）购买省券（广东省地方货币）通常比在香港购买便宜。因此，广州侨汇的汇入量非常巨大，经营广州侨汇的利润也十分可观。例如，民国时期，广西容县的"夏广胜"号"代广州汇庄分解侨汇所获的佣金，可维持全店几个工友的生活、工资和铺租"③。20世纪30年代，在海口从事广州侨汇转汇的商号就有七八家。1934年，海口代理商号经办的广州侨汇达1000万元以上。④

为了确保现金的正常运转，进出口商从广州将货物运往南洋销售后，将所得款项存入当地侨批局"作每次侨批汇款之抵押金"⑤。"批局（接收侨批后）必须存款项于港联号，待侨款汇港后又当作存款"，使现金流"川流不息的周转"⑥。

在"南洋各地的零售商店多为侨胞经营"，因此"广州商品南销甚得地利人和的便利"。⑦ 清末民初，粤省"华侨所办南洋一带之贸易额每年不下十几亿元"⑧。为确保广州商品的正常出售，南洋各埠都有由广府人经营的侨批局。例如，20世纪30年代，"在暹罗首府曼谷的广帮侨批局有5家"⑨。在新加坡，除了广利银行、余仁生、春泰茶庄、永昌金铺和福安号等广帮侨批局外，还有永生、大东亚、环球和统一等13家经营侨批业的广帮客栈⑩。在南洋部分区域，广州华侨是相当有经济实力的。例如，越南的华侨帮派中"以广州帮势力最大"⑪。

其他华侨帮派的侨批局也有不少专营广州侨批。例如，新加坡的万和成汇兑信局"专收潮州、梅县、大埔、兴宁、广州、福建、琼州银信"。永利华公司百货商店"收汇琼、港、穗各地民信"。菲律宾的"三益什货"附设汇兑部"兼接汇兑省港内地"侨批⑫，这些侨批局除了经营侨批业务外，还经营各种货物的进出口业务。例如，菲律宾的方深公司除了"兼接理省港澳四邑各地汇兑"外，还"专营美国著名产品、唐山杂货、四季禽鸟、合时海鲜、代理天厨"。道生堂参药行除了设立广胜汇兑局"接汇广州银信"外，还经营"参茸玉桂，膏丹丸散"。

由于路途遥远，广州与美洲之间的侨汇融通主要通过兑换厌纸侨批来实现。厌纸是

---

① 《港汇势跌，货物入超，源源而来，金融输出》，载《琼崖实业月刊》1934年第5期。
② 姚曾荫：《广东省的华侨汇款》，商务印书馆1943年版。
③ 封祖暹：《容县侨汇庄简况》，载《八桂侨史》1987年第2期。
④ 黄振彝：《不堪回首去年海口市之营业概况》，载《琼崖实业月刊》1934年第4期。
⑤ 广东省银行经济研究室调查股编：《广东省各县金融情况汇报》（民国三十一年），1942年8月。
⑥ 姚曾荫：《广东省的华侨汇款》，商务印书馆1943年版。
⑦ 《广州游资的集散地》，载《穗商月刊》（创刊号）1948年。
⑧ 《华侨银行问题》，载《中国与南洋》1918年第2期。
⑨ 刘佐人：《当前侨汇问题》，广东省银行1946年版。
⑩ 星洲日报社编纂：《星洲十年》（星洲日报十周年纪念特刊），1940年版。
⑪ 《越南华侨生活之苦况》，载《海口市商会月刊》1936年。
⑫ 《菲律宾粤侨各团体联合会复兴纪念》，1946年版。

银行汇票、支票①等票据的总称,具有侨款和侨信两个属性,是晚期美洲侨汇的主要形式,主要流行于广府地区。"各地银号多将所吸收的仄纸的一部分送至广州出售,售得之款或全部存储当地往来号以便卖出省单,或将一部分汇返四邑以应付经常的需求。"在进出口往季,四邑各地"仄纸之流入广州者尤伙"②。

"省单是由港汇省之汇单,港单是由省汇港之汇单。"所谓的省港单其实就是广州和香港之间"银号汇款的提单,相当于银行的仄纸"③。

由于各地对省单和港单的需求十分旺盛。例如,1946年,"广州一地省港单的买卖,每天总额即达数十亿至百余亿"④。省单成为广州通过国际贸易的方式融通和接驳美洲侨汇和南洋侨汇的特殊载体。

作为归国华侨的中转枢纽,大批华侨取道广州返乡的场面非常壮观。例如,1946年8月,3000多名美洲华侨到达香港后取道广州返乡。广东省侨务处除了"与香港当局商请临时拨出房屋以作招待所"外,还"雇佣大批汽车运送华侨回穗",并派出"大量警察到码头维持秩序",同时"与铁路当局船务公司等商洽,予(华侨)以乘船之便利"⑤。

因此,广州的华侨经济更具"霸气"。例如,"台山之往美国者为最多,故台山城之建设亦带有美国色彩。汕头之往南洋者较众,因而汕头货品运销南洋一带为最盛"。唯有"广州一地之商业,不论大小资本之商店,皆有华侨之权势"。⑥

除了国际贸易中心的政策优势外,广州的政治优势也十分显著。例如,1930年,广东省交涉署被裁撤后,"所有潮梅出洋华侨护照""改由广州发给"⑦。广州除了有各级侨务管理机构外,还有众多的各国华侨组织和省属各侨乡的同乡会和联谊会等组织,这些构成了广州侨汇中心的政治基础。

(二)区域金融中心的金融基础

侨批局的正常运转需要大量的现金作为头寸,"其数目即数倍于所需外汇的数量"⑧。而现金头寸只能依靠银行。例如,"1946年3月,(南洋)英当局颁布侨汇限制令",规定"凡申请国币直寄国内者,得由中外银行举汇,在国内各处支付"⑨。清末民初,中国的国际汇兑为外国银行所控制,侨批局的现金"头寸"调拨只能依靠外国银行。随后民国时期,中国的银行也开始经营汇兑业务。广州是华南地区国内外银行最为集中的国际性大商埠。19世纪20年代,"广州有金铺59家,银行13家,汇庄26家,银业381

---

① 容华绶:《广东侨汇回顾与前瞻》,载《广东省银行季刊》1941年第1期。
② 姚曾荫:《广东省的华侨汇款》,商务印书馆1943年版。
③ 《港粤金融的交流对于全国经济的影响》,载《金融与侨汇综论》1947年。
④ 刘佐人:《争取南洋侨汇问题》,广东省银行1947年版。
⑤ 《华侨三千余八月底可抵穗恒》,载《中山月刊》1946年第3期。
⑥ 黄文衷:《华侨与广东经济》,载《华侨问题专号》,广州大学社会科学研究社1937年版。
⑦ 《外部准汕仍发潮梅出洋华侨护照》,载《广州日报》1930年6月15日第3版。
⑧ 林树彦:《现阶段侨汇之病态及补救办法》,载《新加坡汇业联谊社特刊》,新加坡汇业联谊社1947年版,第70-71页。
⑨ 陈炎勤:《侨汇与国币》,新加坡汇业联谊社1947年版,第100页。

家"①。到了 1937 年,粤省的 56 家国内银行中,广州有 35 家,汕头有 4 家,海口有 3 家;8 家外国银行中,7 家在广州,1 家在汕头。② 抗日战争胜利后,广州有国内银行 44 家,银号 28 家。③

因此,广州是侨批局调拨"头寸"最为理想的地方,侨批局的现金"头寸"间接拉动了广州侨汇中心的融通能力。例如,1946 年广州金融机构的"投资与负债总额为 12546 亿元。(国)内银行业占去 93%,计 12615 亿元,银号业占 7%,计 931 亿元。用于投资的仅占总额 1%,计 24 亿元。其余大部分资金则多用于汇兑",而"侨汇转驳"又占了大多数。④ 由此可以推断,是年广州接驳和融通的侨汇量超过 1 万亿元国币。

1. 中外金融机构的业务融洽

民国期间,广州中外银行侨汇的接驳业务已十分成熟。1919 年,总行设在纽约的美国友华银行广州分行"与美国六家著名银行联合","专图远东与美国商务之发展",除了办理一切银行业务外,还从事"进出口押汇放款,收买中外汇票及电汇各埠"⑤。总行设在柏林的德华银行则在广州聘请买办"专理买卖、回驳、存储德币马克"。

1937 年 11 月广州市立银行开办侨汇业务后,与广东省银行、中国银行、江苏农民银行、浙江地方银行、上海银行、"新加坡华侨银行总行及其港沪分行及世界各国之各分支行等,分别缔结通汇合同",并在国内各大商埠设立侨汇代理处所接驳侨汇。⑥

广东省银行"与新加坡银行、西贡东亚银行、新加坡东亚银行分别商洽通汇办法"。使南洋华侨汇款"可交由各该银行直接汇交广东省银行总行",而"毋须再经香港"。⑦ 抗日战争时期,该行"指定香港及星加坡两分行为战时侨汇经收机关,后在槟城等订定特约代理店八家,复与星加坡、吉隆坡等埠订定通汇处四家","又与中行、广东银行、华侨银行、广西汇兑公司 4 家特约为代理行,在星加坡、仰光、马六甲等 15 个外埠均与各该行通汇,并继续与伦敦英兰银行,纽约大通银行及美国运通银行等分别订约通汇"。⑧ 1941 年,该行"为推广荷印侨汇起见,委托实武牙埠(今印尼苏门答腊)广成公司为通汇处,又与荷属张立端批局订约吸收侨汇"⑨。是年 12 月,该行与中国银行合作在仰光设立"侨汇转驳站"⑩。

1942 年,广东省银行对水客进行了登记,对已登记的水客"给证为凭,可以享受各种利益便利"⑪;"汇款时予以优待,汇价特别从廉,手续亦额外从简。"水客"向各行处领款时,将省银行签发之汇票送付款行核对,如果登记姓名相片及所存印鉴相符,无论

---

① 李宗黄:《模范之广州市》,商务印书馆 1929 年版。
② 杨越:《抗战以来广东银行业的演进》,载《广东省银行季刊》1941 年第 4 期。
③ 广东省商会联合会经济研究室委员会:《广东金融管理实施问题》,载《商业报道》1948 年第 2 期。
④ 广东省商会联合会经济研究室委员会:《广东金融管理实施问题》,载《商业报道》1948 年第 2 期。
⑤ 《美国友华银行广告》,载《广东七十二行商报》1919 年 11 月 6 日第 6 版。
⑥ 江英志:《广州市立银行的新使命》,商务印书馆 1937 年版。
⑦ 扬寿标:《华侨汇款与广东经济》,载《华侨问题专号》1937 年。
⑧ 《广东省之侨眷贷款》,载《金融导报》(创刊号)1944 年。
⑨ 《广东省银行史略》,广东省银行 1946 年版。
⑩ 《仰光已成为侨汇转驳站》,载《台山民国日报》1942 年 1 月 5 日第 1 版。
⑪ 钟承宗:《地方银行与战时金融政策》,载《广东省银行季刊》1942 年第 3 期。

汇款报单已否寄到,一律通融办理,见票即付"①。广东省银行还制定了"替水客送款条例:凡水客因路途障碍或其他原因不能依期回国交批者,本行可受水客之委托代交之。在其他可能范围内,对侨胞家属及水客尽量予以便利"②。将水客"收编"到旗下,使广州银行侨汇接驳和融通的触角延伸到南洋的每一个角落。

与此同时,广州各银行向省属侨乡扩张。例如,广州兴中商业储蓄银行、五华实业信托银行、广州储蓄银行等分别在台山设立分行,专营美洲华侨银信业务。广东省银行则在粤东各乡镇遍设营业机构接驳南洋侨批。各侨乡银行也纷纷在广州设立分行经营侨批业务。1927年4月,台城的岭海银行广州分行"开张甫数月,各埠互订来往者极多"③。

广州邮局经办南洋侨汇已有相当长的历史。1876年,马来亚当局在新加坡、槟城和马六甲三地开设邮局办理侨批业务,规定"华侨凡寄赴国内之信件银款必经上述各邮局寄发之。其手续程序为由此邮局将所汇集之信项寄往厦门汕头,分投至内地各侨眷,并收集回文交与发邮地各侨界"。1887年,马来亚当局将邮局的"收汇范围扩展至广州"。1889年,南洋各埠通过马来亚邮局寄往粤闽各地的侨批为118万封④,其中有不少侨批是通过广州接驳的。

民国时期,广州邮局与汕头邮局同为互换邮局,也就是联邮局,国际邮件的进出都要经过广州或汕头邮局。因此,各地侨批只能"舍近求远",通过广州或汕头口岸出入国境。1937年,由广州邮政管理局经收的南洋寄往琼州(海南)的侨信达28.3万封、侨款为424万元。⑤

广州邮政金融机构经营侨批的业务也相当成熟。抗日战争胜利后,邮政储金汇业局广州分局"办理侨汇已遍及各地乡镇",并给予侨眷一系列的政策优惠。例如,对"通知书超过邮程日期仍未寄到,持票人可凭殷实店保先行兑付","无法觅店保可托由侨务处代收。或由侨务处证明,本局将对侨务处代收侨汇按月登报通知",等等。⑥

2. 侨批局及水客的委托代理

19世纪中叶,广州已有侨批局的记载。从早期的广安号、保安和号及幸福华侨通讯处,到后来的永昌叻庄、何广昌以及汇隆、道亨等银号,广州侨批局的构成相当复杂。除了银号、金铺、药房和五金店外,"全市200多家金饰店中也有不少兼营外币和侨汇买卖"⑦。例如,广州的金城金铺代收"各国厌纸,花旗金单"。广州荣升金铺代理南洋各埠汇兑银两。

一些在广州的涉外机构和组织也承办侨批业务。例如,中美旅行社广州分社除了

---

① 《广东金融》,广东省政府秘书处编译室1941年编印。
② 李绍文:《梅县广东省银行业务之回顾与展望》,载《中山日报(梅县版)》1941年1月2日第2版。
③ 《岭海银行有限公司》,载《美洲同盟会月刊》1927年第4期。
④ 陈炎勤:《侨汇与国币》,新加坡汇业联谊社1947年版,第100页。
⑤ 姚曾荫:《广东省的华侨汇款》,商务印书馆1943年版,第39－40页。
⑥ 《邮储汇局简化侨汇》,载《中山民国日报》1947年4月14日第5版。
⑦ 《广州金管局工作概况》,载《广东日报》1948年5月3日第5版。

"招待侨旅"外,也经营"侨汇信托"。①

在南洋,"批馆大致是钱庄的一部分"②。在广州,侨批局大都采用银号的经营管理模式,银业是广州最大的侨批局组织。广州银业也叫钱业,是广州本土的金融组织,其经济实力"稳居广州七十二行之首"③。广州银业,最早可溯源至明末清初的"忠信堂"。广州银业由顺德帮银号和四邑帮银号两大帮派组成。顺德是近代中国茧丝的主要产地,其丝绸产品大量销往南洋。而"四邑帮银号主要由开平、新会、台山及恩平四县籍的归国华侨经营"④,与美洲侨汇有千丝万缕的联系。

广州银号"对于客户接触较频,内容详悉,殷实与否了如指掌,客户有所需求,无不立即解决且处理业务手续简捷,故客户多乐与往来"。相比之下,"广州的银行除四行两局及省市银行外,其余地方及私营银行多为川、湘、浙、赣、闽等省银行的分支机构,对广东及各县地方情形不熟悉"。因此,广州的银行、邮局等官办侨汇机构与银号等侨批局之间形成了优势互补,在官办侨汇机构对"侨汇沟通""未能办理驳汇(的情况下),只有依靠广州市内的钱业了"⑤。

广州侨批业的兴衰记录了世界政治和经济的变动。第一次世界大战期间,英、法等国货币的贬值引发马来亚、泰国和越南等国的土产品价格飞涨。而中国"硬币银圆价值甚高,新加坡海峡钞票三元余只等汇寄华银一元"⑥。南洋华侨由此获得较大的利润,大量侨款的汇入使广州侨批业一片繁荣,五洲银号、荣升批局等相继开张营业。广州余仁生侨批局的经营范围不断扩大,在国内广泛设立分号或代理店,盛极一时。⑦ 1927—1930年,世界经济危机引发南洋侨汇的激增,广州新增侨批局10家。随后"世界经济不景气,华侨被迫回国返乡者甚多,汇款大为减少,四邑经济遂大为拮据"。"行走四邑省城之航业亦每况愈下,载运货物较前减少十分之三。"⑧ 1941年12月,太平洋战争爆发后,香港和南洋群岛相继沦陷,除"毗连昆明及东兴两地之越侨仍源源汇款归国"以及"孤悬海隅"的澳门侨汇没有完全中断外⑨,南洋侨汇几乎断绝。广东省银行东兴办事处成为接驳南洋侨汇的唯一通道。1942年,东兴办事处每月经解侨汇400万~500万元。⑩ 1943年,该办事处吸纳的"华侨汇入款达三千九百余万元"⑪。

在广州出售侨汇所获得的利润通常比其他侨乡要高。1947年6月,"汕头市各银行所订港币一元结汇为国币2450元,而广州出口结汇为2970元,并得贴水1005元"⑫。也

---

① 《中美旅行社广州分社广告》,载《中山月刊》1947年第2期。
② 刘徵明:《南洋华侨问题》,重庆金门出版社1944年版,第188页。
③ 《广州市银业沿革及复员后之概况》,载《广州市钱银商业同业公会元旦特刊》1948年。
④ 区季鸾:《广州之银业》,国立中山大学法学院经济调查处1932年版。
⑤ 谢绍康:《论钱业的特点及其前途》,载《商业报道》1948年第2期。
⑥ 陈炎勤:《侨汇与国币》,载《新加坡汇业联谊社特刊》1947年,第100页。
⑦ 陆青晓:《解放前广州的侨批业》,载《广州金融》1994年第5期。
⑧ 《今非昔比之四邑经济状况》,载《广州日报》1934年10月22日第3版。
⑨ 《广东省银行史略》,广东省银行1946年版。
⑩ 钟承宗《地方银行与战时金融政策》,载《广东省银行季刊》1943年第3期。
⑪ 《一年来之广东金融》,载《广东省银行季刊》1943年第1期。
⑫ 陈炎勤:《侨汇与国币》,载《新加坡汇业联谊社特刊》1947年,第107页。

就是说，一元港币如果在汕头结汇只能得到 2450 元，而在广州结汇则可获得 3975 元，两者相差 1515 元。此外，广州侨批局对于省属各地往来号的侨款汇拨的佣金收款标准也不相同。例如，汇往江门、顺德等地为千分之二，汇往台山为千分之三，汇往三埠为千分之四①，等等。

广州侨批局与海内外侨批局大多互为联号。例如，广州的聚丰公司与新加坡的丰盛合记，琼崖（今海南省）的琼州、海口和嘉积三地的聚合昌，香港的聚丰公司，上海的聚丰公司互为联号。②广州的国源银号与香港的恒隆银号、开平赤坎的民信银号、长沙的恒生银号互为联号③等。由于代理关系的存在，广州的侨批局有相对固定的侨汇经营区域。例如，广安号、保安和号以及幸福华侨通讯处专营番禺的美洲侨批，而余仁生银号则专营粤省中西部地区的南洋侨批④等。

广州"除了为汇兑、存款、放款业务中心外，尤以接驳四邑潮汕等地侨汇款及各偏僻地区的汇兑为著称"⑤。由于"侨汇活动皆以广州作中心"⑥，省属各私营侨汇联营机构纷纷在广州设立办事处。民国时期，台山县城区私营侨汇联营处⑦、三埠镇私营侨汇联营处⑧、赤坎私营侨汇业联营处⑨以及梅县私营侨批业联营处⑩等在广州设立了办事处。

3. 侨汇交易基础

广州是近代中国一个十分重要的侨汇买卖中心。在广州银业公市买卖的侨汇产品达 40 多种。广州银业公市可谓历史悠久，康熙十四年（1675）前后便设市于"忠信堂"内，当时称为银业公所。民国初期改称为银业公市，"作为全行买卖场所"⑪。1937 年年初改组为"货币证券贸易场"⑫。广州银业公市"每日开盘"三次，分"早午夜三市"。"交易繁多时挤拥不堪，其叫嚣之声不亚于纽约、伦敦及巴黎的交易所。"⑬广州银业公市每个开盘日（即交易日）分别向外编发早午夜三种"金银行情单"⑭，向社会公布当市的侨汇买卖价格及其行情预测。潮汕和四邑等地银市则根据广州银市发布的价格，制定当地侨汇买卖价格。广州侨汇买卖价格影响着美洲侨汇和南洋侨汇的流动。⑮

---

① 姚曾荫：《广东省的华侨汇款》，商务印书馆 1943 年版，第 12 页。
② 《新加坡汇业联谊社特刊》，新加坡汇业联谊社 1947 年版。
③ 《广州市商会周年特刊》，广州市商会 1947 年 9 月印行。
④ 姚曾荫：《广东省的华侨汇款》，商务印书馆 1943 年版。
⑤ 谢绍康：《论钱业的特点及其前途》，载《商业报道》1948 年第 2 期。
⑥ 姚曾荫：《广东省的华侨汇款》，商务印书馆 1943 年版。
⑦ 地址：广州光复南路 53 号。
⑧ 地址：广州海珠南路 60 号二楼。
⑨ 地址：广州桨栏路西荣巷 10 号。
⑩ 地址：西濠二马路宝顺三巷 8 号。
⑪ 《广州市银业沿革及复员后之概况》，载《广州市钱银商业同业公会元旦特刊》1948 年。
⑫ 《稳定金融基础货币证券贸易场成立买卖规则亦经拟定》，载《广州日报》1937 年 1 月 26 日第 3 版。
⑬ 区季鸾：《广州之银业》，国立中山大学法学院经济调查处业书 1932 年版。
⑭ 黄毓芳：《简述广州银业公市情况》，载《广东文史资料精编》（第 3 卷），中国文史出版社 2008 年版。
⑮ 区季鸾：《广州之银业》，国立中山大学法学院经济调查处 1932 年版。

(三) 省港澳互通的地缘基础

"广州是华侨的故乡，接近港澳"，其侨汇"变化直接间接都受香港所影响"①。由于省港澳的地缘关系，广州各银行利用香港和澳门所具有的特殊优势接驳和融通南洋和美洲侨汇。例如，广东省银行新加坡分行"在南洋各属觅得代理店二十余家，吸收南洋各埠侨汇"。香港分行"转驳美洲及澳洲等埠侨款"，并将"澳门广记银号收为正式支行"，以"沟通葡属各地及欧洲侨汇"②。广州的汇隆银号与香港的恒生银号、上海的生大信托公司为"汇驳联号"。而香港的嘉彰庄则专营"星洲、暹罗、汕头、广州国内各埠汇兑"③。

香港侨批局也大都在广州设立分局以接驳四邑地等侨汇。例如，"专做汇兑华侨银两"的香港宝丰银业有限公司在广州设立宝丰银业粤局，在蟹岗埠设立台山分行。由粤局在广州接驳由香港汇往四邑的华侨银信。④ 香港的均源汇兑庄以"两广汇兑快捷妥当"为著称，并"欢迎同业委托代理"。1946 年，从广州汇往香港的"侨汇每月达一千万美金，为数之巨至足惊人"⑤。

在澳门，鉴于"澳门商行办庄等在国内采购土产运澳外销，须先向港埠结购外汇方能起运"的弊端，1946 年，澳门商会函请"广州银行联合会及中央银行两机关，迅速在澳门设立结汇办事处以利商运"。中央银行粤分行接报后，随即电令广东省银行粤行"转饬该澳（门）分行复办结汇事宜"，恢复广州与澳门之间的直接结售汇业务。⑥

南洋侨批局也往往将省港澳三地视为共同的侨汇区域进行业务推进。例如，菲律宾的道生堂参药行下设的广胜汇兑局，在香港、广州和澳门设立分号，以"接汇四邑内地各埠银信"。益兴行除了经营杂货和药材外，还设立汇兑部"接理省港澳佛广东内地银信"，"接驳快捷、交款妥当、汇价公平、信用超卓，行情正确"。

三、广州侨汇中心的地位

近代侨汇按地域可分为美洲侨汇和南洋侨汇两大类型；按侨汇方式可分为"仄纸与批信两种主要类别"⑦；按支付方式可分为南洋票汇法和美洲信汇法，"前者凭票取款，后者凭信付款"⑧。按地域习惯分，"美洲方面以银行票汇为最通用，南洋方面以民信局

---

① 广东省商会联合会经济研究室委员会编：《广东金融管理实施问题》，载《商业报道》1948 年第 2 期。
② 刘佐人：《当前侨汇问题》，广东省银行 1946 年版，第 19 页。
③ 《香港邮工》，香港邮务职工会宣传部 1949 年版。
④ 《香港爱群人寿保险有限公司广州分行开幕纪念刊》，1937 年 7 月。
⑤ 《侨汇逃避恶化》，载《中山国民日报》1946 年 12 月 16 日第 2 版。
⑥ 《广东省银行澳门分行将恢复办理结购外汇》，载《中山国民日报》1946 年 11 月 24 日第 2 版。
⑦ 姚曾荫：《广东省的华侨汇款》，商务印书馆 1943 年版。
⑧ 姚曾荫：《广东省的华侨汇款》，商务印书馆 1943 年版。

汇款为多"①。因此,美洲侨汇与南洋侨汇存在一定的差异。

(一) 美洲侨汇的融资中心

"凡美欧非三洲的侨汇以利用厌纸方法者为多","华侨购得之厌纸通常皆用挂号信寄至国内各地"。寄送方式有三种:一种"直接寄与国内的家属",一种"寄交在香港的亲友",还有一种是"寄交广州或其家乡的商号交其家属"。寄交广州"在番禺、开平等地最为盛行,在台山、新会等地亦常见。侨居美洲的番禺县人通常皆将购妥的厌纸寄交在广州专门番禺县侨汇"。侨眷收到厌纸后"将厌纸就地出售与当地找换店"②。

"找换厌纸生意在台山、新会、开平、恩平和中山各地侨乡十分兴隆。"③县城或大墟镇兑换商和代理商收购厌纸后,一部分直接转卖给当地的进口商以获得商业利润。另一部分则在当地金融交易市场上买卖,或者委托"巡城马"带至江门或广州出售,也有用挂号信寄到香港的往来号委托出售。

"巡城马"④是对国内水客的俗称,其主要业务是将四邑等地银号或商号委托出售的厌纸带到省城广州或香港出售后,将侨款带回四邑。有了"巡城马",四邑侨眷在出售厌纸时"不一定交(当地)银行或钱庄",而是直接将厌纸"带到经常行走于广州与新会之间的船上找寻'水客'","将厌纸(及手续费)交与该船的账房汇收,托'水客'带去(广州)。水客有该船的账房记账担保,所收各款全靠信用,并无收据发还"⑤。

大量厌纸涌入使广州一些侨汇汇兑机构门庭若市,一派繁荣,有时连中央银行也难以应对。例如,1947年3月,"因携备机关证明函件(前来兑换厌纸)的人实在太多了,(广州)中央银行应接不暇,以致须在实业公司楼梯旁之侧门另开进出通道,以容纳候兑人等候"⑥。最终导致广州中央银行的"法币头寸不敷",不得不宣布对"所存外币暂停收兑",使得"一般持有美钞港币鹄候于央行门外者,聆此莫不心灰意冷"⑦。

为了改善省属各地银行收兑厌纸业务,省财厅要求"中央银行中国银行在广州四邑各地增设兑付处,以求实效"⑧。中山县石岐邮局则对侨眷持有的需要在"广州邮政机构兑付之厌纸"网开一面,"酌收十分之二托收手续费"后"凭保代为垫付"⑨,以减少广州厌纸汇批汇兑的压力。

与此同时,广州侨汇汇兑机构也不断推陈出新,以简化厌纸兑换的手续。例如,中国银行"在美国等地各分行实行侨汇编号存底办法。即有华侨按月或经常有汇款来国内者,将其姓名住址每人编一号码,类似电报挂号",以"可节省译电手续,加快汇款速

---

① 黄文山:《如何引导侨资》,载《广东省银行月刊》1946年第3、4期合刊。
② 《广东省金融》,广东省政府秘书处编译室1941年编印。
③ 陆能柱:《广东旧邮政见闻》,载《广东文史资料精编》(第3卷),中国文史出版社2008年版。
④ 姚曾荫:《广东省的华侨汇款》,商务印书馆1943年版。
⑤ 刘徵明:《南洋华侨问题》,重庆金门出版社1944年版,第188页。
⑥ 《中山民国日报》1947年3月9日第3版。
⑦ 《法币头寸不敷,央行停兑外钞》,载《中山民国日报》1947年3月13日第3版。
⑧ 《财厅电财部及四联总处改善收兑港币厌纸》,载《越华报》1947年3月5日第5版。
⑨ 《岐邮局直接办理美各埠华侨汇款》,载《中山月刊》1946年第3期。

度，使侨胞增加汇兑便利"①。

"四邑各县城以及大墟镇买卖仄纸的汇价，系根据当天广州及江门同业的行情报告。在汇兑行情变动不定时，每天（在广州、江门和四邑）三地间的行情电话多达三四次。"②

仄纸买卖以"美金汇票及港币汇票为主，其他仄纸也有买卖"③。为了获得更高的利润，各地金融投机者尔虞我诈、厮杀博弈，使得仄纸买卖价格跌宕起伏、倏忽万变。各大报纸也投其所好，聘请金融评论家对当地金融市场走势进行预测和解读，有些报纸在广州设有专线电话。例如，《中山民国日报》"特约广州经济新闻专电"④及时报告广州金融行情。在各地报纸的"金融行情"中大都叙及广州行情对当地的影响。

以1946年9月、10月间，台山《大同日报》"金融行情"为例。9月6日，台山"金融市波动渐趋平稳"。"午市将到，省报（即广州行情）六八八"。"转入晚市后，好友四出活动，希图作斧底添薪，极力捧抬。无奈广州突降为六六九。因此，（好友）虽然护花有意，花却凋谢。"⑤第二天"清茶过后，好友实施攻势，平地生波，市势突然转旺，赤纸（仄纸）扯起六七八"，"惟据省港（广州和香港）报淡，（好友）枉费心神，仅作昙花一现"⑥。

9月15日，因台山与广州之间的电讯线路"交通梗阻，各钱庄和省港通驳困难，价格即跌落"。⑦

9月21日，"据广州报为七二五，于是扶摇直上，一路光明，直升至七一五，晚景依然鲜红。省城（广州）尾市为七二六，此间一直涨至七二二收市"⑧。第二天"初入晚市突转清醒，回升为七七。刹那间，省（广州）江（门）报价颇紧，突飞猛涨，越过七四〇，尾市再涨至七四五收市"⑨。

9月27日，"清茶过后，据广州报价依然推企，未有淡降迹象。好友乘机进攻，略为揸硬"⑩。第二天，"港仄昨日报醒，据广州报价实不化算，惟一般好友又兴波作浪，将市情炒起，市场变化被好淡友斗争波浪而推着闪缩"⑪。

10月12日，台山"金融行情重放强烈光芒，奋力向上扬，好友推波助澜，锦上添花，好意更浓，港仄再创新高，清茶过后，因广州市情未到，炒家未敢大量沾手"⑫。

在开平，1948年2月1日，"三埠金融昨日尚属企稳"，"查穗市开盘报二八九，午

---

① 《大同日报》1947年9月6日第2版。
② 姚曾荫：《广东省的华侨汇款》，商务印书馆1943年版。
③ 《侨汇逃避恶化》，载《中山民国日报》1946年12月16日第2版。
④ 《昨日商情》，载《中山民国日报》1946年12月18日第2版。
⑤ 《港币又吹淡风油糖米市疲慢》，载《大同日报》1946年9月6日第2版。
⑥ 《商场一片淡风港币继续下泻》，载《大同日报》1946年9月7日第2版。
⑦ 《外币闪缩一张一弛 谷米杂货稳定》，载《大同日报》1946年9月15日第1版。
⑧ 《外币疾飞猛晋黄金微露笑容》，载《大同日报》1946年9月21日第2版。
⑨ 《美钞港币昨续激涨》，载《大同日报》1946年9月22日第2版。
⑩ 《港币昨告平静黄金美钞坚挺》，载《大同日报》1946年9月27日第2版。
⑪ 《外币又向上涨美钞最为得意》，载《大同日报》1946年9月28日第2版。
⑫ 《金钞续上扬米回淡油糖醒》，载《大同日报》1946年10月12日第2版。

市二九〇,下午二八六,晚市二八七。在此环境之下,后市则有转牛皮状态"①。到了 2 月 18 日,开平"三埠金融再见上升","穗市(广州)开盘报三三七,午市三三八,下午三四四,晚市三四一",可以预测三埠金融"后市仍然稳硬"②。

在中山,1946 年 12 月 15 日,"广州金融市休息,石岐黄金及外币一致下跌"③。12 月 22 日,"广州金银业休息,石岐黄金外币均扯起"④。到了年底,石岐银市的侨汇成交价"超过广州报价。因此人心看好,炒家乘机作弄,谷米市亦为扯起","其余物价一致上扬"。随后广州银市停止侨汇买卖,引起中山县"物价剧变","人民生活指数一日之间竟高出二倍以上"⑤。

一些报刊干脆用特殊的符号标注本地与广州的行情差异。例如《中山月刊》在发布"金融行情"时,以□代表中山贵,以×代表广州贵,以●代表两地价格相同。

(二)南洋侨汇的接驳中心

在南洋"未有邮政以前,(华侨)汇信均由批客专带","后改购香港上海银行汇票付回国内"⑥,或以侨批局的"汇款解条"寄回国内取款。汇入广州的南洋侨批一般有家信一封以及银行汇票或侨批局汇款解条一张。汇款解条一般注明"兹送上下列汇款,请答名盖章于正收条及存根内,以复前途汇款者"等字样。汇往四邑、琼崖以及广西部分地区的南洋侨批大都通过广州接驳。例如,1946 年 4 月,吉隆坡的利昌金铺向广州永昌叻庄汇入 1.4 万元,再由永昌叻庄汇往四会的元昌米铺转黄文燊收。

南洋各埠的海外华侨组织和机构汇入的侨款也是广州侨汇中心的主要来源之一。例如,1946 年 3 月 15 日,菲律宾昌兴公司将 1945 年妇女节期间,菲律宾粤侨各团体联合会所属的菲律宾中山小学女生捐赠的用于救济广东灾民的 700 万元国币的侨款,通过广州道亨银号汇交广东省主席罗卓英。

银行在南洋侨汇的接驳中起枢纽作用。"旅居南洋一带之侨胞由星加坡广东银行或其他银行直接汇入内地,或由各埠之银信局及水客等吸收,集少成多,然后整批交由银行驳入内地。汇到之后,复由内地批局分发各侨胞家属。"⑦

广府地区的南洋侨汇主要掌握在广州的余仁生汇兑药局,台山县新昌的万草堂药行以及梅箓镇的广益祥火油行等几个资本雄厚、组织庞大的商号手中。⑧

余仁生汇兑药局总局设在新加坡,在泰国、越南等地设有代理商号,在香港和广州设有分局。在国内的营业范围以为粤省中西部地区为主。万草堂药行的经营规模不及余仁生,主要经营四邑等地的菲律宾侨汇。但由于万草堂药行经营对象专注,所经营的侨

---

① 《金融形成牛皮状态》,载《开平日报》1948 年 2 月 1 日第 1 版。
② 《港纸续上升生面亦秀色》,载《开平日报》1948 年 2 月 18 日第 1 版。
③ 《昨日商情》,载《中山民国日报》1946 年 12 月 16 日第 6 版。
④ 《昨日商情》,载《中山民国日报》1946 年 12 月 23 日第 3 版。
⑤ 《金融剧烈波动下本县物价起落详情》,载《中山月刊》1947 年第 9 期。
⑥ 星洲日报社:《星洲十年》(星洲日报十周年纪念特刊),1940 年,第 586 – 590 页。
⑦ 容华缓:《广东侨汇回顾与前瞻》,载《广东省银行季刊》1941 年第 1 期。
⑧ 姚曾荫:《广东省的华侨汇款》,商务印书馆 1943 年版。

批无须经过广州及香港而直达四邑各地,因此在四邑地区颇具竞争力。广益祥火油行主要执掌旧高雷九属(今湛江、茂名一带)的大部分侨汇,但广益祥火油行在南洋没有分号或往来商号,只能通过广州联号进行汇转。例如,1933年,广州荣升金铺接驳马来西亚怡保埠的源昌金铺,将侨批寄往新会棠下埠和生汇兑找换商号。

潮汕地区有不少经营广州侨汇的侨批局。从1932年4月3日汕头义发银庄发布的侨汇汇兑行情表可以看到,是日"广州单"收购价为每千元766元,"香港单"收购价为每千元1089.5元。[①] 因此,广州银市价格对于汕头银市的南洋侨汇的买卖价格也有一定的影响。例如,1937年5月12日,香港市场"休业三天,省单乏明确之报告",汕头香票市场"人心向淡,过问者寥若晨星"。香票收市价"比前天低落一元半",各种侨汇价格也随之下跌。[②]

取缔民信局是晚清以来政府的既定政策,因邮政设施与服务落后而未能执行。随着邮政业务设施的不断完善和邮政国家垄断的不断加速,如何处置批信局被提到政府议事日程,南京民国政府成立的次年便宣布取缔民信局(包括批信局),尽管最终因侨批局及海外华侨的反对而未能如愿,但地处华南地区政治和经济中心的广州,侨批局的经营受到很大的制约。例如,1948年1月,广州金融管理局查封了广州余仁生银号,"检获港币兑换清单十六份"。在同时被查封的裕大银号中搜出"载明收到国币一亿七千余万元"的收条一张。[③] 由此可见,即便是受到政府的打压,广州侨批局经办的侨汇量还是十分巨大。

四、结论

近代广州侨汇中心的内涵非常丰富,不但侨汇量大、融资能力强,而且妥善地解决了省港澳三地之间的贸易和关税壁垒,以及外汇汇率差价等问题,见证了粤港澳三地地域相近、血脉相连的历史。通过对其脉络进行梳理,有利于为粤港澳大湾区城市群的建设提供历史借鉴。

另外,中国侨批档案于2013年成为世界记忆遗产。重新审视广州侨汇中心在中国侨批业的形成与发展中的地位和作用,对目前幸存于广州城区的老银行、邮局、银号和金铺等侨批局旧址进行抢救性保护,有利于充分挖掘广州丰富的华侨历史资源,增加广州的历史文化厚度,为广州打造世界级文化名城提供历史支撑。

(作者单位:中国建设银行广东省分行)

---

① 《义发银庄行情表》,载《星华日报》1932年4月3日第3版。
② 《昨日票市》,载《星华日报》1937年5月13日第11版。
③ 《金管局捕捉银虱》,载《环球报》1948年1月27日第4版。

白云区自然村落现状浅析

林洽渠

自然村落是历史上因人类聚居而自然形成的聚落形态。在发展演变过程中,自然村落形成了迥然不同的思维模式、行为规范、风俗习惯和道德品格,并通过代代相传,实现了文明的继承和发展,是中国乡村历史文化与自然遗产的"活化石"。也正因此,习近平总书记深刻指出:"乡村文明是中华民族文明史的主体,村庄是这种文明的载体,耕读文明是我们的软实力。"

2016年,根据《中共广东省委办公厅 广东省人民政府办公厅关于加强地方志工作的通知》(粤委办〔2015〕19号)"开展省情调查,对全省自然村落历史人文与现状进行全面普查"有关要求,白云区地志办组织开展辖区内自然村落历史人文与现状普查,共有22个街镇633条自然村纳入普查范围。在此次普查中,区地志办携手专业团队,对辖区内自然村落进行航拍,为白云区留住历史变迁中的时代景象。通过航拍图片,我们看到了一个"不一样的白云",获得了从空中看到的以往难得一见的影像资料,全方位展示了辖区自然村落分布情况、地形地貌、用地布局、建筑格局、基础设施、公共设施、古建筑、民居巷道以及风土民情状况,更加真实、直观地反映了白云城乡建设发展轨迹,填补了"空中白云城乡记忆"的空白,为普查成果积累了丰富而又珍贵的素材。近期,区地方志办通过对633张航拍图片进行认真比对分析,对自然村落进行分类归纳,分析研究发展中存在的问题,提出对我区自然村落发展和保护的看法建议。

一、白云区自然村落呈现八大特征

(一) 经济社会发展整体水平较高,与广州市都市形态连成一体

一个村落的经济社会发展程度往往在一定程度上折射出其所在区域的发展能力与后续动力,是一个区域先天基础、地理优势和一定政策扶持下的综合体现;而一个区域的综合发展往往也带动其辖区内村落的持续发展。景泰街、三元里街、云城街、棠景街等街道地处白云区核心腹地,与中心城区紧邻相接,经济社会整体发展程度较高,辐射带动能力也较强,其辖区内的三元里村、柯子岭村、萧岗村和沙涌北、棠溪经济联合社、棠下经济联合社等村落也发展较好。从航拍照片可以看到,这些村落布局相对规整,建筑比较密集,楼面较新;有主干道经过,道路绿化较好,区位优势较为明显;整个区域呈现出一种蓬勃的发展气势。特别是三元里村、沙涌北村与越秀区相邻,柯子岭村与白云区政府距离不足2千米,萧岗村紧挨白云新城,其所在区域已与广州中心城区连成一体,是广州都市形态的组成部分,这种优越的地理位置也使其发展具备了天时、地利及长续后劲。

（二）城镇化发展程度较快，是都市服务业从业人员聚居宝地

大力推动城镇化发展是国家普惠民生、促进就业的一条战略主线，从某种程度上说，城镇化既是产业发展推动的人口聚集，也代表着经济结构的转换和生活生产方式的升级。通过航拍照片可以看到，目前，京溪街辖内的京溪村、白灰场村、麦地村、麒麟岗村、犀牛角村，同和街辖内的白山、白水、蟾蜍石、大陂、何屋、老庄、榕树头、石桥头、斯文井、握山、蟹山、新庄12个自然村，黄石街辖内的陈田村、江夏村、马务村、石岗村，新市街辖内的小坪、棠涌、平沙、大埔、黄沙岗，永平街永泰村辖内的官厅窿、集贤庄、解放庄、磨刀坑、新南庄、元下田，这些村落都较好地实现了城镇化发展。这些村落，建筑密集，多为多层小高楼，不时可见商务大厦、假日酒店或摩天高楼；道路通达，多有主干道经过；村落里公共设施及商业店面较多，基本能满足日常需要；从航拍照片里还可以看到，有大量小汽车和一些大型仓库，可见村落城镇化发展程度较好，也有一定产业支撑。目前，这些街道的自然村落，因其租赁价格相对低廉，性价比高，靠近城区，城镇化发展程度较好，是都市服务业从业人员就业创业的理想宝地，也聚集了大量的服务业从业人员。据有关数据显示，目前，同和街有户籍人口2.47万人，流动人口12.18万人，出租屋3599栋56561套；新市街有户籍人口20356人，流动人口超过10万人，出租屋4147栋27797套；永平街有户籍人口2.5万人，常住人口8.6万人，流动人口约为10.7万人，出租屋4000栋4.35万套，可见这些街道村落接纳服务业从业人员的容量之大。大量的服务业从业人员既为广州的都市发展提供了必需的动力，同时也以其自身的生活和消费带动了区域发展。在这些街道村落中，同和街的新庄、永平街永泰村的集贤庄等村落，其城镇化发展具有一定代表性。

（三）村改居体制改革加快了城乡一体化进程

目前，白云区街道的行政村已基本改制为经济发展公司，这些经济联合社，或利用地缘优势，或依托区域支柱产业，取得了较好的发展。通过航拍照片可以看到，石门街鸦岗经济联合社的鸦岗村，朝阳经济联合社的地利窖、海头、联队、沙滘、石门、田心、莘村、杨梅岗等村落，充分利用交通主干道经村而过及毗邻珠江水系优势，与广州中心城区及周边地区实现产业对接，取得较好发展。石井街辖内的庆丰、新庄、新围隆、张村、马岗等村落，依托区域内水泥、电缆电线等大型企业，服装批发商业圈，现代物流园等平台，经济社会发展较快。此外，白云湖街大冈经济联社的大冈村、榕溪村、龙湖经济联社、夏茅经济联社，鹤龙街联边经济联合社的彭边村、尹边村，黄边经济联合社的黄边村等村落，在改制后也取得了较好发展。通过航拍照片可以看到，这些村落较为规整，建筑相对密集，小高层楼房较多，有一定的公共设施，商业也较为完善，既为村改居体制改革探索出发展路径，同时也加快了区域内城乡一体化进程。

（四）一些历史文化底蕴在城市建设中得到保留

白云区历史文化底蕴深厚：三元里抗英威震中外名垂史册，明末陈子壮抗清故事青史永存，招子庸的粤讴流唱岭南传誉海外，还有升平社学、石井桥、贪泉等历史遗址。

而遍布于白云大地上的古村落,沧桑百年遗世独立,犹如一个个阅尽尘世风霜的老者,默默述说着久远的历史与动人的文化。钟落潭镇龙岗村西荷队自然村始建于元代初期,其始祖可追溯至南宋晞尝公(中国儒家宗圣曾子后代)。嘉定年间,晞尝公奉旨镇守南方,其长子宋发承父袭,于南宋宁宗时期(1219)从西关甜水巷迁至受封赐爵地钟落潭镇龙岗开基立业。村中主要宗祠曾氏大宗祠(追远堂)始建于明代,重修于清代乾隆年间。宗祠坐西朝东,3 间四进加后楼,占地面积 1100 多平方米,硬山顶,镬耳封火山墙。宗祠中木雕、砖雕精美,石柱、门石、墙角石多为明代红砂岩柱,刻有狮子、草龙、龙身纹饰等图案。宗祠门口种有木棉树,每到木棉花开时,古老宗祠与木棉花相映衬,景色宜人,"古祠春晖"为"白云十景"之一。钟落潭镇的障岗村距今已有 600 多年历史,村落布局整齐,7 条古街巷以 4 个门楼连接,房子多为明清建筑,布局为一长廊连接 4 房 1 厅,外加天井采光,当地人称为"五龙过脊",非常有岭南特色。村中共有岭南青砖锅耳民居 60 座,耀斗胡公祠是村里最主要的建筑。太和镇的南村创建于南宋中期,距今已有 800 多年历史,其始祖为《爱莲说》作者周敦颐。坐落在该村的周氏大宗祠(俗称孖祠堂)建于明末清初,三进 3 间,规模大,建筑布局完整,木雕、灰塑、砖雕等工艺精美,距今已有 300 多年,是广州市重点文物保护单位。此外,云城街的萧岗村,石门街的鸦岗村,太和镇的园伟庄,江高镇的高塘墟,钟落潭镇的茅岗村、白土村等都有着古韵遗风。这些在城市化迅猛进程中保留下来的历史古迹,既为我们追寻白云历史、领略白云文化提供了载体和平台,同时也对我们在保护与开发利用古迹方面提出了新的、更高的要求。

(五)不少自然村生态保护良好,人和自然和谐相处

白云区东北部有白云山风景区和森林覆盖面积高于 95% 的帽峰山森林公园,西南部田园沃野一望无边,西部流溪河和巴江河流经境内,广州市目前最大的人工湖——白云湖坐落区内,城区绿化覆盖率达 43.4%,是广州市自然环境最好的区域之一,也是广州市实施"北优"战略的重要地区,对空气质量、生态回归、旅游观光做出巨大贡献。钟落潭镇寮采村辖内的寮采村庄、草糊庄、向北庄、牛栏头和新兴庄 5 个自然村,绿树环绕,池塘相邻,生态优势极为突出。特别是牛栏头和新兴庄,整个村落都在一片绿色之中。目前,寮采村开发出"赏花田、游绿道、品农家菜"生态旅游路线,吸引了众多旅游团和自驾游客。米岗村辖内的米岗村、龙庄、堂庄、万仔庄、元庄、西门等自然村落,视野开阔,土地平旷,屋舍俨然,阡陌交通,良田绿树相邻,仿如陶渊明笔下的桃花源。此外,生态保护良好的还有太和镇白山村的大禾坪、禾堂岭、荷排、良洞、庙仔坪、水井田、泰山李等自然村落,人和镇白云流溪湾现代农业示范园区周边的自然村落,江高镇大田村的海口、鹤边、上塘、大田等自然村落。这些自然村落既是对习近平总书记"尊重自然、顺应自然、保护自然,筑牢生态安全屏障"理念的生动诠释,同时也有利于通过进一步的保护开发,把绿水青山变成金山银山,从而实现经济效益、社会效益、生态效益相统一。

(六)交通网络四通八达,具有较好的区位优势

华南快速干线、机场快速干线、北环、北二环、京珠、广惠等高速公路,105、106、

107 国道，广花、沙太、兴太省道等交通主干道穿越区境，为一些自然村落的发展奠定了坚实基础。从航拍图片可以看到，在街道方面，三元里街的三元里村，同和街的大陂村、蟹山村，鹤龙街鹤边经济联合社的鹤南村、联边经济联合社的彭边村、尹边村等自然村落都有主干道通过，给自然村落的发展提供了重要机遇和平台。在中心镇方面，人和镇太成村辖内的太成村、鉴庄交通畅达，尤其是太成村，整村为主干道环绕，枢纽优势明显；太和镇米龙村辖内的上南村、米田埔、龙陂口、大丰埔等自然村，北二环、华南快速干线、京港澳高速公路等纵横交错，经村而过，交通便利；和龙村辖内，市一环横贯全村 12 个自然村，北二环高速公路东西走向，京珠高速公路、华南快速干线南北贯穿，交通网络完善发达；北村村前南面是市一环路（北太路），村后是北二环高速公路，东面有 105 国道，西面是 106 国道，地处几大交通枢纽交汇的黄金地带，区位优势极为优越。

（七）产业集聚效应初步形成，发展特色比较鲜明

白云区物产资源丰富，是广州市"菜篮子"工程的主要基地之一，也是广州市重要的农副产品基地和花果之乡。全区以发展"三高"农业为主导，在全区形成优质无公害和反季节蔬菜种植区，禽畜良种开发区，名、优、特、新水产养殖基地和花卉生产基地等专业化生产区域性布局。荔枝、黄皮、龙眼是白云区的三大传统佳果，其种植主要在东北部流溪河流域及帽峰山西麓的钟落潭镇和太和镇一带。通过航拍图片可以看到，钟落潭镇寮采村辖内的 5 个自然村、米岗村辖内的 10 个自然村无一不是果树葱郁。据统计，寮采村 70% 的耕地用于荔枝、鸡心黄皮和石峡龙眼等水果种植，而米岗村则是钟落潭镇荔枝最主要的产区。通过航拍照片，可以看到梅田村、茅岗村、马洞村（辖内 8 个自然村）等皆是以荔枝、黄皮、龙眼等水果种植为主。均禾街石马经济联社的石马村盛产桃花，据记载，当地桃花种植已有 300 多年历史。每年春节来临之时，广州都会举办迎春花市，而石马桃花因其花大、色艳、重瓣而广受欢迎，闻名省港澳。江高镇江村村出产的江村黄鸡以其肉质丰满细腻、味道极其鲜美而在食客中闻名遐迩，在粤菜中占据重要地位，是香港食客最爱的内地鸡种之一。江高镇大石岗村的黑鬃鹅同样驰名省港澳。据记载，自宋朝始，该地区就已饲养黑鬃鹅，流传至今，该品种是广州地区最负盛名的食用鹅之一。此外，具备较为鲜明产业特色的还有钟落潭镇良田村的良田乳鸽、钟落潭镇龙塘村的龙塘萝卜、钟落潭镇竹二村的竹料马蹄、钟落潭镇小罗村的小罗芹菜、江高镇水沥村的水沥红葱、人和镇方石村的霸王花等。规模产业是村落发展的重要支撑，产业特色鲜明则是村落发展定位清晰、资源配置相对合理、市场效应基本形成的综合体现，以上诸村都具备了较好的产业发展基础，有利于进一步发挥自身优势，形成聚集效应，打造精品品牌，助推区域发展。

（八）仍有一批自然村落处于发展观望期

白云区地域广阔，目前，一些村落或者因为先天发展基础不足，或者因为缺少大型企业依托，或者因为自然区位处于劣势，其自身发展定位尚不清晰，还处于转型摸索阶段，不一一列及。

总体而言,白云区自然村落的发展程度及人口分布,以广园路为底边,呈扇形开放状态,自中心城区、腹心地带向4个镇的各个自然村落逐渐弱化减少。"推拉理论"指出,人口流动的目的是改善生活条件,流入地的那些有利于改善生活条件的因素就成为拉力,而流出地那些不利的生活条件就是推力,人口流动就是由这两股力量前拉后推所决定的。4个镇的有些村落地处偏远,生活条件较差,发展程度相对滞后,群众渴望改善生活,纷纷涌入中心城区附近谋求发展。这种流动,一方面,使得三元里村等中心城区村落人员熙攘,市井热闹;同时,人口的相对聚集也为中心城区的发展提供了必要的动力。但另一方面,这种流动也使得4个镇等相对僻远的村落人口逐渐稀少,一些村落只有几户人家,一些地区甚至出现"空心村"的情况,村落发展缺乏动力,愈显艰难。

二、白云区自然村落发展和保护中应该考虑的几个问题

(一) 村落外来人口的服务管理

城镇化发展的一个必然结果,就是外来人口的大量聚集。目前,三元里街、新市街、同和街、京溪街等街道都大量聚集外来人口,数倍于本地人口,而这些外来人口又主要集中于这些辖区内的自然村落,因此,如何做好外来人口的服务管理,是自然村落发展必须面对的一个问题。

(二) 村落经济发展过于依赖个别企业

例如,石井镇中一些村落发展依托水泥、电缆电线、服装批发等大型企业,一旦企业外迁或发展乏力,村落经济难免受到影响。

(三) 历史文化传承缺乏载体

随着城镇化进程,村民对村落文化不再虔诚,共同信仰弱化,许多祠堂失去原有功能,村落的历史传承与文化延续也逐渐失去载体。

(四) 生态整治与污染企业并存

一些村落耗费巨资整治环境,取得较好效果,但同时又让污染较大的企业进驻,如何平衡这种发展态势是村政府必须考虑的一个问题。

(五) 尚未充分发挥区位优势

例如人和镇,一些村落紧邻白云机场,周边也有一些主干道经过,但是由于各种因素限制,没能充分发挥区位优势。

(六) 产业尚需转型升级

例如太和镇,一些村落依托货运站场、物流园区等传统物流企业发展,既占用了大量土地资源,又带来较大的交通压力和社会不稳定因素。因此,如何推动货运市场、物流市场的升级改造,是一个现实问题。

三、对白云区自然村落发展和保护的几点建议

习近平总书记指出,农村要留得住绿水青山,系得住乡愁;要把实施乡村振兴战略摆在优先位置,让乡村振兴成为全党全社会的共同行动。广东省委第十二届第三次全会对乡村振兴战略进行了部署,将其纳入全省工作重点。市委市政府制定了《广州市实施乡村振兴战略三年行动计划》,区委区政府制定了《白云区实施乡村振兴战略建设都市美丽乡村三年行动计划(2018—2020年)》。在看到发展机遇、借鉴发展经验的基础上,笔者总结出以下5点启示。

(一)加强组织领导,明确各级责任

白云区根据实际情况,积极对接国家及省市有关政策,对标"国家中心城市和国际大都市现代化中心城区"的发展定位,抓紧《白云区实施乡村振兴战略建设都市美丽乡村三年行动计划(2018—2020年)》和相关配套政策文件的具体实施,切实推进实施乡村振兴战略,制定自然村落保护与发展总体指标体系、量化发展目标和细化实施办法,加大财政投入,完善政策支持和统筹协调机制,将社会主义新农村建设、城镇化建设、美丽乡村建设和精准扶贫项目统筹安排,科学转化自然村落普查成果,切实推动自然村落的城镇化建设与可持续发展。

(二)准确定位新型城乡关系,强化规划引领,前瞻性实施规划布局

对全区村落的空间形态、产业布局、生态保护、基础设施、公共服务等进行全面规划、系统设计。在村落发展改造中,要联合专业机构进行评估,明确相关标准,聘请专业人士操刀规划,充分考虑白云区历史文化特点,把热点概念引入自然村落建设理念,凸显地域特点和民俗特色,注重村落发展与城市建设的错位互补及与生态保护的和谐共存,既要城市生态,也要乡村文明,增强发展的整体协同性。

(三)加强社会治理创新,做好村落外来人口的服务管理

根据白云区外来人口大量聚集的特点,完善外来人口服务管理体制机制,按照平等对待、合理引导、优化服务、加强管理、促进融合的思路,科学制定外来人口发展规划,结合空间战略布局和功能定位,引导外来人口有序流动和合理分布。着眼于打造共建共治共享社会治理格局,扩大外来人口基本公共服务覆盖面,优化外来人口积分入户、住房、教育、就业培训、卫生医疗等方面的服务措施,引导外来人口更多地参与到社会治理中来,为村落的发展贡献智慧和力量,使其归属感、获得感、幸福感、安全感更加充实、更可持续。

(四)提升村落人居环境,优化村落产业布局

坚决遏制违法建设,以垃圾清理、污水治理、控违拆违、村容村貌提升为主攻方向,改善村落人居环境。大力推进基础设施和公共服务建设,提升村落教育、医疗、文化、

社会保障和信息化水平。要进一步凸显村落区位优势，因地制宜，加大产业导入力度，强化项目带动，加快淘汰落后产能，争取上级更多的政策和资金支持，布局建立先进产业科技创新平台，培育一批现代新产业、新业态，努力形成各有特色的村落品牌，实现传统产业转型升级，改变部分村落产能落后、经济发展过于依赖个别企业的现状。

（五）加强宣传教育，营造全社会重视、保护自然村落和传统文化的良好氛围

树立底线意识，对自然村落中的文物古迹，坚持活态保护、系统保护原则，不搞标准化，允许不同年代文物、建筑的遗存，做到美美与共，在保护中发展，在发展中保护。鼓励村民将保护乡土建筑与发展乡村休闲旅游相结合，挖掘自然村落的历史文化积淀、乡土民俗民风和非物质文化遗产，充分发挥特色村落旅游的引领作用。做好优秀传统文化的培育和弘扬，深入挖掘村落特色文化，将文化元素有机融入保护与发展环节中。充分利用村落祠堂、书院等既定存在，建构文化空间，延续祠堂文化，传承好家谱、家训、家风，将优秀传统文化与新时代精神紧密结合，发挥历史传承与文化教育功能，提高村落的归属感，增强村民对自然村落文化的认同感，激发村民对自然村落、传统文化的保护意识，弥补政府在文化保护方面的局限性。

（作者单位：广州市白云区国家档案馆）

广州：中国首次公开纪念"三八"妇女节的活动地

王 刚

3月8日是国际劳动妇女节，是为庆祝妇女在经济、政治和社会等领域做出的重要贡献和取得的巨大成就而设立的节日。这个节日源起于20世纪初欧美的工人运动，之后逐渐成为一个固定的全球性的属于妇女的节日。1924年3月8日，广州市举行纪念"三八"国际劳动妇女节活动。这是我国第一次公开举行纪念"三八"妇女节活动，开创了中国纪念"三八"妇女节活动的先河。

一、中国首次公开纪念"三八"妇女节活动的背景

（一）国际上有开展纪念妇女节活动的传统

关于国际妇女节的起源，目前有是为了"纪念1908年3月8日美国纽约市女工斗争""纪念1909年3月8日美国芝加哥市女工的斗争""纪念1917年3月8日俄国彼得格勒女工斗争"等不同的说法，存在一定的争议。尽管关于国际妇女节的起源说法不一，但20世纪初期，国际上存在开展纪念妇女节活动的传统却是无可争议的事实。美国社会党人将1909年2月28日定为全国妇女日；1910年，第二国际在哥本哈根会议上以蔡特金为首的来自17个国家的100余名妇女代表筹划设立国际妇女节，但未规定确切的日期；1911年3月19日，奥地利、丹麦、德国和瑞士等国有超过100万妇女集会庆祝国际妇女节；1913年2月的最后一个周日，俄国妇女以举行反对第一次世界大战的示威游行的方式庆祝了她们的国际妇女节；1914年3月8日，欧洲多国妇女举行反战示威游行；1917年3月8日（俄历2月23日），为纪念在"一战"中丧生的近200万俄国妇女，俄国妇女举行罢工，拉开了"二月革命"的序幕，4天后，沙皇被迫退位，临时政府宣布赋予妇女选举权。可以说，正是20世纪初这一系列发生在北美和欧洲的妇女运动共同促成了"三八"国际妇女节的诞生。此后，在每年的3月8日举行国际劳动妇女节纪念活动逐渐流传开来，这也是广州在1924年3月8日举行纪念"三八"妇女节活动的缘由。何香凝1961年3月5日在《中国青年报》发表文章："有一次，苏联顾问鲍罗廷的夫人和我谈起了妇女运动老前辈蔡特金和'三八'妇女节的事，我们为了配合进一步开展妇女群众运动，就打算在广州举行一次'三八'妇女节庆祝大会。"[①]

[①] 何香凝：《回忆中国第一个"三八"节》，载尚明轩、余炎光编《双清文集》（下卷），人民出版社1985年版，第900页。

（二）国共合作推动妇女运动的发展

第一次国共合作后，在中国共产党的大力推动下，伴随着轰轰烈烈的国民革命运动，广州地区的妇女运动进入了崭新的阶段。1923 年 6 月在广州召开的中共三大，为集中女党员的活动及系统地指导全国的妇女运动，决定设立妇女运动委员会。会议通过了《妇女运动决议案》，与 1922 年中共二大通过的《关于妇女运动的决议案》相比，除了继续强调要重视开展劳动妇女的运动，指出要重视女权运动、参政运动、废娼运动等一般的妇女运动，还倡导"全国妇女运动的大联合"，把妇女运动与国民革命联系起来，提出了"打倒军阀""打倒外国帝国主义"等口号，同时强调不要轻视做上层妇女的工作，"阶级的主义的色彩不要太骤太浓，致使她们望而生畏"①。此后，一批女共产党员、女共青团员以个人身份参加了国民党开展的妇女工作，比如蔡畅、高恬波任国民党中央妇女部干事，邓颖超任国民党广东省妇女部秘书长。1924 年，在广州召开的国民党一大通过了《中国国民党第一次全国代表大会宣言》，提出"于法律上、教育上、经济上、社会上，确认男女平等之原则，助进女权之发展"②，并成立了妇女部专门领导妇女工作。国共合作的大力推动，对广州地区的妇女运动开展起到了重大促进作用，也为广州开展"三八"妇女节活动奠定了重要的组织及领导保障。

（三）广州具有一定的妇女运动基础

广州作为中国近代民主革命的策源地，是我国妇女运动开展较早的地区，不少妇女运动走在全国的前列。早在旧民主主义革命时期，广州地区的劳动妇女就勇敢地参加了反对帝国主义和封建主义的斗争，比如在 1841 年三元里人民的反英斗争中，有不少农妇和男子一样参加了平英团，举起锄头、大刀、标枪，英勇反抗英国侵略者。五四运动时期，广州的一部分女学生、女知识分子、女工积极参加集会，游行示威，抵制和查抄日货，开展各种宣传活动，成为爱国运动的一支重要力量。1921 年，广州共产党早期组织创办了《劳动与妇女》周刊，大力宣传妇女解放思想。1922 年的香港海员大罢工中，一部分洋务女工和在船上做服务工作的女工参加了斗争，为援助海员大罢工，全市邮局、酒店、茶居、菜市女工，以及厨师、保姆等都纷纷加入罢工行列，加强了罢工队伍的力量。这一时期，通过妇女解放思潮的传播以及一系列斗争实践的开展，广州地区的妇女们进一步觉醒，积极谋求就学、就业和参政等方面的解放。据统计，1924 年年初的广州，全市女老师、女医务人员有 200 多人，女学生有 6000 多人③，这些人群成为广州开展首次纪念"三八"妇女节活动的重要骨干力量。

---

① 中共中央文献研究室、中央档案馆：《建党以来重要文献选编》（第一册），中央文献出版社 2011 年版，第 266 - 267 页。

② 《中国国民党第一次全国代表大会宣言》，见中国国民党中央执行委员会编《中国国民党第一次全国代表大会宣言及决议案》，1924 年，第 18 页。

③ 郑泽隆：《1924 年广州：中国纪念"三八"国际妇女节的发祥地》，载《广东档案》2016 年第 1 期，第 40 页。

二、中国首次公开纪念"三八"妇女节活动的开展

1924年1月,中国国民党第一次全国代表大会在广州召开,标志着以国共合作为基础的革命统一战线正式形成。在大会上,何香凝提出的关于妇女解放的《妇女在法律上、经济上、教育上一律平等》和《在党中央组织妇女部案》两个议案均获得通过。此外,她将举行"三八"妇女节庆祝大会的方案提交大会讨论,还提出了纪念"三八"妇女节的几个口号:"男女平等""各机关开放容纳妇女""婚姻自由,不得歧视再婚妇女"。尽管一些顽固分子提出反对,但在何香凝、恽代英等人的严正驳斥下,这项要求得到了绝大多数代表的支持。在1924年2月下旬国民党中央妇女部召开会议时,何香凝又提出了通过号召广大劳动妇女参与纪念国际妇女节,以此宣传妇女解放的建议,得到了会议一致赞同并决定由妇女部倡导和举行游行示威活动。这次会议之后,妇女部便积极筹备在广州举行国际劳动妇女节的纪念活动。

1924年3月4日,国民党中央执行委员会妇女部以部长曾醒名义发出通告,号召广州地区各妇女团体于3月8日举行游行示威,响应全世界妇女的大团结示威运动,"以警醒妇女群众,使同趋于联合奋斗之一途"①,并派代表参加3月5日下午在执信女校召开筹备会议。第二天下午,广州各界妇女代表数百人在执信女校大礼堂举行筹备动员会,最后决定:①3月7日派出12人乘坐汽车在广州市内主要街道分发有关妇女问题的传单,以唤起市民的注意和动员各界妇女参加大会和游行。②3月8日上午11时在第一公园举行示威大会,请广东省教育厅、广州市教育局通知省立、市立各校学生全体参加。③会后在市内马路举行巡游,并准备汽车队演讲队随同出发,请市公安局派军警保护。④确定各种旗帜标语,如"解放中国殖民地之地位""解放妇女所受资本制度的压迫""要求妇女劳动权、平等教育权、平等工价钱、女子参政权及一切妇女应得之权"等。同时,《广州民国日报》为纪念"三八"节活动进行大力宣传:3月5日发表《庆祝国际妇女日》一文,详细介绍"国际妇女日"的历史及德、英、奥和苏俄等国庆祝"三八"节活动的情况;3月6日又发表题为《妇女日》的时评,指出中国妇女几千年来受制于"男权","几不自当为人",强调国民党中央提议举行"三八"妇女日活动,目的是提高妇女的觉悟,革除陋习,进而谋求妇女的"觉悟"和"独立";3月7日,刊登《国际妇女日之运动》,通告"三八"纪念活动的具体时间、地点和巡游路线。

1924年3月8日上午,中国第一个公开纪念"三八"国际妇女节活动在广州市中心的第一公园(今人民公园)举行。公园内的音乐亭搭起了临时舞台,"庆祝国际妇女节"的横幅悬挂于正上方,四周张贴着"妇女要求劳动权"等标语,执信学校、广东高等师范学校、广东公立法政大学等学校的女生及各界妇女约千人参加。何香凝主持大会并发表演讲,介绍了"三八"妇女节的由来及纪念意义,痛述了广大妇女在帝国主义、封建主义压迫下所遭受的种种苦难,鼓励妇女坚决地走打倒封建主义、打倒帝国主义和妇女自求解放的道路。廖仲恺在会上发表《国际妇女日的性质》演说,瞿秋白、恽代英等共

---

① 《广州妇女团之活动》,载《广州民国日报》1924年3月5日。

产党人也应邀发表讲话，支持妇女群众运动。与会妇女群情激昂，口号嘹亮，此起彼伏。

庆祝大会结束后，何香凝、曾醒与巡行总指挥沈慧莲，总务长唐允恭，纠察员廖冰筠、伍智梅等一起，带着与会妇女从第一公园出发，手持"排除纳妾多妻制度""要求平等教育权""要求女子参政权及一切妇女应得之权""打破帝国主义"等标语小旗上街游行，散派传单。一路上，游行队伍高呼"保护童工孕妇""废除娼妓制度""打倒封建主义""打倒帝国主义"等口号。许多看热闹的妇女站在街道两旁，也附和高呼口号，有的还加入了游行队伍。不少女学生分乘十几辆插上各种旗帜的汽车，到市内其他街道演讲，散发传单，宣传纪念"三八"妇女节和谋求妇女解放的意义。游行队伍按照预定路线途经吉祥路、越华路省长公署、广仁路省财政厅、永汉北路（今北京路），从天字码头转入珠江长堤、太平南路（今人民南路）、一德路、维新路（今起义路），最后回到第一公园解散。此外，妇女部还组织派出 27 个演讲队，分赴工厂、剧院等处演讲，宣传会议精神，启发妇女群众觉悟。

三、特点及影响

1924 年广州市举行的这次纪念"三八"妇女节活动具有如下三个特点：第一，具有一定的规模。据有关史料记载，1921 年 3 月，在上海渔阳里 6 号的"中俄通讯社"，上海共产党早期组织首次秘密举行纪念妇女节活动，来自共产国际的库兹涅佐娃与马马耶娃介绍妇女节由来，高君曼在会上发表演说，会议探讨了妇女解放问题。这次纪念妇女节的活动，因为是秘密举行的，参会人数不多，规模较小，因而影响非常有限。相比较而言，1924 年广州公开纪念妇女节的活动规模要大得多，参加者千余人，产生了实质的社会影响。第二，具有较强的组织性。这次活动由第一次国共合作时期的国民党中央妇女部直接发起与领导，带有鲜明的组织性。国民党中央妇女部在活动前做了大量的筹备工作，以公启的方式号召各妇女团体成员与各校女学生参与筹备活动和示威游行，并在执信女校召开筹备会议对活动作出周密安排，活动过程稳而不乱，因而《妇女周报》称"此次示威运动一切事务皆由女界自行打理，而会场的布置与巡行的秩序皆井井有条"①。第三，具有鲜明的革命性。此次活动，在口号的制定上，表现出强烈的女权诉求，比如"要求妇女劳动权平等工价权""要求平等教育权""要求女子参政权及一切妇女应得之权""要求女工保护生育保护儿童保护的立法""废除纳妾多妻制度""废除养媳制度""废除娼妓制度"等。除了提出平等劳动权、教育权、参政权等传统意义上的女权诉求外，还提出了"打破帝国主义""解放妇女所受资本制度的迫压"等国民革命大背景下的时代口号，表达了争取民族解放与国家自强的愿望。另外，此次活动采用散发传单、手持带有标语的旗帜、游行宣讲、游行中高喊口号、汽车游行、发行纪念刊物、开展报社宣传等多种活动形式，吸引了不少群众参与，营造了浓厚的革命色彩。

对于广州地区而言，纪念"三八"妇女节活动的开展，极大地促进了广州甚至广东

---

① 《国际妇女日的广州》，载《民国日报·妇女周报》1924 年第 30 期。

妇女的觉醒，"从此后，广东妇女运动较有生气，大多数妇女群众就开始认识了国民革命"①，广东妇女运动逐渐开展起来。这一时期，随着广州电话女司机联合会、广东妇女解放协会等妇女团体的成立，越来越多广东妇女投身于妇女解放和国民革命的洪流中，作为一支重要力量，参加了沙面罢工、国民会议运动、省港大罢工等斗争，将争取女权融入争取民权的时代洪流中，为国民革命运动做出了积极贡献，产生了重要的意义。对于其他地区而言，广州纪念"三八"妇女节的活动，首开中国庆祝国际妇女节的先例，并得以在全国广泛传播，影响深远。1925年国民会议运动的高潮中，来自全国各地的妇女代表齐集北京，协同北京妇女团体于3月8日在北京民国大学开会纪念国际妇女节，抗议段祺瑞政府视女性为非国民的荒谬选举权规定，并举行了示威游行，影响颇大。1926年的"三八"国际妇女节，上海、广州、汉口、天津的劳动妇女群众轰轰烈烈地开展了大规模的纪念运动。尤其值得一提的是，这一年的纪念活动不仅在京沪穗这样的大城市声势浩大，甚至深入到梅州、梧州、宜宾、保定、平江这样的中小城市。自此，在3月8日开展妇女节纪念活动在中国得以广泛传播并延续至今。可以说，1924年3月8日在广州市举行的纪念妇女节活动，拉开了中国妇女节纪念的帷幕，"在中国妇女运动史上开了一个新纪元"②。

（作者单位：中共广州市委党史文献研究室）

---

① 杨之华：《中国"三八"运动史》，载广东省档案馆、广东妇女运动历史资料编纂委员会编《广东妇女运动史料（1924—1927年）》，内部刊物1983年印刷，第38页。
② 杨之华：《中国"三八"运动史》，载广东省档案馆、广东妇女运动历史资料编纂委员会编《广东妇女运动史料（1924—1927年）》，内部刊物1983年印刷，第38页。

党建引领

筑牢广州红色堡垒研究

改革开放以来广州基层组织建设制度创新研究

黎明泽

改革开放以来，广州历届市委、市政府高度重视基层组织建设，坚持围绕中心、服务大局，围绕强化基层党组织的政治功能，在推动基层组织建设制度改革创新方面进行了许多有益探索，形成了一定的经验。在新时代加强广州基层组织建设，应在总结经验基础上，坚持问题导向，精准施策，继续推进基层组织建设制度创新，不断强化基层组织建设制度的引领、规范和保障功能，把基层党组织锻造得更加坚强有力，保证党中央和省市委各项重大战略部署在基层落地生根、开花结果。

一、创新亮点

（一）健全民主议事决策监督制度，推进基层治理法治化

广州严格遵循民主决策和民主管理的相关规定，通过创新基层民主制度，不断探索基层民主的新方法和新路径。一是以完善村民代表会议制度为总抓手，按照"多层协商、一事一议、三权联动、依法依规"的总要求，通过建设标准化议事场所、规范决策议事程序等方式，不断完善村级组织协商议事制度。目前，全市行政村已实现协商议事规范化。二是在总结近年来实行民情日记、社区（经济联社）民情议事会（民情议事厅）制度的基础上，以构建街道、社区、片区三级党员民情议事平台为依托，建立社区民情议事制度，让社区党员、热心居民亮出身份参与治理，探索建立了"小事不出社区、大事不出街道"的党内民主新机制，推动基层治理由各领域碎片化、自组织的"单兵作战"向街道党工委主导的"协同共治"转变。三是认真落实《广东省村务公开条例》，在完善村务公开制度的基础上，搭建集体"三资"管理服务平台和财务监管平台，建立健全村务监督制度，推动农村经济社会发展迈入法治化轨道。

（二）完善联系和服务群众制度，实现党群互动常态化

广州始终践行以人为中心的发展理念，不断完善联系和服务群众的各项制度，推动党群互动常态化、长效化。一是全面落实党政领导干部直接联系群众制度，建立健全固定团队、固定时间、固定任务的"三固定"工作机制，通过以定点接待、入户走访为主，重点约访、带案下访、结对联系、座谈听证等为辅的方式，促进党员干部联系服务群众制度化、常态化。二是大力推进农村服务型党组织建设，印发了《关于打造农村基层组织"便民服务直通车"工程的意见》，在全市所有镇、行政村和自然村部署打造农村基层组织"便民服务直通车"工程，构建镇、行政村、自然村三位一体的三级服务网

络，着力解决服务群众"最后一公里"的问题。三是坚持大服务理念，推动服务优势互补、资源整合、区域联动、整体推进，以街道为单位，整合辖区各种服务资源，建立健全区域化、集约式服务制度，打造以党建为引领、多元主体共同参与的共建共治共享社会治理新格局。

（三）实施基层组织建设标准制度，推进基层运行规范化

为推动基层党支部建设规范化，广州市按照党章及有关党内法规要求，印发《关于开展党支部标准化建设的通知》，要求在组织设置、班子建设、党员教育管理、组织生活、发挥作用、运行机制、工作保障七大方面，在全市开展党支部标准化建设工作。在组织设置方面，从明确设立标准、创新设置形式、及时调整设置、设立纪检机构及党小组四方面做了具体规定；在班子建设方面，从职数配备、任职期限、政治建设、工作落实、学习培训五方面做了明确规定；在党员教育管理方面，从严格发展党员、组织关系管理、党员教育培训、党费收缴使用、党内激励关怀五个方面做出详细规定；在组织生活方面，从认真落实"三会一课"、组织生活会和民主评议党员等制度、广泛开展主题党日活动、创新创优组织生活、严肃组织生活纪律等方面对党支部组织生活提出要求；在发挥作用方面，从宣传党的路线方针政策、贯彻党的决定、领导基层治理、团结动员群众、推动改革发展五个方面做了详细规定；在运行机制方面，从报告工作、谈心谈话、民主议事、联系服务、责任落实五个方面做出了规定；在工作保障方面，从活动阵地、活动经费、党务公开等方面做了规定，进一步明确阵地建设、经费保障等要求，建立健全各项工作保障制度。

（四）完善人才培养监督保障制度，推进基层人才专业化

在人才培养方面，广州市根据村干部成长规律，通过实施大学生村官选培工程、羊城村官上大学工程和村干部"四个培养"工程，大大缩短了素质形成期，尽快提升了村干部能力素质，探索出村干部教育培养的新模式和新途径，为建设一支政治素质高、文化水平高、工作作风好、发展能力强的村干部队伍打下了很好的基础。在非公经济领域实施人才"双培计划"，通过把符合条件的生产经营骨干发展成党员，鼓励引导优秀人才入党，把党员培养成生产经营骨干，使党员成为企业的优秀人才，为企业提供生产管理人才。在人才监督方面，出台了《关于加强和规范村"两委"班子主要成员出国（境）管理意见》，加强和规范村"两委"班子主要成员护照管理，进一步增强农村基层干部廉洁自律的自觉性和管理的规范性，形成一种教育在前、制度在前、监督在前的基层廉情预警防控机制。在人才保障方面，全面实施村干部离任保障制度，享有离任保障资格的村干部离任后，除了每月能领取固定的基础保障金外，年底还将视村干部连任干龄的长短和集体经济的发展情况，领取到数额不等的干龄补贴和浮动保障金，有效地解决了村干部离任以后的生活保障问题。

（五）健全基层组织运行保障制度，推进基层运行有序化

在经费保障方面，制定实施了《广州市行政村党建工作专项资金管理办法》，对农

村基层党建工作专项资金的规范使用作出明确规定，明确要求要为基层工作经费、服务经费、活动场所、重点项目建设经费等提供保障；出台了《关于建立广州市非公有制经济组织和社会组织党建工作经费保障机制的实施意见》，建立以财政拨款为主、其他来源为辅的非公企业党建经费保障机制。在资源保障方面，统筹整合党建、民政、教育、文化等各类服务资源，在全市铺开打造区、街、社区三级党群服务阵地，搭建了集党务、政务、企务、社务"四位一体"的综合性服务平台，实现了基本公共服务均等化和高效化。

二、成效经验

改革开放以来，广州推动基层组织制度创新的探索，取得了良好成效，进一步激发了基层组织活力，密切党群关系，提升了基层治理规范化、法治化水平，增强基层党组织的凝聚力、战斗力，初步营造了党组织引领下各类治理主体共同参与的共建共治共享社会治理新格局。纵观广州市在基层组织建设制度创新中的实践探索，可以得出以下经验。

第一，把坚持党的领导与推进制度创新紧密结合起来，在保证制度创新沿着正确方向健康有序发展的同时，通过制度创新不断强化基层党组织在基层经济社会发展中的领导核心地位。

第二，把坚持法治理念与推进制度创新紧密结合起来，充分运用法治思维和法治方式推进制度创新，增强基层干部法治观念，提高依法办事能力，不断提高基层党建工作的规范化、制度化和法治化水平。

第三，把坚持基层首创与推进制度创新紧密结合起来，做到问政于民、问需于民、问计于民，将群众智慧运用到基层组织建设制度创新之中，在推动制度创新的同时，使群众的意愿得到充分尊重、群众切身利益得到有效维护、群众反映强烈的问题得到切实解决。

第四，把加强基层治理与推进制度创新紧密结合起来，在治理目标上坚持目的导向和问题导向，在治理主体上注重激发各类社会组织参与活力，在治理方式上注重协同性、法治化，不断推进基层治理体系和治理能力现代化。

三、主要不足

尽管广州在推动基层组织建设制度创新方面进行了许多探索，取得良好成效，但和新时代基层组织建设的要求相比，还存在不少差距，主要包括三个方面。

（一）基层组织建设制度创新碎片化，协同性、前瞻性不足

一是基层组织建设制度创新多具有碎片化的特点，单单就基层组织建设某一方面进行制度建构，和其他方面缺乏足够的关联，造成制度创新存在"头痛医头、脚痛医脚"的情况，缺乏整体化、系统性设计。二是由于基层组织建设涉及组织、民政、财政、人

社、公安、司法等部门，不同部门在推动基层工作时多从本部门实际出发，缺乏和相关部门的充分沟通和联动，政出多门，难以有效衔接，协同性不足。三是对基层组织建设的前沿性问题敏感性不足，思想解放程度不够，推动制度创新习惯"东张西望""左顾右盼"，看到其他地区有尝试了才敢迈开脚步，未能充分发挥改革开放前沿阵地的优势。

（二）基层组织建设制度落实不到位，执行力、长效性不够

制度执行不严格的现象在少数基层组织仍不同程度地存在。一些制度有明确规定，但在执行中存在打折扣甚至敷衍应付的情况。比如在党的组织生活制度落实方面，虽然在制度上已对党员参加组织生活进行了明确规定，但一些支部仍存在组织生活不健全、"三会一课"制度坚持不好、业务会与支部会兼顾开、支部大会不规范不严肃等现象。一些制度出台积极，但执行后劲不足，成了挂在墙上、写在纸上、喊在嘴上的"摆设"，有的甚至绕开制度或者明知故犯，有的制度明显带有"领导意志"色彩。

（三）制度执行检查监督机制不健全，激励性、约束性欠缺

目前基层组织建设制度类型多样、数量不少，但制度执行缺乏整体性、稳定性、常态化的监督机制。有的制度在落实中建立了检查监督机制，但不够细化、量化，难以对制度执行的效果进行有效督促和评估。有的检查监督结果不能转换成基层干部绩效考核、评优评先的参考依据，制度执行的激励性、约束性都较弱。

四、对策与建议

习近平总书记深刻指出："基层工作很重要，基础不牢，地动山摇。"他还强调："贯彻党要管党、从严治党方针，必须扎实做好抓基层、打基础的工作，使每个基层党组织都成为坚强战斗堡垒。"在新时代，广州市要继续站在夯实党的执政根基的政治和全局高度，坚持以习近平新时代中国特色社会主义思想为指导，深入贯彻落实党的十九大精神和新时代党的建设总要求，坚持顶层设计和基层首创相结合，立足基层实际，强化问题导向，精准施策，继续推进基层组织建设制度创新，为党中央和省市委的各项战略部署在基层得到不可折扣的贯彻落实提供有力的制度保障。

（一）要敢于解放思想，尊重基层首创，强化制度创新的前瞻性

思想解放的力度，决定制度创新的效度。提升制度创新的前瞻性和有效性，必须始终坚持解放思想，始终保持创新意识，准确把握实践创新的未来动向。要大力弘扬"大学习、深调研、真落实"精神，虚心向群众学习，深入实践开展调查研究，真正掌握基层组织建设真实情况，把握基层组织建设基本规律，在"规律性"和"前瞻性"的结合上推动基层组织建设制度创新。要坚持用发展的眼光看问题，准确理解中央关于基层组织建设的战略部署，着眼基层组织建设的切实需要，在"接天线"和"接地气"的结合上推动基层组织建设制度创新；要坚持尊重基层首创精神，让敢于解放思想、敢于推动创新的氛围在社会上蔚然成风，同时也要加快完善容错纠错工作机制及实施细则，解决

创新背后的"后顾之忧",在"鼓励先试"和"容错纠错"的结合上推动基层组织建设制度创新。

(二)要加强统筹协调,注重协同谋划,强化制度创新的系统性

加强统筹协调,是强化制度创新系统性的基本要求。强化制度创新的系统性,必须更加注重统筹协调,将基层组织建设制度创新的不同主体、不同内容纳入考虑,一并谋划,形成制度创新合力。要把有关工作部门协同起来,将各部门关于基层组织建设的各项制度统筹考虑,在凝聚共识的基础上进行集中式谋划、一体化创新,使基层组织建设制度创新由"线"变"面",形成制度创新合力。要全面理解上级关于基层组织建设的部署要求,科学梳理基层组织建设的各项任务,注重基层工作和上级要求的对接,强化不同工作任务之间的关联,使不同任务之间和制度创新之间相互衔接、工作推进上相互协调。要注重运用科学思维方法推进基层组织建设制度创新,对于设计基层组织的各项制度,注意避免"眉毛胡子一把抓",做到主次分明、有的放矢,既整体推进,又重点突破,统一进行明确规划部署,为基层组织建设制度创新描绘有序的"时间表"和清晰的"施工图"。

(三)要明确责任落实,加强督察督办,强化制度执行的有效性

制度的生命在于执行,再好的制度不执行,就一定会形成"破窗效应"。要在明确执行责任的基础上,加强制度落实的监督检查,确保制度规定不打折扣、落实到位,从而树立制度创新的权威。要按照"严、细、实"要求,把执行基层组织建设有关制度的责任落实到岗到人,有关人员以高度的政治责任感认真履行职责,让制度执行"一竿子插到底"。要强化对基层组织建设各项制度执行情况的监督检查和督查督办,将制度执行情况纳入党风廉政建设主体责任和监督责任考核内容,强化问责,用监督传导压力,用压力推动落实,确保基层组织建设各项制度落到实处。

(作者单位:中共广州市委党校)

强化基层党建　推进社会治理体系和治理能力现代化

许小明

大力加强基层党建，实现基层党建对基层治理的强力引领作用，是解决当前基层治理问题的重大策略选择。本文坚持问题导向，以系统论和辩证分析方法，对基层党建引领基层治理问题予以深入探讨，并提出以下主要观点：其一，充分发挥党在社会治理中的领导核心作用，扭转基层党建弱化、虚化、边缘化局面；其二，将现代技术的运用与基层治理运行机制的重构有机结合起来，不断提升社会治理的现代化和科学化水平；其三，坚持以人民为中心，积极发动社会力量参与；其四，坚持先行先试，积极构建党委领导、政府负责、社会协同、公众参与、法治保障的共建共治共享社会治理格局；其五，坚持正确选人、用人导向，激发干部内生动力，为共建共治共享提供坚实的组织保障和人才保障。

社会治理事关人民安居乐业、社会安定有序、国家长治久安。但随着城市管理重心下移、城镇化高速发展，当前不少城市的社会治理工作存在短板，一方面是诸多矛盾叠加、风险隐患增多，另一方面是治理工作效率低下、效果不明显，尤其是未在如何发挥党建引领作用、如何组织发动群众、如何构建科学有效的运作机制等这些带根本性的问题上下功夫，造成大家都去做"救火队队长"，劳心劳力还不能真正解决问题。党的十九大明确提出，要加强和创新社会治理，推进社会治理体系和治理能力现代化。习近平总书记在参加第十三届全国人大第一次会议广东代表团审议时，对广东提出了在营造共建共治共享社会治理格局上走在全国前列的殷切希望。党的十九届四中全会又审议通过了《中共中央关于坚持和完善中国特色社会主义制度　推进国家治理体系和治理能力现代化若干重大问题的决定》，它明确提出"必须加强和创新社会治理，完善党委领导、政府负责、民主协商、社会协同、公众参与、法治保障、科技支撑的社会治理体系，建设人人有责、人人尽责、人人享有的社会治理共同体，确保人民安居乐业、社会安定有序，建设更高水平的平安中国"。坚持和完善中国特色社会主义制度，推进国家治理体系和治理能力现代化，已经成为全党的一项重大战略任务。本文立足于基层实际，对如何推动社会治理体系和治理能力现代化建设，营造共建共治共享社会治理格局进行了一些思考，寄望于能够起到抛砖引玉的作用。

一、扭转基层党建弱化、虚化、边缘化局面，大力推进党的强基固本工作，提升基层党组织和党员的影响力和号召力，充分发挥党在社会治理中的领导核心作用

伴随着经济快速发展和社会深刻转型，各种资源要素在跨区域、跨系统、跨单位流动，但在基层、在社区，党建工作仍未摒弃传统的思维定势和套路模式，不同程度地存在党建工作弱化、虚化甚至边缘化的状况。突出表现在：一是党建意识比较淡薄，党员活动流于形式，党组织很少关注基层党员的声音，社区党员常处于"不被闻不被问"的状态。党员活动次数少，活动内容单一，党员教育内容枯燥乏味、形式照本宣科，互动性差、接纳度低。有些党组织不重视跟踪了解党员的思想状况和需求，不重视沉下身段听取基层党员干部的意见和建议，不重视发挥基层党员的积极作用，有的基层党员常处于"不被闻不被问"的状态，组织生活效果不理想，甚至连"三会一课"都未坚持开展。二是基层党组织和党员的先锋模范作用和战斗堡垒作用没有得到充分体现，有的党员甚至处于"无声无息"状态。社区中的"两新"组织、行业协会建立党组织的利益驱动不足、主观意愿不强，党的组织覆盖存在"盲点"，党的组织有形覆盖削弱、服务功能弱化，即便建立了党组织也存在"空壳化""两张皮"的情况。有些党员把自己淹没于普通群众之中，没有充分意识到自己的党员身份，在群众的日常工作生活中，很少听到党员的声音，很少看到党员积极亮身份发挥先锋模范作用，社区党员"失踪""失语""失声"现象在不同程度上存在。三是面临着脱离群众的最大危险，没有充分关注群众的声音。有的基层党组织和基层党员联系群众不深入、不常态，没有充分发挥密切联系群众、及时向党组织反映群众的意见和要求、维护群众的正当权益等方面的积极作用。而群众也较少关注党组织和党员的存在，遇到困难、问题，或者有了好的想法和建议，也较少想到要找身边的党组织和党员反映。

进入新时代，我们党必须统揽伟大斗争、伟大工程、伟大事业、伟大梦想，其中起决定性作用的是党的建设新的伟大工程。在基层社会治理体系和治理能力现代化建设中，必须从根本上扭转基层党建弱化、虚化、边缘化的局面，切实增强党的领导核心作用。一是重视意识形态工作，建立党的思想阵地。坚持不懈开展马克思主义祖国观、民族观、文化观、历史观宣传教育，打牢中华民族共同体思想基础。采取生动活泼的形式，在社区中宣讲党的政策、党的主张、党的知识，宣传党员先进事迹，培养群众的社会主义核心价值观，推动习近平新时代中国特色社会主义思想深入人心。二是重视基层党建，关注基层党组织和基层党员的声音，激发基层党组织和基层党员的活力。采取灵活多样、生动活泼的形式开展党建活动，尤其要重视关心基层党员的工作、生活和思想状况，重视听取基层党员的意见、建议，让基层党组织和基层党员时刻感受到上级党组织的关心、关注和监督，让基层党组织和基层党员切身感受到自己的声音可以得到关注，在维护群众正当权益、参与社会治理等方面可以起到积极作用，从内心感受到应该有所为，并且可以有所为，能够真正发挥作用，形成责任感、使命感和荣誉感。三是突出强化社区政治功能，切实增强党组织在社会治理中的领导核心作用，以积极有为增强在群众中的影响力和号召力，推进党的强基固本工作。通过召开党小组会、支部会，通过与驻地单位、社会组织、居民群众举行联席会议等形式,积极参与研究和决定社区具体事务和群众切身利益问题,让党员强化党员意识、党性觉悟和社会责任,让群众在日常工作生活中经常听到基层党组织和基层党员的声音,经常看到基层党组织和基层党员的行动,切身感受到基层党组织的关心和温暖,充分感受到党组织和党员在工作与生活中的积极引领作用,增强群众对基层党组织和基层党员的认同感,增强基层党组织和基层党员对群众的影响力和号召力。四是坚持走群众路线,建立党和群众的密切联系和深厚感情。通过走访、座谈交流、共同举办文体活动和驻点联系群众等形式,更好地与群众打成一片,尤其要重视遇事同群众商量,重视及时向党组织反映群众的意见和要求,让群众切身感受到党组织与他们心连心。五是加强党的组织建设。积极引导和鼓励社区中的"两新"组织、行业协会建立党组织,切实推进社会治理中党的组织和党的工作有效覆盖。积极组织党员活动、进行党性锻炼、积极发挥党员的旗帜作用、先锋作用,在群众中树立良好形象。

二、扭转治标不治本、摆平就是水平的做法,将现代技术的运用与运行机制的重构有机结合起来,积极探索从根源上根本上解决社会治理问题的路径,不断提升社会治理的现代化和科学化水平

对有些基层干部来说,摆平矛盾、摆平问题就是水平,而对矛盾和问题背后的深层次原因、解决方式的科学性、体制机制是否完善、经验教训的总结等,却不太愿意去深究、去思考,没重视从根本上、长远上下功夫,局限于把矛盾和问题摆平就万事大吉。这导致出现不少治标不治本的现象。有的决策部门出台政策靠"拍脑袋",不调查、不研究、不广泛听取意见,以致引发诸多问题;有的地方管理关系没理顺,职责不清,齐抓共管变成谁也不管,相互推诿,相互扯皮,带来诸多管理盲区和漏洞;有的地方权责不统一,一句属地化管理,责任都推给了下面的镇街,有权不为、权小责大、有责无权现象比较突出;有的地方只讲堵,不讲疏,如对住改仓的消防安全整治,只是一味地堵杀,在专业仓库的配套建设、展示与仓储相分离的经营模式推广等方面却鲜有问津;有的地方,不计成本,大搞人海战术,尤其是维稳工作,为了一个维稳对象,甚至要成立一个人数不少的维稳应急队伍;有的地方,不重视信息共享,重复上门,重复劳动,工作人员不堪其劳,企业不堪其扰。

必须重视将现代信息技术的运用与社会治理机制的重构有机结合起来,坚持改革创新,建立健全相关制度和机制,加强系统治理、依法治理、综合治理、源头治理,把制度优势更好地转化为治理效能,着力推动社会治理思维方式的转变,提升社会治理的现代化水平,实现社会治理的精准和高效。一是以现代信息技术为依托,推行网格化和扁平化管理模式,建立信息共享、社会动员、问题分级分类处理等工作机制。加强数据库的建立,做到底数清、情况明,为社会有效治理创造良好条件。建立数据统一采集制度和信息共享机制,由社区网格员统一采集各类社会信息,各线口通过信息平台共享相关数据,避免分线口采集带来的重复劳动、低效劳动和对居民、对企业的诸多干扰。重视在网格化管理中引入社会力量,特别是在消防安全管理等问题上,建立社会动员机制。

只有把社会力量充分动员起来，实现全时段、全区域的监管，才能减少盲区，实现问题快发现、快处置。重视理顺条块关系，按照权责统一原则，明确各级各部门管理职责，建立分级分类问题处理机制。所谓分类，就是将信息和问题按线口分类，各线口人员通过共享平台，获取并处理涉及本线口的信息和问题。所谓分级，就是在本网格中可以协调处理的问题直接处理，超出本网格管理权限的，报上一级网格或部门处理。重视利用信息共享和信息"集群式"传递等优势推行扁平化管理，改变传统金字塔"垂直管理"模式，提高管理效能。二是依托大数据分析技术和智能化管理手段，推动运行机制的重构和创新，着力构建权责清晰、运行顺畅、充满活力的工作体系。利用大数据分析技术和智能推送信息技术，及时发现具有苗头性、共性、群体性、复杂性的问题以及干部工作作风等各类问题，系统建立预警机制（对苗头性问题，尤其是群体性问题及时预警，做好预判，提前采取应对措施）、会诊机制（对涉及多个部门的复杂性问题，由相关部门共同研究，协调解决）、争端解决机制（对管理职责关系不清楚的问题，及时通过信息平台报到上级领导，属于个案的，由上级领导裁决归哪个部门负责，属于出现频率较高的问题，通过制定下发相关文件进行明晰，及时理顺和明晰职责关系，避免相互推诿，久拖不决）、大数据决策机制（通过大数据分析，及时发现共性的问题和突出的个案问题，进行专题研究，在充分调查研究和进行大数据分析的基础上进行科学决策，出台相关政策、相关制度和行动指引，从根本上解决问题）、疏堵结合工作机制（从实际出发，具体问题具体分析，有破有立、有堵有疏，以辨证施治的办法推动社会治理工作，避免简单的一刀切）、全程实时监督机制（利用信息平台留下的全程运行痕迹，以及智能推送、智能报警等功能，及时发现和处理办事人员工作作风问题、有效投诉问题）和动态调整机制（实施闭环管理，及时发现和解决决策、执行、监督等运行层面的问题，并不断予以调整和完善）。

三、扭转相互隔阂、缺乏互信互动的局面，坚持以人民为中心，积极发动社会力量参与，推动社会治理过程成为共建共治共享的过程

缺乏互信互动，群众对社会治理工作采取旁观漠视态度，政府不重视把群众充分组织动员起来，是当前社会治理中需要重视和认真面对的问题。有的地方，居民即使生活在同一个小区，甚至相互住隔壁或对面，基本上没有来往，相互之间感到"底细不清，来路不明"，不敢交往，更不敢交心，没有互信互动，相互隔阂冷漠，居民之间尤其是租户和外来人口，很难形成互助、包容、合作的意识，也很难产生对共同生活家园的认同感、归属感、责任感和主人翁意识，对社区的建设、管理和社会治理工作，漠然置之，缺乏参与的积极性。而有的基层政府部门在社会治理过程中，甚至在落实一些惠民政策过程中，没有重视把群众充分组织动员起来，让群众共同参与，而往往采取指令性的做法、孤军奋战的做法或者指向单一的做法。例如，按政府指令推行垃圾分类工作；对一些社区道路的基础设施或文化娱乐等配套设施进行新建或改建，从立项到实施都是政府一方在孤军奋战，悄悄地来，悄悄地做，悄悄地离开，结果做了群众不知道是谁做的或者不知道做的初衷，甚至做的不是群众想要的，或者做的结果不是群众满意的；政府的

一些惠民政策，也只是一个简单的送钱送物，纯粹单一的物质给予过程。这种指令性、孤军奋战、指向单一的做法，或者缺少共商共议，或者没有与政策宣传、动员群众参与共建共治共享有机结合起来。

走群众路线，广泛发动社会力量参与社会治理，是社会治理取得成效的重要前提和保障。必须把尊重民意、汇集民智、凝聚民力、改善民生贯穿于治理工作之中，坚持以人民为中心，高度重视社会力量的参与，积极搭建共建共治共享平台，拓宽社会各界参与社会治理渠道，推动社会治理过程成为共建共治共享过程。一是搭建共建共治共享的管理平台。在垃圾分类、环境卫生、消防和安全管理等工作中，积极发现和培养社会"热心人"并通过建设群众志愿者队伍，引导有参与热情、有社会责任感的居民群众、社会组织、辖区内其他单位共同参与社会日常管理工作，为共建共治共享建立中坚力量；在实施惠民政策中，加强惠民政策的宣传，通过公示享受对象等形式，自觉接受群众监督，让群众充分享有知情权、监督权；在社区的文化体育等配套设施的建设和社区事务的决策中，认真听取并回应群众的意见和建议，引导群众积极参与到决策和建设中来；认真研究并建立群众参与的激励机制，例如，对积极参与共建共治共享的群众在安排就业等方面给予优先考虑，对发现火患及时报警和参与扑救的群众给予资金奖励。二是搭建共建共治共商的议事平台。通过网络、建言箱等平台，双向互动，有事多商量，众人的事情众人商量，不断拓展和畅通人民群众表达诉求、反映问题、建言献策的渠道，为人民群众广泛参与社会治理提供更为广阔的平台。通过制定并不断完善基层治理的议事规则和程序，建立基层党组织、基层政府和社区党员、群众多元主体参与的决策和管理模式，发扬协商民主，开展广泛协商，推动治理主体间有机联动，群策群力，实现共同参与、协同治理，使社会治理过程变成宣传政策、扩大影响、增进感情、达成共识、发动群众、汇聚力量的过程。三是搭建外来人员参与社会共建共治共享的平台。在许多城市中，尤其是一线城市中，外来人员已经占据了城市人口的很大比例，有的地方甚至远远超过了户籍人口的数量。如果外来人员没有参与社会共建共治共享的渠道和平台，他们的合理诉求得不到解决，甚至没有渠道反映，那么他们就难以产生归属感和社会责任感，只把自己看成匆匆的过客，社会治理将失去一支庞大队伍的支撑力量，而且很多社会问题无法从根源上得到解决，社会治理很难取得成效，也不利于促进社会的和谐稳定。四是建立群众与党委、政府、党代表、人大代表互动平台。让群众有向党委、政府表达诉求和意见、建议的渠道和平台，让党委、政府、党代表、人大代表有深入了解社情民意的渠道，更好地汇集各方智慧和力量，充分调动社会各方资源，共同推动社会治理工作。

大力加强社区文化建设，以文化纽带带动情感纽带和精神纽带的建立，发动群众共同建设精神家园。在社会治理过程中，大力加强社区文化建设，不仅可以满足群众精神文化生活的需求，尤其重要的是，可以加强党和政府与居民群众、社会组织、辖区单位以及居民群众之间的互动和联系，以文化为纽带，带动情感纽带的建立，进而带动精神纽带的建立，提高群众对社会有机共同体文化的认同、情感的认同和精神的认同，在共同推进生活家园建设的同时，建立起共同的精神家园。在社区文化建设过程中，要转变把文化只看作娱乐手段的观念，突出强化文化在改变人的意识形态方面的最为核心的作用,更好地构筑中国精神、中国价值、中国力量。大力弘扬爱国、敬业、诚信、友善精神,不断提升群众的思想境界,培养群众正确的价值观和公共理性、公共精神和公民品格,以包容、互助、合作和积极向上的心态共同推进社会治理工作,打造文明、和谐、有序的生活家园和精神家园。

四、反对在社会治理过程中照搬西方民主模式和采取简单化的做法,牢固树立辨证施治的观点,坚持先行先试,积极构建党委领导、政府负责、社会协同、公众参与、法治保障的共建共治共享社会治理格局

把握正确的政治方向,警惕照搬西方民主模式,在推动共建共治共享的过程中辩证处理政府主导和居民自治、民主和法制的关系。一方面,要充分重视居民自治的积极作用。在社会治理工作中,一人管百人,难!一人管一人,易!别人来管,难!自己管自己,易!社会治理工作面对的是来自五湖四海的人,每个人的经历不同、教育背景不同、生活的态度和理念不同、性格兴趣各异,社会治理工作复杂程度高、难度大,单纯靠政府的力量,治理很难达到预期效果,尤其是没有群众的理解和支持,长效机制很难建立。如消防安全工作,如果不推行群防群治,提高全民消防安全意识,单靠政府的力量,是无法实现全时段、全区域的动态监管的;又如环境保洁工作,如果没有树立全民保洁意识,一人清扫垃圾,十人甚至百人乱丢垃圾,保洁工作永远做不完。要彻底改变这种局面,只有广泛实行群众自我管理、自我服务、自我教育、自我监督,充分发挥居民自治的积极作用,引导居民树立人人都是主人翁的意识,自己管好自己的事情,共同管好大家的事情。另一方面,要把握正确的政治方向,积极发挥党组织和政府在基层社会治理过程中的主导作用,杜绝把居民自治理解为,完全独立于党和政府的领导之外。在以往推进基层治理的过程中,宗族势力、利益集团甚至黑恶势力给基层自治工作带来冲击、造成负面影响的事例屡见不鲜。我们在工作实践中,也发现小区业委会不是真正代表全体业主利益,而是以自身利益为主要诉求等不良现象。这些现象充分说明,在社会治理过程中,必须坚持依法治理,正确处理民主与法制的关系;必须充分发挥党组织和政府的有效作用,确保党在各种组织中发挥领导作用,正确处理政府主导和居民自治的关系。

在推动共建共治共享过程中,可能会遇到群众参与度不高,热心人太少,共建共治变成政府唱独角戏的尴尬场面;可能会遇到群众不理解不支持,闹得不欢而散的结果;可能会出现事与愿违,达不到预期效果,甚至场面无法收拾的状况;还可能会遇到民意为家族势力、利益集团所绑架等棘手问题。而且,推动社会治理的过程,尤其是推动共建共治共享的过程,是个系统工程,需要考虑到很多因素,例如,如何组织发动群众,实现社会的广泛参与和有序参与;如何找准共建共治共享的主要切入点,科学确立共建共治和共商共议的参与方式、参与内容、具体程序;如何构建社会治理共建共治共享的长效机制和高效运行机制等。这些都需要从实际出发,因地制宜,找准顶层设计与当地实际的结合点,有序推进,分步实施;需要正确处理好想为与可为、快与慢、眼前与长远、成功与失败等辩证关系,不怕反复和曲折,不回避问题和矛盾,不为一时的挫折和失败而气馁,具有正视问题的勇气和解决问题的决心;需要积极营造包容失败、鼓励改革和大胆创新的环境和氛围。百舸争流，奋楫者先。要勇于通过先行先试，不断在实践中总结经验与教训，积累正反案例，将行之有效的做法进行系统整理，找出基层社会治理体系和治理能力现代化建设以及共建共治共享的有效方法和路径，形成切实可行并行之有效的具体工作指引和行动方案。

找准共建共治共享有效切入点，积极打造共建共治共享示范点。

一是抓住社会治理的基础和根本，以社区为有效切入点，推动共建共治共享先行先试工作。习近平总书记强调："社会治理的重心必须落到城乡社区，社区服务和管理能力强了，社会治理的基础就实了。"社区是居民共同生活的家园，社区建设和管理的好坏，直接关系到居民生活的环境和享受的服务等切身利益，居民参与的积极性比较容易调动起来。以社区为切入点推动共建共治共享的社会治理格局，通过健全基层民主制度，丰富基层民主形式，拓宽基层民主渠道，推动社区事务的民主决策、民主管理、民主监督，不仅可以实现"有事好商量，众人的事情由众人商量"，让群众切身感受到当家作主的民主，而且有利于建立党和政府与人民群众的密切联系，实现国家长治久安。在以社区为切入点推动共建共治共享的过程中，要辩证处理好政府主导与居民自治的关系。充分考虑居民素质、社区人员结构等实际情况，做好合理规划和有序引导，科学界定哪些事务由社会调节或居民自治解决，哪些事务由党和政府来主导，科学制定民主决策、管理、监督的相关规则和程序，充分发挥各种积极因素，尽量避免各种消极因素，尤其注意避免社区治理工作被家族势力、利益集团所绑架，切实推动政府治理和社会调节、居民自治的良性互动，形成党委领导、政府负责、社会协同、公众参与、法治保障的社会治理格局。

二是加强调查研究，找准共建共治共享的突破口。通过主动上门走访、座谈交流、问卷调查等方式，深入了解社情民意，在此基础上确立社会治理和共建共治共享的突破口，这不仅可以避免工作的盲目性，避免所推进的工作群众没兴趣、不满意，而且可以引起大家的关注，尤其可以提高群众和社会各界参与的积极性。在调查研究的基础上，从人民群众最关心、最直接、最现实的利益问题入手，以事项的重要性、群众的关注度、群众的积极性、群众参与的必要性等为标准来选择重点推进的共建共治共享事项，确定共建共治共享的方式和参与的主体。如从环卫保洁、垃圾分类、文化体育活动、登革热的防控、居民小区图书室和治安亭等基础设施建设这些人民群众最关心最直接最现实的利益问题，尤其是从需要群防群治的社会治安、消防安全等事项入手来作为共建共治共享的突破口和重点事项，不仅可以破解这些社会治理的老大难问题，而且可以使社会治理工作成为一个与群众有机互动、达成共识、形成合力的过程，大大提高群众的参与度和获得感、满意度，形成共建共治共享的良好格局。

三是注重实效，打造一批真正具有广泛借鉴意义的示范点，积极发挥示范效应在示范点的建设中，要坚决反对形式主义，充分考虑到是否有实际成效，是否能复制和是否具有推广意义。如果把示范点的硬件搞得漂漂亮亮，但发挥不了作用，中看不中用，那就失去了应有的意义，甚至让群众非常反感。或者投入的人力、物力太多，没法复制，也失去了现实推广的意义，更谈不上发挥示范效应。

五、杜绝干好干坏一个样，坚持正确选人用人导向，切实做到重视人才，激发干部内生动力，锻造一支坚强有力的基层社会治理体系和治理能力现代化建设工作队伍，为共建共治共享提供坚实的组织保障和人才保障

习近平总书记强调，"为政之要，惟在得人"，"正确的政治路线要靠正确的组织路线来保证。我们党要团结带领人民实现'两个一百年'奋斗目标、实现中华民族伟大复兴的中国梦，必须全面贯彻新时代党的组织路线，严把德才标准，坚持公正用人，拓宽用人视野，激励干部的积极性，努力造就一支忠诚干净担当的高素质干部队伍"。现在很多城市出台政策大举引进人才，上演人才大战，但有的地方对党政人才的培养和使用往往没有给予应有的重视，甚至出现选人用人不正之风，搞圈子文化、码头文化、拉帮结派、任人唯亲、排斥异己，导致干的不如看的，看的不如捣蛋的，想干事、有抱负的干部没有平台和舞台。推进国家治理体系和治理能力现代化建设，迫切需要我们党提高自身领导水平和执政水平，迫切需要建设一支坚强有力的社会治理工作队伍。

充分发挥选人用人导向作用，大力选拔"信念坚定、为民服务、勤政务实、敢于担当、清正廉洁"的好干部。

一是坚持以德为先，突出考察是否政治过硬，是否在党的事业中勇于担当、善于作为、实绩突出。要强调德才兼备，使用在政治品德、职业道德、社会公德、家庭美德等方面都过硬的干部，最重要的是政治品德要过硬，能够以实际的行动和扎实的工作表达对党和人民的忠诚。"忠诚和信仰是具体的、实践的"，如果一个人政治口号叫得震天响，工作却一塌糊涂，怎么能说他对党、国家和人民及其事业是忠诚的？怎么能说这种人政治过硬？因此，在考察评价干部时，必须把工作实绩如何作为是否政治过硬的重要标准之一。

二是突出强化客观标准，既要反对搞"一言堂"，又要坚决制止简单以票取人的做法，而要坚持以客观事实讲话。习近平总书记强调，要坚决制止简单以票取人的做法。搞票决制，会导致干部不把心思放在工作上，而放到拉关系和搞人脉上，甚至拉票贿选。而搞"一言堂"，会导致用你有100个理由，不用你也有100个理由。解决问题的关键，就在于坚持以客观事实为依据，用的理由和依据在哪里，经不经得起客观事实的检验；不用的理由和依据在哪里。只有坚持以客观事实为依据，始终有一个非常客观的尺度，真正把德才兼备和工作实绩作为评价干部的准绳，才能把想干事、能干事、干成事的优秀干部选拔出来，让人才有成长的信心、发展的平台和取之不尽的内生动力。

三是坚持多时段、多岗位来评价干部的表现和业绩，旗帜鲜明地为实干家撑腰鼓劲。时间是最好的试金石，看干部既看一时更看一贯。一个人，干好一件工作很容易，在多个领域、多个岗位，都能把工作干得很好，就很不容易；一天认真工作不难，一年认真工作也不难，10年、20年，都能认真工作，就非常难能可贵。党的事业，最需要的就是这种能够彻底沉下心来，长期坚守，脚踏实地做番事业的好干部。组织人事部门应该旗帜鲜明地为实干家撑腰鼓劲，积极培育、崇尚实干的环境。

四是大力整治选人用人中的不正之风，积极营造风清气正的选人用人环境。从网络媒体曝光的许多案件中可以看出，有些地方、有些单位无所作为，毫无业绩，在上级的考核中排名倒数,甚至问题多多的干部竟然评先评优,得到重用提拔;扎扎实实干工作,业绩十分突出的干部却遭冷落、受排挤、被打压,一些真正优秀的人才没有及时被选用起来。这不仅严重挫伤干部工作的积极性,而且严重助长不良作风。要切实加强对《党政领导干部选拔任用工作条例》贯彻执行情况的监督检查,规范党内政治生活,对于选人用人中显失公正,问题突出的,要严格追究责任,大力整治选人用人中的不正之风,积极营造风清气正的选人用人环境。

　　五是全面净化党内政治生态。习近平总书记指出:"政治生态好,人心就顺、正气就足;政治生态不好,就会人心涣散、弊病丛生。"有些地方、有些单位政治生态问题突出,正气得不到弘扬,邪气得不到压制;干实事的人得不到公正对待,搞事的人得不到应有惩处。有些干部,不是把心思放在工作上,而是放在搞小圈子、制造是非和矛盾上。要大力倡导清清爽爽的同志关系、规规矩矩的上下级关系,"君子之交淡如水",要重视君子之交,坚决抵制拉拉扯扯、吹吹拍拍等歪风邪气,全面净化党内政治生态。

　　拓宽用人视野,求贤若渴,不拘一格用人才。习近平总书记强调:"要树立强烈的人才意识,寻觅人才求贤若渴,发现人才如获至宝,举荐人才不拘一格,使用人才各尽其能。"在推进共建共治共享过程中,要坚持德才兼备、选贤任能,聚天下英才而用之,不仅要充分发挥党政人才的积极作用,尤其要重视把社会各方面的人才吸收到基层社会治理体系和治理能力现代化建设队伍中来。"位卑未敢忘忧国"是南宋诗人陆游写下的传世名句,在我们的基层干部和普通群众中,也不乏充满爱国情怀和社会责任感的各方人才。我们应该积极拓宽用人视野,一是重视基层编外人才的培养和使用。目前在许多城市的街镇,在编的干部占的比例很少,大部分是编外人员,很多基层社会治理工作需要编外人员来实施,这就需要我们善于挖掘和培养编外人员中的优秀分子,让他们有机会脱颖而出,并通过优先招录雇员、适当给予奖励等形式,激发他们的工作积极性。二是坚持即使不为我所有,也要努力为我所用。积极争取社会各方面的人才对社会治理工作的支持和参与,充分发挥他们的聪明才智,为基层社会治理体系和治理能力现代化建设建立强有力的人才保障!

(作者单位:广州市天河区沙东街道办事处)

以党建引领共建共治共享社会治理格局
——狮岭镇合成"倒挂村"创新基层社会治理实践

王 幽

花都狮岭,中国皮具之都,全镇面积 136 平方千米,有 17 条行政村和 2 个居委会,常住人口超过 30 万人。近年,随着花都皮革皮具业的发展,大量农村户籍人员集聚狮岭,形成了本地人少外地人多的人口"倒挂村"。在狮岭 30 万常住人口中,本地户籍仅 6.2 万人,本外地人口比例倒挂,约 2.6∶10。合成村,狮岭镇下辖村,位于该镇中心区域,面积为 9.6 平方千米,有 20 个经济社,本地户籍人口 5300 人,登记外来人员 56955 人,本外地人口比例约 1∶10[①],倒挂现象更为突出。

为了落实习近平总书记对广东提出的在营造共建共治共享社会治理格局上走在全国前列的要求,加强对这种典型倒挂村的社会治理,开辟基层社会治理新局面,近年来,花都区委、区政府,狮岭镇政府和合成村以党建引领为抓手,围绕"党委领导、政府负责、社会协同、公众参与"的社会管理目标,在狮岭镇合成村开展人口"倒挂村"共建共治共享试点,取得了明显成效。

一、合成村的人口结构和治理背景

(一)合成村来穗人口结构特点

通过对合成村 56955 名登记来穗人员的基本情况进行调查(包含来源地、性别、年龄、学历、居住方式、工作类别、流入原因、来广州年限等方面)后发现,这些来穗人员的来源地覆盖我国 30 个省、自治区和直辖市,其中,湖南、广东和广西三地来穗人员接近总数的 60%。调查中,约 71.73%(40859 人)的来穗人员告知了居住方式,其中合伙居住和家庭居住占比 2/3,这一数据揭示了来穗人员流入合成村多通过亲友相互介绍、引荐,以地缘、亲缘为纽带。办理了居住证的来穗人员占 54.8%(31236 人),仅约一半,不甚理想。来穗人员学历以初中(64.9%)和高中(中专、中技)(18.2%)为主,表明其文化程度不高,以工人群体居多;通过"居住事由"调查也可看出,其中因"务工"居留的占 93.2%。年龄在 31~40 岁(40%)和 18~30 岁(28.5%)两个阶段的来穗人员占比达 2/3,中青年群体构成务工人员的中坚力量。而在"来广州年限"调查中,"5~10 年"的占比为 31.3%,"3~5 年"的占比为 13.2%,这一数据表明,在这些人中,有接近 45% 的人已具备了一定工作经验,成为狮岭皮革皮具产业的熟练工人,

---

① 狮岭镇及合成村人口数据来自狮岭镇政府(2019 年 7 月 15 日)。

亦表明狮岭皮革皮具产业的发展为国家提供了部分相对稳定的就业。

通过对居住在合成村来穗人员基本情况的调查，从技术含量不高的劳动密集型出口产业角度看，合成村的来穗人口年龄结构年轻，以新生代农村户籍人员为主，人力资源优良，为区域经济发展做出重要贡献；而从劳动力素质角度看，人口质量则有一定的提升空间。

（二）"倒挂村"社会治理难点

大量外地户籍人员集中居住，虽然为居住地经济发展做出了巨大贡献，但由于人员构成的复杂性，不可避免地为社会治理带来了一定困难。

1. 社会矛盾复杂

一是矛盾呈现群体性对抗。调查表明，合成村来穗人员来源地集中、居住方式和居住地集中①，这些人大部分收入不高，工作生活在异地外乡，出于一种本能的保护和寄托，对亲缘性同宗、地缘性同乡有较强的心理归属需求和情感依赖，在"遇事找老乡"的思维惯性下，一旦发生利益冲突和矛盾纠纷，容易迅速聚集亲友、老乡壮大声势。二是矛盾类型多样化。狮岭镇来穗人员集中区高发的矛盾，涉及环境保护、工资货款、医疗保障等领域，从往年调处的不稳定事件看，医患纠纷、劳资纠纷和村务纠纷占比较高。

2. 管理难度增大

一是现来穗人员年轻人多，思想活跃，普遍缺少吃苦耐劳的精神，就业稳定性差，流动性大，逐步成为合成村和狮岭镇用工市场中日薪制的重要供给端，给用工环境造成不良影响。二是社会管理需求与实际管理能力不相匹配。狮岭镇有工商企业25000余家，出租住宅、厂房、商铺等2600多栋（出租屋约900栋）、36000余套，但狮岭镇政府人员编制少，社会管理力量不足。在合成村，两委成员仅7人，这些成员年龄偏大，文化程度偏低，乡村治理更是"小马拉大车"。这一管理规模与管理资源配置严重不对等导致"小鞋大脚"，综合治理压力大。

3. 来穗人员自身需求难以释放

一是婚育问题突出。合成村来穗男性占61.2%，男女结构比例失衡，合成村仅有21689名来穗人员在"婚姻状况"调查中给出有效回答，其中"未婚"比例高达63.7%，意味着相当一部分人面临恋爱找不到对象和夫妻分居问题。合成村18～40岁的来穗人员比例高达68.5%，育龄人口占比高给医疗保障和社会管理提出了新的更高的要求。二是城镇化水平低。相对较低的收入和较高的物价形成矛盾，特别是作为家庭生活基本需求的房价高不可攀，合成村5万余来穗人员中仅有53人登记自购房；教育程度和职业技能水平滞后于皮革皮具产业转型升级的需求，在未来劳动力市场竞争中不具有优势，失业率上升将对地区维稳带来更大挑战；受户籍和镇公共服务供给不足的限制，来穗人员及随迁子女的教育和就业、就医保障难以满足，低城镇化水平阻碍了来穗人员的长期稳定就业和生活。

---

① 狮岭镇附城片区的合成、联合、振兴、益群等几个村的外来人口占镇总数的60%以上。

二、合成村构建共建共治共享社会治理格局的主要举措

针对来穗人员数量大、素质结构复杂给社会管理所带来了巨大压力，花都区、狮岭镇和合成村三级联动，通过加强党建引领制度建设、机制建设，构建了共建共治共享社会治理新格局，有效维护了社会稳定和发展，也为珠江三角洲地区外来人员集聚区、倒挂区的社会治理提供了经验借鉴。

（一）党建引领，多渠道发挥党组织政治核心作用

1. "党建+体制创新"整合提升建强党委

组建狮岭镇来穗人员合成党委（后更名为狮岭镇两新组织综合党委，以下简称"两新组织党委"）为镇党委领导下的二级党委。两新组织党委共600余名党员，下辖65个党支部，党委设书记1名、副书记3名、委员7名，班子成员由政府、企业、社会的骨干党员组成，超过七成是各地优秀来穗代表，户籍覆盖湖南、广西、江西、浙江等几大流出地。党委成员根据来穗人员管理服务需求，按照党建工作、社会综合治理工作、社会事务工作、企业服务工作、人口和计划生育工作进行分工、明确职责。党委成员充分发挥来自群众、融于群众的优势，组织、凝聚来穗党员群众，当好上级党委的"金喇叭"，帮助来穗人员解决实际困难，带动他们协助政府开展社会治理。

2. "党建+机制纽带"畅通两地三联

两新组织党委成立后，在党委工作机制上创新模式。一是建立了党委轮值工作制度，轮值党员以坐班形式加强学习、研究问题、开会协商，以走访形式调研支部党建、摸清流动党员队伍、搜集民生问题、解决群众困难，变"群众上访为党员下访，变坐等来访为主动走访"，有力加强两新组织党委的自身建设。

二是拓展来穗人员参与基层治理渠道。建立村（居）来穗人员"两委"委员季度恳谈工作机制，每季度邀请2名村（居）异地务工委员进行时事政策宣讲，征集意见建议和合理诉求。建立党委政府会议列席制度，吸收来穗人员中的人大代表、企业代表、各地乡贤代表和优秀务工代表参与镇各类协商议政平台。

三是开拓属地和本地党组织双向合作交流模式。党委与党员流出地组织部门协同组建了流动党员支部，近年来，相继设立了"新干县驻花都区流动党支部""蓝山县驻花都区流动党总支部""新田县高山乡驻花都区流动党支部"和"安化县驻花都区流动党支部"，并配套设立"流动党员工作服务站"。这些流动党员支部的建立，建立起了镇党委、"两新"组织综合党委、"两新"组织流动党员三级联动党建格局，实现了流动党员"离乡不离党、流动不流失"，探索出了流动党组织"双管共建"动态管理新模式。

3. "党建+政府服务"撬动来穗管理支点

为了实现政务服务零距离，2018年5月，合成村试点设立合成来穗人员服务站（以下简称"服务站"），协助两新组织党委开展日常工作，并为以合成村为主的来穗人员提供社会治安综合治理、流动人口计划生育、劳动就业指导、法律宣传、居住证办理、"积分入学""积分入户"等的政策宣讲和集中代办服务。服务站设4个职能办公室以及来

穗人员心理辅导站、法律咨询调解联络站、来穗人员融合学堂等8个特色功能服务站，为异地务工人员提供一站式服务。

4. "党建+大数据"推动精细精准治理

两新组织党委在上级相关部门的支持下，依托互联网、大数据技术，开发建设"两网"，推动流动人员网络化服务和网格化管理。

一是建设狮岭镇综治信息化网络。推广"来穗通"、网上登记备案、门禁系统管控平台等，将信息数据整合于镇综治信息化平台，以实现部门间信息数据互联互通，让信息多跑路、来穗人员少跑腿。利用信息技术手段，对"人屋"进行全面摸底、地毯式排查、匹配登记，确保"人屋"纳管率，提升基层治理精细化水平。

二是打造"合成村网格化管理"示范区。合理划定合成村管理网格10个，对应配置网格管理员20名，对登记在册的2633栋、36946套出租屋、厂房、商铺、52000余名来穗人员进行管理。平均每个网格小组覆盖3000～7000套出租屋，各小组每两个月巡查至少一次，专管员每天外出巡查、发现并上报问题、跟进处理和反馈结果。通过"智能+人力"，用绣花功夫在纠纷源头处防微杜渐。

（二）建章立制，多层级夯实融合共治保障体系

近年来，广州市花都区狮岭镇各部门为加强社会综合治理，着力加强了制度建设，夯实了共治基础。

一是健全完善试点工作制度保障体系。（见表1）市社会治安综合治理委员会出台《在特大镇（街）和倒挂村打造来穗人员共建共治共享社会治理格局工作方案》，区政法委印发《广州市花都区在狮岭镇合成村打造来穗人员共建共治共享社会治理格局试点工作方案》。在镇一级出台试点实施方案，基层党组织、政府部门分别制定试点党委工作制度、来穗人员服务站工作制度和职责，指导健全村规民约。

二是建立试点工作联席会议机制。成立以区来穗局局长为组长的试点工作指导小组，以镇党委书记为组长的试点工作领导小组。每季度召开联席会议，每月召开职能单位和社会各界参与的横向联动协调会，按量化指标促进部门落实责任、社会组织发挥作用。

表1 狮岭镇合成村试点体制机制保障汇总

出台主体	政策名称	组织与机制
广州市社会治安综合治理委员会	《在特大镇（街）和倒挂村打造来穗人员共建共治共享社会治理格局工作方案》（2018年3月）	市、区、镇（街）、村四级纵向联动机制［市综治办、市来穗人员服务管理局、区来穗局、试点镇（街）分工联动］，各部门和社会各界横向联动机制
广州市花都区委政法委员会	《广州市花都区在狮岭镇合成村打造来穗人员共建共治共享社会治理格局试点工作方案》（2018年3月）	成立试点工作指导小组，下设办公室，负责试点工作的筹划、组织、协调、督导、经验总结和推广
	《狮岭镇合成村开展出租屋重点整治专项行动实施方案》（2018年9月）	成立镇合成村重点地区整治工作领导小组，下设办公室，负责整治行动的协调指导、督导检查、考评验收等工作

续上表

出台主体	政策名称	组织与机制
广州市花都区狮岭镇政府	《狮岭镇合成村"倒挂村"打造来穗人员共建共治共享社会治理格局试点实施方案》（2018年6月）	成立试点工作领导小组，每季度召开联席会议，每月召开横向联动协调会
	《狮岭镇来穗人员服务管理条例》（2018年6月）	—
中共广州市花都区狮岭镇委员会	《关于组建狮岭镇来穗人员合成党委的工作方案》（2018年8月）	—
中共广州市花都区狮岭镇委员会	《中共广州市花都区狮岭镇委员会关于中国共产党狮岭镇来穗人员合成委员会更名的通知》（2019年2月）	进一步推动、扩大党的工作在"两新"组织的有效覆盖
中共狮岭镇两新组织综合党委会	《中共狮岭镇两新组织综合党委工作职责》（2019年3月修订）	—
	《中共狮岭镇两新组织综合党委轮值制度》（2019年3月修订）	党委会每周实行轮值和分管工作负责制，成立党委基层走访调研组
狮岭镇合成来穗人员服务站	《狮岭镇合成来穗人员服务站工作制度》（2018年6月）	—
	《狮岭镇合成来穗人员服务站工作职责》（2018年6月）	—

（三）社建助力，全方位激发群众主体参与力量

1. "社建+志愿服务"凝聚来穗"散沙"

通过借助来穗基层党组织、较大企业、社会功能性机构、公益商学院、融合活动、社工组织等社会实体的力量和人脉，发动和鼓励有爱心、有社会责任感的来穗人员加入志愿队伍，2018年8月成立的狮岭镇来穗人员合成志愿服务总队①，现已发展志愿者4000余人。这些志愿者按服务领域、服务区域和服务功能不同，建立了6支"服务性"志愿队伍、9支"区域性"志愿者队伍、8支"功能性"志愿者队伍和6支村居党员志愿者队伍。（见图1）这些志愿者在服务工作中彰显了党员先锋模范作用，践行了服务群众工作理念，以"党员带群众、先进促后进"，弘扬社会正能量。

---

① 隶属省志愿者服务广州花都狮岭分队，由镇团委、镇两新组织综合党委、镇平安促进会分管，由合成村来穗人员服务站主管。

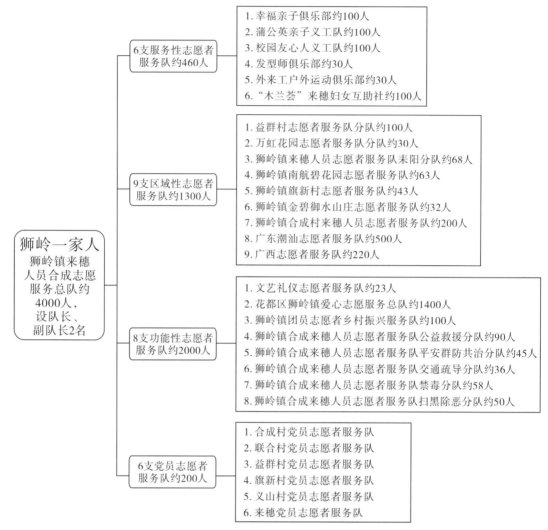

图 1　狮岭镇来穗人员合成志愿服务总队构成

2. "社建+社会组织"延伸治理"手臂"

一是通过地方政府购买服务，吸收社会专业力量参与社会治理。这些社会组织通过信函、热线电话、家访、面谈等方式介入学生情绪认知、人际关系、学业困难等问题，并为务工人员提供公益体检，对来穗人员家庭困难起到一定预防和化解作用。二是通过工商联合会、各地商会充分调动企业资源，加强投资创业合作，为企业开展和谐劳动关系和就业培训，持续优化营商环境、共创良好就业氛围。

3. "社建+政府搭台"打造"共治"载体

狮岭镇综治办、司法所、法律顾问和专业社工组织多方合力，在服务站设立"狮岭镇合成来穗人员心理辅导站""狮岭镇法律咨询调解联络站""来穗人员大学堂"，对来穗人员开展心理健康知识宣传、心理关爱和疏导，并以流动党员、村法律顾问为主体，通过老乡对老乡，充分发挥"人熟、地熟、情况熟"的优势，参与涉婚姻家庭、邻里纠纷、劳动争议、医患纠纷、物业租赁管理等的矛盾纠纷调解，在矛盾和问题源头防微杜渐。在大学堂开展法律知识、就业技能等多形式、多渠道、多层次的培训，初步建立覆盖全面、功能完善、管理有效、水平适度的来穗人员培训服务新体系，形成"人人参与、人人尽责"的学用结合热潮，有效提高来穗人员的综合素质。

三、合成村基层社会治理的成效

（一）"三共"破解"小马拉大车"的管理困局

狮岭镇"小马拉大车"社会管理模式使得农村管理难深入、城镇管理难到位。合成村在共建共治共享试点中，将大规模的外来务工群体的管理压力转化为协同社会治理的重要助力，反客为主，实现从"外来人口"到"合成建设者"再到"新合成人"的转变。

一是通过"共建"形成责任分担机制。引导政府职能由管理向服务转变，避免管理型政府带来的巨大经济支出，降低社会管理成本。从组织体系看，将社会多元主体纳入社会治理体系，分担社会责任，激发主体意识。试点工作中建立的"一委、一站、两平台、三纽带"（两新组织综合党委、镇合成来穗人员服务站、镇综治信息化网络平台和"合成村网格化管理"示范平台，以及本地党组织、来穗人员属地党组织和流动党组织的互联互通）体系中，除部分成员来自党委政府，大部分成员来自企业、社会组织和团体，人员来源覆盖体制内外、本外户籍、不同行业和省份。这些成员广泛参与社区服务、扫黑除恶、乡村振兴等工作，成为共建安定和谐社会的重要力量。

二是通过"共治"形成权力分配机制。"一委、一站、两平台、三纽带"的工作机制，创新了"调动人、发展人"的民主治理实践，不同利益主体在治理过程中充分协商，治理权力得到合理运用，形成了"共治"合力。在试点从设立到2019年7月的1年里，来穗人员代表共列席狮岭镇党委政府工作会议10余次，建议被采纳12条，协调解决9条，其中取缔狮岭日薪市场的建议，被镇人大列为重点议案，提升了来穗人员参政权利的均等化水平。

三是通过"共享"形成利益分享机制。"三共"试点使党委政府办成了更多民生实事，社会治理成果也更多惠及社会组织和个体。试点中建立的法律咨询调解联络站至2019年7月已成功调处工伤纠纷、劳资纠纷、社保纠纷90多起，依法追讨拖欠工资12万元，社会主体间的权责利关系得到合理调整，保障了共享中的利益公平。

（二）"三合"破解"本外倒挂"的二元问题

狮岭镇来穗人员约占全区总数的35%，居全区各镇街之首。① 狮岭镇的"城乡二元"问题也突出体现在"本外二元"倒挂问题中，大量外地农村户籍人口来到狮岭镇，虽然工作、生活在城镇，但并未能很好地享受到当地公共服务、参与社区治理。合成村在"三共"试点中，通过"三合"有效破解了"本外倒挂"的二元问题。

一是通过"聚合"形成党建统领的"本外合作"体制。通过本地党组织与来穗人员

---

① 数据来源广州市花都区来穗人员服务管理局，2016—2018年。

属地党组织的紧密联动，推动党的组织体系覆盖新经济组织、新社会组织和来穗党员，形成了"两地三连"党建工作机制，聚合了党建力量。狮岭侨联皮具箱包厂联合党支部、蓝山县驻花都流动党总支第一支部、花都工商联温州商会党支部等基层组织充分发挥党组织在社会治理中的政治优势和组织优势，实施流动党员动态管理，推动组织资源"共享"、发展思路"合计"、组织生活"联过"、支部党员"同学"、活动阵地"共建"，促进来穗党员快速地熔入党建体系中。

二是通过"整合"构建公众参与的"土客合管"体系。通过党组织、自治组织、社会组织、志愿者组织等平台和渠道，常态化开展公共服务和志愿活动，激发合成村来穗人员和社会组织参与社区治理的活力，促进本地居民与来穗人员良性互动和友好合作。2019年年初，狮岭镇政府聘请第三方机构，对来穗人员开展参与社会活动意愿调查。参与调查的330人中，近85%愿意与本地人往来，近95%愿意参与政府征集意见投票，约92%愿意参与社区活动，来穗人员对参与社会活动保持了较高的积极性。试点从设立到2019年7月的1年里，镇来穗人员合成志愿服务总队共开展志愿活动170多场，参与人数为10300人次以上。

三是通过"融合"保障人民获得的"共享合和"承诺。合成村"三共"试点以"个人融入企业、子女融入学校、家庭融入社区、群体融入社会"为宗旨，通过在社队、企业、学校组织多场次"共建共治共享·打造幸福狮岭"公益活动，推动了入户分入学、公租房惠民政策的宣传和落实，相继帮助231位异地务工人员办理城乡社会养老保险，2000余名来穗家庭子女入读公办学校。

（三）"三感"推动"狮岭一家人"共享社会发展成果

在"三共"试点中，各级党委政府和社会通过共建共治共享，着眼来穗人员享受均等发展机会、基本公共服务、参政议政和落地生根等诉求，提高公共服务的供给力度，增强来穗人员归属感、信任感和安全幸福感。

一是党员荣誉度提升，归属感增强。试点中，各级党组织充分利用乡情，将来穗人员党组织变为异地务工人员的"乡情联络站"和"维权服务站"，将来穗党员纳入组织生活，支持他们参与社区治理，发挥党员先锋模范和桥梁纽带作用，为流动党员"建家"、使流动党员"恋家"、让来穗党员"兴家"，来穗党员归属感增强、认同感提升。金才子箱包有限公司党支部、蓝山县驻花都流动党总支第一支部等基层党组织先后新吸纳来穗党员90余名，既为党组织增添了活力，又为这些党员找到了"娘家"。

二是对政府信任感增强，配合度提升。通过搭建来穗代表参政议政平台，畅通来穗人员反映诉求和困难的渠道。两新组织党委和志愿服务总队在"党员带群众、老乡对老乡"的模式下，迅速将党委政府的重大决策向来自五湖四海的来穗人员传达，其辐射面和通达度是以往村（居）委和出租屋管理中心转达模式难以企及的，这畅通了政府和群众的双向沟通，扭转了过去因信息不对称而引发群体性常态的事件。随着来穗人员对政策知晓度提高，支持、理解、配合参与度也节节攀升。

三是社会和谐度提升，安全感增强。通过整合镇人大代表、党代表接访和法律咨询等"一站式"平台服务，秉承"靠组织群众预防矛盾、靠服务群众化解矛盾"的理念，聆听群众心头事，为群众排忧解难。通过政府购买服务，优势力社工组织于2018年1月至2019年7月为将近6万多人提供专业服务，处理咨询类个案159例、提供个案辅导98例，建立来穗人员发展性、教育性及治疗性小组共93个，举办社区活动86场。在各类共建共治共享活动中，来穗人员接受管理的自觉性增强，实现了个体管理转为群体管控，有效减少了影响社会稳定的诱发因素，为合成村的社会稳定提供了基本保证，全镇各类警情也持续下降。第三方机构调查显示，97%的居民对合成来穗人员服务站"非常满意"或"比较满意"，73%对镇治安水平"非常满意"或"比较满意"。

当前，我国正处于经济转轨、体制转变、社会转型、政府职能转变的关键时期，社会利益关系复杂、新情况和新问题层出不穷，在改革开放前沿阵地和经济发达地区表现尤为剧烈。2018年，习近平总书记参加全国两会广东代表团审议时强调，"对广东来说，流动人口多是社会治理的一大难题"。为适应新时代要求，合成"倒挂村"转压力为动力、变不利为有利，加强基层党组织建设，充分发动群众、组织群众、依靠群众，以"一委、一站、两平台、三纽带"构建共建共治共享社会治理格局，为外来人员集聚地精细化治理、探索中国特色新型城镇化道路、推动粤港澳"人文湾区"建设提供了借鉴。

（作者单位：中共花都区委党校）

保护红色资源 弘扬红色精神 为实现"四个走在全国前列"提供精神动力
——关于加强广州红色文化资源保护利用的政策建议①

韩玲玲 龙 瑶

红色文化是我们党在革命、建设和改革中形成的宝贵精神财富。习近平总书记强调，要把红色资源利用好、把红色传统发扬好、把红色基因传承好。红色文化资源作为红色基因的有机载体，是中国共产党人精神与文化的象征，其范围广泛、内涵丰富，包括物质资源和精神资源两个方面。广州具有光荣的革命传统、丰富的红色文化资源，保护红色资源、弘扬红色精神，对于实现"四个走在全国前列"具有重要意义。

一、广州红色文化资源及其保护利用总体情况

广州是近现代革命策源地，是中国最早建立党组织的地区之一，在民主革命、土地革命、抗日战争、解放战争及社会主义革命建设和改革开放各个时期，都留下了丰富的红色文化遗产。据不完全统计，全市红色文化史迹逾200处，其中列入文保（登记）单位的有115处。保护利用好这些珍贵遗产对于涵养民族情感、培养时代精神具有重要意义，是提高全民道德修养、培育社会主义核心价值观的重要途径，是推动形成共建共治共享社会治理格局的筑基工程。近年来，广州围绕培育世界文化名城的目标，按照中央和省委决策部署，牢固树立"四个意识"，坚定"四个自信"，坚持保护传承与创新发展相结合，深入挖掘红色文化资源，擦亮红色文化品牌，城市文化软实力持续提升。

（一）相关保护政策日趋完备

依据国家和省相关法规，广州先后制定了《广州市文物保护规定》《广州市博物馆规定》《广州市历史文化名城保护条例》《广州市文物保护资金管理办法》及《广州市文物保护监督员管理办法》等相关政策文件，有效完善了广州市文物保护和名城保护的工作程序、管理机制，构建起文物资源长效保护机制，基本完成了红色文物保护单位保护范围和建设控制地带划定工作。2014年年底，《广州市历史文化名城保护规划》获批实施，其中概括了八大城市特色、提出了八大保护主题、划分了八个主题区域，明确提出"革命策源英雄城"的保护主题，并将越秀南先烈路革命史迹主题区域纳入全市"一山一江一城八个主题区域"整体保护的空间战略，列入重点保护范畴。2015年，原市文广

---

① 此文成文时间为2018年6月26日。

新局组织编制了《广州市抗战史迹保护与利用纲要》和《广州市红色史迹田野调研报告》，积极推进《广州近现代革命史迹文物保护规划》编制工作，将为红色文化资源保护利用提供更加具体的规划和指导。

（二）重点史迹、场馆保护利用工程稳步推进

近年来，广州持续加大红色史迹保护力度，弘扬工匠精神，严把项目工程准入关、质量关，组织完成了省农民协会旧址、省港罢工委员会旧址、中共中央华南分局秘密联络点中原行旧址、花都区第一届农会旧址等红色史迹的文物本体修缮保护工程，完成毛泽东视察棠下农业生产合作社旧址、第一次全国劳动大会旧址、中国共产党广东区委会旧址等单位展示利用工程；在积极争取国家、省文保经费专项补助的同时，不断加大红色文化资源保护经费投入。2016年以来，市财政共安排3982.19万元用于中共三大会址纪念馆、毛泽东同志主办农民运动讲习所旧址纪念馆、广州起义纪念馆和中华总工会旧址纪念馆陈列展览改造提升、文物征集等项目；市文物保护专项资金共下达554.9万元修缮周总理视察岑村纪念旧址、广州解放纪念像等文物保护工程，红色文化资源存续环境不断改善。

（三）红色宣传教育活动推陈出新

广州高度重视红色文化宣传教育，以红色文化资源为载体，铭记光辉历史，传承红色基因。注重在陈列布展中凸显红色主题，精心制定陈列提升计划，2016年以来共举办红色主题展览79场，包括6个基本陈列、36个临时展览、37个巡展。其中，影响力较大的有：2015年在广州起义纪念馆举办的"开天辟地——中国共产党创建史"展览、在农讲所旧址纪念馆举办的"新中国成立前后毛泽东廉政思想与实践"展览；2016年在农讲所旧址纪念馆举办的"复兴之路"广州展；2017年在中共三大会址纪念馆举办的"不忘初心·砥砺奋进——中国共产党早期正风反腐图片展"等。注重在城市规划设计中彰显红色印记，将红色文化印记融入对文化设施的管理利用中，如将原广州市图书馆改造为广州少年儿童图书馆，装修时恢复1969年原馆主体建筑上安装的"星火燎原"字样和火炬雕塑，唤醒红色记忆，产生春风化雨的效果。注重在创新宣传方式中掀起红色文化学习热潮，依托中共三大会址和农讲所旧址成立"新时代红色文化讲习所"，通过瞻仰一次旧址、参观一次展览、观看一场专题片、重读一段党章、重温一次入党誓词、参加一场宣讲辅导等"六个一"活动形式，全方位展示习近平新时代中国特色社会主义思想的真理力量和近代以来广州一直走在全国前列的历史记忆。各区依托本区红色文化史迹，陆续成立"新时代讲习所"，打造"家门口的红色学堂"，让讲习所接通新思想的"天线"与实际工作的"地线"，得到全市各级党组织和党员的热烈响应，社会反响热烈。

（四）红色旅游产业发展活力日增

广州相继策划推出了"革命传承·不忘初心"红色之旅主题线路，包括3条旅行社线路和"广州起义红色之旅""毛主席足迹之旅""周总理足迹之旅"3条自由行线路，线路中融入轻运动、有奖问答等富有趣味性、娱乐性元素，寓教于游、寓教于乐，红色

旅游的产品质量显著提升；结合乡村振兴战略和特色小镇建设，推动乡村红色主题旅游，如从化区吕田镇莲麻村把黄沙坑革命旧址作为重要节点进行打造，修缮并免费开放黄沙坑革命旧址纪念馆，展示众多珍贵的历史图片和实物，回顾东江纵队在从化和粤北的战斗历程，吸引了大批游客观光学习，带旺了人气，带动了民宿、农家乐发展。仅2017年，黄沙坑即接待游客约21万人次，当地农民收入显著提高，许多外出打工的农民返乡就业创业。

二、存在的主要矛盾和问题

当前，广州红色文化资源保护利用总体情况较好，具有重要标志性意义的红色史迹基本得到相应保护，但也存在一些矛盾和问题亟待解决。

（一）部分红色文化资源保护不善

在社会发展和城乡建设过程中，保护红色文化资源一般不能带来直接经济效益，一些地方和民众对红色文化资源的稀缺性和不可再生性认识不足，保护意识不强，保护规划滞后、措施不实；部分红色史迹点本体保护与周边环境整治难度较大，文物建设控制地带违建问题时有发生；许多军事遗址遗迹因位于荒山野岭，交通可达性差，常年处于自然风化、任由侵蚀状态，逐渐损毁灭失。大量未列入文保单位的红色史迹，保护工作缺乏法规依据和经费来源，保护状态堪忧。

（二）红色文化的感召力、影响力不强

从资源分布上看，广州虽是近现代革命的策源地，但除越秀区以外，其他区红色文化资源数量不多、大多分布较散，相互间缺乏有效关联，资源整合度不高。从宣传策划上看，统筹策划、创新思考不够，更多重视一些高价值"点"的保护利用，相对忽视了"线"和"面"，缺少主题性、系统性的深度挖掘和专题研究，尚未形成反映广州革命传统、代表广州英雄城市形象、独具吸引力的品牌，红色文化资源在整体包装打造上，特色不鲜明，印象不深刻。从利用方式上看，重点红色主题场馆在陈列布展方面内容不够丰富，现代化高科技手段运用不充分，互动性、参与性不强；部分设为教育基地的红色史迹由属地街镇或村民维护管理，其工作人员、讲解员管理培训不够，整体素质不高，教育的感染力、实效性有待提升。

（三）红色文化资源开发利用效益不高

一方面，各类红色史迹的物权类型分散多样，分别归政府部门、军事机关、村镇集体、社会团体所有，还有部分属私人物业，产权单位保护开发的意识和经济条件参差不齐，管理水平和质量差异较大。其中，村镇集体或者私人产权的红色文化资源，如名人故居、祠堂等，保护和利用容易脱节，陷入只保护不利用或无法开发利用的窘况。另一方面，推动红色文化资源开发利用的思路不开阔，社会力量、民间资本参与不足，未能实现市场化运作、规模化运营。如红色文化旅游产品大多形式单一、内涵不丰富、主题

不突出，还处于简单传统的观光模式，与其他文化资源的连接和创新不够，开发层次不高；拳头产品和影响力大的红色文化产品、文艺作品相对较少，红色文化资源对当地的经济发展、现代化建设、产业结构的调整未能起到明显的带动或促进作用。

三、其他地区和城市的先进经验与做法

近年来，全国各地高度重视红色文化资源保护利用工作，形成了一批各具特色、可资借鉴的先进经验与做法。

（一）突出政策法规指引，形成保护利用体系

福建于2016年印发《红色文化保护、传承和弘扬工程实施方案》，计划3~5年内建设一批国家级红色文化基地，创作一批优秀红色文化精品，办好一批红色文化主题活动，推出一批新型红色旅游产品，打造一批具有全国影响力的红色文化传播平台，并细分了39项重点任务，明确各项工作的职责分工和工作时限等。各地市也相应出台实施方案、工作细则、任务分解等文件，形成了红色文化资源保护利用的整体规划和制度体系。其中，龙岩出台了全国首部由设区市制定的红色文化资源保护方面的实体法规——《龙岩市红色文化遗存保护条例》，已于今年（2019年）3月1日起施行，将红色文化资源保护纳入了法治轨道。

（二）突出打造红色标签，彰显城市文化底色

上海突出打造"中国共产党诞生地"文化标签，依托中共一大会址，邀请专家学者进行重大理论课题研究，发布"中国共产党诞生地·上海"形象表达主题标识，开展红色遗址遗迹修缮和红色文化展示基地改造工作，规划到2021年，使上海的建党历史资源高地、建党精神研究高地、建党故事传播高地形成规模，让"中国共产党诞生地"成为上海的红色名片。遵义突出打造"转折之城、会议之都"文化标签，深入挖掘和研究"转折之城"的时代特征和经济价值，吸引游客前来探寻"历史转折、出奇制胜"的神奇，同时大力发展会展经济，使"会议之都"与红色旅游有机融合，使红色文化资源成为推动经济社会发展的有力抓手。

（三）突出传承红色精神，发挥文化引领作用

红色文化在中国社会主义核心价值体系中承载着特殊的精神内涵和价值取向，其富含的精神价值已形成具有世界遗产意义的红色精神。如以"坚定信念、艰苦奋斗，实事求是、敢闯新路，依靠群众、勇于胜利"为核心内涵的井冈山精神，"坚定正确的政治方向，解放思想、实事求是的思想路线，全心全意为人民服务的根本宗旨，自力更生艰苦奋斗的创业精神"的延安精神，"两个'敢于'、两个'务必'"的西柏坡精神，"爱党爱军、开拓奋进、艰苦创业、无私奉献"的沂蒙精神，等等。这些城市或地区因其特有的红色精神而声名远播，形成独特的精神特质和文化品牌，产生很强的社会影响和经济带动效应，有力推动了当地经济社会发展。

（四）突出创新宣传方式，提升红色文化感染力

天津注重用好科技手段，精心打造的平津战役纪念馆集实物、多媒体、电动沙盘等展品于一体，采取全景式环球电影与微缩景观技术，立体呈现恢宏战场，并开设真人模拟实战游戏场，全方位强化展示效果，提升游览体验。保定重点利用文学和电影资源，将狼牙山五壮士、地道战、平原游击队、敌后武工队等革命战斗故事演绎成一大批著名文学作品和电影，让红色经典深入人心，提升了保定的知名度和影响力。

四、加强广州红色文化资源保护利用的政策建议

红色文化资源作为一种特殊的文化遗存，不仅有着明显的教育功能、社会意义和经济价值，也富含强烈的历史、政治色彩。加强对红色文化资源的保护利用，不仅是我们应当履行的文化传承使命，也是重要的政治责任和历史担当。

（一）强化战略思维，整体谋篇布局

着眼建设国家重要中心城市、培育世界文化名城，将红色文化资源保护利用放到经济社会发展大局中通盘考虑，抓好顶层设计、搞好结合融合。要与城市更新、城市环境改造提升相结合，把红色史迹视为广州文脉的节点、精神的高地、战斗的堡垒，将红色文化资源保护利用工作纳入城乡建设规划，严格执行保护范围和建设控制地带规定，做到应保尽保、合理利用，整体规划、协同推进。要与对外宣传相结合，在开展对外文化交流时，注重讲好广州红色故事，弘扬广州革命传统，让红色文化成为广州"敢为人先、开放包容、务实创新"城市精神的内核、城市名片的底色。要与乡村振兴战略相结合，充分利用广州抗战史迹大多分布在乡村的特点，深入挖掘保护和开发利用乡村红色文化资源，因地制宜、精准施策，红绿互促、农旅融合，让红色文化成为撬动乡村发展的新杠杆。

（二）突出保护传承，激活红色记忆

文化是城市的根和魂，是不可再生的宝贵资源。要坚持保护优先、抢救第一，进一步摸清红色文化资源底数，做好资源搜集、整理和数据化建档工作，重绘广州"红色文化家谱"；加强红色文化资源价值评估鉴定和修缮维护，对该列入文物保护级别的要尽快列入，不达保护级别的遗址遗迹均挂牌或立碑铭记；严格落实行业管理和属地管理原则，建立红色文化资源定期排查和问责机制，实现分级保护管理和资源分配最优化。要加强深度研究和挖掘提炼，依托党史研究部门、高校、社会研究机构等构建红色文化研究平台，围绕"革命英雄策源城"的主题，结合广州红色历史特点和红色史迹实际，开展红色文化系统性挖掘整理和研究阐发，加大对红色文化历史和精神价值的挖掘研究与提炼，提升红色文化资源的精神品质与内涵，擦亮广州红色名片。要创新宣传教育形式和载体，主动适应大众需求和传播规律，发挥全市红色文化博物馆、展馆、展厅的作用，优化展陈内容，综合运用现代科技手段改进展陈方式，强化互动性、参与性；充分发挥网络、新媒体平台作用，用好"两微一端"，推广"新时代红色文化讲习所"等做法，确保

"讲"出好传统和新思想,"习"出好形象和新作为;推动红色文化进学校、进社区、进基层,使红色基因融入市民特别是青少年的世界观、人生观、价值观,提高全社会保护红色文化资源、传承优良革命传统的意识,构筑全市人民共同的精神家园。

(三)合理开发利用,推动融合发展

在保护基础上合理开发利用红色文化资源,不仅可以发挥其经济价值,也是传承保护的有效途径。注重发展红色文化旅游,强化规划引领,加强资源整合,把红色文化资源与广州自然资源、历史文化、现代创新元素等统筹考虑,打通各领域、各行业资源要素,完成红色文化旅游资源从点到线再到面的转型升级;强化精品旅游项目建设规划,推出一批红色文化旅游基地、精品线路与精品景区,培育生成一批红色旅游项目和产品,激活红色旅游市场;强化融合发展,将红色文化与岭南文化、民俗文化等相结合,革命传统教育与红色旅游业发展相结合,实现互促共进、融合共生;强化标准化品质化服务,以绣花功夫做好城市旅游设计、公共服务规划,解决好现有重点红色旅游点交通拥堵、停车难等问题,整体提升旅游规划质量,优化旅游体验品质感。注重加强文艺精品创作。坚持以人民为中心的创作导向,弘扬时代主题,通过官方策划、媒体引导和组织专门力量,挖掘广州红色历史题材,开展红色文学、歌曲、影视剧等文艺创作;坚持历史厚重感和大众传播规律兼顾,做到既有大部头、重头戏,又有"短平快"、小清新,反对低俗、庸俗、媚俗,深耕细作、推陈出新。注重抓好文创产品开发,引导创意产业、非遗传承人等,着眼把广州红色故事、革命历史人物与"三雕一彩一绣"等传统手工艺相结合,与主题宣传或专题展陈活动相配合,与大众日常生活需要相契合,设计开发相关日用品、工艺品、食品等既富有深厚红色文化内涵又颇具实用性的文创产品;鼓励支持网络动漫企业开发出品反映广州红色文化的动漫、游戏、衍生品等文化产品,努力形成设计、研发、生产、营销一条龙的红色文化产业链。

(四)加强组织领导,形成整体合力

各级党委政府要站在对历史负责的高度,把红色文化资源保护利用工作摆上重要议事日程。加强统筹协调,制定市红色文化保护利用协调机制,加强宣传、文化、教育、发改、规划、建设、财政、旅游等部门的协调衔接。加强法规建设,制定红色文化资源保护利用的规划和实施方案,推动出台红色文化保护利用地方性法规,形成齐抓共促红色文化资源保护利用的良好局面。增加资金投入,将红色文化资源保护利用经费纳入各级财政预算,充分发挥文化产业发展投资基金和旅游、文化、体育产业投资基金的作用,不断完善以政府投入为引导,金融资本、民间资本广泛参与的多元化投入机制,放大财政资金乘数效应,撬动更多社会资本参与红色文化资源的保护与开发,促进市场良性发展。加强人才队伍建设,建立完善红色文化管理、讲解、技术人员等人才引进和培养的激励机制,建立红色文化研究专家数据库,借鉴青年志愿者服务模式,健全红色文化志愿者服务常态机制,吸引更多优秀人才投入到红色文化保护利用工作中来,成为红色文化的拥护者、传播者、捍卫者。

(作者单位:中共广州市委政策研究室)

活化广州红色文化资源 助力城市文化综合实力出新出彩

和 孟

红色文化是对中国共产党成立以来在中国共产党领导下形成的中国革命文化和社会主义先进文化的高度概括和形象化表达,是中国共产党在近百年的革命、建设和改革中形成的宝贵精神财富,是一个国家、一个民族的灵魂。党的十八大以来,以习近平同志为核心的党中央高度重视红色文化资源的保护和利用工作,高度重视红色传统、红色基因、红色精神的继承和弘扬,并作出了系列重要论述。2018年10月,习近平视察广东时提出广州城市文化综合实力出新出彩。广州作为近现代革命的策源地、改革开放的前沿地,拥有丰富的红色文化资源。只有把广州的红色资源利用好、把红色传统发扬好、把红色基因传承好,才能使广州城市文化的综合实力焕发出新的光彩。

一、红色文化资源是广州城市文化中最珍贵的精神财富

作为一座有着深厚革命历史传统的英雄城市,广州在中国共产党的历史上有着举足轻重的地位。

新民主主义革命时期,广州领风气之先,在共产国际的代表和陈独秀的直接指导下,于1921年3月正式成立广州共产党小组,是中国共产党成立前国内最早建立的6个共产主义小组之一。此后,在中国共产党的领导下,广州的革命运动开启了崭新的篇章。中共三大在广州的召开,促进了国共合作的形成,国共两党在广州促成的第一次合作,使得大革命风暴迅速席卷全国。闻名全国的黄埔军校和农民运动讲习所在广州举办,震动世界的省港大罢工在广州爆发,东征、南讨和北伐从广州这个革命大本营出发。震惊世界的广州起义,建立了广州苏维埃政府,这是工农武装夺取政权的一次伟大尝试。东江抗日游击队和珠江抗日游击队不仅在广州外围取得了辉煌的战果,也卓有成效地领导了广州的地下斗争。广州儿童剧团发展成为全国相当有影响力的儿童救亡团体。中共广州市委重建以后,积极领导广州人民开展和平民主运动,建立解放战争时期的第二条战线,有力地配合解放大军入粤作战,开展政权建设和城市接管的准备工作,迎接广州的解放。

在社会主义建设时期,面对国民党反动派扔下的乱摊子,广州人民在市委、市政府的领导下,喊出"建设新广州"的口号,实施社会救助、整顿社会秩序、改造社会风气、开展民主改革、贯彻新婚姻法等举措。到1953年年底,广州的社会改造全面完成。此后,广州掀起了轰轰烈烈的学习贯彻总路线的运动,并根据中央关于社会主义工业化的总方针,在国家"一五"计划的基础上,结合广州实际和当时所处的战略地位,编制

了广州市"一五"计划。从此,广州市进入了实现社会主义工业化和三大改造的历史发展新阶段。广州人民奋发图强,在废墟上逐步建立起独立的、比较完整的工业体系和国民经济体系。

改革开放时期,广州解放思想,先行一步,在各个方面为中国改革开放探路,成为改革开放的示范地。既有放开价格代表的全国第一间国营河鲜货栈,又有以高第街为标志的全国改革开放以来的第一代个体户;既有以白天鹅宾馆、中国大酒店、花园酒店为标志的中国对外开放的桥梁和纽带,又有以洛溪大桥为代表的中国内地首例引进外资进行城市基础建设,并开创先河的"以路养路""以桥养桥";既有南华西街这朵全国著名的社会主义文明之花,又有开创了我国集中政务服务的"外经贸一条街";既有第16届亚洲运动会开幕式举办地海心沙,又有摘下多项"世界之最"桂冠的广州塔;既有代表着广州历史街区再现活力、新意的永庆坊,又有"一江两岸三带"的城市新布局。

习近平总书记指出:"历史是最好的教科书。对我们共产党人来说,中国革命历史是最好的营养剂。多重温这些伟大历史,心中就会增加很多正能量。"① 广州的红色资源,是中国共产党带领下的中国革命、建设和改革道路的一个缩影,见证了无数中国共产党人为民族独立和解放、为人民幸福、为国家富强前仆后继、夜以继日的奋斗与牺牲,是广州城市文化中最为珍贵的精神财富。守护好、建设好中国共产党人的精神家园,宣传好、弘扬好中国共产党人的奋斗精神,传承好、发扬好中国共产党的红色基因,是广州这座具有光荣革命传统城市的神圣使命。

二、广州红色文化资源开发利用现状

近年来,广州市、区两级党委政府不断加强文物保护和红色文化资源基础设施的建设,挖掘革命文化和红色文化精神内涵,广泛宣传弘扬其精神价值,充分发挥红色文化教育人、引导人、激励人的作用,使之成为建设新广州的强大的精神动力。

2018年12月1日,张硕辅书记在越秀区调研历史文化保护利用工作情况时强调,要着力加大对红色文化的挖掘、保护和宣传力度,打造文艺精品力作,弘扬坚定理想、百折不挠的奋斗精神,不忘初心、牢记使命,坚定信心、埋头苦干,推进改革开放再出发,推动广州实现高质量发展。2019年3月22日,张硕辅书记就提升城市文化综合实力开展专题调研时再次强调,要认真学习贯彻习近平总书记视察广东重要讲话精神,发挥广州历史文化资源、红色文化资源丰富和文化产业基础较好的优势,坚持保护传承和改革创新相结合,促进传统文化与现代文明交相辉映,着力建设文化强市,打造社会主义文化强国的城市范例。

(一)普查保护工作日益完善

广州市委党史文献研究室历来重视普查保护工作,自2003年起就分期分批组织各区党史部门开展党史旧遗址摸查工作,并陆续开展广州市党史教育基地申报和挂牌工作。

---

① 《习近平总书记在西柏坡主持召开群众路线教育实践活动座谈会时的讲话》,2013年7月11日。

仅 2018 年一年，市、区各级党史部门就在协助省、市、区各级宣传、文化、旅游等部门做好红色史迹保护和利用推进工作中发挥了重要的作用。越秀区按照"一址一档、因地制宜、责任到人"的要求，对全区 70 处革命遗址的基本信息情况予以调查摸底，并推进文物信息数据库建设，逐一建立红色革命遗址文物记录电子档案。该区还实施了红色革命遗址陈列改造提升工程，不断优化展陈、扩大规模，探索结合人工智能技术、3D 影像技术、VR 网络虚拟现实技术等科技手段，提升陈列展示水平。海珠区对陈复烈士墓园及"思复亭"进行全面修缮，至 2018 年 4 月，陈复烈士墓园修缮提升工程完成，重新对外开放。荔湾区以成立全市首个区级党群服务中心为契机，对全区 20 个党史旧址进行深挖保护工作，重点修缮了裕安围革命老区纪念馆、凤溪革命老区活动中心等爱国主义教育基地。天河区积极做好毛主席视察棠下纪念馆、周总理视察岑村纪念旧址、抗日根据地长湴村陶然小学旧址等遗址的日常维护和管理工作。黄埔区对全区 22 个中共党史旧（遗）址实地巡察，汇总整理电子档案。花都区设立了《花都区党史旧（遗）址巡查情况登记表》，确立各旧址联络人，方便随时掌握区内党史旧遗址情况。南沙区完成了对万顷沙镇年丰村"吴朝科烈士纪念碑"革命遗址、大岗镇上村村"杨财生烈士纪念碑"革命遗址、榄核镇"三圣宫"（原中共番禺县临时委员会旧址）的保护、修缮。番禺区、从化区、增城区不定期对党史教育基地进行巡查，积极协调诸如用地、保护、维修、人员、经费等问题，并跟进区内"广州市党史教育基地"称号的申报和挂牌工作。

（二）红色旅游串联成线

中共中央办公厅、国务院办公厅印发了《关于实施革命文物保护利用工程（2018—2022 年）的意见》并发出通知，要求加强全国红色旅游经典景区和红色旅游精品线路建设，统筹加大对革命文物保护利用的支持力度。广州市针对本地红色资源在全国影响力偏弱，精品线路不足等问题进行整改。

2019 年 5 月 17 日，广州发布了首批 115 处广州市红色旅游资源（红色革命遗址）目录，广泛宣传广州民主革命策源地的红色史迹。除了农民运动讲习所、广州起义烈士陵园等耳熟能详的红色历史遗迹外，还重点推出重新对外开放的杨家祠（杨匏安旧居）。启动仪式现场发布了 6 条红色旅游精品线路，包括"中国革命统一战线史迹之旅""广州起义红色之旅""广州抗战史迹之旅""改革开放窗口之旅""毛泽东足迹之旅""周恩来足迹之旅"，串联起整个广州的红色历史，涵盖了广州红色旅游的主要景点。游客通过重温广州红色历史遗迹，重走红色历史线路，感受广州的红色文化。

为了推进红色旅游资源数字化转化和综合开发利用、推动红色文化传播，广州市文化广电旅游局全新推出"红色旅游金牌解说"在线讲解软件，只需要在主要红色景区扫码，即可在线收听专业讲解员对红色历史文化的详细讲解。同时，为了提升红色旅游的体验，广州还打造了由 200 名年轻人组成的红色旅游青年志愿者（又称"红色志愿讲解员"）队伍，这支从各大专院校、旅游企业和导游领队中精选招募的队伍将担负起志愿传播红色文化、讲解红色历史的重任。据悉，他们通过接受红色旅游志愿服务技能培训并与相关红色旅游景区充分对接，将开展"学革命传统、做时代新人"志愿服务活动。

越秀区以"越秀地区中共党史上的十个第一"为主线，将辖区内 10 个红色史迹点串珠成链,以中共三大会址为出发点,串联中华全国总工会旧址、广东省农民协会旧址等红色史迹点,精心打造经典红色旅游线路。荔湾区串联活化红色旧址 20 个,推出以"睇今日西关,寻红色印记"为主题的红色旅游线路。增城区、黄埔区等区针对区内红色资源丰富的特点,精心打造红色村庄文化,开辟旅游精品线路,以红色村党建示范工程引领农村党建创新发展、推动乡村振兴。

（三）本土红色文化进课堂

广州丰富的红色文化资源,理应成为全市大中小学生们爱国主义教育、核心价值观教育的活化石。但是,由于认识不足,很多参观活动都只是停于表面、流于形式。近年来,随着科技的快速发展更迭,红色资源在宣传利用上仍因循守旧,越来越难吸引青少年学生的关注。不少学生对广州本土红色文化的内涵缺乏了解,对广州红色资源的认同感普遍偏低。为了解决这些问题,广州市在 2019 年首次推出了第一批学校思政课教学点:中共三大会址纪念馆、农讲所旧址纪念馆、广州起义纪念馆、广州起义烈士陵园、黄埔军校旧址纪念馆、第一次全国劳动大会旧址、杨家祠、广州市银河烈士陵园、中共广东区委旧址、广东宣传员养成所遗址。按照市委宣传部、市教育局等部门的部署,思政课教学点要充分利用各自红色文化的底蕴优势,发挥"传承红色基因、讲好红色故事"教育在学校思想政治教育中的作用,在"爱国主义教育基地""广州市党员教育基地"和"中共党史教育基地"的基础上,把思政小课堂同社会大课堂结合起来,推动思想政治理论课改革创新。通过专题展览、思政课讲座、学习互动等贴近学生的教育活动,加强学校与社会共建共育,推动思政课建设,切实发挥教学点功能,为全市各级各类学校开展思政课教学提供便利服务。

（四）打造新时代党员教育基地,讲好红色故事

在全市层面,广州充分发挥红色资源众多的优势,按照主题鲜明、以用为本的原则,对全市革命遗址和红色史料进行"拉网式"普查,分 3 批遴选并产生 30 个市级党员教育基地,同时还制定《广州市党员教育基地管理意见》,把基地活动补助经费纳入市管党费预算,推动党员教育基地规范化管理。另外,持续组织人员力量,深入 30 个党员教育基地广泛开展调研,编印《广州市党员教育基地》《广州市党员教育基地工作成果集萃》,详细介绍 30 个党员教育基地的地址、开放时间、基地建设和基本情况等信息,方便全市 68.9 万党员、3.2 万个党组织按图索骥。[①] 在党员教育基地的保护修缮和革命史料整理工作中充分挖掘感染人、教育人、鼓舞人的红色故事,并将之进行整编。在时间跨度上,涵盖了清末民初、辛亥革命、国共合作、土地革命、抗日战争、解放战争、社会主义现代化建设等历史时期;在历史人物上,既有广东区委这样的党组织集体,又有如广州起义英烈、三元里抗英群众这样的人物群像,还有孙中山、毛泽东、邓世昌、詹天佑这样的历史伟人;在史料层次上,既有中共三大、黄花岗起义这样对全民族有深远

---

① 《广州深入挖掘红色教育基地 做好红色故事的新时代阐释》,中国文明网,http://www.wenming.cn/dfcz/gd/201906/t20190621_5158488.shtml。

影响的重大事件，又有如广州地铁这样反映改革开放伟大成就的典型。

在各区层面，广州市各区委组织部在党建教育工作中，依靠各区党史部门，在深挖各区红色资源，成立"新时代红色文化讲习所"，讲好红色故事方面做得有声有色。

越秀区在广东区委旧址设立"新时代越秀讲堂"、打造越秀区廉洁文化教育馆，特别是其开设的"家门口的红色学堂"入选第二届"广州党建十大品牌"，成为党员群众凝心聚力的重要阵地。荔湾区把党史教育作为重点内容有机融入各级党群服务中心（站）的布展设计中，依托中心开设特色活动，定期演绎"刑场上的婚礼""救火英雄向秀丽"等红色故事，突出"党旗红"党建品牌，传承优秀革命传统。海珠区在南石头街道纸南、纸北两个社区建立海珠区社区党史知识学习园地，制作了《水流不息浩气扬　留得神州万古春——广州市海珠区革命烈士陈复同志事迹简介》小册子派发区属单位和区属学校。白云湖街深挖白云区历史上首个中共党支部——中共广东兵器制造厂支部，在白云湖景区创办白云区新时代讲习所，通过图文形式，展示了石井兵工厂的成立、白云历史上第一个中共党支部的起步及发展历程，以及周文雍、周铁军、杨殷、陈延年等革命先辈的故事，让广大党员干部群众从历史中深刻感悟共产党人的初心，从红色文化中汲取丰厚的养料。从化区根据本地区23处党史旧（遗）址的实际情况，组织拍摄制作从化党史旧（遗）址视频4个（从化、太平、温泉、吕田）、微视频23个，在区国家档案馆爱国主义教育基地建设中发挥作用。增城区对白面石村及其周边的红色资源进行整体规划、分期推进，积极打造集"学习培训、体验实践、拓展教育"为一体的党建综合教育示范基地。黄埔区立足本区东江纵队党史资源优势，以珍贵的史料和图片展示华南地区抗战劲旅——东江纵队的发展历史及华南地区抗战史实，开展东江纵队史实图片巡展活动。南沙区开展"红色足迹"教育实践活动，积极发动广大党员干部参观大角山炮台、杨财生烈士墓等红色革命遗址，接受红色教育，夯实思想基础。

三、继往开来，助力广州文化综合实力创辉煌

（一）加强宣传教育，抢占红色文化传播的舆论阵地

将优秀红色文化内容与红色遗产保护知识编入教材，激发青少年的爱国爱家热情。史志部门应有针对性地整理与编写本土红色文化宣传册，深入中小学、乡村、社区以及企事业单位，扩大宣传范围，进行深度学习，组织多种论坛、公益讲座等活动，让更多人了解周围的红色文化遗产。同时，各类新闻媒介也发挥其监督作用，对一些破坏红色文化资源的行为进行曝光，努力提高保护红色文化遗产的全民素质，让保护红色文化资源的良好氛围在全社会悄然形成。大力推进利用AR等各种新技术手段，增强红色文化传播的生动性、参与性和体验性，把广州的红色故事宣传好。高度重视以微信等交流平台为代表的新兴网络文化的传播理论，可以与字节跳动、腾讯等互联网公司合作，加强广州红色文化网络平台建设，并将其作为宣传广州本土革命文化的重点工作，组织专人建设维护，加强原创网络文化精品建设，以富有本土特色的革命文化内涵的正能量引导文化建设。

(二) 多管齐下，引领粤港澳人文湾区建设

充分利用广州大革命时期革命资源丰富的特点，实现红色文化与广府文化、生态环境相结合，做足"红""古""绿"文化联姻工作，多元化、多维度地展示各类红色文化资源。针对市区的红色文化资源，应根据资源周边地区功能特色和环境条件，尽可能对公众开放。优先增设红色文化专题博物馆、纪念馆或遗址公园。一般资源鼓励与文化馆、老人活动中心、居（村）委会及村史馆等公共服务设施联动发展。尚不具备开放条件的，应在面向城市公共界面设立纪念标志或铭牌说明。针对乡村的革命旧遗址，应结合美丽乡村建设，将红色旅游与周边绿色、山水、乡村旅游等多种旅游元素相融合，让游客在欣赏好山好水的同时探寻红色足迹，在游玩中接受教育，寓教于游。

(三) 提炼广州红色精神，提升广州文化自信

开展"广州红色精神"系列研究活动。要挖掘红色资源，以在广州发生的党的历史上的重大事件、重大会议、重要文件和重要人物为研究方向，通过专题研讨会、专项课题、专栏专刊等形式，邀请革命先辈子孙、亲历者和党史专家，共同研讨广州红色精神的重大意义、思想内涵和时代价值，并组织文艺工作者进行研究与再创作，使其艺术化、知识化、理论化，推出一批富有思想内涵、理论高度和实践价值的学术成果，提炼广州红色精神的内涵，将广州的本土红色资源转化为激励新一代共产党人在新时代奋勇前行的精神力量。

（作者单位：中共广州市委党史文献研究室）

关于广州市红色文化传承示范区建设的几点思考

周艳红

在20世纪20年代,中国共产党早期的一系列重要活动在广州展开,广州成为国民运动的中心。中国共产党领导广州人民在这里浴血奋战,留下丰富的红色文化资源,建设红色文化传承示范区是把红色资源利用好、把红色传统发扬好、把红色基因传承好的重要途径。

一、广州市建设红色文化传承示范区的意义

在中华民族波澜壮阔的历史长河中,有广州人民掀起的惊涛骇浪。广州是全国党史资源较丰富的城市之一,是全国最先成立共产党早期组织的六个城市之一,是掀起大革命高潮的中心和策源地。许多影响中国历史进程的重大事件都在广州发生。"十月革命"给我们送来了马克思列宁主义,广州出了与李大钊齐名的华南第一个系统传播马克思主义的杨匏安;毛泽东、周恩来、刘少奇等世纪伟人和前仆后继的革命者先后来到广州,他们的革命足迹遍及广州各个角落,改变着中国乃至世界的历史轨迹。全国第一次工人运动高潮是在广州这块土地上孕育和发展起来的;第一次全国劳动大会、共青团第一次全国代表大会的召开,考验了中国共产党的组织能力,统一了反帝反封建思想认识,有力推动了大革命高潮的到来;中共三大的召开,促进了第一次国共合作的形成,开启了轰轰烈烈的国民革命;黄埔军校和农民运动讲习所的举办,为革命培养了军事人才和农民运动的骨干;省港大罢工的爆发,打击了帝国主义气焰,长了工人阶级志气;与南昌起义、秋收起义一起被载入史册的广州起义,建立了全国第一个城市苏维埃政权,唱出了一曲悲壮的"刑场上的婚礼"之歌;与琼崖纵队和八路军、新四军一起被朱德称为"中国抗战的中流砥柱"的东江纵队,高举抗日游击斗争的旗帜;东亚酒店竖起的五星红旗,迎来了广州解放的曙光。

每一个党史资源都是一个常学常新的生动课堂,蕴含着丰富的政治智慧和道德滋养。中国共产党人和革命志士在广州留下的红色史迹,分布于广州各个区,尤其是越秀区最为密集,是广州人民一笔宝贵的财富。习近平总书记多次就发展红色文化做出重要指示,反复强调要"把红色资源利用好,把红色传统发扬好,把红色基因传承好"。中国特色社会主义进入新时代,红色文化战略价值进一步凸显,发展红色文化已成为践行社会主义核心价值观、弘扬民族精神和时代精神的重要抓手。近年来,国家出台了《关于实施革命文物保护利用工程(2018—2022年)的意见》《2016—2020年全国红色旅游发展规

划纲要》等文件，为我市建设红色文化传承示范区相关工作提供了遵循。

2019年7月11日，市委常委会听取市委党史文献研究室汇报全国党史文献工作会议精神时，市委书记张硕辅指出，要重点编辑出版一批党史著作，带着初心使命讲好党的故事、领袖故事、广州红色故事，要加强党史研究，打造红色文化传承示范区。在此情况下，广州建设红色文化传承示范区提上了广州市委、市政府的工作日程。广州红色文化传承示范区建设，有着重要的战略意义。

（一）建设红色文化传承示范区，是广州全面落实习近平新时代中国特色社会主义思想的生动实践

红色文化传承示范区的建设，有利于进一步提高政治站位，更好地履行红色文化传承使命，为新时代广州实现老城市新活力和"四个出新出彩"，推动国家中心城市建设全面上新水平，着力建设国际大都市提供不竭的强大精神动力。

（二）建设红色文化传承示范区，是擦亮广州红色文化品牌、推动文商旅体融合发展的有力举措

红色文化传承示范区的建设，有利于促进红色文化与岭南文化、广府文化、海丝文化、商贸文化等特色文化融合发展，进一步发挥红色文化的引领作用，助推广州经济发展、城市建设，全面提升红色文化资源的经济社会效益。

（三）建设红色文化传承示范区，是广州持续加强爱国主义教育和革命传统教育的必然要求

红色文化传承示范区的建设，有利于进一步弘扬社会主义核心价值观，引导党员干部不忘初心、牢记使命，让广大人民群众特别是青少年在感受、感知、感悟历史中树立正确的人生观、世界观、价值观，进一步坚定理想信念，充分营造全社会凝心聚力、奋发有为的良好氛围和环境。

二、广州红色文化传承示范区建设的短板与缺陷

作为民主革命的策源地、大革命的中心地和改革开放的先行地，广州有很多红色文化资源，但是一直以来，广州对红色文化资源的挖掘和利用都不够充分，红色文化传承示范区建设存在如下的短板和缺陷。

（一）对广州红色精神的总结和概括不够，没有一个叫得响亮的名字抑或代表这种精神的符号

迄今为止，广州红色文化精神缺乏类似红船精神、井冈山精神、长征精神、沂蒙精神、延安精神、西柏坡精神、焦裕禄精神、"两弹一星"精神等具有全国影响力的特色品牌效应。在红色文化传承上，与广州的英雄历史相比，红色广州名片未能擦亮，红色广州精神没有唱响，红色引领作用有待进一步发挥。

（二）广州红色文化传承示范区建设分散，缺少能影响全国的具有代表意义的建设点

作为全国最先成立党组织的城市之一，中国共产党带领广州人民在此留下了许多可歌可泣的足迹，这些足迹大都集中越秀区。而越秀区内红色革命遗址绝大部分位于居民区，且部分本身为居民楼，空间狭小，展陈面积受限，导致展陈水平和教育效果大打折扣，推进改扩建、周边环境整治受到建设用地紧张、用地性质等制约，推进修缮开发受到建筑物建筑结构、消防安全等制约，报批报建手续繁杂。因越秀区位于广州中心城区，房价偏高，私有产权物业回收和置换往往还面临财政资金紧张等问题的制约。

进入新时代，许多城市和地方都提出红色文化传承示范区的建设，广州更需要实施革命文物固本强基、保护修缮、展示利用、宣传教育行动，推动融合发展。一是对地域相对集中的红色史迹，可以考虑实行地域上基础设施硬件建设和史料展示联动建设，便于整合提升和保护利用。二是对于地域分散的同主题、各个旧（遗）址，可以通过开发公共交通系统进行旧址之间的串联，有条件时建设专线道路；通过流线组织或街道立挂标识交通指引等方式强化一个主题下各分散旧址的联系。还可以通过各个主题串联相关旧遗址，主题可以是历史事件、历史时期或党史人物等。三是提升和展示单个旧址时，可考虑在提升旧址本体主体的同时，辐射外延，将所在区域周边的历史人文景观纳入整体规划开发提升，形成片区打造，以增强参观者的红色历史文化和社会文化的感知。

（三）广州地区革命史和建设史在全国的作用表达还不够明显，熟悉和研究广州地方党史的人员有待加强，广州党史的地位还有待提高

全面抗战爆发后，无数青年走上了去圣地延安的路途，同样在广州革命和建设史上，有两个时期广州也是吸引全国先进知识青年的地方：一是 20 世纪 20 年代，广州作为大革命中心地，无数优秀青年来到广州投身于大革命的熔炉中；二是在 20 世纪 80 年代初，广州在价格方面的闯关改革，拉开了中国城市改革的序幕，无数青年来到广州，投身于改革开放的大潮中。但是，这些广州影响全国的事件，由于研究与宣传不够，在学术界缺少话语权，与广州党史的地位不相当，这对红色文化传承示范区的建设有一定的负面影响。

三、红色文化传承示范区建设的现实举措

建设红色文化传承示范区，是全面贯彻党的十九大精神，深入落实习近平总书记对广东重要讲话和重要指示批示精神的需要，更是着力推动城市文化综合实力出新出彩，打响红色文化、岭南文化、海丝文化、创新文化四大文化品牌，打造社会主义文化强国的城市范例的需要。但是，红色文化传承示范区建设是一个系统的、长期的工程，我们首先要实施如下现实举措。

（一）高度概括广州红色文化精神，彰显其内核和品质，将之纳入由中宣部、中央党史和文献研究院主导的中国共产党革命精神谱系，并进一步深化这一精神的时代意义

在中国共产党近百年奋进的历史进程中，中国共产党人通过顽强拼搏、砥砺奋斗建

构起了一座座精神坐标，锻造了中国共产党的革命精神。伟大的革命精神是中国共产党不断从弱小走向强大、从苦难走向辉煌、从胜利走向胜利的制胜秘诀，是中国共产党绵延生长、赓续传承的血脉基因与精神密码，是中华民族实现伟大复兴的强大精神力量。在近百年成长历程中，中国共产党革命精神从起源到成熟、完善，业已成为内涵丰富、特质鲜明的精神谱系。近年来，为贯彻落实习近平总书记"要把红色资源利用好、把红色传统发扬好、把红色基因传承好"的重要指示精神，更好地发挥党史资政育人功能，中宣部、中央党史和文献研究院等部门加大力量对中国共产党精神谱系的研究与宣传，中共党史出版社出版了《中国共产党革命精神系列读本》，将"先驱精神""红船精神""井冈山精神"等富含党的优良传统和独特的内涵与价值的精神进行深入的研究，凸显出很强的时代价值和现实意义。

对广州的红色文化传承示范区建设来说，就要对广州红色文化精神进行深度的研究和阐释。首先，要高度概括广州红色文化精神，浓缩广州红色文化精神的内核和品质。到目前为止，我们并没有完全定义好广州红色文化精神，不如井冈山精神、"一大"精神等那样朗朗上口。因此，我们要以一个高度浓缩的名字来定义广州红色文化精神。一种精神之所以能够得到传承和发展，一定有一个永不变更的内核，有一个象征，而广州的市花红棉，被称为英雄花，可以成为广州红色文化精神最好的象征。它壮硕的躯干，顶天立地的姿态，英雄般的壮观，红艳但又不媚俗，花瓣的颜色红得犹如壮士的风骨，就像英雄的鲜血染红了树梢。我们可以"红棉精神"来命名我们广州红色文化精神。其次，要发动广州市宣传部门、文化部门和党史文献部门来集中阐释和研究广州红色文化精神的内在品质，既表现出广州人民在革命战争年代的不畏牺牲、顽强拼搏的革命精神，也表现出在改革开放时期广州人民敢为人先、自强不息的进取特质，更能赓续在新时代广州人民为中华民族的伟大复兴不忘初心、牢记使命的担当特质。传承红色文化脉络，深入挖掘研究大革命史，总结广州人民在中共三大、第一次国共合作、统一战线、大革命、北伐、工农群众运动等不同阶段形成的广州红色文化精神，凸显广州在全国文化中的地位和作用。强化红色文化的先进性和时代性，开展改革开放40年来的红色文化发展研究，凝练广州红色文化精神的科学内涵。打造对标井冈山精神、延安精神、西柏坡精神等红色文化品牌，将其建设成大革命时期党领导的中国革命史展现区和体验区。通过这些措施，广州红色文化精神才可以在中国共产党革命精神谱系中占有一席之地，从而为广州在新时代创新发展广州红色文化赋予新的内涵和生命力；在粤港澳大湾区建设背景下更好地推动红色开放发展，强化爱国教育、革命教育、传统教育等功能。

进入新时代，我们需要增强政治责任感和历史使命感，站在新的历史起点上，充分发挥广州革命精神和光荣传统，更全面地审视广州革命历史，传承红色基因、弘扬革命精神，并通过编纂广州发展史，充分肯定和弘扬广州对中国革命和建设做出的伟大贡献，充分肯定和展现广州人民在几十年奋斗中所取得的伟大成就，充分肯定和认识广州革命精神的时代价值和重要作用。把广州的光荣历史，广州人民的伟大贡献，广州发展的巨大成就上升到革命精神层面、红色文化层面、先进思想层面和时代价值层面来认识、总结和传承。这是让广州红色文化更好地融入中华民族优秀传统文化，让广州革命精神更好地融入社会主义核心价值观，不断扩大广州革命精神的传播度及社会影响力的迫切需要；是我们落实党的十九大提出的不断增强意识形态领域主导权和话语权，继承革命文化，发展社会主义先进文化，不忘初心，更好地构筑中国精神、中国力量，为人民提供精神指引、占领意识形态领域高地的具体举措；是贯彻落实习近平总书记"光荣传统不能丢，丢了就丢了魂；红色基因不能变，变了就会变质"等重要讲话和指示精神，不忘初心，牢记使命，传承红色基因的实际行动。

（二）在现在基础上活化利用红色遗址上，结合文旅，重点打造以中共三大为中心的革命精神示范区和以高第街为中心的北京路改革创新精神示范区

一是以中共三大为中心的东山口革命精神示范区。1923年6月12日至20日，中国共产党第三次全国代表大会在广州召开，是迄今中国共产党唯一在广州召开的、具有重大历史意义的全国代表大会，对中国革命产生了巨大的影响。1979年，中共三大会址被列为广东省重点文物保护单位。2006年7月1日正式修复开放。中共三大会址位于越秀区东山口。在广州，东山与西关一样，是岭南文化的代表，自清末开始，这里就出现了一些中西结合的岭南建筑。多达400栋历史建筑，构成了广州现存最大规模的中西结合低层院落式近代建筑群。我们还可以将中共三大会址与中共中央机关旧址（春园）以及简园、逵园等一起加以打造和利用，使之成为具有革命精神和岭南文化的巨大露天博物馆。

二是将高第街融入北京路文化旅游区，整体提升北京路文化旅游功能，打造成为展示广州改革创新精神的窗口。改革开放伊始，广州人民先行先试，发挥了伟大的改革创新精神，拉开了中国城市改革的序幕，但是广州并没有将这一点展示出来，广州建有农民工博物馆，但是在白云区，交通不便。而高第街连接北京路和起义路，具有先天的地理优势。1980年10月1日，广州市工商局成立，并为在高第街经营的商贩发牌照，高第街因此成为广州市乃至全国第一个经营服装的个体户集贸市场。高第街一度成为"全国时装潮流风向标"，灵活的经营方式以及新潮的服装款式吸引了来自全国各地的旅客和商贩。很多外地人出了广州火车站就问：去高第街怎么走？更有"到广州不去高第街，就等于没来过广州"的豪言。鼎盛期间，高第街统领全国的服装批发市场，连香港客商都来这里订货。而北京路文化旅游区，相较于上海、成都等地的步行街而言，还有很大的提升空间。我们可以增加其改革开放的元素，打通与沿江路天字码头连接间的"最后一公里"。这样我们可以依托北京文化旅游区，将高第街进行提升改造，将北京路文化旅游区做大做强，使之成为展示广州改革创新精神的窗口。

（三）系统梳理和抢救革命资料，加大广州革命与建设史的研究力度，培养一批熟悉广州本地党史文献的专家学者

一是要结合新时代发展中国特色社会主义文化的需要，围绕提升广州红色文化在全国的影响力、推动广州文化创新发展等方向，多角度、多层次开展红色文化理论研究，提炼和拓展广州红色文化资源的精神特质。建立优秀红色理论研究成果表彰和奖励制度，推动形成一批在全国有影响力的理论研究成果，打造红色文化理论研究广州品牌。要依

托广州丰富的红色资源，研究广州红色文化的形成过程、表现形态、内涵特征、历史地位，以及广州红色在全国红色文化中的地位和作用。

二是要与高层次、高质量研究机构加强合作，鼓励专家学者、民间团体共同参与，特别是要培养一批熟悉广州地方文献的专家学者，开展系列重大课题研究。建立和完善红色文化研究专家库，加强与中央党史和文献研究院、广东省委党史研究室等中央、省级研究机构合作，为红色文化传承示范区建设提供智力支持。通过研究，加强对红色文化蕴含的信仰理念、革命传统、人文精神和道德力量等的深入挖掘、全面研究和阐释，彰显红色文化作为中华民族优秀文化资源的先进性。要研究和解析红色文化中蕴含的以爱国主义为核心的民族精神和以改革开放为核心的时代精神。将弘扬红色文化与宣传习近平新时代中国特色社会主义思想相结合，与培育和践行社会主义核心价值观相结合，与发展中国特色社会主义先进文化相结合，积极弘扬红色文化当代价值。以推进文明社区、文明单位、文明家庭等群众性文明创建活动为契机，让红色文化在提高城市文明程度和市民文明素质上发力。

三是要整合红色文化研究资源，将党史党建、社科文化、高等院校、媒体传播、文艺创作和表演等联合起来，组建广州市红色文化研究中心（院），鼓励越秀区成立区级红色文化研究中心，形成各有侧重、各有特色的红色文化研究体系。完善红色文物和史迹管理、技术保障等人才队伍培养和引进机制，建立专门面向红色研究人才的激励机制。策划定期主办红色文化学术研讨会、交流会、座谈会，推动全国红色文化专家到示范区开展红色文化研究交流，在粤港澳大湾区红色文化理论研究中形成示范，打造成为全国红色理论研究的重要基地。

广州市红色文化传承示范区的建设，是广州贯彻党的十九大精神和习近平总书记对广州重要指示精神的重要举措，要系统有计划地实施，形成红色文化品牌，让红色文化释放出强大的凝聚力，从而推动城市文化综合发展出新出彩。

（作者单位：中共广州市委党史文献研究室）

红色历史遗迹的保护和开发刍议
——以广州市为例*

黄 滢

红色文化遗产是指从 1921 年中国共产党成立到 1949 年中华人民共和国成立这段时期内，中国共产党在发展、斗争、壮大过程中所经历、使用的具有独特性、多样性、稀缺性和文化性的物品、场所、建筑等遗存及其所承载的红色革命精神等物质性与非物质性文化遗产。因此，红色文化遗产是党和人民在革命、建设和改革的过程中形成的宝贵物质和精神财富。红色史迹是红色文化遗产中的重要组成部分，记载着重大革命事件和历史故事，承担着重要的纪念和教育作用。保护和利用好红色史迹，有利于我们把红色资源利用好、把红色传统发扬好、把红色基因传承好。作为近现代中国革命的策源地和改革开放的前沿地，广州拥有十分丰富的历史文化资源，红色史迹的保护和开发利用工作日益受到重视。

一、广州红色史迹的基本情况

作为中国近代民主革命的策源地，广州是在中国共产党成立前国内最早建立共产主义小组的地区之一。在抗日战争、土地革命战争、解放战争时期，广州的革命运动蓬勃发展，毛泽东、周恩来、刘少奇、叶剑英、聂荣臻、徐向前等无产阶级革命家都曾在广州留下足迹。中国共产党在广州活动时留下的红色史迹就是革命先烈留下的宝贵精神财富，也是广州历史文化资源的重要组成部分。

广州的革命事迹数不胜数，而且在红色史迹保护利用方面取得了不少成绩。根据中共广州市委党史研究室的普查结果，广州市党史旧（遗）址现共有 190 处。依托全国文物普查和广州市第五次文物普查成果，当中知名度比较高、保护级别比较高的广州红色史迹文保单位共 25 处，其中全国重点文物保护单位 4 处，省级文物保护单位 5 处。2016 年 12 月，国家发展改革委等 14 个部门联合印发《关于印发全国红色旅游经典景区名录的通知》（发改社会〔2016〕2662 号）。广州市共有 4 处入选，但红色史迹仅有"广州市红色旅游系列景区（毛泽东同志主办农民运动讲习所旧址、广州起义纪念馆和烈士陵园）"这一处。

广州作为国家首批历史文化名城，在保护、管理与传承优秀历史文化遗产方面已有

---

* 基金项目：2017 年度广州市哲学社会科学发展"十三五"规划马哲专项青年课题（项目批准号/课题编号：2016GZMZQN30）。

一套较为完善的体制机制。在进一步保护、开发和利用好红色文化遗产，发扬红色传统、传承红色基因方面，广州有关部门也出台了相关的措施。广州市委党史研究室相继出台了《广州市党史旧（遗）址督促巡查制度》《广州市中共党史教育基地评定办法》《广州市中共党史旧（遗）址认定办法》等规章制度，进一步规范了广州市红色史迹的保护和管理工作。2017年11月，广州还进行"旅游+红色文化+党史教育"的积极尝试，推出"革命传承 不忘初心"红色之旅6条推荐线路（3条旅行社推荐线路和3条自由行推荐线路）。3条旅行社推荐线路分别是：

线路1：广州烈士陵园—中共三大会址—中共广东区委旧址纪念馆—毛主席视察棠下纪念馆；

线路2：广州烈士陵园—团一大纪念广场—农讲所—中共三大会址—广州起义纪念馆；

线路3：黄埔军校—辛亥革命纪念馆—十九路军淞沪抗日阵亡将士陵园—中共三大会址。

3条自由行推荐线路分别是：

"广州起义红色之旅"：广州起义纪念馆—观音山战斗遗址—广东近代革命历史博物馆—中共三大会址；

"毛主席足迹之旅"：中共三大会址—农讲所—毛主席视察棠下纪念馆；

"周总理足迹之旅"：中共广东区委旧址纪念馆—周恩来旧居文德楼—周恩来视察岑村纪念旧址—黄埔军校。

二、广州市保护、开发红色史迹的意义

2017年8月，广州市发布《广州市人民政府关于进一步加快旅游业发展的意见》，标志着广州将以推动全域旅游发展为主线，对标国际先进旅游城市，加快旅游业供给侧结构性改革，实现世界旅游名城、国际旅游目的地和集散地的目标。重视广州红色史迹的保护和开发，有利于广州抓住机遇进一步提升旅游业国际影响力，提高广州旅游业的国际影响力和产业话语权。

一方面，保护、开发和利用好红色史迹，有利于加强新时期爱国主义教育。红色遗址所承载的是历史的厚重，是红色基因的发源地。做好对红色文化遗产的保护，有利于发扬红色传统、传承红色基因，具有极其重要的精神教育价值。广州是历史文化名城，不仅是岭南文化的中心，还是中国近现代革命的策源地，对于普通百姓而言，红色史迹是使红色文化实实在在看得见、摸得着的重要载体，因此，保护、开发和利用好红色史迹，有助于使广州的红色文化更加形象生动，使广大市民、游客特别是青少年更加了解党的历史，既有利于扩大爱国主义教育的范围，还能增强教育的效果，激励广大市民、群众从广州的红色文化史迹中汲取精神力量，从而转化为建设新时代中国特色社会主义的强大动力。

另一方面，保护、开发和利用好红色史迹，有利于推动广州旅游经济的发展。处理好红色史迹保护和开发之间的关系，以保护开发红色史迹为依托，大力推进红色旅游事

业,将红色文化、生态文化结合起来,进一步立体化、活性化地展现红色文化,推出广州红色旅游精品产品与线路,既有利于传播先进文化、寓思想教育于文化娱乐和观光旅游之中,又有利于把红色文化资源转变为经济能量。这有利于广州进一步促进旅游业繁荣发展、有序发展,深化国家旅游综合改革试点,建设国际旅游目的地和集散地,创建国家文化产业示范区,促进文商旅融合发展。

三、对广州市开发、利用红色旅游资源的建议

广州市的红色史迹保护工作趋于成熟,具有重大历史意义和重要现实价值的红色史迹得到了充分保护。但是,广州市在红色史迹的利用和红色旅游的开发上依然存在一些短板。一方面,由于缺乏完善的管理和保护机制,管理单位不统一,部分群众对红色史迹缺乏保护意识,部分红色史迹出现人为破坏损毁的情况。另一方面,在红色史迹的利用上尚未形成整体效应,空间结构有待进一步优化。对此,可以从以下三方面着手。

(一)加强督促巡查,保护抢救红色史迹

根据"保护为主、抢救第一、合理利用、加强管理"的方针,按照属地管理、分级负责的原则进一步完善红色史迹的督促巡查制度,定期巡查和突击检查相结合,形成红色史迹电子档案。强化各相关部门间工作联动,形成全覆盖的红色史迹保护体系,统筹推进红色史迹保护、修复工程。一方面,对存在险情、具有重大革命历史价值的红色史迹,应采取及时有效的措施,有针对性地进行抢救性保护、修复。另一方面,要逐步建立、完善红色史迹安全风险评估监测机制,对潜在危机进行预判,规避可能对红色史迹造成危害的风险。在此基础上,对红色史迹的周边环境进行修缮、保养维护,对周边环境中与红色文化不相协调的经营活动进行清理整治,逐步恢复红色史迹周边固有的历史环境风貌。

(二)深度整合资源,开辟红色旅游线路

坚持规划先行,在对红色史迹文物资源进行深入梳理的基础上,合理规划红色旅游线路。要注意进行资源深度整合,避免红色旅游景点的简单叠加,既要整合自然环境资源,同时也要整合人文历史资源,让红色文化"活"起来。在此过程中,力求使红色旅游线路成为综合型、复合型的旅游产品,做到"点、线、面"有机融合,打造红色旅游经典景区,推出一批红色旅游精品项目。此外,还应加强对红色史迹的研究阐释工作,统筹推进红色史迹纪念馆、博物馆的建设,进一步优化完善红色展览,使红色文化与纪念场馆等爱国主义教育基地相结合。

(三)加大宣传力度,打造思想教育阵地

要把红色史迹作为宣传红色文化的重要载体和平台,结合采用线上、线下宣传手段,对红色史迹进行系列宣传:合理运用相关单位"三微一端",通过图文并茂的方式叙述红色史迹的历史故事,切实提升红色史迹的知名度和影响力;编印红色史迹宣传手册、

红色史迹书签等纪念品，免费派发给市民群众。要完善好"广州红色电子地图"，采用新媒体技术手段，在电子地图中串联起红色历史事件和红色史迹，设置一键导航等便民利民功能，使市民通过轻松点击电子地图即可查阅红色史迹的分布情况和相关历史故事，记录自己追寻红色文化的踪迹，形成个人独有的"红色轨迹"。加强与教育部门的衔接，结合大、中、小学的教育计划，逐步建立学生定期参观红色史迹的规章制度。将特色鲜明的红色史迹打造成对党员干部、群众尤其是青少年进行红色文化宣传教育的重要阵地，使红色史迹在全市物质文明、政治文明、精神文明、社会文明和生态文明建设中起到重要作用。

（作者单位：中共广州市委党史文献研究室）

探寻广州文艺界的红色基因
——广州文联筹建与《广州文艺》创刊的历史回顾

黄建中

广州文联的筹建和广州文艺的创刊,是广州文联史上的大事。但遗憾的是,其创立的时间、地点、人物等由于年代久远、人事变动、资料缺失,具体细节存在一定争议。在编纂《广州文联志》的过程中,笔者有机会接触大量相关史料,也有热心的市文联老同志提供线索和资料,经过实地考察和档案资料的研究,现有的史料证明:《广州文联》(筹备会)成立于1950年,是中华人民共和国成立后最早的文艺人民团体之一;《广州文艺》创刊于1932年,是中国现代文学最早的左翼文学杂志之一。广州文联和广州文艺的主要创始人——以欧阳山为代表的老一辈的革命文艺家们,早在20世纪30年代就积极投身于中国革命文化的大潮之中,有的亲历由毛泽东主持召开的延安文艺座谈会;有的在叶剑英等老一辈无产阶级革命家的直接领导下工作;有的在鲁迅、茅盾等左翼文化名人的关怀下成长;有的在延安鲁迅艺术学院接受培训,或参与冼星海的《黄河大合唱》创作与演奏……当年《广州文联》的办公地点和《广州文艺》的通信联络地点,至今还隐藏于广州的闹市之中。2019年7月,广州市文联党组书记、主席李鹏程在开展不忘初心牢记使命教育活动中,率广州文联领导班子全体成员及部分中层领导到北京路市文联的原址实地考察。他指出,广州文联和广州文艺的主要创始人,早在20世纪30年代就积极投身于中国革命文化的大潮之中,广州本土的革命文艺,与中国革命文艺的红色心脏一起跳动,留下了宝贵的精神遗产。探寻广州文学艺术界的红色基因,传承红色血脉,是开展革命传统教育和党组织思想建设的好教材。

一、广州文联筹备和成立的历史回顾

(一)中华人民共和国成立后华南地区最早成立的文艺人民团体

1949年7月2日,北京召开了"中华全国文学艺术工作者代表大会",筹备成立全国性文学艺术界的组织。1949年10月14日,广州解放,叶剑英率华南分局领导机关进入广州。当时叶剑英兼任广州市军管会主任、市长、中共广州市委第一书记。因当时有较多的文艺家聚集广州,1949年12月10日,以欧阳山为主任委员的华南文联筹备会筹备成立华南文联、广东省文联和广州市文联筹备会。1950年9月25日至10月1日,召开华南文艺工作者第一届代表会议。会议的第六天(即1950年9月30日),广州市文学艺术工作者代表会议开幕,选出广州市文学艺术界联合会筹备委员会委员丁波等77人,并选出陈翔南、胡根天、丁波、周国瑾、符公望为召集人。1950年10月1日,广州市文学艺术界联合会筹备会正式宣告成立，隶属中共广州市委宣传部，是紧跟在同年5月成立的北京市文联、6月成立的天津市文联、7月成立的上海市文联后，最早筹备成立的市级文艺人民团体之一。

（二）筹委会领导成员均为久经考验的革命文艺家

1950年9月30日，广州市文学艺术工作者代表会议选出了6位广州文联筹委会成员：

常设委员会主　　任：　陈翔南　兼市委宣传部部长
常设委员会副主任：　丁　波
　　　　　　　　　　　胡根天
　　　　　　　　　　　周国瑾（驻会专职干部）
常设委员会秘书长：符公望（驻会专职干部）
常设委员会副秘书长：李鹰航（驻会专职干部）

以上6位筹委会成员均为久经考验的革命文艺家。除了丁波是湖南人，其余5位均出生于广东本土。他们经历过革命战争的严峻考验，同时也在文学艺术界取得杰出成就，是具有一定影响力和组织能力的文艺行家。他们肩负着团结和带领广大文艺工作者为刚刚解放的广州贯彻执行"双百""两为"方针的使命，为实现文艺创作的发展和繁荣而不懈奋斗。

陈翔南（1914—1987），广东顺德人。1935年加入中国青年同盟。1936年转为中国共产党党员后，到新会重建中共新会支部，任书记。1938年，先后任中共新会区工委书记，中共西南、中区特委委员。1939年1月，任中共新会县委书记。1940年，先后任中共中山县委书记，南番中顺中心县委委员、组织部部长，南番中顺临工委副书记，珠江特委委员。解放战争时期，任中共广州特派员、市工委委员。中华人民共和国成立后，历任中共广州市委委员、副秘书长、宣传部代部长，中南林学院党委副书记，广东省卫生厅副厅长，省体委副主任兼广州体院院长、党委书记，广东省政协委员等职。

胡根天（1892—1985），别名胡持秋，广东开平人。擅长绘画、美术教育。1913年毕业于广东高等师范，1920年毕业于日本东京美术学校。1921年在上海任上海艺专教授。同年到广州筹办美术学校，创立西画团体"赤社"美术研究会。1922年创办广州市立美术学校，任教务主任、校长。1940年创办广东省战时艺术馆（即省艺专）任教务主任、西画系主任。1950年后历任华南文联委员兼美术部部长、中南文联常务委员兼美术工作委员会主任、省立博物馆馆长及广州人民博物馆馆长、广州市文史研究馆馆长、中国美协广东分会副主席。作品有《难民图》《一个卫兵》《黄山莲花峰》等。出版有《胡根天作品集》。

丁波（1915—2001），出生于湖南衡南县，1935年毕业于衡阳五中，1936年肄业于湖南省立第一师范学校，同年参加民族解放先锋队，1937年在延安"抗大"学习，1938年入党，结业后分配到武汉八路军办事处。曾在胶济铁路、粤汉铁路做工运工作，后调任中共衡阳县委组织部部长，从事秘密工作，因身份暴露，在朋友的掩护下安全撤离衡阳。历任抗敌演剧五队、中国歌舞剧艺社、华南文化工作团主要负责人，在华南战区和南洋进行团结抗战的宣传演出。1952年后任广州市文化局局长、广东省文联副主席。1960年任中国演出公司经理，率领艺术团在几十个国家进行了友好演出。1977年任中国图书进出口总公司总经理。1984年退休后，被深圳特区聘为文化顾问，为深圳创建了"荔枝节"。著有《风雨南洋行》《洋书开放留痕》《四海留踪》，在《光明日报》《大公报》《广州日报》《羊城晚报》《湖南日报》等发表散文数百万字。

周国瑾（1921—2005），笔名林志明，广东广州人，中共党员。1938年奔赴革命圣地延安，1943年毕业于延安鲁迅艺术文学院。历任延安鲁艺秧歌队员，陇东剧团音乐教员兼戏剧组长，延安中央党校文艺工作研究室研究员，延安中央管弦乐团团员，华北军政大学文工团副团长兼创作室主任，广州市文联副主席，中国作家协会广东分会副主席，广州音乐专科学校校长，广东省音乐家协会主席，中国音乐家协会第三届常务理事，广东省文联第一届副主席，中国文联第四届委员，广州市第一届人大代表，广东省第三、四、五、六届政协委员，广东省文化艺术界咨询委员。1944年开始发表作品。1954年加入中国作家协会。著有剧本《丑家川》《保卫牛家堡》《平凡的创造》等，论文《音乐艺术为工农兵服务的方向》《加强音乐艺术的革命化民族化群众化》《保持和发扬广东音乐的优良传统》等20多万字，诗、词、歌曲《珠江奔流向海洋》《东风颂》《千万颗红心献给党》等80余首，散文《我们到了莫斯科》《布达佩斯见闻》《我与诗人贺敬之》《听广东民间音乐团演出有感》等10多万字。剧本《丑家川》获陇东分区创作奖，1992年获广东省鲁迅文艺奖（个人成就奖）。

符公望（1911—1977），广东佛山人，中共党员，大学肄业。历任演剧队员，香港中原剧艺社秘书，粤中纵队政治部文工团团长，华南文联秘书处副主任，广州文联秘书长，广东作协专业创作和行政工作，省文化局艺术处、艺教处副处长。1946年创作《古怪歌》，在香港《华商报》发表。此后长期从事方言诗、歌词、说唱等通俗文学创作，直至中华人民共和国成立初期。作品《中国人民翻身大合唱》获国家文化部、中国文联举办的全国群众歌曲创作三等奖。1977年3月出版《符公望作品集》。

李鹰航（1916—1999），原名李英堂，笔名方冬，出生于广东省台山市广海镇东界村。当年在广州广雅中学读书时就学会了二胡、三弦、秦琴、小号等演奏技术，其中小号最为出色。1938年5月，李鹰航经共产党人李嘉人介绍，离开台山奔赴革命圣地延安，在鲁迅艺术学院音乐系学习。1938年12月加入中国共产党。毕业后，留校当研究生和助教。当时，著名音乐家冼星海从武汉来到鲁艺任教，与李鹰航很快就结下了师生情谊，他们从三弦合作谱曲到独奏，建立了深厚的情谊。冼星海创作的《黄河大合唱》，其中第三乐章《黄河之水天上来》，就是由李鹰航弹奏三弦。从此，李鹰航以冼星海为榜样，更加努力学习作曲技法，认真研究民族音乐传统文化。在老师的指导下，短短一年多时间里，他创作了歌曲30余首。1942年6月，延安国乐社在中央礼堂成立，并举行首场演出。国乐社由李鹰航担任社长，他们的活动得到冼星海的鼓励和支持，使有民族风格的音乐和歌曲传遍陕北高原。在陕甘宁边区召开的英模大会上，李鹰航被评为文艺界甲等英模。1946年4月，李鹰航随部队离开延安开赴东北开展革命工作。先后担任哈尔滨大学戏剧系主任，东北文教工作队负责人，东北师范大学音乐系主任，长春市文联副主席。1955年春，李鹰航回到广东，出任广州市文化局副局长，组建了中国音乐协会广东分会，并当选为第一任主席。50多年来，他创作的作品有300余件，其中歌剧、歌舞剧、话剧配乐、电影音乐有37部，歌曲近200首，器乐曲和舞曲有10余部，还有论文、评论集等多种，此外还有在故乡台山写的民歌、校歌一大批。李鹰航是中国共产党培养的第一代革命音乐家之一，被国务院评为有特殊贡献的专家。

（三）筹委会成立之初的机构设置与工作开展

（1）完善机构设置和各协会筹备处。1950年10月，广州文联筹委会成立以后，机构设置也逐步完善，设有秘书处、文学工作者协会音乐工作者协会、美术工作者协会、戏剧工作者协会、舞蹈工作者协会5个筹备处，还有创作部、组运部、福利部及《广州工人文艺》编辑部，驻会人数达40多人。筹委会会址在广州永汉北路（今北京路）7号之一。

（2）创办《广州工人文艺》（月刊）杂志。《广州工人文艺》是一本面向工人群体的通俗文艺刊物，有小说、诗歌、连环图、演唱材料等，可供文娱和学习文化之用。由广州市文学艺术界联合会筹备会出版，主编为符公望。徐楚是符公望的妻子，曾在《广州工人文艺》担任办公室副主任兼人事科长，据她回忆：当时2楼是会议室，编辑部设在3楼，办公室人事文书会计在4楼，7楼是饭堂。编辑部平常都深入工厂辅导工人写作。著名漫画家廖冰兄也曾参与编辑部的工作。《广州工人文艺》自1951年11月创刊，共出版了17期，由于市文联的业务调整，从1953年6月开始，《广州工人文艺》由市总工会接办。

（3）办公地点位于广州文脉的核心地段——广州永汉北路7号。这个地址印在由广州市文学艺术界联合会筹备会出版的《广州工人文艺》杂志上，与档案资料上的记载相吻合。

为了进一步了解广州文联筹委会原址的情况，《广州文联志》编辑部按照广州市文联提供的历史照片，到北京路实地考察和到房管部门查询，证实永汉北路7号即现在的北京路233—235号，是一座7层的骑楼建筑物，位于北京路与惠福东路的交界，对面就是广州人熟悉的永汉戏院。这栋大楼历经沧桑，至今仍基本保留着历史原貌，成为北京路步行街的一部分。在中共广州市文联组织史档案上，永汉北路7号备注为永汉北路"金龙酒家旧址"。经过查阅广州市政协网站《广州文史》，显示这座与哥伦布大楼相连的大楼是"仙湖楼"，曾经是广州最早的茶室之一"仙湖茶室"的所在地，后来该茶室转为"天龙酒家"，因此，档案上的"金龙酒家旧址"很可能是"天龙酒家旧址"之误。

另外，据曾经担任广州市民间艺术家协会主席的曾应枫回忆，她的父亲——作家曾炜与秘书长符公望等，曾经在这座大楼居住过，他们把这座大楼称之为"哥伦布大楼"。经查有关资料，其实哥伦布大楼与仙湖楼是连在一起的建筑物，因是广州最早的西餐厅之一"哥伦布餐厅"所在地而得名。从收藏家李德森先生提供的20世纪30年代的广州老照片，可以看到永汉戏院对面的大楼，有"伦布"二字。现在哥伦布西餐厅旧址是越秀区区级保护文物。1938年6月，国民党广州当局无理封闭《新华日报》广州分社及拘押抗日救亡的爱国青年代表，中山大学等校学生掀起反封闭及营救爱国学生出狱的斗争。廖承志以《新华日报》广州分社的名义在永汉北路哥伦布餐厅举行记者招待会，强烈要求国民党当局应立即解除对《新华日报》广州分社的封闭、释放爱国青年代表。

1952年国庆前夕，广州文联筹委会把地处广州市最繁华地段的"仙湖楼"立面装饰一新，挂起一颗红星和八面红旗以及"庆祝中华人民共和国成立三周年"巨幅标语。中间一幅毕加索为第二届世界保卫和平所画的和平鸽，分外醒目，在永汉路闹市吸引着众多市民的目光，这是市文联在广州解放初期的一次非常成功的形象宣传。时任华南文联委员兼美术部部长、广州文联筹委会副主任的胡根天，把庆祝国庆立面的装饰设计策划工作交给了著名漫画家廖冰兄（1915—2006）。他曾参与绘制爱群大厦的30米高毛泽东巨像，1950年从香港回来，到市文联筹委会在胡根天的手下从事美术工作。这幅和平鸽大画，足有一层楼高，绘制有相当难度。廖冰兄想起了漫画家曾钺（1919—2008）。曾钺1951年从香港回到广州，他接到的第一件工作就是为广州市公安局绘制镇压反革命大会10多米高的宣传画。当时朱光市长检查会场，发现还有一幅宣传画未画，只有一天时间，于是就把这个任务交给广州市文联，由廖冰兄将这个任务交给曾钺去完成。但曾钺从未画过这么大的宣传画，他把设计图剪为4块，找4个人分工放大，再由市十一中学的美术老师带领10多个学生来个"人海战术"填色，一个上午完成。凭此经验，曾钺被廖冰兄选中，为市文联画"和平鸽"大画，曾钺果然不负重托，出色地完成了任务。

1953年年初，市文联（筹）的组织机构大调整。编制40多人的组织机构被撤销，从实到虚，只设专职干部，放在市文化局一起开展工作。直到1963年6月，召开了广州市文学艺术界首届代表大会，正式成立广州市文联。选出市文联委员会委员90人，并产生了市文联领导机构。

二、《广州文艺》创刊始末

广州市文学艺术界联合会主办的《广州文艺》杂志，是一个以题材多样、栏目丰富、鲜明反映岭南风情和经济特区新貌的文学类刊物，受到广大读者的欢迎，发行量曾经高达35万份，与《青春》《萌芽》等文学期刊被誉全国文艺期刊中的"四小旦"。据1984年的《广州年鉴》所记载：《广州文艺》前身是由市文化局与1971年创办的内部刊物《工农兵文艺》，1973年1月改名为《广州文艺》（16开本）。创办初期是双月刊，1979年改为月刊，主编是广州文联专职副主席刘家泽。在本轮修志期间，笔者在接触了大量档案历史资料、当事人的口述和实地考察后，发现许多证据证明，从纯文学刊物、刊物名称和创办人这三大特征看，《广州文艺》早在1932年9月就已经创刊了，创办人是中国文学史上著名的作家欧阳山、草明和一批广东本土的左翼作家，《欧阳山文集》记载了1932年9月欧阳山创办《广州文艺》的经过。

欧阳山（原名杨凤岐，1908—2000）在鲁迅参加的中国左翼作家联盟的推动下，提出创作"新文学及粤语文学"和"文艺大众化"问题。他于1932年9月在广州组建了广州文艺社，创刊并主编了《广州文艺》，组织成立了"广州普罗作家同盟"，即"中国左翼作家联盟广州分盟"。

广州文艺社的主要成员有欧阳山（即罗西）、赵慕鸿（广东省立女子师范学校的教师）、龚明（又名阿垄，南海中学教师）、草明（原名吴绚文，广东省立广州女子师范学校学生）、伍乃茵（原名伍翠云，广东省立广州女子师范学校学生）、唐凌鹰（又名唐启超，广雅中学学生）和南海中学学生胡沥（莫斯明）、于城（于绍强）、龙乙（康秉坤）、许介（许自烜）、孔风仪、易巩（梁韶松）等人。

1932年9月4日（民国二十二年），由广州文艺社编辑出版的纯文艺刊物《广州文艺》周刊创刊号面世，印数2000份，售价大洋2分，通信联络处为广州市光孝街祝寿巷23号，每逢周日出版。欧阳山从《广州文艺》1932年9月4日创刊至1933年8月，分别用罗西、吉星等不同笔名创作和发表了12篇革命文学作品：《请广州作者全体动员》《谁都能疑问》《辛克莱现在的文学》《哀悼一切为反帝而死的兄弟》《一周总答复》及《跛老鼠》（粤语短篇）等。还秘密出版过以产业工人为题材的作品，如欧阳山的《单眼虎》和草明的《缫丝女失身记》等两本粤语章回小说。笔者为探寻创刊号标明的通信联络处"光孝街祝寿巷23号"，在广州市光孝路光孝寺附近找到祝寿巷。这是一条通往海珠路的小巷，在小巷的中段发现23号依然健在，是一座两层楼的建筑物，正面还有"古城建筑行承建"的立体字，首层现在已成为水果店了。

在创办《广州文艺》之初，来自广东省顺德（今佛山市顺德区）的女师学生吴绚文（1913—2002）来到了欧阳山的身边。在欧阳山的指导下，她以草明为笔名撰写了5万字的《缫丝女工失身记》。1933年8月，出版了20多期的《广州文艺》周刊遭国民党反动派当局查禁，创始人欧阳山、草明等被通缉追捕，龚明被杀害，易巩被判10年徒刑。他们躲藏在一艘贩运生猪的货船舱底，逃离广州到上海，参加了鲁迅为旗手的中国左翼作家联盟，多次聆听鲁迅、茅盾等文学大家的教导。1940年，欧阳山和草明一起在重庆加入中国共产党，又一起到了延安，在杨家岭的窑洞多次与毛泽东一起畅谈"文艺为什么人"等问题。他们还一起参加了1942年5月2日在延安中央大礼堂毛泽东主持召开的文艺座谈会，23日下午聆听了毛泽东主席作的总结讲话（即著名的《在延安文艺座谈会上的讲话》），会后文艺界与中央领导合影，草明坐在第一排，离毛主席最近。1941年，欧阳山在延安的《抗战文艺》发表了《我写大众小说的经过》，还谈起当年这段经历："龚明、赵慕鸿、草明、伍乃茵、易巩——这许多朋友把广州文艺社组织起来了，我们热心讨论这个非常有趣的问题。我们出版了一个定期刊物《广州文艺》周刊。我们一致认为文艺大众化的问题，最先而且最主要的是语言问题——文学用语的问题。如果我们用一种广东人民大众所不懂的文学用语来写作，无论我们为了什么人，企图怎样，写些什么东西，广东人民大众还是觉得异常隔膜的。"

中华人民共和国成立后，欧阳山回到广东，1950年创建华南文学艺术界联合会，后任广东省文联、广东省作家协会主席。欧阳山的长篇小说《三家巷》，是当代文学的经典力作。草明在1947年到了东北，分别在发电厂鞍山钢铁厂等重工业基地工作，并写出了《原动力》《乘风破浪》等一系列工业题材的作品，被誉为中国文学史上工业题材的拓荒者，从而也确立了她在中国文学史上的地位。

《广州文艺》的创办，对于欧阳山和草明的人生道路，对于中国现代文学史，对于广州的新文化运动历史，都具有非常重要的历史意义。

首先，欧阳山和草明收获了爱情。两人一起写作、编辑、研讨及多方活动，并肩征程中堕入爱河。《广州文艺》第5期（1932年10月2日）有一篇小说就是草明原作、欧阳山粤译合作而成。1933年夏天，欧阳山介绍草明在现代书店当了一名店员，刚刚结束高中二年级的草明搬出校园，在高第街租了一间小房子来住，与欧阳山的关系更加密切，秘密结了婚。但后来他们在延安离婚，毛泽东还亲自过问此事。

第二，"欧阳山"和"草明"这两个笔名，是在《广州文艺》周刊上首次与广大读者见面的。欧阳山之前常用的笔名是"罗西"，草明不愿用自己的原名吴绚文，用"草明"这个笔名发表作品。从此，这两人的笔名逐渐成为其正名，为中国广大读者所熟知。关于草明的笔名，有种讲法是她为表示她的共产主义理想的萌芽，将"萌"字拆解为"草明"。另一种讲法是中华人民共和国成立后毛泽东开会时问她，她解释为旧社会发表文章不能用真名，取白居易的诗句"离离原上草，一岁一枯荣。野火烧不尽，春风吹又生"的"草"字，表示革命者是国民党反动派杀不尽的，毛泽东听了微笑点头。

第三，在编辑出版《广州文艺》的日子，在欧阳山的提议下，"广州普罗作家联盟"成立了，作为中国左翼作家联盟广州分盟。对此，鲁迅先生和左联都十分重视他们这个请求，经过考察之后，批准成立中国左联广州分盟的请求，并任命欧阳山为中国左联广州分盟的书记。左联广州分盟于1933年"一·二八"事变周年纪念日，在河南漱珠岗一间废置不用的"兰苑"茶楼的旧址召开群众大会，到会的有文化界人士、学生店员等七八十人。这说明广州的左翼文化人，是中国左翼文化运动的最早参与者和重要组成部分，同时也证明：《广州文艺》是全国最早的左翼文学杂志之一。

欧阳山逝世以后，广东省文联等单位在广州东山梅花村36号欧阳山居住的地方设立欧阳山故居，并把把该楼门前花园命名为欧阳山广场，广场上树立着著名雕塑家潘鹤创作的欧阳山先生塑像。中国作家协会于2013年举行草明百年诞辰纪念座谈会。在她家乡，顺德图书馆和顺德作协联手共建了"草明书屋"。2018年4月的《广州文艺》发表了欧阳山之子欧阳燕星的作品《欧阳山的家》，追忆欧阳山和草明这两位创始人的种种往事。

如果从1932年9月算起，《广州文艺》有87年历史了，其中经历几许风雨，停刊又复刊，但如今依然青春焕发，在改革开放的大潮中屹立不倒，在全国具有一定的影响。历史不会忘记当年创办广州文联和《广州文艺》杂志的老一辈革命艺术家。通过这次修志，在市文联领导、老同志和各部门的支持下，探寻到革命前辈们留给广州文学艺术界的宝贵财富，其中部分资料和原址为首次发现，弥足珍贵。在习近平新时代中国特色社会主义思想的指引下，在新一代广州文艺家的共同努力下，广州市文艺界的红色基因和革命传统，必将得到进一步挖掘和传承，发扬光大！

（作者单位：广州市文联）

传承红色基因 讲好从化故事

李远前

从化,位于广州市北部,地域面积1974.5平方千米,下辖5镇3街、221条行政村、1086条自然村的土地,具有丰富的历史文化资源和深厚的红色文化底蕴。从化人民勤劳质朴,有着反帝、反封建、反压迫、反剥削的悠久历史和光荣传统。自1939年4月建立中共从化县第一个党小组以及同年11月中共从化县第一个党支部成立开始,从化人民在中国共产党的带领下,开展了长期、伟大的革命斗争,形成了奋斗、奉献的革命精神。这块具有7000多年历史的岭南文化发祥地之一,不断地孕育着从化故事。

根据"不忘初心、牢记使命"主题教育的有关工作安排和相关要求,为进一步加强从化区国家档案馆档案、党史、方志资源的编研利用工作,切实履行好"为党管档、为国守史、为民服务"的宗旨,发挥好为人民服务、为社会主义服务的职能,更好地挖掘从化地区历史文化资源尤其是红色文化资源,更好地传承红色基因、发扬红色传统、传播从化声音、讲好从化故事,组织开展"传承红色基因,讲好从化故事"专题调研。针对目前从化地区档案史志资料编研开发利用方面存在的问题和不足之处,通过座谈会、实地走访、访谈等形式,开展广泛、深入、细致的调查研究,着重调查了解了从化红色历史故事、革命传统、红色文化及其开发利用等情况。经过深入调研,对如何"传承红色基因,讲好从化故事"梳理总结了一些主要的情况。

一、从化故事的内涵

从化故事,从广义的角度来讲,包含从化自有人类活动以来所发生的一切人和事;而本文特指从化人民在党的领导下进行新民主主义革命、抗日战争、解放战争乃至中华人民共和国成立后进行社会主义建设与发展所取得的伟大成就和光辉历史。这里概括的主要是两大方面。

(一) 从化红色历史故事

从化在新民主主义革命、抗日战争、解放战争时期,党领导从化人民进行革命、战争的红色历史故事,内容非常丰富。根据调研掌握的历史资料,主要以现有23处党史旧(遗)址所发生的红色历史故事为主,以及通过上门走访、口述史采访等掌握的一些红色历史故事。如1939年成立中共从化第一个党小组和中共从化县第一个党支部的历史,又如从化军民抗日情绪高涨,从化民众自发组织抗日或支援中国守军抗日,对侵略从化的日军作战,写下了可歌可泣的抗日篇章的历史;再如1949年10月12日,参加解放广州、琼州海峡渡海和解放海南岛的战役的历史。这些是从化的红色基因，我们需熟知并自觉传承。

（二）从化建设与改革发展的历史

中华人民共和国成立后，从化人民在党的领导下，继续传承红色基因、发扬红色传统，在进行社会主义建设、实行改革开放和党的十八大以来坚持和发展中国特色社会主义等，取得了许多历史性成就，同时涌现出不少先进典型人物和先进事迹。在建设七大灌渠、流溪河水电厂、林业生态县、村村通水泥路以及实施乡村振兴、建设特色小镇等的过程中，涌现出不少先进典型人物和先进事迹。

例如，中华人民共和国成立前，从化水利设施相对薄弱，引水工程仅有一条明朝时开凿的"阁老圳"，农民经常是靠"戽水""调水"灌溉农田，耗力多、效率低，水旱灾害频发。自1953年开始，从化县委县政府急人民之所急，决定"北水南调""水旱兼治"，在北部建水库蓄水、开凿灌渠，把水引到中部和南部，在全县规划兴建七大灌渠。建成这么浩大的工程，在当时物资短缺、粮食紧张、设备技术条件落后的情况下，困难程度可想而知。可以说，从化人民用"不畏艰难、不畏困苦、敢于担当、勇于作为"的"铁肩膀"，担出了七大灌渠。1996年8月，从化市委、市政府决定对七大灌渠进行高标准、高质量、高效益的全面改造。改造工程于1996年10月动工，除高灌渠在2001年7月竣工外，其他灌渠均在1997年2月竣工。七大灌渠，是精神之渠，流淌着从化人民的主人翁精神、铁肩膀精神、卷裤腿精神、鸡公车精神、挑灯战精神和齐上阵精神。灌渠精神属于历史，也属于当前和未来；是从化人民代代传承的文化自信。

又如，努力将流溪河水电厂建成"大庆式企业"。从化流溪河水电厂位于从化区流溪香雪大街芳溪园，建成于1958年。流溪河水电枢纽工程是国家第一个五年计划项目，位于珠江三角洲水系流溪河上游，是以发电为主，兼顾防洪、灌溉、供水等综合利用功能的水利枢纽工程；作为中华人民共和国成立后广东省建设的第一座中型水利枢纽，倾注了共和国第一代领导集体的亲切关怀。领导们非常重视电站的建设。在电站建设过程中和建成后，朱德、陈毅等党和国家领导人曾到电站视察和指导工作。工程建设以高速、优质、低价名扬全国，被誉为广东水电的第一颗"明珠"。

再如，坚持特色发展，建设特色小镇。2016年以来，从化区践行新发展理念，把特色小镇作为实施乡村振兴战略的重要平台，推进南平静修小镇、锦洞桃花小镇等市级特色小镇建设。截至2019年10月，全区率先打造的20个特色小镇建设成效显著、亮点纷呈。近年来，从化区着力打造特色更鲜明、产业更兴旺、发展更充分、辐射更有力的特色小镇，继而全面打造内涵式发展道路的从化特色小镇2.0版，在生态文明建设与乡村振兴的实践中积累了"从化经验"，形成了"从化样板"。例如，良口生态设计小镇从启动建设到投入使用仅用89天时间，将废弃的旧农贸市场改造成大型会议中心，成为首届世界生态设计大会举办地及永久会址，以奋斗者脚下的"圆梦路"创造了令人瞩目的"广州速度"，也以无可辩驳的事实印证——从化美好生活必须依靠自身奋斗实干来实现，也以无可辩驳的事实印证——从化事业发展必须坚持区委的正确领导。

除上述历史故事外，党的十八大以来，从化区在中国共产党的正确领导下，在经济、政治、社会、文化、生态文明建设方面取得许许多多巨大成就。例如党的建设方面，搭建"仁里集"共建共治共享"一键通"平台，打通服务群众的"最后一公里"。又如城市建设方面，开通广州地铁14号线，正式进入"地铁时代"，通过轨道交通一体化融入广州国际大都市圈等，这些都是从化故事的组成部分。

从化历史故事丰富多彩。从化故事当中蕴含的红色基因强大，并且一脉相承，为从化不断实现高质量的发展、从化人民实现幸福美好的生活注入强大基因动力。

二、讲好从化故事的意义

（一）讲好从化故事，是履行部门职能的应有之义

根据《中共广州市从化区委办公室关于印发〈广州市从化区国家档案馆职能设置、内设机构和人员编制规定〉的通知》（从办〔2019〕18号），区国家档案馆加挂中共广州市从化区委党史文献研究室、广州市从化区人民政府地方志办公室牌子。因此，从化区国家档案馆是集档案、党史、地方志工作三项职能为一体的单位，"为党管档、为国守史、为民服务"是这个单位的基本职能。

根据该"三定方案"，区国家档案馆的主要职责中包括"负责组织征集整理散存在国内外的从化有关历史文化、经济社会发展等重要档案资料""研究中共从化历史，组织编写地方党史著作、重要党史人物传记和党史大事记等""征集、整理、编纂、保存党史文献资料、志书、年鉴、地方史及其他相关的地方志文献资料和音像资料、实物""发挥档案、党史、地方志存史、育人和资政的功能，开展档案、党史、地方志宣传教育及对外交流活动"等。因此，收集整理从化地区红色历史资料，梳理形成从化红色文化产品，宣传讲好从化红色历史故事，是区国家档案馆的职责所在。讲好从化故事，尤其是讲好红色故事、传承红色基因，是区国家档案馆履行部门职能的工作需要和具体表现，更是履行职能的应有之义。

（二）讲好从化故事，是整理历史经验的时代之需

从化自建县以来，尤其是有党的活动以来，在过去的历史中留下了许许多多光辉的历史足迹和印记，涌现出数不胜数的广为传颂并且裨益后辈的先进人物及其事迹。尤其是党带领中国人民进行抗日战争、解放战争、成立中华人民共和国，以及党带领中国人民进行社会主义建设、实行改革开放和党的十八大以来坚持和发展中国特色社会主义的各个时期，从化人民在党的领导下自力更生、艰苦奋斗，做出了积极贡献，涌现出许多为国家独立、为民族解放而抛头颅洒热血的英勇之士，许多为坚持和发展中国特色社会主义而无私奉献、勇于牺牲的先进人物，发生了许多惊天地泣鬼神的动人故事。

从化人民过去的斗争历史、先进事迹，尤其是所取得的成绩和经验，需要我们每一代从化人去了解、去总结、去弘扬、去传承。因此，讲好从化故事，尤其是讲好从化红色历史故事，是区国家档案馆作为档案史志工作部门整理历史经验的工作需要和历史使命，更是发扬红色传统、弘扬红色精神的时代之需。

(三)讲好从化故事,是实现知古鉴今的重要之举

习近平总书记曾指出,要"保护红色资源、发扬红色传统、传承红色基因"。通过到温泉镇、吕田镇、太平镇、街口街等基层镇街以及莲麻村、宣星村、三村村、邓村村等村走访调查,组织镇村干部、村民群众代表召开座谈会,采访曾在从化参加革命和工作、生活的老干部老同志等形式,抢救搜集从化红色革命历史故事和红色历史文化的有关线索。在调研基础上,对所掌握第一手口述史资料以及收集到的实物等资料进行认真梳理、归纳、整理,并及时组织整理从化红色历史文化资源,填补了一些历史故事或故事过程的一些空白,有效地完善了一些史料。整理之后,更重要的一点,就是继续做好宣传、教育,将红色革命传统、红色历史文化传承下去,传承红色基因、发扬红色传统,达到知古鉴今的目的。

(四)讲好从化故事,是传播从化形象的现实之需

从化无论是在革命战争年代,还是在中华人民共和国建设发展时期,都有许多可歌可泣的故事。如从化共有革命老区镇5个、行政村28个、自然村109个,既有抗日战争根据地,也有解放战争根据地,涌现了不少革命烈士;1978年,从化邓村即率先开始了联产承包责任制的初期探索;党的十八大以来,从化在生态环境建设、实施乡村振兴战略方面积累了不少经验,天蓝水绿、充满活力的从化形象,需要区国家档案馆参与向外宣扬与推介。

三、讲好从化故事的路径与策略

习近平总书记曾对档案、党史、地方志工作作出重要指示:一个民族、一个国家,必须知道自己是谁,是从哪里来的,要到哪里去,想明白了、想对了,就要坚定不移朝着目标前进。因此,作为承担档案党史方志工作职能的区国家档案馆,更加需要写好、讲好从化的红色历史故事,让世世代代的从化人都能铭记革命先辈、前辈遗传下来的红色基因、红色精神、红色传统,并且世世代代传承好、发扬好。

党的十八大、十九大以来,区国家档案馆坚持以马克思列宁主义、毛泽东思想、邓小平理论、"三个代表"重要思想、科学发展观和习近平新时代中国特色社会主义思想为指导,深入学习贯彻落实习近平总书记系列重要讲话和对广东重要指示批示精神,坚持"不忘初心、牢记使命",增强"四个意识",坚定"四个自信",做到"两个维护"。按照中央关于统筹推进"五位一体"总体布局、协调推进"四个全面"战略布局的部署要求,围绕抓实抓好加快推进乡村振兴示范区建设,坚持粤港澳大湾区"红色文化传承地、生态经济核心区"的发展定位,打造粤港澳绿色增长极和生态核心区的要求,区国家档案馆坚持"为党管档、为国守史、为民服务"宗旨,践行"开门办志",紧密结合自身实际,立足自身职能,大力挖掘保护红色资源,宣传弘扬红色文化,努力讲好从化故事。

(一) 收集红色历史线索，是讲好从化故事的重要前提

讲好从化故事，首先是要掌握了解从化的历史和故事。要掌握从化历史故事的来龙去脉，就需要做好收集红色历史线索这一项工作。一直以来，在收集红色历史线索方面，从化区做了大量卓有成效的工作，主要包括：一是收集年鉴年报资料和档案资料，为修编年鉴、地方志书和史书提供基础、原始的第一手资料；二是通过上门走访、下乡调查的方式，继续收集并补充关于从化红色历史的情况资料；三是向社会征集档案史料和实物，为研究从化红色历史提供重要的线索；四是开展口述史采访等，全面、广泛收集从化地区历史以来在经济社会发展方方面面的情况，并且对相关口述史资料进行甄别、互相对比印证，为做好地方红色历史研究打好基础。

收集红色历史线索，是为了更好地梳理从化红色故事的来龙去脉、真实情况，有利于挖掘鲜活的红色资源，更是讲好从化故事的重要前提。

(二) 整理红色历史资料，是讲好从化故事的基础工作

整理红色历史故事，是为了更加全面、完整、真实地还原从化地区的红色历史，梳理总结从化地区的红色文化、革命传统和红色精神，是今后讲好从化故事的基础工作。过去，从化区在整理红色历史资料上做了不少工作，主要包括编纂《从化市志》《从化年鉴》和编纂红色教育书籍等。

1. 编修志书等地情书籍

从化区严格按照上级工作要求，每20年修编地方志书，每年编纂《从化年鉴》以及组织编纂《古驿今颜》《从化掌故》《邓村村情》《温泉镇志》《江埔村志》《吕田镇志》《莲麻村志》等地情书籍资料。

2. 编纂红色教育书籍

一是编印《习仲勋与从化》《开国元勋与从化》。早在20世纪五六十年代，周恩来、朱德、刘少奇、邓小平等一批党和国家领导人就来过从化指导工作或者休养。为了梳理并宣传好这些珍贵的历史故事，区国家档案馆通过查找省档案馆馆藏的省委办公厅、省府办公厅、省外事办等单位有关的档案资料，实地调查走访流溪河水电厂、广东温泉宾馆、太平镇邓村等党和国家领导人到过的地方，整理形成一批"周恩来夫妇八次到从化温泉""刘少奇的勤政身影"等党和国家领导人与从化的故事，编辑成红色教育书籍《开国元勋与从化》《习仲勋与从化》，宣传党和国家领导人关心从化人民、学习奋斗、奉献的精神。二是编印《从化区党员干部红色精神传承教育读本》。对23处旧（遗）址的红色历史深入挖掘整理，编写《从化区党员干部红色精神传承教育读本》等内部学习资料，收录23处中共党史旧（遗）址的历史故事，讲述了从1938年年底日本侵略军在惠州大亚湾登陆以来从化人民在党的领导下进行抗日战争、解放战争的红色故事。通过编纂红色精神传承教育读本，广泛宣传23处教育基地的历史故事，传承弘扬红色精神，提振全区党员干部干事创业的精气神。三是编纂《习近平关于档案、党史、地方志工作重要讲话摘编》口袋书。按照"不忘初心、牢记使命"主题教育有关要求，为切实履行好"为党管档、为国守史、为民服务"的宗旨，积极发挥好为人民服务、为社会主义服

务的职能，摘录习近平同志 1989 年 8 月至 2019 年 5 月 21 日期间的关于档案、党史、地方工作的重要讲话、报告、文章、指示、批示等重要文献，编辑《习近平关于档案、党史、地方志工作的重要讲话摘编》一书，作为"不忘初心、牢记使命"主题教育的学习资料。

除此以外，从化区还组织编印从化区革命老区发展史、从化大事记、自然村落普查口袋书等，以更好地宣传推广从化。

3. 录制红色教育视频

包括：①制作党史旧（遗）址宣传教育视频。与专业团队合作，组织拍摄制作从化 23 处党史旧（遗）址的宣传教育微视频，作为宣传从化红色历史文化的重要内容。②制作口述史微视频。一是通过到广州、北京等地采访省委原副秘书长关相生同志，周恩来同志的保健护士郑淑芸等老同志，录制了关于周恩来总理到从化的口述史珍贵资料。二是通过到广州、山东等地采访广州市委原常委、市委宣传部原部长黄菘华同志、从化第一个党小组三名成员中目前仍健在的从化籍干部骆翠琼同志等，录制了抗日战争和解放战争时期从化党组织活动情况的口述史珍贵视频资料。三是采访曾接待习仲勋到邓村调研工作的时任邓村村主任的邓伟强，录制了一段关于当时习仲勋老书记到邓村指导家庭联产承包责任制工作的回忆历史资料。四是采访了曾接待习仲勋到流溪河水电厂调研的江乐亭同志并形成口述史微视频，为当时习仲勋老书记对流溪河水电厂的关心与支持留下来宝贵的历史资料。五是对早期参加从化党组织活动的老同志等进行采访，拍摄制作一批珍贵的口述史视频。③制作"饮水思源、砥砺奋进"等微视频。整合现有的档案文件、历史珍贵图片、红色文化资料等，与南方传媒集团等专业团队合作，制作"饮水思源、砥砺奋进"等红色教育微视频，以及地情风貌微视频《匠心独酿一品吕田》《影像南平》等。

通过制作红色教育视频和采访录制口述史视频，以信息媒介方式更直观地讲述从化红色历史故事，宣传从化红色历史文化，这是近年来区国家档案馆适应新时代"开门办志"要求的一项创新工作。从化区在践行"开门办志"、运用信息化手段宣传从化红色文化，传承红色基因、讲好从化故事方面，仍然是大有可为，需要大有作为。

（三）做好红色文化宣传，是讲好从化故事的重要手段

做好从化红色历史、红色文化的宣传推广以及红色传统、红色精神的弘扬教育，是讲好从化故事的重要手段。从化区在做好编书、编小册子、制作视频等工作的基础上，通过举办特色展览、微信公众号、配合乡村振兴、特色小镇、古驿道建设等宣传，积极传承红色基因、讲好从化故事。

1. 举办特色展览，展示从化红色资源

2018 年以来，区国家档案馆先后举办多期方志展览："流溪人家——从化区自然村落历史人文普查工作成果展"，展示"流溪河流域地情资料收集"成果；"从化改革开放 40 周年大事记展"，以图片配文字、电子屏加视频等形式，直观展现从化在改革开放历史中每一个重要时间节点的时代特征和发展变化，并完成《从化改革开放四十周年大事记》书籍的制作。紧接着进行了"送展进校园"活动，将从化 40 周年大事记展送进区内高校、中小学等，宣传改革开放的成就。2019年先后举办了"新中国的记忆""6·9国际档案日"专题活动展，包括马术运动在从化的发展、广州市拖拉机厂的变迁、镇街墟日的变化、艺术扶贫等专题内容。2019年，在中华人民共和国成立70周年之际举办了"信仰的力量——中国共产党人的家国情怀档案展"专题活动展，包括追求真理、坚定信念、严守党纪、勤政为民、修身齐家等专题内容。

2. 运用新媒体，宣传从化红色文化

通过微信公众号记载从化区内各个时期经济社会发展成就、社会面貌变化、模范人物事迹，以及拍摄制作人物口述视频等，加强轻量化、微传播产品开发，打造多种类型的视频、纪录片等传播产品，并制作"从化兰台"（累计发布110多条、浏览人数7万多人次）微信公众号内容，通过地情展览等方式传播，再现从化区人民的光辉业绩和精神风貌，以真实资料和生动事实，激发从化人民和各界人士建设从化的热情。

3. 助力特色小镇建设，弘扬红色传统精神

近年来，按照上级部署，从化区高标准建设20个特色小镇，在特色小镇的建设过程中，区国家档案馆积极助力推动高标准规划建设村史馆成为例牌工作，并且将特色小镇作为开展爱国主义教育、党史教育的重要平台，积极推动小镇的红色文化建设，大力弘扬红色传统精神。目前已经建成的有吕田镇莲麻村黄沙坑革命遗址纪念馆、温泉镇南平村村史馆、城郊街西和村村史馆、西塘村宪法馆等，受到了社会各界的好评。太平镇钱岗村村史馆、邓村村史馆、格塘村村史馆、江埔街凤二村村史馆正在规划建设，太平镇镇情馆也正在谋划启动工作。为加强党史旧（遗）址的保护与宣传教育作用，我馆对23处党史旧址进行竖牌标识。通过标识牌让更多人知道遗址的来龙去脉以及曾经发生过的故事。

四、结语

心中有信仰，脚下有力量。习近平新时代中国特色社会主义思想是新时代中国共产党的思想旗帜，是我们做好各项工作的根本指针。党的十八大、十九大以来，党和国家各项事业发展实践充分证明，凡是对习近平新时代中国特色社会主义思想真学、真懂、真信、真用的，就能看清大局、找准方向，就能砥砺奋进、攻坚克难；凡是理论武装跟不上、思想根基不牢固的，工作就容易疲弱无力、出现偏差。作为从化区的档案党史方志部门，将更加认真学习贯彻习近平总书记系列重要讲话精神，增强"四个意识"，坚定"四个自信"，做到"两个维护"。认真履行好"为党管档、为国守史、为民服务"的宗旨职能，在工作中与时俱进、开拓进取、大胆创新、大胆作为，采用创新性的策略措施，创新开展征集编研，提升总结从化故事质量；努力践行开门办志，加强红色文化的宣传推广；强化技术平台建设，积极推进数字方志馆等建设，扩大宣传教育阵地和覆盖面，继续做好传承红色基因、讲好从化故事的工作。

（作者单位：广州市从化区国家档案馆）

杨匏安革命思想与五四精神在华南的传播

吴石坚

2019 年，适逢中华人民共和国成立 70 周年、广州解放 70 周年，以及五四运动 100 周年，是一个具有特殊意义的年代。杨匏安是五四精神在华南传播的先驱，马克思主义在华南地区最早的传播者。当时有北李南杨之誉，他发表《马克思主义》（一称《科学的社会主义》），与李大钊发表的著名的《我的马克思主义观》几乎同时，促进了五四精神在华南传播。在大革命时期，他从事国共合作的组织工作，积极推动革命统一战线的发展。杨匏安曾任中共广东区委监委委员、中共中央监察委员会副主席，是中国共产党纪检监察工作的先驱。杨匏安在杨家祠居住和宣传马克思主义，使得杨家祠这座独具岭南文化特色的祠堂成为马克思主义早期传播的重要红色据点，成为五四精神的重要史迹。

习近平总书记在纪念五四运动 100 周年大会上发表重要讲话，指出："新时代中国青年要继续发扬五四精神，以实现中华民族伟大复兴为己任，不辜负党的期望、人民期待、民族重托，不辜负我们这个伟大时代。"① 我们纪念五四精神在华南传播的先驱杨匏安，学习他的思想和业绩，就是为了继续发扬五四精神，以新担当新作为推动新时代红色文化事业不断走向新繁荣，为实现"两个一百年"奋斗目标、实现中华民族伟大复兴的中国梦而奋斗。

一、现在社会之状态是劳动者奋起革命以求改造之时期

杨匏安是广东香山县南屏乡北山村人（今属珠海南屏区）。杨家历代是香山（今中山市）一带的著名富商，到广州、澳门等地贩卖茶叶、瓷器、布匹和丝绸等大宗商品，他的祖父杨训常时达到鼎盛阶段，到达南洋、斯里兰卡、印度和拉丁美洲西印度群岛等地贸易。

杨匏安父亲杨福祥继承家业。他娶香山县三乡古鹤镇商人陈世棠之女陈智为妻，她是杨匏安的母亲。陪嫁有关秀英，是杨匏安的庶母。杨富祥去世后，杨家开始家道中落。

杨家是与著名的岐澳古道的历史联系在一起，岐澳古道走出来的著名商人家族。岐澳古道是从香山石岐连接珠海到澳门的一条著名商路，向北到达广州、佛山，然后往北江到达韶关大庾岭，是南北贸易大动脉的重要组成部分。

杨匏安早年毕业于广东省立第一中学（原广雅书院，今广雅中学）。1915 年，杨匏安和族叔杨章甫到日本横滨工读，开始接触社会主义思想。1916 年，回到家乡后，娶翠

---

① 习近平：《在纪念五四运动 100 周年大会上的讲话》，载《人民日报》2019 年 5 月 1 日。

微村的吴佩琪为妻。他们都是岐澳古道走出来的历史人物。

1918年,杨匏安一家来到广州,担任时敏中学教务部主任,并兼职《广东中华新报》。1919年,转到南武中学和省立甲种工业学校任教。他和杨章甫一起住在司后街杨家祠(今广州市越秀区越华路116号),又称泗儒书室,原是杨氏族人在广州经商和读书考科举的地方。杨匏安在杨家祠前后住了9年,一直到1927年离开,这里均是杨匏安的主要住所。

杨家祠始建于乾隆三十七年(1772年),杨作凤督建。咸丰《北山杨氏族谱》卷七云:"公性情正直,志气刚大。于乾隆丁丑督建凤山书院,又于乾隆壬辰督建羊城大宗祠,自始基以至落成,无私无懈。且西窗祖、佛仔阁等处数十亩之田,及锦岳祖、南大涌等处五十余亩皆公司理。所置尝业,赖以丰盈。晚年念先身未荣,子职有忝,爰是奉天朝例,诰轴宠锡,赐赠乃父乃母。"①

杨作凤娶澳门梁氏为妻,善于经营致富。后来,他捐功名,为登侍郎,拥有九品功名,妻梁氏为孺人,父杨文昭被赐赠登仕郎,其子杨邦光为国子监生。这就解决了他"先身未荣,子职有忝"的问题。杨作凤又在广州兴建杨家祠,位于两广总督府旁,可见其作为一代富商的影响力。2019年,族人修缮杨家祠时在门额上发现"雁塔题名""东坡笠屐""兄贤弟孝"等珍贵的水彩画,为广府祠堂画师陈灼文所作,生动体现杨氏家族亦儒亦商的传统。杨匏安就是成长在这样一个儒商传统的家庭里。

1917年,俄国十月革命取得伟大胜利,建立苏维埃政权。1918年11月,李大钊发表《庶民的胜利》《布尔什维主义的胜利》,率先宣传俄国十月革命和马克思主义。1919年五四运动,积极促进马克思主义的传播,激发先进中国人以俄为师,探索救国救民真理。

1919年7月,胡适在《每周评论》发表《多研究些问题,少谈些主义》,提出反对过激主义等观点。8月,李大钊发表《再论问题与主义之争》,明确宣布:"我可以自白,我是喜欢谈谈布尔扎维主义的。"②

在这一时期,广州形成声势浩大的学生运动,是五四运动的继续和发展。7月至12月间,杨匏安以《世界学说》为题,在《广东中华新报》发表40多篇系列文章,介绍西方各种流派的政治哲学和社会科学,并专门介绍社会主义和马克思主义学说。杨匏安积极支持李大钊的主张,促进以爱国、进步、民主、科学为主要内容的五四精神在华南传播。

杨匏安提出,实用主义是一种调和说,是改良说。8月,他发表《实用主义》一文说:"实用主义,于两者而得其中,谓世界之救济,非必然者,亦非不可能者,盖可能者也。人间改良条件增加,斯则救之方法亦臻于完备矣。故实用论非乐天说,非厌世说,乃一种调和说,又曰改良说,今日盛行于英美法意等国。"③

杨匏安提出,现在之社会状态是劳动者奋起革命以求改造之时期。10月,他发表

---

① 《北山杨氏族谱》卷七。
② 李大钊:《再论问题与主义》,载《李大钊文集》(下卷),人民出版社1984年版,第35页。
③ 杨匏安:《实用主义》,载《杨匏安文集》,中央文献出版社1996年版,第129页。

《社会主义》一文说:"所谓的资本的生产者,乃资本家役使劳工,或利用机械,而由伟大工场已成产物是也。资本家既夺取生产结果,其势遂酿成人与机械之争。近代生产事业,虽以资本制度而益形发达,然今日贫富之悬隔,及社会上各种罪恶,莫不由是而生。然则现在之社会状态,实劳动者奋起革命,以求改造之时期也。"①

杨匏安是五四精神在华南传播的杰出代表。他把社会主义和改造社会联系起来,积极支持李大钊的主张,开始向马克思主义者转变。

二、马克思主义以革命思想为纬

杨匏安是华南马克思主义传播的第一人。他发表《马克思主义》(一称《科学的社会主义》),这是华南地区第一篇系统宣传马克思主义的文章,阐明马克思主义以革命思想为纬。这篇光辉的文章写于广州杨家祠,杨匏安在这里奏响马克思主义在华南传播的先声,这是以民主、科学为代表的五四精神在华南传播的最强音。

1919年9月至11月,李大钊在《新青年》发表著名的《我的马克思主义观》,是在中国第一次系统介绍马克思主义的理论体系。李大钊介绍马克思主义的革命学说,说:"资本主义是这样发长的,也是这样灭亡的。他的脚下伏下了很多的敌兵,有加无已,就是那无产阶级。这无产阶级本来是资本主义下的产物,到后来灭资本主义的也就是他。"②

11月至12月,杨匏安在《广东中华新报》发表《马克思主义》,系统地介绍马克思主义的理论。他提出马克思主义以革命思想为纬,说:"马氏以唯物的史观为经,以革命思想为纬,加之以在英法观察经济状态之所得,遂构成一种以经济的内容为主之世界观,此其所以称科学的社会主义者也。"③

杨匏安的文章与李大钊发表的《我的马克思主义观》几乎在同一个时期,两篇文章均是马克思主义在中国传播的光辉文献。

杨匏安宣传马克思的革命学说。他说:"马克思谓阶级竞争之所由起,因土地共有制度既坏之后,经济的构造皆建在阶级对立之上。"又说:"而资本家的生产方法,在社会生产方法中乃采敌对形式之最后者,阶级竞争亦将随此资本家的生产方法同时告终矣。"④

杨匏安肯定俄国十月革命的道路,说:"马氏之言验矣,今日欧美诸国已悟 Bolsheviki(布尔什维克)之不能以武力扫除矣。"⑤

---

① 杨匏安:《社会主义》,载《杨匏安文集》,中央文献出版社1996年版,第161页。
② 李大钊:《我的马克思主义观》,载《李大钊文集》(下卷),人民出版社1984年版,第84页。
③ 杨匏安:《马克思主义——一称科学的社会主义》,载《杨匏安文集》,中央文献出版社1996年版,第168页。
④ 杨匏安:《马克思主义——一称科学的社会主义》,载《杨匏安文集》,中央文献出版社1996年版,第172页。
⑤ 杨匏安:《马克思主义——一称科学的社会主义》,载《杨匏安文集》,中央文献出版社1996年版,第174-175页。

12月，陈独秀应粤军总司令、广东省省长陈炯明的邀请来到广州，担任广东省教育委员会委员长。他在素波巷创办广东省宣讲员养成所，推动共产党广东早期组织的创建。1921年3月，广东共产党早期组织成立，最初名为广东共产党，成员有谭平山、陈公博、谭植棠、沈定一等人。不久，杨匏安成为中国共产党的早期成员。

1921年7月，中共一大在上海召开，宣告中国共产党的成立，陈独秀当选中共中央书记。但当时陈独秀还在广州，没有出席这次会议。

当时，区声白、梁冰弦、刘石心、谭祖荫等主张无政府主义，在广州社会上有着很大影响。杨匏安十分重视意识形态工作，反对基尔特社会主义即无政府主义，积极向广大青年宣传马克思主义。

马克思的革命的无产阶级学说，是指示实现社会主义的实际道路。1922年2月，杨匏安在发表《〈青年周刊〉宣言》说："我们最服膺马克思主义！因为他的经济学说，能把资本制度应当崩坏的纯经济的、纯机械的历程阐明。他的革命的无产阶级学说，就是指示我们实现社会主义的实际道路。"①

杨匏安提出反对缓和阶级斗争的基尔特社会主义。他说："我们所反对的，就是冒着社会主义招牌、缓和阶级争斗而使资本家间接收受利益的基尔特社会主义者。我们仍然希望他们多读点共产党的著作，生发点奋斗的精神！"②

杨匏安提出无产阶级实行阶级斗争，不可不夺取政权。3月至4月，他发表《马克思主义浅说》说："社会革命，不独解放无产阶级，并且解放受现在社会不公平状态所苦恼的一切人类。"又说："劳动者实行阶级竞争，尤不可不夺取政权。倘若不占了政治上的权力，徒然使经济的战斗延长，那就不能构成理想的经济组织，这个生产手段的所有权也断不能从私有移到社会公有。"③

李大钊、杨匏安的马克思主义理论，均吸收日本学者的成果。李大钊的《我的马克思主义观》引用日本著名经济学家、京都帝国大学教授河上肇的译著，杨匏安的《马克思主义》则参考日本著名社会主义活动家、后任日本共产党委员长堺利彦的研究成果。④

杨匏安是五四精神的杰出代表。他的《马克思主义》是马克思主义在华南早期传播的一座丰碑，促进马克思主义的传播，与无政府主义划清界限，推动共产党广东早期组织的创建。

三、无产阶级拒绝协助民治主义的确立自然是荒谬的政策

杨匏安积极支持国共合作的统一战线政策，从事统一战线的组织工作。他参加国民党一大和二大，历任国民党中央组织部秘书、代理部长、国民党中常委等职，对大革命的发展做出重要贡献。

---

① 杨匏安：《〈青年周刊〉宣言》，载《杨匏安文集》，中央文献出版社1996年版，第187页。
② 杨匏安：《〈青年周刊〉宣言》，载《杨匏安文集》，中央文献出版社1996年版，第189页。
③ 杨匏安：《马克思主义浅说》，载《杨匏安文集》，中央文献出版社1996年版，第195页。
④ 李坚：《拼将热血写前驱——兼职〈广东中华新报〉》，载《广东党史资料丛刊》2003年第1期。

1919年10月,广州爆发学生抵制日货、反对三大公司的风潮。这三大公司是当时广州商贸的三大龙头企业,包括黄在朝的真光公司、马应彪的先施公司和蔡昌的大新公司。这次运动是五四运动在广州的继续。

10月至11月,《广东中华新报》以某学者的署名发表文章,肯定学生的爱国行为,同时呼吁理智处理,为全省金融计,设法维持三大公司。他说:"又学生团此次奋起救国,事至可敬,吾人应援助之。但吾人不能因认此事大礼适当,便即不管三七二十一,拼命附和雷同,以致学生青年辈所犯诸种过失,而亦不与匡正,遂陷学生于不义。"又说:"非为三公司计,实为全省金融计,为全省前途计,不得不尔也。"①

该文署名某学者,而杨匏安素有学者之雅誉,全篇运用唯物辩证思路议论,符合他的写作风格。并且,杨匏安出身于商人的家庭,对于商业对国计民生的影响十分敏感。逆料该文为杨匏安撰写。

该文与《马克思主义》的发表,为同一时期。可见,在宣传马克思主义的同时,杨匏安已自觉不自觉地采取统一战线的方法观察社会和分析问题。

1922年8月,中共中央特别会议在杭州西湖召开,会议接受共产国际驻中国代表马林(Henk Sneevliet)的主张,寻求与国民党建立统一战线政策。在党内热烈讨论国共合作的时候,杨匏安明确主张统一战线的政策。

无产阶级拒绝协助民治主义的确立,自然是荒谬的政策。10月,杨匏安在《珠江评论》发表文章说:"如果一个国家资本主义发达的状态和趋势是与欧洲先进资本主义国家相同,要先使资本主义民治主义经过了五十年或一百年的发达,才能进行无产阶级革命的,那就无产阶级拒绝协助民治主义的确立,不过助长反动的势力,自然是荒谬政策。"②

1923年6月,中共三大在广州召开,正式确立革命统一战线的方针。中共三大后,杨匏安积极参加国民党的改组工作。1924年1月,国民党一大在广州召开,以国共合作为基础的革命统一战线政策正式建立。杨匏安当选后补中央委员,担任国民党中央组织部秘书(秘书长)。当时,共产党人谭平山任国民党中央组织部部长,林伯渠任国民党中央农民部部长。其后,杨匏安曾任国民党中央组织部代理部长。

10月,中共广东区委成立,周恩来任委员长,陈延年任秘书,杨匏安任监察委员。由于杨匏安与周恩来、陈延年一起在区委工作,他们经常到杨家祠开会。

1925年2月,中共广东区委监委成立,林伟民任监委书记,杨匏安等任委员。这是中国共产党历史上第一个地方性纪律检查机关。杨匏安是中共广东区委监委委员,成为中国共产党纪检监察工作的先驱之一。

7月,杨匏安在香港参加领导省港大罢工的工作,被港英当局逮捕。8月,杨匏安得到社会各界的广泛声援,港英当局只好将他驱逐出境,杨匏安得以回到广州。

同月,国民党左派领袖、国民党中常委、农工部部长廖仲恺在广州国民党中央党部

---

① 杨匏安:《三公司风潮之观察与批评》,载《杨匏安文集》,中央文献出版社1996年版,第186、180页。

② 杨匏安:《无产阶级与民治主义》,载《杨匏安文集》,中央文献出版社1996年版,第200页。

门前被暗杀，廖案发生。杨匏安等担任审判员，参与审理廖案。大本营粮食处处长、胡汉民堂弟胡毅生等涉嫌廖案，流亡香港。最后，大本营代理大元帅胡汉民被派往苏联考察，许崇智被解除粤军总司令职务。

8月，杨匏安出席省港罢工工人第18次代表大会，提出凡属中国人想反抗帝国主义的都应参加，鼓舞省港罢工工人的斗志。反抗帝国主义，比工人为自身的经济罢工还重要。杨匏安在讲话中说："在总罢工命令未发出以前，有许多工会领袖远未甚觉悟，以为在上海的当然要罢工，香港的可以不必，只捐些款接济他们便是。这就因为他们不明白这次罢工的意义，不知政府罢工，比较工人为自身的经济罢工还重要。凡属中国人想反抗帝国主义的都应参加，不可如从前征兵时候出些兵饷，便可不自行上阵。"①

9月，省港罢工工人代表大会聘请杨匏安为顾问。省港大罢工把反对英帝国主义的坚决斗争长期坚持下去，与杨匏安的主张是一致的。

11月，国民党广东省党部成立，杨匏安任省党部常委、组织部部长。当时，国民政府发起第二次东征，统一广东。杨匏安参与指导，国民党各市县党部相继建立起来。

1926年1月，国民党二大在广州召开，杨匏安当选为中央委员、中常委，并继续担任国民党中央组织部秘书。

3月，国民党中常会决定由毛泽东担任中央农民运动讲习所所长。他的任命书是由杨匏安和国民党中央农民部长林伯渠共同签署的。

5月，国民党二届二中全会上，蒋介石提出整理党务案，谭平山辞去国民党中央组织部部长，林伯渠辞去国民党中央农民部部长，毛泽东辞去国民党中央宣传部代理部长，杨匏安辞去国民党中央组织部秘书职务。

北伐战争胜利进军。12月，国民政府北迁武汉。

1927年3月，谭平山、杨匏安和共产国际新任驻中国代表罗易（Manabendra Roy）一起离开广州。同年4月，到达武汉。

4月至5月，中共五大在武汉召开，杨匏安介绍广东区监察委员会的重要经验。会议继续选举陈独秀任中共中央总书记，决定成立中央监察委员会，王荷波任中共中央监察委员会主席，杨匏安任副主席。中央监察委员会是中国共产党最早的纪律检查和监察机关，是中央纪律检查委员会的前身。杨匏安是该机构的负责人之一。

随着大革命的失败，中国共产党人领导人民开展武装斗争。8月7日，中共中央在汉口召开紧急会议，制定开展土地革命，武装反抗国民党统治的总方针，决定撤销陈独秀的中央领导职务，瞿秋白任中共中央政治局常委、总负责人。杨匏安作为中央监察委员，列席这次著名的会议。

八七会议后，杨匏安到国民党军第二方面军总指挥张发奎部做统战工作，争取张发奎加入起义队伍，但没有成功。

11月，瞿秋白为首的中共中央犯"左倾"盲动主义错误，处分毛泽东、周恩来等人，杨匏安被免去中央监察委员、中央监察委员会副主席职务，并受到留党察看处分。

---

① 杨匏安：《在省港罢工工人第十八次代表大会的讲话》，载《杨匏安文集》，中央文献出版社1996年版，第202页。

其后，杨匏安到达南洋从事党的工作。

1928年，杨匏安回到上海中共中央机关工作，参与党的报刊的编辑工作。

1930年，杨匏安担任中共中央农民部副部长。这一期间，他编著《西洋史要》，翻译苏联经济学家拉比杜斯（Lapidus）《地租论》等，均署名王纯一。杨匏安为革命理论、农民运动理论的研究和宣传而坚持不懈，笔耕不息。

1931年7月，中共中央宣传部副部长罗绮园由于生活作风问题，被叛徒出卖，连累杨匏安等人被捕。8月，杨匏安在狱中英勇不屈，在上海龙华英勇就义。

杨匏安是五四时期成长起来的共产党人和革命家。他积极传播马克思主义，投身于大革命的斗争，提出现在之社会状态实劳动者奋起革命以求改造之时期、马克思主义是以革命思想为纬的马克思主义、无产阶级拒绝协助民治主义的确立自然是荒谬的等系列思想，推动中国革命的发展进程。杨匏安的革命思想和实践是五四精神的体现，进一步丰富岭南文化的时代特色，是粤港澳大湾区文化发展的宝贵财富。

（作者单位：中共三大会址纪念馆）

五四运动中的时代青年谭平山

李玉玲

一、思想转变：由民主主义者到马克思主义者的蜕变

青年时代的谭平山对于国家命运十分关注，积极参加政治活动。辛亥革命前后，谭平山积极追随孙中山参加民主主义革命运动，并于 1909 年加入同盟会，秘密进行反清政府的宣传活动。1917 年，谭平山考入北京大学哲学系，在校时，谭平山开始接触马克思主义并逐渐认识到马克思主义的科学性和真理性，逐步成长为"具有社会主义思想的早期知识分子之一"[①]。他加入北大新闻研究会，积极投身于新文化运动。1918 年，在陈独秀等人的帮助下，他与傅斯年、罗家伦等人成立"新潮社"，创办了《新潮》报刊，发表了一系列宣传社会主义及马克思主义的文章。

1919 年，五四运动爆发，谭平山跟着游行队伍参加了痛打章宗祥、火烧曹汝霖住宅的斗争。1920 年 2 月，谭平山与谭植棠、陈公博在上海创办了《政衡》杂志，此刊物积极宣传十月革命，深入介绍马克思主义，研究中国社会问题。1920 年 10 月，回到广东的谭平山与陈公博、谭植棠等人一同创办了《广东群报》，创刊目的就是"主张改造社会"。此刊物介绍各国共产党与工人运动情况，成为广东地区传播马克思主义，教育进步青年以及团结工会、妇女等进步团体的主要阵地。

谭平山的思想转变在他在这一时期所发表的一系列文章和时评中可见一斑。在《新潮》创刊号中，谭平山所作的《哲学对于科学宗教之关系论》论述了哲学之于科学、宗教的关系，他认为哲学"所以防止科学、宗教之两相背驰，而谋二者之调和融合，以保持世界文运之人格者也"[②]。此时的谭平山受新文化运动的影响，提倡人们学习西方近代科学与思想。1919 年发表的《德谟克拉西之四面谈》初步论及社会主义思想，在介绍新文化思想的同时，还介绍了《资本论》与《共产党宣言》，介绍德国社会民主党的纲领。他认为社会主义"非为某阶级讲利益之事，乃为世界谋和平，国家策长久，社会图安宁之事"[③]，即发挥社会主义的优势，能够为世界谋和平，使中国政策长治久安。但是，他对社会主义尚有疑虑，例如无政府主义是否为民主主义与国家社会主义的过渡阶段？此时的谭平山仍是一名民主主义者，主张运用改良手段救国，在初步接触社会主义后表达

[①] 中共广东省委党史资料征集委员会、中国国民党革命委员会广东省委员会、中共佛山市委党史办公室：《谭平山研究史料》，广东人民出版社 1989 年版，第 362 页。
[②] 谭平山：《谭平山文集》，人民出版社 1986 年版，第 26 页。
[③] 谭平山：《谭平山文集》，人民出版社 1986 年版，第 50 页。

了对社会主义的向往。

在《现代民治主义精神》一文中,谭平山指出西方劳动阶级受到的资本压迫比封建时代受到的贵族压迫有过之而无不及,因为资本家控制下的劳动阶级遭受着政治、生活、社会、产业等全方位的苦痛。从《德谟克拉西之四面谈》到《现代民治主义精神》,谭平山的思想更加成熟全面,虽然仍带有明显的民主主义色彩,但是他要求劳动阶级要实现真正的自由和平等已经超出了资产阶级倡导的自由平等。虽然他对马克思主义还心存疑虑,但已经初具马克思主义的色彩,向马克思主义迈出了一大步。①

1920年3月,谭平山在《政衡》上发表《中国政党问题及今后组织政党的方针——根本的革新政治之第一步》一文,谈及建立政党对于达到政治目的的必要性,"政党问题,宜居政治问题之先,故政党尤为达到政治目的工具之工具"②。同时,他还明确反对巴枯宁的"无政府主义""合理的社会主义"等思想。他分析了中国各政党组织失败的原因及各国政党潮流,尽管他不赞同学习列宁建立的"布尔什维克"政党,建立中国的马克思主义的无产阶级政党,但是他仍然指出列宁领导下的俄国革命实践表明马克思主义已经是一种不可逆转的历史潮流。在《我之改造农村的主张》中,谭平山对新村问题提出质疑,认为"在我国今日提倡新村,以促旧农村之改良则可,若只顾及提倡新村,而不顾及改造旧农村则不可"③。他主张农村改造不可脱离农村的实际情况,要进行实际调查,从实际出发解决中国农村问题,这表明他已经开始运用马克思主义的实事求是思想探索农村问题解决之道,难得的是,谭平山在研究马克思主义的早期阶段就能够根据中国国情提出解决农村问题的见解。

在发表在《广东群报》上的《今日工人团体应有嘅责任》中,谭平山告诫广东工人团体,他们的根本任务是进行阶级竞争,消灭资本家,"大家一齐合力同心,将财主佬或东家所有嘅田地钱财及机器家私,全取翻来,归我地工人所有"④,并且要求从根本上改造广东省议会。谭平山为庆祝国际劳动节写了时评《万国庆祝声中我们中国劳动界的鏖战声》,他批驳否认阶级斗争的观点,指出"我中国的工人所受资本家的压制,固较欧美各国更甚,而一般平民直接或间接受资本家压迫的痛苦,还是欧美各国所无,而我中国所独有哩"⑤。他认为劳动阶级与资产阶级的矛盾"是万不能协调的",中国的劳动阶级应与进步知识分子联合起来,联手进行反对资产阶级的斗争,消灭剥削。

在《新潮》发表的文章是作为民主主义者的谭平山与马克思主义的初相识,在《政衡》上发表的文章则是他对马克思主义的深入研究和分析具体问题的开端,而《广东群报》则是转变为马克思主义者的谭平山进行马克思主义传播的主阵地。从1917年到1921年,从《新潮》到《政衡》再到《广东群报》,谭平山从积极投身于新文化运动到参与五四运动再到投身工农革命,从主张改良到号召阶级斗争,充分表明经过了五四运动锤

---

① 胡家雯:《谭平山早期思想转变探析》,载《广州社会主义学院学报》2017年第3期。
② 谭平山:《谭平山文集》,人民出版社1986年版,第103页。
③ 谭平山:《谭平山文集》,人民出版社1986年版,第115页。
④ 谭平山:《谭平山文集》,人民出版社1986年版,第174页。
⑤ 谭平山:《谭平山文集》,人民出版社1986年版,第190页。

炼的谭平山在思想上发生了重大转变，逐渐完成了由一名民主主义者转变为马克思主义者的信仰蜕变。谭平山作为首批马克思主义传播者，特别为广东地区的马克思主义传播做出了重要贡献，为早期广东党组织的建立奠定了思想基础。

二、投身革命：建立广东党组织及组织革命活动

五四运动后，谭平山回到广东地区积极投身于革命，而随着广东工人运动的迅速发展以及马克思主义在华南地区的广泛传播，广东党组织的建立成为大势所趋。广东党组织的建立大致经历了广州社会主义青年团、广州"共产党"、广州共产主义小组、中共广东支部4个阶段，谭平山在这个过程中发挥了不可替代的作用。

1920年8月，上海成立第一个共产主义小组之后，陈独秀就函约各地先进知识分子创建党组织，谭平山、陈公博、谭植棠等人在广东积极响应，当月成立了广州社会主义青年团。11月，在广东高等师范学校召开了成立大会。然而，这个青年团组织既有马克思主义者，又有无政府主义者。由于信仰不一，双方分歧越来越大，青年团于1921年年初自行解散。

1920年间，共产国际代表米诺尔和别斯林在广州开展组建"革命局"的活动，在无政府主义者黄凌霜的陪同下，米诺尔和别斯林接触了区声白、梁冰弦等无政府主义者。经过一段接触之后，米诺尔、别斯林和7名鼓吹反抗统治和压迫的无政府主义者共同成立了广东"共产党"，并创办了《劳动者》杂志。① 由于观点不同，谭平山、陈公博、谭植棠没有参加该组织。1920年12月，陈独秀应陈炯明的邀请，到广州任教育委员会委员，陈独秀到广州后，首先和米诺尔、别斯林等取得了联系，并参加广东"共产党"的活动。他根据自己在上海组党的经验，草拟出一份党纲交给该组织讨论，但无政府主义者不愿接受党纲里的无产阶级专政条文，不久后退出了广东"共产党"。

陈独秀与谭平山、陈公博、谭植棠等会面后，积极筹备建立党组织。他说，"为使广东民众运动获得更大的发展，必须建立一个领导组织"。"我的意见，广东也应该建立一个共产党的组织，去担负起领导民众运动的任务"②。1921年2月，谭平山等创办了《劳动与妇女》周刊，此刊揭露封建制度强加给劳动妇女的种种枷锁，宣传劳动解放与妇女解放，号召中国妇女们组织起来，参加革命运动。他们先后到各种行业工会、联合会、学校等发表演讲，讲解宣传马克思主义，批判非马克思主义，提高各行各业对马克思主义的认识。1921年3月，经过认真准备，谭平山等人成立了以马克思主义为指导思想的广州共产主义小组，以《广东群报》作为机关报。在谭平山等人的运作下，广东的诸多先进知识分子和工人运动骨干先后加入党组织，如杨匏安、冯菊坡、梁复燃等，曾来中国参加过当时中国革命活动的苏俄人葛萨廖夫认为"广州小组的成立，写下了中国共产党历史的第一页第一行"。

1921年7月，陈公博作为广东代表赴上海参加了中国共产党第一次全国代表大会并

---

① 周兴樑：《谭平山在中共广东组织成立发展中的作用》，载《团结报》2012年5月31日第007版。
② 谭天度：《回首往事话当年：回忆〈广东群报〉的创办和广东党组织的诞生》，载《广州党史资料》1981年第1期。

做报告。陈公博返粤后传达一大精神，由此，在广州共产主义小组的基础上正式成立了中国共产党广东支部，谭平山为书记。据陈公博回忆："中国前途殊可忧虑，兼之那时也震于列宁在俄革命的成功，其中更有仲甫先生北大的关系，平山、植棠和我，遂赞成仲甫先生的主张，由我们三人成立广州共产党。"①

1921年8月，中国劳动组合书记部南方分部在广州成立，谭平山任主任。中共广东支部与中国劳动组合书记部南方分部在广东地区积极组织工会，开展工人运动，推动马克思主义与中国工人运动相结合。

1920年10月到1921年6月，广州成立了30多个工会，有27个是广州共产主义小组建立后的3月、4月成立的。工会成立后，曾组织工人进行反抗军阀统治，反对资本家剥削等十多次罢工斗争。② 中共广东支部成立后，广州地区的工人罢工不断兴起，1921年11月就爆发了广州土洋木工人罢工、车衣工人罢工、广三铁路工人罢工、纸业工人罢工等斗争，这些罢工先后取得了胜利，而谭平山直接动员和组织了多次罢工斗争。在谭平山的领导下，南方分部也派出多名先进工人运动骨干去各地组织和发起工人团体，例如广东土木建筑工会。在1921年2月、3月，广州共产主义小组已帮助广州土木建筑工人成立工会，南方分部成立后，广州土木建筑工会扩大为广东全省的工会，会员发展到一万余人，还试图与其他省份工会建立联系，组建全国联合工会。③ 这些工会组织的建立和发展，以及在罢工斗争中涌现出的一大批工人积极分子，都为全国第一次罢工高潮的到来奠定了组织及群众基础。

谭平山是中国共产党最早的党员之一，同时又担任中共广东支部的书记和劳动组合书记部南方分部的主任，这段时期是谭平山人生的重要时期。正是这一时期的历练，使得谭平山逐步从一名先进的知识青年成长为坚定的无产阶级革命家，从马克思主义的理论研究深入到马克思主义与中国革命相结合的实践探索。

三、时代特质：谭平山的五四精神

（一）赤血丹心的爱国主义精神

100年前，民族危难之际，各方势力风起云涌，五四运动以一批青年学生为先锋，掀起了一场拯救民族危亡的伟大社会革命运动，"以磅礴之力鼓动了中国人民和中华民族实现民族复兴的志向和信心"④。亲历五四运动的谭平山挺身而出，号召先进知识分子及劳工群体奋起抗争。他身先士卒，学习先进思想、创办先进刊物、建立广东党组织、组织工人运动，他高举爱国主义的旗帜，团结起一大批先进青年，在改造中国、改造世界的征程中以排山倒海的气势奋勇向前。

谭平山创办的《广东群报》"是中国南部文化的总枢纽，是介绍世界劳动消息的总

---

① 陈公博：《寒风集》，香港汉京文化事业有限公司1964年版，第203页。
② 广东工人运动史研究委员会：《广东工人运动史》（第1卷），广东人民出版社1997年版，第78页。
③ 广东工人运动史研究委员会：《广东工人运动员》（第1卷），广东人民出版社1997年版，第82页。
④ 习近平：《在纪念五四运动100周年大会上的讲话》，载《人民日报》2019年5月5日。

机关,是广州资本制度下奋斗的一个孤独子,是广东十年来恶浊沉霾空气里面的一线曙光"。他参与建立的中共广东支部是中国共产党最早的党支部之一,为广东地区的革命带来了新鲜空气,掀起了一波工人运动新的高潮,从此,广东革命进入了一个崭新的历史发展时期。

(二)追求真理、追求进步的马克思主义信仰

作为一场伟大的思想启蒙运动和反帝爱国运动,五四运动将中国社会的关注点从反帝爱国转向社会改造,谭平山是在五四运动中脱颖而出的第一批先进知识分子和革命青年,他勇于打破封建思想的桎梏,紧跟时代潮流,密切关注各种改造中国、改造社会的方案。他先后创办《新潮》《政衡》《广东群报》及《劳动与妇女》等进步刊物并发表一系列介绍马克思主义及社会主义的进步文章,探索救国之道。

谭平山在追求真理、追求进步中的过程中,不仅完成了自身的思想改造,由信奉改良主义的民主主义者转变为信仰马克思主义的马克思主义者,成长为一名坚定的无产阶级理论家和革命家,更重要的是,谭平山通过各种途径向中国的知识分子及工人群体传播马克思主义,尤其对广东地区的马克思主义的传播由边缘化、碎片化转向中心化、整体化,产生了巨大影响,在唤醒工农群众的政治觉悟中发挥着更加积极主动的作用。

(三)推动广东工人运动的革命先锋

谭平山等人通过广东党组织各种学校团体、组织工人集会等方式,广泛宣传工人革命。例如"宣传员养成所",该所的宗旨是"宣传和普及马克思主义,造就将来开展群众工作的干部",是"广东省进行社会主义教育的主要阵地"①。学习的内容主要有国语、常识、社会科学、共产主义知识等。1920年10月间,该所对宣传马克思主义、教育工人阶级以及培养一批革命干部发挥了重要作用。谭平山等人开办的学习团体还有注音字母教导团、俄语学校、机器工人夜校等。1921年,为纪念五一国际劳动节,广州共产主义小组组织工人集会,工人沿途派发传单,高呼"劳工神圣"的口号,宣传国际主义,号召工人通过革命掌握政权。

谭平山作为推动广东工人运动的革命先锋,对广东早期的工人运动的发展功不可没。谭冬青曾回忆说:"广州党团工作由谭平山全面负责(谭在以前只搞学生运动),所以当时有'南谭(平山)北李(大钊)中间陈(独秀)'的说法,称北京、上海、广州是中国社会主义运动的核心地区。当时,我接受新思想时,除了知道陈独秀是领导人外,其次就是谭平山了。"②

四、百年共鸣:新时代青年对五四精神的传承

谭平山的五四精神不仅在当时的社会释放着巨大的能量,而且跨越了百年的时空,

---

① 何锦洲:《广州共产主义小组的建立及中国共产党的成立》,载《岭南学刊》2001年第4期。
② 中共广东省委党史资料征集委员会、中国国民党革命委员会广东省委员会、中共佛山市委党史办公室:《谭平山研究史料》,广东人民出版社1989年版,第403页。

给当代青年以精神感召。正如习近平总书记在纪念五四运动100周年大会上的讲话所说的,"无论过去、现在还是未来,中国青年始终是实现中华民族伟大复兴的先锋力量"。当代青年既面临建功立业的人生际遇,也面临"天将降大任于斯人"的时代使命,必须继承和发扬五四精神,勇担时代使命。

(一) 新时代青年当热爱伟大祖国,勇担时代使命

爱国主义是五四精神的核心要义,也是中华民族精神的内核。中国青年是有深厚家国情怀的青年。100年前,谭平山等有志青年以民族危亡为己任,扛起救国救民的时代重任,投身于波澜壮阔的中国革命,为人民的幸福生活而奋斗。历经百年,中国已经进入改革开放不断深入、携力建设社会主义现代化强国的新时代,新时代青年要坚决听党话、跟党走,胸怀祖国与人民,让爱国主义的伟大旗帜始终指引人生的奋斗方向;更要以民族复兴为己任,将个人的理想信念与国家的前途命运相互交融,以初生牛犊不怕虎的勇气担当时代使命,为实现中华民族的伟大复兴而奋斗。

(二) 新时代青年当树立远大理想,树立马克思主义信仰

青年是民族的希望,是国家的未来,青年的远大理想和坚定信念,是实现个人价值的航向标,是实现民族复兴的伟大梦想的动力之源。马克思主义传递的社会主流政治思想、价值观念能够促进青年的思维、精神的发展以及引导、规范青年参与政治生活的方式,也是青年进行价值判断的标准。坚持马克思主义信仰能够充盈当代青年的精神生活,推动青年认知与适应社会主导的政治思想、价值观念,提升青年的政治思想素养。新时代青年当树立远大理想,与时代同步伐、与人民共命运;树立对马克思主义的信仰、对中国特色社会主义的信念、对中华民族伟大复兴中国梦的信心,不断在新的政治实践中提高政治素养与能力,在新时代新天地中奋斗,开创新的辉煌。

(三) 新时代青年当练就过硬本领,勇于砥砺奋斗

谭平山等有志青年在传播马克思主义的过程中,曾面临与无政府主义者争夺舆论阵地的挑战。1921年,梁复燃、王寒烬奉命到佛山组织理发工会,无政府主义者与马克思主义者在成立会上展开了争论。陈公博号召工人团结起来,夺取政权,无政府主义者声称有政府就有压迫,反对工人掌握政权。谭平山指出,无政府主义是一种"神仙主义","道人要炼丹才成道,和尚要吃斋才能成佛,工人阶级要夺取政权,才能不受压迫"。马克思主义者的观点受到工人热烈欢迎。有磨砺才有进步,与无政府主义者的论战,使得广东的马克思主义者的理论水平进一步提高。在全球化、信息化的知识时代,青年既面临能力与素养的挑战,又面临施展才华的大好机遇。"人的一生只有一次青春。现在,青春是用来奋斗的;将来,青春是用来回忆的。"① 新时代青年应当顺应时代潮流,拒绝安逸,选择奋斗,在时代的磨砺中提高自己的能力和本领,敢于面对挑战,积极探索、勇于创新,不断丰富自己的人生阅历,为国家繁荣、人民幸福贡献自己的力量。

(作者单位:中山大学马克思主义学院)

---

① 习近平:《在同各界优秀青年代表座谈时的讲话》,载《人民日报》2013年5月5日。

一次劳大①前后的中国劳动组合书记部

罗 玲

中国劳动组合书记部成立于1921年8月。1925年5月中华全国总工会成立后,中国劳动组合书记部宣告撤销,至此完成其历史使命。在这中国共产党成立初期的近四年时间里,中国劳动组合书记部作为指导中国工运的总机关,集中力量领导全国工人运动,掀起第一次工运高潮,召集第一次全国劳动大会,发起劳动立法运动,做出了突出贡献,是中国工运史上毋庸置疑的功臣。

一、中国劳动组合书记部的成立

1921年7月,中国共产党第一次全国代表大会召开,中国共产党宣告成立,通过了党的纲领,确立了党的奋斗目标。"同纲领规定的奋斗目标相适应,大会要求党集中力量领导工人运动,首先是组织工会和教育工人。"② 大会通过了《关于当前实际工作的决议》,"对开展工人运动的组织工作和宣传工作,作了具体的规定"③。可见,党一成立,就把工人运动作为中心工作。

1921年8月,为了贯彻中国共产党第一次全国代表大会的决议,在共产国际的直接帮助下,我党公开领导全国工人运动的专门机构——中国劳动组合书记部在中国工人阶级最集中的城市上海成立。一大闭幕后,马林仍留在上海负责协助新生的中共领导机构的工作,"对中共第一次代表大会的成果很满意"④,当他和负责中央局组织工作的张国焘"讨论中央委员会应当如何执行代表大会的决议时,他力劝成立一个劳工运动的中心组织"⑤,并提议起名叫"中国劳动组合书记部"。秉承马林的意见,张国焘召集组织部门同志开会,"传达马林和李克诺斯基的意见,要设置一个领导工人运动的专管机构,定名为中国劳动组合书记部,并拟定了一个中国劳动组合书记部的纲要"⑥。这样,中国劳动组合书记部就建立起来了,总部设在上海,张国焘任书记,干事有李启汉、包惠僧、李震瀛等。随后,分别成立了北方、山东、武汉、湖南、广东分部,并由中共中央直接委派负责人,以领导各地的工人运动。

---

① 第一次全国劳动大会。
② 中共中央党史研究室:《中国共产党历史》(第一卷上册),中共党史出版社2010年版。
③ 同上。
④ 《张国焘自传》(第一卷),美国堪萨斯州大学,1971年英文版。
⑤ 《张国焘自传》(第一卷),美国堪萨斯州大学,1971年英文版。
⑥ 《北京革命史回忆录》(第1辑),北京出版社1991年版。

书记部成立后,以"中国劳动组合书记部张特立(国焘)等二十六人"的名义在《共产党月刊》第六号发表了《中国劳动组合书记部宣言》。宣言首先阐述了中国工人阶级遭受资本主义剥削的痛苦生活,痛苦"会迫着他们自己团结起来,向着他们的东家——剥夺者——为有力的奋斗"。但工人阶级的团结应采用"产业组合"的方式,这样才能有战斗力,"做奋斗事业","谋改良他们的地位"。接着,宣言指出"中国劳动组合书记部是由上海——中国产业的中心——的一些劳动团体所发起的,是一个要把各个劳动组合都联合起来的总机关","他的事业是要发达劳动组合,向劳动者宣传组合之必要,要联合或改组已成的劳动团体,使劳动者有阶级的自觉,并要建立中国工人们与外国工人们的密切关系"。最后,宣言号召中国的工人们"赶紧联合成劳动组合"①。

中国劳动组合书记部及各分部成立后,到1922年年初,派遣大批共产党员和青年团员深入工人群众中,主要是积极开展宣传教育和组织发动工作,出版了《劳动周刊》,举办工人补习学校,组建工人俱乐部,成立产业工会等,推动全国工人阶级的团结和工会组织的统一与发展。

首先,通过出版通俗刊物和开办工人补习学校进行宣传教育,启发工人的阶级觉悟。1921年8月20日,中国劳动组合书记部出版《劳动周刊》,是"中国劳动组合书记部的机关报,换言之,就是中国全体劳动者言论机关",宗旨是"为劳动者说话,并鼓吹劳动组合主义"。该刊逢周六出刊,由张国焘任编辑主任,包惠僧、李震瀛、李启汉、董锄平等担任编辑工作,并为主要撰稿人。1922年6月,由于李启汉在上海租界被捕,《劳动周刊》被勒令停刊时,共出刊41期,印行约165000份。它之所以受到广大工人的喜爱,是因为它是党指导工运和教育训练劳工的重要载体。与此同时,以"唤醒工人的觉悟"为方针,开办工人补习学校。上海小沙渡、安源、长辛店等全国各地都建立起工人补习学校,向工人灌输革命理论和文化知识。

其次,中国劳动组合书记部及其各分部积极倡导产业组合,发动工人组织新式产业工会,支持和领导工人进行罢工斗争。针对当时工会组织品种繁多、良莠不齐的情况,书记部在初期以铁路工人为工作重点,后来逐步扩展至矿山、机器、烟草等行业,对旧工会进行改造、改组,使之成为真正的工人团体。指导建立了上海烟草、印刷、纺织、机器等行业的工会组织,如天津铁路工会、长辛店工人俱乐部、安源路矿工人俱乐部、开滦五矿工人俱乐部等。1922年,共计在各地帮助建立100多个工会组织,拥有会员八九十万人。当一个地方出现大的工潮或任何自发斗争时,书记部往往委任特派员前去指导,使其获得成功;或者遣特派员到某地发动罢工,并予以指导。在书记部的领导下,1922年出现了第一次工人运动高潮。从1922年1月香港海员大罢工到1923年2月京汉铁路工人大罢工,在短短的13个月中,全国共发生大小罢工100多次,参加罢工的人数30万以上。这些罢工大部分是在书记部的领导下进行的。影响较大的香港海员大罢工、长辛店铁路工人大罢工、安源路矿大罢工、开滦煤矿大罢工和京汉铁路工人大罢工的最后胜利,都离不开书记部的领导和支持。

---

① 《中共中央文件选集》(第1册),中共中央党校出版社1989年版。

二、中国劳动组合书记部与一次劳大

1922年爆发的香港海员大罢工，掀开了第一次罢工高潮的序幕。这场大罢工在全国工人阶级的一致支持下，最终取得了辉煌的胜利。在此基础上，中共审时度势，决定召开第一次全国劳动大会，以迎接罢工高潮的到来，并决定以中国劳动组合书记部的名义来发起和召集这次大会。在取得广州、上海等城市以及北方等10余个工会的响应后，1922年4月10日，中国劳动组合书记部发出通告，决定5月1日在广州举行大会，并阐明大会是"为唤起各地劳动者的觉悟，速谋组织团体，而保全劳动者安稳的地位"，原则是"不分何党何派，只是工会便邀请其参加的指示"。同时确定了大会的目的是：①纪念"五一"；②联络全国工界感情；③讨论改良生活问题；④各代表提议事件。由于书记部在之前工人运动中所建立的声望，全国各地工会组织对书记部发出的这个号召热烈响应，纷纷派代表与会。孙中山也表示"此项发起宗旨尚属正当，虽不是本党主持，亦应予以赞助"，派出国民党代表出席。

5月1日至6日，第一次劳动大会在广州正式召开。来自全国12个大城市、110个工会和34万有组织的工人的173名代表出席了大会。其中，以广州和香港的代表最多，约占80%。"大会代表成分非常复杂，就其大者而言，有共产党派，有国民党派，有无政府派，有毫无信仰的市侩的或流氓的招牌工会派，甚至还有工商合组的团体"①，体现了代表的广泛性和复杂性，同时也达到了大会团结全国工人阶级的目的。这次大会是第一次把中国工人阶级空前团结起来的全国性盛会，促进了工人阶级的团结和联合，在中国共产党和工人运动史上都具有重大的意义。

中国劳动组合书记部在整个一次劳大期间，从会议前的筹备组织到会议的正式召开，由始至终参与其中，做了大量工作，为大会的顺利召开做出了重大的贡献。

第一次劳动大会的筹备工作由中国劳动组合书记部委托在广州的南方分部负责。南方分部于1921年8月成立，机关地点设在广州高第街素波巷，是广东党组织领导工人运动的公开机关，主要任务是向工人群众宣传灌输马克思主义，发动工人组织工会，领导工人运动。同时，南方分部还联络广州各大工会团体"共同办理"，参加筹备工作。招待处设在高第街素波巷宣传员养成所内。此外，"订定房舍，派员准备招待一切"，整个大会的准备工作在大会前10天便告"筹备完善"，保证了大会按时开幕。大会会场设在广东机器工会礼堂，这与中国劳动组合书记部南方分部的工作密切相关。南方分部成立后就在广大工人中开展活动，组织工人加入工会，同时争取和改造旧工会，组织新的工会，并决定以广东机器工会为重点。广东党组织曾派谭平山、冯菊坡，并由国民党廖仲恺推荐，到广东机器工会工人补习学校充任义务教员，借以做机器工人的工作。虽然最终未取得成功，但与广东机器工会有了联系，后来南方分部在选择开会地点时把会场选在广东机器工会礼堂。南方分部还对会场进行了精心设计，在会场打出三大标语口号"打倒帝国主义""打倒军阀""中国共产党万岁"。由于中共的影响和会议组织的有力，各派代表并没有对此提出异议。

---

① 邓中夏：《邓中夏文集》，人民出版社1983年版。

在劳动大会召开期间，举行了多项活动，很多都受中国劳动组合书记部的影响。5月1日劳动节当天，劳动大会组织全体代表与广州工人群众数万人举行示威大游行，以"中国劳动组合书记部"的旗帜为前导，劳动大会的代表和各行业工人手里拿着写着"全世界无产阶级联合起来""劳工神圣""工作八小时""还我自由""破除资本家制度"等标语的小红旗，这些标语都是我党和中国劳动组合书记部的主张。游行队伍集中在第一公园（今人民公园）召开盛大的纪念"五一"大会，中国劳动组合书记部主任张国焘发表了演说。5月2日，劳动大会正式开幕。中国劳动组合书记部张国焘主持会议，带领代表们连续高呼口号："全国劳动大会万岁！""全世界劳工联合起来！"中国劳动组合书记部南方分部主任谭平山向大会做筹备经过的报告。因为中国共产党在大会中有威望，会议代表都一致赞成由共产党员、中国劳动组合书记部南方分部主任谭平山担任会议主席。

由于大会代表的成分非常复杂，政见不一，因此在会场上，各派代表们经常发生各种冲突和意见分歧。但是，持续6天的大会最终顺利闭幕，并取得很大的成果。在很大程度上，这不得不归功于中国共产党和劳动组合书记部，他们在代表中具有较高的威望和影响，倍受尊重，在大会中占据了主导地位，始终牢牢把握大会的方向，妥善处理争论和分歧，从而保证了大会顺利进行，并在主要问题上达成共识，较好地完成了大会的历史任务。

大会经过民主讨论和多方协调，同意了中国劳动组合书记部代表李启汉的提议，通过并公开发表了《全国劳动大会第一次会议宣言》（以下简称"《宣言》"）。《宣言》分析了中国工人阶级的现状，总结了香港海员工人罢工的经验，指出了全国及全世界工人联合的必要性，号召全国工人阶级"要即刻联合起来，组成一个阶级的强固的紧密的阵线，向着资产阶级和压迫阶级作不断的奋斗"。大会还通过了《罢工援助案》《八小时工作制案》《全国总工会组织原则案》等十项决议案。这些决议案的内容体现了中共和中国劳动组合书记部的主张。特别是"在中国全国总工会未成立以前，中国劳动组合书记部为全国总通信机关"决议案，公认书记部为全国工运的最高领导机构，并且在大会上"每个决议案上差不多都有'大会委托中国劳动组合书记部如何如何'字样，根据这些议决案，实际上中国劳动组合书记部已有指挥全国职工运动之权"。中国劳动组合书记部的威信初步建立。

中国劳动组合书记部发起召开的一次劳动大会，是中国共产党领导工人运动从此走向团结和联合的开端。它促进了工会组织的联合，中国工人阶级开始走向团结统一，初步确立了中国劳动组合书记部在工会运动中的领导地位，推动了第一次全国工运高潮的深入发展。罢工行动在全国各地普遍展开，并且以中国劳动组合书记部总部及各分部所在地为中心设立了几个罢工重点区。

三、中国劳动组合书记部与劳动立法运动

中国劳动组合书记部发起召开的以团结工人组织、推动工人运动向前发展的一次劳大，是一次成功的大会，取得了一定的成果，主要是因为在当时全国各地已经出现声势浩大的罢工高潮，制定一个当前的斗争纲领非常具有必要性和迫切性。但是，这次会议

却并没有制定斗争纲领，不能不说是一个很大的缺陷和遗憾。

一次劳大召开后不久的 7 月，党召开了第二次全国代表大会，制定了党的最高纲领和最低纲领，明确了工人运动的奋斗目标和方向，通过了《关于"工会运动与共产党"的决议案》，规定"工会进行劳动者的经济改良运动，必须进于为劳动立法运动。同时使工会明白：获得劳动立法和争得劳动改善条件，均必须工会组织的坚固；在资本制度之下，要能够使劳动立法或劳动改良条件真正实现，都必须劳动者的力量能够压迫政府和东家才行的"①。

1922 年上半年，北京、广州的政局发生了重大的变化。5 月，第一次直奉战争结束后，张作霖退出关外，北京政权落入直系军阀曹锟、吴佩孚手中。6 月，陈炯明在广东发生叛乱，取消了以孙中山为非常大总统的革命政府。这时，曹锟、吴佩孚为了欺骗人民并攫取更大的独裁权力，一边拉拢议员北上，准备召开"国会"，上演"制宪"的丑剧，一边还大唱保护劳工的高调。② 在这种政治形势下，中国劳动组合书记部根据中共二大的决议，乘机号召全国工会开展劳动立法运动。8 月 16 日，书记部向全国发出《关于开展劳动立法运动的通告》，强调劳动立法的重要意义，指出："吾等之自由屡受他人侵害，正式劳动工会始终未为法律所承认，同盟罢工屡为军警所干涉。凡此种种，均缘法律尚未承认劳动者有此种权力之故也。"要求趁北洋军阀政府宣告要制定宪法的机会，"将劳动者应有之权利以宪法规定之"，并要求各地向北京国会、学术团体及各大报馆发出通电，请他们将劳动立法内容载入宪法，"以增我劳动界之声势"③。

接着，拟定了劳动立法四项原则和《劳动法大纲》19 条，在《工人周刊》和全国进步报纸、杂志上发表。劳动立法四项原则是："保障政治自由""改良经济生活""参加劳动管理""劳动补习教育"，并指出这四项立法原则"为我等最低限度之要求，亦所应努力实现者也"④。《劳动法大纲》是书记部"斟酌各国劳动法"、根据劳动立法四项原则拟定的，并认为是"最低的限度，并不过高"，"是非要国会都要通过不可的"。大纲总共举出了 19 条条款，涉及政治自由、经济改良、劳动管理、补习教育等方面的内容，其中主要有以下几点：一是保障劳动者的政治自由权利，承认劳动者有"集会结社权""同盟罢工权""缔结团体契约权""国际联合权"等。二是规定八小时工作制。"每日昼间劳动时间，不得超过八小时，夜工不得，超过六小时，每星期应予以连续二十四小时之休息。""十八岁以下之男女工及剧烈劳动之劳动时间，不得过六小时。"如果有特别的情况要超过此法定工作时间的，"须得工会之同意，始可延长之"。三是保护童工和女工的合法权益。不得使 18 岁以下的男女从事"剧烈有害卫生及法定之工作时间外之劳动"；不得雇佣 16 岁以下的男女；从事体力劳动的女工，"产前产后均予以八星期之休假"，其他女工，"应予以五星期之休假"，"休假中工资照给"。四是规定保障劳动者的最低工资。国家应制定保障最低工资的法律，并许可全国劳动总工会代表参与制定，"公

---

① 中央档案馆：《中共中央文件选集》（第一册），中共中央党校出版社 1983 年版。
② 张希坡：《革命根据地的工运纲领和劳动立法史》，中国劳动出版社 1993 年版。
③ 《中国劳动组合书记部关于开展劳动立法运动的通告》，载中华总工会工运史研究室《中国工会历史文献》（第一册），工人出版社 1958 年版。
④ 《中国劳动组合书记部拟定的劳动立法原则》，载中华总工会工运史研究室《中国工会历史文献》（第一册）。

私企业或机关的工资均不得低于最低工资"；国家对于全国公私各企业，应设立劳动者完全可以参加的劳动检查局，进行检查监督。五是保障男女劳动者享受学习教育之机会，并且以国家法律予以保障。

书记部拟定的劳动立法四项原则和《劳动法大纲》是这次劳动立法运动的指导原则和奋斗目标，代表了工人阶级的利益，反映了工人阶级的需求。它们的提出和公开发表，使工人阶级明确了奋斗的目标和前进的方向，鼓舞他们为了改变受剥削压迫的现状去斗争。《劳动法大纲》发布后，书记部号召各地工会讨论大纲，并广泛在工人中进行宣传，鼓励他们对大纲提出意见和建议，要求他们"认为要增加或更改的请快快来函示知"，因为"这是关于我们劳动阶级切身的利害"，"不可忽视"。

劳动立法运动很快得到全国各地工会和工人们强烈拥护，"各处工厂纷纷响应，有复电该部表示绝对赞成誓作后盾者，有致请愿书或电文于国会为该部声援者。有通电全国要求各项援助者，大有如火如荼之势"。唐山铁路、矿山、纱厂、洋灰厂各工会是最先响应的，他们组织了"唐山劳动立法大同盟"，进行大规模的示威大游行，"并通电全国各团体及国会，要求通过书记部提出的十九件劳动法大纲"。郑州铁路工会紧随其后，发表通电，号召全国工会一起参与进来，并且通电国会，指出"书记部提出的劳动法大纲为我等工人最小限度的要求，务须完全采入宪法中"。长沙、武汉、上海等其他各地同样采取类似的行动，响应号召，支持运动。中国劳动组合书记部南方分部也发动了109个工会通电拥护大纲，要求政府立即颁布实行。

随着各地劳动立法运动日益发展，书记部觉得时机已经成熟，立即联合书记部山东、上海、武汉、湖南、广东等各分部，向国会递交了《关于劳动立法的请愿书》，要求国会在宪法中规定保护劳工的条文。请愿书首先论述了将劳工法案纳入宪法的必要性：它指出劳动问题是世界性的问题，欧美先进国家已经走在了前面，制定了保护劳工的法律，明文保障劳工权益，使贫苦无告的劳工获得平等的地位。"一国劳动者立于建国上重要地位，此乃世界自然进化公例，无容置疑者也。"因此，我国工人"结合团体"，"以改良自身地位，减轻自身痛苦"，出于防卫进行罢工等权利都是无可非议的正当权利，应当得到理解和支持。此外，工人也是国家人民的一分子，占全国人民最大多数，是主要的生产者，对国家社会有重大的功绩，却"用力最多，境遇最苦"，得不到平等的权利。而现有的法律和规定对工人充满了歧视。因此，必须将劳工法案采纳进宪法这个根本大法内，"刻不容缓"。请愿书最后说："同人等素从事于劳工运动，连年来亲睹国内劳工饱受暴力摧残之惨状，深知国内劳工无法律保护之痛苦，加以感受操政权者之巧于舞文玩法，益觉得劳工法案规诸宪法之重要。用是为全国劳工请命计，为国家立法前途计，理合拟具劳动法案大纲十九条，依法请愿贵院尽量采纳通过，规诸宪法"，"以苏工人之困"。请愿得到了许多国会议员的支持。

随后，书记部还分别召开新闻记者招待会和国会议员招待会，进行大力宣传，争取各界支持，给国会施加压力。针对当时有国会议员投机提出的与书记部背道而驰的"假"保护劳工法案，书记部在国会议员招待会上进行了强烈的批评，最终不得不使其承认错误。这两次招待会有效地宣传了中共劳动立法运动，让更多的议员和群众同情支持工人运动。

然而，军阀政府重开国会，制定宪法，并非真心诚意。因此，书记部提出的劳动法案最终流产，未获通过。但是，这次劳动立法运动仍然具有重大的历史意义。这场运动广泛宣传了中共的劳动主张，十九条劳动法大纲在工人头脑中扎根生长，提高了他们的政治觉悟，推动工人运动持续高涨。与此同时，在这场运动中，中国劳动组合书记部还很年轻，才刚刚成立一年，但却自始至终发挥了很好的领导和组织作用，赢得了工人阶级和工会组织的拥护，树立了良好的形象和崇高的威信。而这对于工人运动的发展也是非常重要的。

（作者单位：中共广州市委党史文献研究室）

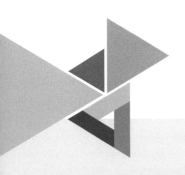

存史
鉴今

编纂精品志书年鉴研究

关于地方志索引标目的思考

常国光

1998年2月10日，中国地方志指导小组颁布的《关于地方志编纂工作的规定》明确要求编纂志书"全书要附有索引"。广州市的第二轮修志启动了索引编制工作，笔者参与其中。本文借鉴同行先进经验，结合自己实践体会，对地方志索引标目进行粗浅的思考和分析。

一、标目在索引编制中的重要性

2009年4月1日起正式实施的《索引编制规则（总则）》（中华人民共和国国家标准GB/T 22466—2008，以下简称《规则》）对索引的定义为："指向文献或文献集合中的概念、语词及其他项目等的信息检索工具，由一系列款目及参照组成，索引款目不按照文献或文献集合自身的次序排列，而是按照字顺的或其他可检的顺序编排。"从索引的定义可以看出，索引编制主要包括了两个步骤：一是找出指向文献概念、语词及其他项目的信息单元，并编写为款目；二是按字顺编排款目。我们知道，款目是索引的基本单元，主要由标目和出处两部分组成。其中，标目的定义为"用来表示文献或文献集合中的某一概念或事项，并决定款目排列位置的词语"①。可见，标目既是文献中提供索引的基本信息单元，又影响款目的顺序编排，直接关系到索引编制的全过程。如果把款目比喻为索引的细胞，那么标目就是细胞核，是索引的核心内容。有着几十年索引工作经验的博科和贝尼埃把标目称为"最佳词"。他们认为："定义'最佳词'或规定选择方法是困难的。"② 这句话可以理解为，标目的选择、措词在索引编制过程中处于既重要又困难的一个环节，其实质是标引员把精力花费在检索系统的输入端，而使处于系统输出端的读者方便地获得信息，这也是索引的目的所在。

二、标目的内容组成

采用不同的索引类型和种类，就有不同的标目，也就是说索引的类型和种类是给标目"定调"的。《规则》明确规定，索引类型按功用分，可分为文献内容索引和文献篇目索引。这两种类型索引的主要区别见表1。

---

① 中华人民共和国国家标准 GB/T22466-2008. 索引编制规则（总则）.
② ［美］哈罗德·博科、查尔斯·L. 贝尼埃：《索引的概念与方法》，王知津、王津生译，书目文献出版社1984年版，第81页。

表1 文献篇目索引与图书内容索引的区别①

文献篇目索引	图书内容索引
收录范围是某一学科、某一专业、某一主题或某一类型的一批文献	收录范围仅是一种图书（专著、文集）
检索结果是文献线索	检索检索结果是图书是符合检索要求的某一段或长或短的原文
以一种文献的整体作为一个索引对象	以图书中的某一局部内容作为一个索引对象
可索引内容是：文献整体主题+局部主题，或者文献外部特征	可索引内容是：图书局部主题+主题因素

对照表1，现在我们讨论的地方志索引是对一部志书编制索引，以志书某一部分内容作为一个索引对象，向读者提供查找志书原文的路径。可见，地方志索引属于内容索引。图书内容索引可分为专门索引和综合索引两种。专门索引指只含有一种索引项（某种索引款目）的单一索引，如地名索引、人名索引等；综合索引是指多种索引项（包含主题、人名、地名、机构名等两种以上索引款目）混合在一起做统一排序的索引。志书索引选择哪种索引合适呢？《规则》对此做出了选择原则：取决于文献（或文献集合）的种类、范围和用户的使用情况。对规模不大的文献内容索引来说，宜选择综合索引而不宜选择同时设置几个专门索引，而规模较大的索引是否编制多个专门索引，应考虑读者对文献特定部分、被标引材料的某一方面是否有特别兴趣。地方志书素有"一方之百科全书"的美称，内容包括了一方之各种情况，上及天文，下及地理，旁及政治、经济、军事、科教文体卫、人物、风土人情等社会情况。入载志书的这些"无所不包"的内容所面向的读者是全社会各行各业的，多层次、多成分的人员。多层次的读者群必然带来多种需求，很难界定哪些方面、哪些部分是读者特别有兴趣的。从地方志的特点和读者需求来考虑，笔者认为志书编制专门索引，涵盖面过窄，很难达到使读者从中便捷、全面地获得所需资料的索引目的；综合索引既适应志书"无所不包"的特点，又能达到方便读者查阅的目的。这也是新编志书索引越来越多采用综合索引的原因。

综上所述，地方志索引采用内容综合索引为宜。内容综合索引的标目内容构成大致可分为两种：一是局部主题，是志书中一个或几个自然段内容的概括，一般为目标题，也可以为专指度较高的章节标题；二是主题因素，包括志书所涉及的人物、机构、地区、事件、生物、矿物、产品、设备、著作、法规等。局部主题的用词可以是主题因素，也可以是其他词组。

三、标目的选取原则

标目的选取需要考虑索引另一个重要概念——标引深度。《规则》对标引深度的定义是："索引的标引深度，又称穷举度，通常是为一篇文献或某一索引单元编制索引款目的数量。标引深度越大，对文献（或文献集合）的揭示就越全面，提供的检索途径就越多。"同时《规则》又提出"应根据索引的目的和规模，选择索引项和索引单元，控制

---

① 张琪玉：《图书内容索引编制法》，化学工业出版社2006年版，第5页。

标引深度，乃至索引的最终规模"。从《规则》对标引深度的规定来看，标引深度与检全率成正比，但并非无条件地加大标引深度，眉毛胡子一起抓——什么都要，而是经过一番选择，这个选择很大程度上取决于标目的选取原则。中国索引学会副理事长张琪玉教授曾指出"图书的学术价值和知识密度，应是决定标引深度的主要依据"。因此，从地方志的特点及索引的目的来分析，笔者认为志书索引的标目选取主要遵循资料价值原则、专指度原则和地方性、时代性原则。

（一）资料价值原则

地方志为资料性文献，"人们查考志，主要是查考某些资料"①。因此，资料价值应该是标目选取的最基本原则，其他原则应从属于该原则之下。如何认定标目的资料价值呢？从构成标目的两个内容来分析，有两方面的理解：一是局部主题。志书的资料不是简单地把资料罗列堆砌的汇编，而是经过分析、消化、归纳、提炼原始资料，并进行科学合理编排而成的著述体，一般为"编、章、节、目"结构。其中，目或子目是结构中的最小单元，其标题一般就是这部分文字内容的主题，体现了所属内容的资料价值，可以作为标目。若有些章节下面没有目，或者目标题因其他因素不宜成为标目，就要对这部分内容（一个或多个自然段）进行分析，从中提取符合要求的主题，也就是博科和贝尼埃所说的"定义'最佳词'"。二是主题因素。主题因素包括志书记载的人物、机构、地区、事件、生物、矿物、产品、设备、著作、法规等信息单元。这些信息单元并非都可以成为标目，只有那些能牵引出相关知识和信息，具有一定检索意义的词语，才能选取为标目。其他只构成资料组成部分的结构性词语，不适宜作为标目，否则会引起索引规模的无限膨胀。

（二）专指度原则

从功能上来看，志书的目录和索引是一致的，都是引导读者阅读或查找志书的内容。但是，由于"志书宏微俱备"，目录和索引分别承担不同的引导功能。目录与志书结构都是"横分竖排"的，因此读者若要了解某领域某方面的宏观情况，只要依目录按图索骥即可；而索引不是按志书原有的结构，而是按标目的字顺重新编排的，每个标目均有具体的指向，为读者查找微观个体资料提供路径。因此，只有指向清晰明确、专指度高的局部主题或主题因素才能被选取为相应的标目。例如，"外经贸""文化事业""民政工作"等外延很广的概念不宜作为标目；又如目的标题一般为局部主题，可作标目，但"其他"这类专指度很低的目标题，也不宜作为标目；再如《民主党派广州地方组织志》②以八章分别记载八个民主党派的情况，其中某章所记载的某党派的名称就会在这一章里反复出现，普泛性使其专指度降低，因此，各章所记载的党派名称只在章首位置选取一次就可以了。但如果某党派的名称出现在其他章里，就会凸显出个性、使其具有较高的专指度而应选取。

---

① 黄勋拔：《方志编纂学论纲》，广东人民出版社2000年版，第48页。
② 广州市地方志编纂委员会：《广州市志（1991—2000）》，广州出版社2010年版，第233页。

（三）地方性、时代性原则

地方志书所记述的内容一般限于本行政区域，并划定年代断限。志书的内容具有鲜明的地方、时代特性，对本地区及断限内特有的或比较突出的事物，必定浓墨重彩地加以反映。基于志书的这一特点，读者查考方志也有比较强的地方性、时代性倾向，一般都是以查找本地、断限内的人、物、事为主。因此，我们选取标目时也应侧重于这两个特征的内容，把断限内、本地区发生的有重大影响的事件，所制定颁布的政策法规，研发、生产、制造的产品设备、科技成果，编著出版的报刊论著、文学艺术作品以及相应的人物等优先选取为相应的标目。

四、标目措词

在分析志书内容、选取标目过程中，局部主题既可能是主题因素，也有可能要对某段（或几段）文字进行概括，为所选定的可索引内容选择一个合适的表达形式（标目用词）①，这个过程称为标目措词。标目是索引款目的第一要素，其职能是揭示、标引或表达图书中的索引对象——可索引内容②。因此，标目措词（标目用词）是否准确和合适，直接关系到对志书可索引内容的揭示、标引或表达的准确程度，关系到读者能否顺利找到所需要的存在于志书中的有价值参考的内容，是保证索引质量的重要环节之一。

（一）标目用词尽量采用志书原文

《规则》明确规定"文献内容索引的索引用词应该尽量使用文献中的术语和用户可能使用的语词，不必采用词表"，"索引标目应该表达文献所包含的概念或特征，通常采用名词或名词词组形式，必要时还可采用形容词、连词或数词"。按此规定，志书索引的标目用词应该尽量采用志书原文的词语，词类一般为简洁的名词或名词词组。但有两种情况可做特殊处理：一是原文没有合适的词语抽取为标目，可用别的词语来表达，但必须反应这部分内容的主题，并容易为读者所接受；二是若使用非名词或名词词组时，必须为社会习惯用词，如"严打""禁毒"等。

（二）标目措词对被索引内容尽可能专指

索引是帮助读者查找具体的信息单元，也就是我们平常所说的"点"的资料，因此，标目无论选择原则还是措词都应注重专指度。通过措词提高标目的专指度，可采取以下办法：一是使用说明语（或称修饰语），这是提高专指度最常用的办法。如"工作机构（工会）"，"思想建设（民革）"。二是把一个词组拆分为两个标目，如"公共场所卫生和化妆品卫生监督"，可分割为"公共场所卫生监督""化妆品卫生监督"。三是取最小的地名为标目，如"从化市吕田镇六角水"，标目应为"六角水"，若该地名在广州地区就不止一处，则标目加上说明语，写成"六角水（吕田镇）"。四是标目词虽然要求简明扼要，但要

---

① 张琪玉：《图书内容索引编制法》，化学工业出版社2006年版，第49页。
② 张琪玉：《图书内容索引编制法》，化学工业出版社2006年版，第17页。

避免随意删减，而降低专指度。如"邓小平理论""孙逸仙纪念医院"等词组明显不是专指向人物，而是政治理论、组织机构，不宜简写为人名标目"邓小平""孙逸仙"。

（三）标目措词应符合读者检索思路

索引是向读者提供查找内容的路径，标目词不需要表达完整的意思，但必须与读者查找的关键词相匹配。也就是说，标目措词应符合读者的检索思路，这样索引才能为读者所用。主题因素一般为刚性、固定的词语，如人名、地名、机构名、动植物名等，容易与读者查找的思路相符，前提是标目词必须规范、完整；若出现简称、别称或旧称，需要建立参照系统来解决。局部主题作为标目时，可能渗入了标引人员的主观因素，往往容易出现差异。笔者认为应从三方面入手缩小这种差异：一是直接采用主题因素作为局部主题；二是尽量选取专有名词或社会习惯用词作为标目的首词，这样容易与读者达成"共识"；三是在同一页码上的不同标目，尽量采用不同的首词，扩大检索入口，提高与读者思路一致的概率。例如，在同一页码中，有"医疗水平""医疗急救网络""医疗服务项目"标目时，可把"医疗急救网络"改写为"急救网络"，把"医疗服务项目"改写为"服务项目（医疗）"，使原来只有"医疗"一个索引入口，增加了"急救""服务"两个索引入口。

（四）标目措词应产生事物概念字面成族的效果

所谓字面成族是指分散在志书各处的相关事物的标目，因标目首词相同，在字顺序列中集合在一起，从而使相关主题概念产生成族的效果，起到显示标目之间的相关性的作用，方便读者检索。例如，《政府决策志》[1] 各章节中都有记述市长办公会议，这些会议的标目可写为"市长办公会（会议主题）"；又如《大事记》[2] 中记载了地铁建设的各个阶段，这些标目可写为"地铁资金问题""地铁首期工程评估""地铁建设监理""地铁贷款协议""地铁首期工程动工"等；再如把时间性词语、序数词后置，让反映主题的词语作为标目的首词，同样达到这种成族的效果，如"中国出口商品交易会（第××届）"。但有两情况下，标目不宜成族。一是在较少范围内（同一页码或同一目）的标目不宜成族。如前所述，这些标目应尽量采用不同的首词，以扩大检索入口。二是标目首词为志书所在行政区域的名称，不宜成族。因行政区域名称一般在志书中会频繁地出现，所涉标目同样也大量存在，但这些标目之间的相关性均是因行政区域名称而形成的，字面成族的意义不大。而且行政区域名称为首词的标目过量聚集会减弱其他词组的字顺排列，反而对读者检索产生不利。为此，地方志索引的标目首词应考虑省略本行政区域的名称，避免某种字顺的词语过度聚集在一起。

（作者单位：中共广州市委党史文献研究室）

---

[1] 广州市地方志编纂委员会：《广州市志（1991—2000）》，广州出版社2010年版，第137页。
[2] 广州市地方志编纂委员会：《广州市志（1991—2000）》，广州出版社2010年版，第159页。

再谈志书质量及其评审功效
——兼及三轮修志质量的"四关"标准

王建设

一、当前志书仍存缺陷举隅

目前全国已经两轮大规模修志,总的趋势是志书质量愈来愈高。但不排除仍存在一些缺陷问题,整体质量尚有待再一步提高。

(一)政治方面

方志"官书"的性质,决定了政治标准乃其首要质量标准。如不断行进的政治运动,今后三轮修志仍不可避免地还要记述,应怎样记叙才能达到志书所要求的质量标准,历来是一个颇有争议和棘手的问题。一条"宜粗不宜细"的原则,就不仅使我们对记述政治运动畏难,而且对粗到什么程度、细到什么程度,无所把握。首轮和二轮志书编纂的实践表明,一些志书对"粗"与"细"有些地方把握得不太精准,表现在:一是全国背景本应粗一些,但有些过细;本地政治运动本应细一些,但有些过粗。二是个人责任应粗一些,但有些过细;整体责任应细一些,但有些过粗。三是小事件应粗一些,但有些过细;大事件应细一些,但有些过粗。四是过程记述应细一些,但有些过粗;评述、议论应粗一些,但有些过细。对此,重要的是作为编者应有宏观和微观的概念。政治运动的反映,既要完整,"存真求实",又要注意详略得体、粗细有致。

经过全国两轮大规模修志的实践,明显的"硬伤"如"中国与港澳台等国家""建国前后"等,已基本消除。但从"隐性"方面说,由于众手成书,众多编写人员的学识水平、政治素养皆各不一,行文中不排除仍存暗含的"瑕疵"乃至提法或语句有误。

例如,对改革开放某些事物现象的叙述上,某志"政法篇"中有这样的叙述:"随着改革开放和经济建设的发展,社会上出现人、财、物大流动,城区外来人口日渐增多,各种新的社会矛盾日益突出,刑事案件不断增加。""改革开放后,以前没有发生或很少发生的绑架人质、持枪犯罪、抢劫杀人等案件相继出现和增多""改革开放后,经济诈骗案件增多,形式多样"。这些句中,把"刑事案件不断增加""绑架人质、持枪犯罪、抢劫杀人等案件增多""经济诈骗案件增多"的原因推论归于改革开放和经济发展,是不妥的。这是一种隐性缺陷。

再如二轮贵州《平塘县志》志稿,有这样的叙述:"刚解放时,当地一股土匪十余人伺机待伏,流窜烧杀抢掠。后在解放军及当地人民武装的配合下,一举剿灭了这伙土匪,巩固了国家政权。"这段话的问题在于最后一句"巩固了国家政权",试想,一个小小区域的十多个土匪,任其兴风作乱,能影响国家政权多少?明显反映出编者认识上的局限，导致提法上的缺陷。

陕西"咸阳百村"系列丛书，在总纂稿时就发现，在记叙历史上汉、回两民族摩擦、械斗时，多处出现称回民为"回回""回子"，这本是地方的口语化，但这样写入公开出版物中，有明显诋毁回民的意思，容易伤害回族人民的感情，从而引发不良后果。

有鉴于此，今后三轮志书要审慎消除这些隐性的政治性、政策性、法规性问题，更需要准确记述，避免政治问题、民族宗教问题等出现。大到对港澳台、地图、保密、涉外、宗教等问题，小到志书的政治用语必须规范、准确，字斟句酌、谨小慎微、反复推敲。参与编志人员的政治立场不能有任何偏差，志中的政治隐患应该杜绝，防止出现政治上的问题，出了政治上的问题，就是编写上的重大败笔。

（二）体例方面

作为方志理应创新，应是在勇于变新中，因此，体例历来是方志界不断研究的中心课题。两轮修志近40年，广大修志者按照新志的指导思想，尽力从本质上体现或反映方志内容，以突出时代特点，从实践和已出版的志书论，自然都有不同程度的创新。但无论是篇目、大事记和专志以及人物、附录，部分志书依然还未完全脱离旧的"窠臼"。

其一表现在篇目上。修志之道，篇目为要，一部志书体例符合与否，篇目最是检验的首要标准。已出版的一些三级志稿在体例方面存在的主要问题有上下限不齐、随意自断，直接影响到下一轮志书上限的确定。

其二是篇目设置相互临摹，这种现象比较普遍。每部志书的篇目设置都只能是它那一个地域时间和空间的特殊结合物，有自己的特点、重点、相互关系、运动和发展形式，当然要继承传统和借鉴其他志书篇目的长处，但继承和借鉴都要有所选择，不是模仿。而且要从本地域社会、经济、政治、文化的总体发展出发，采取系统分析、系统综合的方法，依据地方志涉及的范围、反映的内容和表现形式，在尊重本地域社会现实和历史发展、变化的基础上，设置具有自己史学特点的篇目，所撰著的志书才能在历史上有独立的地位。

其三是篇目设置归类不当，层次间逻辑关系混乱。二轮志书结构分类一般有大编体、中编体和小编体。一些采用大编体式的市县志，往往在经济发展上投入笔墨过多，造成"将军肚"，使篇章之间容量失衡。而采用小编体式的县志，又成为"一个菩萨一炉香"，一级类目过多，有的县志列到30~40个，分类过细，过于零碎。另外比较突出的问题：一是同一类志稿有的门类按大编体式设置，有的门类却又按小编体设置，而且不能一贯到底使用某种体式。二是相当一部分志书字数偏多，篇幅过于庞大，虚设层次多，实体形式少，只注重"大而全"，覆盖面广，而缺乏必要的深度，看上去文字不少，可多为承上启下铺垫过渡性内容，核心资料被冲淡。

其四是横排纵述仍欠章法。以事名篇，篇下章节目的横排应错落有序，竖写要首尾相连，形成一个自成体系的内容。在长期的编纂实践中，方志体例经过了几次大的发展与蜕变，从准确记述一地包罗万象的自然及社会现象出发，才最终确定横排门类、竖写内容的基本体例形式。所谓纵，应是以时间为经，将所著述的事物放在特定的历史环境中，联系横向作总体考察，以事物本身发展的进程为线索组织材料，反映事物的发展程序和本来面貌。所谓横，应是以发展的内容为纬，联系历史过程作逻辑分析，找出事物的内在联系和发展的逻辑层次。唯其如此,在这一科学认识的基础上,新编志书才能纵横分见,历史脉络清晰,才不是平面式的资料拼盘,而是那一地域实史内容的写真。

察两轮修志的一些志书在记述事物时,却只重单独事实,而忽略了事物之间的内部联系,因此造成事物的断裂和与其他相关事项的分割。这种现象比比皆是。

(三)史实方面

地方志书属官书官修,具有历史的准确性、客观性和权威性,应是信史,不同于个人的自由著述。真实可靠的资料固然重要,用于表述资料的语言、数据也必须真实,有一说一,有二说二,不可夸大事实,坚持志书可读性与可信性的统一。编纂中始终坚持认真核查,防止各种"硬伤"。既要防止资料在"位移"中失准,又要避免大概、估计、大部分、小部分等模糊语言。

2017年,笔者总编的全国历史文化名村志《鹏城村志》,记载了广东沿海著名抗日英雄刘黑仔,在收录一张4人照片中标明了其人,2018年区志办初审、市志办复审均未发现问题。但该村一位年长知情者指出照片中人非刘黑仔本人,而是别人。倘如不经知情人甄别,将来村志印出流传,刘黑仔的后人定有意见。不仅如此,也会在社会上造成负面影响。

又如审阅某志有这样的描述:"建成苏鲁豫皖接壤地区最大的农贸市场"。当时笔者追要几个苏鲁豫皖接壤地区大农贸市场的面积数据,旨在作以比较,后发现是编者的估计。对于志书,如此估计、臆断,将贻害不浅。这样的情况,在已经出版的两轮志书中不排除仍然存在。

此外,要认真核准和统一统计数字。一部志书尤其是经济部类志书,应由大量统计数字和统计图表来说话,这是重要的资料。对于这些统计数字和统计图表中的数据,我们应注意两个问题:一是入志的数字要准确。从各种渠道来的统计数字,不一定都准确。由于位移、计算的错误,可能造成不真实。如果把那些不真实的数据写入志书,就会削弱志书的权威性。二是不能相互矛盾。但我们常常可见的问题是,分项数据与总计数据、同一个事项的数据前面与后面相抵牾,这就造成了质量问题,给读者带来疑窦。

譬如有志书这样描述:"本县工业总产值1980年为100亿元,1985年增加到150亿元,年递增10%"。从这段字义看,这个县的工业总产值,5年内平均每年增长10%,但不是递增10%。若年递增10%,1985年的工业总产值应是161亿元。

因此,在总纂时必须反复审核,这是一项细致而复杂的工作。我们在处理统计数字时要做到,对一些浮夸不实的数字要纠正,对一些不准确的数字要核对,决不能把不准确的数字写入志书中。二是入志的数字要一致。一部志书由各系统各部门参加编写,数字来自各方,是用不同方法计算出来的。如果关于同一问题的统计数字在各部志书中的记载不一致,分不清哪个正确,势必影响志书的科学性、资料性和真实性。为避免差错,总纂时一定要对所有统计数字进行核对,发现矛盾要认真找出原因。各部门与统计局数字不一时,要以统计局的数字为准。同一概念的数字要一致,不同概念的数字要精确。

(四)语言方面

语言,乃志书表达的唯一形式,包括词语的准确运用和语言风格两个方面。由于编写上的"众手成书"、总纂上各位纂者文字素养的各异,因而也导致了两轮修志语言质量上参差不一。

一部高质量志书的语言应整体表现为以下几点。

准确——无语法毛病。

朴实——行文要摒弃浮词,不偏尚文辞,不堆砌辞藻,不故弄玄虚,切忌空话、大话、套话,更不允许说假话。在某些志书中常见的问题,一是带有浓厚情感色彩的宣传词语。如记载人物,说某人死后"永远活在人民心中";记地方历史,用"人杰地灵,物华天宝";一讲成绩就用"举世瞩目""突飞猛进""扶摇直上"等。二是常用形容词和副词。三是喜欢发表空泛议论。四是空话、大话和套话累牍。

简洁——修志崇尚叙事简洁,文字精练。叙事简洁,不拖泥带水,这是修志之要旨。要以较简约的文字记述丰富的内容,做到言简意赅,古文的"文约事丰"很值得我们研究。

流畅——在讲究严谨、朴实、简洁的基础上,还应讲究雅重、优美、流畅。李铁映在全国地方志第二次工作会议上指出:"志书一定要可信、可用、可读。""可读,要写得精练、优美,引人入胜。读志如看画听乐,爱不释手。文字水平要高。不少名史、名志都是优秀文学著作,影响深远。"恰当地运用比喻,既可使文字生动形象,又可使文章见解明了。适当地运用排比的手法,可加强语势,使之更加流畅,以增强感染力和说服力。注意语言的韵律和气势,使之声情并茂,所谓的可读性是也。

上述几个方面是对志书的一种高质量的要求,也是检验修志人员文字功底的"软指标"。

而表现在语言质量欠高的"硬指标",是工作总结、教科书、新闻报道、论文等表述方式很"顽固",我们有些修志者从秘书、记者、编辑、教师、文化工作者等职业转行而来,因此行文多带有这些痕迹。

如有志稿表述:"抓好新《土地管理法》的宣传,不断增强全社会耕地保护的意识。耕地保护工作是一项复杂而艰巨的系统工程,只有动员全社会参与,才能取得成效。近年来,省各级国土部门认真做好对'十分珍惜和合理利用土地,切实保护耕地'的基本国策和新土地管理法以及国家有关耕地保护政策法规的广泛宣传工作,要求做到'三个讲清',即讲清耕地保护是由省情、市情、县情所决定的,讲清……"——明显工作总结式的表述。

再如,有志稿描述:"商品的本质属性是价值,而价格是价值的表现形式,价格不仅由价值决定,也受供求关系影响,反过来影响价值的分割,调节市场的供需,因此,价格是市场的信号灯,是商品经济不可缺少的调节器,离开价格机制,就谈不上什么商品经济、市场经济。"——教科书式的阐释。

对此,不复列举。这些,在三轮再修志时都要力戒。

二、评审自身质量有待提高

地方志的独特体例,决定了志书评审必具很强的专业性。以专业人员评审专业成果,这点无可厚非。但评审者的专业程度与专业水平,又直接影响着志稿的修改质量乃至成书质量。

评审一词在辞海中的释义为：评议和审查。顾名思义，志书评审即对志书的评议审查。这样，就明确了评审与被评的地位和位置，同时也意味着，评审者的专业水平应高于志书编纂者的水平。由所处的地位所决定，当前省、市、县（区）三级志书评审人员组成的一般模式为：由上一级乃至更上级的方志机构组成对下一级乃至更下级志书的评审，评审人员基本为上级机构的成员，普遍为老、中、青三个组成部分。

但是，以当前评审人员的综合专业水平察之，中华人民共和国修志近40年，因迄今国内尚未有哪所大学开设过地方志学科，全国、省（自治区、市）、县（区）的三级地方志编纂机构的在编人员，尚无科班出身，不少是行政管理人员及其他行业部门人员调入，或高校毕业生充实其里，边学边干，学中乃干。这样，地方志从业人员的业务素质难免参差不一，佼佼者寥寥。但修志界有这样的现象，修志经验水平与修志工龄有关，愈老经验愈丰富、道业越老道，这是个不可靠的结论。

鉴于此，评审常常有这样的现象：由于所处上级机构的地位所决定，年轻的人员评审资深人员编纂的志稿；修志仅数年的人评审修志30多年的人编纂的志稿；曾经是学生或部下的人评审老师或领导的志稿。这样就造成机构的地位取代了专业能力，这是个弊端和失衡。

例如，南方某省一国家历史文化名村志的评审，对于村里经济实体的章程，有年轻评审者提出：第一，章程编纂的没有趣味性。于此不妨分析一下，第一章程不可能改编，充其量只能缩略摘录。第二，章程是个严肃的文本，何谈趣味性？同是这个志稿，文中叙述有"九龙海战取得鸦片战争前夕海战的首仗胜利"（发生于1839年9月4日），还是这位年轻评审者质疑：如此说来，还就应有陆战？言下之意鸦片战争没有陆战。这其实涉及历史常识，无须翻阅史书，只须上网百度百科即可知，历史上"三元里抗英"（发生于1841年5月）乃鸦片战争时期广州人民自发的武装抗英斗争。如今50多岁以上的人皆知。

又如河北某区志评审，有已退休的该区地方志办领导人在评审提出：志稿"解放前（后）"的提法是错的，而中指组"中国名村志丛书编纂规范"第二十五条，志中所称"解放前（后）"，以当地解放日为界。这就说明允许以解放前（后）标定时间，只不过到具体的解放前或解放后，规定了以当地解放时间为界定。同样是这个志稿，同样还是这位评审者提出"1983年人民公社解体"，"解体"一词不对。究其实，《辞海》对解体一词的释义之一是瓦解，"人民公社解体"，中央、国家文献皆能这样表述，当今志书用之有何奇哉？

由此引及"一桶水和一碗水"理论。教育界有个传统理念：欲给学生一碗水，老师必备一桶水。在志书评审与被评审的问题上，我们姑且将评审者视为老师，被评者视为学生。试想，如果师者的专业知识如此，又何以以传道授业解惑？

此外，志书评审还存在着是否有其标准以及标准是否适用的问题。

一部鸿篇志著，洋洋百万乃至数百万字，评审该何从入手？笔者曾参加过两轮50多部各级志稿的评审，再从更大的范围反观两轮志书的评审。自2008年9月中国地方志指导小组发布《地方志质量规定》后，地方志工作才算有了一个质量方面的规范性文件，但仍缺少专门针对志书评审的标准，因此第一、二轮志书评审鲜有明确的科学的评审标准作为依据,大都是评审者各按各自的认识进行随意点评,造成评审上的自我为则,自我为评,无标准或标准不一,弄得被评者不知所措。

如前本文提出评审的政治、体例、史实、语言四个方面,其实就可转换成为评审的四个标准。笔者不妨也提出这样的观点:宏观要中肯,微观要具体;同类归一系,点上要明晰。可以以之为志书评审的参照。

宏观中肯,微观具体,意即对于大的整体上的问题,所提的意见应切中要害或扼要恳切或恰到好处,以理服人,切莫模棱两可,让被评者云山雾罩,不明就里,不得其要。有人对志稿的评价:政治观点表述有问题,通篇体例不够规范……如对于改革开放,评审者只提出表述上有问题,不符合中共十一届三中全会以来的指导思想,仅这一句话,则让人不明其要,无从修改。如果对志稿提出,全文全是成绩,看不出一丝的经验教训和波折,不符合辩证唯物主义的观点方法。这样点评,被评者就会明白,志稿的确是只有成绩,没谈失误。改革开放成绩当然是主流,但也不可能没有一点点波折,其理不言自明。又如,一句"通篇体例不够规范",更是让被评者不明不白。

至于微观问题,更要避免以官话、套话评之,问题要明确,点评应到位,给被评者以具体的可操作性。如有志稿叙述:"1950年4月,县委和县政府组织工作组深入各区、乡,结合清匪反霸,开展减租退押运动,按军政委员会的减租退押条例,从解放之年起,一律实行'二五'减租,即在原租额上减百分之二十五。在1950年6月之前,主要是发动群众,组织佃户,按规定要地主富农退回农民1949年交租额的百分之二十五,经过'二五'减租后,其租额仍超过土地正产物千分之三七五者,则再减,地主富农不得违抗。"原稿这段话很像是某个政策文本上的摘录,如果评审者仅仅指出:以政策代替事实,不符志书语言,则有些官腔官调。如果指出:这段话主要是政策的体现,太空洞,应该主要叙述本县执行的实际情况,包括退租的具体做法和数量等,被评者即会心领神会,无须赘言。

同类一系,点上明晰,意即:对同一类问题,在一次评审会上,所有的评审者大可不必都一一道来,仅举例一二,达到举一反三之目的即可。如提到文中虚词"的、了、以、而、所、与"等过多,去之并不影响文意,不必每有必评,以节省会议时间、防"疲劳战"。

但对于个性的问题点,则以明确到点位最好,否则被评者尚不知在通篇何处,所谓当局者迷。如某志叙述:"旧社会,劳动人民吃不饱,穿不暖的生活",明显缺谓语。如评审者只提出,在××章××节上语句、措辞有问题,需改。与其已经审出来了,不如直接挑明问题所在,直接标明在某页某行自己认为应改为:"旧社会,劳动人民过着吃不饱、穿不暖的生活",加"过着"二字即直接将问题解决,这样,被评者会很愉悦地接受。

三、评审方法改进琐谈

志书几十年的评审,已然形成一种定式,以各级地方志机构为组织,以各级方志机构人员为主体,对志书进行评审。评审的程序为初审(内部)、复审(部门)、终审(上级)。这对志书质量的把控起到过重要作用。

但现行的评审方式也存有不足:一是有些地方无评审标准以及虽有标准但其科学性

不强;二是组织上知识结构组合的单一,多从事方志人员;三是方法上如评审人员组成、会议程序及会议的日程上,有待改进。

(一)评审标准的建立

评审标准乃评价志书质量的准则,有标准会使评审过程有章有法、使结果规范,反之,无标准会使得评审杂乱无序、各自为评,评审效果不佳。而有标准但标准不尽合理,也将影响评审质量。评审标准的建立,仍然应从政治标准、体例标准、史实标准和语言标准四个方面来考虑。

关于评审的政治标准,以往我们多在凡例中这样标述:"本志以马列主义、毛泽东思想、邓小平理论、'三个代表'重要思想和科学发展观为指导,贯彻习近平新时代中国特色社会主义思想,坚持辩证唯物主义和历史唯物主义的观点",以此作为一部志书编纂上的政治尺度,但这只是宏观的笼统要求,相应地还必须拟定细则的政治要求,便于评审的可操作。首先,要求我们应对政治的含义有准确的理解:政治包括军事、法律、政权机构、政治党派团体等方面。"政"主要是政权、政府、军队、警察、法院、监狱、政治组织、政治机构。"治"主要是指法律、制度、政策以及依据这些进行的行为,包括军事、法律、行政等方面。"政"是硬件,"治"是软件。其次,对应这些方面拟定较细的可操作的条款,分别向有关部门征求意见而后确定。

评审的体例标准,应从严守志界、横排竖写、"七体"并用、述而不论等方面,拟定较细的可操作的条款,这也是我们修志人本分内的专业,他人莫属。

评审的史实标准,应从如何核准、甄别资料、文字、数据的真伪上拟定出较细的可操作的条款。

评审的语言标准,应从严谨、朴实、简洁、流畅、规范上拟定出较细的可操作的条款。

(二)评审人员的构成

一部官修综合志书,除其体例、章法、结构、语言外,单就其专志即涉及自然、经济、政治、社会、文化、人物等几大板块及诸多的专业事项,作为一位评审者,不可能对每个事业事项都很专,因此,应分专业,以对口为宜,有针对性地评审。最近,山西省在评审一部区志时,关于人员结构的组成,除省、市级从事方志工作人员外,还邀请了市保密局、市司法局、市统计局、市文旅局、市档案局、太原警备区、三晋出版社等单位人员参加评审。多年的评审实践表明,从评审志书语言的角度,各地各方志机构人员中,以文科学历尤以中文系为佳,"汉语言文学系"是各文科唯一专门研读中国汉语言的学科,有这样学历的人一般文字功底均佳。此外,针对史实的评审,一般外人对当地的历史事实多不清楚,最好邀请一二位当地的"本地通",专门对史实评审把关。

(三)评审方法的改进

首先,人员应有控制,分工有专,分别把关,反对那种"眉毛胡子一把抓"的大呼隆式阵势。分别把关,一般评审人员可为一二人或数人重点评审一篇或一个板块,兼及其他,少数资深修志人员可通评全篇。分专业把关应从政治关、体例关、史实关、语言关分别把守。一般市级志书评审可安排二三十人，县（区）级志书评审应控制在 20 人以内。

其次，评审时间的掌控也是评审会需改进的地方。一是总的时间要掌控。当下社会生活步伐不断加快；对时间的节控很重要，一部市志充其量花费两天进行评审即可，一部县（区）志最好控制在一天时间。二是每位评审者的发言时间要严格掌控。其实，这个时长足以能将自己的观点表述清楚，同时也可检验每位评审者的综合表述能力和对时间的驾驭能力。

（作者单位：安徽省地方志编纂委员会办公室）（现已退休）

村志中人物编纂的分析与思考
——以广州地区近年编纂的村志为例

李玉平

人物是志书的重要组成内容，历代方志编纂者都把人物作为载笔的重要内容。常璩《华阳国志》十二卷，涉及人物的达七卷；潜说友《咸淳临安志》凡一百卷，其中人物类十一卷；马光祖修、周应和纂《景定建康志》，其中三卷为当地古今人物传记。自宋代开始，方志均列人物篇。至清代，人物在方志中所占比例少则1/5，多则一半以上。清方志学家章学诚更是将人物志称为"志中之髓""志中之志"，主张"通志尤重人物"。① 人物志既重要，却又难写，"修志之难在于人物"已成了前两轮修志的经验之谈。

作为建置最小的村级志书，村志伴随着20世纪80年代新方志事业的发展开始崭露头角，并逐渐成为志坛一支蓬勃发展的力量。2016年，中国地方志指导小组启动中国名村志文化工程，2017年12月出版第一批27部名村志，2018年全国出版乡镇志、村志330多部，村志编纂更是如火如荼。和三级志书的人物志一样，村志中的人物也具有政策性强、思想性强、敏感性强、社会性强等特征，被视为村志编纂的"大难点"。但理论界对村志中人物编纂的研究却甚少，在中国知网键入"村志人物"检索，仅找到3篇文章《关于村志人物撰写问题的思考——以河北安新县〈北冯村志〉为例》②《以事感人，以情动人——浅谈如何写好村志中的入志人物》③《浅谈村志中"人物编"的地位与纂写》④，要么是对某一个案的剖析，没有普遍性；要么是照搬编写要求，缺乏深入论述；要么时间过于久远，对当前村志编纂的启迪意义不大。当前村志编纂方兴未艾，村志中人物编纂遇到的问题也层出不穷，亟待展开深入系统的研究。

广州地区历代重视村志编纂，2012年施行的《广州市地方志工作规定》首次以政府规章的形式对村志编纂作出要求。天河区在全国首创由政府主导的村志编修模式，黄埔、海珠、花都等区全面推开村志编纂，白云区也适时开展村志编修。2018年，《广州市名镇名街名村志编修工作方案》印发，统筹推进全市38部名镇名街名村志编修。据初步统计，1989—2018年广州市共编纂出版村志66部。为进一步推进村志编纂，提升人物编纂

---

① 曹子西、朱明德：《中国现代方志学》，方志出版社2005年版，第256页。
② 齐香钧：《关于村志人物撰写问题的思考——以河北安新县〈北冯村志〉为例》，载《安阳师范学院学报》2011年第3期，第76—78页。
③ 刘文海：《以事感人，以情动人——浅谈如何写好村志中的入志人物》，载《黑龙江史志》2011年第8期，第10—12页。
④ 梁耘、王彦嘉：《浅谈村志中"人物编"的地位与纂写》，载《黑河学刊》1998年第2期，第70—71页。

水平,笔者拟以2015年以来广州地区编纂的4部村志为蓝本进行案例分析,所选村志尽量覆盖多个区,兼顾公开和内部出版两种形式,分别为白云区的《三元里村志》,2016年公开出版;天河区的《石东村志》,2017年内部出版;黄埔区的《文冲村志》,2017年公开出版;花都区的《义山村志》,2016年内部出版。从篇目、选材标准、记述内容、排序4个方面展开分析,以期对村志人物的编纂提供资鉴。本文论述对象为村志中单设的人物篇章,不涉及正文中"以事系人"记述的人物。

一、人物篇目分析

旧志人物恪守"生不立传"原则,诚如章学诚所说"邑志列传,全用史例,凡现存之人,例不入传",但偶有例外,"妇人守节,已邀旌典,或虽未旌奖,而年例已符,操守粹白者",以及"去任之官,苟一时政绩,卓然可传,舆论交推,更无拟议者",才可破例"立传"。

1985年4月19日,中国地方志指导小组印发《新编地方志工作暂行规定》,明确"在世人物不立传……革命烈士除专门立传者外,还应编制英名录"。因而,首轮修志大部分只以人物传、烈士英名录等形式记述故人,凡在世人物确有可记述的事迹,采用"以事系人"的方法,在志书篇章节目之中予以记录。

第二轮修志有所创新。2007年11月28日,中国地方志指导小组印发《关于第二轮地方志书编纂的若干意见》,提出要"坚持'生不立传'的原则,对有重大影响、有突出贡献、有代表性的在世人物,主要采用以事系人的方式记述;在人物简介、人物表(录)中需要反映的,要严格掌握收录标准,其原则由省一级地方志工作机构确定",这就为志书记载在世人物开辟了一条新路——在人物传之外,多了人物简介、人物表(录)等类别。2008年实施的《地方志书质量规定》巩固了这一观点,并对人物传、人物简介、人物表的编写提出了具体要求。由此可见,官方文件所列志书人物类别主要包括4类——人物传、人物简介、人物表、人物录。需要说明的是,此处的人物录等同于人物表。

广州地区4部村志均设单独的人物篇章,为方便横向比较,列出4部村志中人物的两级篇目。(见表1)

表1　4部村志人物篇目

书名	《三元里村志》	《文冲村志》	《石东村志》	《义山村志》
篇目名称	第二十一章　人物·名录 第一节　人物简介 第二节　人物名录	第六篇　人物 第一章　人物传 第二章　人物简介 第三章　人物表	人物 一、人物传 二、人物表 三、先进模范人物	第十三章　人物 第一节　人物传 第二节　人物录 第三节　人物表

由表1可见,《三元里村志》《义山村志》以章命名;《文冲村志》是以篇命名的;而《石东村志》既不设章又不设篇,单列人物。关于篇章名称,仅《三元里村志》为"人物·名录",《文冲村志》《石东村志》《义山村志》3部村志均为"人物"。在人物类

别方面，4部村志主要包括人物传、人物录、人物简介、人物表、人物名录、先进模范人物（不能算作一种类别，可归为人物简介）几种类型，具体情况如下。

（1）人物传。《文冲村志》《石东村志》《义山村志》3部志书设人物传。《文冲村志》记述14人，其中历史名人6人，现代名人6人，革命烈士2人；《石东村志》记述5人；《义山村志》记述3人。

（2）人物简介。《三元里村志》《文冲村志》2部志书出现人物简介。《三元里村志》记述5人，不分类别，经统计，去世人物2人、在世人物3人。《文冲村志》记述69人，分为8大类别，其中市人大代表1人、行政人员14人、先进人物8人、技术人员11人、参加过较为著名战争的解放军官兵21人、社会知名人士9人、香港同胞为文冲村发展做贡献5人、体育尖子1人。经笔者统计，其中含去世人物3人。

（3）人物录。仅《义山村志》1部志书出现。其人物录实质为表格，包含3个表，分别为中华人民共和国成立前义山村功名人物表，1949—2014年义山村人任职副处级以上名录表，1850—2014年义山村能工巧匠、种养能手人物表。

（4）人物名录。这是文件规定中没有的人物形态，仅《三元里村志》1部志书出现，以文字形式简要介绍了中华人民共和国成立以后三元里村曾担任副处以上各级干部、市级以上（含市级）人民代表、政协委员、党代表等职务的村民共21人。从形式上来看，记述内容简单，仅含出生年月、重要职务，实质为人物表；但从收录对象看，这类人物一般入选人物简介。

（5）人物表。《文冲村志》《石东村志》《义山村志》3部村志出现人物表。《文冲村志》有11个表、细分为6个类别，《石东村志》1个表，《义山村志》2个表。

除上述类别外，一般村志中出现的人物类别还有人物传略。人物传略是比较简略的传记，一般只记述人物主要事迹，不详细记述人物的一生。此外，对"人物录"的概念理解亦有不同，如根据《关于第二轮地方志书编纂的若干意见》的规定，人物录等同于人物表，列出基本要素即可。但《续志编纂要览》一书规定"人物录主要收录在世的各界有杰出贡献的人物"，其撰写的基本要素跟人物传无异，可见此处的人物录非人物表。《义山村志》更是在"人物录"中收入"人物表"——1850—2014年义山村能工巧匠、种养能手人物表，表栏却设"主要经历和任职"，详细地记述了人物的学习和工作经历，多则520字。因而，有观点提出，"人物录"是介于人物传与人物表之间的一种体裁，其形式包括两种，一种近似于表，如烈士英名录；另一种类似于人物简介，一般篇幅简短、文字精练。①

在前两轮综合志书中，人物类别的名称亦是五花八门，有人物传记、人物事略、人物简介、人物名表、传记、简介、专记、人物表、人物名录、传记人物、专记人物、简介人物、入表人物等。而不少村志更是将人物传与人物简介下设的目并列，造成层次混乱。为规范编纂形式，笔者建议在村志编纂中，统一使用《地方志书质量规定》认可的人物传、人物简介、人物表3种形态，上述提及的人物传略可归为人物传，人物名录调整为人物表。由于人物录的概念存在理解分歧，尽量不使用。

---

① 曹子西、朱明德：《中国现代方志学》，方志出版社2005年版，第287页。

二、人物收录范围分析

旧志人物主要收录名宦、儒林、忠义、宦迹、文苑、武功、隐逸、孝友、义行、列女、方伎、仙逝等门类。① 而新编志书人物志的收录标准,根据《新编地方志工作暂行规定》等文件要求,可归纳为四大原则:一生不立传;二是统合古今,古今皆收;三是以本籍人物为主、兼收客籍;四是以正面人物为主,兼收反面人物。在此标准下,各级志书根据记述范围、人物体裁确定收录范围。

(一) 人物传的收录范围

4 部村志的人物传,主要收录以下几类人物:①历史名人。如《文冲村志》记述的组织乡勇抵御外敌并成立"洪恩会"的陆秀书,《石东村志》记述的孝子钟有成、贼王钟奀初。②革命烈士。如《乂山村志》记述的革命烈士钟桂明,《文冲村志》记述的革命烈士朱炳球、陆炳其。③获得市级以上荣誉称号者,如《乂山村志》记述的获"广东省名老中医"称号的钟玉池,《文冲村志》记述的荣获广州市第三届三等劳动模范的陆流妹。④中共地下党员或为共产党服务的人员。如《石东村志》以合传形式记述的中共地下党员袁志文、何理明、谢冰珍,《文冲村志》记述的给抗日游击队造枪支的陆荣基。⑤国民党军官。如《文冲村志》记述的曾担任国民党军舰"芭罗亭号"舰长的陆桂芬。⑥副处级以上干部。如《文冲村志》记述的担任原大沙区公所(镇)巡视员的郭炎彬。⑦村支部书记。如《乂山村志》记述的杨乂山支部首任支部书记骆展翔,《文冲村志》记述的文冲生产大队党支部书记陆流如。

由于村志人物传的收录范围没有明确规定,以上 4 部村志所记类型比较全面,有重要的参考和借鉴意义。但仍需注意几点:一是应进一步挖掘在本村工作或居住人士以及村籍人士中,在各行各业有较突出贡献的人物,如学者、科技工作者、教育家、企业家、能工巧匠等。同时还要收录高级职称人员。二是结合广州毗邻港澳的地域特点,注意搜集华侨、港澳同胞、台胞中符合附录标准的人物。三是谨慎收录历史人物。由于很多村志述自开村始,人物传中自然收录了历史人物。其资料很多源自旧志记载,但旧志的编纂宗旨是维护封建统治阶级的利益,其中精华与糟粕杂陈。因而,在收录旧志人物时,要坚持辩证唯物主义和历史唯物主义观点,剔除封建糟粕;同时认真甄别,对有争议的资料,要加以考订。且历史人物要在文章中,对来源及出处予以说明。

(二) 人物简介的收录范围

4 部村志中的人物简介,主要包括以下几类人物:①人大代表。如《三元里村志》记述的全国人大代表李国强,《石东村志》记述的连续六届区人大代表姚光祖。②种植能手。如《三元里村志》记述的受国家派遣到非洲刚果指导蔬菜种植的李宝新、邓赞兴。③行政人员。如《文冲村志》记述的副处级以上和科级行政人员共 14 人。④具有中

---

① 黄苇:《中国地方志词典》,黄山书社 1987 年版,第 342 页。

级职称以上人员。如《文冲村志》记述的获中级职称 5 人、副高级以上职称 4 人。⑤获得市级以上奖励人员。如《文冲村志》分别记述了获国家单位、省级单位、市级单位评选的先进人员共 8 人。⑥画家、书法家、体育尖子等。如《三元里村志》记述了省美协会员、书画家、体育尖子各 1 人。⑦参加过较为著名战争的解放军官兵。如《文冲村志》记述了陆社能等 21 人。⑧为本发展做出贡献的香港同胞，如《文冲村志》记述了 5 人。

以上所列人物，基本覆盖了村志人物简介的收录范围。但人物简介在分类时，应做到归属得当，层次分明，避免交叉重复。一是行政人员与先进人物的交叉。如《文冲村志》记述的陆兆参，既担任市公安局行政科科长（正科级），又被评为 1982 年度市公安系统先进工作者，同属行政人员与先进人物。二是获得职称人员与先进人员的交叉。《文冲村志》记述的陆桂桃作为小学高级老师，具有中级技术职称，又曾获得市级荣誉。对于以上人物，笔者认为，应按其主要事迹进行分类。三是避免使用模糊概念。如《文冲村志》设"社会知名人士"节，记述了 9 人，既有著名老中医、手艺人、村委会主任、房地产公司副总经理，又有广绣传人、音乐家、粤剧演员，似乎是大杂烩。"社会知名人士"本身是个抽象概念，范围不确定，尽量不使用。而其中涉及的人物，笔者发现有人担任过科长，可归为行政人员类；有部分人曾获得奖项，可归类为先进人物类。

（三）人物表的收录范围

除《三元里村志》外，其他 3 部村志均出现人物表，其中《义山村志》3 个表在人物录中。具体情况见表 2。

表 2　4 部村志人物表情况

志书	表　　名	数量
《石东村志》	人物表	1
《义山村志》	1. 中华人民共和国成立前义山村功名人物表； 2. 1949—2014 年义山村人任职副处级以上名录表（按经济社和姓氏笔画为序）； 3. 1850—2014 年义山村能工巧匠、种养能手人物表； 4. 中华人民共和国成立后义山村获镇级以上奖励人物表； 5. 中华人民共和国成立后义山村历届花县、花都（市、区）人大代表	5
《文冲村志》	1. 中华人民共和国成立前文冲地区历史名人表； 2. 2002 年前文冲村在外工作的科级以上行政人员、中级技术人员与社会名流表； 3. 1955—2002 年文冲村获国家、省、市先进个人名录一览表； 4. 黄埔区人大代表； 5. 黄埔区第一至第六届政协委员一览表； 6. 1949—2002 年 7 月文冲村（乡、生产大队）班子成员任职情况表； 7. 1976 年文冲生产大队各生产社队委组成人员一览表； 8. 1979 年度各生产社队委组成人员一览表； 9. 1991 年度各生产社队委组成人员一览表； 10. 1995 年度各生产社干部名单一览表； 11. 2001 年度文冲村各经济社领导成员名单	11

《石东村志》的人物表无表名,表栏为姓名、年份(朝代)、功名、备注。

《义山村志》的人物表共5个,前3个表为人物录中的表格,其中"1949—2014年义山村人任职副处级以上名录表"设"主要经历和任职"栏,详细介绍了个人的成长、工作经历和任职情况,内容比较翔实,其写法类似于人物简介。

《文冲村志》人物表11个,细分为6个类别:①历史名人;②在外工作行政、技术人员与名流;③先进人物;④区级的人大代表、政协委员;⑤文冲村(乡、生产大队)班子组成成员;⑥文冲村(乡、生产大队)各生产队(社)班子成员。内容覆盖面非常广,但与该志的人物传、人物简介有交叉。如"中华人民共和国成立前文冲地区历史名人表"中的部分人物在"人物传"章中有介绍,"2002年前文冲村在外工作的科级以上行政人员、中级技术人员与社会名流表""1955—2002年文冲村获国家、省、市先进个人名录一览表"中的部分人物在"人物简介"章中出现。

综上所述,村志人物表一般可包括以下内容:一是历史人物,如功名人物;二是科级以上行政人员、中级技术人员名表;三是获得镇级以上奖励人员表,如果数量较多,可按级别分为国家级、省级、市级、镇级4个表;四是村籍人大代表、政协委员表;五是本村历任班子成员(村党支部委员会、村民委员会)名表。是否如《文冲村志》将本村各个阶段的生产队队委、经济社领导成员名表列上,则据各村实际情况而定。

三、人物记述内容分析

人物的记述内容是人物志编纂的重点,以4部村志的人物内容为例,既有值得借鉴的地方,也存在不少完善空间。

(一)无题序的使用

人物设无题序,多为说明收录人物的范围、所采用的体裁、各种体裁收载标准、人物排序,以及资料来源等。①《三元里村志》《文冲村志》《义山村志》3部村志的人物中出现无题序。

从形式看,无题序可分为篇下序、章下序、节下序、目下序。其中《三元里村志》《义山村志》的人物设节下序,简要说明人物的选取标准及数量。《文冲村志》设篇下、章下无题序。如篇下序内容为"文冲村历史悠久、人杰地灵,曾涌现出许多可歌可泣的人和事。此志特设专篇,记载8类人物简历。2002年8月1日撤村改居之前,全村已发现符合入志条件,并提供个人材料的共84人,其中,人物传14人、人物简介共70人……符合入志条件而没有个人材料的,只以列表形式记载。也许仍有未发现符合入志条件的人物,给予遗漏掉,这只能是一种遗憾"。该篇无题序详尽地介绍了人物的编纂情况、收录标准、人物种类及具体数量。章下序则在篇下序的基础上,对本章所述内容进一步细化,如篇下序提到"参加过较为著名战役的参战及接到出战命令而未参照待命的

---

① 陈泽泓:《岭表志谭》,广东人民出版社2003年版,第452页。

解放军官兵 21 人"，章下无题序将 21 人细分为"参加志愿军赴朝鲜参战 4 人；南海西沙保卫战时，接到出战命令待命未参战 11 人；参加对越自卫反击战参战 2 人、接到出战命名待命未参战 4 人"。

笔者认为，人物的无题序能起到重要的导读作用，方便读者了解全貌，村志可酌情采用。但无题序在运用时应注意：一是无须篇下、章下、节下均设序，避免内容重复；二是注意记述角度，如篇下序可介绍人物类型，章下或节下序则反映具体数量。

（二）对人物身份的定性

部分志书在记述人物传和人物简介时，常借鉴百科全书人物的写法，给人物身份贴标签，如科学家、教育家、艺术家、作家。《石东村志》记述的"孝子钟有成""贼王钟奀初"等人物，均在名字前对人物身份进行了定性。而有些身份的定性并不权威，如《石东村志》先进模范人物中记述的"开荒辟土钟茂荣""种植能手王东""种植能手李松活""种植能手池丽春""种菜能手吴国珠""致富带头人钟帝恩和钟炳源等"，都没有相关单位授予的证书，有些源自媒体报道，有些是民间通俗称谓，放在志书中不一定准确。随着社会分工越来越细，有些人通常有多重身份，对人物的定性更难把握。为确保志书的记述准确、客观、公允，建议人物分类后，直书其名，不做定性，更不随意贴标签。

（三）人物的记述要素

一篇好的人物传或人物简介，其基本要求是要素齐全。对此，《地方志书质量规定》作了要求："人物传记述传主的生卒年月、籍贯（出生地）、主要经历、典型事迹、个性特征、社会评价等。人物简介略记人物履历及主要事迹，不面面俱到。"在具体编纂中，还应注意几点：一是个人基本情况应齐全。具体包括出生年月、性别、民族、籍贯、党派、学历、职务、职称，而村志中常存在要素缺失的情况。二是事迹选取应典型。如《三元里村志》记述的人物"李国强"，曾担任三元里村委会主任，并当选广州市和全国人大代表，而记述的重点却是其参加市农业干部经济管理大专班学习和中山大学岭南学院的学习活动，而对其贡献只是笼统的一句"在各个岗位上为三元里村的经济发展作出了应有的贡献"。这属于选材不准确，角度不合适，事迹不典型。三是社会评价要中肯。述而不论是志书编纂的基本原则，而 4 部村志中大量出现"深得好评""引起社会强烈反响"等表述。为体现人物价值，《文冲村志》还多处出现"入编《中国专家大辞典》""入选《中国当代广播电视主持人辞典》"等语句。由于当下这些名人辞典泛滥，且大多由出版商操纵，将其录入志书不仅不能为传主增辉，反有沽名钓誉之嫌[①]，建议删除。

人物表的基本要素。由于表格的内容、种类不同，表格要素也不尽相同。《文冲村志》的人物表内容丰富，要素设置值得借鉴。如历史名人表（即常说的职官表）要素包括：姓名、性别、籍贯、功名（任职）、任职时期。先进人物表要素包括：姓名、性别、

---

① 霍宪章：《第二轮志书人物篇编纂中应注意的若干问题》，载《中国地方志》2007 年第 12 期，第 15 页。

奖项名称、授予单位、获奖（表彰）时间。人大代表、政协委员表要素包括：届别、时间、代表姓名、性别、代表单位。村班子成员表要素包括：机构名称、时间、职务、姓名、任职时间。此外，表格要素应清晰，内容应简洁，如《义山村志》的"1949—2014年义山村人任职副处级以上名录表"设"主要经历和任职"栏，则不符合人物表的设置要求。

（四）附录的运用

4 部村志中，仅《石东村志》的人物出现"附录"，具体运用有两种情况。

一种是对旧志资料的翻译。如人物传的"孝子钟有成"，主体内容为清宣统《番禺县续志》卷二十三《人物志七》记述的一段古文，下设"附录"，名称为"解读与考证"，实质为翻译，即将古文翻译成现代文。而在其他志书中，有将两者互换位置的，即翻译后的现代文为主体，旧志古文为附录。笔者认为，无论两者顺序如何，其内容完全相同，无须重复记载。而根据《地方志书质量规定》，志书必须"使用规范的现代语体文记述"，建议仅保留翻译后的现代文，并标注旧志书名、卷次等。

另一种是附录参考资料。如《石东村志》"先进模范人物"节的 3 篇人物，正文后均以"附录"形式刊载资料来源，主要为当时的《天河报》报道内容，包括人物专访和科普文章。此类附录易产生两个问题：一是照搬附录，造成正文与附录内容完全重复；二是选材不准，由于编纂人员的认知，致使附录中的重要信息没有提取到正文中。根据《广州市志（1991—2000）》凡例第十条规定"入志资料均经承修单位考证、核实并载入分志的资料汇编……入志资料（含数字）一般不再注明出处"。笔者认为，村志人物亦不需单设附录以注明资料来源。

四、人物排序分析

志书人物的排序方法主要有领域分类法、历史分期法、生卒年月时序 3 种。3 种方法可交叉使用，如先按领域排序，再按生卒年月排序；或先作历史分期，再按生卒年月排序。可见，生卒年时序都是关键一步，而关于按生年还是卒年排序，一直存在争议，有多种观点：一是主张按生年排序；二是主张按卒年排序；三是不作硬性规定，如有观点指出"人物传记以生年或卒年为序各具优缺点""不必作硬性规定"；四是根据人物类别，择生年或卒年排序，如"为避免把前一朝代人物排名于后一朝代人物之后的混乱，建议传记人物改作以卒年为序；记述在世人物方以生年为序"①。这种排序方法被越来越多的人接受。此外，还有观点在生卒年外，提出了"按人物的代表性时期或事件发生的时间排序法"，如《14 年来方志人物志编修的得与失》一文指出"每个人的事迹均有其最具代表性的时期或事件，以立传人物事迹中最具代表性的时期及事件为顺序来排列传主的先后，可能更符合实际一些"②。笔者认为，要找出人物的代表性时期或事件实属不

---

① 廖盛春：《方志传记人物的记述》，载《广西地方志》2013 年第 3 期，第 12 页。
② 单辉：《14 年来方志人物志编修的得与失》，载《黑龙江史志》1995 年第 1 期，第 35 页。

易，以此排序更难统一。

在编纂实践中，由于没有统一的标准，4部村志的排序也是各异。

《文冲村志》的凡例对人物排序做了非常详细的说明："立传人物排列以生年为序……人物简介的排序原则：行政人员、技术人员、先进人物是以职务高低与授奖单位的级别排列；同级别的，以获得职务时间与荣誉时间先后排列；如获得时间相同的，按参加工作时间先后排列；以上3项均相同的，以出生时间先后排列。其他人物，以知名度、贡献大小以及出生时间先后排列。"其中，人物传先按历史分期，人物简介先按领域分类，最后落脚点均以生年为序。

《三元里村志》对人物排序没有说明。人物简介中，先排去世人物，再述在世人物；而去世人物和在世人物内部以及后面的人物名录，既不按生年排序，也不按卒年排序。

《义山村志》人物传按卒年排序，卒年不明者优先排。人物录和人物表中的5个表中：两个表按"按按经济社和姓氏笔划排列"，并在表下予以注明；两个表按任职时间排序；一个表看不出排序规律。

《石东村志》中3个人物传中分属清代、中华人民共和国成立前、中华人民共和国成立后，按历史阶段排序；人物表按任职时间排序；先进模范人物缺生卒年，看不出排序规律。

笔者认为，村志人物数量较少，排序也相对简单。人数较少时，可直接按生卒年排序；如果人物较多，可先分类，如依照《文冲村志》用历史分期法将人物传分为历史名人、现代名人，也可用领域分类法将人物简介分成行政人员、先进人物等，再按生卒年排序。其中，去世人物以卒年为序，在世人物以生年为序，并在凡例中予以说明。

五、村志人物编纂的几点思考

鉴于以上分析的村志人物4个方面及存在的一些问题，为进一步发挥方志人物"裨风化、明鉴戒、知得失"的功效，提高村志人物的编纂水平，笔者认为应注意以下几个方面。

（一）加强学习，掌握标准

1985年召开的全国14省（区）人物志编写工作讨论会就指出："一篇好的人物传记，至少应具备4个特点：①观点正确，是非分明，从历史唯物主义和辩证唯物主义观点出发，对历史人物特别是对一些复杂人物有一个较为全面的评价，当然这种评价是寓褒贬于事实。②资料真实、准确、全面，有较高的史料价值。③反映人物的基本情况、主要事迹和主要特点，但在表现手法上可以多种多样，既可全面记述，也可有侧重地反映传主一生的某些关键阶段的经历。④文字简洁、朴实、生动，但生动必须建立在真实可靠的基础之上。"要把每一篇传记都写得有声有色有特点，这既是一个难题，又是一个必须解决好的问题，因为一篇人物传记，如果没有自身的特点，就没有传世的生命力。①

---

① 刘德润：《再谈志书人物传记的编写》，载《新疆地方志》1996年第1期，第57页。

时隔多年,这次研讨会提出的观点仍具有很强的指导意义,可以作为检验人物传和人物简介的标准。作为村志编写人员,应加强业务知识、政治理论、历史知识等方面的学习,掌握标准,并树立严肃认真的态度,以强烈的责任感和使命感,做好人物编纂工作。

(二)多方搜集,拓宽资料来源

以口头访谈作为搜集资料的途径,古已有之。汉代司马迁著《史记》时,曾访求故老以"网罗天下放失旧闻"。因为文献资料很少,历史信息大都留存在村民记忆中,村志在编修时候,同样需要口述访谈。以上4部村志中也多处记述"据村民会议""据说",显然已注意通过这种途径搜集资料。对人物篇章而言,还需要通过人物、事件专访等形式多维度挖掘资料。如天河区的《沐陂村志》设"人物访谈"节,选取各个阶段的重大事件,如"1986年建成横岭排灌站""重修祖祠""撤村改制",采访村支书、村委会主任、大队长等知情人士,补充了大量档案外的资料,丰满了人物形象,提高了村志人物的存史价值。但是,口碑资料在使用时,需要互证和鉴别,为了提高资料的准确性和可信度,对公共事件可采取集体访谈的形式。

(三)规范流程,确保志书质量

相较于早期村志,这四部村志的人物编纂体例完善、内容丰富,质量也较高,但在行文规范上仍存在一些不足,如个别数据前后不一致,大量使用"原任""曾任""现任""至今"等模糊概念,职务和姓名的顺序随意等。其原因之一是流程不够规范。在村志编纂过程中,常常存在前期不够重视,等到志稿初稿完成后,才启动人物编纂,导致初审时没有人物资料,复审时才见初稿,终审时寥寥完事,最后质量不尽如人意的情况。同时由于人物的选录比较敏感,需要平衡各种关系,为了省事和避免纷争,有些村志甚至不单设人物篇章,如深圳市的《南岭村志》。有些村志没有全面搜罗人物资料,造成人物内容非常单薄,从以上4部村志中的人物数量悬殊可见一斑。为保证村志人物的编纂质量,人物部分应随全志同步启动,严格按照搜集资料、编写资料长编、编写初稿、统稿、总纂、审查验收的流程,科学推进。

(作者单位:中共广州市委党史文献研究室)

乡镇村志编纂与乡村建设
——基于广东乡镇旧志编修实践的考察

张丽蓉

乡镇村作为中国基层行政组织，其政治经济、社会文化的变迁，对于理解和处理城乡之间的关系以及传统中国的现代化转型，具有举足轻重的观察意义。以乡镇村为记述对象的地方志书，全面反映一基层行政单位各方面事物的发展变化，正是观察乡村社会变迁进而推动乡村社会建设的最好视角。广东，地处南海之滨。南方乡村社会高度发达的商业经济与大量留存的文化传统相生相长，相映成趣，并在现代化过程中体现出鲜活的文化调适与自我更新能力，构成独具一格的广东乡村文化。历史上广东乡镇志编修，在编纂宗旨、编纂模式、内容建构等方面，形成强烈的地域特点和时代特征，对当前广东乡村振兴具有历史的借鉴意义。

一、广东历史上乡镇旧志编纂概况

本文所称之乡镇村志，在当代主要指以行政区划的镇、乡、村为记述对象的地方志书，有学者将之归属于当代中国乡村志。[①] 历史上的乡镇村志，因部分乡镇旧志记述对象所称"乡"，主要指"乡里"之乡，并非严格意义上行政区域中之乡镇，故本文所研究之广东历史上乡镇旧志，主要指冠名为乡志、镇志的地方志书，但不包括冠名为乡土志、乡村志之地方志书。冠名为乡土志的志书，虽主要也记述清末民国之乡村社会，"于历史则讲乡土之大端故事及本地古先名人之事实，于地理则讲乡土之道里、建置及本地先贤之祠庙、遗迹等类，于格致则讲乡土之动物、植物、矿物"[②]。但主要以县域为观察对象，其目的主要为各地学校提供乡土启蒙教材[③]，如清蔡圭燨《新会乡土志》[④]，与真正意义的乡镇志还是有很大差别；冠名为乡村志的志书，如（清光绪三十四年钞本）《南海乡村志》，记述对象仍然为县域。考虑到本文研究范围的特定性，未将上述乡土志、乡村志纳入论述对象。

中国乡镇村志编修，始自南宋。《中国方志大辞典》"澉水志"条云："[绍定]澉水

---

① 颜越虎：《从〈白沙村志〉到"珠三角现象"——乡村志编纂的解读与分析》，载《中国地方志》2014年第10期。
② 田雨：《清学部颁〈乡土志例目〉》，载《社会科学战线》1985年第4期。
③ 王兴亮：《〈爱国之道，始自一乡〉——清末民初乡土志书的编纂与乡土教育》，复旦大学2007年博士学位论文。
④ [清]蔡尧燨修，光绪三十四年（1908）粤东编译公司铅印本，中山图书馆藏书。

志 南宋罗叔韶修,浙江海盐常棠纂。为海盐县澉浦镇志,绍定三年(1230)修,保祐四年(1256)刊本。"这是"开先河之作,亦成为后世其他乡镇编纂镇志所效仿的先例"[1]。此后,苏南、浙西一带,乡镇村志编纂开始兴盛。据《中国地方志集成·乡镇志专辑》所录,南宋至民国时期的乡镇志共计253种,其中,江苏86种、浙江70种、上海47种,而广东仅为10种。[2] 这组数据,虽无法收录已散佚或难以统计的乡镇村志未刊稿,但各地编修数量及地域分布的差距已一目了然。2015年出版的大型历史文献丛书《广州大典》,在史部地理类中,增录了广东省中山图书馆藏本,清毛维锜、赵廷宾修,陈炎宗等纂的《佛山忠义乡志》十一卷首一卷,及清温肃纂修的《龙山乡志稿》(抄本)2种乡镇志稿。[3] 结合《中国地方志集成目录》与《广州大典》所辑乡镇村旧志书目,笔者整理出广东乡镇村旧志共计15种,具体见表1:

表1 广东乡镇旧志一览

志 名	编纂者	卷 数	刊 本
《南海九江乡志》	[清]黎春曦纂	五卷	顺治十四年(1657)刊抄本
《佛山忠义乡志》	[清]李侍问	仅存《序志》《小引》	已散佚
《佛山忠义乡志》	[清]毛维锜等修、陈炎宗总纂	十一卷首一卷	清乾隆十九年(1754)刻本
《龙山乡志》	[清]温汝能纂	十四卷首一卷	嘉庆十年(1805)金紫阁刊本
《佛山忠义乡志》	[清]吴荣光主修、冼沂总纂	十四卷	道光十年(1830)刊本
《九江儒林乡志》	[清]朱次琦等修、冯栻宗等纂	二十一卷	清光绪九年(1883)刻本
《顺德龙江乡志》	[清]佚名纂	五卷	民国十五年(1926)龙江双井街明新印务局铅印本
《龙江志略》	[清]龙江儒林书院纂	四卷	稿本
《龙江志略》	[清]佚名纂	不分卷	清钞本
《龙山乡志稿》	[清]温肃纂修	稿本	稿本
《佛山忠义乡志》	[民国]汪宗准修	十九卷首一卷	民国十五年(1926)刊本
《潮连乡志》	[民国]卢子骏纂	七卷首一卷	民国三十五年(1946)香港林瑞英印务局铅印本
《茶山乡志》	[民国]袁应淦编	十三卷首一卷	民国二十四年(1935)铅印本
《番禺县古坝乡志》	[民国]韩锋纂	不分卷	民国二十六年(1937)铅印南华月刊本
《湘阴县高明乡志》	[民国]黄绍琼编	十六章	民国二十七年(1938)稿本

---

① 《中国方志大辞典》编辑委员会:《中国方志大辞典》,浙江人民出版社1988年版,第3页。
② 见《中国地方志集成·乡镇志专辑》。
③ 陈建华:《广州大典》"史部·地理类"第十册、十一册、十二册,广州出版社2015年版。

从表 1 分析上述 15 种广东历史上的乡镇旧志，可见广东清代、民国乡镇志修志地域分布在南海（今佛山市南海区）、顺德（今佛山市顺德区）、番禺（今广州市番禺区）、东莞一带，尤以清代广州府下辖之南海县佛山忠义乡、九江乡，顺德县龙江乡为最，粤北山区、粤东西两翼地区尚未发现。修志时间不早于清初顺治年间。出现多次续修现象，佛山忠义乡、顺德龙山乡、南海九江乡先后多次续修乡志，最典型如《佛山忠义乡志》，先后经过四次编修。自清康熙五年（1666）由李侍问主编，称康熙志或李志，其后清乾隆十七年（1752）由陈炎宗总纂，称乾隆志或陈志；第三部是清道光十年（1830）由吴荣光主修，称道光志或吴志；第四部是民国十二年（1923）由冼宝干总纂，又称民国志或冼志。《九江儒林乡志》《顺德龙山乡志》亦在清朝两次编修。

作为方志，上述乡镇旧志多采用平目体，极少加入带有个人感情色彩的论断和解释性语言，较好地保留了传统方志的体例；在此前提下，尽可能详细地记载乡情地理，保存经济生产史料，载录民俗，记述地方重要人物。同时，在体裁运用和篇目设置上，体现出乡镇这一记述对象的特殊性。如清代温汝能所纂《龙山乡志》大量运用图经。全志十四卷，首一卷，卷首设序目、凡例、图经、总论；其余十四卷分别为乡域志、乡事志、乡俗志、食货志、乡学志、乡防志、选举志、人物志（两卷）、艺文志（三卷）、杂志、祥异。是志也，专设图经卷目，其内分置龙山全图、三十六图、八十一图、八十二图、金紫光阁图、乡约图、大冈墟图，并辅之以文字"图说"，是谓"使览者合观之而如见其山川，分观之而如行其里巷；观紫阁而如登其祠坛，观大墟而如入其市里，观乡约而如亲其轨物矣"①。道光吴荣光所纂《佛山忠义乡志》，载录有"忠义乡域图""五十口司属全图""佛山形势龙脉图""灵应祠图""佛山八景全图"等。② 乡志大量使用图，并辅之以文字，其目的虽为使观者身临其境，在客观上却是保存了大量的乡村具体而微的形制信息，例如龙山乡紫光阁、忠义乡灵应祠，在府志县志难以窥见。清黎春曦纂《南海九江乡志》，纲目设形胜、疆域、道路、里社、山川、潮候、风候、气候、堤围、闸宾、桥渡、墟市；牌坊、庙寺、祠第、馆围、风俗、岁时、生业、税饷、哨守、急递、古迹、名墓、物产、事纪、灾祥；选举；先达列传、贡元列传、封赠列传、文学列传、杂职列传、潜德列传；上寿、见寿、移居、贞烈、贤淑、寿母、志异；附乡议七则（敦古崇俭公约）。③ 其中，"急递""堤围""馆围""哨守"以及乡议全文的载录，体现出浓郁的乡村特色。

当然，亦有例外。有因循府志、县志之体例，缺乏乡村特色的篇目设置，少有新意。如清朱次琦等修《九江儒林乡志》，纲目设舆地略、建置略、经政略、古迹略、金石略、

---

① ［清］温汝能所纂：《龙山乡志》，清嘉庆十年（1805）金紫阁刻本，卷首"龙山乡志序"，载《广州大典·第三十四辑·史部地理类》第十一册。

② ［清］吴荣光纂修：《佛山忠义乡志十四卷》，清道光十年（1830）刻本，载《广州大典·第三十四辑·史部地理类》第十一册。

③ ［清］黎春曦纂：《南海九江乡志·目录》，顺治十四年（1657）刊，载《广州大典·第三十四辑·史部地理类》第十册。

艺文略、职官略、选举表、列传、耆寿表、贞烈表、杂录①，悉以黄通志阮通志为准，而参以新旧府县志之例，虽称有变通，不离其宗。

二、齐之以教：地方乡绅主导下的乡镇旧志编纂

这批乡镇旧志，反映了广东特别是珠三角农村自清朝开国之初到民国时期的乡村社会与乡村生活。深入到各部志稿，从修纂者身份及地位、编纂动因、记述内容等方面，我们似乎可一窥有清以来华南乡村社会的诸多现象。

（一）修纂者

上述乡镇旧志多由乡居官宦主修或总纂。乡居官宦，在科大卫《皇帝和祖宗：华南的国家与宗族》一书中这样定义："在珠江三角洲，高级官员住在家乡，利用自己的关系和特权来维护本地社区……，为当地事务出力……"② 乾隆《佛山忠义乡志》总纂陈炎宗，乾隆年间进士，曾任太史馆太史。道光《佛山忠义乡志》主修吴荣光，嘉庆年间进士，授武英殿编修，曾官至湖南巡抚兼湖广总督。民国《佛山忠义乡志》总纂冼宝干，进士出身，曾任湖南省沅陵县知县。顺治《南海九江乡志》主纂黎春曦，曾官至刺史，同治《九江儒林乡志》主纂冯栻宗"自京华薄宦"，"赐进士出身，加四品卫刑部贵州司主事前吉林理形"③，均为辞官归乡后主修或总纂乡志。

在编纂之初，地方士绅成为推动编纂的主要力量。《九江儒林乡志》倡修者主要为九江当地有影响力的三位乡绅：赐同进士出身，赏给五品乡卫前署山西襄陵县知县朱次琦、赐同进士出身三品封典议叙选用同知前直隶即用知县明之纲、举人二品封典内阁中书卫尽先选用教谕冯汝棠。④ 而编修乾隆《佛山忠义乡志》，当地乡绅商议重修乡志，曾委托里人李绍祖任总纂。但李绍祖以年老有病推辞，推荐毛维锜为主修。毛公务本极为繁忙，迎送西洋通贡大使，奔走澳门，几年后方返居乡里，但众乡绅恭候多年，仍盛情邀请。"……乡之绅士咸以斯志来请，予俗吏也，乡太史云麓陈先生文章，宗匠具良才且世居其乡，闻尤切，宜肩厥任，正相与商确，以始其事会。"⑤

因修纂者多为士绅，士绅社会地位和经济地位的不同，也影响和决定着修志风格。顺治《南海九江乡志》主纂者黎春曦，又名黎梅映，"端方宏文，自返初衣，即绸缪桑梓，至是加意乡乘……"黎春曦官至刺史，且以诗文见长，故《南海九江乡志》保存了

---

① [清] 朱次琦等修：《九江儒林乡志二十一卷》，清光绪九年（1883）粤东省城学院前翰元楼刻本，载《广州大典·第三十四辑·史部地理类》第十册。
② 科大卫：《皇帝和祖宗——华南的国家与宗族》，江苏人民出版社2009年版，第181页。
③ [清] 朱次琦等修：《九江儒林乡志·序》，清光绪九年（1883）粤东省城学院前翰元楼刻本，载《广州大典·第三十四辑·史部地理类》第十册。
④ [清] 朱次琦等修：《九江儒林乡志二十一卷》，清光绪九年（1883）粤东省城学院前翰元楼刻本，载《广州大典·第三十四辑·史部地理类》第十册。
⑤ [清] 陈炎宗纂：《佛山忠义乡志·序》，清乾隆十九年（1754）刻本，载《广州大典·第三十四辑·史部地理类》第十一册。

大量地方艺文,记述八景、山、岛、洞、石、海等形胜时,阐明地理要素之后,常常随文摘录文人咏叹的相关诗文。① 《龙江志略》由龙江儒林书院纂修,具有浓郁的书院气质,全稿共四卷:第一卷设述典、山川、桥梁、津渡、古迹、坊表、祠墓、坊里、物产、氏族、编年、冠裳;第二卷为选举;第三卷设封赠、武职、文荫、武荫、吏材、宦迹、忠义、文苑、行谊、隐逸、耆寿;第四卷为艺文、典籍、杂著。② 其中,冠裳、述典、典籍、杂著的设置,充分彰显了编纂者的书院气质,特别是"冠裳会"的收录,反映出书院文人对于传统的刻意追求。"冠裳会"自明万历四十一年(1613)开始举办,意在"以文会有,以友辅仁",参加者"不问职之崇卑但以年齿为序,以同道为朋,是以共励于操修,由来尚矣"。文人气息迎面而来。

(二)修纂动因

各部乡志,尽管修纂者不同,时期各异,但修撰初衷则大同小异。毛维锜在《乾隆忠义乡志》序言中提道:"每于月旦集绅士耆老讲读圣训,毕凡兹乡之土俗民风、山川物产以及忠孝节廉,遍访而周询之。"修志之本意原来在于"讲读圣训"时缺乏本乡村情。《道光佛山忠义乡志》主纂吴荣光自序云:"同人以佛山乡志体例未协,采辑未广,且前志迄今已七十余年,嘱余续辑。"③ 即续修之本意一在于补前志体例、选材之不足,二在于续未尽之七十年。《南海九江乡志·序》云:"是志者,益敦风化,美伦纪,修身立名,大发扬于斯世,使山川草木咸被休光。""益敦风化,美伦纪",正是反映了士绅阶层欲对乡里齐之以教的愿望。

翻阅各部志稿,笔者还发现一个有趣的现象。地理位置邻近的乡、村,往往在编修乡镇村志上相互影响。南海九江乡"东界顺德龙山堡"④,换言之,九江乡、龙山乡比邻。九江乡在清代前后编修两次,龙山乡亦先后在清代续修。续修动因为何?《九江儒林乡志·序》中谈到续修的缘由:"黎梅映刺史惧其日久淹没不彰……前志成于国朝顺治丁酉,迄同治甲戌又历二百一十八年,事阅沧桑,中经变乱,废兴随运,损益因时。""哲范英声人寿女德尤多,可传可表,即杂事亦多可录,皆不可不志也,虽通志及府县志已有采入,然略而不详,士论欠详。"此外,九江乡志的续修动因,还在一定程度上受到邻近佛山忠义乡的影响。"夫设官之意谓乡不可不志,志不可不续,顾佛山仅广七里袤十里耳,犹汲汲以志为事,况我九江地域冠南海……"九江乡续修之因,从序言可知,至少在于两个诱因:其一,府志、县志对本乡贤达略而不详;其二,九江不能在修志之事上,落后于附近的佛山忠义乡。邻近乡、村在修志事宜上相互影响,这种现象在改革开

---

① [清]黎春曦纂:《南海九江乡志》,顺治十四年(1657)刊,载《广州大典·第三十四辑·史部地理类》第十册。

② [清]龙江儒林书院纂:《龙江志略四卷》稿本,载《广州大典·第三十四辑·史部地理类》第十一册,第751页。

③ [清]吴荣光纂修:《佛山忠义乡志十四卷·序》,清道光十年(1830)刻本,载《广州大典·第三十四辑·史部地理类》第十一册。

④ [清]朱次琦等修:《南海九江乡志·卷一·形胜》,清光绪九年(1883)粤东省城学院前翰元楼刻本,载《广州大典·第三十四辑·史部地理类》第十册。

放后的珠三角仍然存在。以广州黄埔区横沙村为例，2009年，横沙村着手城中村改造，许多宗祠、家塾面临拆迁或异地搬迁，村领导遂以此为契机，外聘主纂人员，及时拍照、采访，在原有村志初稿基础上重新编修村志。① 在横沙村影响带动下，附近兄弟村如下沙、双沙、姬堂等，亦纷纷自发重修村志。

为什么珠三角特别是南海、顺德、番禺地区会出现一乡（村）修志，邻近乡（村）相继修志的现象呢？在《龙山乡志·卷三·氏族》中首条即记道：陈氏，出颍川武王，求舜后为满，封于陈，因以为氏族，乡计十一族。② 而《南海九江乡志》虽未设"氏族"一目，却在"祠堂"条目下详细记载了乡中规模较大的宗祠，陈氏宗祠赫然名列之二。由此可推断两乡陈氏均为当地望族。上文所提到的今广州横沙、下沙、双沙，亦是同姓宗族兄弟村，且姓氏在村中占据主要地位。这种现象，可从修志这一角度证实科大卫的研究结论，即"到了17世纪，宗族与宗族礼仪意见在珠江三角洲落地生根，这意味着，不仅政府深受文人影响，社会所有阶层的仪容、风格，也都深受文人影响"③。乡村宗族特别是地方大姓，通过推动乡镇村志的编修，影响地方的文化表达。

（三）记述重点

如上所述，士绅阶层积极推动、参与编修乡志，成为华南乡土社会一个十分明显的特征。如果说士绅通过"公局"等权力机构控制乡村基层社会④、通过宗祠组织等控制乡村财产⑤，那么编修乡镇村志，齐之以教，则是士绅阶层在乡村社会控制文化话语权、影响地方文化传统的一种重要形式，这一点，可在旧志中初见端倪。《南海九江乡志》设先达列传、贡元列传、封赠列传、文学列传、杂职列传、潜德列传，附乡议七则（敦古崇俭公约），对人物的记述占据大量篇幅；道光《佛山忠义乡志》在考虑篇目设置时"增乡禁一门，全载告示以别艺文"，并且"析官典为祀典、官署两门以归典"。增设"祀典"一门，其下包括祝文、祭器、题刻、明御笔扁联、祀产、各铺庙宇、寺观，详细记载了忠义"乡人之祀正神者"的祭典及祝文，而祝文则是"道光谋年岁次谋某仲望日承祭官广州府佛山海防同知某钦承谕旨致祭"⑥。显然，祀典的内容、方式、流程是遵从官方"谕旨"，纂者特设"祀典"一门，反映了乡绅与政府在某种程度上达成一致，即意欲从"正统"塑造乡民的精神世界。《乾隆佛山忠义乡志》记述时令节诞时，"字里行间充满了士绅的鄙薄，愚昧无知的百姓们在正月初六抬着北帝及诸神巡游，以为只要摸摸这些神灵，就能改善命运。而在同一天，本地家庭的士绅，则在社学祭祀文昌"⑦。

---

① 广州市黄埔区横沙社区编纂委员会：《横沙村志·序》（未刊稿）。
② ［清］温汝能纂修：《龙山乡志十四卷首一卷》，清嘉庆十年（1805）金紫阁刻本，卷三"氏族"，载《广州大典·第三十四辑·史部地理类》第十一册。
③ 科大卫：《皇帝和祖宗——华南的国家与宗族》，江苏人民出版社2009年版，第229页。
④ 邱捷：《士绅控制乡村社会的权力机构：晚清广东"公局"》，载《文史知识》2005年第10期。
⑤ 科大卫：《皇帝和祖宗——华南的国家与宗族》，江苏人民出版社2009年版，第218页。
⑥ ［清］吴荣光纂修：《佛山忠义乡志十四卷》，清道光十年（1830）刻本，载《广州大典·第三十四辑·史部地理类》第十一册。
⑦ 科大卫：《皇帝和祖宗——华南的国家与宗族》，江苏人民出版社2009年版，第229页。

乡规民约的辑录则在一定程度上体现了地方士绅乡村治理的思路。恰如清吴荣光在《佛山忠义乡志·卷十三乡禁志》卷首所云："乡禁者……取其有关一乡利弊，苟不志之，营利者将恶其害，已而去其籍也，不志前明遵现行功令也，条条赫赫，碑石林林，使人有所畏而不敢为。"① 温如能在《龙山乡志》中，更是将"乡约"列于卷六"乡防志"一门，与兵馆、更楼、壮丁、更练相提并论。② 民国汪宗准、冼宝幹的《佛山忠义乡志》被志界公推为善志，其志内文依次为舆地、水利、赋税、教育、实业、慈善、祠祀、氏族、风土、乡事、职官、选举、人物、艺文、金石、乡禁等，并列有《修志述义》《修志纪年议》，议论修志宗旨、修志四要、论志书自注等见解。③ 当然，尽管这些乡镇旧志编纂者各异，但所提倡的齐之以教、由爱乡之情而形成爱国观念，则是共同的编纂宗旨。

三、继承与重建：方志视野下的乡村振兴

考察历史上广东乡镇村志编纂的情况，对推进乡镇村志编纂，对认识华南乡村社会进而更好地推进乡村振兴，具有很好的借鉴意义。当前，广州市正在推动镇街村志的编纂，无论是志书框架设计还是编纂力量组建，都可以从旧志中寻找到启发。那么要通过乡镇村志编修以推动乡村振兴，应如何继承与重建？在笔者看来，至少有三点基于现实的思考路径。

第一，应高度重视乡民共同意识的构建。如上所述，华南乡村社会，传统上是一个宗族化的社会，乡里、村庄，往往是由一个或几个姓氏、宗族聚居而成。这一点在珠三角地区的村落，体现得尤为突出。溯其根源，在于珠三角大多数村庄始建于南宋，开基主要姓氏大多为南宋珠玑巷移民。珠三角地区诸姓族谱多载有罗贵率 97 户到珠三角定居下来，开枝散叶。④ 以新会县的个案分析，亦足见南宋末的这次珠三角人口的大规模迁移。⑤ 在某种意义上，对同一姓氏聚居的村庄而言，人们在族谱、村志中得到血缘认同和宗族认同。对于不同姓氏聚居的村庄而言，村中常由几大主要姓氏构成，几百年来共居一地，早已凝聚为地域认同。所以，乡镇村志的编纂，应高度重视宗族的力量，在血缘、宗族、地域几个层面上，进一步推进乡民在精神认知上的高度融合，对构建乡民的共同意识具有强大的凝聚功能。因此，族谱、家谱在镇村志编纂过程中，就不仅仅只有资料的功能，而家谱与村志之间如何交融，值得方志界进一步研究。当然，来自血缘和地域的共同认知，从文化哲学意义上理解，是一种根源意识的体现，也是对这个归属和根源的亲和感，这种归属感是人的民族文化认同的基础，所以爱国之道，始自一乡。乡镇村

---

① ［清］吴荣光：《佛山忠义乡志·卷十三乡禁志》。
② ［清］温汝能纂修：《龙山乡志十四卷首一卷》，清嘉庆十年（1805）金紫阁刻本，卷首"目录"，载《广州大典·第三十四辑·史部地理类》第十一册。
③ ［民国］汪宗准、冼宝幹：《佛山忠义乡志》，民国十五年（1926）刊，载《中国地方志集成·乡镇志专辑》第 30 册。
④ 曾昭璇等：《珠玑巷宋代居民罗贵南迁事件》，载黄伟宗等主编《良溪：后珠玑巷》，中国评论学术出版社 2008 年版；《南海康乐罗氏宗谱·豫章世系源流记》，广州市黄埔区横沙社区藏书。
⑤ 刘兴亮、郭声波：《道光新会县志·图说所载姓氏分布之研究》，载《中国地方志》2016 年第 7 期。

志的编纂,不仅在血缘、宗族、地域上构建人们的共同意识,在文化认同上,也内化为一种家国情怀。

第二,应充分吸纳地方乡贤的参与。对于传统中国的乡村社会结构,费孝通先生在《乡土中国》中创造性地提出"差序格局",人与人之间的社会关系网络,像把石头丢在水面所形成的同心圈水纹一样①,远近亲疏有别,身份等级由血缘以及血缘的扩大决定,宗族统治是其集中体现。"差序格局"理论直到现在,在华南乡村社会依然有生命力。从珠三角各地保存完好的祠堂以及围绕祠堂举行的各种活动,例如清明祭祖、龙船饭、耆老会等,无不从细节之处显示传统宗族文化的力量。尽管城市化的加剧带来乡村主体也就是乡民的流动性,但至少从社会空间的地方性、社会关系的熟悉性两个维度来看,今天的乡村社会总特质并未改变多少。② 如上所析,传统的乡绅、士绅充当着乡民与国家之间的桥梁,在"差序格局"的血缘体系中,他们所具有的家族威望和文化修养,奠定了他们在乡村宗族社会中的地位,还有经济雄厚者,由于乐善好施,经常造福乡梓,对乡民产生巨大的个人魅力。不管哪种原因,他们都为乡民所熟悉,并获得乡民的认同。这成为乡贤们履行教化功能、带动乡村振兴的社会基础。

第三,应切实发挥乡规民约的作用。从上文所析可知,传统乡村社会的治理,乡规民约发挥着重要作用。不管是《南海九江乡志》所设"乡议七则",还是《佛山忠义乡志》所设"乡禁",无不体现乡村治理的思想。社会主义新时期的乡镇村志,同样收录了大量的村规民约,并根据新时代作出变革调适。这些乡规民约的辑录,一方面当然体现着乡镇村志的乡土性和地方性;另一方面,也为当前乡村治理提供参考借鉴意义。乡规民约在乡村治理中的积极作用集中表现在保障基层民主、管理公共事务、分配保护资产等十一个方面③,具有汇集民意、聚集民智、化解民忧、维护民利的独特作用,并得到乡民的广泛认同,能够增强他们的主体意识和责任意识,从而成为解决新时代乡村矛盾的有效途径。

(作者单位:中共广州市委党史文献研究室)

---

① 费孝通:《乡土中国》,北京大学出版社 2012 年版,第 22－23 页。
② 此为费孝通先生赋予乡土性质的三个主要维度,参见李建兴《乡村变革与乡贤治理的回归》,载《浙江社会科学》2015 年第 7 期。
③ 陈寒非、高其才:《乡规民约在乡村治理中的积极作用实证研究》,载《清华法学》2018 年第 1 期。

论城市轨道交通行业志的编纂
——以《广州地铁志（1992—2017 年）》编纂为例

李　良　陈艳艳

《广州地铁志（1992—2017 年）》（以下简称"《广州地铁志》"）共 8 章，时间跨度从 1992 年至 2017 年，记载了广州地铁从无到有、从小到大、从弱到强的建设、运营与发展历程，内容涵盖地铁规划、工程建设、线网运营、物业开发、科技创新、信息化建设、企业管理、监督管控等领域。志书编纂工作从 2017 年开始启动，投入参编人员超过 450 人，篇幅从 70 多万字精修到现在的 30 多万字，数易其稿，可谓工程浩大。作为志书的主编，在 2 年多的编纂过程中，笔者对城市轨道交通行业志的编纂形成了一定的经验和理论体系。

一、修志的必要性和重要性

习近平总书记曾说"不忘历史才能开辟未来，善于继承才能善于创新"，李克强总理提出"修志问道，以启未来"。回顾修志的过程，既是广州地铁寻找初心的心路历程，也是广州地铁责任与使命的体现。

（一）对轨道交通行业具有推动作用

2019 年，恰逢中国地铁运营 50 周年，广州地铁作为我国地铁行业自主创新的领头羊，全面总结发展历程，对推动我国由交通大国向交通强国转变具有重要意义，是以实实在在的行动向中华人民共和国 70 华诞献礼。截至 2019 年 9 月，中国内地已有 41 个城市开通轨道交通，运营里程超过 7000 千米。开展《广州地铁志》编修工作，对轨道交通行业总结提炼建设、运营、发展经营经验具有积极意义。

（二）对广州城市乃至粤港澳大湾区建设具有现实意义

广州地铁作为广州的城市名片之一，现阶段正推进 13 条 345 千米线路建设，预计至 2023 年要建成开通超过 800 千米地铁线网。随着国家交通强国、粤港澳大湾区建设战略，以及广东省自主运营城际铁路的决策部署的提出，广州地铁正逐步承接城际铁路运营，深度参与粤港澳大湾区建设，着力于构建"一张网、一张票、一串城"的互联互通新时代轨道交通体系。面对新使命和新形势，开展地铁修志工作，既是总结和沉淀过往的工作经验，更是传承和发扬优秀的地铁"基因"，为轨道交通未来建设、发展共享成功经验和实践借鉴，为广州文化出新出彩贡献方志智慧。

二、地铁志的编纂步骤和方法

行业志的编纂需经历前期筹备、资料收集、初稿编制、初审、复审、保密审查、终审等步骤,才能高质量出版。《广州地铁志》的编纂,形成了既符合行业志编纂要求,又有地铁特色的编纂步骤。

(一) 前期筹备阶段

正所谓"凡事预则立,不预则废"。明确志书编撰工作的总体思路、原则、工作计划、时间节点等内容,对后续工作的有序开展具有重要作用。另外,对修志人员开展专业知识培训,可有效保障志书工作的规范性,最大限度降低后续编辑工作的复杂性。从2017年年初,广州地铁集团编制了《〈广州地铁志(1992—2017)〉编纂总体工作方案》,并在市地方志专家的指导下,开展志稿编写业务培训及相关筹备工作。

(二) 资料收集阶段

资料收集可从公司历年总结、各部门历年总部、历年方志材料入手,并通过访谈、档案查询等方式充实修志基础资料。在开展具体资料收集之前,还需详细讨论,明确志书篇目安排、明确资料收集的范围。《广州地铁志》在开展资料收集之前,即由广州地铁集团召开了近10次专题座谈会,并在市地方志专家多次审核指导下,拟定了志书章节内容;其后再由各章节的责任部门讨论明确每一节内容的子目设置。在整个资料收集阶段,通过查阅文书、科技、声像、人事等各类档案达3000多卷,完成基础资料收集并编制形成资料长篇约75万字。

(三) 初稿编制阶段

初稿编制主要由对行业相关专业有较深刻了解,且对志书体例认识较深的编辑人员负责。该阶段主要在编辑部内部和公司内部组织开展志稿编写和审查工作。广州地铁集团相继开展了编辑部编写志稿、内部审查、各级领导访谈、志书内容确认等环节的工作。经过不断修改、补充、完善和提炼,反复推敲,几易其稿,形成了约50万字的初稿。

(四) 内部审查阶段

该阶段包括了初审、复审两个主要步骤。在《广州地铁志》初审阶段,组织召开了多场初稿审查会议,邀请历任办公室主任以及土建专业专家、机电专业专家、运输专业专家、行政综合专业专家等18位地铁老专家,为志书提出审查意见、查疑补缺。为确保修改后的稿件内容真实、体例合乎规范,召开《广州地铁志》复审会议,召集全司相关部门领导及主要编写人员80余人进行封闭式集中审核。复审会议由首次会议、审核会议、末次会议三个环节组成。其中,首次会议主要由市委党史文献研究室领导提出指导意见,并作出审核指引及培训;审核会议为复审重点环节,采取分组审核方式,按照"志"的规范,从文字和内容等维度对志书进行现场修改;末次会议重点是确定修改内容及后续的深化修改计划。

（五）终审验收阶段

该阶段的前提是要完成对志书内容的保密审查，有效筛选出涉密资料，规避志书出版后出现泄密问题。终审验收一般由市地方志管理部门组织，对志书进行全方位审视和体检，力求提高志书质量。《广州地铁志》终审验收会议由广州市委党史文献研究室组织，组织了室领导、相关处室专家、外部专家等共8位专业人员分章验收志书稿件内容，提出改进完善意见，其后，由《广州地铁志》编辑部整理专家意见，并逐一回应、逐条完善。

三、行业志编纂的启示及成果

（一）志书内容评价问题

志书内容审核，笔者认为有两个方面：一个是专业修志人员从"志"的专业要求出发，提出专业意见并推动志稿符合志书质量要求。这个过程，更多的是编志人员在操作，业界已经有很多论文专门论述，本文不做过多探讨。第二个方面是让参与编写的专业技术人员，如车辆专业技术人员、信号专业技术人员，把专业知识与修志要求相结合，发挥他们在专业上的主体地位，确保志书内容准确、无误。本文主要侧重在第二个方面，重点讨论如何发挥专业技术人员的审核作用。

1. 评价工作体系

评价工作体系的设置是为了解决如何组织审核的问题，根本在于压实审核人员的责任，让业务部门在志书内容审核中发挥主体作用，避免"三个和尚没水吃"，规避人人都有责任造成人人都没责任的尴尬局面。在《广州地铁志》审核时，我们设立了"分类分级"的审核工作体系。所谓"分类"，就是不能眉毛胡子一把抓，按照志书的主要章节，分为综合业务组、建设业务组、运营业务组、房产业务组等组，每一组只审核自己专业范围内的志书内容，"让专业的人干专业的事"。所谓"分级"，就是按照"大组—小组（召集人—小组长—审核员）"的级别，层层压实审核责任。具体就是在综合业务组、建设业务组、运营业务组、房产业务组等大组下，再按照细分专业，设置小组；每个大组设立一名召集人，每个小组设置一名小组长及若干名审核员。在工作职责的界定上，召集人负责指导、协调各小组开展志书文稿的审核工作，对所属业务章节涉及的相关内容做最后审定；小组长具体负责组织开展文稿审核工作，对相关章节内容及进度总体把控；审核员或章节主要撰写人具体负责文字内容的审核、修改，包括现场意见的整理、汇总，相关资料、档案的查阅、归集。

2. 评价指标体系

评价指标体系是为了解决审核什么的问题，重点在于设立一套对全部专业内容都适用的、具有普遍指导意义的评价指标。我们构建了"基本维度—具体指标—符合程度"三级的评价指标体系。首先，要明确基本评价维度，为审核人员提供基本遵循。在审核《广州地铁志》时，我们从"体例、内容、资料、特色、文风"五个维度出发，结合国家、省、市关于志书的质量要求，提出了体例严谨、内容全面、资料翔实、特色鲜明、文风端正的基本评价维度，让评审人员有初步的认识。其次，要结合实际细化具体评价指标，让业务专业人才快速明白审核重点。以"体例严谨"为例，如果仅仅按照志书质量要求中的描述"坚持横分门类、纵述史实的志书体例，坚持述而不论的记述原则"，提供给专业技术人员，他们难以有针对性开展审核，所以我们把评价指标，结合地铁实际进行了改写，提出了具有地铁特色的评价指标。如关于"横分门类，即按照专业划分，不同专业一般不可混同编写；纵述史实，即按照立项、建设、验收等建设程序，以时间为主轴组织材料，特别要注意时间不能断线"。这个过程就是一个换位思考，站在业务人员角度、讲他们能听得懂的话的过程，是避免修志人员"自说自话"的过程。最后，要判定符合程度。我们经过讨论，认为采用定性评价的方式，能更好地表达审核结果，并有利于后续志书修改。具体是，设定"符合、基本符合、不符合"三个档次，按照志书内容与具体评价指标的对照情况，定性判定档次；如判定为符合，则在后续整改后，不需要再跟踪，可稳定该部分内容；如判定为"基本符合""不符合"两档，则需记录存在问题，制定修改工作计划，明确整改责任人。同时，在问题记录上，我们要求在遗留问题中，详细标明章节号，以利于后续核对整改情况，建立问题台账；后续修改时逐项销号，确保全部问题得到关闭处理。

（二）篇目设置问题

篇目是志书的灵魂，设置得合理、完善与否将直接决定志书的质量。篇目设置必须坚持"横分门类、纵述史实"的原则，才能完整系统记录行业情况。同时，作为行业志还应兼备地方和时代特色。为了达到上述要求，在《广州地铁志》编纂中，我们盯紧"广州""地铁志"这两组词，牢牢把握"三个核心问题"，以期形成符合地铁行业实际、符合志书要求的篇目。

1. 牢牢把握"广州"的地域范围

任何事物都不能孤立地发展，地铁也是一样，广州地铁的发展尤其如此。如广州地铁启动时，在国内首创国际招标，在全球范围内引进资金、技术和人才，是不是就要用比较大的篇幅去描述当时国内外的地铁发展情况呢？再如，广州地铁发展起来之后，成为我国地铁行业的领头羊，设计、监理、培训等知识输出型业务，遍布全国，我们是不是要把国内其他城市的发展情况，特别是我们设计监理的作品，也描述一下呢？所有的问题，都回到了志书记载的地域范围的边界问题。后来，我们经过反复研究，决定《广州地铁志》主要立足于讲好广州地铁的故事，记述的地域范围以广州市行政区域范围为主，部分业务适当延伸至外地，但不做特别展开，这就在地域范围上，保证了主线不乱。

2. 确保"行业志"的定位不偏离，特别是不能偏移到"公司志"

从一开始编纂《广州地铁志》，其实我们经历过一些思想上的碰撞。例如，有些同志提出要重点关注主要牵头组织机构的变迁历程，按照9号工程指挥部、广州地铁总公司、广州地铁集团的演变过程，串联起广州地铁事业的发展。鉴于广州地铁事业的发展史，确实伴随着这些组织机构的更迭，所以这种讲法表面上有一定的合理性，但笔者认为，这种说法只看到了现象，没有抓住事物发展运动的本质。纵观广州地铁的发展历程，实施机构的变迁背后,是广州地铁几起几落的辛酸历程,是广州人民对地铁事业矢志不渝的探索,是广州地铁事业从无到有、从小到大的发展变化。可以说,组织机构的变成,只是表象,其实质还是广州地铁事业的发展。因此,地铁志的中心一定要关注广州地铁事业发展这个纲;只有牵住这个牛鼻子,才能从志书性质上统领好全志篇目。

3. 全链条、全过程覆盖核心业务

一是全链条。以《广州地铁志》篇目设置为例,篇目设置涵盖广州地铁全方位的业务链条,同时要反映出25年来广州地铁的发展特色和现状。广州地铁已经形成了自己的管理特点和发展特色,按照建设、运营和经营三大业务一体化运作。考虑到这个业务现状,篇目设置就应该遵循发展特点和历史现状,建设、运营、经营三大主营业务应该详述记载。在地铁建设之前,还存在规划工作,故从行业逻辑上,该部分内容置于开篇,能让读者对地铁总体规划形成大致概貌。此外,围绕建设、运营、经营三大主营业务开展监督管控、科技创新和信息化、企业管理,为业务发展的重要保障。综上考虑,《广州地铁志》形成了以规划、建设、运营、资源开发、监督管控、科技与信息化、企业管理七大部分内容构成的篇章结构,以实现对业务的全链条覆盖。二是全过程。《广州地铁志》的基本记述上限为1992年,下限为2017年,但为了保持对广州地铁行业描述的完整性,个别内容记述时限适当上溯至20世纪60年代或下延至2018年。同时,在以编年体整理大事记时,为了照顾年代的完整性,在主要记载影响广州地铁发展历程重大事件的基础上,兼记发生在外地与广州有直接关系且具一定影响力的事件,以确保与广州地铁发展的里程在时间上不断线。

(三) 工作推进问题

编史修志是功在当代、利在千秋的大事情。关于如何把好事办好、如何顺利推进行业志的编纂的问题,笔者认为应该在领导重视、组织保障、人员保障、工作机制等层面,因地制宜地创新。换句话来讲,就是要按照本单位的实际情况,充分调动各种可用资源,保障修志工作。

1. 要争取领导重视

一般来讲,从存史资政、推动企业发展的角度出发,领导都会支持编史修志工作。修志部门要重点思考如何建立机制,把领导的重视转化为可见的动作。以《广州地铁志》编纂为例,在筹备阶段,公司即成立了以集团董事长为主任、总经理为执行主任、党委副书记及各副总经理为副主任、各二级单位负责人为编委的编纂委员会,并印发编纂委员会工作职责和工作机制。在编纂过程中,集团领导主持召开专题动员会,调配人员,支持编制专项预算,并多次就编纂问题作出批示。特别是编纂工作进入攻坚阶段后,集团领导、高管亲自把各部门分管领导召集起来,主持召开集中审核会,极大地推进了编纂工作进程,提高了稿件质量,为最终顺利通过验收奠定了基础。

2. 要成立专门机构

行业志涉及行业的全链条业务,需要召集不同专业、不同特长的员工专门成立编辑部,逐一整理海量的文献、资料,保障志书编撰的人力资源和专业资源。为顺利推进《广州地铁志》的编纂,广州地铁集团专门成立了地铁志编辑部,由分管志书工作的领

导担任主编，并从集团办公室及核心的专业部门，如建设、运营、房产部门分别抽调精干人员担任责任编辑，集中时间、集中人员专项开展编写和审稿工作。公司各部门亦安排专人负责资料收集和稿件整理工作，形成了自上而下的编写网络，联合开展地铁志编纂工作。

3. 要建立协调机制

针对编志过程中存在的问题，要建立专门的协调机制，及时统一标准，解决矛盾。在编撰《广州地铁志》的过程中，为解决各章节的编辑人员存在的章节体量不统一、标题表述不一致、记述标准不统一甚至前后矛盾等问题，编辑部建立了月度例会和周例会制度，由主编、副主编主持，统一各主编意见、协调编纂难题。为督促各参编部门及时补充材料、确认数据、完善表述，定期召开意见反馈会和专场研讨会，要求相关领导亲自把关，及时推动工作进度。

4. 要多方吸收先进经验

要充分借助市地方志管理部门的专业力量，指导纲目设置、体例、规范、段落逻辑、语言描述、用词用句等内容。同时，要邀请行业专家，为志书内容把关。在《广州地铁志》编撰过程中，广州地铁集团邀请了广州市委党史文献研究室负责人及相关处室专家及部分退休领导、老专家及在职专家，全方位指导志书的编撰工作，使得志书既符合规范要求，也遵守地铁发展历史。要充分吸收其他行业志的编撰经验，不断提高志书编撰效率。通过外出调研、座谈交流、电话咨询等方式，互相学习借鉴，推动志书编纂工作更有效率。在制定《广州地铁志》编纂计划、编纂方案前，编辑部先后调研了南方航空、广州石化、广汽集团等企业，了解他们在修志、编史的先进做法与经验教训。

四、小结与思考

"治天下者以史为鉴，治郡国者以志为鉴。"修志是一项很有意义而且非常有必要的工作，值得把修志工作好好地传承下去。特别是在《广州地铁志》编纂过程中，我们所形成的具有广州地铁特色的编纂工作模式和工作方法，对更好地促进城市轨道交通行业志的编纂工作具有良好的示范作用。

同时，行业志、部门志不仅仅是一项单一的工作任务，还是一项功在当代、利在千秋的事业，非常有必要挖掘志书的价值、丰富志书的内涵，更好地发挥志书存史、育人、资政的功能。笔者认为，应该内外联动，将行业志编纂工作的价值最大化。对内，应进一步向思想教育、文化培养等方面延伸，成为引导员工不忘初心、爱岗敬业的有效载体；对外，作为弘扬和传承优秀企业文化、树立企业品牌形象的重要宣传手段，应充分利用新媒体、新公关，借助方志馆、博物馆、党建基地等平台，开展各类共建共享活动，在社会上形成修志、读志、用志、传志的新风尚。

（作者单位：广州地铁集团有限公司）

改革开放以来村志编修的分析与思考
——以广州地区为中心

张丽蓉

改革开放以来,全国各地村志编修获得空前推广与发展,在社会参与度、编修成果等方面远远超过历史上任何一个时期。① 特别在近 10 年来的珠三角地区,随着城市化推进,传统村落面临消亡,自发或有组织的村志编修成为潮流。值此村志编修方兴未艾之际,地方志工作机构需要适时担当起指导的职责。因此,中国地方志指导小组常务副组长李培林在广东省地方志工作座谈会上明确指出:"要认真总结经验,科学规划,探索地方志工作向乡镇志、村志和家谱编纂延伸。"② 然纵观以往的村志研究,大都专注于编纂方法的探讨,或某部村志具体而微的解析,对村志编纂整体状况的总结及管理思路的研究,则相对较少。基于此,本文以改革开放以来广州地区编修的村志为例,通过样本分析总结村志编修的客观状况,在此基础上对地方志工作机构当前如何管理、指导与服务村志编修工作提出粗浅看法。

一、广州村志编修现状分析

(一)全市村志编修总体情况

2014 年,广州市属共 12 个区(县)③,各区(县)于 2014 年年底前村志编修总体情况如下:天河区天河系列村志 20 部,其中《石牌村志》等 8 部由中华书局正式出版,《猎德村志》等 12 部为非营利性正式出版物;黄埔区村志 13 部,其中《夏园村志》《茅岗村志》为非营利性正式出版物,《横沙村志》《下沙村志》等 11 部为内部参考印刷资料;白云区石井街《庆丰村志》《鸦岗村志》2 部,均为正式出版物;番禺区《长莫村志》《赤岗村志》2 部,均为内部参考印刷资料;花都区《公益村志》《五华村志》《横谭村志》《环山村志》4 部,其中《环山村志》为正式出版物④;增城市 3 部,《群星村志》为正式出版物,《罗岗村志》《竹坑村志》为非营利性正式出版物。此外,海珠区有《仑头村史》等 10 部正式出版的村史。改革开放以来,各区(县)村志编修总量共计 44

---

① 颜越虎:《从〈白沙村志〉到"珠三角现象"》,载《中国地方志》2014 年第 10 期,第 11 页。
② 李培林:《在广东省地方志工作座谈会上的讲话》,载《中国地方志》2014 年第 10 期,第 9 页。
③ 2014 年 2 月,广州市公布新行政区划调整方案,从化、增城撤市设区,黄埔、萝岗两区合二为一。但由于在实际运行中相关区县 2015 年年底尚未正式挂牌,本文仍沿用原有区县设置,即市属越秀、荔湾、海珠、天河、黄埔、白云、番禺、花都、南沙、萝岗区及从化、增城市。
④ 资料主要参照《广州市地方志事业志》,并结合笔者收集的部分花都、黄埔村志手抄本。

部（不含海珠区村史）。① 2014 年年底有增城《塘美村志》、白云区《三元里村志》、越秀区《寺右村村志》、黄埔区《横沙村志（重修）》《双沙村志（重修）》等。

（二）编修背景

1989 年 3 月，广州市召开第二次修志工作会议，决定市属区县展开修志。1990 年开始，各区先后召开区志编纂工作动员会。一些区县组织编修街志、镇志，用以作为编修区（县）志的基础资料，由此带动部分村庄编修村志。1991 年，天河区猎德村编写完成 1.8 万字的村志初稿；1992—1995 年，黄埔区辖下大沙镇、南岗镇、长洲镇组织各村编写基础资料，报黄埔区地方志办采用，产生横沙、双沙、姬堂等 11 部村志初稿。2000 年年底至 2002 年，各区先后启动第二轮修志。续修工作依然将镇村纳入资料提供单位。仍有不少村以此为契机，组织编修本村村志。先后完成编修的村志有：黄埔《夏园村志》（2002 年）、增城《罗岗村志》（2003 年）、花都《横潭村志》（2003 年）、花都《公益村志》《五华村志》（2004 年）、番禺《赤岗村志》（2004 年）、番禺《长莫村志》（2005 年）、花都《环山村志》（2008 年）等。

与此同时，随着广州城市化不断推进，不少村落土地被征用，乡村面貌面临急剧变化。这种形势倒逼村庄或主动或被动地抢修村志。最早行动起来的是天河区。由于广州城市发展实施"东拓"战略，位于中心城区以东的天河区处于城市化剧变核心地带。2001 年 4 月，天河区政协委员向区政府提交议案，建议政府组织编写村志，挽救即将佚失的村庄历史资料。5 月，天河区政府办理政协提案，要求区志办负责组织村志编修工作。2002 年，天河区人大会议的《政府工作报告》中明确提出："保护村镇文化遗产，启动村志编写工作。"由此，天河区长达十余年的全部村志编修工作正式启动。2003—2008 年，共有 17 部天河系列村志陆续出版。2009 年，由于筹办亚运会，广州"城中村"改造提速。黄埔、白云等区一些面临拆迁的村庄自发组织编修村志，如黄埔区横沙村。该村 2002 年实行村改居，2009 年着手城中村改造，许多宗祠、家塾面临拆迁或异地搬迁，村领导遂以此为契机，外聘主纂人员，及时拍照、采访，在原有村志初稿基础上重新编修村志。在横沙村影响带动下，附近兄弟村如下沙、双沙、姬堂等，亦在近两年纷纷着手重修村志。白云区鸦岗村也在城中村改造步伐加快的大背景下发起修志。这种由城市化倒逼引发的广州村志编修，自 2002 年始，延续至今。

由上可见，广州地区的村志编修主要在两个大背景下进行：一是两轮修志的直接带动。44 部已有新修村志中，有 19 部村志源于此背景，所占比例为 43%。二是城市化发展倒逼所致。有 22 部新修村志源于此背景，所占比例为 50%。正在编修或即将付印的几部村志，也均为应对城市化迅猛发展、挽救村落历史而为。

（三）编修模式

自隋代以来，地方志主要由政府主持编修，采用"官修"的编纂组织模式，由地方

---

① 由于海珠区"村史"系列著作在体例、内容上，与"横分竖写"的志体要求全然不同，故本文未将其列入村志范围一并统计。

主政官员负主纂之责,发凡起例、选聘主纂、审阅校订、付梓刻印等。但村是最基层区域单位,在中国行政区划中处于最基层的一级,具有自身的独特性。考察改革开放以来广州地区的村志,主要采取两种编修模式:政府组织和民间自发组织。政府介入的程度已有变化。

1. 政府组织

天河村志系列是较为典型的政府组织编修模式。这种模式近似于传统"官修",由政府修志部门即地方志办公室负主纂之责,承担为辖区内行政村村志编修推荐、选聘主笔人员,拟制篇目大纲、审稿审定、付梓印刷等职能。2002年,天河区地方志办公室着手区内村志编修组织工作,不但印发《广州市天河区村志篇目》,统一设定篇目大纲,而且安排专人负责跟进全区村志编写甚至亲自参与编写,区志办其他人员负责指导、参与书稿修改、审阅,定稿后由区志办统一联系出版印刷事务。各村编纂出版村志,区财政均给予一定数额的经费补贴。在这种模式主导下,天河区内24条行政村,至2014年年底陆续完成村志编修的有20条村。这20部村志以统一的开本设计、封面设计公开出版,形成强有力的村志品牌效应。在现有广州全市44部新修村志中,天河村志占总量的45%。

2012年来,黄埔区村志编修推行一种较为松散的组织模式,与天河模式有相似之处,如区地方志办公室在区内统一发动、统一组织培训、拟制篇目、审稿审定,也有返聘专职修志人员负责跟进此事,但在寻找主纂人员这一关键环节,区志办并未参与遴选或予以推荐,对定稿后的村志是否统一公开出版亦未有规定。这一模式使得辖内各村自主物色主纂人员,自主制定编修进度和出版形态,有可能使各村村志的编写体例、编写内容、编写进度参差不齐。

2. 民间自发组织

中国农民有浓厚的修志情怀。山东临沂村民许亦江耗时4年自修《水南村志》村志,南宁76岁老人历时13年编写《孟莲村志》等。改革开放以来,广州地区亦一直有民间自发组织编修村志的现象,但均非村民个体行为,而是村委决定,村集体共同参与的组织模式。

自发组织编修村志的动因主要有3个:一是编修族谱。珠三角乡村社会,同姓村比例较高,且不同姓氏原来都有编修族谱的传统,以记录宗族的发展脉络。由于不少宗族族谱在"文革"时期被烧毁,或被遗失,宗族有重新编修族谱的愿望。如增城竹坑村,2000年12月,村委会决定编纂村志,直接动因在于"由于各种原因,族谱已经断记、遗失或者残缺不全,且在抗日战争前至2000年没有任何记载,族中许多事情无从查考,海外和港澳台同胞寻根问祖很不方便,村中人外出越来越多,这些人年深日久必成分支,也需要追踪溯源,故编写村志成众望"[①]。族谱与村志等同,在广州地区其他村落亦有此类情况。如从化木棉村以谢氏为主要姓氏,其谢氏族谱就一并记载了村庄的发展历史。[②]二是存史、育人。中国古来乡村修志以"矜其乡贤,美其邦族"为目的,记录村落发展

---

① 竹坑村委会:《竹坑村志》,广东人民出版社2011年版。
② 根据广州市地方志办公室2013年从化木棉村调研发现所得。

历史,"通古今,表功勋,而后旌贤能"。增城《罗岗村志》村委会编纂村志的直接动因始于村庄独特的乡土文化需要传承。罗岗村是客家人聚居的村落,客家文化非常浓郁,村党支书在村志序言中谈到,组织编修村志是由于该村"可以教育和鼓舞后人的事实,见诸文字记载的除了在族谱中有点滴反映上,基本上是空白的,特别是近百年村民抵抗外辱以及建国后建设历程,都没有系统记载"①。番禺《赤岗村志》提到"村史古已以往,近亦失记,年轻一代知之更少,留待日后才编写资料难以采集,现趁老一辈还健在,还可以难中取易,因此编志当务之急"②。三是"城中村"改造倒逼村庄自发组织编修村志。如正在重修的《横沙村志》《双沙村志》等。

(三)主纂者

本文所谓主纂者,指在村志编纂过程中负责起草凡例、编制纲目、收集资料、执笔撰写的人员。考察广州地区现有的改革开放以来编修的44部新村志,主要有3类主纂人员。

一是本村具有一定文化水平、一定社会地位的村老。如《五华村志》主纂者为村中八十岁耆老③;《横谭村志》先是聘请本村两位老前辈进行撰写,再聘请退休返村的某公司副总为主编兼撰写工作;《公益村志》主纂系公益村人,出生于私塾教师家庭,从事教学工作37年,并于1986年退休。④ 番禺《赤岗村志》《长莫村志》⑤也请村中具有一定文化程度的长者执笔。这类主纂者在本村土生土长,非常熟悉村庄各方面情况,在采集口碑资料过程中具有先天的人脉及语言优势;不足之处在于这类主纂人员往往文化水平有限,通常不了解志书体例,所修成果常常仅为资料长编或者汇编,并非严格意义上的志书。

二是本区内熟悉本村情况的退休老教师、老文史工作者。这一类以天河村志系列为代表。天河区已出版的20部村志,基本由天河区志办推荐的熟悉本区情况的退休老教师、老文化工作者主纂。如《棠下村志》,具体由退休老教师、退休小学校长4人执笔;《猎德村志》则由猎德村委会聘请区地方志办公室推荐的由退休老教师组成的编写团队,在原有村志的基础上重修;黄埔区《夏园村志》由本村退休老教师主笔。目前,花都区地方志办公室亦采用此类模式,由区志办在本区内物色熟悉本区情况的退休老教师、老文史工作者负责主纂。这类主纂人员文化程度较高,文字驾驭能力较强,对本区该村情况较为熟悉,同时也有机会参加由修志机构组织的培训,因此,编修出来的成果相对而言成熟度较高。不足之处在于需要区地方志部门进行专业协助或者辅导。

三是外聘修志团队。在前两轮修志过程中,广州地区各村基本没有外聘专业修志机构或团队,但2012年来,一些村原有村志(初稿)主纂者年龄已至七八十岁,甚至有部

---

① 增城市荔城镇罗岗村委会:《罗岗村志》,2003年内部印刷。
② 番禺赤岗村委会:《赤岗村志》,2004年内部印刷。
③ 广州市花都区新华镇五华村委会:《五华村志》,2004年内部印刷。
④ 广州市花都区新华镇公益村委会:《公益村志》,2004年内部印刷。
⑤ 番禺鱼窝头镇长莫村:《长莫村志》,2005年内部印刷。

分主纂者业已作古,村委会不得不重新物色主纂人员。在寻找主纂者的过程中,往往一条村物色到合适的编修团队,推荐给附近兄弟村,借此形成由某个编修团队承包某片行政村的现象。黄埔区重修的《横沙村志》《双沙村志》即为此类情况。这类主纂人员有编修村志的实践经验,对志书体例及规范相对较为熟悉,文字及图片处理能力较强,编修进度快,成果最为成熟;不足之处在于这些编修团队常常并非本地人,不擅长本地语言,不了解本地习俗,编写村志有隔靴搔痒之感。

由以上分析可知,组建科学的编修团队对顺利启动村志工作具有重要意义,熟悉本村情况的退休老教师、老文史工作者是编修村志的主要力量。在全部44部村志中,有70%的村志采用此类主纂人员。同时,要保障村志的编纂质量,区(县)地方志部门的协助、指导至为关键。

(四)内容体例

不同的编修模式,决定村志不同的内容、体例。

天河区采用政府组织编纂模式,使得天河村志系列在篇目、内容、体例上基本保持了一致。以天河村志系列之一《棠下村志》为例,志首设航拍图,清末民国时期番禺县鹿步司位置图,棠下被征用土地图,村部分村路名、山名、街巷图,各自然村规划图等,内文另有插图若干幅。篇目完整、平衡,包括凡例、概述、大事记、主体内容、附录、后记。主体内容13章,分别为自然地理、建置、人口、姓氏宗族、公共设施、乡村建设、乡村管理、政治、经济、教育、医疗卫生、文化体育、社会。人物为单独专门篇幅列于章后。① 全志章节目规范,语言白描平实,但记述亮点、重点稍显不足。其他19部天河村志,基本沿用《棠下村志》的体例和篇目,未出其右。

民间自发组织的村志编修,在内容和体例上则大相径庭。增城《竹坑村志》编纂的直接动因在于族谱失缺,因此,进一步理顺村中主要姓氏世系成为编纂的重点。全志篇目包括概述、大事记、地理、经济、政治、文化、社会、人物、要事辑录、自然村姓氏祖系。其中,自然村姓氏祖系的内容篇幅过半,各个姓氏始祖、世系详列于上,在400页中有208页记述该部分内容。② 可见,竹坑村自发编修村志的动因,部分在于将村志功能等同于族谱,利用编修村志之机重修族谱,村志异化为族谱化村志。《罗岗村志》充实了具有地方特色和时代特点的内容,篇目包括凡例、概述、大事记、主体正文。正文设10章,分别是自然村域人口、村内姓氏概况、党政机构概况、经济概况、基础设施建设、医疗卫生与教育概况、民俗方言、民间文化、革命斗争时期竹坑要事辑录、人物。为突出地域特色,专设"方言"一节,详细记载当地客家村民的发音方法、部位、语音系统特点、日常用语与派潭长宁话的对比等③,这与村委会保存和彰显本村客家文化的初衷息息相关。番禺赤岗村在村志编纂过程中,由于未有全村族谱,可征用的文献少,仅有宗祠碑文记录可查,因而在《赤岗村志》篇目设计上,将宗族、祠堂文化文物前置,

---

① 棠下村委会、钟文卓:《棠下村志》,中华书局2003年版。
② 竹坑村委会:《竹坑村志》,广东人民出版社2011年版。
③ 增城市荔城镇罗岗村委会:《罗岗村志》,2003年内部印刷。

列于地理篇之后,对宗祠内容的记载非常翔实。花都《横潭村志》完全由村民赞助出版,故在主体正文末以列表形式,详细记载每一位赞助者的姓名。可见,民间自发组织编修的村志,在内容和体例上不拘一格,百花齐放,虽不够规范,却各具特色,在内容体例上重点和亮点非常突出,最原始地记录了村庄特色。

二、村志编修的思考

由于地域不同,全国各地村志在编修背景、组织模式、内容体例上显然会存在差异。但是,当前城市化日益提速的宏观背景,以及全国统一规划统一部署第三轮修志的大前提却是一致的,对广州地区村志编修状况的分析总结具有一定的普遍意义,至少可以从以下三个角度为服务、管理及指导村志编修工作提供思考样本。

(一)承认村志形态的多样性,管理到位

推进地方志工作向基层延伸,是地方志机构不可推卸的职责。政府修志部门明确角色定位后,在宏观管理思路上,应有所为。首先,将村志编修纳入政府地方志事业发展总体规划。区(县级市)制定本行政区地方志发展规划,须将村志工作纳入其中。其次,将村志纳入地方志工作机构管理范围。区(县级市)地方志机构负责本行政区内村志编修工作,履行发动、组织、指导、督促的职责,推动本行政区内村志编修工作完成全覆盖,对村志编修工作进程安排、工作团队搭建以及内容体例等提出意见或建议。最后,推动村志编修经费列入本级财政预算。对开展村志编修的主体,进行资金扶持。属于当地财政预算单位的,可在地方志工作机构指导下进行经费预算申报;不属于当地财政预算单位的,由地方志工作机构统一编制预算,向财政部门提出申请、接受资金核拨,再向有关单位发放。

地方志机构在管理村志同时,亦要注意村志的多样性,有所为、有所不为。如上所析,广州地区既有的新编村志,体例内容各异,出版形态不一。除了海珠区《仑头村史》等10部"村史"由出版社正式出版外,其他44部村志中,仅有13部由出版社正式出版,31部村志或以非营利性出版物的形态出版,或由村委自行出资付梓印刷,或者干脆以手抄本的原始稿样封存于村档案室。① 这一客观事实恰好证明了村志编修本身所具有的多样性。不管是族谱化的村志,还是冠以村史之名的不规范"村志",或者是汇编式的内部手抄资料本,都是乡土历史文化的真实记录。在当前这样急需记录村落历史的大环境下,修志部门在管理、指导村志工作时,就不宜用统一、规范的标尺去要求,更不可用硬性的编写要求、出版要求去审查验收。由民间自发组织编修的村志,不同的修志动因,常常决定不同的内容侧重点。增城《罗岗村志》《竹坑村志》即为实证。若用篇目平衡之类的编纂通则来要求它,恰恰抹杀了村志的乡土特色。民间自发组织编修的村志在突出乡村特征上自有其独到之处,这就要求修志部门不可自上而下地强行统一篇目

---

① 此组数据在《广州市地方志事业志》"广州市各区县村志编纂情况表"的基础上,结合笔者掌握的数据计算而成。

大纲、统一编修重点,而应充分尊重村庄的多样性,突出村庄的自身特色。村,在行政地位上不同于区(县)。村作为基层群众性自治单位,村志编修的内生动力在于村庄自身,没有村委会、村民自下而上的融入与配合,是不可能编好村志的。因此,地方志部门应尊重村志在内容、形态上的多样性,在管理思路上,减少强制性干预,鼓励百花齐放。

(二)明确修志机构的角色定位,服务到位

由上述可知,政府组织的村志编修模式,具有动员范围广、成书效率高、内容较为全面、体例较为规范等优势。当前,各地城市化推进速度非常快,传统村落日渐式微,农村村庄数量和村均人口规模不断减少。数据显示,2011年,全国行政村数量减少到59万个,自然村每天以80~100个的速度消亡。① 要及时挽救村庄的历史记忆,离不开政府部门的大力推动和有效组织。但政府修志部门的介入,要明确自身的角色定位,注意服务到位,避免缺位、越位。笔者认为,政府修志部门在村志编纂工作中可在以下四个方面做好服务。

一是宣传发动。从广州现有村志编修的背景分析可知,两轮修志的启动直接带动部分村庄编修村志,可谓其外在的推动器。第三轮修志将于2020年启动,定将为下一轮全国性村志编修高潮蓄积能量。此外,"城中村"改造倒逼村庄自发组织编修村志的现象自2002年始,一直延续至今,但真正行动起来的村落却不多,尚有大部分村领导不重视抢救村史、编修村志。因此,可利用筹备、启动第三轮修志之机,面向镇(街)村广泛宣传、组织发动,以此可将修志存史的意识渗透至乡村,引起各方关注,从而推动村领导班子重视村志编修。

二是人员推荐。村庄有修志意愿,但往往缺乏合适的编写团队。修志部门不但要落实专人跟进村志编修工作,同时要发挥地方志部门熟悉修志人才的优势,协助村委物色、组建合适的编写团队,以此可推动村志编修工作的启动,从而保证村志编纂进度。在年龄结构上,应老中青合理配置,一方面发挥老年人熟知地情、耐得住寂寞的优势,另一方面亦需要发挥年轻人熟练掌握高科技工具的长处;在专业结构上,文字功底仅占其一,还需要修志能手或方志专家的参与,以更好地把握村志体例内容,减少修改周折。如能利用村庄自身力量组建编写团队,还需外聘方志专家参与总纂或审稿修改;如不能自行组建编写团队,亦需本村选派专人参与编纂工作,如提供基础资料,或组成审议小组进行资料复核。如番禺《赤岗村志》,为求真实,专门成立史实审议小组,对记载的事件慎重审议核实。小组基本为长者,老干部、退休校长及文化知识深厚的族兄。②

三是提供经费。在经济发达的广州地区,仍有部分村庄因为经费问题无法启动村志编修,地方志部门应寻求财政支持,并注意在经费资助上灵活处理。由于村志编纂是一项浩大繁复的文化工程,但在城市化浪潮下又必须加快存史进度。笔者认为,只要村庄完成村志初稿,就可给予财政经费补贴,不必硬性规定需达到公开出版要求。如此可帮

---

① 《还有多少村庄等待消亡》,载《中国建设报》2014年2月19日。
② 赤岗村志编纂小组:《赤岗村志》,2000年内部印刷。

助部分困难村庄及时启动编写工作,从而及时抢救濒临散佚的资料。

四是交流评议。现有村志编修普遍存在交流缺乏、评议缺位的状况,要服务村志编修工作,还需由地方志工作机构搭建平台,组织村志交流会、评议会,促进村志编修工作者开阔修志视野、提升村志编纂质量。

(三)尊重村志编修的独特性,指导到位

由上述分析可知,广州地区村志编写队伍主要有三类群体,但每一类编写团队都存在自身的不足之处,需要地方志部门予以专业指导。不过,在具体的业务指导上,还应注意尊重村志编修的独特性,分类指导。

对政府统一组织的村志编修,为保证编纂质量,地方志部门必须加强业务指导,推进本行政区域内村志工作的有序进行。在资料收集阶段,组建各村工作队伍,有计划地开展编修人员业务培训;在志稿编写阶段,统一编写体例和大纲,严格筛选各项记述要素;在志稿评议阶段,组织志稿初评、复评及交叉评稿,多方征求意见;在出版阶段,统一出版要素。

对民间自发组织的村志编修,则应有针对性地进行业务引导。对由于城市化浪潮倒逼推动的村志编修,应建议时代特征与乡土特征并重。改革开放以来,随着城市化进程加快,农村面貌发生质的转变,迫切要求村志细致地记载乡村消亡之前的面貌,反映当代乡村向城市化的演进过程。因此,农村体制改革、农村乡村建设应成为这一类村志编修的内容重点,是不容忽视的时代特征。需要浓墨重彩予以记述的内容包括:村落城市化改造过程中地理范围变迁、征地过程、征用土地的详细情况、撤村改制或撤村改居过程、农村股份合作制构建过程等;城中村改造的提速,要求村志对物质文化遗产特别是宗祠、家塾的记载格外翔实,有条件的村庄,应详细记载祠堂的名称、地址、长宽、面积、规模、现状,详细收录祠堂庙宇门口的对联、碑刻等,这些记载可以很好地反映村庄原有的乡土特征;对保育传统乡土文化的村志编修,如前文所析增城之《萝岗村志》,则要紧扣乡土特征,引导编修人员尽可能全面客观地记录村民在方言、民俗、民间信仰等方面的文化元素,对诸如村庄建设、民生事务、政务处理等领域的记载,则不必求全求广。

当然,有针对性地引导,并非完全放弃志书底线。自发编修的村志在篇目内容、出版形态等方面存在差异,这无可避免,但既然是村志,就必须遵循志书的编修要求,基本体例上仍要横排竖写,这是指导村志编修理应坚持的原则。

(作者单位:中共广州市委党史文献研究室)

浅论志书中的随文附录
——以广州市两轮区（县）志书为例

李玉平

　　录，又称附录，是地方志的体裁之一，为志书的重要组成部分。志书设附录最早可追溯至北宋朱长文编撰的《吴郡图经续记》，但彼时无"附录"之名，直至清末才出现。自宋代至民国，旧志"附录"有纪遗、杂录、杂览、杂记、摭遗、别录、摭谈、丛记、外记、丛谈、丛志、丛考、杂纂、杂缀、杂志、杂辨、拾补、拾余、归余、丛录等多种名称，其内容一般包括志余珍补、民间传说、古今趣话、重要考辨、异闻轶事、存疑待考等。① 新编地方志大多设附录，内容杂芜，形式不一。根据"录"在志书中的位置，有观点将其细分为三种类型：志首录、志中录、志末录。志首录即目录；志中录包括人名录、动物名录、植物名录等各种名录，以及篇、章、节、目之后设置的附录；志末录为全志之附录。② 目录是否属于"录"体裁，笔者不敢苟同，但其包括志中录、志末录是无可置疑的，有些研究又分别将其称为篇章节附、志尾附。志中录或篇章节附即本文要论及的随文附录。

　　新编地方志中，随文附录的设置非常普遍。以广州市两轮区（县）志书③为例，24部志书中19部设随文附录。由于附录是志书的附属内容，承编单位在编修过程中普遍不够重视，因而附录的名称和内容都比较随意。与之相对应的是，方志界对随文附录的研究也不多，专题研究随文附录的文章几乎没有，部分是包含在志尾附录中顺带分析的，还有不少文章在研究志书附录时，仅指志末附录，未将随文附录作为志书附录的组成部分。为规范随文附录的编辑，笔者以广州市两轮区（县）志书为例，对其随文附录展开分析，以期对第三轮志书的编修提供一些有益的思考。

---

　　① 《方志百科全书》编纂委员会：《方志百科全书》，方志出版社2017年版，第252页。
　　② 周慧：《论志书的附录》，载《中国地方志》2011年第8期，第49页。
　　③ 第一轮区县志书包括《越秀区志》《东山区志》《海珠区志》《番禺县志》《荔湾区志》《天河区志》《白云区志》《黄埔区志》《芳村区志》《花县志》《从化县志》《增城县志》12部志书，该轮志书的书名中均未注明上下限；第二轮区县志书包括《越秀区志（1991—2005）》《东山区志（1991—2005）》《海珠区志（1991—2000）》《番禺市志（1992—2000）》《荔湾区志（1991—2005）》《天河区志（1991—2000）》《白云区志（1996—2000）》《黄埔区志（1991—2000）》《芳村区志（1991—2005）》《花都市志（1993—2000）》《从化市志（1979—2004）》《增城市志（1994—2005）》12部志书。

一、随文附录的名称与数量

广州市两轮区（县）志书中随文附录的名称有3种，分别是附、附记、附录。

首轮12部区（县）志书均设有随文附录，共125篇，其中"附"102篇，占比81.6%，《花县志》《天河区志》《越秀区志》《芳村区志》4部志书的随文附录均为"附"；"附录"21篇，占比16.8%；"附记"2篇，占比1.6%。具体见表1。

表1 首轮广州区（县）志书随文附录数量

志书名称	附（篇）	附录（篇）	附记（篇）	总数（篇）
《花县志》	16	—	—	16
《天河区志》	12	—	—	12
《越秀区志》	7	—	—	7
《黄埔区志》	18	1	—	19
《芳村区志》	4	—	—	4
《荔湾区志》	10	1	—	11
《海珠区志》	2	—	—	2
《东山区志》	—	6	—	6
《增城县志》	13	—	—	13
《番禺县志》	4	7	—	11
《白云区志》	4	4	2	10
《从化县志》	12	2	—	14
合计	102	21	2	125

第二轮12部区（县）志书中6部志书设随文附录，共34篇，其中"附"17篇，占比50%；"附录"14篇，占比41.2%；附记3篇，占比8.8%，见表2。《白云区志（1996—2000）》《黄埔区志（1991—2000）》《东山区志（1991—2005）》《荔湾区志（1991—2005）》《海珠区志（1991—2000）》《从化市志（1979—2004）》6部志书没有随文附录。

表2 第二轮广州区（县）志书随文附录数量

志书名称	附（篇）	附录（篇）	附记（篇）	总数（篇）
《天河区志（1991—2000）》	1	3	1	5
《花都市志（1993—2000）》	3	—	2	5
《越秀区志（1991—2005）》	9	—	—	9
《增城市志（1994—2005）》	1	11	—	12
《芳村区志（1991—2005）》	2	—	—	2
《番禺市志（1992—2000）》	1	—	—	1
合计	17	14	3	34

从以上两表可以看出，自第一轮志书到第二轮志书，随文附录的数量大幅下降。而名称方面，"附"逐渐减少，"附录"逐渐较多，"附记"小幅增长。附、附录、附记三者到底有什么区别，需从其释义进行分析。

关于"附"：《辞海》解释为"随带、附带"①。

关于"附录"：《辞海》解释为"图书中的一种辅助性文字。附于图书正文后面、与正文没有直接关系或虽与正文内容有关但不适宜放入正文的各种材料。包括对正文内容有所增补的文章、文件、图表、书目、大事记、译名对照表等"②。《中国方志大辞典》对志书附录有专门的释义，即"附录是附于志书以原原本本保存地方文献和珍贵资料的汇录"③。

关于"附记"：《辞海》《中国方志大辞典》均没有专门的词条释义。但百度百科解释为"附记为附带记述，亦指在正文外附带的记述"。从该释义看，很难将"附录"与"附记"区分开来。鉴于两者的相似性和模糊性，《中国方志大辞典》在"附录"词条后特意指出"附录"与"附记"的不同："附录"为原文照录，"附记"为编撰者之言。④

根据以上释义，"附"只是一种动作，其意很广，与不同事物组词后有不同意思，如附件、附奏、附录、附记等，一切附件皆可称"附"。因此，广州市两轮区（县）志书中，以"附"为名的志书比例最高，不仅广州地区如此，国内其他地方也存在类似情况。《地方志书附件存在问题浅见》一文指出，不少二轮志书中，一个"附"字之下尽收各类附件。⑤

从《中国方志大辞典》的解释来看，"附录"与"附记"之间有着较为严格的区别，但实际运用情况却差强人意。广州市两轮区（县）志书就未遵循该原则，如《黄埔区志》的"主要桥梁介绍"，《东山区志》的"知名私营企业何植记鞋店简介"等均称"附录"，却不是原文照录，而属编纂者之言，理应称"附记"。同为记地名由来，也有不同称法，如《天河区志（1991—2000）》中的"天河区名称的由来"称"附记"，《增城市志（1994—2005）》中的"县名由来"称"附录"，可见随文附录的名称比较随意、混乱。

除了名称混乱外，随文附录的标题是否在全志目录中出现也很随意。广州市两轮区（县）志书中存在3种情况：第一种是附录标题全部出现在目录中，如《芳村区志》《海珠区志》。第二种是部分附录标题在目录中出现，如《越秀区志》共7处附录，3处在目录中出现；《增城县志》共13处附录，3处在目录出现。第三种是附录标题均不在目录中出现，如《花县志》《天河区志》等。

---

① 夏征农：《辞海（第六版缩印本）》，上海辞书出版社2010年版，第538页。
② 夏征农：《辞海（第六版缩印本）》，上海辞书出版社2010年版，第538页。
③ 《中国方志大辞典》编辑委员会：《中国方志大辞典》，浙江人民出版社1988年版，第97－98页。
④ 《中国方志大辞典》编辑委员会：《中国方志大辞典》，浙江人民出版社1988年版，第98页。
⑤ 张凤雨：《地方志书附件存在问题浅见》，载《广西地方志》2013年第4期，第15－16页。

二、随文附录的形式和格式

(一) 随文附录的形式

广州两轮区（县）志书的随文附录从形式上看，主要包括3类。一是表格类。如《天河区志》的附录（附录为随文附录的简称，包括附、附录、附记3种形式，下文同）"天河地区历代进士名录表""天河地区历代举人名录表"属表格。二是文件类。如《黄埔区志》的附录"黄埔区爱国卫生运动'七五'计划（节录）"、《天河区志》的附录"广州市人民政府保护古树告示"，《花县志》的附录"广东番花同盟会入会志愿书和誓词""民国十三年（1924）花县农民协会制订的《会员须知》原文"等均属文件类。三是文章类。这类所占篇幅最多。如《番禺县志》的附录"珠江商场"、《海珠区志》的附录"海心中心简介"等。此类附录中还兼有文字介绍和表格，如《花县志》的附录"百岁老人"，先以文字介绍第二次至第四次人口普查时的百岁老人数量，再列"花县百岁老人表"；《增城县志》的附录"姓氏村庄开居简况"，先综合介绍79姓363个村庄的开居简况，后列表"增城县部分村庄开居简况"。

(二) 随文附录的格式

大多数随文附录都有标题，只有极少数未列标题，如《黄埔区志》第二十一篇"文化"的附录直接用2个序号指出：①1989年、1990年，黄埔区广播电视局连续2年被广州电视台评为新闻工作先进单位；②1989—1990年，黄埔区广播电视局连续获奖的新闻稿（后按年份依次列出）。此处一个附录包含两项内容，但这并非志书附录不设标题的缘故，如《白云区志》第二十五篇"教育"后设2个附录"一驻区的其他中专技工学校""二白云区范围的大专院校"，均设标题，并注明顺序。其他志书中也存在一个附录包含多项内容的情况，一般都列出标题。

广州两轮区（县）志书随文附录的格式也比较随意，有些"附""附录""附记"与标题排一行，有些分成2行。有顶格写"附""附录""附记"，也有空2格写，还有居中写。有些标题空2格写，有些居中写。以附录为例，其格式大致可分为表3中的几种。

表3 广州市两轮区（县）志书中随文附录的格式

序号	类别	形式	说明
1	附录与标题排一行	附录：标题×××	空两格写附录
2		附录：标题×××	顶格写附录
3		附录：标题×××	居中写附录
4	附录与标题分两行	附录： 　　标题×××	附录顶格写，标题另起一行空两格写
5		附录： 　　　标题×××	附录顶格写，标题另起一行居中写
6		附录： 　　　标题×××	附录空两格写，标题另起一行居中写

有些志书自始至终采用一种格式,如《天河区志》均采用上表中序号 1 的格式,也有一本志书中多种格式并存的,如《海珠区志》同时采用上表中序号 1 和序号 2 的格式;《黄埔区志》采用上表中序号 1、序号 2、序号 5 的格式。

三、随文附录的层次和内容

(一)随文附录的层次

广州市两轮区(县)志书随文附录主要包括篇(编)下附录、章下附录、节下附录、目下附录、子目下附录、大事记附录、人物附录 7 种。

一是篇(编)下附录。如《东山区志》第三编"经济"的附录"农业",《花都市志(1993—2000)》第六篇"农业"的附录"花都军民抗击'5·8'洪灾"。

二是章下附录。如《从化县志》第二十三篇"群众团体"第五章"商联"的附录"县商会简介",《番禺县志》第二十五编"居民 方言"第四章"居民生活"的附录"外地民工"。

三是节下附录。如《荔湾区志》第五编"文化"第二章"科技"第四节"科技成果"的附录"成果选介",《越秀区志》第六编"商业"第二章"行业"第四节"名师"的附录"名师"。

四是目下附录。如《黄埔区志》第二十二篇"文物 名胜"第一章"文物"第五节"石刻 塑像"下设目"南海神广利王庙碑"的附录"《南海神广利王庙碑》原文",《荔湾区志》第五编"文化"第五章"文化艺术"第二节"文学 艺术"下设目"文学创作"的附录"历代文人诗文选"。

五是子目下设附。如《从化县志》第二十九篇"医疗卫生"第二章"医疗"第三节"西药医疗"下设目"临床科"子目"外科"的附录"高位断肢再植简介"。

六是人物附录。一类是人物单设但不称篇,其后有附录的,如《花都市志(1993—2000)》的"人物传"后设 2 个附录"补遗人物"和"《花县志》(1995 年版)立传人物人录"。另一类是人物设篇后设附录的,如《白云区志》第三十一篇"人物"后设 3 个附录:"一革命烈士芳名录附录""二禺北抗日阵亡将士名录""三禺北抗日阵亡将士姓名里居表",这个亦可归为篇(编)下附录。

七是大事记附录。如《天河区志》大事记下设附录"1991—1995 年天河区主要经济指标";《东山区志》大事记设附录,补充收录该志记述下限 1995 年后的两年 1996 年和 1997 年的大事记。

总体而言,章下附录、节下附录、目下附录所占比例最多,篇(编)下附录、子目下附录占比不多,大事记附录、人物附录占比最少,仅为上文列举的几例。

(二)随文附录的内容

从记述标题来看,广州市两轮区(县)志书的随文附录标题多为简介、选介,如《黄埔区志》的附录"广州长洲针织厂简介""二十三项工程简介",《白云区志》的附录"农业科技成果选介""工业科技成果选介"等。《荔湾区志》的附录"基督教堂选介""历史文献选介"等。

从记述主题来看，广州市两轮区（县）志书随文附录的记述主题存在不少共性内容：①三民主义青年团。在4部志书中出现，分别为《花县志》《增城县志》《番禺县志》《从化县志》。②日军暴行。在4部志书中出现，分别为《花县志》的"日军暴行录"，《天河区志》的"日军屠杀天河地区百姓的罪行"，《荔湾区志》的"历史上荔湾地区受到的重大空袭事件选记"，《从化县志》的"日军在从化的暴行"。③汪伪政权机构。在3部志书中出现，分别为《花县志》的"汪伪花县政府"，《增城县志》的"汪伪政权机构"，《番禺县志》的"汪伪国民党"。④百岁老人。在2部志书中出现，分别为《花县志》的"百岁老人"，《增城县志》的"百岁老人简介"。⑤重大交通事故。在2部志书中出现，分别为《番禺县志》《花县志》。⑥历代文人诗文选。在2部志书中出现，分别为《荔湾区志》《从化县志》。⑦楹联选录。在2部志书中出现，分别为《从化县志》的"楹联选录"，《番禺市志（1992—2000）》的"番禺部分著名楹联选录"。⑧地名由来。在2部志书中出现，分别为《天河区志（1991—2000）》的"天河区名称的由来"，《增城市志（1994—2005）》的"县名由来"。⑨古树名木。在2部志书中出现，分别为《天河区志》的"广州市人民政府保护古树告示"，《花都市志（1993—2000）》的"古树名木"。⑩美食。在2部志书中出现，分别为《番禺县志》的"番禺美食"，《荔湾区志》的"西关风味小食"。⑪前志人物及人物补遗。在2部志书中出现，分别为《花都市志（1993—2000）》的"补遗人物""《花县志》（1995年版）立传人物人录"，《增城市志》的"前志《人物传》补遗""前志《人物传》补记""前志入传人物名表"。

从随文附录与正文的关系看，广州市两轮区（县）志书的随文附录主要分为2大类型：一类随文附录为正文内容的深化，即正文中有提及，但囿于结构，没法深入展开，于是设附录，正文与附录是点面结合的关系。如《荔湾区志》的附录"住宅小区简介"，正文中提到"至1990年底，已先后建成侨苑新村、广雅新村、周门新村、天宝住宅小区等现代化住宅小区"，附录则以条目体的形式对侨苑新村、广雅新村、周门新村、天宝群楼住宅小区进行介绍。还有一种是解释，如《花县志》的附录"埋（凑会）"，正文中仅提及埋会、凑会，该附录对埋（凑会）进行解释说明。另外一类随文附录与正文互为补充，即正文未提及，以附录形式进行介绍，与正文形成互补关系。具体又可分为以下几种：①特色内容补记。如《芳村区志》设附录"观赏鱼"，由于养殖观赏鱼在芳村有较长历史，不少花农以此为业。但"观赏鱼"不好另设章节，就在与其有关联的"盆景"章后设附录。《白云区志》设附录"江高体系"，是由于白云区江高镇首创的"江高模式"被誉为中国农业产业化的样板和方向，《人民日报》曾刊文报道，特设附录介绍。②消失内容补记。如《东山区志》设附录"农业"，介绍明清时期至20世纪80年代东山地区农业基本情况，但至80年代末，东山地区已无农业用地，全部城市化，故对农业采取附录形式记载。《增城市志（1994—2005）》设"已废止的广府旧风俗""已废止的客家旧风俗""已失传的客家行嫁歌拾遗""已废止的畲族旧风俗"4个附录，对消失的风俗进行介绍。③重大事故补记。如《荔湾区志》的"人民防空"节后设附录"历史上荔湾地区受到的重大空袭事件选记"，对广州沦陷前日军对荔湾地区的狂轰滥炸、1950年"3·3"轰炸2件事进行补充介绍，而该节下设人民防空教育、人民防空教育、人防工事利用 3 个目，未涉及此项内容。《花县志》的附录"重大水灾""重大交通事故"，《天河区志》的附录"死亡事故案两例"均属此类情况。④不同性质内容补记。如《东山区志》的附录"侵略日军"，《增城县志》的附录"日本军用证券""汪伪政权机构"，《天河区志》的附录"伪联防队"均为此类情况。⑤前志内容补遗。如《增城市志（1994—2005）》的附录"前志著作目录与诗词文联选补遗"等。

从篇幅来看，广州市两轮区（县）志书中随文附录的字数差别很大。有的随文附录的字数比正文少很少，如《东山区志》的附录"侵略日军"仅 117 个字。有的跟正文字数一样多，写法也一致，如《越秀区志（1991—2005）》中设 10 节介绍现存的 10 个行政街，并在相应的行政街后以附录的形式介绍 1999 年广州市城市管理体制改革中被合并的 9 个行政街，19 个行政街的写法一样，均设"地理人口""人文""经济特色""街道管理和社区服务"4 个目，所占篇幅差不多。还有一些随文附录的字数远超正文。如《越秀区志》的"民族构成"节的内容很少，但其附录"越秀区回族和满族简介"却分成"回族""满族"两目，分别介绍该民族的来源、职业、饮食习俗、文字语言、教育、服饰、婚姻、丧葬、民族节日等，内容非常丰富。

四、关于随文附录的几点思考

结合广州市两轮区（县）志书中随文附录的情况，根据 2008 年中国地方志指导小组印发的《地方志书质量规定》，笔者对随文附录的编辑提出几点思考意见，以期对第三轮志书编修有所借鉴。

（一）规范随文附录的名称和格式，随文附录的标题以不入目录为宜

对随文附录常用的"附""附录""附记"3 个名称规范使用。"附"的意义太过于宏大和抽象，尽量不使用。在使用"附录"和"附记"名称时，严格遵守其定义，附录为原文照录，附记为编者所言。

关于随文附录的格式，原则上每个附录均需注明标题。格式上是否分 2 行或顶格、空 2 格、居中排版可不做统一要求，美观清晰即可，但同一本志书的随文附录格式前后需保持一致。

由于附录与概述、大事记一样在内容和文体上有别于分志，一般认为，随文附录与概述、大事记不入分志序列，即随文附录的标题不入目录。因此，《芳村区志》《海珠区志》《越秀区志》《东山区志》《增城县志》《番禺县志》《白云区志》的随文附录入编目录属不合理，尤其是后 5 部志书，部分附录入目录，部分不入，就更随意了。

（二）合理设置随文附录，宜纳入正文的不设附录，避免收录过滥

随文附录存在的主要问题是设置不当，收录过多过滥。一是把专记误当随文附录。《花都市志（1994—2005）》的附录"花都市机场征地、拆迁及安置工作"，下设"成立领导机构""制定政策、实施计划""征地、拆迁""安置区建设""搬迁、安置"5 个目，详细介绍了花都市机场征地、拆迁、安置的全过程工作，实属专记。根据《地方志书质量规定》，专记属于"记"体裁，而随文附录属于"录"体裁，两者截然不同，不能混用。二是滥用附录体例。如《东山区志》中大事记的附录，以附录形式对志书时限外的内容进行记述，就属体例的滥用，应直接删除。三是把分志内容错当附录。不少随文附录可在分志中直接介绍，不需另设附录，以附录的形式反而降低了内容的层次和分量。广州市两轮区（县）志书中不少随文附录为此类情况，可直接转为分志，转换形式包括：①直接纳入分志中。如《黄埔区志》的附录"二十三项工程简介"，正文指出"二十三项工程都是80年代后期至1991年初期间动工兴建竣工的，其投资额为5亿多元人民币"，后文可直接简介23项工程，不必设附录介绍。②调整至分志其他章节。如《增城县志》卷一"建置区划"第二章"区划"后设附录"各镇辖村（居）民委员会及自然村如下"，应将该附录内容放在本卷第三章"各镇简况"中介绍，不设附录。《天河区志》大事记的附录"1991—1995年天河区主要经济指标"属体例不当，其内容应调整至经济篇中介绍。③修改篇章名称后纳入分志。如《增城县志》卷七"荔枝"第二章"品种"第一节"珍稀品种——挂绿"后设附录"水晶球"，指出水晶球是增城荔枝珍稀品种之一。既然如此，"珍稀品种——挂绿"的节名应改为"珍稀品种"，除重点介绍挂绿外，还应介绍水晶球，而不必采取附录的形式。

（三）增加存史价值高的资料作随文附录，提升随文附录的价值

除了删减不必要的随文附录外，志书中还需要增补有价值的随文附录。《地方志书质量规定》对"录"有较为具体的规定："附录的原始文献、补遗考订等资料具有重要存史价值。"所以不管是随文附录还是文末附录，应尽量收录原始文献、补遗考订资料。如《黄埔区志》的附录"《南海神广利王庙碑》原文"，《天河区志（1991—2000）》的附录"民国三年（1914）吉山村七夕庆典程序""民国三年（1914）七夕庆典词"都具有重要的原始资料价值。《增城县志》的附录"宣统《增城县志》书目"对后世也有备查价值，值得入随文附录。

关于随文附录要注意的内容，除了以上情况外，编纂人员还不能忽视行文规范，避免存在硬伤。如《荔湾区志》的附录"建国后体校选介"中介绍了"荔湾区青少年体校"，而分志中却为"荔湾区青少年业务体校"，两处所指内容一致，但名称却不一样。《白云区志》设有"附录一：白云区渔业联社（白云区渔工商总公司）"，却无附录二及其他。同时，附录中还有不少纪年的错误，这都需要编纂者仔细校对。

（作者单位：中共广州市委党史文献研究室）

[雍正]《从化县新志》版本及编纂研究

黄敏华

从化于明弘治二年（1489）置县。据李默《广东方志要录》，从化县志的编修，始于明代。至1949年止，曾先后修县志7次，其中明代3次，清代4次。明代有嘉靖三十一年（1552）吕天恩修的1部、万历二十六年（1598）黎民表纂的1部和崇祯七年（1634）王至章修的1部，共3部；清代有康熙元年（1662）孙绳修的1部[注：康熙四年（1665）刘从雅、康熙六年（1667）骆祚久、康熙十一年（1672）俞嶙、康熙十六年（1677）周起凤、康熙十九年（1680）贾国楗曾在《孙志》基础上递增修]、康熙三十年（1691）郭遇熙修的1部、康熙四十九年（1710）梁长吉修的1部和雍正八年（1730）蔡廷镳修的1部，共4部。在从化县历代所修的县志中，现存4部，佚3部。①据1985年出版的《中国地方志联合目录》，在现存的4部县志中，[雍正]《从化县新志》共有4个版本：一是藏于广东省立中山图书馆等处的清康熙四十九年（1710）修，雍正八年（1730）续修刻本（以下简称"雍正本"）；二是藏于广东省立中山图书馆等处的清宣统元年（1909）刻本（以下简称"宣统本"）；三是藏于广东省立中山图书馆等处的民国十九年（1930）铅印本（以下简称"民国本"）；四是藏于湖北图书馆的抄本。

2005年，笔者有幸参加了《广州大典·地方志专辑》的编辑工作，借这项工作之契机，我得以在广东省立中山图书馆将这4个版本中除抄本外的各个版本都浏览了一遍，并尝试从文献学和方志学的角度进行思考，对[雍正]《从化县新志》的不同版本进行对比研究，探讨其版本源流，考察其异同，分析其编纂特色，挖掘其史料价值。现记下管窥之见，并整理成篇，以求教方家。

一、[雍正]《从化县新志》版本源流

[雍正]《从化县新志》在编纂、增补、续修、修订、重刊的过程中，出现了"雍正本""宣统本"和"民国本"等多个版本。但是，笔者认为，[雍正]《从化县新志》虽名为雍正年间编纂，却源于[康熙四十九年]《从化县志》。理由有四：一是[雍正]《从化县新志》仍沿用[康熙四十九年]《从化县志》纂修者郭遇熙撰写的"凡例"。二是两志篇目大致相同（见表1）。三是在《中国地方志联合目录》中，[雍正]《从化县新

---

① 黄敏华：《古代广州府属府、州、县志版本及存佚考》。

志》五卷与［康熙四十九年］《从化县志》五卷的纂修者均著录为"郭遇熙"；"雍正本"的版本著录为"清康熙四十九年（1710）修，雍正八年（1730）续修刻本"①。四是李默在《广东方志要录》中认为［雍正］《从化县新志》是蔡廷鑛据郭（遇熙）修梁（长吉）增本增修的。②

表1　［康熙四十九年］《从化县志》和［雍正］《从化县新志》篇目对照

［康熙四十九年］《从化县志》③	［雍正］《从化县新志》
建置沿革、分野、气候、风俗、疆域、山川、城垣、学校、礼制、庙祀、灾祥、公署、职官、田赋、物产、盐铁、兵防、屯田、屯署、矿山、选举、治行、人物、武功、耆寿、列女、艺文、坟墓、杂记	卷一：县总图、县城图、学宫图、先农坛图、御书亭图、县署图、关帝庙城隍庙合图、乡约亭图、预备仓图、大魁阁图、演武亭图、忠义祠图、蓝田庙总图、文峰塔总图、书院总图、节孝祠图、水东总图、水西总图、马村总图、流溪总图、建置、分野、气候、风俗、疆域（铺递、墟市附）、山川（津渡、名胜附）、城垣
	卷二：学校（义学、学租附）、礼制、庙祀、灾祥、公署（亭馆、恤政附）、职官、田赋、物产、盐铁、兵防、屯田屯署、矿山
	卷三：选举、治行、人物、武功、耆寿、列女、古迹
	卷四：艺文
	卷五：艺文、坟墓、杂记

可见，研究［雍正］《从化县新志》的版本源流，应从研究［康熙四十九年］《从化县志》开始。

清康熙三十年（1691），朝廷下令修一统志，檄征各省、郡、县志书。时任从化知县郭遇熙认为，县志跟历史著作是性质相同的东西，事实一定要真实，才可使过去经验得以发扬光大，今天和将来得到有益借鉴。它绝不是一朝一夕能做好的事情。但因朝廷确定的修志期限极严，因此，他只能按照康熙元年孙绳所修的《从化县志》的体例，在其基础上进行补充纂辑，修成《从化县志》并刊刻。④

康熙四十九年（1710），朝廷再一次催交县志，时任从化知县梁长吉对郭遇熙于康熙三十年（1691）所修的志书进行了增补，改名为《从化县新志》，并利用原板，加刻增补部分，修成梁长吉增补的《从化县新志》，并予以重印。正如梁长吉序所云："余方下

---

① 中国科学院北京天文台：《中国地方志联合目录》，中华书局1985年版，第675页。
② 李默：《广东方志要录》，1987年，第52页。
③ 李默：《广东方志要录》，1987年，第52页。
④ 郭遇熙：《重修从化县志序》。

车之初,值部限甚近,不遑更定其间,数载以来,留心编摹,渐有次第,故序论诸篇,不欲复相沿袭,颜曰新志,以别已刻之成书也。"

雍正八年(1730),朝廷要修一统志,向各省征集通志,以备采择。各省地方长官将此事下达到县,要求各县上报地方史料。时任从化知县蔡廷鏶在县学东廊成立了一个编修局,集中了一批大官、名流,在[康熙四十九年]《从化县志》的基础上对志书内容进行增补和修订,并在梁长吉版的志板上进行增修补板,修成[雍正]《从化县新志》。其规模体例,大都按照原来的格局。但其中混乱没条理的,就重新安排次序,散佚不全的就增补有关的内容。如沿革、分野、气候、疆域、山川、城垣、田赋、物产等方面,原都有翔实记载,无须再费笔墨。但有些地方,如旧志把茶亭、养济院、漏泽园、书院都列入"公署"这一类,把坟墓当作古迹等编排不恰当的,就加以订正,使之名实相符,体例合理。①

宣统元年(1909),时任从化县知事史允端到任后寻找旧的县志未获,查询原因,知旧版被火烧毁,且保存下来的旧县志也很少。后萧锦洲送了一部给史允端,并建议继续修订。但史允端认为年代久远,搜集资料不容易,如不分类编查,按乡采访,就没有效果。于是先拨款三百,设立采访局,把萧锦洲提供的"雍正本"重新刻板、排印,印成"宣统本",散发到各乡。②

民国十八年(1929),李宝祥到从化县主理工作,因"宣统本"日久残缺,遂计划在"宣统本"的基础上重新修订,并委托从化县教育会常务委员兼县立中学校长萧锦洲负责修订谬误的工作。萧锦洲没有改变县志原有的体例,篇目也没有增删,只对文字错漏,篇幅顺序颠倒等加以更正。同时,因"宣统本"所用旧地图过于简略,遂用陆军测量局新绘的县图取代"宣统本"的"县总图",并制作《从化县乡村新旧名称一览表》附于后。③"民国本"于民国十九年(1930)在源源印务馆印,为铅印本。

二、"雍正本""宣统本"和"民国本"之间的异同

[雍正]《从化县新志》在编纂、增补、续修、刊行、修订、重刊的过程中,出现了"雍正本""宣统本"和"民国本"等多个版本,各个版本之间各有异同。

---

① 张经纶:《增修县志跋》。
② 史允端:《重印从化县志引》。
③ 萧锦洲:《第三次重刊从化县志序文》。

（一）篇目基本相同（见表2）

表2　"雍正本""宣统本"和"民国本"篇目

"雍正本"	"宣统本"	"民国本"
卷一：县总图、县城图、学宫图、先农坛图、御书亭图、县署图、关帝庙城隍庙合图、乡约亭图、预备仓图、大魁阁图、演武亭图、忠义祠图、蓝田庙总图、文峰塔总图、书院总图、节孝祠图、水东总图、水西总图、马村总图、流溪总图、建置、分野、气候、风俗、疆域（铺递、墟市附）、山川（津渡、名胜附）、城垣	卷一：县总图、县城图、学宫图、先农坛图、御书亭图、县署图、关帝庙城隍庙合图、乡约亭图、预备仓图、大魁阁图、演武亭图、忠义祠图、蓝田庙总图、文峰塔总图、书院总图、节孝祠图、水东总图、水西总图、马村总图、流溪总图、建置、分野、气候、风俗、疆域（铺递、墟市附）、山川（津渡、名胜附）、城垣	县总图、县城图、学宫图、先农坛图、御书亭图、县署图、关帝庙城隍庙合图、乡约亭图、预备仓图、大魁阁图、演武亭图、忠义祠图、蓝田庙总图、文峰塔总图、书院总图、节孝祠图、水东总图、水西总图、马村总图、流溪总图、建置沿革、分野、气候、风俗、疆域（铺递、墟市附）、山川（津渡、名胜附）、城垣、学校（义学、学租附）、礼制、庙祀、灾祥、公署（亭馆、恤政附）、职官、田赋、物产、盐铁、兵防、屯田屯署、矿山、选举、治行、人物、武功、耆寿、列女、古迹、艺文、坟墓、杂记
卷二：学校（义学、学租附）、礼制、庙祀、灾祥、公署（亭馆、恤政附）、职官、田赋、物产、盐铁、兵防、屯田屯署、矿山	卷二：学校（义学、学租附）、礼制、庙祀、灾祥、公署（亭馆、恤政附）、职官、田赋、物产、盐铁、兵防、屯田屯署、矿山	—
卷三：选举、治行、人物、武功、耆寿、列女、古迹	卷三：选举、治行、人物、武功、耆寿、列女、古迹	—
卷四：艺文	卷四：艺文	—
卷五：艺文、坟墓、杂记	卷五：艺文、坟墓、杂记	—

从表2可看出，［雍正］《从化县新志》的三个版本中，除"雍正本""宣统本"分卷，而"民国本"不分卷，以及"雍正本""宣统本"是"卷一建置"，而"民国本"是"建置沿革"两个不同之处外，篇目基本相同。究其原因，可从"宣统本"和"民国本"编修者的序中找出。"宣统本"的编修者史允端在《重印从化县志引》中提到，"将旧志排印一百部，散给各乡，以便按类搜罗，俾采访者有所遵依"。"民国本"的编修者李宝祥在《重印从化县志序》中提到"所有原书编次，悉仍其旧"。可见，"宣统本"和"民国本"旨在对"雍正本"进行补充、修订，不是另起炉灶重修，因此，［雍正］《从化县新志》三个版本的篇目并无大的改变。

(二)内容有所增删(见表3)

表3 "雍正本""宣统本"和"民国本"内容差异

编号	位置	"雍正本"	"宣统本"	"民国本"
1	序	蔡廷鏞	与"雍正本"相比,增加了"史允端"和"黄禹襄"序	与"宣统本"相比,增加了"李宝祥""萧锦洲""黄汉焕"序
2	"民国本"第36页《疆域流溪堡志》后	—	—	增加了《疆域铺递志》
3	"民国本"第69页《重建蓝田大士庵记》后	—	—	增加了《旧志庙祀论》
4	"雍正本"卷三第30页《治行志下》后	《旧志治行论》	—	—
5	"雍正本"卷四第69页《从化县创建乡约亭碑记》后	《县令题名记》	—	—
6	"民国本"第276页《增修县志跋》后	—	—	增加了《翻印县志跋》《从化县第一区乡村新旧名称一览表》(1—20区)及《邑人议决续修县志纪实》《从化县志勘误表》

从表3可看出,[雍正]《从化县新志》三个版本的内容大致相同。不同之处主要表现在三个方面:一是"序"部分,各个版本的"序"随着编纂人员的变动而有所增加,如由史允端重印的"宣统本"比"雍正本"增加了"史允端序"和"黄禹襄序";由李宝祥重刊的"民国本"又比"宣统本"增加了"李宝祥序""萧锦洲序"和"黄汉焕序"。二是正文部分,"雍正本"比"民国本"多出了《旧志治行论》和《县令题名记》两部分内容,"民国本"比"雍正本"多出《疆域铺递志》和《旧志庙祀论》两部分内容。三是附录部分,"民国本"比"雍正本"多出了《翻印县志跋》《从化县第一区乡村新旧名称一览表》(1—20区)及《邑人议决续修县志纪实》《从化县志勘误表》四个部分的内容。笔者认为,《旧志治行论》是"治行"的组成部分,而"民国本"没有这部分内容,肯定是刊刻时漏了,原因很有可能是在"宣统本"重刻时就漏刻了,而"民国本"是根据"宣统本"重刊的,因此也漏了。

（三）文字上有差异（见表4）

表4　"雍正本""宣统本"和"民国本"文字差异表（卷一）

位置（"雍正本"）	"雍正本"	"宣统本"	"民国本"
凡例	详明	司明	分明
	省	省览	省览
卷一第6页	芹芷	芷	兰芷
	青山	青	青
	拱翠	拱翠	挹翠
	映朱	映未	映未
	盛事谷	盛事	盛事
卷一第10页	具民	其民	其民
卷一第16页	池一	池	池肆
	四郊	河郊	河郊
	峥峥	虫争虫争	虫争虫争
	春耕	春	春耕
	安环	安坏	安佛
	撼山	感山	撼山
	（不清）	河	河岳
	跃于	跃于	跃呜呼
卷一第19页	间引	问引	间引
	忻慕	忻泰	忻洽
	亭下	亭	亭
卷一第21页	变迹	变	变幻
卷一第30页	独称	独稍	独居

从表4可看出，[雍正]《从化县新志》3个版本的文字有较大差异。表4只是列举了"凡例"和"卷一地图部分"，就出现21个不同点，甚至同一页，如卷一第16页，在只有240多字的文章中就有8处不同点。笔者认为，出现这种现象的原因有三：一是"宣统本"和"民国本"都是重新刻版的，有所错漏在所难免。二是每次重印和修订所用的时间都不多，如萧锦洲只用10天就完成了"民国本"的修订工作①，没有时间做细致的校勘和调查工作，存在校核不清的问题也在所难免。三是与修订者的个人水平有关。"民国本"是由萧锦洲一个人修订的，他的个人水平、对前志的理解以及对从化地情的了解都决定了他的修订是否准确。因此，到底哪个版本的文字是正确的，只能由读者自

---

① 萧锦洲：《第三次重刊从化县志序文》。

己研究确定。笔者认为,由于"宣统本"是未经过修订而重新刻板翻印,从理论上说,文字应与"雍正本"完全相同,出现不同的原因只是由于刻板错漏,因此,《广东历代方志集成》和《广州大典》都影印出版了"雍正本"和"民国本",读者只需对比研究"雍正本"和"民国本"的文字即可。

(四)部分内容的位置有所不同(见表5)

表5 "雍正本"和"民国本"位置差异

内容	位置1("雍正本")	位置2("民国本")
《灾祥志引》	卷二第33页《灾祥志上》前	第21页《从化各志叙说》前
《山川志上》("民国本"为《山川志引》)	卷一第76页《山川志引》后	第42页《旧志疆域论》后
《旧志艺文论》	卷五第74页《文峰塔燃灯词》后	第270页艺文《书院荔荷》后

从表5可看出,"雍正本"和"民国本"部分内容的位置有所差异。笔者认为,原因有三:一是刊刻错误。如《灾祥志引》本应放在"灾祥",但"民国本"把它单独放在"建置沿革",且与"灾祥"的其他内容分开,显然是刊刻错误。二是修订者的错误调整。如"民国本"有两个《山川志引》,其实是修订者将《山川志上》错改为《山川志引》(据笔者考证,开头为"郭遇熙曰"的是《山川志引》,开头为"从邑虽瓜分于禺山"的是《山川志上》),并将它调整到真正的《山川志引》前,显然是调整错误。三是修订者主动调序。如《旧志艺文论》作为"论",一般放在全部资料的最后,而"雍正本"在《旧志艺文论》后还有《水口河灯》和《书院荔荷》两首词,显然结构顺序不对。对此,"民国本"做了调整,将《旧志艺文论》放在《书院荔荷》后。

三、[雍正]《从化县新志》的编纂特色

(一)由地方行政长官亲自编纂县志

清代修志,一般由地方长官领衔主修,聘请当地学士名流主纂。"至于修志系奉旨盛典,一切用费自应于各该地方设法。"① 但是,有些地方,如从化乃贫瘠之地,地方政府和百姓并不富裕,难以筹措到充足的修志资金。清康熙二十八年(1689年),郭遇熙任从化知县,"余不佞奉天子命来莅兹邑,下车之先十日,洪水泛滥,城之内外、学宫庙宇以及民庐坊舍,尽付东流。时即有志文献,而民命隐忧,检灾图赈,夙夜不遑"②。为了完成朝廷部署的修志任务又不扰民,郭遇熙只能利用工作之余,亲自收集资料,编纂《从化县志》。他在"凡例"中称,"修辑志乘,例当广延耆硕,开局授餐,动经岁月。余以从阳凋瘵之余,不敢重烦民力,故篝灯午夜,独任其成"③。"今虽稍稍补茸而已,十

---

① 李默:《广东方志发展史略》,载《广东社会科学》1986年第1期。
② 郭遇熙:《重修从化县志序》。
③ 郭遇熙:[雍正]《从化县新志》之《凡例》。

不及二三矣，欲寻古迹而问往事，其故老无复存者，流风遗韵，孰从而识之？矧余受事两载，上宪不以余为不才，既委中宿，旋摄东官，是奔走往来之日多，而优游陬咨之日少也。间有一二传闻，考订未确，疑信相半，奚敢遽笔典籍以贻荒唐羞？兹承宪檄频颁，现在征求遗乘，博搜残编，用光盛典。然志犹史也，必比事属辞，乃可据而直书，以昭往哲而鉴来兹，匪朝伊夕矣。今以部（根）限森严，乃错综旧志，附以余迩来之补葺学宫、庙宇杂记于末，非以云志也，聊以为异日修志之征信云尔。"①

（二）全志有述有论，增强了志书的学术性

传统方志大都是"述而不论（作）"。但是，在［雍正］《从化县新志》的29个分志中，志前有郭氏引论25篇，志后有论者16篇。与众多敷衍名教之义的序文不同，郭氏引论高屋建瓴，讲明此纲事类的由来，为何入志、如何入志、有何可用。而志后的论述，是对资料的诠释与升华，为郭氏总结规律寄寓政思之所在，言近旨远。这样一来，每志呈总分总的严谨的"引""论"结构，论述之言于首尾照应，中间的资料部分成为论据之用，兼顾了资料性和著述性，增强了志书的学术性。

以《职官志》为例。《职官志》的基本结构是由《职官志引》《职官志上》《旧志职官论》组成。《职官志引》中，"夫有一官，则有一官之职；司一职，宜尽一职之事。社稷人民之谓何？"阐述了做官的职责；"按宏治设官以来，曰知县、曰典史、曰巡检、曰教谕、曰训导，此文职之见存者也……"介绍了职官的类别；"清知县十有二人，而孙绳为其首……"指出了各职官类别的突出人物；"故于前志之美刺互见者，悉仍其旧，亦借以为鉴戒焉尔。"则对志书的入志内容和编纂方法做了规定。《职官志上》按职官类别介绍了明代到清代从化官员的情况。《旧志职官论》论述了国家设立各类官员的原因，阐述了为官之道。这三个部分内容，有述有论，"引"和"论"进一步深化了资料的意义，为读者轻松把握资料中隐含的规律提供了方便。

（三）艺文志所占篇幅较大

传统方志非常重视艺文志。艺文志是记人说的话，即其人之诗文著作，它反映了一个地区某个时代学术发展的趋势，反映了某个地区在断限内的各个时期艺文发展的动向，是这一地区文化教育是否发达的一个重要标志，也是这一地区人才状况的具体体现，具有较高的学术价值和文献价值。［雍正］《从化县新志》的艺文志篇幅较大，约占全志的38%。在前志（［康熙元年］《从化县志》）"艺文志"部分已佚的情况下，［雍正］《从化县新志》的"艺文志"是现存从化旧志中唯一留存的"艺文志"。在［雍正］《从化县新志》五卷中，"艺文志"占了两卷（卷四、卷五），前有《艺文志引》，介绍了入志最早的文献是明朝嘉靖年间侍御黎贯的《两广举行雕剿法疏》，并介绍"其余诗文，凡有关于邑中利弊，及为山川增重者，则备录之"②；中间《艺文志》收录了146篇诗文，包括疏、记、碑记、序、文、赋、诗、词等体裁；后有《旧志艺文论》，阐述地方志中

---

① 郭遇熙：《重修从化县志序》。
② 郭遇熙：［雍正］《从化县新志》（雍正本）卷四"艺文上"《艺文志引》，第1页。

各种体裁的诗文所记述的内容,"志非为文也,然舍文则朴焉而已,是故献纳以疏,建置以记,诒赠以序,警德以箴铭,山川以品列,亭榭以讽咏,风俗以歌谣,一邑之故实灿然备矣"①。同时,也阐述了编纂艺文志的目的,"从化辟自(宏)弘治,盖文明之会也,旧俗敦朴,鲜斧藻之习。设治以来,金马玉堂之士,操觚弄翰,彪列手艺林矣。非有作者,其孰能导之?予撮其典要著之于篇,俾观者斐然有述作之志,则斯志盖不为无所助云"②。《艺文志引》《艺文志》和《旧志艺文论》构成了完整的"艺文志",资料丰富,论述精辟。

(四)入志地图较前志有大幅增加

在地方志的发展史中,地图一直都是志书重要的组成部分。与〔康熙元年〕《从化县志》只有1幅县治图相比,〔雍正〕《从化县新志》有20幅地图,数量有了很大的增加,内容更加丰富了,包括县治图、县城图、学宫图、先农坛图、御书亭图、县署图、关帝庙城隍庙合图、乡约亭图、预备仓图、大魁阁图、演武亭图、忠义祠图、蓝田庙总图、文峰塔总图、书院总图、节孝祠图、水东总图、水西总图、马村总图、流溪总图等。但是,受当时绘制手段的掣肘,入志地图多为无数字意义的山水画法示意图,着意突出的是礼制布局、景观意境等,在具体方位、比例上只是大概,而非写实。民国时,这种情况有所改善。"民国本"改用陆军测量局新绘的县图来代替原有的"县总图"。而运用西方现代绘图技术所绘制的新"县总图",内容甚为详细,山脉河流、池塘禾田、墟市、城市村庄、公路、县界、堡界等,均清晰明了,山名、水名、村名、寺名等,均有标明,使入志地图的科学性和实用性得到了很大的提高。

四、〔雍正〕《从化县新志》的史料价值

〔雍正〕《从化县新志》比较全面、真实地记录了从化的风土、人情、大事等,史实资料丰富,具有较高的存史价值。

(一)记录了从化温泉和从化荔枝的情况

从化温泉和荔枝闻名天下,《山川志中》"又汤泉二,一在县之北四十里苹石迳溪旁;一在县之东北九十里黄纛嶂下,其出如汤沸,可熟生物,有硫磺之气也,噫,亦异矣"③,记录了从化温泉的位置、特点等情况。《物产志下》"果之属,有梅,有桃,有李,有枣,有柿,有荔枝。荔有数种,以核小而夏至后熟者为佳"④,记录了从化荔枝的情况。

---

① 郭遇熙:〔雍正〕《从化县新志》(民国本),载《灾祥志下》,第74页。
② 郭遇熙:〔雍正〕《从化县新志》(民国本),载《灾祥志下》,第74页。
③ 郭遇熙:〔雍正〕《从化县新志》(民国本),载《山川志中》,第46页。
④ 郭遇熙:〔雍正〕《从化县新志》(民国本),载《物产志下》,第102页。

(二）记录了从化流溪河的源流情况

《山川志中》"从化夹处万山之中，涧溪急湍处处有之，不过分支派流，回环而汇注者遂成大川焉。其始于流溪一水，去城二百余里，源出于五指山下，潺湲数十里为黄龙石太，又五十里为惊滩，水中有石，多触行舟，又六十里为草石（迳），两岸怪石相啮，水激怒涛，舵工蹙额焉。又有所谓石榴花带水者，山多野石榴，每花盛开，夹水相映。流溪受之为巨津，遂四十里，而奔于县前之五里滩，名为水口。水之自西而来者为犁塘水，水有二源，皆在风门岭下，一出于新开峒，由龙潭而至；一出于小坑，会于石磕，又绕豸角岭至此，而始于流溪水合焉。水之自东南来者为曲江水，水亦有二，一源于中心山，一源于槊峒，俱在县之东五十里也。又一源于蓝粪山，为白芒潭，纡折五十里，与中心槊峒水会，又奔注十余里，乃与流溪水合焉。纳三水而汇为一（涯）溪"，记录了流溪河是由黄龙石太、犁塘水和曲江水三江之水汇合而成的情况。

（三）记录了从化的一些稀有现象

如今从化已无老虎，但在明代，从化曾发生虎患。《灾祥志上》"万历二十一年春三月，有虎患。从处万山中，虎患常事耳，何以书？以乡民遭噬者，百余之多。知县罗文灿为文祷于神而驱之也，书之乃贤贤侯之诚格也"①，记录了明万历二十一年（1593）春从化曾发生虎患，有100多人被咬的事实。此外，从化"兼以四时恒燠，绝无霜雪"②。但据《灾祥志上》记载，明万历四十六年至清康熙三十年间（1618—1691）从化曾下三次雪，第一次是"明朝万历四十六冬十二月，下雪三天。当时封冻阴闭很冷，雪在白天下得象珠子般大，第二天下得象鹅毛，六日到八日才停止。山谷之中，山峰被雪封住了，象白玉那样直立在那里，树木也象白玉似的挺立着"③；第二次是"崇（正）祯七年春正月，大雨雪。四日至十日不止，山谷有积者"④；第三次是"康熙二十九年冬十一月，霜雪降"⑤。

（四）记录了从化古代"八景"

古代从化比较落后，名胜不多，但《山川志下》："旧志所载，其景有八，曰风门仙迹、曰龙潭灵应、曰鹧鸪返照、曰梵刹晨钟、曰云台捧日、曰五指凌云、曰百丈飞泉、曰鼓楼济渡。余意天下志书纪景必限以八，从无增减者，剿习故也。从化名胜最少，而景实寥寥焉，惟风门、五指、百丈，差强人意，今妄增六景，聊以补偏也。其一曰豸岭塔影，次二曰观音崖洞者，志缺也；次三曰蓝田春耕；次四曰魁阁秋月者，志时也；次五曰荷亭荔色；次六曰榕根驾虹者，志眼前小景也。料后之游览君子，应自得其佳趣

---

① 郭遇熙：[雍正]《从化县新志》（民国本），载《灾祥志上》，第70页。
② 郭遇熙：[雍正]《从化县新志》（民国本），载《气候志引》，第24页。
③ 郭遇熙：[雍正]《从化县新志》（民国本），载《灾祥志上》，第71页。
④ 郭遇熙：[雍正]《从化县新志》（民国本），载《灾祥志上》，第72页。
⑤ 郭遇熙：[雍正]《从化县新志》（民国本），载《灾祥志下》，第74页。

耳。"将从化的美景记录下来了。

(五) 记录了从化明代城墙的情况

《城垣志引》中"从化城四门,而塞其一,盖以正西风门岭俯瞰城中,明季为寇所必攻之地,备不虞也"①,记录了明代从化县城就有城墙的情况。《城垣志上》中"从化之城高一丈五尺,厚一丈,基过之,周回五百八十丈。下视其濠阔一丈六尺,深八尺,周回如城之广云。弘治十二年,知县林晏请于巡抚邓公廷瓒、巡按曾公昂,委官以司板筑,至今识其名,则有通判黄节、断事戴琚若两人。皆甃以砖石,为门者四,建楼于其上。东曰迎曦,西曰镇远,南曰承薰,今更为来薰,北曰拱极,今易以拱辰。为警铺者十有六,为雉堞者九百二十有四,而城始基之矣。迨其后正德五年,又委官以修城,则有德庆州同刘潮本学训导黎泰若两人。又其后嘉靖五年,复委官以修城,则有知县傅举委典史陈纪若两人,此城之再造也。若夫改雉堞而为平头者,知县何东周,万历二年事也。旋复平头如梅花旧堞者,知县袁士锐,万历十九年事也。至三十四年,而沈顺臣有修城墙之役。天启四年而张得春有修城楼之举,皆稍稍补葺,无足纪者。惟崇祯四年,城之东、城之北两路崩裂,睥睨几于废坠,而工作大兴,凡楼橹、铺舍、雉堞焕然一新者,至今颂王令至章之功于不衰"②,记录了明代城墙的具体情况及历代修整的情况。

(六) 记录了"上灯""从化猫头狮""醒狮"等从化有特色的民俗活动情况

"上灯习俗"是从化有特色的民俗活动之一。《艺文》郭遇熙诗《水口放灯词》"击渔舟,响箫鼓,放河灯,爆竹声,两岸轰轰。儿童士女,桃红柳绿映飞萤,缁衣羽士,云璈发,齐送莲红。绛纱飘,涛流涌,星明灭,炬盈盈。火龙跃,十里光明,随波上下,恍如鲛子抱珠琼。少焉月出,东风起,一片花城",描述了从化在新春元宵节在文峰塔举行放花灯、在流溪河放河灯的花灯节盛况。李梦元诗《天妃宫放鳌山灯歌》"绮罗十里到江湄,笙管东南彻夜吹。只见彩楼凝雾紫,峨峨鳌岳擎天起。楼台装点百花鲜,交枝疏密起还眠。宝炬齐燃光闪闪,照彻天边星几点。昔年金凫响参差,不及鳌山千缕丝。鳌山景色时时换,荡漾雾光凌碧汉。疑是蜃楼驾海来,变幻无端不可猜。又疑逼近蓬莱岛,五云深处添新藻。从阳士女薄嬉游,今日翻为灯月留,太平胜事春如许,行行彩队江之诸,君不见更有银花烂(熳)漫红,影翻海底潜虬龙!"反映了元宵时节从化热闹的赛花灯场景。此外,《风俗志上》"在立春前一日,有司迎土牛于东郊,里市饰百戏及狮象之类"③,记录了从化人在春节期间舞狮(猫头狮和醒狮)的情况。

五、结语

[雍正] 《从化县新志》诞生在饱受自然灾害侵袭的康熙三十年至民国十九年

---

① 郭遇熙:[雍正]《从化县新志》(民国本),载《城垣志引》,第48页。
② 郭遇熙:[雍正]《从化县新志》(民国本),载《城垣志上》,第48—49页。
③ 郭遇熙:[雍正]《从化县新志》(民国本),载《风俗志上》,第24页。

（1691—1930），在200多年中，历经梁长吉增补、蔡廷镳续修、史允端重印、萧锦洲修订四次补充修订，是从化历代县志中，时代最近、体例较一致、内容较翔实的志书，它记录了从化大量的历史资料，其中有不少是具有长久生命力和历史价值的。但是，受时代的局限，该志也有明显的忠君、烈女、迷信、愚民等封建内容。从化一些有特色的事物，如"掷彩门"等富有从化特色的内容并未被收录入志。但是，地方志是地情资料一座掘之不尽的矿藏，则是毫无疑问的。

（作者单位：中共广州市委党史文献研究室）

地方志记述政府决策的思考
——以《广州市志·政府决策志》为例

陈文敏

行政机关决策、施政行为,应当为地方政治部类记述重点。广州市在第二轮修志中专设《广州市志·决策志(1991—2003)》,记述政府决策行为,较为全面真实地反映广州市1991—2003年的重大决策及其影响。本文试结合《广州市志·政府决策志(1991—2003)》,探讨地方志记述政府决策的必要性及其记述重点,以求教于方家。

一、地方志记述政府决策管窥

地方志是全面系统地记述本行政区域自然、政治、经济、文化和社会的历史与现状的资料性文献。作为主管一地经济社会发展的行政机关,政府履行职能所开展的一系列工作,应当为地方志记述的重点。政府工作很重要的一个方面就是通过制定决策、实施决策来推动经济社会发展。广州第二轮修志共计有广州市志1部、区(县)志12部。纵观13部书,有关政府决策行为主要有3种记载方式:一是《广州市志》设专志记述政府决策。《广州市志·政府决策志(1991—2003)》以决策事项立目,设条目近300条,约50万字,以纪事本末体形式记述政府重大决策的形成过程。二是5部区(县)志书相关篇章设节或合并记述政府决策。《越秀区志(1991—2005)》政党篇"中国共产党广州市越秀区地方组织"章设"区委重要决策"节,"政权政协群团篇人民政府"章设"决策与实施"节。《东山区志(1991—2005)》设"重大决策与施政纪略"章,合并记述党委、政府决策,"东山区人民政府"章设"施政"节。《天河区志(1991—2000)》人民政府篇"区人民政府"章设"政务决策"节,记述重大决策的背景、经过、效果。《黄埔区志(1991—2000)》政党篇"中国共产党黄埔区委员会"章设"发展思路与重要决策"节,人大政府政协篇"黄埔区人民政府"章设"重大决策"节。《增城市志(1994—2005)》政党卷"中共增城地方组织"章设"市委重要决策"节,人大政府政协卷"增城地方人民政府"章设"重要决策与实施"节。三是3部县级市志未设节、目记述政府决策,仅记述党委决策,在政府篇章中设节记述重要政务或重要会议。《番禺市志(1992—2000)》政党群团篇"中国共产党番禺市地方组织"章设"重大决策"节,人大政府政协篇"市人民政府"章设"重要政务"节。《从化市志(1979—2004)》党派篇"中国共产党从化市(县)委员会"章设"重要决策"节,人大政府政协篇"人民政府"章设"政务记略"节。《花都市志(1993—2000)》党派群团篇"中共地方组织"章设"重大决策与活动"节,人大政府政协篇"人民政府"章设"政府常务会议、重大活动节"。四是4部区志(《荔湾区志(1991—2005)》《芳村区志(1991—2005)》《海珠区志(1991—2000)》《白云区志(1996—2000)》)均未专设章节记述党委、政府决策。《白云区志(1996—2000)》在政治编"中国共产党广州市白云区地方组织"章设"重要会议"节,"区人民政府"章设"重要政务简述"。总的来说,广州市第二轮修志中市、区(县)志书大多重视记述党委、政府决策。

广州市第二轮市、区(县)志书记述政府决策,从其记述主体来说,主要有两类:一类是以具体决策事项立目,以纪事本末体的形式记述决策事项的背景、决策过程及其结果,如《广州市志·政府决策志(1991—2003)》《天河区志(1991—2000)》;另一类是以重要会议立目,记述会议召开时间、主要内容、会议决议等,以记述会议形式来反映政府决策,如《花都市志(1991—2000)》。

二、政府决策记述的必要性

两轮新方志记述政府机构及其主要政务工作,比较常见的是在政府志、政务志中集中记述,或散见在相关分志中。地方志书对政府决策采取不同的记述方法,一定程度上与人们对党委和政府的关系认知有关。中国实行党委领导、政府执行的政治体制,故认为党委管决策,政府只负责执行。大多数志书在党志中设章节记述党委决策,行政机关多记施政纪略。其实,政府也有决策行为。推动、影响一地经济社会发展的重大决策是由党委集体领导决策制定的,但政府在执行党委有关重大发展战略决策过程中,也是通过一系列具体的决策行为,制定可行性的政策、方案来部署推进的。因此,地方志书记述政府决策行为具有必要性。

一是从地方志记述的全面性来看,政府决策应当为地方志书记述重点。地方志是全面系统地记述本行政区域自然、政治、经济、文化和社会的历史与现状的资料性文献。政府作为管理一地经济社会发展的行政机关,是通过制定决策,实施管理来推动一地经济社会发展的。从城市规划到建设、从产业结构调整到具体布局、从行政体制改革由集中到放权等重大决策,无一不对当地经济社会发展产生深远影响。全面系统、真实准确地反映经济社会发展是编纂地方志书的主要目的,也是地方志绵延发展两千多年仍具有旺盛生命力的原因所在。全面记述一地经济社会发展,不仅要记述政府是如何履行执行、监督职能的,而且要记述政府是如何履行决策职能的。1991—2003年,可以说是广州经济社会发展,尤其广州城市建设取得重大突破的时期。这与广州市第九届至第十一届政府抓住机遇、果敢决策是分不开的。《广州市志》设专志记述在经济社会转型期,推动广州经济社会发展的重大决策的出台过程,记述鲜为人知的决策历程,符合广州经济社会发展实际,能更好地发挥地方志资政、存史、育人的作用。"特别设置《广州市志·政府决策志(1991—2003)》,较客观、详细地记述了政府决策过程,既体现了政府工作的重点和主要特点,又不会与《政务志》等分志重复,这是一个大胆创新,值得在编纂《政府志》时借鉴。"①

---

① 王铁鹏:《迈向新世纪的华彩篇章》,载《中国地方志》2012年第5期。

二是从政府职能来看,政府决策当为地方志书记述重点。决策是行政机关的重要职能,也是重要政府行为。《中华人民共和国宪法》第107条规定"县级以上地方各级人民政府依照法律规定的权限,管理本行政区域内的经济、教育、科学、文化、卫生、体育事业、城乡建设事业和财政、民政、公安、民族事务、司法行政、监察、计划生育等行政工作,发布决定和命令,任免、培训、考核和奖惩行政工作人员"。从宪法条文中,可看出中国地方各级政府依法行政,既有管理职能,又有决策职能。制定重大决策是各级政府履行职能的主要体现。从一届政府的重大决策,可看出该届政府的主要施政纲领,其推动经济社会发展的主要思路、决策重点及其施政结果,故当为志书的记述重点。

三是从地方志记述的完整性来看,政府决策当为地方志书记述重点。地方志书反映一地行业事业的历史与现状,记述在历次重大决策影响下,各行业事业发展变化的轨迹。新时期志书编纂重在记述各行各业的发展结果,鲜见行业发展变化的内在逻辑。行业发展重大节点之间呈割裂状态,多为资料堆砌。其中一个重要原因是缺乏对背景、决策的记述。地方志书要完整地反映事物发生发展变化过程,不仅要记述结果,而且要记述政府决策这一源头,反映其发展演变的轨迹,处理好源与流的关系。

《广州市志·政府决策志(1991—2003)》的立项,也经历了一个不断研究探索的过程。广州市第二轮修志工作启动时,延续首轮修志,原设《政府志》。2003年10月至2006年8月,《政府志》曾四易其稿,编纂思路不断调整,第四稿主要记述1991—2000年广州市人民政府的机构设置、主要工作概况及部分专项政务。2007年,广州市地方志办公室对《政府志》送审稿进行总纂时,发现该志记述内容与分志交叉重复较多、政府决策未能充分体现等问题,后经研究决定,将《政府志》析为《广州市志·政府决策志(1991—2003)》《政务志》两部分志。其中,原《政府志》中有关政府机构与领导人员、基本政策和措施的内容归入《广州市志·政府决策志(1991—2003)》中记述,有些无法纳入专志的政务,如人事、编制、侨务、对台工作、外事、参事、文史、信访、档案、地方志等政府工作归入《政务志》。《广州市志·政府决策志(1991—2003)》重新组织编纂,重点记述广州市第九至十一届政府重大决策。《广州市志·政府决策志(1991—2003)》一面世,便受到广州各界的广泛关注,因为它比较客观地反映广州市第九至十一届政府紧紧围绕经济建设、社会管理的目标,制定的一系列重大决策,其中还记述了个别决策失误的情况。

三、政府决策记述探析

除了《广州市志·政府决策志(1991—2003)》外,广州市第二轮市志还设《中国共产党广州地方组织志》《政务志》等88个分志。《中国共产党广州地方组织志》设有"市委重大决策与活动"章,下设8节,记述1991—2000年中共广州市委的重大决策,包括整顿秩序、经济领域改革、建设现代化中心城市、加强党的建设、加强党风廉政建设、加强党管武装工作、加强社会主义民主法制建设、加强社会主义精神文明建设。《政务志》等分志记述政府及其职能部门管理经济社会以及各行业、事业发展变化的主要情况。《广州市志·政府决策志(1991—2003)》记述重大决策、决策实施等,易与《中国共产党地方组织志》有关重大决策与活动、各分志有关行业事业发展变化的主要情况交叉重复。因此,编纂《广州市志·政府决策志(1991—2003)》,要妥善处理与《中国共产党地方组织志》《政务志》等分志的关系,避免交叉重复,把握好记述重点,突出该志的特色。

一是要把握好《广州市志·政府决策志(1991—2003)》《中国共产党地方组织志》有关党委、政府决策的记述重点。《中国共产党章程》总纲开宗明义地指出:"中国共产党是中国特色社会主义事业的领导核心。""党的领导主要是政治、思想和组织的领导。"政治领导是指政治原则、政治方向、重大决策的领导和向国家政府各机关推荐重要干部。其中,重大决策的领导,是指党为了实现一定的目标,在政治、经济、法律、社会思想、文化教育等各个领域提出的重大决策。记述党委的重大决策与活动,"主题是写决策,但不是写一般的决策,是写党委重大的、重要的决策。在具体记述内容上,主要写党委对一地经济和社会发展的思路,记那些涉及一地建设发展的战略思想、重大举措"①。作为行政机关,政府贯彻落实同级党委决策,切实履行政治职能、经济职能、文化职能、社会职能,制定一系列决策,采取有效措施,推动经济社会发展。这里要正确理解党委决策、政府执行的关系。政府执行不是简单的执行,政府执行党委关于经济社会发展的宏观思路,要通过制定具体可行的决策来落实。"要写政府执行党委决策和政府独立决策。在政府的独立决策上,应该侧重写如何参与党委重大决策,如何研究制定出台经济社会发展的具体政策、措施,如何抓好经济管理、市场监管、公共服务,如何加强政府公务员队伍建设,提高行政效能和工作效率等。"② 政府决策是为了更好地落实党委制定的一系列方针、政策,在具体改革、产业结构调整、监督管理等方面所制定的具体决策,有些属于党委、政府共同决策的事项,要根据决策者在其中所发挥的作用进行归类记述。如果是党委主导的、决策内容又是关于经济社会发展宏观思路的,建议归入党委重要决策与活动中记述。《广州市志·政府决策志(1991—2003)》与《中国共产党广州地方组织志》市委重要决策与活动章均设有制定十五年基本实现现代化总体发展方案条目,反映制定总体发展方案的决策过程与决策内容。笔者认为在党志部分集中记述更为妥当,在《广州市志·政府决策志(1991—2003)》中可以参见的形式予以注明。目前,有关党委、政府决策事项并无清晰界限,存在事随人走的现象,要如实客观记述。党委、政府共同制定的决策,要记述决策过程,包括记述决策程序、决策机制、决策结果,以及党委、政府在其中所发挥的作用等。

二是要处理好《广州市志·政府决策志(1991—2003)》与相关分志记述行业、事业发展的交叉重复问题。广州市第二轮市志设《广州市志·政府决策志(1991—2003)》等分志。《广州市志·政府决策志(1991—2003)》决策范围覆盖经济发展、市场监管、城市建设、城市管理、社会管理、公共服务等领域。分志反映各行业、事业发展的历史与现状,而主导、推动各行业、事业发展的主体是政府及其各职能部门。因此,《广州市志·政府决策志(1991—2003)》与分志内容上交叉互见是必要的,是对同一事物的不

---

① 于平天:《第二轮修志怎样记述重大决策和施政纪略》,载《中国地方志》2004年第12期。
② 颜道成、周玉柳:《试论第二轮政府志的编纂》,载《中国地方志》2010年第4期。

同侧面的反映,是从不同角度记述同一事物,但各有记述重点。从事物发展变化过程来说,有起因(源头)、发展过程与结果。《广州市志·政府决策志(1991—2003)》详细记述源头,包括决策背景、决策过程、决策内容略记决策实施结果。分志则重点记述事物发展变化的关键节点及其结果,其中有关推动事物发展的重大决策点到即止,一般不展开详细记述。如该志中关闭整治采石场条目,详细记述广州市政府整治采石场的背景,记述自 1990—1999 年市政府制定的一系列关闭整治采石场的重大决策,包括一家公司不服,向省国土资源厅申请复议,以及省国土资源厅批复广州市政府做出的决策合法有效等,从中反映第九届至第十一届政府有关生态修复与建设的思路与所采取的重大举措。《环境保护志》则设整治采石场子条目,简要概括记述整治采石场的曲折历程以及关闭采石场的情况,重在记述结果。《广州市志·政府决策志(1991—2003)》还要妥善处理好有关决策的集中记述与分散记述问题。《天河区志(1991—2000)》政务决策节有关重大决策事项,如农村股份合作制改革,撤村改制,国有、集体企业产权制改革决策事项,以参见的形式见于相关篇章。此种处理方式值得借鉴。

广州设专志记述政府决策,从全国来看可以说是一种尝试。地方志如何记述政府决策?《广州市志·政府决策志(1991—2003)》设市政府领导成员及机构设置、经济社会发展计划、经济发展、市场监管、城市建设、城市管理、社会管理和公共服务 8 章 29 节,其中直接记述政府重大决策的有 27 节近 300 个决策编写条目。以章节体和条目体相结合为体例,述而不议,记述 1991—2003 年第九至十一届广州市政府的重大决策产生的背景、过程、内容和实施及效果。重大决策事项主要来源于广州市第九届至十一届政府所形成的档案资料,重点来源于政府常务会议、市长办公会议、市政府工作会议纪要。"有的是一事一决策,如一次重要会议、一次重大活动;有的是一事多次决策,如一个重大事件或重要工程,如建设乙烯工程。还有的条目是一类事,是同类事情的多次决策,如'建立社会养老保险制度',同属一类的事情为一目记述,以避免记述分散琐碎,割裂事物之间的内在联系。"[1]《广州市志·政府决策志(1991—2003)》以决策事项立目,归类记述重大决策,与以重要会议立目记述重大决策相比,更能完整反映政府重大决策事项的形成过程,内容更为集中、丰富。

纵观《广州市志·政府决策志(1991—2003)》对有关决策事项的记述,主要有以下 3 种方式。

一是记述决策背景、决策形成、决策实施与结果。这是比较全面完整地记述政府的决策事项。如建设南沙港,对决策的背景进行比较深入的介绍,例如,广州港航道水深不够;失去港口,广州就失去作为华南地区中心城市的一半优势。正是在此背景下,广州决定申报建设南沙港。由于周边城市的反对,尤其是香港的极力反对,广州市政府采取了一种迂回曲折的方式申报建设南沙港项目,时任市长在其中发挥了很大作用。"市政府采取不以建设集装箱码头而以建设通用码头的形式申报立项,对南沙港港口位置、结构模式、施工组织全过程作出一系列决策。"此条目比较详细地记述了建设南沙港的背景、决策过程,展现广州市主要领导高瞻远瞩的战略眼光及谋略,以及为巩固广州作为

---

[1] 萧海英:《〈广州市志·政府决策志〉编纂实践与思考》,载《羊城今古》2011 年第 4 期。

华南地区中心城市的地位所作出的努力。

二是记述决策的背景、决策内容、决策实施结果等。如建设华南快速干线，仅记述"为解决华南路的建设资金问题，市政府决定通过对外招商引进境外资金，并以 BOT（建设—经营—转让）形式建设华南路。成立华南路工程建设指挥部，由常务副市长陈开枝任总指挥"。这里未记述"通过对外招商引进境外资金，并以 BOT 形式建设华南路"这一决策制定的过程，直接记述决策的结果。

三是直接记述决策的内容。大多数见于有关规划、计划、政策法规类的决策事项的记述，直接记述颁布时间、相关内容，缺乏决策背景、决策过程的记述，未能很好地突出决策志的特点。

以上第二、三种情况的出现，主要与缺乏资料有关。20 世纪 90 年代，广州市上马很多重大工程，政府主要领导在其中发挥了关键作用。要全面生动地反映决策过程，仅靠查阅档案资料是难以达到目的的，一定要采访主要决策者，获得第一手资料，才能比较全面生动地反映决策背景、决策过程、决策内容及主要决策者在其中所发挥的作用。"客观完整地记述政府决策，必须掌握四个基本记述要素，即：决策的背景、决策的形成、决策的内容、决策的实施及效果。"①《广州市志·政府决策志（1991—2003）》重在记述决策过程。由于主要依据档案资料编写，而编写者又未参与决策，故《广州市志·政府决策志（1991—2003）》主要通过记述决策会议、议定事项等来反映决策过程，而鲜见具体决策过程讨论研究、不同意见交锋的内容。

地方志是政府主持编修的官书，而《广州市志·政府决策志（1991—2003）》主要是记述政府作为主要决策者及其决策行为、决策事项。为确保官书的权威性，《广州市志·政府决策志（1991—2003）》编纂要注意以下几点。

一要注意记述的全面性。政府履行法定职能，领导一方经济社会发展。一届政府的主政思路、作出的重大决策，对当地经济社会发展影响甚大。政府牵头组织实施的重点工程、重大活动，以及获得政府许可由其他组织承办的相关工程、活动，政府制定的重大改革举措等，地方志书要全面完整地记述。决策阶段的全面性主要体现为记述决策背景、决策制定、决策内容等。如重大工程类的决策，属于同一事物多次决策，包括立项的决策，具体组织实施过程中有关资金筹备、设备引进、合作伙伴的选择，还有在具体建设过程中遇到困难与问题时所采取的决策。决策志要如实记录下来，反映决策过程。如建设地铁一号线，主要记述 1990 年广州建设地铁一号线经国家计委批准后，广州市领导在地铁建设资金筹措、拆迁安置、设备引进等问题上所做出的系列决策，重点记述了每次决策的背景、召开的会议、议定的事项，以及实施结果等，比较生动地还原了历史的细节，资料性与可读性较强。

二要注意记述的客观性。政府决策机制有一个不断完善的过程。由于一些客观、主观上的原因，1991—2003 年，市政府决策出现个别失误，给广州经济发展带来重大损失。如建设乙烯工程，该项目一投产便亏本，便是决策失误的典型。《广州市志·政府决策志（1991—2003）》对此亦进行客观记述。《广州市志·政府决策志（1991—2003）》编纂要

---

① 萧海英：《〈广州市志·政府决策志〉编纂实践与思考》，载《羊城今古》2011 年第 4 期。

坚持秉笔直书、实事求是的原则，对造福一地的重要决策要客观记述，对影响一方的失误决策也要如实记述。这样编修出来的志书才能流传久远，更好地发挥存史、资治、育人的作用。

三要注重以事系人。政府决策主要是通过政府常务会议、市长办公会、市政府工作会议等的集体研究形成的，政府"一把手"作为政府决策的核心，在其中起着关键作用。因此，《广州市志·政府决策志（1991—2003）》不仅要全面客观记述决策内容，还要具体记述决策的过程、主要领导人在其中所发挥的作用。《广州市志·政府决策志（1991—2003）》与广州市第二轮志书其他分志最大的区别之一，就是注重以事系人。该志中记述的决策主体，主要是广州市第九至十一届政府历任市长、副市长、秘书长。《关于地方志编纂工作的规定》第十三条明确"在世人物的突出事迹以事系人入志"[①]。《广州市志·政府决策志（1991—2003）》主要通过记述以下几类事项系出人物：一是记述第九届、十届、十一届政府，系出市政府领导成员，包括姓名、性别、职务、任职时间、工作分工等；二是记述专项工作领导小组或办公室时系出人物；三是记述各类会议时系出主持人；四是记述调研活动、视察活动、考察活动时系出参加人员；五是记述重点项目立项时系出发挥重要作用的领导人；六是记述决策实施过程中系出人物等。政府重大决策大都由政府主要领导来拍板决定，领导者个人在其中发挥关键作用。该志以事系人，主要记述其主持会议、开展的调研活动等。要注意提高以事系人的深度，记述决策人的所言所行。在决策过程中，哪些人发挥了作用，哪些人起了主导作用，都要记述清楚，不仅要注意记述事件的准确性，还要注意人物记述的准确性。在中国现行体制下，决策权主要集中在主要领导人手中。编纂《广州市志·政府决策志（1991—2003）》要注意避免为领导树碑立传之嫌，要重在记述决策事项。市政府常务会议一般都由市长来主持，故应重点记述决策背景、决策形成的过程，以及政府领导人在决策过程中所发挥的作用。

总之，要编写出高质量的《广州市志·政府决策志（1991—2003）》，要全面把握一定时期内政府履行职能推动经济社会发展的主要情况及其规律，在此基础上认真梳理推动经济社会发展的重大决策。要做好全志的统筹工作，注重避免与党委重大决策、具体行业、事业发展过程及其结果的交叉重复。要注意记述反映一个时代政府决策的机制、体制及其发展变化过程，注意记述在其中发挥重要作用的决策者，这样编写出来的决策志才真正具有存史、资政、育人的价值。

（作者单位：中共广州市委党史文献研究室）

---

① 中国地方志指导小组办公室：《中国方志文献汇编》，方志出版社1999版，第281页。

浅谈新时期区级综合年鉴的创新与守成

田 果

在新的历史时期,区级综合年鉴要提高编纂质量,打造精品,必须坚持创新,非创新不能有所成就。但是守成也是确保年鉴事业稳定发展的必要举措,二者应是辩证的统一体。年鉴编纂规范化要服从、服务于年鉴事业创新发展大局,年鉴事业创新发展也要统筹兼顾年鉴编纂规范化,引领和促进年鉴规范化建设。①

一、年鉴的创新:在继承优良传统的基础上发展创新

创新是事务发展的永恒主题,是人类特有的认识能力和实践能力,是人类主观能动性的高级表现,是推动民族进步和社会发展的不竭动力。习近平在参加第十二届全国人大第三次会议上海代表团审议时提出"创新是引领发展的第一动力"。一个民族要想走在时代前列,就一刻也不能没有创新思维,一刻也不能停止各种创新。

如果从首部由中国人编纂的年鉴——1913 年由上海神州编译社年鉴编辑部编辑的《世界年鉴》② 出版算起,中国年鉴出版事业已经走过了 103 年的历程,中华人民共和国成立以来特别是改革开放以来,中国的年鉴事业获得了长足的发展。据不完全统计,到 2018 年,我国拥有各类年鉴一万种左右③,已经形成了"广覆盖、多品种"的繁荣局面,涌现出了一批编纂质量优良的品牌年鉴。年鉴的创新一直是年鉴工作者长期探索的问题,经过多年的发展,中国年鉴界创新发展渐成风气,年鉴常编常新成为广大年鉴编纂工作者的共识和追求的目标,许多年鉴通过逐年改进设计、推陈出新,编纂出版质量有了很大的提高。

区级综合年鉴编辑创新可以分为框架结构创新、编纂方式创新、传播方式创新、条目设计编写创新、排版设计创新等,目的是创新框架,完善体例,充实内容,突出特色等。对于每一种年鉴来说,各有各的创新重点和主攻方向,不同的年份还会有不同的操作方法。

---

① 许家康:《创新是年鉴事业发展的战略性选择》,2015 年 10 月 22 日在第十四届全国年鉴学术年会暨中国年鉴学会组织建立 30 周年座谈会主旨发言。
② 王守亚:《年鉴发展史与创新发展》,2019 年 8 月 14 日在安徽六安召开的第十九次全国区县综合年鉴研讨会上的报告。
③ 曲宗生:《谈年鉴人民性的重建》,载《年鉴论坛》(第九辑),第 26 页。

（一）框架结构方面

在设置篇目结构时要抓住年度区委、区政府中心工作，除在重要篇目中有所突出外，还要设置一些亮点、特色栏目，浓墨重彩地突出中心主线。

（二）编纂方式方面

对年鉴编辑部的要求是除了依靠各单位报送材料加工修改之外，编辑还需要主动多方查找搜集资料和照片，确保重点不漏，亮点突出。有些年鉴编辑部自身人力不足，采取编辑外包服务的方式聘请专业人员编辑稿件也是一种发展趋势。

（三）传播方式方面

随着信息技术和网络的快速发展，年鉴的传播方式也发生了根本的变化，从单一的纸质年鉴，发展到了网络、光盘、数据库、微信、微博等多种载体与平台并存的传播方式。要正确处理传统传播和现代传播的关系，更新观念，在提高质量的基础上，创新年鉴传播方式，扩展年鉴传播途径，提升年鉴传播价值。

（四）条目设计编写方面

在增强内容的贴近性，加大内容的信息量时，要改进记述方式，表现风格要借鉴时下流行的审美要求，如中心工作、重要活动、事件等的记述，都要有新颖、灵活的表现方式，让内容的编排有张有弛，或俯或仰，广度与深度并重，庄严与活泼互补，别具一格，富有新意和表现力。

（五）排版设计方面

年鉴的版式版面装帧设计是年鉴的门面，是给人的第一印象。封面要做到美观大方、突出重点和特色，版面设计要做到疏密得当、层次分明、新颖美观，装帧设计要做到简洁、庄重、严谨。总体来说，就是要根据年鉴所有组成要素的排列来确定书稿的版式，具体为标题、正文、每面的行数、每行的字数、行间空的宽度以及表格、图片、图注、注释、占行及排法等各项文字、字号、字体、版心规格、边框尺寸和留白等。排版要求所有上述各方面的相互配合、整体协调、庄重大方、不落俗套。

以《黄埔年鉴》为例，多年来，它在继承优良传统，保持基本稳定的前提下，每年均会做一些调整创新。如2018年卷《黄埔年鉴》彩图部分为年度关注，以"五位一体"为主线分经济建设、政治建设、文化建设、社会建设和生态文明建设五大板块，各板块之内又细分专题，各有侧重、特色鲜明。开篇设置黄埔荣誉和黄埔数字部分，简单明了，突出重点。2018年卷《黄埔年鉴》因应黄埔区、广州开发区深度融合的区域实际，采用黄埔区与广州开发区融合记述的方式，重点突出黄埔、广州开发区统一领导、各有侧重、优势互补、协调发展的特点；对2017年度黄埔区、开发区经济社会发展的重大事件重点突出记述。例如，对四个"黄金10条"产业政策、两个"美玉10条"人才和知识产权政策，重大签约动工奠基项目，重大招商引资活动等均做了重点记述等。2018年卷

《黄埔年鉴》人才、扶贫、政策发布等方面的照片，部分篇目的概述条目均为编辑亲自搜集素材加工编写而成。排版设计上，2018年卷《黄埔年鉴》彩页改用105克雅粉纸，内文用80克米色纯质纸四色印刷，三栏排版，每个篇目右起排版，对编辑和排版要求更高。

二、年鉴的守成：规范编纂，突出地方特色和时代特色

时代在飞速发展变化，经济社会环境也在不断发展变化，年鉴的编纂方式、传播方式、框架设计、体例体裁、排版设计、图片、表格、数据、文字表达甚至出版方式都在发生变化。但是我们不能一味追求标新立异，一味为了创新而创新。年鉴编纂创新也应该在继承优良传统的基础上发展创新，年鉴编纂出版应做到观点正确，框架科学，内容全面，记述准确，资料翔实，注重创新，年度特点、地方特点和行业特点突出，编写规范，实用易检，编纂出版符合国家标准。

（一）坚持辩证唯物主义和历史唯物主义不能变

年鉴事业要想获得持续长久的发展，离不开科学世界观和方法论的指导。现阶段的年鉴编纂出版应坚持以马克思列宁主义、毛泽东思想、邓小平理论、"三个代表"重要思想、科学发展观和习近平新时代中国特色社会主义思想为指导。地方综合年鉴均是"官办""官编"，可称为"官书"，编纂记述应坚持存真求实、科学客观。要牢固树立"可信、可用、可读、可存、可鉴"的编纂理念，坚持去伪存真、去粗取精的编纂原则，不断丰富年鉴内容和表现形式，使年鉴充分反映时代特征、展现地方特色。

（二）坚持年鉴的功能定位不能变

改革开放之后，作为一种具有独特的资政育人优势的重要信息载体，年鉴编纂受到党和政府的重视。1979年10月，邓小平在与中国大百科全书出版社负责人谈话中指示："编辑出版年鉴，很有必要，这是国家的需要，四化建设的需要。"2014年年初，习近平总书记在首都博物馆参观北京历史文化展览时强调："要在展览的同时高度重视修史修志，让文物说话、把历史智慧告诉人们，激发我们的民族自豪感和自信心，坚定全体人民振兴中华、实现中国梦的信心和决心。"2014年6月，中共中央政治局常委、国务院总理李克强对地方志工做专门作出批示："地方志是传承中华文明、发掘历史智慧的重要载体，存史、育人、资政，做好编修工作十分重要。"根据中指组印发的《地方综合年鉴编纂出版规定》，地方综合年鉴是指系统记述本行政区域自然、政治、经济、文化、社会等方面情况的年度资料性文献。综合来看，年鉴是高密度、大容量的年度地情资料书，具有重要的资政作用，更具有珍贵的存史价值。因此，区级综合年鉴编纂要充分体现其实用价值和社会价值，年鉴的实用性和社会价值要求它尽可能多地提供给读者有可能用得着的信息资料，这就要求编纂工作要做到"博大精深"："博"是内容广博，涉及面广；"大"是部头大，信息量大；"精"是精选精编，资料精当；"深"是选题选材有一定的深度。年鉴还应供读者方便地查阅检索，这就要求年鉴应有完备的目录、索引等检

索系统。

（三）坚持依法依规编纂年鉴不能变

首先，地方综合年鉴作为官办、官编的官书地位应严格坚守，不能动摇。国务院颁布的《地方志工作条例》规定，以县级以上行政区域名称冠名的地方志书、地方综合年鉴，分别由本级人民政府负责地方志工作的机构按照规划组织编纂，其他组织和个人不得编纂。区级综合年鉴应该经过审核才能出版发行。其次，年鉴编纂出版工作还应遵守国家其他法律法规。年鉴编纂出版应当遵守国家关于保密、著作权、广告、出版等方面的法律、法规和规章，遵守党和国家关于民族、宗教和对外关系等方面的政策。特别是照片的使用要符合国家法律法规和相关规定，制作出版电子版年鉴，应遵守国家关于电子出版物管理的规定。

（四）坚持年鉴的条目体不能变

经过多年的发展，我国年鉴特别是区级地方综合年鉴应该说基本以条目体为主，条目是构成年鉴整体的基础材料，是年鉴的基本表现形式。条目的规范与否很大程度上决定年鉴质量的高低。为此，要提高年鉴质量，规范年鉴条目编纂是关键。具体是条目选题要规范，条目标题设置要规范，文体运用要规范，内容要素要规范，文字应朴实简洁、准确规范。条目编写要做到据实而录、选题独到、方便检索，内容要素齐全，突出新事、特事、大事、要事，年鉴内容才会全面、客观、系统，才会丰富、生动、鲜活，才能充分发挥年鉴为地方经济社会全面发展服务的功能。

（五）年鉴的体例规范不能变

任何工具书都按一定的规矩编纂而成，这些规矩的总和，就是工具书的体例。年鉴是资料性工具书，也有既定的体例。资料性、年度性、检索性既是年鉴的基本性质，也是年鉴的基本体例。至于具体的体例规范，则包括选题选材体例、条目编写体例、成书加工体例等。年鉴条目编写体例，涉及选题选材时限、范围、原则和标准，内容要素规范和记述程序要求，以及语言文字、文体文风、称谓、时间表述、数字用法、计量单位表达、技术格式等，具体包括如下8个方面的规范：选题选材有统一的时间界定；有统一的设条标准和选材原则；有统一的内容要素规范和记述程序要求；统一使用现代汉语书面语；全书各种名词、名称统一规范；统计数前后左右不矛盾，量词基本一致；时间表述不使用模糊不清的时间代词；图表与条目、文章配合紧密，图片说明和表内数据与其他内容不矛盾。年鉴编写规范化，就是要将上述体例规范落实到条目、文章编写的各个环节，以确保条目、文章得体并具有较高的质量。其要旨是防止无效信息进入文稿，尽可能增大文稿的有效信息含量，并达到行文通用规范、方便阅读检索的要求。

（六）坚持年鉴的时效性不能变

年鉴编纂应该坚持一年一鉴，当年出版。年度性是年鉴最基本的特点、最严格的界限。无论年鉴内容与形式如何，无论朝哪个方面发展，年鉴年度性的特点都不会改变，而且是约定俗成。当然，年鉴的年度性也不是铁定的界限，也有一些年鉴不能做到一年一鉴或者不能做到当年年鉴当年出版，这些均有种种主观客观因素制约。但是"一年一鉴，当年出版"作为一个目标，应该不能动摇，实际上也是目前区级综合年鉴的主流现状。年鉴固然与报纸杂志不同，但是年鉴也需要强调时效性。有的人把年鉴当作史书，好像什么时候印出来都不要紧，这是对年鉴性质、功能的片面理解。说年鉴是昨天的历史，这只是年鉴性质和功能的一方面，并非全部。不能以昨天就是历史为由，把年鉴划为历史，正如不能把反映昨天的报纸、期刊也划为历史是一样的。应该说年鉴时效性的强弱直接影响到年鉴的使用价值。要确保年鉴做到一年一鉴，当年出版，需要编辑和供稿单位未雨绸缪，早做规划。

（七）坚持群策群力、集体编辑、集思广益的编纂方式不能变

地方综合年鉴是集体智慧、集体劳动、集体协作的结晶。任何人不可能靠个人英雄主义完成年鉴编纂工作。因此，年鉴编辑部和各供稿单位应该各司其职、群策群力，才能高质量地完成年鉴编纂工作。对年鉴编纂部门而言，如果各供稿单位不能及时报送高质量的稿件，或所报稿件不具备年鉴的必要信息，则无异于"闭门造车"和"无米之炊"，再努力也可能事倍功半甚至无济于事。编辑部内部也要做好各种沟通协调，以防止重复记载、风格不一、前后矛盾等。

以《黄埔年鉴》为例，一方面保持基本框架的基本稳定；另一方面，每年结合实际情况，会突出记述一些年度特色内容，如 2017 年卷首次将广州开发区内容纳入《黄埔年鉴》中记述，2018 年卷结合黄埔区、广州开发区深度融合的情况，对机构设置情况、机构变动情况、各机构主要负责人的任职变化情况均做了重点说明，并列有前后对比表格。2019 年卷结合粤港澳大湾区建设情况，重点记述了黄埔区广州开发区在大湾区建设中出新出彩的内容；结合扶持中小民营企业发展情况，专门新增一个类目"民营企业"；结合打赢脱贫攻坚战任务，专门设立了一个类目"区域合作"，专门记述黄埔区、广州开发区对口帮扶及合作协作的情况。

三、结语：创新与守成是辩证的统一体

创新与守成是年鉴编纂工作的一个永恒主题。创新就是创造新的从而抛弃旧的不合理的东西；守成就是在事业上保持已有的业绩。创新与守成是辩证的统一体，创新是以守成为基础，拓展其外延，完善其内容结构，但不损害原有的体例结构。因此，年鉴必须准确定位，妥善处理守成与创新之间的关系。区级综合年鉴的创新与守成是相辅相成的统一体，要准确定位，创新以守成为基础，守成依赖于创新来完善，创新后年鉴仍应是地方综合年鉴，守成就是坚持年鉴本质属性、年度性、资料性、全面性、权威性、地方性不变，通过全面创新，不断完善年鉴运行机制，逐步形成自己的风格与特色，真正成为反映地方年度综合情况的百科全书。

（作者单位：广州市黄埔区国家档案馆）

广府文化视域下关于粤港澳区域年鉴编纂的思考

何文倩

广府文化是岭南文化的支系,同时也是岭南文化中的强势文化。在广府文化辐射的范围内,不仅限于岭南地区,也包括香港、澳门,乃至海外。广府文化有着强大的向心力和凝聚力,同时又与当地的政治、经济、文化环境结合,形成当地普遍认可的价值观念和文化标识,对粤港澳文化交流产生重要影响。受广府文化影响,粤港澳三地在年鉴编纂上存在思维差异,尤其在编纂《粤港澳大湾区年鉴》的过程中更为凸显。本文尝试论述粤港澳在区域年鉴编纂上存在的差异及其成因,并对未来的交流发展方向提出思考。

一、广府文化的要素

按照学界的定义,"广府文化"不等同于"岭南文化",这两个概念的范围既有交叉,也各有不同。"关于广府文化的构成,大抵涵盖三个要素,曰地域、曰方言、曰文化认同。"在地域上,"广府文化"之"广府"一词源于"广州府",是由此一地域发生而成的文化;在方言上,"广府文化"由广州方言(粤语/白话)承载、传播,区别于潮汕、客家文化,有独特的语言特色;在文化认同上,"只要是对广府文化有体验、有互动、有认知、又有作为的人,都可以认为归属于广府文化圈"①。

广府文化开放包容、向海而生,既有开拓进取、敢为人先的奋斗精神,又有坚毅务实、以民为本的现实考量——本文所要论述的"广府文化",就是基于以上维度。

二、区域年鉴编纂的特色

区域年鉴是新生的年鉴种类,指以非行政区划(多指跨行政区划)范围为记述对象的年鉴。② 相较于国内发展业已成熟的传统年鉴类别,如地方综合年鉴、部门行业年鉴、专业年鉴等,区域年鉴编纂有着自己的特色。

一是起步较迟,发展时间短。地方综合年鉴、部门行业年鉴等年鉴门类已有数十年的发展经验,积累了相当丰富的理论研究资料。区域年鉴自兴起到目前不过十数年,关于其体例、框架结构、层级分类都尚在摸索阶段,没有太多系统性理论可供参考,但另一方面也证明区域年鉴领域有广阔的研究空间。

---

① 王杰:《"广府文化"要义说略》,载《湖南社会科学》2018年第3期。
② 张建明:《尚在起步阶段的区域年鉴》,载《社会科学报》2016年9月8日第005版。

二是出版的年鉴数量较少。不同于地方综合年鉴、部门行业年鉴"遍地开花"的盛况，区域年鉴由于多涉及跨行政区划记述对象，存在"组织难、牵头难"的问题，现今国内编纂的区域年鉴只有《长江三角洲年鉴》《中国—东盟年鉴》《武汉都市圈年鉴》《珠江三角洲城市群年鉴》《粤港澳大湾区年鉴》等数种。

三是"民办"多于"官办"，"学术味"较浓。上述提到的几种区域年鉴多由研究机构自发主办，这就使得此类年鉴从资料来源上较难保证权威性和准确性，在社会认可度上也就低于传统的地方综合年鉴和部门行业年鉴。

创刊于2010年的《珠江三角洲城市群年鉴》是少有的一部以政府官方机构牵头创编的区域年鉴。它是由广州市地方志办公室牵头，深圳市、珠海市、佛山市、惠州市、东莞市、中山市、江门市、肇庆市等珠三角9市合作编纂的年度资料性文献。2017年，在此基础上创编为《粤港澳大湾区城市群年鉴》（2018年更名为《粤港澳大湾区年鉴》），加入香港和澳门两个城市，将合作编纂的城市扩大至11个。《珠江三角洲城市群年鉴》的编纂模式，是由广州市组织成立年鉴编辑部汇总编辑，各参与编纂的行政单位负责供稿并回审初校稿。前期参与单位只有珠三角9市，各市受同样的新闻出版规则和现代汉语语法所规范，行文逻辑较为统一；后期当加入港澳之后，受社会制度、历史沿革影响而造成的文化差异便开始显现。这种差异不止体现在文本书写方式上，更体现在思维习惯和思维逻辑上，如果不能理解这种文化差异的成因、分析其背后属于广府文化的共性，就会对编纂工作造成困难。作为年鉴编辑，一方面要保证稿件的真实性、准确性，在编辑的过程中不要误解、曲解稿件的原意；另一方面也要使全书风格、行文保持统一，符合国家既定的出版规范。因此，研究粤港澳在年鉴编纂思维方面的文化差异，就显得非常必要。

三、基于文化特征的粤港澳年鉴编纂思维差异

以下就同一事件，试举粤港澳原稿记述方式的不同。

（一）关于2017年，台风"天鸽"登陆并造成破坏

珠海的记述：

【强台风"天鸽"正面登陆珠海】2017年8月23日12时50分，第13号强台风"天鸽"正面登陆珠海，登陆时中心风力14级，陆地最大阵风16级，海岛最大阵风17级以上（66.9米/秒），打破1961年珠海有气象资料以来的最高纪录。造成全市道路瘫痪、大面积停电、水厂全部停产、通信受阻，64.14万人受灾，4.4万多辆车辆损坏，直接经济损失204.5亿元。防风过程中，珠海预置抢险队伍300多支、16000余人。灾害发生后，珠海组织48.4万多人次参与救灾，出动设备7634台、车辆5852台，投入救灾复产资金13.36亿元，市、区两级红十字会接收捐款5500万元。同时得到军警部队、广东省直部门、各兄弟市和驻珠单位的无私支持和指导帮助，累计14173人、机械设备1968台（套）支援珠海救灾复产。珠海在4天内基本

实现通电、通路、通水、通信"四通"任务,在7天内全面恢复正常生活生产秩序。

澳门的记述:

【强台风"天鸽"吹袭澳门】2017年8月23日,强台风"天鸽"正面吹袭澳门,天文大潮与风暴潮成叠加效应,低洼地区严重水浸,部分地区长时间停电停水。风灾造成10人死亡、逾200人受伤,估算风灾对澳门造成的直接经济损失90.45亿澳门元,间接经济损失35亿澳门元,合计损失125.45亿澳门元。从8月25日起,中国人民解放军驻澳门部队协助澳门灾后的各项援助工作,这是回归以来,驻澳部队首次参与澳门特区的救援任务。经过三天奋斗,驻澳部队共完成澳门半岛十月初五街、河边新街、高士德大马路、新桥、冰仔广东大马路、濠江中学、沙梨头海边街至提督马路、黑沙环海边马路至黑沙环新街、青洲、孙逸仙大马路至新八佰伴等11个区域的灾后清理任务,累计面积107.6万平方米,街道总长12.05万米,截锯拉运树木680棵,运送垃圾700余车。澳门周边地区也协助救灾工作,紧急组织和调动救灾物资,极大地缓解澳门救灾的压力。救灾善后期间,8800多名纪律部队成员参与救灾抢险和清理路面。居民和社团自发组织义工队参与清理垃圾。澳门特区政府紧急向政府各部门征集义工人员,共30多个部门超过2200名公务人员参与支援。

(二) 关于"生物医药产业"条目的记述

肇庆的记述:

【生物医药】2017年,肇庆市的生物医药产业主要是医药制造业,有规模以上医药制造企业14家,工业增加值14.47亿元,比上年增长14.8%;增加值增长13.7%。代表企业有广东肇庆星湖生物科技股份有限公司、肇庆大华农生物药品有限公司、肇庆星湖制药有限公司、广东逸舒制药股份有限公司、广东一力集团制药股份有限公司等,主要分布在端州区、四会市和肇庆高新区。

香港的记述:

【生物医疗】香港的生物科技产业是一门稳定增长中的新兴行业。现时,香港有250至300家生物科技相关的公司,其中大部分与医疗保健业务有关,包括药物、以传统中药为本的药用或保健产品、医疗和诊断器材。这些公司一般从事产品研发、制造、市场推广和销售工作。其中超过70家公司已于香港联合交易所和创业板上市,有些更是与内地渊源深厚的企业。因应香港拥有世界级的大学和顶尖的生物医学学者,香港科学园建立了一个生物医药群组,促进先进医疗器材、再生医药及中药技术等发展。至2017年12月8日,园区已有91间从事生物医药领域的公司。加上卡罗琳医学院在香港科学园设立的复修医学中心,以及中国科学院广州生物医药与健康研究院于园内设立的研究中心，聚群效应已开始形成。

可以看出，珠海、肇庆（粤）的记述是内地标准的年鉴体例，有规范的时间、地点、事件、数据四大要素，行文简洁清晰，不加入感情色彩描述；澳门原稿来自《澳门年鉴》，本身是一个新闻资料汇编，更偏向新闻报道体例，行文有新闻性和节奏感，具有感情色彩；香港原稿就明显体现出粤语作为官方语言通行区域的文书习惯，文白交杂，且因受英语思维影响，在记述事件时加入大量描述性用词和委婉语，条目中不太注重时间概念（没有准确的时间点标识）。

《粤港澳大湾区城市群年鉴2017》曾交由香港城市大学出版社出版，名为《粤港澳大湾区城市群概览2017》，后者为前者的摘取、辑录，但两者在内容的顺序编排上也有所不同。

《粤港澳大湾区城市群年鉴2017》目录
大湾区综述
创新驱动
区域合作
大湾区城市群发展

《粤港澳大湾区城市群概览2017》目录
01 湾区综述
02 湾区城市群发展
03 区域合作
04 创新驱动

《粤港澳大湾区城市群年鉴2017》的内容按照综述—顶层设计—区域协作—城市分述的逻辑进行编排，符合内地官方权威文献的设计习惯，综述以及比较重要的方针政策放在前面，优先集体概念，再分开城市个体记述特色化内容。而《粤港澳大湾区城市群概览2017》则以港澳以及海外读者的阅读需求和习惯出发，将这部分读者群较为陌生且感兴趣的各城市特色内容、城市间的合作交流放在前面，而将政策方针放在较为后面的位置。

综合年鉴记述和编排方式，粤港澳在年鉴编纂上的差异主要体现在三个方面。

（1）官方化和市场化。内地年鉴编纂具有官方化特色。尽管如前所述，区域年鉴的编纂主体大多为民间机构，但就"年鉴"而言，其定位依然是"官书"，即由政府官方机构组织编纂，除了文献资料价值，更是地区、区域对外宣传、推介、展示的窗口。而港澳年鉴编纂则具有市场化特征，年鉴和其他出版销售的出版物一样需要进入流通市场，需要满足市场需求才能收获成本、维持收支平衡。这就决定了港澳年鉴编纂相较于官方化宣导，更注重精准定位读者群，使内容满足读者的需求、吸引读者的兴趣。

（2）规范性和亲和力。内地年鉴由于具有官方化的特征，要保证资料权威、数据准确,其行文、编排需要遵循一定标准和规范,因此,更具有规范性,在记述中尽量减少乃至没有感情色彩;而港澳年鉴面向市场,需要照顾读者口味,吸引读者兴趣,其行文更贴近生活,对文字没有太多规范约束,同时会加上带有感情色彩的描述和评论,加强读者的亲切感,减少官方的刻板印象。

(3)存史价值与实用价值。内地年鉴包括区域年鉴,在编纂时更偏重"录以存史",力求客观、真实地记录事件,对事件的性质、意义不做主观评述,同时,"事无大小"地罗列资料、编订索引,存史价值大于当下应用;而港澳年鉴编纂则注重当下读者需求,更讲究"现编现用",在材料选取、信息编排时,有意识地将读者当前的迫切关注重点放在首位,更着重论述事件的意义、在世界范围的地位,对具体数据、事件发展进度则较少关心。

四、思考:粤港澳年鉴交流发展方向

粤港澳年鉴编纂的差异,是社会、制度、历史沿革路向不同在文化上的反映。受岭南千年来重商、向海、民本的思潮影响,广府文化在粤港澳三地呈现出同源又相异的姿态。在建设粤港澳大湾区发展战略的背景下,沟通、协调、发展始终是这个时代前进的主题。尤其对于区域年鉴而言,各参与编纂单位往往不存在从属关系,从组稿、编辑、审校、出版各个环节无不渗透着平等合作与交流。在肯定差异存在的基础上,本着彼此尊重的原则,面对"求同"的最终目标,一定也可以"存异"。

《粤港澳大湾区发展规划纲要》指出,"香港、澳门与珠三角九市文化同源、人缘相亲、民俗相近、优势互补。近年来,粤港澳合作不断深化,基础设施、投资贸易、金融服务、科技教育、休闲旅游、生态环保、社会服务等领域合作成效显著,已经形成了多层次、全方位的合作格局"。基于文化同源,"同声同气",有助于增进理解、尊重、互信,在多层次、全方位的合作当中,发挥各自所长。在保证年鉴编纂质量的前提下,港澳对年鉴功能的发掘、对读者需求的注重、对市场反应的敏锐,都值得我们学习。这将为提高年鉴实用功能,更好地服务社会和国家战略,提供有价值的参考。

(作者单位:中共广州市委党史文献研究室)

年鉴文字编辑工作者需要注意的三个层面的问题
——以《广州年鉴》编辑实例进行分析

郝红英

近年来,随着互联网技术尤其是移动互联网技术的迅速发展,报刊业、图书出版业遭到了强烈冲击,各类出版主体都在尝试与新兴媒体进行融合,媒介融合成为行业主题。于是,年鉴网络化出版、年鉴信息大数据式开发等也成为近年来国内年鉴创新和改革的重点方向。但是,笔者认为年鉴不论是纸质的、电子的,还是网络的,仅是传播介质和渠道的变化,年鉴通过文字符号和图片符号对社会信息进行最大范围载录的功能没有改变。因此,在年鉴编纂的全流程中,文字编辑工作者所发挥的作用依然重要。本文从以下三个层面进行阐述。

一、篇目框架结构问题

年鉴作为综合性的资料信息工具书,对信息进行分类是一项基础性工作,而框架结构的设计可以解决放什么信息和信息怎么放的问题。各类纷杂的信息通过框架结构的分层分级分类,以条目为单位有规律地被排列,同时,通过框架结构也可以看到哪些信息是缺失的,督促信息收集者完善相关信息。框架结构就像是超市里不同的商品分区,各类信息就像是超市里的五花八门的各类商品,查阅者就像是顾客,如果框架合理,查阅者就更容易找到自己需要的东西,更好地实现年鉴的信息供给功能。作为年鉴文字编辑工作者,需要思考篇目框架结构设计是否合理、优化调整结构的方向等方面的问题,并提出具体调整方案,实现信息的最优化放置排列。综合性年鉴的框架结构设计需要参考《联合国国际标准产业分类》和《中华人民共和国国民经济行业分类》,同时还需要兼顾社会文化中约定俗成的习惯分类。此外,基于社会持续发展、新事物持续出现的规律,综合性年鉴文字编辑工作者还需关注现实社会中不断出现的新兴行业,及时将新行业发展的有关信息反映到年鉴载录中。专业性和行业性年鉴的框架结构设计相对简单,只需要按照专业和行业内细分类的逻辑思路进行分别梳理就可以了。

笔者在担任《广州年鉴·教育》篇目的责任编辑时,将目前框架(见图1)和《国民经济行业分类目录》(见表1)中的教育行业细项分类进行对照,发现技能培训、体育培训、艺术培训、宗教院校教育等没有在分层级的教育框架中设立,上述同类的信息也没有在该篇目中进行记述和收录。

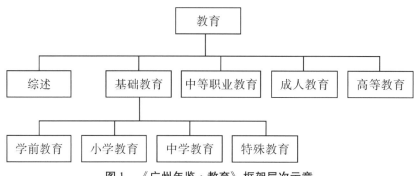

图 1　《广州年鉴·教育》框架层次示意

表 1　《国民经济行业分类》目录中教育门类的细分

P				教育	本门类包括 82 大类
	82			教育	
		821	8210	学前教育	指经教育行政部门批准举办的对学龄前幼儿进行保育和教育的活动
		822		初等教育	指《中华人民共和国义务教育法》规定的小学教育以及成人小学教育（含扫盲）的活动
		823		中等教育	
		824		高等教育	
		825	8250	特殊教育	指为残障儿童提供的特殊教育活动
		829		技能培训、教育辅助及其他教育	指我国学校教育制度以外，经教育主管部门、劳动部门或有关主管部门批准，由政府部门、企业、社会办的职业培训、就业培训和各种知识、技能的培训活动，以及教育辅助和其他教育活动
			8291	职业技能培训	指由教育部门、劳动部门或其他政府部门批准举办，或由社会机构举办的为提高就业人员就业技能的就业前的培训和其他技能培训活动，不包括社会上办的各类培训班、速成班、讲座等
			8292	体校及体育培训	指各类、各级体校培训，以及其他各类体育运动培训活动，不包括学校教育制度范围内的体育大学、学院、学校的体育专业教育
			8293	文化艺术培训	指国家学校教育制度以外，由正规学校或社会各界办的文化艺术培训活动，不包括少年儿童的课外艺术辅导班
			8294	教育辅助服务	指专门从事教育检测、评价、考试、招生等辅助活动

于是，笔者通过网络搜索了解广州地区在这方面教育行业的发展情况，为提出新框架做前期调研工作。在此基础上，拟定框架设计方案（见图2）提交主编审核。这一设计方案虽仍未完善，但是与原来的框架结构相比，使更多的培训教育的信息进入年鉴收录范围，使教育类的信息更加丰富，信息检索得到深度挖掘。

·非学历教育·
【概况】 记述广州地区非学历教育的基本情况。包括针对不同人群的各类培训教育机构、机构种类；培训的内容、所涉及的范围；培训课程设置情况；热门课程情况。
【市属专修学院培训教育】 19所市属专修学院的施教培训情况。
【部门主导的职业技能培训】 政府和社会群众团体主办的针对不同人群的公益性职业培训情况，包括培训人群归属、培训具体内容、培训结果发证和认定情况、培训项目经费投入情况等方面内容。
【老年人教育培训】 老年人群的老有所学情况
附表：2015年广州市各级少年宫开展培训情况表
2015年广州市各级少儿业余体校培训情况表

图2 《广州年鉴·教育》框架层次示意

二、条目信息补充问题

国内的年鉴都是以条目为检索基本单位的，年鉴条目的内容信息是否充实、信息密度是否高直接决定了条目的质量高低，也最终决定了整卷年鉴的信息质量和价值。年鉴编纂是社会大协作的工程，年鉴信息资料的提供者分布在全社会各行各业的机构中，每个个体对于年鉴所需要的信息资料的侧重点理解不同，又受自己岗位角色的诸多惯性思维的制约，经常将年鉴稿件理解为单位对外宣传新闻稿、单位年度工作总结，有价值的信息资料被淹没其中。因此，年鉴文字编辑工作者在处理通过各种组稿渠道获得的稿件时，首先要通读全篇，在稿件中"打捞"年鉴所需要的有价值的信息，同时注意通过有效途径补充相关主题的有价值信息。目前的条目信息充实途径主要包括：联系稿件提供者再次补充信息，文字编辑工作者通过部门官网、网络搜索引擎、专业期刊、报纸等信息媒介查找搜索并补充信息。

笔者在编辑实践中经常通过上述两种途径进行条目信息的补充。例如，在编辑《广州年鉴·教育》中的一个条目（示例1）时发现，供稿人所提供条目信息的主题是很有价值的，是关于高中教育丰富化和特色化的，展示了广州市通过此项举措突破应试教育的程式化和单调化弊端，以及高中教育改革的新动向。

示例1：

【普通高中特色课程】广州市于2011年12月全面启动普通高中特色课程建设，以特色课程建设为抓手，推动普通高中特色化、多样化发展。截至2012年2月15日，广州市普通高中特色课程建设工作领导小组办公室（以下简称"课程建设办"）共收到73所普通高中学校申报的80门特色课程。经课程建设办初审、专家评审组评分以及领导小组审议，共有23所学校的24门课程通过2012年广州市普通高中特色课程立项，其中获得重点立项课程的10门、次重点和一般立项课程各6门、立项课程2门。

但是，条目的信息量不够，原始条目涉及特色课程的政策出台时间、政策意义、课程立项相关申报情况和评审情况，以及获批结果情况，全部是特色课程的外围信息和背景的记述，特色课程的具体名称、涉及学科门类等信息缺失，令读者无法感受到课程的特色在哪里。基于上述的分析，笔者立即在广州教育局官网查询相关信息，进行相应信息的补充，条目所占版面有所增加，但条目信息更加充实（见示例2）。

示例2：

【普通高中特色课程立项情况】广州市于2011年12月全面启动普通高中特色课程建设，推动普通高中特色化、多样化发展。2012年，广州市共收到73所普通高中学校申报的80门特色课程。经初审、专家评审组评分以及领导小组审议，共有23所学校的24门课程通过立项，其中获得重点立项课程的10门、次重点和一般立项课程各6门、立项课程2门。上述重点立项课程分别是：国防教育课程（广州大学附属中学）、博雅创新特色课程（广东广雅中学）、元培计划课程体系（广州市执信中学）、张衡特色课程（广州市第五中学）、荔风儒韵特色课程（增城市荔城中学）、第二外国语语言文化入门系列课程和异域文化之旅特色课程（广州外国语学校）、精英班英语课程（广州华美英语实验学校）、通识化的外国语特色课程（广州市西关外国语学校）、与美同行特色课程（广州市美术中学）。是年，获得重点立项的学校同时被授予"广州市特色学校"称号。

三、文字编辑处理问题

文字编辑问题是所有出版物的编辑工作者都需要面对的一个问题。所有从业的编辑工作者在进行文字编辑时都需要遵守国家相关的语言文字方面的法律、法规和规范（见表2）。

表2　语言文字规范和标准目录①

中华人民共和国国家通用语言文字法（2000年10月）
汉语拼音方案（1958年2月）
通用规范汉字表（2013年6月）
新旧字形对照表
普通话异读词审音表（1985年12月）
汉语拼音正词法基本规则（2012年6月）
中国人名汉语拼音字母拼写规则（2011年10月）
中国地名汉语拼音字母拼写规则（汉语地名部分）（1984年12月）
第一批异形词整理表（2001年12月）
标点符号用法（2011年12月）
夹用英文的中文文本的标点符号用法（草案）（2014年6月）
出版物上数字用法（2011年7月）
国际单位制及其应用（1993年12月）
有关量、单位和符号的一般原则（1993年12月）
校对符号及其用法（1993年11月）
图书编校质量差错认定细则（修订版）（2005年6月）
报纸编校质量评比差错认定细则（1997年4月）

年鉴条目行文风格又具有自身的特点。年鉴条目的文字记述更讲究平实简练，条目名称要主题突出、文字精练，条目文字需紧扣主题进行记述，用最少的文字完成最多核心价值信息的显示是编辑条目文字的最高理想境界。"年鉴语言的表述，应像钻石一样，体积小、密度大、硬度高，也就是说，在成文之后，既不能增加一个字，也不能减少一个字"②。因此，年鉴文字编辑工作者在进行文字修改时要处理好少与多的关系，用最少的文字记述最多的核心信息。下面是一个稿件文字修改过程中的实例：

原稿：
【稳妥推进公办幼儿园面向社会招生工作】广州市2013年首次实施市属公办幼儿园电脑派位招生。广州市招生考试委员会办公室组织精干力量开发报名平台和随机派位软件，反复组织研究相关工作细节，多次模拟演练电脑派位现场公证仪式，圆满完成15所市属公办幼儿园70%招生计划的电脑派位招生工作，招生工作全程做到"公平、公正、公开"。经网上报名、随机派位、资格审核、录取公示等环节，15所市属公办幼儿园从全市5545名成功报名的幼儿中派位录取幼儿654名，派位中签率约为11.8%。该电脑派位软件还在珠海市、天河区、荔湾区、萝岗区、花都区的幼儿园派位中推广应用。

---

① 教育部语言文字信息管理司：《语言文字规范标准手册》，商务印书馆2015年版，第2页。
② 吴佩昀：《年鉴条目语体风格及实例分析》，载《新疆地方志》2007年第2期。

第一次修改后：
【公办幼儿园首次面向社会招生】2013年，广州市首次实施市属公办幼儿园电脑派位招生。广州市招生办组织开发报名平台和随机派位软件，保证技术平台建立。15所市属公办幼儿园70%招生计划通过电脑派位招生。经网上报名、随机派位、资格审核、录取公示等流程完成招生。全市报名幼儿5545人，录取654人，派位中签率11.8%。该电脑派位软件还在珠海市、天河区、荔湾区、萝岗区、花都区的幼儿园派位中推广应用。

第二次修改后：
【公办幼儿园首次面向社会招生】2013年，广州市首次实施市属公办幼儿园电脑派位招生，专门组织开发报名平台和随机派位软件，建立技术平台。15所市属公办幼儿园70%招生计划通过网上报名、随机派位、资格审核、录取公示等流程完成。全市报名幼儿5545人，录取654人，派位中签率11.8%。

年鉴内文的文字编辑处理的过程，很多时候是一个信息撷取之后的重新构造句子的过程，原稿的句式结构需要重新建构，文字需要重新组织。来自不同渠道和不同作者文字风格的稿件经由这一编辑处理环节进行统一，变成年鉴的文体风格，从而在细节处理上体现年鉴编纂的风格。

以上就是笔者从年鉴编纂的框架、条目、文字三个层面探讨了年鉴文字编辑工作者需要注意的不同问题。希望年鉴编纂的管理者能引进编辑岗位绩效评价机制，优化编纂流程，发挥编辑工作者的工作积极性，从而促进年鉴编纂质量的有效提升，让年鉴这一出版物品类在全媒体时代获得强势生长的扎实根基。

（作者单位：中共广州市委党史文献研究室）

关于构建珠江三角洲城市群年鉴编纂合作模式的探讨

周慧琴

编纂出版《珠江三角洲城市群年鉴》,是珠三角地区9市全面贯彻落实《珠江三角洲地区改革发展规划纲要(2008—2020年)》(以下简称"《规划纲要》"),贯彻落实科学发展观,探索科学发展新途径,促进珠三角9市合作、交流、开放、创新、发展为重点,着眼建设文化强省,推动珠三角地区经济社会又好又快发展而作出的重大决策,是有益当代、惠及千秋的文化系统工程。因此,编纂《珠江三角洲城市群年鉴》,尤其需要珠三角9市的真诚合作与共同努力。

本文运用管理理论的相关知识,全面探讨珠三角城市群年鉴编纂的合作模式的建立、运行、维护、监控等一系列问题,试图为建立珠三角城市群各城市地方志办公室(或年鉴社)的合作平台提供理论基础,同时对珠三角城市群文化合作进行探讨。

《珠江三角洲城市群年鉴》的编纂以实现具体产品产出为目的,各市地方志办公室(或年鉴社)为实际执行部门,部门间为平行平级合作关系,因此,可以以项目的方式建立一个模型。以年鉴出版为项目目标,政府作为项目发起人,由各市中实际进行编纂者作为团队成员,以牵头的珠三角城市群年鉴编辑部为项目经理。这样一个模型较好地体现了《珠江三角洲城市群年鉴》相对于其他年鉴的最大特点:珠三角9市彼此之间是地位平等的,没有行政隶属关系,市与市之间的事项需要通过协调解决。

一、珠江三角洲城市群年鉴编纂合作模式的现状分析

(一)编纂合作模式的基本情况

《珠江三角洲城市群年鉴》的编委会主任由中共广东省委常委、广州市委书记担任,广东省人民政府地方志办公室主任和珠三角9市分管地方志工作的市领导担任编委会副主任,9市地方志办或年鉴社负责人担任编委会委员,并成立了《珠江三角洲城市群年鉴》编辑部,具体负责制定篇目框架、指导编写、收集资料、总纂统稿、出版发行以及日常组织协调等工作。各市地方志办或年鉴社则成立编辑小组,负责本市的组稿工作。该编纂委员会的主要职能就是统筹协调9市编纂工作,成立《珠江三角洲城市群年鉴》编纂委员会主要是为了加强对编纂工作的组织领导,确保编纂工作顺利推进。

当前,国内的年鉴有综合年鉴和专门年鉴。综合性年鉴包括内容较广,反映了政治、经济、文化、体育等各方面的知识,是类似"百科全书"性质的工具书,具有年鉴的普遍性,如《中国百科年鉴》。专门性年鉴主要反映某一专题或某一学科,介绍与本专题有关的各种内容,为专业工作者提供方便,如《中国文艺年鉴》。而《珠江三角洲城市

群年鉴》是一部区域性年鉴,它打破了传统年鉴编纂的行政区域界限,由广州市政府牵头,珠三角9市政府共同组织,广州市地方志办统筹,珠三角9城市地方志部门共同编纂。它的编纂模式是地方志工作组织方式与年鉴编纂模式的创新与发展,也是对综合年鉴编纂的一种有益补充。它以珠三角9市贯彻落实《规划纲要》,探索科学发展新途径,促进珠三角城市合作、交流、开放、创新、发展的各大事件为重点,及时、全面、系统地记录珠三角9市经济社会一体化发展的历程,为省委、省政府及9市市委、市政府谋划发展提供资料参考,发挥地方志服务中心工作的功能。

《珠江三角洲城市群年鉴》围绕珠三角9市实施《规划纲要》这个重点,记述珠三角地区经济一体化的发展过程,反映发展中的亮点,突出发展的特色。它记录着区域内的政治、经济、文化等一系列内容,同时又以年度为单位,分年度的形式来进行记录。这决定了它必然是在一种合作模式下进行的。

在广东地方,当前仅有广东省年鉴社、各市年鉴社这样一些以行政区域来划分的年鉴编纂单位编纂各自的地方性年鉴,作为省级年鉴社的广东省年鉴对整个广东地区的社会、经济、文化活动做记载,而各市的年鉴社只对所属行政区域内的相关活动做记载。国家提出的珠三角城市群的区域规划,需要对这个区域的政治、经济、文化活动进行记载,尤其是记载一体化发展体现的优势、一体化发展进行的协作、一体化发展的具体情况,并且全面地展现这个区域整体面貌。

2010年6月2日,广州市委召开《珠江三角洲城市群年鉴》编纂工作会议,对编纂《珠江三角洲城市群年鉴》进行动员和部署。省委常委、广州市委书记、《珠江三角洲城市群年鉴》编委会领导出席并做讲话。省政府地方志办公室主任,广州、深圳、珠海、佛山、江门、东莞、中山、惠州和肇庆9城市政府以及志办(年鉴)有关负责同志出席会议。这次会议,标志着珠江三角洲城市群年鉴的编纂工作正式启动。① 通过出席会议的成员构成可以看出,年鉴的编纂本身就已经是珠三角城市群文化合作的一部分。

本文对年鉴编纂的合作模式的探讨,可作为珠三角城市群合作模式研究的一部分,具有很强的理论意义和现实意义。

(二) 区域文化合作存在的问题

广东省人民政府粤府〔2004〕129号《关于推进泛珠三角区域合作与发展有关问题的意见》关于文化合作提出了以下几个方向。

> 统一高新技术企业、民营科技企业的认定规则,抓好高新技术产业规划,协同开展重点产业关键技术的联合攻关。
>
> 进一步研究和制定教育合作与发展的中长期规划,加强在教育科研、联合办学、科研项目、教育信息化工作以及大中专院校毕业生就业信息交流等领域的合作。
>
> 落实粤港澳文化合作会议和首届泛珠三角区域文化合作会议达成的合作事项,

---

① 严利:《共同打造珠三角城市群精品年鉴更好促进珠三角一体化改革发展》,载《广州日报》2010年6月3日A1版。

建立泛珠三角区域文化合作联席会议制度，推动在文化资讯、消除演出壁垒、文化市场管理、广播影视、图书馆、文博、文化人才培训等方面的合作。

建立泛珠三角区域人才交流与培训信息交换、人才智力供求信息发布及区域内专家资源交流共享机制，加强区域内人才交流与合作。

珠三角地区自20世纪90年代后期，就开始推动区域文化合作。近年来，由于珠三角经济社会发展互动频密，CEPA（《内地与香港关于建立更紧密经贸关系的安排》）协议签署实施等因素，文化领域的合作更是迈出了很大的步伐。珠三角地区文化合作已经逐步从早期零散的、社会自发的合作，发展为政府主导下系统的、自觉的合作。文化交流与合作的广度与深度正在加速扩大和增加，从早期的个别领域、个别项目的合作转向全方位的、多领域多行业的合作。合作共识正在达成，以文化政策推动文化合作全面发展的良好格局正在形成。

虽然2002年以来珠三角地区文化合作与发展取得了诸多成绩，但总的来看仍然存在不少问题，集中表现为以下几个方面。

（1）珠三角地区的文化合作依然严重滞后于经济社会的发展，影响着珠三角地区发展水平的提升。

与经济社会领域的密切合作相比，珠三角文化领域的交流与合作十分滞后，尤其在文艺精品的创作与生产、文化人才的集聚与流动、共同文化品牌的塑造与传播等方面，未能形成良好的合作机制。随着全球化时代的发展，全球政治、经济、文化领域日益交融，文化在国际竞争中的战略地位日益凸显。珠三角地区文化合作滞后于经济社会领域合作，影响了珠三角潜在优势的发挥和整体文化形象的树立，不利于珠三角文化竞争力的提升。

（2）合作更多集中在基础性文化、技术性文化服务等层面，未能在深层次文化价值观建构、文化认同培育、文化体制改革等领域取得突破性进展。

一般而言，文化发展至少包括了四个方面的维度：一是满足基本文化娱乐需求（福利性质的文化发展）的维度；二是文化的实用功能的开发利用（产业性质的文化发展）的维度；三是文化的精致化、专业化的维度（如音乐、美术作品等高艺术要求的原创作品以及历史、哲学、文艺学等专业学术成果，是依赖特殊的技艺、专业的素养才能，尤其是个体的创造性进行的专业化的文化生产）；四是文化的价值维度——对生活意义的回答，对自我身份的认同，对终极关怀的抚慰（无疑价值观是文化的核心）。以此观之，珠三角文化合作多停留在第一、第二维度，即满足民众基本文化娱乐需求的文化福利维度，以及文化实用功能的开放利用（文化产业）——文化经济化维度的合作上。当然，也有部分涉及文化创作，但较少关涉文化认同、文化价值观建构、文化体制改革等深层次问题。①

（三）珠江三角洲城市群年鉴存在的问题

（1）各市年鉴编纂单位之间的合作落后于政府层面的合作。珠三角地区自20世

---

① 毛少莹：《关于珠三角文化合作的战略思考——兼评"粤港澳文化合作会议"》，见http://wenku.baidu.com/view/7d0aae365a8102d276a22f74.html。

90年代后期,就开始推动区域文化合作;广东省人民政府《关于推进泛珠三角区域合作与发展有关问题的意见》(粤府〔2004〕129号)中就已经有文化合作的相关部署;而2008年12月发布的《规划纲要》,也明确了文化合作方面的要求。此外,珠三角城市之间的多种合作协议的签订,使得政府之间的沟通、协调也处于频繁化、常态化。但是,直到2010年6月2日,广州市委召开《珠江三角洲城市群年鉴》编纂工作会议,对编纂《珠江三角洲城市群年鉴》进行动员和部署,才标志着珠江三角洲城市年鉴编纂部门之间的合作真正开始。由于启动晚,部门之间的合作还处于探索阶段,什么样的模式是最适合的,还需要我们不懈努力,去慢慢磨合、发现、创造。

(2)各市政府对年鉴编纂单位的支持力度有较大差异,致使年鉴编纂过程中的进度控制难度较大。部分地方政府在本级年鉴编纂单位内设立专门针对珠江三角洲城市群年鉴编纂的岗位,并投入较大的资金保证编纂工作的顺利进行。而多数地方政府安排人员兼任珠江三角洲城市群年鉴编辑,在经费上并没有额外增加,导致工作量加大,人员积极性不高。

(3)各市年鉴编纂单位之间的平级关系,导致沟通协调的要求更高、编纂效率低下。珠江三角洲城市群年鉴的编纂需要9市的地方志或年鉴社进行配合供稿,然后由珠江三角洲城市群年鉴编辑部进行集中编纂完成。在资料收集的过程中,需要各市的兄弟单位按照要求去收集。在实际的操作中,这需要大量的时间和精力去沟通,以避免重复劳动或遗漏信息。而平级关系带来的不便,则使沟通协调的难度明显加大。

(4)各市年鉴编纂单位之间信息共享的平台尚未建立,使得在编纂过程中造成重复确认、重复编辑的无用功,也增加了最后编纂编辑的工作量。

(5)各市年鉴编纂单位的积极性差异较大,监督机制的缺失、激励机制的不完善,导致各单位之间合作的延续性差,出现积极性波动。

二、珠江三角洲城市群年鉴编纂合作存在的问题及其原因分析

自2010年以来,在珠三角9市各志办、年鉴社等部门的努力下,已经成功编纂了两年的《珠江三角洲城市群年鉴》,在这个过程中,现有合作模式下的编纂工作出现了一些问题,分析其原因,主要是以下三个方面。

(一)政府支持力度不够

各市地方志负担着当地地方志的编纂工作,而珠江三角洲城市群作为一个区域,由国家明确规定的9个城市组成,但是并没有专门的政府管辖。年鉴编纂的经费是由各城市共同负担,作为广东省省会和珠江三角洲城市群核心城市的广州,承担着年鉴的主要编纂工作。珠江三角洲城市群年鉴主要由广州市地方志组织年鉴的出版,但是各市仍然需要相应的人员来配合编纂供稿,各市或多或少需要一些经费的投入,而这些经费是由各市自行承担的。到目前只有佛山市政府给予了大力支持,拨了专项经费,在财政上给予有力的支持,成立了专门的小组来协助完成《珠江三角洲城市群年鉴》。其他市都是让原来编纂本市年鉴的人员继续承担着《珠江三角洲城市群年鉴》的编纂。因此,从整

体看,各市政府对年鉴编纂的支持力度还有极大的提升空间。

(二) 延迟交稿问题

《珠江三角洲城市群年鉴》是由9市共同编纂完成的,只要有一个单位不能按时交稿,就会影响整体编纂进度。通过两年的编纂情况来看,能够按时交稿的单位不多,这主要是因为软约束力不够。由于是平等关系,只能靠合作意识来完成。而各单位的认识不同,并且他们首先考虑的是完成自己单位的稿件,然后才会考虑供稿给《珠江三角洲城市群年鉴》,因此,在交稿方面出现能拖则拖、积极性不高的现象。

(三) 稿件质量有待提升

各单位在稿件撰写上没有做足功课,一般交上来的稿件需要做相应的处理,比如大事记方面,一些单位交上来的大事记就是直接用自己单位本身年鉴的稿件,而《珠江三角洲城市群年鉴》需要的大事记是记录珠三角区域一体化且与《规划纲要》相关的事件,不是单独在某个市发生的大事。出现这种情况的原因是各单位投入的力量不够、人员不足,导致稿件质量不能得到很好的提升。

三、珠江三角洲城市群年鉴编纂合作模式的探讨

编纂《珠江三角洲城市群年鉴》是一项系统文化工程,不仅质量要求高、时效性强,而且比起按行政区域编纂的综合年鉴,涉及面更广、组织工作难度更大。涉及珠三角地区9个城市、涉及政府若干重要部门,如果某个城市不支持、某个部门不配合,都将影响整体组稿与编纂工作。因此,编纂《珠江三角洲城市群年鉴》,尤其需要珠三角9市的真诚合作与共同努力。年鉴编辑部要建立有效运行的组稿与编纂工作机制,加强与各市编辑组的联系,及时通报编纂工作的进展情况,做好协调与督促检查。

(一) 年鉴编纂合作模式的模型提出——项目

珠江三角洲城市群年鉴的编纂虽然是政府单位合作进行的一项工作,但仍然可以使用管理学的相关理论来进行解释和解决合作中的问题。年鉴的编纂是围绕着每年出版年鉴这一工作目标来进行的。在这个过程中,计划、组织、协调、领导和控制都是必要存在的,编纂人员由各市地方志办公室(或年鉴社)指定。因此,仍然可以用管理学理论来建立年鉴编纂合作模式的模型。

如前文所述,珠江三角洲城市群年鉴从筹备阶段起,就决定了它是由9市的独立管理的单位来进行合作的,在整个编纂过程中,并没有一个绝对的强势的领导者存在,并没有一个直接来管辖珠三角城市群的专门政府。虽然9市有上级政府,即广东省人民政府,但省政府是管理整个广东的,珠三角9市的协调仍然是直接由9市的政府进行的,较少用行政命令直接干预9市的合作。由于单位之间的平级关系,根据组织结构的相关理论,不能用直线式或者网络式,而比较适合使用项目管理方式来建立的矩阵式。同时,由于年鉴的编纂是基于《规划纲要》的,时间上具有临时性的特点。因此,可以把年鉴

的编纂作为一个项目,由在广州成立的珠三角城市群年鉴编辑部作为项目经理,其他各市的相关单位人员作为项目小组成员,以年鉴的编纂出版为目标来建立一个项目。在应对政府单位间的沟通问题时,通过9市相关部门直接的例行会议来给编纂工作建立规则,创建项目章程,划定各自的职责,通过这个会议给珠三角城市群年鉴编辑部这个项目经理赋权,由珠三角城市群年鉴编辑部来进行日常的协调和执行监督。

(二)年鉴编纂合作模式的模型运作——组织架构

组织是有效管理的载体,也是组织实现战略目标的载体,它决定了组织内部的分工与流程,决定着组织成员的积极性和创造性。由于珠三角城市群年鉴各编纂单位的特殊情况,只能在不改变现有各单位的行政划分的情况下进行组织结构设计,因而在部门的设立上不能有过大的创新,在管理幅度和跨度上受到了极大的限制。编纂《珠江三角洲城市群年鉴》不是依靠行政命令,而是采用9市及省直有关单位合作编纂的模式。这种合作模式正处于起步阶段,通过两年的编纂情况发现,《珠江三角洲城市群年鉴》的编纂比起地方综合年鉴的编纂要吃力很多,地方综合年鉴由各市地方政府进行管理协调,而《珠江三角洲城市群年鉴》是由广州市地方志办公室牵头组织协调的一部年鉴,与其他各市都是平等关系。没有行政命令可以依靠,只能各部门之间相互协调。我们可以通过虚拟的组织来建立一个灵活的组织架构。在组织结构的相关理论中,我们看到有直线型组织结构、职能型组织结构、直线职能型组织结构、事业部型组织结构和其他灵活的组织结构。在灵活组织结构中,又有矩阵型、平行结构、网络结构等。根据具体情况,我们选择矩阵型的结构,将珠江三角洲城市群年鉴编辑部虚拟成最高主管,广东年鉴社及9市有关单位就是职能部门,共同完成珠江三角洲城市群年鉴的编纂,建立如图1的组织架构。

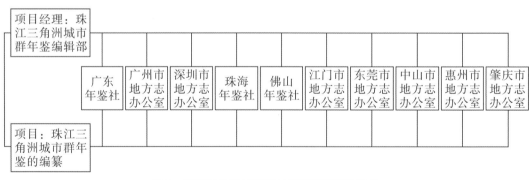

图1 珠江三角洲城市群年鉴矩阵制组织结构

(三)年鉴编纂合作模式的模型运作——范围管理

项目范围管理指定义和控制项目中到底包括什么样的工作。范围管理中,需要定义范围和建立工作分解结构。

在编纂各自部门独自负责的年鉴时,9市已经有年度的组稿会制度。在现有的工作模式下,在召开组稿会之前,制定了《〈珠江三角洲城市群年鉴〉篇目提纲及组稿分工》(见表1)。这个文件仅仅对任务进行了分配,并未制定任务完成的质量标准。由于没有标准，对于工作完成的质量评判也就无法进行衡量，也无法在稿件写作过程中对任务的完成情况进行实时的监控。

表1 《珠江三角洲城市群年鉴》（2012）篇目提纲及组稿分工

第一部分：卷前部分

序号	编纂内容	组稿单位
1	扉页、版权页	编辑部
2	编辑说明	编辑部
3	珠三角城市群年鉴编纂委员会　（名单） 珠三角城市群年鉴编辑部　（名单） 珠三角城市群年鉴各市编辑组　（名单）	编辑部
4	目录（中文目录、英文目录）	编辑部
5	珠江三角洲数字	编辑部
6	珠江三角洲地区地图 （附图：珠江三角洲地区在广东省位置图）	编辑部
7	各市落实《纲要》重要活动（重要会议）图片 国家、省领导视察活动图片	各市 广东年鉴社
8	全国文明城市专题图片	广州市、江门市、深圳市、中山市、东莞市、惠州市
9	广州治水专题图片	广州市
10	深圳大运会专题图片	深圳市
11	珠三角十大景观专题图片	编辑部

……

第三部分：各市发展

篇目	分目及条目内容	组稿单位
广州市	■ 基本情况（地理位置、历史文化、资源物产、面积人口、行政区划、风俗民情、风景名胜等） ■ 生态环境（基本农田保护、建设用地管理、节能减排工作、城乡生态环境建设等） ■ 经济社会发展概况 ■ 体制改革（行政管理体制改革、经济体制改革、社会管理创新等） ■ 基础设施建设（交通、能源、水利工程、信息网络等） ■ 现代产业（服务业、制造业、高新技术产业、农业等） ■ 转型升级（城市建设模式、经济发展方式等） ■ 城乡发展（城乡规划、城市建设管理、社会主义新农村建设、城乡基本公共服务等） ■ 社会事业（科技、文化、教育、医疗卫生、住房保障、就业和社会保障等）	广州市地方志办公室

珠三角城市群年鉴编纂的各个部门在组合成项目小组后，在编纂珠江三角洲城市群年鉴时，把珠江三角洲城市群年鉴组稿会作为项目的启动会议。在启动会议上，对各市参编部门的职责和任务进行定义，并对这些任务进行分解。在范围的定义中，对年鉴编纂进行具体的描述，给出年鉴编纂需要达到的目标、年鉴各方面的要求，并全方位地说明编纂工作成功完成的标准。例如，在年底12月31日前完成年鉴最终版本的出版工作，内容上要求达到前面所述的要求。在工作分解结构中，对各市的任务进行详细的定义，并尽可能细化，以利于建立完成时间表，对各级任务的定义也要有目标、任务完成的标准、监控的方式。具体操作是在建立完WBS后，建立WBS字典，对每项工作进行详细定义。

（四）年鉴编纂合作模式的模型运作——时间管理

项目时间管理是确保项目按时完成的过程。生成的文件有活动及其属性、里程碑、网络图、活动资源需求、活动时间估计、项目进度安排。

在前面完成的任务分解表中，已经定义任务列表和完成标准。接下来还需要定义这些任务完成的工时和工序要求，生成任务的活动列表；对这些活动进行统筹分析，得出其中关键的工序，也就是生成里程碑列表。在现有的工作模式下，仅仅用工作计划的方式，按照时间顺序对时间段内任务进行列举，对任务的重要性、优先性没有进行定义。这种情况下，一旦出现问题的任务是关键任务，对整个编纂工作的影响就会很大。

在实际运用中，根据WBS字典对分解出来的任务进行排序，构建网络图；通过网络图制定出计划进度表，进行关键路径分析，在后面的监控中就能做到有的放矢，保证监控的有效性。而在对任务的时间进行定义时，可以加上对资源的需求，如资金情况、办公硬件的需求、配合的供应商的选择。通过这些活动列表的建立，才能最大程度地避免不能按时完成的情况，减少催稿、退稿这些非正常情况的发生。同时，这些任务的细化，也有助于建立预算，争取到上级政府更多有效、及时的支持。

（五）年鉴编纂合作模式的模型运作——沟通管理

项目沟通管理包括产生、收集、发布和存储项目信息。

目前，在年鉴编纂过程中，主要采用的是一种轮式沟通的方式。在当前模式下，主要通过年鉴组稿会、定期联谊等方式进行交流沟通。在已经出版的年鉴中，出现了内容不够充分、质量不够高的情况。如果在以轮式沟通为主的情况下，进行全通道式沟通、交流写作经验，无疑可以提高年鉴的写作质量。对以城市之间合作的内容为主的年鉴编纂，全通道式的沟通还可以发现更多城市之间的合作信息，从而从内容上提高年鉴的质量。

在项目层面，任务的完成情况、进度、监控是另外一种沟通，有必要加快合作平台的建立，通过项目网站的方式对编纂进度、过程进行管理，并使用网络和计算机技术对工作任务、进度进行自动提醒，从而更好地完成项目。

（六）年鉴编纂合作模式的模型运作——激励制度

关于激励，管理学中有多种理论，如马斯洛需求层次理论、赫兹伯格的激励—保健理论、麦克莱兰的激励需要理论、McGregor 的 X 理论和 Y 理论，这些理论都为解决年鉴编纂过程中的激励问题提供了方向。

在当前模式中，主要进行了以下激励：在组稿会上，让优秀单位上台演讲，交流经验；开展趣味运动会进行联谊，增加凝聚力；发放稿费，激励各单位人员的积极性。通过对单位的人员情况进行分析，工作人员的激励应该更加倾向于高层次的需求激励。在激励方面，目前只有奖励先进（这种奖励还是比较符合当前人员的需求的），但作为激励的另外一个方面，对未按时完成任务的集体个人并未进行任何处罚。依靠 9 市的组稿会等全体会议建立完善的奖惩制度可以做到对工作的正负激励，双管齐下，以期达到更好效果。

（七）年鉴编纂合作模式的模型运作——项目监控

项目的监控包括很多方面，它给所有的项目管理提供了数据，可以衡量项目完成的情况。对于年鉴编纂过程中的范围管理、时间管理、沟通管理、激励管理进行监控，可以有效保证整个制度的闭环有效性。根据之前建立的 WBS 字典、任务的活动属性、关键路径，对整个年鉴编纂过程中的所有活动进行检查评估，并根据这些阶段性的评估，对相关人员和部门进行激励。对于出现的问题，及时通报，并要求整改。同时，通过对整改的监控，实现工作的持续改进。

在具体的实施过程中，可在年鉴编纂网络平台上，对各任务进行分析和考核，实时有效地传递信息到各部门。

四、结论

本文通过对《珠江三角洲城市群年鉴》编纂工作的背景、现状和问题的分析，结合项目管理的相关理论，对编纂工作的合作模式进行了探讨。

利用项目管理模式对珠三角 9 市地方志的合作出现的进度问题、政府支持力度问题，都可以采用统筹安排的方法，运用范围管理、时间管理和沟通管理的方法进行平衡而得到更好的解决。对于人员的激励，在建立起完整的项目平台后，运用监控的数据对参加编纂的人员和单位进行激励，显得更加具有说服力。完善的项目管理模式相对于政府机构以行政命令形式建立合作的模式更加具有活力，也是更加有效率的高质量的模式。

项目管理模式下，9 市编纂部门以全体会议决议的方式给项目经理赋予一定权力，能够通过共同的支持来形成一个相对的上下级关系，提高轮式沟通图的效率，也可以推动全通道沟通的方式来提高效率；各市的人员、经费可以实现一定程度的资源共享，在工作分配时，可以通过 WBS 字典的制定、活动卡片的制定来进行均衡，尽量减少长短板之间的差异，从而实现整体效率的提高。

在创建信息平台的过程中，可以把项目管理中的 WBS 字典、活动卡片、网络图、关键路径、绩效考核等信息放进去共享，这些信息不但能够使工作的分配更加合理，而且在计划阶段就可以最大程度地减少重复劳动、提高效率。利用这些信息，对各单位、部门和人员的工作考核能够做到透明、公平，能够最大程度地对所有单位、人员进行公平的激励，从而提高积极性。

通过对珠三角城市群年鉴编纂工作的分析，项目管理理论对编纂合作模式提供了一整套解决方案，对出现的问题都能找到相应的对策。由于本人水平和资料、时间的限制，文中难免有疏漏、偏颇之处，敬请各位批评指正。

（作者单位：中共广州市委党史文献研究室）

《广州年鉴》与地方志资料年报关系实证研究
——兼论综合年鉴文献属性的实现路径

刘新峰

作为我国特有文化传统的地方志与作为"舶来品"的地方志综合年鉴[①],历经了百余年的碰撞、融合、发展,两者共同繁盛。两项事业蓬勃发展,助推了方志与年鉴比较研究的兴起,形成了一大批成果。近年来,随着各地相继建立实施地方志资料年报制度[②],对年鉴与年报进行比较研究又成为当前地方志系统的新课题。广州市作为最早编纂出版地方综合年鉴,又是率先建立实施地方志资料年报制度的城市,年鉴与年报的关系引起全市地方志业务人员持续的关注、思考和探讨。

一、年鉴稿与资料年报的对比分析

年鉴与年报同属地方志工作机构的两项工作,在报送内容、形式、时限等方面有很多交叉之处。年鉴与年报均有地域性、资料性、客观性、年度性和综合性。年鉴稿与年报在体例、内容构成和选材标准上存在较大差别。[③] 为比较两者异同,探究两者的关系,笔者从市直党政机关、群众团体、企事业单位、中央驻穗等不同层次和类别的单位,兼顾政治、经济、文化和社会不同领域,选取8家单位的《广州年鉴2013》年鉴稿与对应的2012年资料年报进行实证研究。具体情况见表1。

表1 2012年广州市8家单位年鉴稿与年报资料情况分析

单位	年鉴条目	资料年报	两者比较
中共广州市委政策研究室	"全面推进新型城市化发展"分目,3293字,随文图1张,彩页图10张	①主体资料5866字; ②大事记46条3899字; ③图片资料5张; ④附录资料53份超过10万字; ⑤专题资料1份4303字	年鉴选用了年报的专题资料及11图片,"政策研究"的内容在党政机关篇中缺项

---

① 地方综合年鉴以下简称"年鉴"。
② 地方志资料年报制度以下简称"年报"。
③ 玉平:《试论地方综合年鉴稿与地方志资料年报的关系》,载《广西地方志》2014年第1期。

续上表

单位	年鉴条目	资料年报	两者比较
广州市工商联合会	概况加2个条目1146字，无随文图片	①主体资料29533字； ②大事记363条32702字； ③图片资料23张； ④附录资料1份6645字	年鉴条目选用年报6个重要会议中的2个，经济服务、社会服务、参政议政以及非公有制经济组织党建缺项
广州海关	没有单设条目，在"海关工作"条目以黑标题标示"广州年鉴"，全文727字，无随文图片	①主体资料15192字； ②大事记16条1462字； ③图片5张； ④附录资料4份3568； ⑤人物资料人物表9人次	年鉴内容比较单薄，为年度概况，对广州海关的主体业务及重点工作记述不够充分
广州市外事办公室	外事设6个条目，港澳事务设4个条目，共2984字；"首届广州国际城市创新奖"设3个条目2636字、随文2张、彩页4张	①主体资料9234字； ②大事记43条7145字； ③图片13张； ④专题资料4295字； ⑤附录资料6500字	年鉴条目与年报内容大致相同，年鉴内容较精炼。二者都选用了"首届广州国际城市创新奖"
广州市教育局	教育篇共设61个条目28956字，随文图片8张，7个表格	①主体资料107694字； ②大事记125条8638字； ③图片34张； ④附录资料4份3568字； ⑤人物资料3人1842字； ⑥专题资料552字	年鉴选用了年报的重点内容。此外，年鉴还收录广州地区11家部、省属高校的教育教学情况
广州市司法局	13个条目共4412字，随文图片2张	①主体资料31766字； ②大事记60条9509字； ③图片39张； ④附录资料2份21676字①	年鉴条目与年报主体资料内容大致相同，司法行政法制等3个条目设置有所调整
广州市地税局	概况加2个条目2164字，1个表格，随文图1张	①主体资料9899字； ②表格1个； ③大事记20条1150字； ④图片4张； ⑤附录资料1份5688字	年鉴选用税收征管改革和纳税服务，对"营改增"、结构性减税、社保费征管、税务稽查等内容仅在概况中提及，记述不全面
广州汽车集团	"广州汽车工业集团有限公司"为1条1466字，1张表格	①主体资料20618字； ②大事记53条3989字； ③图片31张； ④附录资料1份7156字； ⑤人物资料人物录6人次	年鉴基本是年度概况，对重点投资项目、产品创新、经营管理记述不足

---

① 广州市司法局地方志资料年报2012提交了专题资料，内容实为附录资料，列入附录资料。

以上 8 家单位年鉴稿与年报对比，可直观地看到年鉴与年报的记述重点及资料取舍方面的异同。年报要求每家单位均要收集主体资料、大事记资料、人物资料、专题资料、图片资料、附录资料 6 项资料，上述 8 家单位均按要求报送 4 项必报资料，同时报送有符合条件的专题资料和人物资料，全面系统地记述了本行业（事业）年度发展变化，总体质量较高，资料基本能满足下一轮修志的需要。而年鉴组稿时，大部分供稿单位只撰写本单位（行业）上一年度履行职能，所在行业（事业）的业务发展重大事项的条目和概况条目，与年报的主体资料的全面系统记述相差较大。部分单位还提供随文图片及专题图照。在 8 家单位中，5 家单位共用了 14 张随文图片，彩页 14 张。从年鉴条目和年报资料文字对比来看，在 8 家单位中，广州市外事办公室、市司法局、市教育局 3 家单位的年鉴稿基本吸纳了年报的重点工作、重点内容，重点记述了行业（事业）发展的特点和亮点。教育篇的年鉴稿还收录了广州地区 11 家教育部、省属高校的教育教学情况，收录资料远远超过年报主体资料的内容。这 3 家单位的年鉴稿基本能满足修志资料的需求，占比为 37.5%。然而，中共广州市委政策研究室、广州市工商联合会、广州市地税局、广州海关、广州汽车集团 5 家单位年鉴稿记述深度不够、重点不突出，存在重要资料和重要内容缺漏情况。可以肯定，这 5 家单位的年鉴稿无法满足修志资料需求，占比达到62.5%。特别是广州海关和广州汽车集团的内容显得很单薄。事实上，广州海关辖内口岸多，监管运输工具包括国际航行船舶、来往港澳船舶、空运航空器、陆运列车、汽车等，监管贸易方式包括一般贸易、加工贸易、转口贸易等，是全国为数不多的海、陆、空、邮运业务俱全的海关。2013 年年鉴稿仅用 727 字记述，这与广州作为千年商都、历史上唯一没有关闭过的通商口岸、改革开放的前沿地的地位不匹配，也与海关积极参与、支持和配合对外开放和外经贸发展，推动广州产业结构转型，出台一系列便利通关举措的事实不相吻合。同样，广汽工业集团作为全国汽车行业内产销位居前列，连续 9 年位列广东大型企业竞争力 50 强榜首的大型集团，没有系统记述公司投资、新产品开发、质量管理等情况。特别是 2012 年钓鱼岛事件发生以后，在日资汽车企业扎堆的广州，年鉴没有记述针对"特约店正常营业受阻，消费者、特约店投资人、经营团队信心受影响"[①]等不利局面，采取各种有效措施，稳定员工队伍、化解不利因素、努力降低经营风险、四季度完成"计划盈利企业不亏损，计划亏损企业不增亏"的目标。这些重大事项的缺项，必然将会影响年鉴资政、存史、教化功能的发挥。

二、年鉴与年报关系的争论

2015 年 8 月 25 日，国务院办公厅印发的《全国地方志事业发展规划纲要（2015—2020 年）》提出的主要任务为 11 项，其中第 2 项是大力推进地方综合年鉴工作[②]，第 8

---

① 引自广汽工业集团地方志资料年报 2012 年。
② 到 2020 年，做到地方综合年鉴由地方志工作机构组织编纂，一年一鉴，公开出版，实现省、市、县三级综合年鉴全覆盖。

项是强化地方志资料建设。① 这是我国首次以全国专项规划的名义，正式明确年鉴与年报作为地方志工作机构的两项并列职能。

要深入探究年鉴与年报的关系，首先要回顾各自的发展历程及其功能定位。年鉴起源于欧洲的历书，16世纪发展为年鉴。清末，年鉴随着西方列强入侵传至中国，遂在中国生根发芽。国内已知最早的年鉴是清同治三年（1864）创办的《海关中外贸易年刊》，150多年后的今天，年鉴已发展至3000多种。② 中华人民共和国成立前，广州市于民国二十四年（1935）出版首部综合年鉴。改革开放后，广州市年鉴事业从无到有，快速发展。《广州经济年鉴》（1985年改名为《广州年鉴》）于1983年12月公开出版，是中华人民共和国成立后最早创办的地方年鉴。③ 从1983年到2015年，连续出版33卷。多年来，《广州年鉴》不断调整和完善框架结构，扩大反映广州经济社会发展的深度和广度，在规范的基础上实现创新，在提高格调的基础上创立品牌，在丰富资料性的基础上强化实用性，着力提高年鉴编纂质量，获得社会各界的广泛肯定和好评。④ 与此同时，广州市地方志办不断创新，努力拓宽年鉴领域，先后与珠江三角洲9城市地方志机构和年鉴机构共同创编了《珠江三角洲城市群年鉴》。从2014年起，又创编了《广州年鉴》（英文版）和《广州年鉴》（简本），形成年鉴系列新成果。

虽然广州市于2006年在全国在率先建立地方志资料年报制度，但至2016年也仅仅10年时间，年报还是一项新生事物。年报启动之初，征集范围和提纲基本上是以第二轮志书篇目框架为基础，划分资料征集的基本类别，要求每个分志门类收集提交主体资料、大事记资料、人物资料、专题资料、图片资料、附录资料6项资料。其中，专题资料、人物资料为选报资料，另外4项为必报资料。近年来，广州市不断组建和拓宽年报网络、制定和完善编写规范、加强业务指导、开展培训交流、强化年报质量、严格审查验收，年报走上制度化管理轨道。2011年修订年报制度，改为《广州市地方志资料年报工作管理办法》，进一步细化、强化了年报工作管理。至2015年，广州市年报单位由市直机关、企事业单位等进一步扩展至民营企业、社会组织等领域，共计170多家，累计审查验收年报1000多份。全国各地相继建立了年报制度，广东、宁夏、广西、山东、甘肃、贵州、新疆等省（区），青岛、哈尔滨、北京、南京等市也建立了地方志资料年报制度。年报已成为地方志领域值得关注的普遍现象。⑤ 尽管年报制度得到广泛普及和推广，但研究此项制度的专家学者不多，撰写的研究文章不多。2009年，广州市地方志学会以"广

---

① 加大依法收（征）集地方志资料力度，建立和完善地方志资料收（征）集、保存、管理制度，推行地方志资料年报制度并形成常态机制；运用社会调查、口述史等方法，大力拓展资料收（征）集范围和渠道，建立能够全方位适应地方志编纂、地方志事业发展和方志文化建设需要的地方志资料保障机制。
② 郑红波、冯冠杰：《年鉴与方志关系浅议》，长城出版社2015年版。
③ 广州市人民政府地方志办公室：《广州地方志事业志（1984—2014）》，广东人民出版社2014年版，第263页。
④ 广州市人民政府地方志办公室：《广州地方志事业志（1984—2014）》，广东人民出版社2014年版，第263页。
⑤ 胡巧利：《关于建立地方志资料年报制度的若干思考》，载《中国地方志》2012年第9期。

州市地方志资料年报工作研讨会"为题,举办了1次专题研讨会,业务人员撰写了23篇论文,是首批年报制度的研究成果。查阅近10年地方志刊物和论文集,探讨年鉴与年报关系的文章屈指可数。仅有阳晓儒的《地方综合年鉴与地方志资料年报比较研究、刘燕玲的《地方志资料年报与综合性年鉴的对比分析》、康文斌的《年鉴为地方志资料年报积累资料浅议》、李玉平的《试论地方综合年鉴稿与地方志资料年报的关系》等文章。这些文章分析了年鉴与年报的异同,探讨两者的关系。其中,李玉平分析了"年鉴取代年报、年报取代年鉴、年鉴年报并行说"3种不同认识及其原因,并提出了两者的整合思路。①

从根本功能定位上讲,广州市建立实施年报制度的初衷是"为修志工作积累、保存资料"②。可以说,年报是为了弥补前两轮修志资料收集方式的缺陷而创设的。前两轮修志,特别是二轮修志,随着社会主义市场经济体制的建立、政府职能的转变,又因政府机构改革、国有企业改革而造成资料大量散失,修志资料欠缺严重,许多资料已流失或难以查找,甚至无法收集,使志书编纂工作和志书质量受到重大影响。前两轮"边修边收"的模式导致了大量的资料问题。在总结经验教训过程中,广州市提出要建立年报制度,建立常态化、规范化资料征集方式。当然,年报的内涵也在不断扩展,许多省市在建立地方志资料年报制度时还提出征集资料不仅要为编修志书积累资料,而且要为经济社会发展提供服务。近年来,广州市地方志办公室利用年报资料,陆续编写和出版《广州之最》《广州创新报告》《"十二五"大事记》《"十二五"大事纪实》等一批地情成果。虽然年报功能扩大了,但其根本目的还是修志保存、积累资料。年鉴常常作为公共信息发布平台和传播媒介。"地方综合年鉴作为政府主办的公共文化产品,成为公共信息发布窗口,具有公共信息传播功能。"③

《广州年鉴》的宗旨为"全面、系统、翔实地载录广州地区经济、社会的发展情况,为社会各界和海外人士了解和研究广州提供基本资料",也强调对外宣传的重要窗口和信息传播平台,其目的是扩大地方的影响。也就是说,通过地方综合年鉴,社会各界和海外人士就可以了解该地的历史发展和社会现状。两轮修志实践证明了年鉴提供、积累资料的作用,年鉴也可以为修志的撰写储备、提供有价值的资料。对比8家单位年鉴稿与年报,年鉴稿基本能满足修志资料需求的占比为37.5%,重要资料明显缺项的占比达62.5%。用年鉴稿修志会出现"有用但不够用"的现象。也就是说,年鉴可以作为修志保存素材的一个渠道、一种方式,但年报才是修志保存积累的主渠道、主要方式。年报、年鉴虽然关系密切,但各自的本质属性和自己的特定功能决定了不存在谁代替谁的问题。准确地认识二者的属性和功能定位、取长补短,才能更科学合理地开展我们的编纂工作,使年鉴和年报两花齐放,相得益彰。那些认为只要编好年鉴,保存好年鉴资料,就可编写出佳志来的美好愿望最终是无法实现的。

---

① 李玉平:《试论地方综合年鉴稿与地方志资料年报的关系》,载《广西地方志》2014年第1期。
② 《广州市地方志资料年报制度》第一条。
③ 莫秀吉:《论地方综合年鉴的公共信息传播功能》,中国农业出版社2011年版。

三、年鉴文献属性的实现路径

以往，对年鉴作为连续编纂出版的资料性工具书已达成共识，而《地方志工作条例》将地方综合年鉴定义为"系统记述本行政区域自然、政治、经济、文化、社会等方面情况的年度资料性文献"，不再将其定义为工具书。工具书指按一定次序把有关知识信息加以汇编，专供检索查考的书籍①，主要功能着眼于读者查考，备查性、检索性。"年鉴作为工具书主要是供人们检索，主要为现时服务，当然不排斥具有存史、资政等，但是存史、资政是其外延功能，不是核心功能，……在国外，年鉴的功能就是现时功能，强调'新、快、准'，为现实服务，为社会服务。存史、资政的功能是进入中国这个史学国家后，才发掘出来的，故而讲年鉴的功能要注意的是不能本末倒置。"② 文献更多指有历史价值或参考价值的图书资料，主要功能在于存史性和参照性。直观地讲，就是2014年刘延东副总理在与第五次全国地方志工作会议部分会议代表座谈时指出：要挖掘地方志的历史智慧推进治理体系和治理能力的现代化。所以，"工具书"年鉴与"文献"年鉴，其功能是大不相同的。将年鉴定位为文献，"资料性是年鉴的基本属性，年度性是年鉴的特殊属性"③。但由于年鉴编资料罗列堆砌、点到即止、平铺直叙，使人读了感到历史价值和参考价值的意味不浓。为更好地体现年鉴资料性文献的属性，编纂时要更加注重三个方面。

一是更加注重挖掘深度资料。无论是资料性工具书，还是资料性文献，对"资料性"这一点的认识是相同的。资料性作为年鉴的根本属性，不仅要注重地方综合年鉴资料的全面性、客观性、真实性、系统性、有效性，更要注重实证性和科学性。这是"文献"年鉴对资料的内在要求。④ 科学性要求入鉴的材料反映自然、政治、经济、文化和社会的客观规律，年鉴本身也要有科学的知识体系。因此，注重广征博采，在有广度的入鉴资料基础上，更加注重挖掘深度资料、增加信息量。一部年鉴，没有广度，就会影响到它的信息存量；没有深度，会直接影响到它的使用价值。1935年出版的《广州年鉴》就很重视深度资料的运用。从对广州藤厂和市政府合署楼选址两件小事的记述可见一斑："近年来藤器具用途渐广，故该行生产亦日趋旺盛，惟藤条乃南洋群岛所出产，外币水高，成本因之而昂，获利较微于昔，惟幸生意颇旺，故虽获利稍微，乃不至于亏蚀，颇称平稳云。"⑤ "市政府合署楼选址理由是因该处在中轴线上，为全市的中心，交通方便，地方宽敞，适宜与民同乐。"⑥ 除记述事件本身外，编者还进行了背景、原因、结果分析。新时期编纂出版的综合年鉴，很少挖掘这种深度资料。要挖掘更多深度信息条目，减少浅表性信息条目。在重大事件方面，年鉴要努力让读者知其然，还要让读者知其所以然。避免只有

---

① 夏征农、陈至立：《辞海》第六版缩印本，上海辞书出版社2014年版，第590页。
② 孙关龙：《方志不能年鉴化 年鉴不能方志化》，中国农业出版社2011年版。
③ 武星斗：《论年鉴属性》，载《中国地方志》2015年第12期。
④ 纪晓华、王荣方：《对地方综合年鉴性质的再认识》，载《年鉴信息与研究》2009年第Z2期。
⑤ 详见《芳村藤织工艺中心广州藤厂》，载《芳村文史第三辑》，见 http：//www.lw.gov.cn/zx/fc-ws3/201201/b4d7ad0338d14796a24ebef2c3154375.shtml。
⑥ 《府前路：见证广州近百年风云变幻》，载《南方日报》2014年10月28日。

开始没有结尾,只有表面东西没有实质性东西的线索性条目。对重点突出本年度取得实效的工作、重大改革开放措施、重大工程建设和创造发明以及具有里程碑性质的新纪录,除陈述事实外,还需要溯源、交代时代背景、分析事物发生的原因、结果、意义、性质等。除论述外,可运用多种类型的背景或其他相关材料,阐述事物发展的原因、意义、性质。

二是更加注重突出年度特征。年鉴是记述各方面情况的年度资料性文献,要求信息资料具有全面性。"全就是对应领域年度基本情况和相关基础信息没有大的遗漏。"[①] 年鉴还要年度特色鲜明、时代感强。看似各部门、行业(事业)的年度职责范围变化不大,工作年年做、总结年年写,容易导致年鉴的框架年年相似的现象。"许家康会长认为在一部年鉴中,年度、动态性的资料通常要占全书总篇幅的50%以上。而一些编纂时间较长的年鉴,专题性条目较多,年度、动态性的条目较少,有超稳定之嫌。"[②] 因而,要重视挖掘各年度工作的不同亮点和新颖的主题,寻找年度工作不同的侧重部分,以此突出年度特色。对于相同的工作内容,宜采取不同的表达方式,要避免年复一年无所改变的状况。要重点记述各部门、行业(事业)上一年度出现的新情况、新事物、新趋势、新常态、新亮点,取得的新成就、新经验、新辉煌,存在的新矛盾、新问题,记述的是年度的要闻大事,讲究年度之新。近年,《广州年鉴》通过多种形式,力求突出年度特色。《广州年鉴2015》增设了"年度要事"篇目,重点记录经市民投票评选、市大事评审委员会评审、市委市政府主要负责人审定的2014年入载地方志十件大事,如对行政区划调整、流行疫病防治、南沙新区纳入中国(广东)自贸区等大事进行全面记述。特别是在组织编纂《广州年鉴2016》时,要求每个单位按"概况+年度大事"的方式进行撰稿,这使得年度动态大幅提升,真正做到年鉴常编常新。

三是更加注重反映地方特色。年鉴记述范围是一定的行政区域,这就要求突出地方特色。地方综合年鉴有无鲜明的地方特色,是衡量地方综合年鉴质量优劣的重要尺度之一。地方特色是本地区与其他地区相比较,特有、特优、特新,影响特别深远或者地位特别突出的条目,最能反映本地区本质特征的条目。地方特色的内容涉及地理、人文景观、意识形态以及社会生活的方方面面。地方特色可以是历史文化特色,如自然景观和人文景观、地理风貌、历史文化遗产、名胜古迹、地方特产、特色产业、特色饮食等;也可以是时代风采特色,如政治、经济、社会文化建设中的与众不同之处,领导决策、政治措施、工作实践、工作成效和群众反映等;也可以是人物特色,以以事系人的方式,彰显地方特色的人物群体,展现这一地区人文风貌。突出年鉴的地方特色,也是年鉴常编常新的重要方式和手段。历年出版的《广州年鉴》通过调整框架结构凸显城市特色,提炼概况和撰写特色条目凸显时代特征,设计年鉴版式、彩页和插图凸显地方特色,充分展示"唯我独有"、与众不同的亮点。《广州年鉴》全书的篇目从1983年创办时的23个增加到2015年卷的33个,从框架结构不断调整和篇目数量的增加,大体见证年鉴突出地方特色的历程。

(作者单位:中共广州市委党史文献研究室)

[①] 许家康:《部分市、县(区)年鉴编纂中常见的突出问题——以两广地区出版的30种市、县(区)年鉴为例》,载《沧桑》2012年第1期。

[②] 阳晓儒:《城市综合年鉴编纂质量评析》,中国税务出版社2012年版。

碎片化阅读时代下的年鉴编纂研究

贺 坤

年鉴起源于欧洲，与中国的传统志史书、志书融合起来，是以全面、系统、准确地记述上年度事物运动、发展状况为主要内容的资料性工具书。20世纪80年代以后，中国的年鉴编纂出版事业蓬勃发展，公开出版的年鉴以其严谨的体例、丰富的资讯，构成了一个权威的、庞大的信息网络。

随着我国互联网基础设施不断完善，通信网络得到了长足的进步，互联网服务持续渗透个人生活。根据中国互联网络信息中心2018年发布的《第42次中国互联网发展状况统计报告》中的统计数据，截至2018年6月，中国网民规模达8.02亿，互联网普及率达57.7%，手机网民规模达7.88亿，网络新闻用户规模为6.63亿。直观的数据宣告了互联网时代和新媒体时代的到来，随之也催生了信息传播和发展的新趋势，即碎片化阅读和传播成为当前人们普遍接受的一种获取信息和知识的阅读方式。年鉴作为以收集、整理、传播、留存信息为目的的传统出版物面临碎片化阅读的冲击、积极应对科技进步必然趋势的挑战、利用和延伸碎片化阅读时代的出版传播特点、推动年鉴编纂的创新可能，成为当前年鉴编纂出版工作的重大议题。

一、碎片化阅读的特点

碎片化，指的是信息以部分和碎片的方式进行传递，这种碎片化既体现在传播形式上，也体现在传播思维上，更代表了传播理念、接收方式、阅读习惯甚至是营销策略的碎片化与多元化。① 碎片化阅读本质上属于新媒体的一部分，人们利用手机、电子书、微博、微信等电子终端接收器和以网络平台为主要载体，利用碎片化的时间对自己感兴趣的内容进行随时随地的、不完整的、断断续续的阅读。这种碎片化的阅读方式，有以下三种特点。

（一）碎片化阅读的表现形式

碎片化阅读起源于传播研究，随着经济社会发展和互联网技术的进步，碎片化阅读的表现形式也逐渐发生变化，主要表现于：①阅读媒介碎片化。相比传统的纸质出版物，移动互联网技术使得阅读媒体碎片化、多样化，身边的手机、电子阅读器、平板电脑等都可以成为阅读的载体。②阅读时间碎片化。现代社会环境下，大众工作和生活节奏加

---

① 刘亚男：《新媒体催生的碎片化阅读与传播》，载《大众文艺》2016年第16期，第180页。

快,而阅读是一种需要时间并且讲究环境的行为。在互联网技术的支持下,读者充分利用工作生活中琐碎的休闲间隙进行阅读。③阅读内容碎片化。在进入数字化传播时代,对单个领域信息的阅读已经不能满足读者的需求,广而杂的信息接收成为读者的选择,大众的阅读信息内容呈现多样化发展。

国内的王鹏涛对碎片化阅读行为进行了总结概况,为我们研究碎片化阅读内涵提供了一个全新的视角。他认为,碎片化阅读概念应从深度和量度两个维度考察,以深度反映阅读内容和阅读注意的深刻程度,以量度反映阅读内容篇幅大小、时间长短,深度与量度的动态变化是外在属性,阅读注意力的碎片化才是碎片化阅读方式的根本性质。根据这一性质,他将碎片化阅读定义为:"在确定的阅读目标指导下,以相对稳定的速度,投入较短时间(少于设定的某个标注),阅读某个内容的阅读方式。它有别于传统的纸质阅读,具有零散、随意、快捷、无序、简易等特征,但也有可能是有计划的、完整的、系统性的阅读,只是每次时间较短。"①

(二) 碎片化阅读的利弊

碎片化阅读的发展给人们带来许多便利之处,但同时也给人们的阅读带来许多弊端。有的学者认为,碎片化阅读内容包罗万象,读者可以在短时间内获取所需信息,有利于语言类词汇与事实类知识的积累②;也有学者认为,碎片化阅读是浅层次阅读,是文化急功近利的表现。③ 碎片化阅读者多持求新求快的心态,习惯性通过搜索和提问来获取知识碎片,长此以往会逐渐丧失深入、系统地阅读完整信息的能力,不易形成系统的知识体系。④ 碎片化阅读内容来源复杂、传播主体多样、内容缺乏监管,长期阅读这些内容容易导致读者思维的浅薄化,失去理性思考和判断的能力。⑤ 但综观收集到的文献发现,大部分学者还是认为单方面支持或者否定哪种阅读方式都是片面的,关于碎片化阅读消极影响的担忧虽然不无道理,但我们应该重点关注的是阅读的内容,而不是阅读的方式。⑥

(三) 碎片化阅读对传统出版物的影响

随着网络技术的发展,数字出版技术不断发展壮大,相比传统的纸质出版物,目前的网络世界使得知识信息的体系更加庞杂,也推动了碎片化阅读的到来。因此,碎片化阅读对出版物提出了新的要求,特别是对传统出版物产生了巨大的影响。

---

① 王鹏涛:《我国碎片化阅读研究的回顾与展望:基于量度视角的考察》,载《编辑之友》2018年第1期,第15页。
② 牟南瑛:《浅谈西语阅读碎片化之痛》,载《教育界》2015年第9期,第12页。
③ 韩再彬:《试谈文学新现象——碎片化阅读》,载《课外语文》2015年第24期,第228页。
④ 赵婷:《在主题报道中讲好故事:从北京日报纪念抗日战争胜利70周年主题报道说起》,载《新闻与写作》2015年第9期,第15-18页。
⑤ 张培琼:《新媒体时代的大学生碎片化阅读及社会影响》,载《新媒体研究》2016年第1期,第76-77页。
⑥ 魏玉山:《不要轻易否定微阅读、浅阅读、碎片化阅读》,载《出版参考》2013年第34期,第1页。

其一，碎片化阅读改变了传统的阅读方式，它可以通过互联网环境下配备的相关内容的超文本、超链接功能，打通信息传播的维度，构造包括视、听、读三个方面的立体化知识和信息体系，更加符合人类的思维习惯，而传统纸质出版物只能是平面阅读，信息储存量少，难以提供无限丰富的阅读内容和形式。同时，在网络技术的支持下，碎片化阅读更是一种提倡互动阅读的"去中心化"行为，通过互动评论、分享传播等方式，促进信息和知识的交流，内容出版方和接收方的界限相当模糊，传统出版物的权威面临更大的挑战。其二，碎片化阅读改变了传统阅读的载体，碎片化环境下阅读载体的辅助功能更强大，读者在移动通信技术和各类阅读器终端等的支持下，可以迅速便捷地在各类阅读载体和平台之间实现无缝对接，方便建立和输出再利用自己阅读的知识体系，传播、储存和运输的成本几乎可以不用考虑，还使得传统纸质出版物携带不方便和检索效率低等缺点暴露出来。其三，碎片化阅读革新了传统阅读的出版周期和编排设计，能根据社会市场热点，迅速完成从选题、组稿到编辑、发布的周期，因为阅读时间缩短，读者更愿意依照自身的兴趣阅读篇幅较小、关键信息直观突出的文字资料。同时，碎片化阅读内容的生产方式让读者定制的个性化阅读成为可能。

二、碎片化阅读与年鉴编纂

在碎片化阅读已悄然发展成为一种新的阅读方式的当今，这些影响对于传统出版物如何适应、应对和引领碎片化阅读现象，无疑会产生有益的启示，也是传统出版物实施应对之策的依据和基础。年鉴作为传统出版物，除了面临这些影响之外，还因为它本身的编纂机制、基本属性以及编纂体例等特点，在面对碎片化阅读时有其自身的特点。

（一）年鉴的编纂机制难以满足碎片化阅读的内容需要

根据2006年国务院公布施行的《地方志工作条例》，年鉴编纂形成党委领导、政府主持、负责地方志工作的机构组织实施、社会各界广泛参与的工作体制。到2018年，国内编纂出版的年鉴有3000多种，年鉴的编纂主要通过组建供稿网络，形成了众人编鉴、众人审鉴的社会系统工程，从年初的组稿、年中的编辑校对到年末的编纂出版，甚至还有不少跨年出版的情况；年鉴稿件实行三级审稿制，还包括退回给供稿单位核校、专家评审等环节；除了广东年鉴社、广州年鉴社等少数拥有刊号的年鉴出版单位，绝大部分年鉴出版由年鉴编纂单位经出版社申请书号出版，等到年鉴公开出版，已经是信息内容发生的第二年年末。在出版媒介方面，国内绝大部分年鉴以传统的纸质出版物为主要形式，同时出版与纸质版内容大致相同的光盘版或者电子版。这样一个市场化程度不高、出版周期长、出版媒介单一的年鉴编纂机制难以满足快速化、便捷化、数字化的碎片化阅读的需要。

（二）年鉴的基本属性比较契合碎片化阅读的阅读深度

年鉴界普遍认同，年鉴是逐年编纂出版的资料性工具书。《地方志工作条例》中对于地方综合年鉴的定义是"指系统记述本行政区域自然、政治、经济、文化、社会等方面情况的年度资料性文献"。无论是将年鉴定义为资料性工具书,还是资料性文献,都强调年鉴的基本属性是资料性。① 许家康将年鉴资料性的内涵概括为材料可靠,有存查价值;内容相对完整,形式多样;简洁明白,检索方便。② 按照牟来娣探讨新媒体时代背景下对"浅阅读"的信息和娱乐两个关键词的界定③,年鉴的基本属性决定了不管它作为资料性文献还是资料工具书,读者阅读查找年鉴的主要目的是查询、利用和开发信息资料,阅读深度以浅阅读为主。因此,相比其他论著学术类出版物,年鉴的基本属性匹配的浅阅读比较契合目前碎片化时代的阅读深度。

(三)年鉴的编纂体例基本符合碎片化阅读的编排方式

国内的段志兵认为,词典类、科普类、技术参考类图书的目录和索引都较为详细,其内容多分离为独立的知识单元,适应碎片化阅读。④ 以条目体为主的年鉴在适应碎片化阅读的编排方面有着天然的亲近感。国内的年鉴专家许家康对于年鉴的条目定义是年度客观事实及相关信息的集合体,是条目化年鉴主体内容的基本寻检单元和相对独立的资料主题。条目按其篇幅大小,又可分为特大条目、大条目、中条目和小条目。小条目一般在 300 字以下,中条目 300~500 字,大条目 500~1000 字,特大条目在 1000 字以上。⑤ 目前,年鉴条目的内容设置和编写要求,具备资料性、易检性、独立性,比较符合阅读内容碎片化的特点。同时,超文本、超链接等技术的运用以及多层次、可视化的内容编排模式给年鉴编纂的框架设计带来了革新式的调整空间和思路,数字化阅读的形式也让年鉴在信息检索、开发利用、图文设计等方面有了全新的渠道和方式。因此,年鉴的体例特点和要求不仅能够适应碎片化阅读的编排方式,还能借助碎片化阅读的数字化特点进一步优化和提升年鉴的使用价值。

三、碎片化阅读时代下的年鉴编纂创新

(一)加强年鉴分众化传播,满足碎片化阅读的便捷需要

在互联网技术环境下,大众之所以接受碎片化的阅读,主要是因为各种新媒体技术为受众提供了便捷的服务,这让受众的阅读体验得到不断丰富,一些新奇的阅读方式甚至让专业、枯燥的内容变得有趣起来,从而也增加了受众接收信息的新鲜感。习近平总书记 2016 年 2 月 19 日在党的新闻舆论工作座谈会上发表重要讲话时指出,推动媒体融合发展要适应分众化、差异化传播趋势,加快构建舆论引导新格局。张福平认为,书刊

---

① 武星斗:《论年鉴属性》,载《中国地方志》2015 年第 12 期,第 44-48 页。
② 许家康:《论年鉴的资料性》,线装书局 2011 年版。
③ 牟来娣:《新媒体时代背景下"浅阅读"内涵与特征探析》,载《传媒论坛》2019 年第 7 期,第 17-19 页。
④ 段志兵:《巧对碎片化阅读需求,优化科技图书设计》,载《中国编辑》2012 年第 5 期,第 29-31 页。
⑤ 许家康:《年鉴条目基本知识和编写原则》,载《沧桑》2010 年第 7 期,第 28-33 页。

出版要考虑将电子阅读与纸本阅读的优势相结合，走融媒体发展之路。① 赵婧认为，出版行业应加强与技术商、出版内容商和移动服务商的合作，共谋发展。② 年鉴的编纂出版也应该通过借用互联网的技术，探索和新媒体的融合之路，加强分众化传播和开发利用，创新年鉴出版阅读的渠道和平台，从而满足读者的查询需求。

从目前年鉴的发展来看，在应对碎片化阅读上，学界做出了不少尝试：有的在年鉴纸质版中嵌入二维码链接，让年鉴在汇集信息资料方面更加立体化；有的开发出年鉴网络版本，让纸质版的年鉴呈现在数字化阅读器上；有的开发出年鉴简本、英文版等系列产品，满足不同群体和阅读场所的需要。但是，从目前的年鉴编纂尝试来看，只是在纸质版本基础上进行变通是不够的，更应该进行以下尝试：①摆脱纸质版的内容框架范围，根据年鉴读者（包括政府机构、研究学者、学生市民、国外人士等）分类，制定有特色、不重叠、针对性强的版本，在文风选择、框架设计、内容编辑等方面也要求做到与读者群体相适应。在经费有限的情况下，大量缩减纸质版的出版经费，将经费投入到开发费用高、复制成本低的数字化版本上。②成立适应碎片化阅读时代的媒体融合年鉴编辑部，与原有的纸质版年鉴编辑部实行不同的工作模式、编纂机制、出版形式、发行渠道、评价体系，引入音频、视频、动漫等专业人才，对原有的年鉴内容进行二次开发和利用，丰富年鉴的阅读平台和阅读体验。③搭建年鉴供稿的网络平台，模糊年鉴内容生产者和使用者之间的界限，实现年鉴编辑的"去中心化"行为，建立年鉴内容出版的使用反馈机制，增添受众阅读年鉴的乐趣和积极性。

（二）做好年鉴基础编辑，强化碎片化阅读的内容需求

碎片化阅读方式下，读者的阅读兴趣丰富多样，这些数字化出版的内容信息浅显、篇幅短小，很受读者青睐，但知识传播的深入性、系统性和权威性却被削弱了很多，很容易导致一些低俗的出版物充斥市场，虽然满足了部分读者的需求，但降低了出版市场的格调，也不利于社会文化建设的正面引导。年鉴编纂应当发扬求真务实的作风，优化年鉴框架和内容，肩负起记录思想、保存文化、推动阅读的责任，在碎片化阅读的环境下，引导大众的思想文化认识，从而实现年鉴的社会价值。

良好的信息素养能帮助阅读内容提供者维持阅读内容良好的品牌影响力和社会公信力，为读者提供独家、深度、精准的内容。③ 对此，提升读者的信息素养尤为重要，应着重培育读者的信息筛选能力、合理使用媒介能力和阅读能力。④ 认真做好年鉴的基础编辑工作，应当把好年鉴的政治关、史实关、保密关、体例关、文字关和出版关，年鉴的立

---

① 张福平：《碎片化阅读背景下全民阅读的推进——电子阅读与纸质阅读的对比分析及融合探讨》，载《郑州轻工业学院学报（社会科学版）》2016年第1期，第43-51页。

② 赵婧：《比较视阈下的"碎片化"阅读与出版应对》，载《出版广角》2015年第14期，第108-109页。

③ 姜宝君：《移动互联网时代传统媒体如何扬长避短》，载《传播与版权》2014年第5期，第127-128页。

④ 来荣：《"微时代"高校图书馆碎片式阅读推广服务模式构建》，载《图书馆学刊》2016年第6期，第86-88页。

身基础就在于专业性、学术性、系统性,在这方面把关不严也就失去了立身之本。用专业的眼光加工稿件,用全面的眼光统筹框架,这才是年鉴编辑应有的严谨,这种严谨绝对不可以随着阅读碎片化而碎片化。年鉴编辑应该认识到,自己的编辑工作是一项具有历史担当的文化活动,无论阅读的形式如何改变,对基础编辑工作的态度不能改变、对年鉴工作的一颗赤子之心不能改变。

(三) 优化年鉴版式设计,适应碎片化阅读的使用需求

阅读时间碎片化让读者无法集中注意力去从大段文字里面主动提炼关键词和关键句,这就需要年鉴在版面设计和文字布局方面主动去适应碎片化阅读时代的读者习惯。有的学者从阅读内容的设计和整合方面提出了一些建议,认为应从阅读节奏、流程、内容分布及色彩运用等方面来设计阅读版面,力求既符合读者碎片化阅读需求,又能就某些内容进行连续或系列报道,保证内容的整体性、连续性,引导读者深入阅读。[①] 考虑到年鉴作为工具书和文献资料,在版面设计上不如报纸那样灵巧多变,这就要求年鉴编辑在版面的编排上要多加心思和创意,将客观记述事物发展面貌的年鉴内容进行合理的碎片化处理。

首先,年鉴应当以扁平化的框架结构设计,让读者在碎片化阅读时间中快速、准确地查找到需要的资料信息。其次,年鉴的条目标题要简洁明了,编辑主动提炼标题里的关键文字加以突出展示,以引起读者阅读的兴趣。再次,在条目使用上,多用500字以下的中小条目,慎用超过1000字的特大目。必要时可以多用小标题加以分隔,将特大目内容切割为主题集中、主题词鲜明的碎片化内容。最后,在文本设计上,可以通过字体、花纹、边框、图标等方式,打破已有的刻板印象,将文中有特色和重点的内容标注出来,以较为活泼的形式来迎合读者的碎片化阅读的需求。

碎片化阅读是一种不可避免的时代趋势,结合年鉴的编纂机制、基本属性和编纂体例,给我们的年鉴编纂出版带来巨大挑战的同时,也带来了新的发展机遇。年鉴编纂在碎片化阅读时代应该紧紧抓住这个机遇,适应媒体融合发展的时代潮流,聚焦年鉴的阅读内容,实现对碎片信息的有效整合,从而在新的时代背景下找到新的编纂出版之路。

(作者单位:中共广州市委党史文献研究室)

[①] 萧冰:《"碎片化"阅读时代报纸版式引导深阅读设计探微》,载《科技与出版》2013年第8期,第50-52页;陈奕、凌梦丹:《微博"碎片化阅读"的传播麻醉功能解读》,载《编辑之友》2014年第5期,第19-21、25页。

资源开发

提升史志服务水平研究

以创新精神推进我市党史
与地方志工作

陈穗雄

创新是指以现有思维模式提出有别于常规或常人思路的见解为导向，利用现有知识和物质，在特定的环境中本着理想化需要或为满足社会需求，而改进或创造新事物、方法、元素、路径、环境，并能获得一定有益效果的行为。创新为五大发展理念之首，居于国家发展全局的核心位置，创新发展理念日益深入人心，创新驱动发展成为广州市经济社会发展的战略。我们要以创新发展精神，不断推进我市党史与地方志工作全面上水平，为广州实现老城市新活力、"四个出新出彩"贡献力量。

一、关于党史、方志工作的基本情况

2013年以来，我市党史研究、党史宣传教育、党史旧（遗）址保护等得到中央、省委党史部门和市委分管领导的肯定。2016年，我市一篇党史论文、一部电视专题片、一部《中共广州历史九十载》分别获全国党史部门一、二、三等奖。我市地方志工作也在许多方面位居全国前列。如广州市地方志馆2016年10月开馆运行以来，在全国一直处于领先地位，中国地方志指导小组和各地地方志同行给予了高度评价；2018年广州年鉴获得全国年鉴评比特等奖。重视历史、研究历史、借鉴历史是中华民族5000多年文明史的一个优良传统。新时代对史学发展提出了新的更高要求。在实现中华民族伟大复兴征程上，史学研究要有更大的作为、发挥更大的作用。[①] 为了进一步深化我市党史与方志工作，必须着力解决以下三个方面的问题。

（一）党史与地方志理论研究力度有待于进一步加大

根据中央、省委党史部门的要求，各级党史部门抓紧推进各地党史基本著作第三卷（1978—2002年或2012年）的编写。目前，一些副省级市党史已公开出版。根据广州市推动"四个出新出彩"行动方案，要打响红色文化、岭南文化、海丝文化、创新文化等品牌，加强习近平新时代中国特色社会主义思想研究及相关基地建设；深化红色文化研究教育；加强党史及相关档案编修；按照《广州市史志工作规划（2019—2022年）》，开展"习近平新时代中国特色社会主义思想在广州具体实践研究"、《广州党史三卷》和第三轮修志的有关工作。因此，有必要抓紧推进党史与地方志的理论研究工作。

[①] 高翔：《新时代史学研究要有更大作为》，载《人民日报》2019年11月4日第9版。

（二）党史与地方志的宣传教育力度有待进一步强化

中国共产党历史、中华人民共和国史宣讲工作是党史与地方志宣传教育工作的重要组成部分。党史、国史宣讲工作的广度和深度需要不断深化。2019年，中央、省委、市委印发有关部门通知，要求抓好开展党史、国史的教育工作。我市党史与地方志部门需要在这一方面履行好自身的职责，完成各项任务，发挥积极作用。

（三）党史旧（遗）址保护与地方志场馆、驿站建设与管理有待进一步加强

协助有关部门对党史旧（遗）址进行保护是党史文献部门的重要职能，是各级党史文献部门责无旁贷的一项重要工作。我市共有党史旧（遗）址190多处，列入全国、省、市、区文物和登记保护单位，占总数的31.8%，有68.2%的党史旧（遗）址不能作为全国、省、市文物保护单位进行保护；我市地方志场馆、驿站建设与管理也需要不断提质增效。因此，我市有必要进一步加大党史旧（遗）址的保护力度和加强地方志场馆、驿站建设与管理工作。

二、关于原因分析

（一）理论研究力度不够的原因主要是党史与地方志工作部门研究相对力量不足

一是理论研究人员有限。本室专门从事党史与地方志理论研究的处室有党史研究部、地方史工作处、年鉴工作处、方志工作处4个处室，编制为25名，实有25人，占单位总人数的41%。二是高层次理论研究人才不多。本室有博士1人，高级职称6人，中级职称13人。研究力量相对不足对理论研究工作造成了直接影响。

（二）宣讲工作需要强化的原因主要是宣讲的广度和深度不够

一是广度。我市党史宣讲工作已有一定基础。两年前，我市已与市直机关工委联合向市直机关印发关于开展"学党史、强党性"活动的通知，成立"学党史、强党性"活动师资团，并在市委组织部等单位开展活动。但在本市覆盖面还不大，需要不断增加党史、国史宣传教育的广度。二是深度。党史、国史宣讲虽然有开展，但不够生动活泼、引人入胜。尤其是如何按照中央、省委有关部门关于党史、中华人民共和国史宣传教育的要求，更需要加强学习、深入领会、强化培训，不断提高党史、国史的宣讲水平。

（三）党史旧（遗）址保护与地方志场馆、驿站建设与管理需要加强的原因主要是无法规可依、工作经费不足、提质扩面有待不断强化

一是无法规可依。由于大多数党史旧（遗）址不能作为文物保护单位，不能依据《中华人民共和国文物保护法》和文物保护地方性法规进行保护，部分党史旧（遗）址存在保护工作不尽如人意、保护力度不够的情况，因为党史旧（遗）址具有唯一性和不

可替代性，迫切需要加强保护，急需制定相关的地方性法规进行保护。二是工作经费不足。由于许多党史旧（遗）址历史久远，需要投入大量资金进行保护，但是，我市各级财政只是划拨少量财政资金作为党史旧（遗）址保护的经费补贴，没有设立专项资金，导致党史旧（遗）址保护的经费缺口较大，因而保护经费难以得到落实和保证。三是举全室之力抓紧抓好广州地方志馆展厅的完善提升工作，扩大方志分馆和驿站在全市的覆盖面，不断推进地方志场馆、驿站建设与管理。

三、关于对策研究

党的十九大报告，用了51个"史"、44个"历史"，深刻总结、精辟阐释了我们党90多年的历史，对党的历史鲜明地提出了许多新思想、新观点、新论断，同时对党史和地方志工作提出了许多新要求。新时代赋予了党史和地方志工作新的使命，我们要以创新精神推动我市党史和地方志工作迈上新台阶。

（一）以创新精神解决研究力量不足的问题，多渠道地加强理论研究力量

一是在社会上公开选调和尝试按政策要求招录相应人员。利用本室空缺编制，选调一些党史专业和历史专业的博士研究生，及时充实到本室的理论研究处（部），以加强高层次研究人才力量。可与市公务员局、市人社局协调联系，在政策允许的情况下招录聘用公务员、政府雇员，以缓解理论研究人员不足之忧。二是构建"大党史""大地方志"格局。借调市社会科学院、市委党校和高等院校人员，进入"习近平新时代中国特色社会主义思想在广州具体实践研究"、《中国共产党广州历史（第三卷）》和第三轮修志的编写团队，发挥他们理论水平高、知识功底深、编撰能力强的优势。三是发挥市党史学会与地方志学会的作用。在市党史学会与地方志学会中，物色一些资深党史与地方志专家，让他们参与"习近平新时代中国特色社会主义思想在广州具体实践研究"、《中国共产党广州历史（第三卷）》和第三轮修志的提纲起草、材料撰写、文稿编辑、初稿审核等环节。通过以上形式，实现"聚全市党史与地方志人才而用之"的目的。

（二）以创新精神推进宣讲工作，不断增加宣讲的广度和深度

要将党史宣讲作为党史和地方志部门资政的一种重要途径和方式，不断扩大党史和地方志部门的影响和发挥党史部门的作用。一是按照中央、省委和市委关于开展党史、国史教育的要求，要求本市各单位抓好党史、中华人民共和国史的宣讲工作，继续抓好《中国共产党的九十年》的宣讲。二是调整、充实《中国共产党的九十年》宣讲团广州分团人员；加强对习近平新时代中国特色社会主义思想、党的十九届四中全会精神和《中国共产党的九十年》的学习和领会，进一步加强宣讲师资培训，不断提高本市党史、国史宣讲的能力和水平。三是把党史、国史宣讲与2019年党的十九届四中全会精神、"不忘初心，牢记使命"主题教育活动的宣讲结合起来，使这些宣讲活动相得益彰、有机整合。

（三）以创新精神推动党史旧（遗）址保护与地方志场馆、驿站建设与管理，有效地解决制度建设、经费不足、提升效能的问题

一是争取省、市人大常委会的大力支持，充分考虑广东、广州作为中国近现代革命策源地的特点，借鉴浙江宁波市人大常委会制定《宁波市革命旧（遗）址保护规定》和汕尾市人大常委会制定《汕尾市革命老区红色资源保护条例》的经验，制定《广东省红色革命旧（遗）址保护条例》或《广州市红色革命旧（遗）址保护条例》，将党史旧（遗）址保护相关内容纳入其中，使党史旧（遗）址保护有地方性法规做依照和遵循。二是争取市政府的大力支持，设立革命旧（遗）址保护专项资金，将党史旧（遗）址保护经费纳入其中，使党史旧（遗）址保护经费得到落实和保障。三是借鉴中共六大旧址的保护模式（长期租用业主物业常设专题展览），对《新青年》杂志社旧址、广州市委第一个机关旧址等广州党史旧（遗）址，可采用租赁、置换、购买等方式，获得党史旧（遗）址的所有权或使用权，设立小型党史专题展览，条件成熟的对公众开放参观，使参观者睹物思人、亲身体验、身临其境，具有强烈的现场感，从而产生较好的教育效果。四是进一步提升广州方志馆的运营管理水平和推进方志分馆、驿站建设。要对广州市方志馆不断进行完善提升，充分发挥广州市地方志馆现有的咨询预约团队、讲解员团队、管理保障团队"三个团队"力量，抓好日常运营管理；还要升级改造方志馆展厅中的粤港澳大湾区和区情展区，提高政治站位，围绕中心工作，展现广州市老城市新活力"四个出新出彩"新成就；360度环形影院除继续播放"广州千年商都"影片外，可考虑拍摄广州市全面建成小康社会、建党100周年的360度环形影片，在360度环形影院播放，以取得良好的展示效果。要立足高等院校、街道、村委会"三个板块"，在条件具备的高校设立方志分馆，在条件成熟的街道和村委会设立方志驿站，适时不断扩大方志分馆和驿站在我市的覆盖面。

习近平总书记指出，"历史不能选择，现在可以把握，未来可以开创"。新时代的画卷已经铺开，发展的蓝图已经绘就。将理想变成现实，需要的是坚韧与奋斗，用拼搏赢得未来。① 只有以创新精神引领党史与地方志理论研究、推动党史与地方志宣传教育、加强党史旧（遗）址保护、推进地方志场馆和驿站的建设与管理，才能使我市党史与地方志工作开创新局面、取得新业绩、迈上新台阶、展现新风貌！为广州建设国际化大都市、实现老城市新活力"四个出新出彩"做出应有的贡献！

（作者单位：中共广州市委党史文献研究室）

---

① 高翔：《在传承与创新中开启辉煌未来》，载《人民日报》2019年9月27日第13版。

新型方志馆建设与管理初探[①]

刘德敏

进入21世纪，全国各地纷纷修建方志馆。2015年，国务院副总理刘延东在全国地方志系统先进模范座谈会上提出："要开发利用好地方志资源，加快方志馆和地方志信息化建设，推动地方公共文化建设，使地方志更好地发挥传承历史、展现当今、启引未来的作用，成为地方的精神名片。"国务院办公厅印发的《全国地方志事业发展规划纲要（2015—2020年）》在设置2020年工作目标的时候提到"全面完成第二轮修志规划任务，实现省、市、县三级综合年鉴全覆盖，加快信息化和方志馆建设"。随着经济的快速增长以及地方志事业的快速发展，可以预见，各地地方志馆建设热潮将会继续。目前，广州作为全国最大的副省级城市，也在推动建设地方志新馆；在当前形势下，研究如何建设方志馆，如何对其进行管理运营，无疑具有重要的实践意义。

一、我国方志馆建设的现状

我国古代没有"地方志馆"这样的称谓，无论是北宋九域图志局，还是民国时期被誉为中国第一个"地方志馆"的"浙江通志馆"，基本上都是一个志书编纂的机构，专门负责博采志料、编修通志。而今天的地方志馆，功能更全面，除了是志书编纂、研究中心、馆藏实体机构外，也是国情、地情等社会历史文明成果的展示中心、地情教育和爱国主义教育的基地。进入21世纪后，随着我国经济的持续发展以及人民群众不断增长的对公共文化事业发展的需求，我国各地方志馆建设被提上政府议事日程。近年来，以国家方志馆和江苏方志馆、江西方志馆、北京方志馆的竣工和开放为标志，各地方志馆建设持续升温。截至2014年上半年，全国已建成国家方志馆1个、省级馆15个、市级馆60多个、县级馆近200个。[②] 据广东省地方志办统计，截至2015年年底，广东省内已建、在建和已经立项的各级方志馆达到18个。

（一）近年来方志馆建设的几个特点

近年来，方志馆建设的定位更高、更有前瞻性、功能更完备、更注重运用科技手段反映各地地情和文化特色，主要有以下特点。

[①] 此文成文日期为2016年。
[②] 王伟光：《发扬成绩 谋划长远 奋力书写地方志事业发展新篇章——在第五次全国地方志工作会议上的讲话》，载《中国社会科学报》2014年5月3日A4版。

一是建设规模更大。近年来，由于国家和各级地方政府对文化事业的重视，除大部分县级方志馆规模较小外，其他市级以上的方志馆动辄上千平方米乃至上万平方米，投资额度也均较大，建设规模大大超出以前。如中国国家方志馆于2008年申请立项，2009年国家发展改革委批准整体购买大楼，总投资1.3亿元，建筑面积1.3万平方米，占地8400平方米。2013年12月，装修改造完成并投入使用。北京市方志馆与首都图书馆二期合建，两馆总建筑面积67000平方米，总投资4.7亿元人民币，其中北京市方志馆建筑面积10000平方米。南京市方志馆与南京市档案馆两馆合一共同建设，合计占地10亩，41000平方米，工程于2011年12月奠基，2014年3月竣工，2014年9月正式投入使用。南京方志馆建筑面积5188平方米，展馆面积320平方米，文献阅览室面积450平方米。2015年先后揭牌的广东省方志馆和深圳方志馆，建筑面积也都超过1万平方米。

二是功能更全面。新型方志馆，不单单局限于收藏图书，还有教育、交流、服务、展示等多种功能，如北京市方志馆包括门厅（序厅）、展厅、多功能厅、阅览厅、馆藏书库、地方志编修室、地情研究中心、地方志学会、《北京地方志》杂志社、北京年鉴社、信息网络中心和交流厅、贵宾室、会议室等，集收集、整理、研究、编纂、咨询、阅览、展示、交流于一体，成为具有服务性、公众化特征的标志性文化基础设施。2015年4月开馆的南京方志馆有四大主要功能：①修志编鉴的平台，以志书和年鉴的形式传承南京历史文化。②"方志南京"展陈馆的平台，以方志的视角展示南京历史文化。③方志文献阅览室的平台，以收藏志书典籍保存南京历史文化。④南京地方志专业网站的平台，以"新编方志""地情书览""古籍整理""视听频道""代表建筑"等37个特色栏目宣传南京历史文化。

三是更具地方特色。各地方志馆均注重对当地地情的展示，馆内馆外营造比较有特色的地域风情，在非物质文化遗产展示、民俗馆的设计上颇费心思，很好地展现出各地文化特色。2014年年底开馆的景德镇地方志馆坐落于昌南湖畔，其建筑是一组带有浓郁地方特色的仿古建筑，建筑内随处摆放的有大有小的陶瓷，展现了该地独具特色的陶瓷文化。杭州市余杭区方志馆选择在地理位置优越、环境优美的旅游古镇塘栖建馆，而不是其传统的行政经济中心临平，与该地一些知名景点连成一线，从而构成一条深具历史文化内涵的旅游风景线。该馆开馆以来，颇受群众欢迎、参观人数颇多，堪称中国县级地方志馆典范。

四是更有现代气息，注重运用科技手段。一些方志展馆注重软硬件的前瞻性和通用性，其设计和建造技术已经由过去以空间布展为主的单一模式，发展成为涵盖空间、多媒体、环境、交互、平面、照明、力学等多系统的集成设计。多媒体技术、场景复原等运用于展示设计中，展示、展览由简单陈列展示向多维立体展示发展，更加灵动、直观、有趣。展馆布置数字化，运用信息技术，用有限的空间展示丰富多彩的信息。大多数方志馆在馆藏方面采用密集型书柜，单位空间的藏书数量更大，图书管理基本实现了自动化，且放置电子图书的防磁柜并注重对古籍的保护和抢救。有的方志馆设计技术等级和质量要求都达到了相当高的水准，有的则花大力气开展数字方志馆建设。如浙江省舟山市在全国同系统中率先启动数字方志馆建设。这种类型的方志馆，从技术上分为方志数字资源建设（数字志书制作）、数据存储与压缩（数字志书保存）、数据加工与挖掘（数字志书资源加工)、信息输出与表现(数字图书馆的开放)、用户服务(数字志书的阅览利用)以及版权保护等多个模块;从内容设置上又分为8个分馆、11个子馆,分别是旧志馆、综合志馆、专业志馆、年鉴馆、期刊馆、家谱馆、市情文献馆、方志理论馆。运行实践表明,它既是对实体方志馆的一种有益补充,也是方志界为应对现行形势条件的一种创新举措。①

(二) 近年来方志馆建设的几种模式

目前,方志馆的建设,主要有两种模式。

一是独立建设。早年建的地方志馆,以及一些市、县级地区的方志馆,多数是独立建设,比如国家方志馆、景德镇方志馆等。这种建设模式,便于建好后独立管理,也可以更加有条件去突出方志文化特色。

二是与重要文化机构或展览馆合建。与其他展馆合作共建,越来越成为新型方志馆建设的趋势。有的与图书馆合建,如北京方志馆。有的与档案中心合建,如深圳方志馆、南京市方志馆。有的与社科中心合建,如广东省方志馆。有的与规划馆合建,如2016年开馆的广州地方志新馆、洛阳方志馆。有的还与博物馆、党史馆合建,如深圳方志馆,其实是一馆多用,既是地情馆,也是党史馆。有的与展览馆、艺术馆合建,如被称为全国首个镇级方志馆的东莞大朗方志馆,与大朗镇档案馆、展览馆、艺术馆一起,形成"四馆合一"的格局。与其他文化机构、展馆合建,有利于发挥文化场所和机构的规模优势,为市民提供大型文化休闲场所;也有利于提升这些场馆的利用率,更便利地服务群众。

二、方志馆建设和管理中出现的问题

中华人民共和国成立以来,方志馆从无到有,建设和管理取得很大进步,但是也存在不少问题。

(一) 功能定位不准

方志馆的定位,有的仍定位在过去的修志机构和馆藏场所,如中国地方志指导小组前常务副组长朱佳木提到,"在全国看了很多叫方志馆的地方,印象基本上是地方志工作机构的办公楼"②,"目前有的方志馆还有名无实,还没有像样的成规模的建筑,或者虽有建筑,但主要是放书,实际是志书馆"③。有的则过分追求展览和展示,定位在地情展览馆。有的则定位为市民文化休闲场所和培训、教育基地。在设计上,一些方志馆缺乏

---

① 潘捷军:《方志馆建设面面观》,载《中国地方志》2015年第9期,第33-39页。
② 朱佳木:《不断增强依法修志的能力 推动地方志事业大发展大繁荣》,载《中国地方志》2012年第5期。
③ 朱佳木:《注意防止倾向性问题,巩固和发展地方志事业大好形势——在全国省级方志工作机构主任会议上的讲话》,载《中国地方志》2013年第5期。

系统、长远的考虑,功能定位不明确。有的方志馆显得比较拥挤,缺乏美感,给参观群众的感觉不是很好。有的则浪费资源,部分场馆处于空置状态。虽然新型方志馆大多具有多功能性,但在馆库区域、公共服务区域、办公区域、展览区域、交流研究区域、技术用房等的面积分配和布局不合理,建成后无法更改。有的库房柜架较矮,而层高很高,导致空间使用率不高,使温湿度控制运营成本高,造成不必要的能源浪费。有的缺乏前瞻性,多按10~20年资料收藏量预计,库房面积容量预计过低。有的公共服务设施场所偏小,而对电子阅览室、多媒体播放室、固定展览区与不定期展览的空间布局考虑不周,造成后期运营管理成本较高。

(二)开发利用不够

一些地方志馆缺乏人气,基本只有方志机构编写人员使用,而对其他学术机构、人民团体、普通群众的开放度不高。地方志馆的图书馆、地情馆除开馆之时热闹一番,此后就缺乏足够的人流。这些馆的功能大多比较单一,缺乏借阅、查询、检索以及交流、服务的功能,有的则位置较为偏僻,基本无人问津,除专业学者外,少有普通群众前来查阅和参观,导致缺乏人气,造成资源浪费。

(三)管理体制不顺

各地对方志馆管理体制不顺、缺乏法规政策保障,方志馆的定位及人员配置取决于各地政府对地方志工作的重视程度。有的地方的方志馆独立设置,有的地方将方志馆视为地方志部门内部处室,而有的地方志馆和政府地方志工作部门对外实行一套人马、两块牌子,将方志馆和地方志工作机构等同起来,忽略了方志馆作为公共文化事业单位的性质。在人才队伍方面,很多方志馆没有编制配备,或者编制配备很少,缺乏专业性人才,缺乏吸收人才、留住人才的手段和能力,导致方志馆难以发挥正常功能,特别是在对外服务功能上难以全面开展。目前,国家关于地方志工作的法规、文件还没有对方志馆的建设以及人员编制、机构定性方面做出刚性的规定,使得方志馆的建设呈现出很大的随意性,各地机构的命名、编制配位和单位性质不规范、不统一,这样下去,既不利于方志馆事业的长期规划,也不利于机构和专业人才队伍的稳定发展。

(四)后期管理不精

将地方志馆建设好之后,后期的运营管理也是一门学问,如果运营管理不善、管理不够精细,则会制约方志馆功能的发挥。目前,有的地方志馆在后期管理不是很精细,如藏书搜集不够、未及时更新,书籍整理、排序不当,对于图书的查询、检索功能设置不够,制约了市民对方志的利用。有的地情展览馆缺乏维护和更新,比如有些展板时隔多年未及时更新,多媒体设备老化、年久失修,造成无法播放。有的方志馆与别的展览馆或者文化机构合建的,在公共场所的管理以及参观流线的设计,由于内部协调和沟通不到位,未统一安排和规划,精细化不够,给前来参观的群众带来不便。

三、新时期方志馆建设和管理的几点建议

（一）突破认识局限，打造功能全面的新型方志馆

方志馆是一个文化机构，具有专业性、全面性、权威性等特征，是其他机构无法比拟的。随着时代发展，新型方志馆的功能更加多元化，具有展示、收藏、借阅、教育、研究、交流、培训、资源开发和服务等多种功能。在建设新型方志馆过程中，对其功能定位要防止两种认识上的倾向。

一是防止过分突出其多用途，而忽视地方志馆的基本功能。"建立权威的地方文献收藏中心是方志馆立馆之本"，"丰富的资料储备能为方志馆展示、研究、服务功能的实现提供智力支持和物质保障，如果没有强大的地方文献资料储备做后盾其他功能的发挥都将成无源之水、无本之木"[①]。其实，方志馆的功能虽然不断扩展，但是其功能也是有层次性的，对于传统方志馆，馆藏是其核心功能，对于新型方志馆，"成为地域文化宣教中心是各级方志馆的重要功能，采用多种形式开发利用地情资源是方志馆的主要功能"[②]，地情展览和教育是新型方志馆的主要功能。换言之，方志馆的建设，首先应该是建设成地方志馆而不是别的馆，既不是图书馆、博物馆、档案馆，也不是别的文化机构和场所。比如，地方志馆虽然有藏书的功能，但其藏书主要针对各个时期的志书、年鉴和地情书籍，而不是对各类书籍都进行全方位的搜集，这与图书馆是有区别的。

二是防止过分突出传统功能，而不注重全面性。"方志馆"发展到今天，并不等同于单一的志书馆，不是藏书阁，也不仅仅是地情展览馆；它是集藏书、展示、科研、学术交流、资源开发利用、爱国主义教育等多功能于一体的文化基础设施。因此，应该在保障其核心功能和主要功能的基础上，根据各地情况及建设规模，适当拓展其各方面功能，使其成为更好地开展志书编纂、研究以及开发利用的文化机构。如广州市地方志新馆，包含广州地情博览中心（包括地情展览、开放式现代书屋展示、地情智能查询）和馆藏书库，项目建成后，具有方志馆收藏、展览、查阅、检索、咨询、文献传递、交流培训、方志编纂、资源开发和社会服务等多种功能。

（二）紧扣开发利用，打造接地气、有人气的方志馆

地方志工作具有三大功能：存史、资政、教化。地方志馆的开发利用是后两大功能发挥的重要保证。新型方志的设计、建设和管理，应切实贯彻共享理念、着眼地方志的开发利用、提升公共服务水平。

一是要使地方志馆接地气。要系统搜集本地地情书籍和志书，有可供市民、学者利用的资料储备，方志馆的设计要具有地方气息和本地文化特色，以史为脉络，全面展现当地地情。如果脱离本地情况的介绍，地方志馆就没有根基。

二是要使方志馆更能聚人气。其设计要具有趣味性，要以喜闻乐见、直观、动态的

[①] 毛珏珺：《试论方志馆的功能与定位》，载《黑龙江史志》2014年第20期，第23-24页。

[②] 毛珏珺：《试论方志馆的功能与定位》，载《黑龙江史志》2014年第20期，第23-24页。

方式进行展示。方志馆的设计除了面向专家、学者和地方志工作的专门人士外，还可以重点紧盯青少年群体，对青少年进行爱国爱乡教育，最大限度地发挥地方志馆在教育方面的作用。要着眼提高地方志馆的人气，提供查询、检索、借阅服务，不定期举行学术交流，打造有人参观、供人查阅、有人交流的地方志馆。方志馆的选址要科学，不能选在太偏僻的地方。同时，与其他重要的文化机构或者展览馆合建也是地方志馆增加人气的一种方式。

三是要加大数字方志馆的建设力度。随着网络技术、数码存储与传输技术等电子信息技术的全面普及与发展，人们对志书信息的存储、查询、利用等方面有了更新、更高的要求，如何更有效、更快捷地读志用志，开发利用地方志资源，地方志工作的信息化建设变得日益迫切，因此，数字方志馆的概念应运而生。① 地方志馆的信息化、数字化、网络化，给开发利用地方志资源提供了前所未有的便利条件。例如，志书进行数字化后，再联上网络，使读者通过"关键词"检索志书中的内容成为一件非常容易的事情，从而为志书资源的开发利用开辟了广阔的天地。因此，我们应当把数字方志馆的建设作为当前开发利用地方志资源最为重要的方向。

（三）完善政策法规，理顺方志馆的管理体制

以建设方志馆为契机，抓好机构建设和人才培养。在方志馆建设初期，就应着眼于长远的建设与发展，将方志馆列入方志机构的序列工作部门，争取人员编制、做好预算安排、建立健全馆内各项组织机构和制度，从根本上保障方志馆各项工作的运转。比如，新成立的广东省方志馆经省机构编制委员会批准设立，为省人民政府地方志办公室所属事业单位，公益一类，正处级，这个定位值得借鉴。在国家层面，可以通过对地方志工作条例进行修订或者通过立法的形式，对方志馆的功能以及机构定位进行统一规定，使地方志馆的管理和使用有法规保障。

目前来看，随着方志资源的收藏整理、开发利用工作的不断拓展，以及网络信息化技术水平的不断提高，方志馆要发挥应有功能，就必须配备一些专门性人才，比如图书馆人员、计算机人才、地方志编纂、网站编辑人员及地情讲解人员等，要注重完善管理机制，加大对现有地方志人才的培训力度，以地方志馆的建设为契机，加强地方志人才的储备和培养。

（四）加强精细管理，打造规范运作的方志馆

从历史发展来看，方志馆是一个新鲜事物，如何对其管理和定位，这方面仍处于探索中，很少有可供借鉴的经验。因此，在对方志馆的管理上，宜精求细，不宜太粗放，要具有前瞻性，通过制度来管理，打造规范运作、管理精细的方志馆。比如在对馆藏书籍的搜集上，要保障全面性、时效性，就需要建立资料搜集保障制度，无论是利用行政手段进行征集，还是与一些图书馆建立固定的书籍交换制度，都需要妥善安排。又如，对于地情展览和教育部分的展览馆，里面的灯光、设备维护、展板更新、人员配备都应

---

① 周维：《试论数字方志馆的建设》，载《信息化建设》2015年第9期，第49页。

统筹安排，形成制度化的规定。再如，一些与其他文化机构和场馆合建的地方志馆，如何进行参观流线设计、如何开展物业管理、如何对共有设施进行分配使用，这些都需要做好内部沟通、协调，通盘考虑。

总之，建设方志馆的终极目的是发挥地方志在促进经济发展、文化繁荣、社会和谐等方面的作用。从这个思路出发推进方志馆建设与运营，各个方志馆可以积极探索，不必按照一种模式，千篇一律地建设和管理。但是，作为新型方志馆，应该紧扣地方志"存史、资政、育人"的功能，最大限度地发挥地方志知往鉴来、传承文明的重要作用。

（作者单位：中共广州市委党史文献研究室）

浅析"详独略同"在方志馆陈设布展中的运用
——以广州市地方志馆*为例

王艺霖

一、理论与实践的互动:方志理念在方志馆陈设布展中的运用兼具理论和现实意义

史志机构自西汉兰台肇始,历经东观、修史局、史阁(馆)、九域图志局、一统志馆、通志局(馆)等多种行制,形成了大量理论和编纂成果。但其主要职能始终围绕修史和藏书,鲜有展示功能。①

1951年,受苏联地志博物馆启发,我国方志领域才开始系统学习、实践陈设布展工作。② 通过借鉴、反思各类场馆的陈设布展经验,综合地情展示逐渐成为新型方志馆的主要内容。③ 但目前方志馆与其他场馆有的合署,有的在功能上重合,学界和社会大众对其定位,以及展示功能与其他功能的关系存在不同看法。进行深入系统研究,是方志馆建设的重要前提和当务之急。

目前,学界普遍认为图书馆、档案馆和新型方志馆始于20世纪④,但历史上各种行制的史志机构兼具藏书、档案、编纂职能。实际上,中国历代各类局、馆、阁、楼、库是图书馆、档案馆、新型方志馆的共同源头。清末以来,随着西学东渐和经济社会变革,以存史和编纂为主的方志馆,以藏书和借阅为主的图书馆,以征集和保管档案为主的档案馆逐渐分立,并普遍吸收源自西方的博物馆陈设布展经验,不断加强与社会的互动交流。一些学者和大众认为,新型方志馆与其他场馆在内容上、功能上存在重合。这一方面是因为没有看到方志馆的存史和编纂职能,另一方面,方志人在陈设布展工作中,践行存史和编纂的理念不强,导致以方志理论指导陈设布展工作存在不足。当前,在方志馆陈设布展工作中,应当进一步强化理论与实践的互动,推动方志理论的不断完善和方志馆实践的均衡发展。

---

* 广州市地方志旧馆于1996年正式开馆并于2019年腾退。广州市地方志新馆于2017年正式开馆。本文中的广州市地方志馆均指广州市地方志新馆。

① 潘捷军:《中国方志馆》,方志出版社2016年版,第16-73页。
② 潘捷军:《中国方志馆》,方志出版社2016年版,第74页。
③ 潘捷军:《中国方志馆》,方志出版社2016年版,第79页。
④ 胡俊荣:《晚清知识分子创建中国近代图书馆的历程》,载《四川图书馆学报》2000年第5期,第61-66页;潘捷军:《中国方志馆》,方志出版社2016年版,第74、114页。

二、"详独略同"在广州市地方志馆陈设布展中的运用

(一) 何谓"详独略同"

刘知幾在《史通》烦省第三十三中提出:"史之详略不均,其为辩者久矣。"章学诚在《文史通义》卷八外篇三中提出:修志"忌详略失体"。可见,详略关系自古以来都是史志领域重点探讨的问题之一,也是当今方志理论需要重新审视的话题。目前,有关详略关系的观点主要有"详今略古""详近略远""详独略同"三类。

我国首轮修志完成之后,规定各级地方志每20年左右续修一次,"详今略古"的提法已经没有太大的现实意义①;随着现代电子信息技术的发展,方志收集、编纂、利用已经在极大程度上突破了时空的限制,不再局限于"地近则易核,时近则迹真","详近略远"也需要重新审视;信息爆炸导致文献、影音等资料迅速增加,新一轮修志中如何甄别浩如烟海的方志资料值得学界深入探讨。可见,"详独略同"已经成为方志详略关系中最具生命力的话题。

所谓"详独略同",是指在方志编纂中,对本地独有或特优、他方所无或很少的事物详加记述,对那些本地或外地都有的事物进行略记,而让更高一级的志书去记述。② 一方面,地方性是方志的首要属性,突出地方特色是方志编纂的追求。③ "详独"可以有效地反映本地特有或比较突出的事物。另一方面,我国首轮修志期间,志书篇幅十分庞大,亟须调整。根据1985年《新编地方志工作暂行规定》要求,"县志以控制在三十至五十万字为宜"。而许多县志成稿篇幅仍在百万字以上,过于冗长。"略同"可以在一定程度上解决方志编纂中的雷同、冗繁等问题,并有效地控制志书的篇幅,是我国首轮修志的重要经验。④

"详独"与"略同"虽缘起不同,但两者得以有效指导方志实践的关键,在于二者的互补性。只讨论"详独"会动摇方志的存史功能,只讨论"略同"会抹杀方志的地方特色。因此,"详独"是对"略同"的点睛,"略同"是对"详独"的补充,"详独略同"在运用中不宜割裂讨论。

(二) 两轮《广州市志》:广州市地方志馆陈设布展的重要参考

方志馆作为方志领域的重要实践,是对方志成果的集中运用,需要突出地方特色,且受限于布展规模,也需要控制"篇幅"。因此,方志馆陈设布展工作同样适用"详独略同"的理念。

广州市地方志馆展厅除序厅和千年大事长廊之外,共有八个展区,包括城、商、政、人、水、文六个主题展区,以及区情纵览、粤港澳大湾区泛珠三角合作两个专题展区。平面部分中,六个主题展区主要运用了两轮修志成果,两个专题展区主要运用了年鉴编

---

① 魏桥:《关于"详今略古"和"详今明古"》,载《中国地方志》2004年第3期,第9-10页。
② 沈松平:《新方志编纂学》,浙江大学出版社2017年版,第3-4页。
③ 沈松平:《新方志编纂学》,浙江大学出版社2017年版,第3页。
④ 徐艳:《论志书编纂应科学把握略同》,载《中国地方志》2015年第8期,第42-43页。

纂成果。本文主要基于两轮修志成果和广州市地方志馆布展大纲（六个主题展区平面部分）浅析"详独略同"理念的运用。

为便于分析，笔者整理出两轮《广州市志》总述部分、广州市地方志馆布展大纲（六个主题展区平面部分）一、二级标题及对应的字数。（见表1、表2）

表1　第一轮《广州市志》卷首总述一、二级标题及对应字数

第一轮《广州市志》卷首总述			约50800字
无题序			约900字
一、优越的地理环境	（一）地理位置	约1000字	约5100字
	（二）自然环境	约2600字	
	（三）城市环境的改变	约1500字	
二、历史悠久的岭南都会	（一）建制沿革	约1400字	约9200字
	（二）城市建设的发展	约7800字	
三、民主革命的策源地	（一）反对外来侵略	约1100字	约6400字
	（二）对封建专制制度和文化意识的冲击	约1700字	
	（三）民主革命派的活动	约1100字	
	（四）中国共产党及民主党派的革命斗争	约2500字	
四、岭南文化的荟萃之地	无题序	约500字	约13700字
	（一）学术	约2200字	
	（二）教育	约1900字	
	（三）文学	约1300字	
	（四）艺术	约5500字	
	（五）饮食文化	约1500字	
	（六）建筑园林	约800字	
五、经济繁荣的中心城市	无题序	约100字	约6400字
	（一）"海上丝绸之路"的起点	约1300字	
	（二）古代辐射海内外的贸易商都	约1300字	
	（三）近现代百业兴旺的南中国经济中心	约2800字	
	（四）当代全面发展的区域性中心城市	约900字	
六、改革开放的先行地位与辉煌成就	无题序	约100字	约7100字
	（一）先行一步	约500字	
	（二）初步探索	约1900字	
	（三）全面展开	约2800字	
	（四）辉煌成就	约1800字	
七、世纪之交的展望	—	—	约2000字

表2　第二轮《广州市志》卷一总述一、二级标题及对应字数

第二轮《广州市志》卷一总述			约53200字
一、优越的地理环境和悠久的历史文化	无题序	约200字	约4600字
	（一）建制区划	约1000字	
	（二）自然环境	约1500字	
	（三）区位优势	约900字	
	（四）历史文化	约1000字	
二、综合经济实力稳居全国大城市前列	无题序	约300字	约12300字
	（一）产业结构不断优化	约700字	
	（二）工业基地地位更加巩固	约3700字	
	（三）农村经济实现转型升级	约2300字	
	（四）商贸中心功能进一步提升	约3000字	
	（五）外向型经济格局基本形成	约2300字	
三、现代化城市建设全面展开	无题序	约300字	约8600字
	（一）城市发展目标不断修正	约1600字	
	（二）立体交通网络基本建成	约2300字	
	（三）城市环境质量明显改善	约1800字	
	（四）房地产开发平稳发展	约1000字	
	（五）公用事业服务能力不断增强	约800字	
	（六）城市管理水平逐步提高	约800字	
四、政治文明日益进步	无题序	约100字	约6600字
	（一）法制建设有序推进	约1200字	
	（二）民主政治制度逐步完善	约2000字	
	（三）政府职能向宏观管理转变	约1200字	
	（四）社会保持基本稳定	约1000字	
	（五）精神文明创建活动广泛开展	约1100字	
五、文化名城更添风采	无题序	约600字	约5200字
	（一）文学艺术精品迭出	约2200字	
	（二）文博事业快速发展	约600字	
	（三）群众文化日益繁荣	约800字	
	（四）新闻事业引领全国潮流	约1000字	

续表2

六、社会事业全面发展	无题序	约100字	约11000字
	（一）各级各类教育协调发展	约3400字	
	（二）科技总体水平迅速提高	约2800字	
	（三）体育事业迈入全国先进行列	约2400字	
	（四）医疗卫生服务能力显著增强	约2300字	
七、人民生活步入小康	无题序	约100字	约4900字
	（一）社会保障制度体系基本建立	约2700字	
	（二）城乡居民生活水平大幅度提高	约2100字	

根据统计，两轮《广州市志》总述部分约10.4万字，考虑到两轮《广州市志》编纂完成之后，广州市还发生了以下重要事件：举办第16届亚洲运动会，广州南沙自贸区获中共中央政治局会议审议通过，广州市作为海上丝绸之路主要港口参与"一带一路"建设，广州市连续八年荣获全国"双拥模范城"称号，制定《广州制造2025战略规划》，广州市垃圾分类走在全国前列，古琴和粤曲等艺术形式入选世界、国家非物质文化遗产代表作名录，广州市文化设施建设和文化交流成果突出。综合考量，广州市地方志馆六个主题展区平面部分陈设布展可供参考的文字量约为11万字。

经网友投票，目前国内、市内博物馆中，得票前五①的场馆建议参观时间和展厅面积如表3所示②。

表3 网友投票中得票前五的室内博物馆概况

博物馆名称	建议参观时间	展厅面积	建议参观时间中位数/展厅面积
中国国家博物馆	60—120分钟（单个主题展区讲解时长）	800—2000平方米（单个主题展区面积）	64分钟/1000平方米
河南博物院	40—60分钟（讲解时长）	约900平方米	56分钟/1000平方米
陕西历史博物馆	45—90分钟（常设展览自行参观时长）	5051平方米（常设展览）	13分钟/1000平方米
上海博物馆	120分钟（精品路线自行参观时长）	12000平方米	10分钟/1000平方米
南京博物院	60—180分钟（艺术馆自行参观时长）	7000平方米（艺术馆）	17分钟/1000平方米

---

① Https：//www.maigoo.com/goomai/152336.html？_t=t&frompc=1。
② 数据来源：各博物馆（院）官网、官方咨询电话。

可见，展厅面积较小的场馆，单位面积的参观逗留时间较长；展厅面积较大的场馆，单位面积的参观逗留时间较短。广州市地方志馆展厅建筑面积 6603 平方米，与陕西历史博物馆常设展览、南京博物院艺术馆的面积相近，比较合理的参观逗留时间应为 15 分钟/1000 平方米，即参观总时间为 100 分钟。其中，六个主题展区建筑面积约 4000 平方米，参观总时间为 60 分钟。此外，研究表明，普通人阅读的速度为 309 字/分钟。[①] 据此可估计，参观速度约 300 字/分钟，即六个主题展区的文字量以 1.8 万字左右为宜。而可供参考的文字量约为 11 万字，严重超出陈设布展容量，必须秉承"详独略同"理念，在保持地方特色的同时大规模"瘦身"。

（三）广州市地方志馆如何做到"详独略同"

方志的宗旨是存史、资政、育人，方志馆是方志资源开发利用的重要平台，更要在实践中秉承这一宗旨。"详独略同"的过程中，也应当围绕存史、资政、育人这三个要求，着重选取当地特色事件，统筹考虑共性事件，有针对性地进行展示。广州市地方志馆主要按照"三详三略"思路开展六个主题展区平面部分的陈设布展工作。

（1）详记历史悠久且仍然存在的地方特色。源远流长且仍在不断发展的事物兼具历史意义和现实意义，既需要记录，也需要展示，以供今人参详。例如，广州市 2200 多年城址不变，中轴线式的城市规划秉承至今，既具有历史研究价值，也值得后人借鉴。再如广州市早在秦汉时期便被《史记·货殖列传》列为全国九大都会之一，之后成为海上丝绸之路的主要港口，而今的"广交会"更是被称为"中国第一展"，千年商都古韵秉承至今，值得进一步研究和展示。又如，古琴、粤曲等各类文化艺术，是广州市自古以来的文化名片，是让人们认识广州、熟悉广州、热爱广州的重要切入点，应当重点呈现。

（2）详记已经结束但影响深远的地方特色。某些事件虽然已经结束，但在历史上或具有非常重要的意义，或对于该地区人民群众而言值得铭记、反思、研究，需要记录和展示。例如，中国人民已经当家做主站起来，但近代以来革命先烈在这里为民主革命做出的努力是本地人民乃至全国人民的宝贵财富，是爱国主义教育、党员教育的重要素材，值得着重表现。又如，改革开放已经进入深水区，但改革开放初期广州市率先进行价格闯关、引进外资的举措仍历历在目，既是中国改革开放的缩影，又是印证广州市人民生活水平不断提高的重要记忆。再如，第 16 届亚洲运动会虽然早已圆满闭幕，但广州市在办会过程中积累的经验值得进一步反思、提升，凝聚而成的亚运志愿精神值得进一步宣传和继承。

（3）详记没有结束但规格较高的地方特色。某些事件没有结束，盖棺定论为时尚早，但规格较高，或属于国家战略，或代表国家意志，或具有推广的价值，应当据实直书，作为当前发展过程中的重要剖面加以突出。例如，广州南沙自贸区获中共中央政治局会议审议通过，是国家层面的重要战略，是广州市参与"一带一路"建设、粤港澳大湾区建设的重要契机，应当予以展示。又如，"双拥模范城"是广州市连续八年获得的国家荣誉，也是广州市委市政府重点推动工作，是地区推动军民融合的重要保障，需要向市

---

① 廖建桥、张万山：《论中文的阅读速度》，载《人类工效学》1996 年第 1 期，第 38–41 页。

民深入介绍。再如,《广州制造2025战略规划》、垃圾分类和环境治理工作,虽然是长期工作,但属于广州市对国家重要工作部署的贯彻落实,勾画了广州市的发展蓝图,应当全面展示。

相应地,对于部分存史、资政、育人效果不显著且与多地情况类似的事件,可能与其他场馆存在雷同的内容,以及普遍性、阶段性、解释性的内容,应当加以略记。

(1) 略记存史、资政、育人效果不显著且与多地情况类似的事件。有的事件虽然在两轮《广州市志》中有记述,甚至占据较大的篇幅,但放到当前的意义已经很小,或者与其他地区情况类似,应当略记。例如,广州市曾是华南地区重要的农业集散地、工业生产基地,但在我国经济进入新常态,全面转型升级的大背景下,广州市的农业和传统工业已经不属于当前发展的主要领域,且珠三角各市农业和传统工业的历史、现状比较类似,可在省和国家层面进行展示。

(2) 略记意义较大但与其他场馆或本场馆其他展区有重复的内容。有些内容意义较大,但与就近场馆或本场馆其他展区存在较大雷同,应当略记。例如,建制区划、区位优势、城市规划、交通网络对于城市发展而言十分重要,但由于广州市地方志馆与广州市城市规划展览中心共同布展,后者对城市建设和未来规划进行了详细展示,因而不必重复表现。再如,广州市千年商都的发展历程既包括商贸业的繁荣,也包括航海技术的提升,可将两者统筹表示。

(3) 略记意义较大但主要为普遍性、阶段性、解释性的内容。一些内容和提法基于某一时期政治、经济、社会、文化的发展现状,其视角与当前有所不同,虽然意义较大,但应嵌套到当前的发展框架下,作为现在和未来发展的基础,应当略记。例如,现代化建设、政治文明视角下的各类普遍性介绍、阶段性成果、解释性表述,应当适当删减,将有关内容融合到当前五位一体的发展框架中进行展示。

综上所述,广州市地方志馆秉承上述"三详三略"思路,形成了布展大纲(见表4)。

表4 广州市地方志馆布展大纲(六个主题展区平面部分)一、二级标题及对应字数

广州市地方志馆布展大纲(主题展区平面部分)			约19900字
一、城:千年羊城·南国明珠	(一)概述	约200字	约2200字
	(二)古代城市建设	约900字	
	(三)近代城市改造	约500字	
	(四)当代城市更新	约600字	
二、商:海丝大港·商都传奇	(一)概述	约700字	约2800字
	(二)海丝之路	约500字	
	(三)千年商都	约1600字	
三、政:革命策源·改革先行	(一)概述	约400字	约3500字
	(二)民主革命策源地	约1600字	
	(三)改革开放排头兵	约800字	
	(四)共建双拥模范城	约700字	

续表4

四、人：人才汇聚·务实创新	（一）概述	约400字	约4400字
	（二）古代广州创造	约1100字	
	（三）近代广州创举	约1300字	
	（四）当代广州创新	约1600字	
五、水：云山珠水·花城绿洲	（一）概述	约400字	约1800字
	（二）珠江水系变迁	约200字	
	（三）水生态、水经济、水文化、水环境、水治理	约1200字	
六、文：文化名城·引领风华	（一）概述	约400字	约5200字
	（二）非物质文化遗产	约1700字	
	（三）粤剧	约1000字	
	（四）宗教文化	约800字	
	（五）岭南画派	约400字	
	（六）文化地标	约400字	
	（七）文化交流	约500字	
以上字数不含英文、图片标题、展品说明牌、多媒体屏幕（及多媒体室）文字、射灯文字、复原场景中的文字			

广州市地方志馆布展大纲（主题展区平面部分）通过六个主题展示出广州市历史发展的脉络，文字量约1.99万字，既突出了地方特色，又有效控制了布展"篇幅"，基本符合设想。广州市地方志馆抽样回访2019年3月25日—10月25日的82个参观团队，参观对象平均打分9.49分（10分制），收到表扬62条，建议26条，其中关于讲解时间的建议仅两条，接待反馈情况良好。目前，结合市民参观需求和多媒体展项，六个主题展区的参观时间可控制在30～120分钟，基本做到了内容翔实、亮点突出、张弛有度。

三、小结与展望

方志资源是方志开发利用的不竭源泉，也是对方志馆陈设布展的重大考验。"详独略同"理念在方志馆陈设布展中的运用只是方志资源开发利用的缩影。方志馆在陈设布展中，积累了大量经验，亟待梳理、提升。如何将方志理念、方志宗旨、方志内容融合到方志馆陈设布展中，需要方志人在当前方志馆的建设热潮中强化理论与实践的互动，特别是实践对理论成果的检验和运用。大到编纂理念，小到具体史实，只有不遗余力地考量，才能使方志馆进一步明确定位，实现方志理论与方志馆的均衡发展。

（作者单位：中共广州市委党史文献研究室）

新时代下方志馆公共服务功能浅析

张 露

地方志,是全面记载某一时期某一行政区域或地区的自然与社会各个方面的历史与现状的综合性资料著述。其内容涉及很广,包括历史沿革、疆域、风俗、山川、人物、水利、建筑、古迹、灾异、学校、艺文、选举、科第等,通常被历史学专家和方志学专家称为"一方之全史""博物之书"。方志材料较一般资料更加全面、真实、准确,是更能反映当时当地真实情况,反映事物发展规律或发展趋势,有时代特点,有借鉴、查考、教育和存史作用,经得起时间考验的材料,是中国历史文化资源之中的一个非常重要的组成部分。

中国作为世界上最早出现地方志的国家,地方志书的资源存量是相当惊人的。随着社会文明的进步,社会经济的快速发展,社会整体对方志工作有了粗浅的了解和渐进的认识,对方志文化的需求在不断加强。2014年2月,习近平总书记在首都博物馆考察调研时强调,历史是最好的教科书,要高度重视修史修志,把历史智慧告诉人们,使人们了解过去、把握现在、开创未来。为了充分保护、展示、开发、利用方志资源,方志馆作为一个新兴事物便应运而生,是推动地方志事业前进和发展的重要阵地,是地方志事业与社会联系的纽带和窗口,是社会文明进步的产物。建设好方志馆,对地情资源的保护、开发、利用有着重要的作用,对公共文化服务体系的建设具有重要的意义。

一、方志馆的公共服务功能认识

对方志馆的功能认识,是一个渐进的过程。以前方志馆一般不面向公众开放和使用,仅作为收集存放志书志鉴的专用场所,或作为开展方志工作的办公地点,内容涉及面窄、功能单一。随着社会经济的快速发展,群众对物质文化有了更高层次的追求,对方志馆的认识也在不断深化。2016年9月,第一次全国方志馆工作会议在江西景德镇市召开,会议指出:谋划方志业的长远发展,要进一步提升方志馆建设理念,进一步推动理论和业务研究,进一步推动方志馆建设与管理的科学化、规范化,进一步提升方志馆在公共文化服务体系建设中的地位和影响。方志馆是集藏书、展示、编研、咨询、业务交流、开发利用、爱国主义教育等多功能于一体的公共文化基础设施和文化地标工程,是现代文明的象征。立足国情、地情,确定方志馆的主要功能,充分认识方志馆所承担的公共服务功能,是充分发挥方志馆公共服务功能的基础。现将方志馆的公共服务功能大致分为以下五个方面。

（一）文献收藏保护功能

馆藏是立馆之本，方志文献资源是方志馆的核心。丰富的文献资料储备能为方志馆的展示、研究、宣传、教育等功能的发挥提供最基础的物质保障。文献的收藏保护作为方志馆最基本的功能之一，是发挥一切社会公共服务功能的基础和前提。方志馆收藏的范围十分广泛，传统的志书志鉴，某些馆藏文献还包括修志工作过程中的评议稿、送审稿、资料汇编以及与当地地情相关的专题文献，如此全面系统地收录特定区域内地情资料的独特性质，是其他文化场馆难以替代的。因此，方志馆对于特定区域内地情资料的收藏保护就是围绕这一功能进行的。

（二）地域文化传播功能

地方志作为"一方之全史"，是地域文化地情资料的重要载体。方志馆作为收藏地方志书、地情文献的专门场馆，更应把文献资料中蕴藏的丰富的地域文化信息以生动、具体的形式展示出来。方志馆区别于一般公共文化展馆的典型特征，是不仅仅对单个内容的展示，而是更加注重对历史的连续性展示，围绕着某个特定区域的地域文化，将历史文化的脉络近乎完整而客观地展示出来，是一种综合性的地情展览与专题性的方志文化展示相结合的方式，从而发挥出地域文化展示传播的功能。

（三）方志编研功能

方志馆虽然不同于专门的地方志工作机构，但大都隶属于各级地方志办公室。因此，方志馆虽然没有行政职能，大多不直接承担方志修编的工作任务，而是在长期的收集、整理、提供、利用馆藏地情资源的过程中，培养出新一批地方志专门人才，依靠文献资料的便利条件，积极开展方志理论的编研工作。馆藏资源为方志编研提供了强有力的理论支撑，方志馆发挥出的编研功能又有利于更好地保存利用好方志资源。以方志馆为方志编纂、学术研究的阵地，可以更好地促进地方志事业的持续健康发展。

（四）地情资源开发利用功能

采用多种形式开发利用地情资源，是方志馆提供公共服务的基本途径，是方志馆的主要功能之一。2017年4月，广东省地方志办召开广东省地方志资源开发利用项目评审小组会议。会议指出："全省各级地方志工作机构要深入发掘地情资源，积极组织实施地方志资源开发利用项目，发挥地方志新型智库作用。"坚持"修志为用、服务社会"一直是地方志工作的基本理念。方志馆更好地开发利用地情资源，才能更好地发挥公共服务功能，让人民群众共享方志文化事业建设的成果。①

（五）教化育人功能

地方志记载的内容就是国家、区域内的自然和社会各个方面的内容，方志馆将志书

---

① 刘玉宏：《论方志馆的性质与功能》，载《中国地方志》2018年第1期，第22页。

中的文字以人性化的转变，生动、形象地展示该地区的地情地貌人文历史，使其成为一个区域内重要的爱国主义教育、乡土教育等的重要场所。中共十七届六中全会提出："要加强公共文化服务设施和爱国主义教育示范基地建设。"方志馆就在其中。方志馆发挥出教化育人功能，成为建设学习型社会、践行社会主义核心价值观的大课堂。

二、目前方志馆发挥公共服务功能的现状

近年来，方志工作的大力推进，方志文献等资源的大量增加，各地方志馆的陆续建成并对外开放，一定程度上，使得方志成果为社会各界所用，地方志在公共服务中发挥出了一定的功效。但由于地方志工作不同于其他社会事业，不会在短期内取得明显的效益，其价值具有长期性、隐形性的特点，外部环境对方志工作不看好，支持力度不够。再加上方志工作本身发展较为缓慢、社会性质固定、发展方式传统自守等特点，地方志的职能没能得到有效的发挥，方志馆的发展也不可避免地存在一些不尽如人意的方面，各项功能都正有被弱化的趋势，其公共服务功能的发挥也受到严峻的挑战。

（一）存在的问题

1. 存史功能受到挑战

存史功能是地方志最基本的功能，志书是全面记载某一时期某一行政区域或地区的自然与社会各个方面的历史与现状的综合性资料著述，以文字的形式全面客观地保存了地情资源。而馆藏是立馆之本，文献资源是方志馆的核心。社会的进步，信息技术的不断发展，信息载体的不断变革，方志馆存史方式的守旧，注定了其存史功能受到挑战。目前，许多其他类文化场馆、博物馆、档案馆、图书馆等都建立了较完备的现代数字化系统，它们不仅利用文字、图片，而且更多地利用声音、影像、沙盘，甚至环幕影院、复原式场景体验等，以时效性、便捷性、翔实性、专业性、深度性等特点，发挥着越来越大的存史功能。[①] 而全国各地很多方志馆出于各种原因，导致"硬件"条件没有跟上，仍然没有建立起完备的专业馆藏系统，仅将方志馆作为地情文献资源的"仓库"，仅保存展示纸质志书志鉴的方式，其存史功能势必受到严重的冲击。

2. 馆藏资源开发利用率低下

就目前国内各地各级方志馆现状显示：方志馆对于馆藏的地情资源开发利用率比较低，方志馆可能有很多配备不足，但是地情文献资源是不缺的。浩瀚的方志成果和仅有的极少数开发利用事例相比，方志馆对地情资源开发利用显得尤为低下，没能利用好自身的收藏优势，优化地方志事业发展的范围。这一点主要表现为：一是开发利用的人员配备不合理。方志馆人员少，大多是方志机构原班人马，不是专业人员，社会知名人士和专家又极少参与，现在全国各地方志专职工作人员队伍有老龄化趋势，创新性不足，开发意识淡薄，甚至部分人员专业素质也不够。二是开发利用的手段方式滞后。方志馆硬件设施的落后，也导致了开发利用方式的滞后，在信息化数字化高速发展的时代，方

---

① 方爱琴：《地方志公共服务功能发展研究》，云南大学 2014 年硕士学位论文，第 19 页。

志馆还停留在利用复印文本等，极不便捷，严重地阻碍了对方志成果馆藏资源的开发利用。

3. 教化育人功能弱化

"教化育人"是地方志的基本功能之一，也是方志馆发挥公共服务功能较为直接的表现。方志馆的教育功能主要表现为巩固传统文化阵地，促进革命英雄主义教育、爱国主义教育、乡土教育及社会主义精神文明教育等。但现在信息技术与人们生活深度结合，大众利用新媒体能力提升，社会文化场馆都在随社会的变革而创新，相对守旧的方志馆的教化育人功能就逐渐被烈士馆、博物馆、科技馆等所挤占和取代，失去教育的对象群体。方志馆没有将志书转化为电子内容，志书志鉴又都是"大部头"，携带不便、使用不便，在适应浅阅读的社会很难具有吸引力，大众没有兴趣选择这类内容。因此，方志馆在这种情况下很难有效发挥出其教化育人的功能。

（二）原因分析

1. 方志队伍整体人员配备不合理

目前，全国各级政府都成立了地方志工作机构，配备了相应的工作人员，具体专门负责地方志资料的征集、编纂、研究等工作。专业的编纂队伍是修志队伍的骨干力量，是具有极强专业知识和学术水平的人员。但是这类成员一般来源相对分散、学历水平不平均。专门的方志机构人数相对较少，一般县区级仅有3～5人，任务繁重，相对清苦，有学历、有才华的人不愿为之，因此，方志部门专业人才相对缺乏。在二轮修志过程中，这些问题更是被进一步放大，参加过首轮修志的有丰富经验的老前辈大多退休，新一批的方志队伍表现出理论知识和编纂实践经验的缺乏等问题。从全国范围看，方志队伍普遍存在老龄化、流动困难等问题，降低了方志队伍的工作效率。此外，队伍结构的不合理还使方志工作创新能力下降，再加上服务意识淡薄、主动意识不够、不重视方志资源的开发利用等问题，直接导致了方志馆公共服务功能弱化。

2. 社会影响小，缺乏民众参与

方志馆工作的社会认知度不够，于大众而言，地方志是一个陌生的字样，加上其自身"大部头"等的特点影响，大众对地方志自然而然地是一种"敬而远之"的态度，不了解、不接触、不学习。在获取信息时一般都不会想到查阅地方志。缺少了大众的参与，自然也就缺少了社会知晓和利用，方志馆公共服务功能的发挥必定受限，民众参与编纂方志、村志更是遥不可及。

3. 重视不够，建设滞后

目前，全国各地普遍开始掀起建设方志馆热潮，区县级也陆续建成了方志馆并投入开放使用，但是对其功能的认识仍然不足，很少见有将方志馆建设纳入政府工作的迹象。对方志馆的重视不够，主要表现为经费上的支持力度小，直接造成方志馆在建设过程中存在诸多困难：如规模小、硬件设施落后，无专人管理，无专项经费等。连硬件条件都难以实现优化，更不用说方志馆的建设理念、网络服务等。这直接导致了方志馆社会服务的效益低，大大削弱其公共服务功能。

4. 服务平台信息化建设不到位

随着信息化的发展,新媒体技术的普及,许多方志机构也创建了网站、公众号、微博账号等。根据中国方志网《全国地方志系统网站、网页建设和方志馆建设情况统计表(2016年度)》(截至2016年9月30日)分析,全国方志网站共1130个,其中省级28个、地市级240个、区县级862个,分别占省、地市、区县数(分别为32个、391个、3079个)的87.5%、61.4%和28%,表明全国还有相当多地区的方志网站没有建成,区县级极不乐观。① 就总的态势而言,目前地方志数字化、网络化建设还处于起步阶段,存在许多不足,如部分新媒体账号存在形式简单、内容特色不明显、更新不够及时等特点,地情文化传播的效果也不明显,远远不能满足新时代信息化对方志馆的要求。

三、新时代下进一步发挥方志馆的公共服务功能的建议

党的十九大以来,地方志事业发生了根本性的变化。习近平总书记在十九大报告中指出:"要实现伟大梦想就必须进行伟大斗争、必须建设伟大工程、必须推进伟大事业。"这四个"伟大"既是我们社会建设进入新时代的行动纲领,也是我们地方志事业在新时代下实现转型升级、树立文化自信、繁荣社会主义文化的行动指南。② 关于深入贯彻执行《全国地方志事业发展规划纲要(2015—2020年)》,切实加强方志馆建设,全面提升方志馆的公共服务能力,以下是我的几点思考和建议。

(一)丰富地情资源,夯实馆藏基础

方志馆无论开展哪项工作,一定要保证馆藏文献内容数量的丰富充足。千方百计增加方志馆的馆藏量,夯实方志馆提供公共文化服务的基础。不仅只收藏本区域内的资料,范围甚至可以更广,涵盖历史时期更久远,涉及内容更广泛等。对方志馆要切实增强收藏意识,加强方志馆的志鉴及地情资料和重要实物资料的入藏和管理,通过各种途径,努力实现方志馆馆藏资源的最佳化和最大化。③ 在开展自然村落历史人文普查的过程中,所收集到的如村庄发展历史、文物和历史建筑、人文风情、古驿道等丰富的地情资料可为实施乡村振兴战略、扶贫开发、旅游以及新农村建设提供参考,这些地情、区情资料均应放入方志馆馆藏。

(二)加强方志人才队伍建设

人才队伍是方志馆发挥公共服务功能的基础力量,一支优秀的修志队伍可以将地方志事业更好地发展、延续下去。方志人才队伍建设具体要从以下几个方面进行:一是全面提高方志工作者的业务能力。积极组织开展相关业务培训,提高从业人员的业务素质和工作水平,让一大批新进人员能够快速适应工作服务流程、让老干部能够吸收先进科

---

① 赵峰:《试论新媒体时代地方志文化的传播》,载《广西地方志》2017年第3期,第32页。
② 姚文文:《论方志馆建设的新使命》,载《黑龙江史志》2017年第11期,第26页。
③ 刘玉宏:《提升方志馆公共文化服务能力》,载《中国社会科学报》2016年1月5日第007版。

技知识、跟上时代潮流。二是要全面落实人才的经费保障。设立专项基金，保证方志工作者的生活，在一定程度上提升待遇、留住人才。三是方志馆工作人员要熟悉并掌握新媒体知识和技能。摆脱长期以来形成的惯性思维，主动接受新媒体带来的诸多变化；进行新媒体知识培训，提高新媒体传播技术。

（三）创新形式，推进信息化建设

随着互联网和通信技术的快速发展，社会进入新媒体时代，方志也逐步走向数字化和网络化，方志文化载体趋于多元化和个性化。常规的方志馆模式已难以满足广大用户的个性化需要，因此，需要以新媒体技术推动方志馆建设，充分发挥其公共服务功能。近年来，信息化建设已经成为现阶段方志馆建设的热点，一般省、市级方志馆都较多应用了数字化技术，而区县一级还应该加强方志馆的信息化普及。不仅是文献资料的数字化，还应该在展示形式上更多地运用数字化，可以利用如图片、声音、影像、沙盘、互动设备、场景复原体验等。此外，还应重视方志数据库、地情网、公众号的建设，及时更新、充实内容，提升质量。

（四）转变服务理念，提升公众参与

一是要提升方志馆工作人员的服务意识。在方志馆中，一个影响公共服务职能发挥的重要因素就是地方志工作人员的服务态度和服务能力。工作人员要转变观念、主动服务，用优质的馆内服务吸引大众。二是主动让服务"走出去"。方志的社会认知度低，那就主动扩大宣传，提升社会认知度。方志馆可牵头举办各类方志文化走进社区、走进校园等活动，在扩大宣传的同时发挥出强有力的教化育人作用。如哈尔滨市方志馆开展方志文化进社区、进军营、进学校的"三进"活动，与哈尔滨市新华书店合作，开设电子检索区，开设哈尔滨市方志馆新浪官方微博账号，普及哈尔滨地情知识，创设"讲述哈尔滨自己的故事"讲堂等，都有良好的效果。

四、结语

方志重在致用，方志馆作为新兴的公共文化基础设施，集藏书、展示、编研、咨询、业务交流、开发利用、爱国主义教育等功能于一体，具有其他文化场馆所不能替代的作用。进入新时代，方志馆更应承担起服务公众的使命，立足方志，面向大众，把握机遇，开拓创新，努力打造出新时代新型方志馆。

（作者单位：广州市增城区人民政府地方志办公室）

对数字方志馆建设的思考

梁斯豪

2015年8月25日,国务院办公厅印发了《全国地方志事业发展规划纲要(2015—2020年)》,明确提出了加快地方志信息化建设和方志馆建设的要求;广东省委、省政府办公厅《关于加强地方志工作的通知》也提出,要加强方志馆建设,将方志馆建成集地情展示与教育、地方文献收藏与服务、地情信息搜集与发布于一体的公共文化服务设施。地方志馆已成为各地方志部门展示方志研究成果,推广方志文化,普及方志知识的重要前沿阵地。

然而,随着我国市场经济的发展和人民生活水平的日益提高,广大市民群众的文化需求日益增长,传统的方志馆由于时间、空间上以及信息检索难度上的局限性,已很难完全满足市民群众及方志工作者获取、利用地情信息、方志信息的需求。这就迫切需要利用当前迅猛发展的信息化技术,特别是互联网技术、多媒体技术和大容量存储、云计算等技术,建设不受时间、空间限制,方便检索、查阅、获取各类地情文献信息的新型方志馆,也就是通常所说的"数字方志馆"。

一、数字方志馆的概念及主要功能

目前学界对数字方志馆的概念尚未形成统一定义,一般认为:"数字方志馆是为解决网络时代(数字化时代)地情信息资源的收集、处理、保存、传播和利用等问题而诞生的,利用计算机技术、数据库技术、国际互联网络技术,把各种数据、文字、图像、声音等地情信息资料进行加工、处理,建成各种数据库,进一步建设为地方志信息资源数字化、信息传递网络化、信息利用共享化的现代化方志馆。"[1] "数字方志馆就是以数字化形式存在的方志文献和地情资料信息库。从实体上说,光盘、网站、数据库、方志馆,都可以是数字方志馆的载体。"据此,有学者认为,可以从"数字化多媒体信息库""数字化形式的虚拟方志馆""分布式的方志馆群体"三种角度理解数字方志馆。[2] 但笔者认为,从广义上来说,还应该包括"运用信息化技术为展示手段的新型实体方志馆"这一层意义,即在传统方志馆的基础上,采用信息化、数字化技术等手段进行展示的新型方志馆。

结合《地方志工作条例》的规定及传统方志馆的功能来看,数字方志馆应包括以下

---

[1] 黄小红、钱丹丹:《试论数字方志馆建设》,载广东省地方志办公室《广东省地方志理论研究优秀论文集》,岭南美术出版社2007年版。

[2] 潘捷军:《中国方志馆》,方志出版社2016年版,第388页。

几方面的功能：一是数字化存储地方文献资料信息，不仅包括文字信息，还应包含图形、图像、声音、视频、动画等数字化的多媒体信息；二是提供地方文献资料的网络化传输，改变以往用户必须在实体馆内才能查找资料的方式，缩短了信息传递的时间和距离；三是具有便利的资料查询及检索功能，用户能根据需要快速查出所需的资料，使信息的利用率大大提高；四是实现地方志在线修志，通过搭建网络修志平台，使各地的修志工作者、撰稿人可以在网络上完成修志工作，实现撰稿、编辑、审稿、反馈等工作的网络化，实现由文字书写修志转变为网上修志的工作新格局。①

二、数字方志馆的主要特点

从上述定义可以看出，与传统方志馆相比，数字方志馆利用先进的网络技术，克服了时空障碍，为读者提供了便捷服务，也为方志人开发利用地方志信息资源提供了便利的平台。数字方志馆主要具有以下特点。

一是存储方式的数字化。传统的地方志馆藏大都以纸质文献（包括各种印刷型文本，含古籍、善本、旧志、地图等）以及其他实物为主，而数字方志馆的馆藏资源则主要以计算机可识别的数字化资源为主，涵盖各种不能以印刷品或实物形式记录和传播的资源，如声音、图像、动画等多媒体文件。将文字与这些多媒体信息进行统一存储，使数字方志馆在馆藏占地、管理成本、易使用性、易保管性方面与传统方志馆相比有着明显的优势。这是数字方志馆最主要的特征。

二是传播途径的网络化。数字方志馆以不断发展的网络通信技术为依托，在互联网上采用分布式部署，共享数字化的方志文献资源，使数字方志馆的用户可以不受时间、地域的限制，只需接入互联网即可在任何时间、地点使用方志资源，获取与交流方志文献，加快地方志文化的推广普及。

三是资源利用的高效化。数字方志馆通过利用计算机强大的运算性能，根据具体业务需求开发各类信息采集、管理、检索工具（例如全文数据库检索系统、信息雷达系统、多媒体库系统等），使用户可在浩如烟海的方志文献资料中快速、准确地找到所需的资料，而不必在传统的纸质文献中逐页查找，大大提高了资源的利用效率。

四是展示方式的多样化。与传统方志馆相比，数字方志馆在展示方式上的创新可以包括两方面：在虚拟方志馆的层面，可以通过建立数字方志馆门户网站，采用文字、图片、视频等方式向读者展示地情信息，并通过 3D 建模等方式建立 360 度虚拟展馆，将实体馆的场景转化为可互动的三维动画，使用户足不出户即可参观方志馆；在实体方志馆方面，可以采用声光电等高科技设备，从视觉、听觉、触觉等多方面为用户带来全方位的地情信息体验。

---

① 张旭：《数字方志馆的法律定位》，载《黑龙江史志》2008 年第 21 期。

三、数字方志馆的局限性

尽管数字方志馆与传统方志馆相比存在不少优势,但从本质来说,数字化毕竟只是对现实进行"虚拟"的技术手段,数字方志馆的建设是建立在现实的方志资源之上的,也必然存在局限性,无法完全取代传统方志馆,主要体现在以下四方面。

(一)数字方志馆存在一定的受众门槛

由于虚拟数字方志馆是基于互联网技术建立的,对馆藏数字化信息的查阅和检索,都需要用户具备一定的计算机操作技能,如浏览器及检索工具的安装使用、阅读软件及音视频插件的安装等,且信息技术更新换代极快,如果使用者的文化水平或计算机操作技能不够高,或建设者在设计时对用户友好度的考虑不够周到,就很可能造成用户由于不清楚使用方法而无法充分地体验和利用数字方志馆的后果。

(二)数字方志馆无法完全取代传统方志馆的用户体验

数字化资源只是对方志地情文献等实体事物的一种存储、记录、展现的方式,其存在与发展都是基于实体资源的。从实际应用上看,数字资源也存在着易于篡改、易于复制,储存介质易损坏、易遭受误删等问题。此外,古籍、文物等实体展品所展示出的历史沉淀感、厚重感,也是数字化展品难以比拟的,即使在新型实体方志馆的建设中,采用高科技声光电效果模拟还原出来的历史场景,或许还比不上传统方志馆中展示的实体文物,后者对于方志工作者来说更有价值。另外,传统阅读习惯也使许多读者更倾向于阅读传统的纸质文献书籍。因此,在建设数字化的新型方志馆的同时,对于以传统方式进行展示的实体方志馆的建设,以及对实体旧志、旧文献资料的征集、保护和开发利用也不可放松。

(三)数字方志馆的建设成本及维护成本高于传统方志馆

虽然数字化资源在存储介质、运输、保管等方面的成本比实体资源要低,但从基础平台建设、技术研发、日常维护等方面看,数字方志馆需要从网站建设、软件开发、软硬件采购、媒体制作等方面投入大量成本;在建设完成后,还需要与专业公司签订维护合同或聘请专业技术人员对数字方志馆进行日常维护工作,以确保方志馆软硬件设备正常运作。而这些高新技术行业的建设成本、人力资源成本都比传统行业高。

(四)数字方志馆馆藏资料的版权保护问题有待研讨

数字化的资源存在着易于复制的特点,而数字方志馆网络开放性的特征又决定了用户可以较快地从方志馆获取大量资料,如果对用户的访问及对信息的获取采取过多的限制,又与方志馆推广地情文化、提供地情信息的服务职能背道而驰。如何处理好方志数字资源的合理共享以及方志知识产权的合法保护之间的矛盾,将是数字方志馆发展中长期存在的难题。

四、对数字方志馆发展方向的设想与建议

数字方志馆建设是一项长期任务,根据数字方志馆的功能定位及特点,笔者认为,数字方志馆的下一步发展重点,应是地情数据库的发展充实,并围绕地情数据库建立数字化、智能化的发布体系、办公体系、服务体系及安全体系,建立起完整的数字化地方志工作体系。要实现这一目标,需要各地方志部门采取多种行之有效的、长期化的措施,确保数字方志馆的建设能健康、有序、可持续地推进。笔者设想,今后各地数字方志馆的建设,将会围绕着以下六个方面进行。

(一)统一地情数据库的数据标准,加快数据入库进度

地情数据库储存着海量的方志地情文献数字化资源,是数字方志馆及其他地方志信息化建设工作的基础。随着地方志信息化工作的推进,目前已有多地的地方志部门建立起自己的地情数据库,已数字化的文献资料也日益增多。但总体仍存在着入库率低、检索功能弱、数据标准不统一等问题。尤其是数据格式、数据标准不统一,未预留数据互通接口的问题,严重制约了各地方志部门的数据互通,造成"信息孤岛"普遍存在、数据利用率低等问题。为应对这一问题,中央地方志工作指导小组应尽快建立全国统一的文献数据标准,统一入库格式,使各地的数字化工程能遵循统一的标准进行;各地方志部门应加快数字化文献入库进度,加强对图片、视频等多媒体数字资源的管理功能;开发更加简单易用且精确度高的检索工具,以更好地满足各业务系统及数字方志馆对数字化文献资源的利用需求。

(二)实体地方志馆与虚拟数字方志馆的建设应同步进行

在前面的分析中,笔者认为,传统的实体方志馆与数字化的虚拟方志馆各有优势,无法完全相互替代。因此,各地在推进方志馆建设的同时,应同步建设虚拟数字方志馆,将实体方志馆的展览内容通过多媒体技术,制作成图片、音视频等形式,让市民群众可通过互联网进行参观,从而实现24小时全天候在线展览宣传。目前,北京、山东等地方志馆已上线了类似的虚拟方志馆。这种建设方式,使实体方志馆与数字化虚拟方志馆可以各自发挥所长,互补短板,最大限度地达到为市民及方志工作者提供地情服务的效果。

(三)做好在线修志业务系统的建设

修志工作是地方志部门的主要业务工作之一,具有业务量大、参与单位多、业务流程复杂等特点,传统的纸质、光盘报送稿件的方式,行政成本高、时间效率低。在线修志业务系统的目标是应用计算机技术,基于地情数据库及方志部门的OA(Office Automation)自动化办公系统,实现修志业务进程高速化、管理系统化,方志工作者及相关撰稿人可通过在线修志系统实现地方志资料、各类地情书籍稿件等的网上报送、验收、入库,整个地方志、年鉴、史志丛书及刊物等编修工作全程网络化、无纸化。如果各地能在第三轮修志工作开始前广泛开发修志业务系统并投入使用,将大大提高修志工作效率、降低行政成本,对即将展开的全国第三轮修志工作大有裨益。

(四）提高数字方志馆的社会认知

在网络化和信息化不断推进的背景下，公众的文化选择空间在不断扩大，数字方志馆要在激烈竞争的文化环境下求得发展，需要采取多种措施不断提高社会认知度。一是要树立服务理念，逐渐树立"以用为本、以公众为主"的服务理念，以"服务公众、服务社会"为目的开展建设，应采取充分调研，了解市民群众对方志资源的需求，并因应用户需求有针对性地进行建设，而不是盲目追求扩大规模，将方志馆的建设变成形象工程、面子工程。二是要加强社会宣传，增强公众对方志馆的了解程度，可积极创新利用当前高速发展的"云"技术，坚持"互联网＋"理念，与第三方发布平台进行合作，同时利用微信微博等新媒体，并结合地区和本馆实际，与宣传部门、文化部门等社会接触面较广的部门密切合作，开展面向广大市民群众的宣传活动，借助多方力量来打造数字方志馆的品牌。

（五）培养具备信息化专业技术的方志人才队伍

建设数字方志馆，要求建设者队伍必须具备两方面的素质：一是必须精通方志业务和历史知识，具有丰富的修志修史经验，能对方志馆的功能定位和业务需求进行充分挖掘，把好方志馆建设的"方向盘"；二是必须具备一定的信息化技术知识，具备熟练的计算机操作技能，对最新的网络、多媒体、软硬件的行业发展有一定了解，能对数字方志馆的项目建设及具体实施进行有效落实，做好方志馆建设的"发动机"。注意培养并打造这样一支复合型人才队伍，才能有效推进数字方志馆的建设。

（六）完善数字方志馆建设的制度保障

作为方志事业中的新生事物，数字方志馆建设在方方面面都还处于探索阶段。《地方志工作条例》等地方志工作法律法规中均未提及数字方志馆，各地也鲜有明确的官方文件对数字方志馆的职能定位、机构设置、人员编制等作出明确规定。数字方志馆的数字资源的格式、接口标准等未有明确的统一标准，造成各地的方志部门各自为政，各地自建的方志数据库数据无法共享互通。此外，数字方志馆中的数字化资源的知识产权问题，在《中华人民共和国著作权法》中如何界定和解释，尚存在不少争议。如何厘清这些"剪不断，理还乱"的制度问题，需要地方政府乃至中央从立法及制度建设的层面制定相应的法律法规、工作条例，为数字方志馆的健康、规范发展提供制度层面的保障。

五、结语

建设数字方志馆，是新时期方志馆的发展和信息化技术的发展的有机统一，也是地方志信息化建设的重要内容和迫切需求之一。总体来说，除了少数地区，全国各地数字方志馆的建设刚刚起步，这是一项系统性、长期性的工程，也是方志人所面临的一个新的课题、新的挑战。唯有与时俱进，精确把握方志馆的功能定位和用户的需求变化，不断掌握和利用信息化发展趋势和前沿信息技术，才能加快推进数字方志馆建设的进程，进一步提高管理水平和工作效率，促进方志事业的繁荣与发展。

（作者单位：中共广州市委党史文献研究室）

地方志年报资料[①]状况的分析与启示
——以广州市地方志资料年报为中心

曾 新

20世纪90年代开展首轮新方志编修时，省、市、县三级综合志书的编修采取由地方志机构组织规划，各级管理体制内的部门或单位，包括党政部门、人民团体、企（事）业单位等，承担资料收集乃至志稿编写[②]，在此基础上地方志机构编纂或审查出版的修志模式。在改革开放初期，党政机关几乎管理所有社会事物的情况下，这种方式收集的修志资料，从整体上看基本能反映经济社会的全貌。然而，在市场经济建立、政府职能转变的新形势下，以及因政府机构改革、国有企业改革而造成的资料大量散失的情况下，这种在修志启动之时由各级管理体制内的部门或单位承担资料收集的模式，已经跟不上形势发展，出现了大量的资料问题。这些问题在第二轮修志中已凸显，直接影响志书的质量。在此情况下，全国各地三级地方志部门作为政府依法修志的常规性工作机构，就如何建立常规性的修志资料征集机制进行了探索。2006年，广州市建立了地方志资料年报制度，这是全国首次建立面向社会各单位常规的资料征集制度，或可视为章学诚倡议的"志科"[③]的首次实践。随后，全国各地陆续建立起相应的地方志资料征集制度，如同一年青岛市制定地方志资料年报制度，2009年北京市制定地方志资料工作管理暂行规定，宁夏实行地方志资料年报制度，广西出台地情年报资料规定，2010年山东实施地方志资料年报制度等。各地的地方志机构在建立这些制度时，提出其目的为"立足长远，

[①] 地方志年报资料：指各地实施地方志资料年报制度后所征集到的地方志资料年报的资料，为行文方便简称年报资料。

[②] 参见省、自治区、直辖市修志文献选辑，中国地方志指导小组办公室选编《中国方志文献汇编》，方志出版社1999年版。

[③] 章学诚倡议的"志科"主张："今天下大计既始于州县，则史事责成，亦当始于州县之志。州县有荒陋无稽之志，无荒陋无稽之令史案牍……故州县之志，不可取办于一时，平日当于诸典吏中，特立志科。金典吏之稍明于文法者，以充其选，而且立为成法，俾如法以纪载，略如案牍之有公式焉，则无妄作聪明之弊矣。积数十年之久，则访能文学而通史裁者，笔削以为成书，所谓待其人而后行也。如是又积而又修之，干事不劳，而功效已为文史之儒所不能及。"梁启超认为章学诚建立"志科"的方法可使"文献散亡之患可以免。此诚保存史料之根本办法，未经人道者也"。（见章学诚《州县请立志科议》，载朱士嘉编著《中国旧志名家论选》，北京燕山出版社1988年版，第31页；梁启超《中国近三百年学术史》，东方出版社1996年版，第373页。）

储料备征，为下一轮方志编纂奠定资料基础"①"为编修地方志和社会各界提供优质服务"②"为促进地情资料搜集、整理、保存工作的制度化、规范化"③ 等。朱佳木同志在肯定各地的资料年报制度同时提出"应当推广"④，地方志资料年报工作成为全国方志界中的一项新兴工作。

目前，较早建立地方志资料年报制度的省、市已开展资料征集数年，对已征集到的资料进行评估，从中得到启示并上升为理论指导，使年报资料的征集更为有序、有效地开展，更好地承担起为今后修志储备资料的任务，是当前面临的重要课题。迄今所见，对此课题似极少有人涉及，笔者愿就此抛砖引玉。

一、年报资料的状况分析

由于地方志工作已从原来单一的编纂志书发展成为一项重要的文化事业，地方志资料的外延也随之扩展，许多省市在建立地方志资料年报制度时明确提出征集资料不仅要为编修志书积累资料，而且要为经济社会发展提供服务，这就使得资料的征集范围已超出编修志书的需要，因而在判断资料的质量上具有更大的不确定性。笔者认为，地方志资料年报首先还是应该满足编修志书的需要，否则目标的不确定，会造成资料征集方向的不确定，从而无法衡量资料的基本质量。因此，本文立足于该制度建立的初衷——为修志积累资料，以广州市已开展了7年的地方志资料年报为例，分析所征集资料的质量。

（一）年报资料的广度

资料是否反映当地自然、经济、政治、文化和社会的全面状况，能否做到"横不缺要项"，是衡量志书资料质量的基本标准。目前，关于"横不缺要项"的权威的表述，应为中国地方志指导小组颁发的《地方志书质量规定》⑤ 中的第十三条："根据各地实际分类，记述内容大致涵盖以下方面：（一）建置、自然环境、资源、人口等；（二）城乡建设、环境保护、交通、邮电信息、公用事业等；（三）农业、工业、建筑业、服务业、经济管理等；（四）中国共产党、人民代表大会、人民政府、政治协商会议、民主党派、群众组织、公安司法、军事等；（五）教育、科学技术、文化艺术、新闻出版、广播影视、卫生和计划生育、体育等；（六）人民生活、人事和劳动社会保障、民政、民族、宗教、风俗、方言等；（七）人物。"上述分类是综合志书的横分"要项"，是志书所需资料类别的权威参照体系，因而也是年报资料分类的参照标准。具体实施，当然要因地

---

① 《山东省实施地方志资料年报制度》，载《中国地方志》2010年第6期，第18页。
② 《北京市地方志资料工作管理暂行规定》，发布时间：2009年3月16日，"法规文件"栏目，北京市地情资料网 http://www.bjdfz.gov.cn。
③ 《广西壮族自治区地情资料年报规定》，发布时间2009年10月19日，方志工作栏目，广西地情网 http://gxdqw.com。
④ 朱佳木：《不断增强依法修志的能力 推动地方志事业大发展大繁荣——在全国省级地方志工作机构主任会议上的讲话》，载《中国地方志》2012年第5期。
⑤ 中国地方志指导小组文件，中指组字〔2008〕3号，2008年9月16日印发。

制宜，如在广州，在第（三）类中未专门提到的外贸，就应占有很突出的位置。

以广州市地方志资料年报为例，年报资料征集提纲是以第二轮志书篇目框架为基础来划分资料征集的基本类别（下称分志门类）的，要求每一个分志门类均要收集主体资料、大事记资料、人物资料、专题资料、图片资料、附录资料六项资料。目前，广州市已有173家单位作为年报资料的报送单位。提供年报资料的单位包括以下四种类型。

第一，由党政机关、人民团体提供相关的全市事务（或事业）状况的资料。这些党政机关、事业单位虽然进行过多次机构改革，职能有所转变，但是各类机构所管理（或从事）的相关事务（或事业）的范围还是基本稳定的，报送单位亦相对稳定。因此，能够较为完整地反映大致属于志书政治、文化部类方面的状况。其主要提供了中国共产党广州地方组织、民主党派广州地方组织、群众团体、公安、检察、审判、司法行政、军事，人民代表大会、政协、政府政务、民政、海关、教育、科学技术、社会科学、人口、宗教、体育、卫生、文化、新闻出版、广播电视、精神文明建设、行政区划等分志门类的资料。

第二，由政府主管城市经济建设的部门提供反映全市经济建设方面的资料。报送单位也相对稳定，能够较完整地反映大致属志书城乡建设、经济调控与经济管理等门类方面的状况。其主要包括城市规划、国土管理、城市勘测、市政建设、园林绿化、环境保护、市容和环境卫生，银行业、保险业、证券业，计划管理、统计、工商行政管理、价格、质量技术监督、财政、税务、审计、劳动管理、社会保障、供销合作社等分志门类的资料，以及农业、工业、建筑业、外资、外贸、商业、交通运输、旅游业等分志门类中宏观调控与市场监管方面的资料。

第三，由国有（或国有控股）垄断企业提供的相关行业的资料。这些企业可以较为完整地提供反映行业状况的资料。其主要包括地铁、铁路、民航、邮政、电信，以及石油化工、汽车制造、船舶工业、电力等分志门类的资料。

第四，由各个行业中有代表性的国有企业提供其个体资料。在广州市两轮修志中承担分志编修任务的国有工商企业，已直接参与市场竞争，不再具有行政管理职能；同时，其在市场上的影响力远不如第二轮修志启动之时，不再具备牵头提供行业状况资料的能力，提供的资料只是企业的个体资料，只能作为反映某个行业状况的典型资料。例如，工业门类的广州轻工工贸集团、广州纺织工贸集团有限公司、广州邮电通信设备有限公司、广州化工集团等，商贸门类的广州百货企业集团、岭南国际集团等企业的资料，建筑业门类的广州建筑企业集团，农业门类的风行发展企业集团等所提供的资料。

从资料的全面性、系统性角度衡量，上述四种类型单位报送的年报资料，尚无法全面反映全市经济社会的状况，主要欠缺以下三个方面的资料。

一是欠缺大部分反映经济活动的行业状况资料和民营经济代表性企业的资料。随着市场开放的深入，各个行业撤销了对应的行政管理部门，对企业的管理多为工商业登记管理，而大多数行业协会由于处于改革发展中，对行业的管理有限，加之人员少、经费不足，因此，反映建筑业、工业、商贸业、饮食业、传统服务业等行业发展变化的年报资料未能收集。广州市的民营经济,在2010年已占地区生产总值的38.2%①,成为经济活动的重要组成部分。然而,由于年报报送网络是根据第二轮修志承修单位组建的,有代表性的民营企业的资料尚未开展征集。

二是欠缺反映新事物或新行业的资料。例如"新型服务业从宏观角度看,有现代物流业、信息咨询业、广告传媒业、会展业等,从微观方面分析,有职业介绍、婚姻介绍、房屋中介、休闲娱乐、家政服务等。另外,还有一些从传统服务业中派生或嫁接出的新型服务行业,如美容、桑拿、健身、茶饮、酒吧、歌厅、游戏厅等。地方志理应成为一幅用语言文字和图表照片绘就的全面丰富、生动鲜活、详实具体的当代'《清明上河图》'"②,这些新型服务业大多数没有行政主管部门,未能开展资料收集。

三是缺乏反映特点事物、热点问题,以及社会现象、思想观念的资料。例如,广州作为全国流动人口最多的城市之一,有关反映外来人员在广州生存状况、工作状况的资料;作为千年商都,广州的商贸活动十分繁荣,汇集了全国各地乃至外国的商人,目前众多来穗经商的非洲人,已成为广州街头一景,这些经商人员的生存状况、对城市经济生活影响的资料;目前广州正在进行的城中村改造、"退二进三"产业置换的资料等,这些资料大多未开展收集,或未全面收集。

(二) 年报资料的深度

有关志书资料深度的问题是方志界关注的焦点之一,正如有的学者所言"方志记载的事物,不仅记载其现象,还应记载其演变的过程及其影响,再进而探索其演变和影响的规律,这样才能发挥方志的更大作用"③,"对于志书而言,要增加深度,改变千志一面的现象"④。新方志尤其是第二轮志书资料的通病,如一般状况资料多、具体事例少、许多事物点到即止,以及"极力渲染工作过程""以奖项达标代替状况""罗列数字、泛用对比"⑤ 等,在地方志资料年报中仍将存在。这主要是由于目前年报资料在很大程度上还是依赖行政手段推动,资料来源大多是官方的档案、文件、总结报告等,大多缺少事物产生的背景、发展过程及其影响的内容,从而造成年报资料反映事物深度不够。新生事物是反映时代特色的重要内容,本应是重点收集的资料,但是广州市地方志办在2009年组织编写《广州创新报告(2001—2005)》时,从年报资料中仅能找到部分创新事物的线索,有关反映创新事物的背景、发展变化过程及其对社会经济影响的资料几乎空白,从而使实现该书编写的初衷——开发利用地方志资料年报为现实服务打了折扣,也从一个侧面反映出资料欠缺深度的问题。

广州市地方志资料年报制度从一开始对征集资料的项目设立了专题资料和附录资料,

---

① 广州年鉴编纂委员会:《广州年鉴2011》,广州年鉴社2011年版,第380页。
② 刘益龄:《关于第二轮修志体现时代特色的若干思考》,载《中国地方志》2010年第5期,第25页。
③ 史念海:《方志门槛外的徘徊》,载《中国历史地理论丛》2006年第2期。转引自王涛《浅论省志编修路径依赖问题及其对策》,载《中国地方志》2011年第7期。
④ 王涛:《浅论省志编修路径依赖问题及其对策》,载《中国地方志》2011年第7期。
⑤ 陈泽泓:《志书文体受总结报告影响的弊端》,载《中国地方志》2010年第8期。

意在征集深层次的资料，以弥补主体资料的不足。

专题资料要求集中收集重大事物发展变化过程及其结果、影响的资料，相当于志书的传记内容，可以不受主体资料提纲及仅反映年度状况的制约，从多个角度完整地反映事物变化的来龙去脉。据笔者统计，2009年的87份年报资料中，有23份年报有专题资料，可分为重要事件纪实、重点案件查处、年度重点工作，以及阶段性工作项目完成情况、企业简介等。选题尽管不规范，但是仍有相当部分具有较高的资料价值，如"广州轨道交通五号线开通试运营""广州市复办广州外国语学校""人民公司（人民厂）停产情况""广州市胶鞋历史情况""天河出入境检验检疫局检出广东首例输入性甲型H1N1流感病例"等专题。以"广州市复办广州外国语学校"为例，在市教育局2009年的年报中，主体资料中将该内容安排在"中小学教育"类目、"学校建设与教学管理"目、"普通高中学校建设情况"子目中反映，仅有一句表述：当年"市教育局投入2亿多元，与南沙区共建广州外国语学校，已正式招生"；而在专题资料中，则收集了作为20世纪60年代全国首批开办的7所外国语学校之一的广州外国学校的历史背景、停办背景、复办背景，以及2009年复办后该校的学制、办学特色、规模、师资、设施等资料，全面系统地反映了该校变化脉络及现状，存史价值颇高。可见专题资料在反映重要事物上可以弥补主体资料深度不够的缺陷。

附录资料要求收集具有重大存史价值的政策法规、工作总结、工作报告、专题调研报告、重要会议纪要、重要原始文件等原始资料。如广州市物价局2001—2009年附录资料中的《关于价格因素对广州市城市运行成本影响问题的调研报告》《能源价格改革对广州经济的影响及对策》《推进专业市场建设 完善价格形成机制——提升"广州价格"话语权的调研报告》等调研报告，可以作为主体资料的重要补充。但是，大多数单位对附录资料的收集重视不够，表现在有的年报单位没有收集，有的单位不是每年都收集，更多的是以工作总结应付了事，没有做进一步的挖掘与筛选工作，如"33份广州市地方志资料年报中，其中16份年报报送附录资料"，"报送工作总结或工作报告的有11份"[①]。

（三）年报主体资料的篇幅

年报主体资料相当于撰述型的资料长编，是依据提纲经过整理、编写的资料，也是报送单位花费功夫最多的一项资料。广州市地方志资料年报制度未对主体资料的篇幅作具体要求，各单位每年报送的主体资料篇幅相差悬殊，篇幅较长的约5万字，有的甚至超过10万字，篇幅较短的仅几千字。同为政府部门的年报，广州出入境检验检疫局2009年的篇幅为11.5万字，广州市烟草专卖局2006年的约7000字；同为企业的年报，广州国际集团有限公司的2009年橡胶工业资料的篇幅长达12万字，广东蓄能发电有限公司2008年年报约3000字。

篇幅悬殊的原因，除了与单位主体业务的范围大小、事项多少及机构设置的基本条件有关外，更多地反映出资料的翔实程度。篇幅较短的主体资料通常在形式上更接近单位的总结，不同程度地欠缺全面反映事物状况的资料。例如，广州市烟草专卖局2006年

---

① 陈文敏：《关于地方志年报附录资料的几点思考》，2009年广州市地方志资料年报工作研讨会论文。

年报关于销售网络建设的资料，仅写了当年四项措施："一是优化营销服务流程标准和完善客户关系管理、二是完善零售客户测评和货源分配办法、三是加强监管和绩效考核力度、四是提高物流配送服务质量"等，而对于销售网络的数量、类型、设施、分布等状况只字未提；关于每一项措施的表述，如"提高物流配送服务质量"中述及"规范送货服务行为，实行规范送货、文明送货，提升了服务质量。……把基础性工作做精做细，提升了服务零售客户、服务工业企业、服务广大消费者的水平，发挥了网络培育品牌、引导消费和稳定市场的功能，增强了市场控制力，实现了经济效益的持续增长"，含大量的总结式套话，欠缺关于物流配送设施、业务量、业务规范等资料。

篇幅较长的主体资料，通常提纲分类较细，内容亦较丰富。但是，主体资料篇幅过长，通常会将单位内部的事物详细罗列，不少内容相对于三级综合志书而言存史价值并不高。如长达11万字左右的广州出入境检验检疫局年报主体资料，其指导思想是既为修志提供资料，又能方便单位内各部门使用，因此，老干部工作、计生工作、财务管理、文秘工作、干部队伍思想建设、单位文化建设等单位内部事物的资料占了不少篇幅；此外，在业务资料中也夹杂着系统内部管理的内容，如"检务监管"类目下设"检务管理"目，再细分出执行新《法检目录》、贯彻执行新《出入境检验检疫签证管理办法》、加强计费工作，开展企业治乱减负工作检查、加强空白证单、签证印章及业务档案管理、定期开展CIQ 2000系统业务数据核查工作、强化检务业务学习等子目，约3600字，多属反映系统内部业务管理的内容。

二、对年报资料征集工作的启示

通过对广州市已征集的地方志年报资料的分析研究，在资料的征集途径与方式、质量要求等方面获得诸多启示。以下几方面，可以为目前各地开展的地方志资料年报工作提供借鉴。

（一）明确主力，体制内的部门和单位是年报资料的主要来源

党政机关、事业单位及国有企业等单位管理或经营的领域涉及政治、经济、文化、社会各个部类，是志书记载地情的主要组成部分，这些单位的资料仍将是新一轮志书记载的主体。以上文提及的广州市四种类型的承报单位报送的资料为例，前三类资料为全市"面"上的资料，所涉及的分志门类约有70个，占第二轮广州市志的分志门类约2/3。这些单位基本上都参与过两轮修志，有开展地方志资料年报的基础，每年依据提纲，将分散在各部门的资料集中、整理上，编写成一两万字乃至四万字的主体资料并不十分困难。同时，经过收集与整理的资料，全面系统、使用方便，可直接服务于现实工作，这一点已为广州市多数年报单位认同。这些单位目前是实施地方志资料年报制度的主力，地方志工作机构要加强对他们的指导和检查督促。

（二）广开门路，征集年报资料需建立多元机制

当下，我国正处于社会转型时期，时代变革给社会带来了多样性，诞生了许多新行

业、新事物，出现了许多热点问题、社会现象和思想观念的转变，这些内容最具地方特色、时代特色，也最为生动、鲜活，缺少了这些资料，志书就缺少特点与亮点。然而，这些方面的资料，很难通过已有的修志渠道获取。因此，在实践中探索新的资料征集机制就显得极为必要和迫切了。

社会调查应成为地方志资料的重要来源之一。目前，许多热点问题、社会现象和思想观念的资料基本上没有行政部门（或固定机构）掌握或公布，通常散见于媒体的报道，要全面系统地搜集这些资料，开展社会调查是必要的手段。事实上，通过调查获取资料是志书编纂的重要传统，民国修志时尤其得到重视。民国是中国社会由传统向现代迈进的转型时期，社会经济各个领域都有新事物、新变化、新特点，调查访问成为资料征集必不可少的手段，"所采访和调查的重点内容，基本上是文献资料所没有的新内容，或者是正在发生的新变化，对当地产生重要影响的新事物，或者是需要考辨、补充和不可或缺者；所反映的是已经发生变化的事物，所体现的是该行政区域不同于其他区域的特点和时代貌"[①]。地方志机构应当重视运用社会调查的手段，制定出专门的调查提纲，可采用联合专家学者开展调查，或委托科研机构开展调查等多种方式，系统地搜集所需地方志资料。唯此才能充实年报资料，填补空白。

政府对经济的管理已从微观管理转变为宏观的经济调节、市场监管，在许多经济部门中已无法借助行政手段开展年报资料征集，可以考虑借助政府购买服务的形式，指导有关的行业协会、民营企业开展资料的收集工作。广州市在2011年首次尝试采用政府购买服务的形式，在行业协会、民营企业单位中建立年报资料报送网络。广州市选择了在行业管理中较为规范、承接了政府有关事务性职能的10家行业协会作为年报报送单位，负责提供相关行业的发展概况、科技进步、知名品牌、代表性企业以及行业协会自身状况的资料；选择了在各个行业中有代表性的民营企业8家单位，作为多种经济成分的典型代表，报送企业自身发展的资料。

零散资料的搜集应作为年报资料的重要补充。当今社会媒体、互联网资讯十分发达，每日传播的信息浩如烟海，其中不乏对各类经济社会现象的深度报道，这些资料经过考证、整理后存史价值很高，需要地方志部门工作人员自己动手采集。出于各种原因，这项工作或未被纳入视野，或无暇被顾及。当前，各级地方志部门正在开展地情数据库建设，将为搜集分散于媒体、互联网等社会各个层面的零散资料提供有利条件。已有地方志机构开始了这项工作，如"山东省史志办不但规定本系统内出版的志书、年鉴及其他地情资料的数字化资料要及时报送省史志办，而且本着资源共享、互惠互利的原则，与山东省社科院、软件学办公室、高等院校、省政府调研室、省图书馆、省内各大网站等单位建立了数字化资源共享关系"[②]。地方志机构应将从多种信息渠道搜集资料、筛选资料作为资料来源的一个常规途径，建立起一支具备地方志及文献学素养、掌握现代化手段的资料员队伍，使资料收集跟上时代的步伐，达到事半功倍的效果。

---

① 王熹：《简述民国时期的志草志料、采访册与调查记等文献》，载《中国地方志》2009年第2期。
② 刘秋增等：《信息化——地方志事业发展又好又快的助推器》，载《中国地方志》2008年第5期，第7页。

（三）定向指导，加强专题资料和附录资料的收集

地方志资料年报中的专题资料由于能够较完整地反映重要事物发展变化的始末及事物之间的关系，为志书提供深层次的资料，因此，地方志机构应当根据当年本地经济社会中发生的重大事项，有针对性地提出一些定向选题，指导各单位开展专题资料的收集。广州市从2011年起结合"广州市入载地方志十件大事评选活动"所列的候选条目，筛选出在全市经济社会中有重大影响的事项作为专题资料的参考选题，指定相关单位展开资料收集、整理和编写，已初见成效。

附录资料以其保存原始资料的特点有自身的优势。附录资料的收集时，既要重视其保存资料的优势，又要严格把关，否则在信息膨胀时代，将会大量收录一些史料价值不高的资料（如单位内部的管理文件、工作制度等）。地方志机构在指导基层单位的年报资料收集时，要重视对附录资料的收集，应根据主体资料中的线索，提出对附录资料的具体要求，特别是对能揭示事物发展因果关系的专题调研报告、反映重大决策的会议纪要等应重点收集。

（四）选准资料，控制主体资料篇幅

关于主体资料的收集，要注意分类指导和提出要求，对篇幅太短的报送单位，要求其应在充实内容上下功夫，补充反映事物状况及其发展变化过程的资料；对篇幅太长的报送单位，要求以存史价值为标准控制文字总量。

从资料征集角度而言，理论上似乎篇幅越大越可能保存更多的资料。但主体资料篇幅越长，耗费的时间与精力就越多，许多单位是由在职人员兼顾这项工作的，不利于提高工作效率、推进工作。况且，篇幅长并不等同于有存史价值的信息含量也大。因此，对主体资料的篇幅虽不必作硬性规定，但原则上还是要把握好大体字数要求，选准资料、不滥不缺、保证质量。以广州市发改委、工商局、统计局、物价局等17份宏观经济管理部门地方志年报的主体资料篇幅为例，每年2万字以下的有7份，2万~3万字的3份，4万~5万字的有3份，10万字以上的4份。据内容分析，主体资料篇幅大致可分2种：一种是管理职能较多的单位，需要3万~4万字，如市劳动和社会保障局；另一种是管理职能较单一的单位，1万~2万字，如市地税局、审计局等。其中，市地税局主体资料的提纲为：一，地方税收管理体制（包括机构设置、征管体制的变化、税收管理的改革等子目）；二，地方税（费）制度（子目为各种税费制度，略）；三，地方税（费）征收管理（包括发票管理、委托代征管理、个体私营业户、社保费征管、税务稽查、税收法制、信息化建设等子目）；四，纳税服务及宣传，随文附"广州市地税系统组织各项收入情况表、广州市各类型企业地方税收情况表、广州市地方税收收入占全国、全省地税收入比重表"，其主体业务状况的资料较为齐全，每年1万字左右的篇幅就能满足提纲的要求。由此可见，对于主体资料的篇幅控制是可以做到的。

以上仅仅从4个方面探讨了征集地方志年报资料的途径与方式，建设全面覆盖经济社会各个领域的年报资料征集渠道，还需要不断探索和努力。

（作者单位：中共广州市委党史文献研究室）

关于地方志版权开发的几点思考

龚海燕

一、引言：新时代地方志的功能价值与目标定位

地方志是中国传统文化中的独特瑰宝，是全面、系统地记述本行政区域自然、政治、经济、文化、社会的历史与现状的资料性文献。地方志的编修历史悠久。方志之名，最早见于《周礼》，自东汉至北宋，千余年间，方志曾以地记、地志、图经等名称和形式长期流行，现如今，地方志已然发展成为内容丰富、体例完备、统合古今的地方百科全书。

步入新时代，全国各族人民在以习近平同志为核心的党中央领导下，致力于实现中华民族伟大复兴中国梦。作为中华文化中的独特传承，地方志在新的时代具有了新的功能价值与目标定位。一方面，地方志是推动文化复兴，展现文化精髓的重要工具。地方志的编撰艰巨浩大，凝聚了众多工作者的认真付出，地方志的内容细致精准，体现出其权威与特色，因此，无论从编撰过程还是编撰内容来看，地方志都是地方文化的精华之作。以地方志为窗口，向全国乃至向全世界展示中华文明的优秀成果，是新时代地方志的重要任务。另一方面，地方志是实现文化共享、促进文化繁荣的重要手段。作为具有权威性的文化宝库，地方志中蕴含了大量极具价值的文化资源，是地方文化传播的重要源泉。随着传播与共享技术的进步，以及人们对文化产品的需求的增长，地方志将成为新时代下文化创意产业发展的有力支撑和人们精神生活质量的有力保障。

新时代地方志具备了新的使命，这也对地方志的价值实现提出了新的要求。地方志不能再仅用于珍藏或者查阅，而应该通过一系列方式方法，让其中的内容走进人们的生活、展现在人们的眼前，这离不开对地方志进行有效的版权开发。作为重要的文化资源，地方志除了具有本身的文化价值和文化意义，还可通过适当的版权开发和版权管理实现经济价值。因此，版权开发应当成为今后地方志工作的一个重要趋势。然而，地方志需要进行什么样的版权开发，以及怎么样进行版权开发都还有待探讨，本文希望结合地方志本身的特殊属性，分析其背后的版权归属与版权内容，在把握当前经济社会科技发展的基础上，提出地方志版权开发的可选择路径。

二、共同参与和主动展现是地方志版权开发的应有思路

人们对于作为文化活动的作品创作甚为熟悉,对作为经济活动的版权开发却知之甚少。① 版权开发,是在技术和产业发展基础上,让文化资源以更多样的方式传播、利用和实现价值的一种形式。长期以来,地方志主要定位于珍藏与查阅之用,也就意味着,地方志及其中所包含的资源更多时候是处于被动使用的状态,只有当个别人或者个别机构产生了一定的需求进行翻阅,地方志才能实现它的价值。这种被动的价值实现模式并不符合新时代下地方志的功能价值与目标定位。因此,改善这一情况,需要让地方志进行合理的版权开发,从而变被动为主动,让地方志中所蕴含的优质资源主动向世人展现,主动在地方文明长河中闪烁光芒。

地方志是一项由多人参与、共同创作的文献资料。地方志的编撰过程体现较高的独创性,因此,地方志属于《中华人民共和国著作权法》意义上的作品。然而,地方志的创作又不同于一般的文字作品的创作,其由政府有关部门主管和负责,创作人员是在该部门的要求中完成有关创作,因此,地方志的作品类型较为特殊。国务院 2006 年《地方志工作条例》第十五条规定:以县级以上行政区域名称冠名的地方志书、地方综合年鉴为职务作品,依照《中华人民共和国著作权法》第十六条第二款的规定,其著作权由组织编纂的负责地方志工作的机构享有,参与编纂的人员享有署名权。该规定明确了地方志的作品属性及版权归属。

地方志的版权开发需要让社会力量参与进来,从而形成积极主动的传播利用模式。作为地方志的编撰主体,组织编纂的负责地方志工作的机构(以下简称"编撰机构")虽然能够在一定程度上决定地方志的利用方式,但是其本身的性质决定了其在地方志利用和传播上能做的工作依然有限,甚至会让地方志的价值发挥显得"被动"。地方志要想更好地融入民众的文化生活并实现其文化价值,就需要让更多主体参与到地方志的传播和利用当中,这样才能让地方志真正变"被动"为"主动",这就需要有一套价值实现和利益分配的机制,而版权制度在这其中就能发挥作用。编撰机构能够对地方志享有完整的著作权,通过版权许可的方式,其他的社会主体能够在特定范围内使用地方志中的部分内容。社会中的一些主体具有更强的传播和利用能力,比如专业的媒体制作公司、专门的文创产业公司等,他们通过对地方志的再加工能够使地方志中的内容更适宜传播、更具有经济价值。而这些参与主体也能够通过这一加工过程获得收益,从而在编撰机构、社会主体之间实现合作共赢,同时也让地方志以更优质的方式实现其功能价值与目标定位。

对编撰机构而言,这一过程还有利于形成良性循环。地方志的编撰需要大量的优质素材和资料。但是要获得这些素材和材料并不容易,这一过程需要一定的民众支持和经济支持。通过对版权的开发,地方志编撰机构一方面能够进一步扩大地方志在当地的影

---

① 何莹:《版权开发的路径选择及策略转向——以版权经济价值为中心的考察》,载《宁夏社会科学》2014 年第 1 期。

响力，建立良好的群众基础；另一方面能够得到一定的经济效益，从而投入编撰工作之中，当地方志编撰工作的社会参与度提高之后，其素材的丰富程度以及编撰的质量都有可能因此而得到提升，版权开发正是具有这样的积极意义。

通过地方志的版权开发，地方志中的文化内容可以通过不同的形式更主动地向人们展示，更积极地发挥其文化共享与文化繁荣的功能。相比于传统的传播和利用方式，版权开发能够让更多的社会力量参与进来，依托他们的优势力量，让地方志能够得到更优质的传播和利用，从而更主动地走进人们视野。

三、公益化和便利化是地方志版权开发的基本追求

版权开发是通过版权制度让文化资源进行价值实现并完成在此基础上的利益分配。但是，地方志不同于一般的文化资源，地方志的版权开发应当追求公益化和便利化。

首先是公益化。地方志是特定地方权威性的文献资料，是编撰机构投入大量的时间精力财力所形成的具有贡献的成果，是"恩泽后世，传承文明"的重要方式。[①] 无论从编撰目的，还是编撰过程来看，地方志都不应被私人主体所控制，而应当成为社会的公共财富。因此，地方志本身具有公益属性，这也对地方志的版权开发提出了一定的要求。首先，版权开发的过程中一般会伴随经济利益，虽然这些经济利益可以作为编撰机构提高编撰质量的一点补充，但是并不能改变地方志作为公共财富和公共资源的基本属性。这也就意味着编撰部门不能以纯市场化来运作地方志的版权开发工作，而应该更多地强调公益化，这又具体有两个方面的要求：一是地方志授权开发的过程应体现公益化。版权开发的形式应当以符合地方志的功能价值与目标定位为判断标准，因而过于商业化的传播和利用不应当被允许，即使其可能带来较高的经济收益。而以文化传播、展示、共享为目标的开发形式应当被鼓励，即使其通过版权开发实现的经济收益有限。在社会力量参与地方志版权开发的过程中，要求符合地方志公共服务属性的开发利用可以适当地降低开发门槛。二是地方志版权开发之后的形式输出应体现公益化。地方志经过社会力量的版权开发之后，会转换成新的形式便于传播和利用。而这些新的形式需要走进人们生活。在人们接触和使用这些地方志的新形式的过程中，应体现公益化属性，即尽可能降低接触和使用的成本，让新形式更好地走进人们的视野，而不是演变为纯粹的商业性文化产品。当然，这对于开发地方志的主体而言具有更高要求，需要编撰部门更好地在版权许可中进行管控。事实上，地方志的公益属性与版权开发之间存在一定的矛盾，版权开发需要以利益交换为支撑，而公益属性又以非营利为目标。因而，两者并非不可协调。版权开发的过程既能够通过形式创新实现价值和创造收益，也能够实现良好的文化传播与展示的效果。具体如何去实现，就有待于开发方的探索与创新。

其次是便利化。地方志的版权开发的目标是让地方志中的优质资源拥有更适宜传播和利用的形式。这离不开社会力量的高度参与。因此，提高地方志版权开发的吸引力，

[①] 李昳华、龙麟、何栋斌：《利用地方志进行社会服务的思考——以云南省普洱市地方志服务现状为例》，载《教育教学论坛》2018年第12期。

保证社会力量的参与热情，地方志的版权开发需要做到便利化，即让社会力量以更方便快捷的方式参与进来。地方志的版权归属编撰机构，因而编撰机构是版权的授权主体。版权的授权过程需要签订协议，需要双方达成合意。现实情况下，可能会出现授权过程复杂、烦琐不便等情形。尤其是版权授权开发目前还处于比较不成熟的阶段，有必要在这一块探索出规范化的操作流程和操作指引。因此，实现便利化的第一步是要形成规范和标准，对于哪些主体、哪些方案可以获得授权应当形成具体的规定。便利化还要求编撰机构为此设置专门通道，提高协商和审批效率。版权开发形式多样，但是开发成本、开发形式以及开发的预期效果会因不同主体而有所不同，即使强调便利化，也不能跳过协商和审批的过程。因此，可以为此设立专门通道，减少中间程序和复杂手续，让版权开发的授权许可过程能够以更高效的方式进行。

公益化和便利化是地方志这一独特的作品类型进行版权开发的基本追求，为一系列版权开发和后续工作提供指引，也从宏观层面对编撰机构和开发主体提出了基本的要求。

四、创新利用和传播形式是地方志版权开发的主要内容

在第五次全国地方志工作会议上，刘延东在讲话中特别强调："各级地方志工作机构要发挥优势、创新服务手段和方式，拓宽服务渠道，用人们喜闻乐见的方式利用地方志、传播地方志。"指出了地方志需要创新利用和传播形式。这也是对地方志进行版权开发的应有之义。

地方志的版权开发在符合经济和文化需求、顺应技术和业态发展下进行的。一方面，版权开发的根本目的在于让地方志中的优质内容以更符合人们精神文化需求以及更贴合经济发展趋势的形式出现，只有这样，地方志才更有可能被接受，才更有可能在真正意义上实现文化共享与文化传播的预期效果，同时也才更有可能通过社会力量的多方参与实现价值，带来收益，并让地方志的编撰工作形成良性循环。另一方面，版权开发实质上还是让其中的内容以不同于传统载体的方式进行传播和利用，而现代科学技术则是实现这一效果的前提，因此，版权开发的过程应当重视利用新技术和新模式。

地方志版权开发要善于创新利用和传播方式，具体包括以下三个方面。

第一，地方志的数字化应用。数字化建设是地方志近年来的主要发展趋势，主要是指将地方志以数字化形式在图书馆或者网站上呈现，便于公众查阅。数字化建设革新了传统的工作手段、提供了便捷的使用途径、构建了灵活的互动平台。[①] 然而，版权开发中的数字化应用与传统的数字化建设有所不同，前者更注重将地方志中的优质资源以数字化形式进行加工和利用，而后者更注重对地方志进行数字化呈现。因此，地方志的数字化应用的内容和范围较广，并不限于将地方志转换为电子书或者电子文稿的形式。数字经济的发展让地方志的数字化应用有了更多的可能，如数字化应用的场景之一 App 软件开发。厚厚的一本地方志可以以手机 App 或者电脑软件的方式进行呈现，这十分符合现代人获取知识的场景。在 App 中，地方志不只提供阅读这样的传统功能，还应结合当前

---

① 申小红：《对地方志数字化、信息化建设的几点认识》，载《新疆地方志》2013 年第 4 期。

社交娱乐的新方式方法来创新地方志内容的呈现和接受方式。可选的设计思路有答题积分、社交分享、三维地图等。数字化应用的场景之二是VR技术（虚拟现实）。虚拟现实技术能够通过数字化让体验者"身临其境"。虚拟现实技术能够让地方志中有关自然地理景观以及特色文化元素等内容以更生动形象的方式再现。数字化应用的场景之三是游戏。目前，游戏产业在我国发展迅猛，从电脑游戏到手机游戏再到社交软件中的小游戏，游戏正在以更多的姿态来到人们面前。地方志作为一个优质的文化宝库，完全有可能在此基础上进行小游戏的开发。当然，游戏的制作可以面向不同的群体，比如针对少年儿童，以游戏的方式体验和了解本地的自然历史文化情况，未尝不是一个选择。版权开发中的数字化应用是在地方志基础上以数字经济和数字产业的内容形式来使用地方志中的部分资源，以达到拉近受众群体的效果。

第二，地方志的新媒体传播。随着社会生活的变迁以及通信传播技术的进步，传媒模式与过去相比有了很多新的变化。常规的方志文化传播和利用模式已难以满足广大用户的个性化需要，需要以新媒体技术推动方志文化传播和应用。[1] 这意味着地方志的传播不仅在技术上和模式上要符合新媒体的要求，在内容上也需要适当调整，让其更符合目标受众的口味以及传播模式的特点。因此，新媒体传播的过程也需要进行良好的版权开发。从当前新媒体的发展趋势来看，地方志的版权开发可以尝试在以下几个方面进行探索与创新：一是微信公众号、订阅号。微信已经成为国民化的社交软件，其中的公众号和订阅号依托微信本身的覆盖面已经具有较高的影响力，在微信上开发专门的地方志主体公众号，需要有专门的运营管理团队。因此，由编撰机构自己来进行运营管理并非最优选择，通过版权授权，让有资质有能力的主体利用和传播地方志中的优质内容，效果会更佳，也更有可能实现经济利益的良性循环，带动地方志的高质量传播。二是有声书传播。近年来，喜马拉雅、蜻蜓FM等有声书平台十分火热。人们通过"听书"的形式获取感兴趣的知识资讯已经成为当代都市中的重要生活方式之一。单纯阅读地方志的内容也许会稍显乏味，但是通过有声书平台和有关人员的加工之后，其内容可能会更有吸引力也可能更受听众青睐。因此，编撰机构可以同有关的平台、人员达成版权授权协议，由这些平台对地方志的一些内容进行"有声化"，从而以有声书的形式进行传播。三是短视频传播。随着通信技术的进步，"视频化"表达和传播变得流行。相比于文字和图片，视频具有更好的体验。近年来，以"抖音"为代表的短视频分享平台已经成为新媒体传播中的重要一环。抖音中的短视频内容形式多样，不乏一些天文、地理、历史讲授的视频内容，而且这类视频内容也具有极高的关注度。地方志在传播方式上也可以利用短视频模式，但是视频的制作需要一定的专业门槛，尤其是优质的视频。因此，版权开发在这里也有很好的适用空间。通过短视频可以一定程度上让地方志的传播更符合当前都市群体的习惯。

第三，地方志的产业化利用。在文化产业中利用地方志中的优质资源，是贯彻落实文化大发展大繁荣的重要途径，也是贯彻落实党的十八大报告中"推进社会主义文化强

---

[1] 赵峰：《试论新媒体时代地方志文化的传播》，载《广西地方志》2017年第3期。

国建设"内容中的重要组成部分。① 从当前的经济与文化发展形势来看，地方志的产业化利用可以从以下三个途径进行：一是以文创产品的形式进行产业化利用。地方志中包含了大量的文化记载，有的甚至通过图片的形式进行呈现。这些地方志中的文化元素和符号本身可能因为属于非物质文化遗产而无法在《中华人民共和国著作权法》体系中被版权控制，但是在对这些文化元素的提取、记录和在加工的过程中，如果满足了独创性的要求，并以一定方式进行固定之后，所固定的内容可以获得版权保护。如果这样的过程是在地方志的编撰过程中并被收录于地方志当中，编撰机构能够对这部分的内容进行版权开发。比如，特定的符号、图案、样式能够附着在手工艺品或者其他形式的产品之上。随着这些手工艺品和产品被人们消费使用，不仅能够让地方志的版权开发实现经济回报，也能让地方志中的优质内容融入人们的日常生活。二是以旅游或者节会的形式开发地方志中的优质内容。旅游产业的开发需要大量的讲述和介绍，地方志作为权威的地方百科全书，能够为更多旅游资源的开发助力。但是，旅游产业中使用地方志中的文字表述和文字记载，应当支付版权许可费用。节会中的版权开发和旅游较为类似。地方志能够通过这样的方式提高利用率和影响力。三是以影视创作的方式利用地方志。地方志中的一些记载本身也是优质的创作资源。虽然地方志更多的是如实地记载本地的经济政治文化，但是通过版权授权，可以让影视产业者在尊重历史与尊重文化的基础上对地方志中的一些内容进行创作和开发，让地方志也能"摇身一变"，成为影视剧本的创作源泉之一。

创新利用和传播地方志的过程有赖于社会各方的共同努力，但更重要的是，作为版权权利人的地方志编撰机构，应当以更为主动、开放和包容的姿态接受地方志的多种利用和传播形式。版权制度为这一过程的实现铺设了轨道，能够让地方志在价值实现的同时平衡各方的利益。因此，依托版权制度，通过创新利用和传播，能有效开发地方志中的优质文化资源。

五、结语

地方志作为重要的文化宝库，应当积极发挥其文化展示与文化传播的应有价值，从而更好地提升公民文化生活水平，增加国家的文化软实力。版权开发是在经济社会科技发展的背景下实现和提升地方志价值的一种方式。相比于传统的利用方式，版权开发利用版权制度构建起了一套价值实现与利益分配的指引规则，让社会共同参与，将地方志的优秀成果主动展示，地方志的特殊属性要求版权开发注重公益化和便利化，通过在利用和传播方式上大胆探索和创新，让地方志能够以更适合人们需求的方式进行传播和利用，以更鲜活的姿态走进人们的视野，以更饱满的热情融入人们的生活，从而为文化繁荣和经济发展贡献力量。

（作者单位：广州市规划和自然资源局花都区分局）

---

① 栾柯：《浅析地方志文化的产业职能》，载《黑龙江史志》2015 年第 15 期。

从方志资料看广州建城史
——以五仙观的地方志资料为中心

吴石坚

从方志资料着手研究广州建城史。五仙观位于广州市越秀区惠福西路，是一座祭祀五仙的谷神庙。五仙观反映五仙乘羊赠穗的生动故事，是广州建城史的见证。五仙乘羊赠穗传说是从五羊赠穗传说发展演绎而成的产物。五羊赠穗传说与羊城、穗城之名的来历密切相关，反映广州先民的历史。五羊传说，即五仙乘羊赠穗传说，反映了广州的建城史，也反映了秦始皇统一岭南和西汉南越国时期的广州历史。

一、五仙观是广州建城史的见证

五仙观曾多次迁建，北宋时，在十贤坊（今广仁路社仁坊一带）。南宋嘉定六年（1213），迁到古西湖畔（今教育路一带）。明洪武十年（1377），迁到坡山（惠福西路今址）。

五仙观坐北朝南，依地势而建，塑五仙乘羊赠穗像，奉祀观内。保存有头门、后殿和东西斋的部分建筑。

头门：面宽三间，进深两间，十一架梁，绿琉璃瓦硬山顶。门上石匾上"五仙古观"四个大字，由清同治十年（1871）文渊阁大学士、两广总督瑞麟题写。

后殿：面宽三间，进深三间，绿琉璃瓦重檐歇山顶，脊饰为琉璃龙纹和琉璃鳌鱼宝珠。内槽为八架椽，施六铺作三抄斗拱，外檐施乳栿出两跳插拱承托挑檐桁，梭形柱，有升起、侧脚，平梁、四椽栿造成月梁，驼峰、叉手、托脚等风格简洁，保留了明代早期的建筑风格。脊槫底部有"时大明嘉靖十六年龙集丁酉十一月二十一日丙申吉旦建"等字。①

仙人拇迹：后殿东侧的原生红砂岩石上，有一脚印状凹穴，旁有"仙人拇迹"石匾。这是远古时代珠江洪水期的流水冲蚀痕迹，民间传说为"仙人拇迹"。②

五仙观内还保存有宋至清代的碑刻14方及石麒麟1对。五仙观后是禁钟楼，又称为"岭南第一楼"。

广州五仙观塑五仙乘羊赠穗像，反映五仙乘羊赠穗这一个古老的传说，是广州建城史的见证。因此，五仙观被誉为"广州的祖庙"。

---

① 广州市文化局等：《广州文物志》，广州出版社2000年版，第110页。
② 广州市文化局等：《广州文物志》，广州出版社2000年版，第110页。

二、五仙乘羊赠穗传说是广州建城史美丽生动的表述

五仙观的由来源于五仙乘羊赠穗的传说,是关于广州建城的传说。这个传说有两个版本,或者说两个阶段。具体如下。

第一个阶段是五羊衔穗传说,和广州建城以前的早期历史阶段联系在一起。宋李昉等《太平御览》卷一百八十五引晋裴渊《广州记》云:"州厅事梁上画五羊像,又作五谷囊,随像悬之,云昔高固为楚相,五羊衔谷荎于楚庭,于是图其像。广州则楚分野,故因图像其瑞焉。"①

上古社会,广州地区有多个不同的氏族。他们世世代代辛勤劳动,从事农业生产,培植水稻等农作物。这些氏族以羊、穗等作为图腾。羊、穗等氏族先后兴盛,逐渐把其他各支氏族融合起来。这就是五羊、穗的起源。

在周夷王时期,广州一带的越族人臣服于楚国,被称为"古之楚庭"。春秋末期,楚灭越后,越丞相公师隅把越国臣民安顿在南武,就是今广州周围一带。与中国北方早期的族邦组织一样,南武是不固定的定居点,因迁徙而不久废弃。

战国周显王(前368—前321年)时期,楚威王(前339—前330年)任用高固为楚国丞相,楚庭上悬挂五羊衔穗图。这就是五羊衔穗传说,表明岭南和中原融合的开始。这个传说反映广州建城前的历史,羊城、穗城之名的来历与之密切相关。

值得注意的是,最早版本中并没有仙人的形象,而在其后的版本中开始出现,并取代五羊成为传说中的主体形象。

第二个阶段是五仙乘羊赠穗传说,这和广州建城史的重要阶段密不可分。这个传说是在五羊衔穗传说的基础上,加上五仙故事形成的。

广州城始于番禺城,为秦时南海郡守任嚣建。秦始皇三十三年(前214),秦始皇统一岭南,设南海郡,任嚣担任郡守。郡治设在番禺,这就是今天的广州。同年,任嚣筑番禺城,是广州建城的开始。

西汉南越国时期是广州建城的重要历史时期。汉高帝元年(前206),秦亡,任嚣临死前向龙川县令赵佗提出:"且番禺负山险,阻南海,东西数千里,颇有中国人相辅,此亦一州之主也,可以立国。"② 任嚣死,赵佗建立南越国,定都番禺,在原来的基础上重新建筑广州城。班固《汉书·地理志》记载:"番禺,尉佗都。"③ 宋乐史《太平寰宇记》卷一百五十七引唐佚名《续南越志》说:"按其城周十里初尉佗筑之,后为步骘修之,晚为黄巢所焚。"④ 三国吴建安十五年(210),步骘出任交州刺史,番禺为交州郡治,他进一步扩建广州城。在唐末乾符六年(879),黄巢率农民军攻陷广州,撤离后又焚广州城。这是西汉后广州城早期发展的历程。

---

① 李昉等:《太平御览》卷一百八十五。
② 司马迁:《史记》卷一百一十三,南越列传。
③ 班固:《汉书》卷二十八,地理志。
④ 乐史:《太平寰宇记》卷一百五十七。

五仙乘羊赠穗是从五羊赠穗传说发展而来的，反映广州建城史的过程。明解缙等《永乐大典》卷一万八千二百二十三引南朝宋沈怀远《南越志》说："任嚣、尉佗之时，有五仙骑五色羊，执六穗秬以为瑞，因图像于府厅。"① 宋乐史《太平寰宇记》卷一五七引《续南越志》云："旧说有五仙人乘五色羊，执六穗秬而至，至今呼五羊城是也。"②《南越志》和《续南越志》的记载基本一样，五仙取代五羊，逆料与当时道教思想的影响有一定的关系。

《太平御览》卷一百八十五又引唐佚名《郡国志》："广州，吴孙皓时以滕修为刺史，未至州，有五仙人骑五色羊负五谷来，迎而去。今州厅事梁上画五仙人骑五色羊为瑞。"③

北宋政和四年（1114），广南东路经略使张劢《广州重修五仙祠记》转引《南务岭表记》及《图经》记载建五仙观缘由，说："初有五仙人，皆手持谷穗，一茎六出，乘五羊而至，仙人之服与羊各异，色如五方，既遗穗与广人，仙忽飞升以去，羊留化为石。广人因即其地为祠祀之。今祠地是也。然所传时代不一，或以谓繇汉赵佗时，或以谓吴滕修时，或以谓晋郭璞迁城时。说虽不一，要其大致则同。汉距今千三百余年，而吴、晋亦百年，前此未之有改也。"④

五羊赠穗传说是广州历史的五羊、穗等图腾、族群等早期历史的见证。而五仙乘羊赠穗传说，是把五羊赠穗传说和五仙融合在一起，它反映秦始皇统一岭南和西汉南越国的历史，是对广州建城史美丽生动的表述。

三、五仙乘羊赠穗传说是广州建城史的历史记忆

透过五仙乘羊赠穗传说这个生动的故事，我们可以了解广州从何而来。羊、穗原来是广州的部落的图腾，羊的部落和穗的部落，与外来的五仙，通过民族融合的方式，形成国家的统一，并建立今天的广州。这个美丽传说，正好是广州人对秦始皇统一岭南和赵佗建立西汉南越国的历史记忆。

在西方，古罗马建城史就有母狼育婴的传说。公元前8世纪至前7世纪，意大利地区阿尔巴王努米托尔（Numitor）被其胞弟阿穆里乌斯（Amulius）篡位驱逐，其子被杀，女儿西尔维娅（Rhea Silvia）与战神马尔斯（Mars）结合，生下孪生兄弟罗慕路斯（Romulus）和勒慕斯（Remus）。阿穆里乌斯得知后，把两个孩子抛入台伯河（Tiber River）。落水婴儿幸遇一只母狼用奶汁哺喂成活，后被一猎人养育。后来两兄弟杀死阿穆里乌斯，并迎回外祖父努米托尔重登王位。努米托尔即把两兄弟获救的地方——台伯河畔的七丘城赠给他们建新都。后罗慕路斯私定城界，杀死了兄弟勒慕斯，并以自己名

---

① 解缙等：《永乐大典》卷一万八千二百二十三。
② 乐史：《太平寰宇记》卷一百五十七。
③ 李昉等：《太平御览》卷一百八十五。
④ 张劢：《重修五仙观记》，道光《广东通志》卷二百一十。

字命名新城为罗马（Rome）。① 这一天是公元前753年4月21日，也就是罗马建城日。母狼育婴图案被定为罗马市徽。

如母狼育婴传说是罗马建城史的反映一样，五仙乘羊赠穗传说是广州建城史的表述。罗马建城史强调血腥的武力征服，反映西方早期国家形成的一种方式。与之不同的是，广州建城史体现民族融合的过程，强调和平统一，反映中国早期国家形成和统一的另一种方式。

在岭南地区，历来有依靠国家正统的话语建立地方祭祀的传统。广东雷州的雷祖祠，始建于唐贞观十六年（642），为纪念唐代雷州首任刺史陈文玉而建，他被神话化誉为雷祖。广西桂平西山的广佑庙，又称李公祠，建于唐末，纪念唐代著名的浔州刺史李明远而建。桂平在唐代始建浔州府，广佑庙被誉为西山祖庙。广州城隍庙，建于明洪武三年（1370），把五代十国时期南汉皇帝刘岩作为地方城隍来祭祀，既体现地方意识，又符合国家的正统话语。广东佛山祖庙，初建于宋元丰年间（1078—1085），明洪武五年（1372）重建，主祀北帝，正统十四年（1449）佛山士绅奋力参与平定黄萧养之乱后，朝廷册封灵应祠，景泰三年（1452）又册封"佛山忠义乡"。祖庙日益正统化，从一个普通神祇上升到佛山市镇士绅祭祀的主要神明。

早期广州只有五羊赠穗的传说，并没有五仙乘羊赠穗的传说。五仙乘羊赠穗的传说是在什么时候形成的？前引张劢《广州重修五仙祠记》转引《南务岭表记》及《图经》的说法，逆料是从汉武帝平定南越国后产生的。根据前引《太平御览》引唐《郡国志》的记载，三国时期，吴孙皓时以滕修为广州刺史，这个传说已经存在。

南越国从赵佗开始，到赵胡、赵婴齐、赵兴、赵建德，历经五代，共93年。南越国是西汉王朝统治下的诸侯国，日益受到中原文化的影响。汉武帝元鼎六年（前111），汉武帝派伏波将军路博德平定南越国，统一岭南。从此，岭南地区和中原地区实现最终的统一。此后，广州建城和西汉南越国的历史就以民俗的形式留存在广州人的历史记忆中。

著名历史学家赵世瑜在论述东南沿海地区每年三月十九日祭祀太阳生日，是对崇祯皇帝之死的历史记忆。他认为："在这期间，当一种历史记忆在民间的延续可能对现存秩序构成威胁的时候，统治者就会努力使其成为忘却的历史，致使力图保持这种记忆的人们不得不创造一种象征、一种隐喻，能够使此历史记忆不绝如缕。"② 这种历史记忆，可以看作地方意识的国家正统化过程。

五仙乘羊赠穗传说与太阳生日纪念一样，都是一种历史记忆。但是，这种历史记忆是以认同国家正统为前提的，同时又用隐晦的方式表达地方意识层面的岭南意识，是国家认同和地方意识的结合。五仙乘羊赠穗的传说是广州建城史的一种神话化的表达，是广州人在认同国家统一的前提下，以民俗的形式纪念西汉南越国和南越王的历史记忆。这与广州人把南汉皇帝刘岩当作广州城隍之神进行纪念和祭祀相似。

屈大均把五仙乘羊赠穗传说的时间提到周夷王时，是结合上述五羊赠穗和五仙乘羊

---

① 李维：《建城以来史》，上海人民出版社2005年版，第31-37页。

② 赵世瑜：《太阳生日：东南沿海地区对崇祯之死的历史记忆》，生活·读书·新知三联书店2002年版，第319页。

赠穗的两个版本的产物，避开西汉南越国的历史。清初屈大均在《广东新语》卷五《五羊石》说："周夷王时，南海有五仙人，衣各一色，所骑羊亦各一色，来集楚庭。各以谷穗一茎六出，留与州人，且祝曰：'愿此阛阓永无饥荒。'言毕腾空而去，羊化为石。"① 这个版本是把五仙乘羊赠穗的传说彻底正统化，表明作为明遗民的屈大均在明清鼎革的历史背景下，坚决认同国家统一的爱国精神。

方志资料反映的从五羊赠穗传说到五仙乘羊赠穗传说，体现广州建城史的过程，体现民族融合与国家统一的进程。五仙乘羊赠穗传说是国家认同和岭南意识的统一，正好说明中国早期国家形成和统一是通过民族融合实现的。

（作者单位：中共三大会址纪念馆）

---

① 屈大均：《广东新语》卷五。

地方志服务乡村振兴战略探讨
——以广州市南沙区东涌镇大稳村为例

梁锡潮

2018年9月21日下午,中共中央政治局就实施乡村振兴战略进行第八次集体学习。中共中央总书记习近平在主持学习时强调,乡村振兴战略是党的十九大提出的一项重大战略,是关系全面建设社会主义现代化国家的全局性、历史性任务,是新时代"三农"工作总抓手。

习近平强调,实施乡村振兴战略,首先要按规律办事。在我们这样一个拥有13亿多人口的大国,实现乡村振兴是前无古人、后无来者的伟大创举,没有现在的、可照抄照搬的经验。我国乡村振兴道路怎么走,只能靠我们自己去探索。东涌镇大稳村就是这样一个例子。

大稳村位于广州市南沙区东涌镇北面骝岗河畔,南沙港快速路、市南公路途经村境。截至2018年12月,大稳村总面积5.18平方千米,实有人口6824人,其中户籍人口4824人、流动人口2000人。2018年,大稳村辖内有外资企业33家,工业总产值约10亿元;可耕地面积4804亩,农业总产值6600多万元;村集体收入430多万元;村民年人均收入2.5万元。村内有著名的绿色长廊、水上绿道、农业休闲体验采摘园、村史展览馆等。从2016年起,大稳村为东涌镇每年农业生态旅游推广节举办地,年接待旅游团体500多个、游客80多万人。大稳村先后被评为"广州市观光休闲农业示范村""广东省卫生村""广东省健康促进示范村""广东名村""广东最美乡村""广东省文明村"和"全国文明村"。

大稳村没有名山大川,没有显赫名人,没有文化积淀,完全是依靠一群热心于家乡建设的地方志工作者,经过10多年的不懈努力,通过挖掘、保护、传承、弘扬本土文化,因地制宜地打造特色文化旅游项目,让昔日这个沙围田、疍家人聚居地一跃成为产业兴旺、生态宜居、乡风文明、治理有效、生活富裕的美丽乡村。可以说,大稳村是地方志服务乡村振兴的一个典范。

一、地方志与大稳村振兴的关系

(一)人文历史凝聚人心

2007年,东涌镇成立地方历史文化小组,负责搜集、整理资料,为出版地方史志做准备,提升地方文化内涵。小组成员查阅《番禺县志》[清乾隆三十九年(1774)]、《番禺县续志》(宣统)、《番禺县续志》[民国二十年(1931)]、《番禺县志》(1995)、《番禺市志》（1992—2000）、《番禺镇村志》等地方志，整理地方志中关于东涌地区方面的文史记载。在人文历史方面，有大稳村退休老支部书记何满带领干部开展社会主义新农村建设的先进事迹。20世纪60年代初，大稳大队化肥短缺，严重影响粮食产量。时任大稳大队党支部书何满与干部、群众一起，根据沙田土地下层腐质丰富的实际，探索出"深耕反土"农耕技术，将底层营养泥土挖出来铺在表面以增加地力，实现粮食增产。从20世纪60年代末开始，大稳大队在骝岗水道边堤围内开展社会主义新农村建设，由集体统一规划建设联排别墅分配给村民，实现茅寮砖屋化。1971年，番禺县在大稳大队召开县、公社、生产大队、生产队4级干部现场会议，推广大稳"深耕反土"经验，现场观摩大稳大队开展社会主义新农村建设成果。大稳大队在当时番禺县有"民田区看旧水坑，沙田区看大稳"的美誉。2008年，时任大稳村党支部书记郭福经常邀请何满老书记与村"两委"干部座谈，讲述大稳村人文历史、干部优秀传统和个人先进事迹，弘扬大稳大队干部团结奋斗、争当先进的精神，提高村"两委"干部服务村民、服务经济的大局意识，凝心聚力谋发展。

（二）乡贤文化助力民生

东涌镇地方历史文化小组帮助大稳村整理原大稳村籍，在省、市、区、镇担任重要领导职务的干部，以及海外华侨、港澳台同胞，邀请他们到大稳村参观、指导，并听取他们的意见和建议，培育新乡贤文化，争取各方支持发展村集体经济。在新乡贤的有效指导、有力帮助下，大稳村着力招商引资，引进专业生产数控机床、工厂自动化设备的高新技术企业广州市敏嘉制造技术有限公司，引进拥有年产30万吨高塔复合肥生产线项目的广州市凯米瑞化肥有限公司以及奥腾金属制品厂等大型企业。由村委会牵头，大力引导村民实施土地流转。村集体积极开展服务，引导和鼓励土地向大户集中，探索组建土地股份合作社，并以入股、租赁和联营等方式流转土地，不断增加村民的资产性收入。引进大型花卉、乔木、大棚蔬菜种植场，引进农业观光休闲旅游项目。经济发展带来民生改善。大稳村在爱村乡贤的牵线搭桥下，争取市、区、镇相关部门和企业支持，并根据地方志记载的水文情况，按百年一遇洪水、双向两车道路堤结合的高标准加固围堤。对全村村道进行水泥硬底化改造。开展标准化农田改造，机耕路网全部进行水泥硬底化改造，部分主要机耕路按双向两车道高标准改造。全村道路安装路灯，重点路段或交通要道安装治安视频监控设备，道路两旁实行绿化。成立村级道路和河涌保洁队伍，每家每户设置1个垃圾桶。建立村级垃圾中转站，每天清运生活垃圾2次。高标准建设村级卫生站，构筑村民"十分钟医疗圈"。新乡贤定期组织省、市、区书法名家到大稳小学开展社团活动，提高小学生的艺术素养。建成占地面积4700多平方米的社区综合服务中心，内设青少年活动室、"430"课室（下午4:30小学生放学后活动场地）、老年人活动室、农家书屋、儿童天地、健身室、曲艺娱乐室及多功能活动室等，为村民特别是青少年学生提供综合活动场地。

（三）地方史馆提升内涵

2012年，东涌镇地方历史文化小组根据东涌镇委、镇政府关于将大稳村创建成"广州市特色名村"的要求,整理大稳村村史,将位于大稳村沙鼻梁埗头边的旧村委会办公楼一楼改造为大稳村展览馆。展览馆以竹子做背景墙,吊装竹子网格天花,以渔网衬托,装饰成沙田水乡风情的格调。展馆分为左、右两个厅,左厅收集了20世纪六七十年代大稳村村民的生活、结婚喜庆等用品,如喜帐、衣笼、文柜、虾姑帽、大襟衫等,并图文并茂地介绍过去大稳村村民婚嫁、小孩出生、宗教信仰等习俗,以及疍家传统衣着文化等。右厅展示了大稳村的由来和建制沿革,并以发展变化为主线,介绍了大稳村路堤、窦闸、桥梁、农业、房屋、工商业和文教体卫的发展历程。展厅地面上围出河涌带状展区,展出兴修水利、春耕春种、夏收夏种、秋收冬种各种旧农具,其中最大的亮点是一艘按1:1比例还原的旧疍家艇。艇上竹篷、风灯、抛网、粘网、虾笼、鱼笼等一应俱全,让游客了解今大稳村村民的先祖上岸耕种定居前那种"一叶破舟栖五口,日泊田头夜漂流"的风雨飘摇的生活。展览馆右厅为"今日大稳"主题,展示大稳村新农村建设成就,特别是创建广州市特色名村所带来的变化,还有绿色长廊、乡间绿道、水上绿道、民俗文化活动、休闲体验等介绍,以及展示由新乡贤吕耀洪先生将自有旧居改建成徽派仿古建筑"可以小筑"等的情况介绍。大稳村展览馆为东涌镇首个村级展览馆,成为游客到大稳村旅游,了解大稳村历史文化必到的参观点之一。

（四）文化项目增添魅力

2011年,东涌镇地方历史文化小组按照"乡村振兴,文化为魂"的指导思想,根据大稳村为沙围田、河涌纵横等地域特点,以及大稳村村民的先祖大多数为疍家人的历史渊源,精心设计、打造大稳村文化旅游项目。

1. 绿色长廊

大稳村为沙围田地区,村民在屋前屋后,搭建俗称"瓜棚"的竹木架,种植爬藤类瓜果。2011年,在东涌镇地方历史文化小组建议下,大稳村在第一、第二生产队邻近广东省罗非鱼良种场机耕路,搭建长1.5千米的瓜果长廊,名为"绿色长廊"。绿色长廊种植了珠帘、老鼠瓜、蒲瓜、千成兵丹、丝瓜、水瓜、蜜本南瓜、长柄葫芦、西番莲、刀豆等一批观赏性强、长势旺盛的瓜果,形成长型、圆型、纺锤型、葫芦型等形态各异的多果型结合,青色、青灰色、红色、金黄色等多色彩搭配的绿化模式。绿色长廊左边是农田,右边每隔一段距离为水车、亲河平台和及农作物简介等,旅客在绿色长廊下步行或骑自行车,仿如进入瓜果绿色世界和农业科普基地,田园风光和休闲写意尽在其中。

2. 水上绿道

大稳村以沙鼻梁涌旧村委会办公楼前埗头为中心,西向沙鼻梁涌口,东向东丫涌,北向棒界涌,开设总长约4千米的水上绿道。河涌两岸为村民别墅,岸边为村民在河涌边种植的龙眼、黄皮、芒果以及花木等植物。路基下水边种植水草、喜水花卉等。游客可坐艇游览河涌,体验昔日疍家人在江河上抛网捕鱼的情景。

3. 十里骝岗画廊绿道

大稳村在骝岗河边堤岸和村主干道、两车道机耕路,设置总长26千米的自行车骑行绿道。游客沿绿道骑车,可欣赏田园风光、骝岗河两岸风光、骝岗河红树林,以及在介绍大稳村民俗风情的驿站休息。

4. 农耕文化体验园

大稳村在幼儿园西北侧农田设置农业休闲体验、采摘园，游客亲子活动团带领小孩在体验园内耕作，收获了瓜果后可在体验园旁边设置的驿站自行加工，感受大稳村农耕文化，体验收获农作物的喜悦。

5. 咸水歌会

每逢周六、日，大稳村组织村民在沙鼻梁埠头边举行咸水歌会，东涌镇咸水歌队与来自横沥镇、榄核镇、大岗镇，甚至佛山市顺德区的咸水歌爱好者"斗歌"。东涌镇"唱龙舟"爱好者也经常即兴表演，为大稳村增加一道亮丽的文化娱乐风景线。

6. 疍家美食农家乐

东涌镇政府扶持村民开办农家乐，制作疍家人传统美食，吸引游客。如阿喜嫂餐厅的"疍家糕"（俗称"撑粉"）、钜记的"三杯鹅"、田园农庄的河海鲜、润记的"铜盘蒸骗鸡"等。时令菜式有"钵仔禾虫""疍家杂河（海）鲜煲（盆）""头菜盐水黄沙砚""豉椒炒田螺""碌鹅（鸭）""荷叶蒸青蚝""风味鱼干"和"鸡杂生炒菜心"等。

7. 农业生态旅游推广节

2016年10月15—16日，东涌镇在大稳村农业生态园举办首届农业生态旅游推广节，大力推广东涌镇"岭南水乡文化，绿色沙田生态"广州特色名镇的生态农业及旅游发展，展示和宣传东涌特色名优农产品，弘扬东涌现代农业文化。活动现场设有30多个摊位展销东涌镇特色农产品，并设有东涌名特优农产品拍卖环节，所得善款用于扶贫工作。4家农民专业合作社与16户种养农户签订购销合同，购销果蔗、蔬菜、对虾、香蕉、四大家鱼、鹅等农产品。活动邀请省农科院、市农科院、华南农业大学多位专家教授及台湾品牌农业推广协会理事长张玉成等专家教授举办农业专家论坛。农业生态园、火龙果园、绿道农场、勤家园、东涌生态葡萄园等镇内果园开门迎客，提供给各方宾客采摘。2017年5月和12月，东涌镇在大稳村分别举办第二届、第三届农业生态旅游推广节，每天接待游客超过5万人次。

（五）文学创作唱响大稳

2008年12月，东涌镇委、镇政府根据地方文化小组整理出来的地方志资料，出版地方志雏形书籍《东涌故事》。《东涌故事》是一部具有地方特色专门记述东涌历史沿革、社会变迁、人文习俗、故事传说，以及旧貌新颜的著作。它用20多万字的篇幅，以"历史性、故事性、趣味性"的文化视野，将东涌的历史和文化记录下来，向人们展示了东涌镇的历史渊源、民风民俗和经济发展等各方面内容，宛如一席美味的文化盛宴。书中所遴选和撰写的文章，具有一定的地方性和水乡文化特色，涉及的内容丰富多彩。其中不乏大稳村的人文历史等资料。从2011年开始，东涌镇每年邀请全国知名作家到大稳村等地采风。作家们从《东涌故事》一书中了解东涌基本情况，再深入乡村感受东涌的历史变迁和发展，感受美丽的沙田水乡风光，了解物产风俗，撰写文章。东涌镇委、镇政府先后联合出版《吉祥围故事》《原味东涌》《东涌情韵》《水乡风采》《全国名镇，醉美水乡》等散文和散文诗集，与香港科技大学华南研究中心联合编著出版《从沧海沙田到风情水乡》等，相当一部分文章和内容写大稳村以及赞美大稳村的美丽风光和丰饶物产，让大稳村名声走出广州、走出广东、走向全国。

二、地方志服务乡村振兴面临的困惑

（一）缺乏熟悉地情的地方志编纂人才

大稳村于明代成沙，清末由来自番禺民田区、顺德、中山、南海等周边地区的"耕沙人"和原来以艇为家后上岸耕种的疍家人沿河涌两岸搭建茅寮居住形成村落。民国后期才有私塾、小学。大稳村历来为农业大村，文化底蕴薄弱，熟悉地情的而且能写文章、又热心的本村人才凤毛麟角，存在"熟悉本村历史文化的人不会写，能写的人不熟悉该村历史文化"的现象，而又没有纽带将两者联系在一起。

（二）缺乏对地方志编纂人才的激励机制

大稳村只有公办小学1所，在职教师16人，且大部分为非本村人。退休干部、教师大部分不在本村居住和生活。要深入挖掘大稳村历史文化，只能聘请当地熟悉该村的干部、教师等参与。但是，在财政收支两条线的制度下，政府不能给在职干部、教师等发放任何形式的补助，也不能奖励。缺乏激励机制，导致能写文章的人不愿意投入到地方志工作当中。

（三）缺乏利用地方志教化村民的机构

大稳村已建起了村级展览馆，免费向村民和游客开放，还建起了社区综合服务中心。但村委会至今尚未组织村民参观展览馆，或在社区综合服务中心举办讲座，组织村民学习地方志中有关大稳村记载；没有利用大稳村的先进典型对村民进行教育，村民对本村历史文化的认识不足；没有立足本村文化开发更多的乡村旅游项目，更谈不上村民对本村历史文化的自信了。

三、地方志服务乡村振兴的几点思考

（一）建立地方志人才奖励激励机制

地方志具有"资治、教化、存史"功能，需要一批热心家乡建设、熟悉当地历史文化的、有一定文字基础的社会各界人士参与其中，如果没有相对应的奖励机制，就很难凝聚人才。因此，建议财政部门根据实际情况，在聘请在职干部、教师参与地方志工作中，在不违反财务制度的基础上，适当给予一定的报酬。

（二）建立常态化挖掘历史文化机制

村委会要组织村干部带头，特别是本村籍在校大学生、高中生，利用寒、暑两假，大力挖掘整理好地方志资源，讲好地方故事、树立地方形象、打造地方品牌、突出地方特色。

（三）建立地方志成果转化项目机制

凡是地方志工作者挖掘出来的优秀传统技艺、民俗活动、古建筑遗迹、歌谣曲艺、过去劳作生活的工具器皿等，都要慢慢地整理它，认真地品味它、咀嚼它，让它成为乡村本土文化的一部分，再转化成旅游开发项目，以当代人喜闻乐见的形式保护和传承本土优秀传统文化和技艺，让地方志成果最终转化为社会效益和经济效益。

总之，我们要充分利用地方志，培育乡村文明，激活乡村文化，打造乡村文化产业链，探索举办乡村方志文化节等，并使活动常态化、日常化，内容活态化、特色化，让村民共享文化成果，让乡村富起来、美起来，实现乡村振兴。

（作者单位：广州市南沙区东涌镇成人文化技术学校）

明清修志和新方志编修经费来源与使用情况比较启示
——以广州地方志工作为例

陈 蕾

地方志是我国民族文化特有的瑰宝，编修地方志有悠久的历史。"方志"的名称最早见于《周官》，发展至今已经有2500多年的历史，其间由雏形方志——两汉的地记、隋唐的图经，逐步发展到宋代方志定型，至清代修志事业大盛。民国后，虽时局动荡，内忧外患，但方志编修的传统却并未因此而中断。今天地方志的修志事业更是在国家修志、全民参与的大环境下有了蓬勃发展。

在修志编史的历史长河中，明清两代是我国古代的大成者。

明朝，政府对修志的重视表现为修志制度的完备。首先，由官府统一制定志书体例。永乐十年（1412）颁发的《纂修志书凡例》17则，是迄今发现最早的由国家颁布的修志规定。永乐十六年（1418），朝廷又诏天下郡县卫修志，对原有《凡例》作了修订，重新颁布，改善了各地旧志体例杂乱的现象。其次，出现了志书申详呈报的制度，即地方向上级行政机关发出详文要求修志，在得到上级认可批复后，地方负责纂修志书，并在志书纂修完成后送交上级行政机关。最后是乡绅呈请和公告制度的建立。所谓乡绅呈请就是先由地方乡绅口头提出修志申请，然后提交申请公文，公文内容包括呈请修志人员的名单、修志的理由及编纂工作的人选等，对公文的格式有严格的要求。修志的公告制度就是告知各界本地修志情形、人员安排，并敬请各界关照和支持的制度。一系列修志制度的建立，规范了各地修志行为，促进了社会各界积极参与修志，体现了明朝政府对修志的重视。

清代，政府对修志的重视更甚于前代。中央政府多次颁布修志诏令要求各地编修志书，如康熙十一年（1672）七月，康熙皇帝应保和殿大学士周祚的呈请，诏"直省各督抚聘集凤儒名贤，接古续今，纂辑通志"[1]，并以河南巡抚贾汉复顺治十八年（1661）主修之《河南通志》"颁诸天下以为式"[2]。康熙二十二年（1683），礼部奉旨檄催天下各省设局纂修通志，并限期完成。一时间，全国各省、府、州、县纷纷开设志局，加紧了修志工作。至雍正七年（1729），政府更是颁令修志上谕，定各州县志书每六十年一修之例。

---

① 刘纬毅：《中国地方志》，新华出版社1991年版，第104页。
② 王晟：《河南通志编纂述评》，载《河南师范大学学报（社会科学版）》1982年第1期。

一、明清修志经费来源与使用情况

明代修志经费所需不薄,从筹措途径来看,主要来源为两部分,主体是地方财政承担,其次是地方官员和士绅捐俸捐资。

一是地方官府负担主体修志经费。修志活动由地方官府组织开展,修志活动所产生的一切费用,包括聘用修纂者、提供纸张笔墨、刻印出版志书等,自然由地方官府负责筹措。志书编纂完成后,地方官员往往命工锓梓、命工版刻或命梓成书等,表明地方财政在负担志书的编纂出版费用。明代方志编修所需经费,主要从库银中支取,有的从学租中提取,或从其他杂费中支出。按照明代制度,动用仓库白银钱钞和米粮还要履行一定的审批程序。

二是地方官员和乡绅捐俸捐资。在实际修志活动中,志书编纂出版虽然多由地方官府出资锓梓,但有时也会遇到修志经费困难的情况,此时,多由地方官员自行筹措经费,或由当地官员和绅士捐俸捐资出书。

与明代所不同的是,清朝尤其是清朝中后期,国家实力大为衰弱,官方投入修志的经费更为缩减。因此,清朝的修志经费来源就变为以下途径。

一是官绅民的主动捐资。有清一代,地方士绅对修志关注的热情丝毫不低于地方官员,从而使方志成为地方文化建设的传统项目得以长期延续。他们出资出力,极力配合地方官的修志行动。雍正《连平州志》卷十《附列捐梓姓名》记载了46人捐资修纂方志,除知州、千总、学正、巡检和吏目等官员外,本地士绅共有41人,包括进士1人、贡生5人、监生20人、生员8人、埠商1人、耆义2人、儒童3人、书吏1人。可见,地方士绅是修志经费主要的捐助者。乾隆时期,广东作为中国与世界通商的唯一口岸,社会经济繁荣,地方士绅对文化建设十分重视,他们把修志看成是对家乡和社会应承担的职责。

二是官绅联合劝捐修志。嘉庆、道光时期,社会经济盛极而衰,西方列强在南中国海域贩卖鸦片,疯狂地进行走私犯罪活动,广东社会经济发展受到严重损害。尽管如此,地方志的修纂并没有停止,其修志经费除源于官绅捐助外,一部分经费由修志的发起者——地方官员和个别热心的士绅募得,他们联合起来,利用自身的威望,发动更多的社会力量捐资修志。这一时期,参与捐资的人员主要还是士人,但可能是劝捐的缘由,社会上的其他人员也加入这一行列之中。道光年间,高州府遂溪县下辖26个社,有21个社被发动起来捐款修志,各社还设有专人负责签题。

三是强行摊派式的募捐。清同治、光绪年间,尽管内忧外患不断加剧,但修志传统仍在延续。此时,广东社会经济发展严重下滑,筹集修志经费的款项更加困难,导致清末以强派方式劝捐修志,在广东颇为流行。

从清代广东修志经费的筹集来看,修志作为中国传统社会的重要地方文化建设,不管社会如何变迁,这一传统都被传承下来。从广东捐资者来看,官绅是绝对主力。随着西方列强侵略步伐的加快,我国经济逐渐衰退,仅靠官绅捐助已不足以解决修志经费问题,官绅遂联合起来向普通民众劝捐,而且强制摊派的意味不断加强,整个筹款过程也是在官绅的意志下进行，但客观宣传了地方志修纂工作。尽管清代官府没有专项修志经费的投入，但是地方士绅和民众热心家乡文化建设，积极捐助，保证了经费来源，使得修志工作能顺利开展。清代修志都有采访一项，对旧志中以及某些模糊不清的事实进行田野调查，甚至深入穷乡僻壤访问史料，但所花经费也更多，使得修志经费更紧张。晚清以来，广东社会经济受到诸多外来因素干扰，地方士绅的捐助行为并没有因此停止。尽管清末的捐助多少带有摊派性质，此时的田野调查性质也发生了些许变化，"采访兼劝捐催收"屡屡出现在各地方志中。

从以上内容可以看出，明清两代的修志经费一自官道，即地方政府通过税收，形成财政经费，再转拨部分，留存用于专业修志；二自民路，即通过乡绅村民，自发或被动地捐助银两，从而为修志事业做出贡献。

明清两朝政府主持地方志编修工作，核心任务就是编修志书。虽然筹集经费的渠道不像今天那么单一，但是从修志工作的表现上和结果上来看，使用的方向却很纯粹和单一。为便于指导和商议、提高修志效率，地方官员经常开辟相对固定的场所，设立志局或志馆，使修志人员相对集中地开展地方志书编修活动。修志经费除了安排修志场所外，则主要用于聘请修志人员、提供日常饮食、购置纸张笔墨和志书印制材料，即单一的修志出书，梓刻印行。

二、新方志编修经费来源与使用情况

中华人民共和国成立后，尤其是改革开放以来，全国各地陆续开始了新方志的编修，修志经费的来源与使用方向有了较大的变化。以广州市为例，首轮修志起步时，财政部门只是列支市地方志办在职干部职工的人员经费和必要的办公经费，修志业务经费未纳入年度财政预算，所需经费需临时向市领导申请解决。地方志工作领域也相对单一，局限于志书的编修一业，地方志事业的全面发展相应受到阻碍。1988年12月，时任市长杨资元主持召开市长会议，决定地方志业务经费每年编制预算报市财政核拨。1989年2月，广州市财政局发出通知，明确修志经费纳入年度财政预算。此后，修志经费得到有效保障，并不断增长。中央相继对地方志工作提出"一纳入、五到位"和"一纳入、八到位"要求，其中，"经费到位"一直都是其中的重要组成部分，这为广州市乃至全国地方志事业经费的正常投入提供了制度保障，也为地方志事业的跨越式发展奠定了坚实基础。

新时期广州的地方志事业修志经费，在使用上，除了延续从古至今的人员经费、办公经费、场馆维护的经费外，项目经费主要的投入方向始终还是修志，项目经费一般分为经常性项目和一次性项目。经常性项目包括《广州史志丛书》《羊城今古》《广州市志》《广州年鉴》《珠三角城市群年鉴》等编纂出版、资料年报的收集；一次性项目包括数字化、信息化项目，特色志书、专业志书出版，如《广州非物质文化遗产志》《广州亚运会志》《广州扶贫开发与援建志》等。

从表1可以看出，2011—2016年广州市地方志专项业务经费的变化趋势，经常性专项是稳中有升，主要的修志业务没有太大变化；一次性专项根据每年实际的工作任务不同，变动比较大。经常性项目的稳定说明了地方志工作的重心和主业依然是编修志书，修志经费的主体始终是为了修志服务。

表1 2011—2016年广州市地方志项目经费预算批复情况

年份	合计	经常性项目	一次性项目
2011	507.69元	319.00元	188.69元
2012	408.70元	314.00元	94.70元
2013	643.20元	342.20元	301.00元
2014	623.09元	350.00元	273.09元
2015	552.33元	437.40元	114.93元
2016	815.19元	420.00元	395.19元

2006年，广州市在全国首创地方志资料年报制度，确定年报经费的发放原则为："当地财政预算单位直接向财政申请专项经费；不属于当地财政预算单位的，由市地方志办向财政部门申请，再划拨给相关单位。并要求各承报单位做到专款专用。"① 以委托业务方式，以收集资料年报为主要目的经费使用方式首次出现在修志事业中。

当前，随着人们对公共文化产品的持续关注，社会各界对地方志书的需求也越来越多样。因此，新时期编修的志书种类也更加多样化，如2015年，为加强对地方志资源的深加工，方便领导干部和社会各界读志用志，广州市地方志办组织开展《广州简志》的编纂，为社会提供多样的志书产品，进一步提升地方志的公共服务能力和水平。同时，由于现代科技日新月异的发展，志书编修开始走向电子化、信息化，形成系列电子产品，以利于传播和使用。因而，修志经费不仅仅局限于编修志书和书籍的出版，工作领域和范围不断得到拓展，形成志书、年鉴、年报、方志馆、地情网、数据库、学会、期刊、地情研究、开发利用十业并举的发展新格局。以信息化工作为例，1995年，广州市地方志馆投入使用后，市地方志办向市财政局申请核拨方志馆配置计算机系统经费。自2002年开始，专项业务经费分设"馆藏数据库维修费"，后改为每年度的系统运行维护费。2007年年初，"广州市地方志地情资料数据库"项目正式被列为市财政投资的信息化项目。2014年，申报了广州市地方志地情资料数据库和全文检索升级项目、地情资料数据库和网站升级（二期）项目建设经费，致力于将实体书库电子化、数字化，提高已经完成的史书、方志文献、期刊的利用率。2016年更是新增安排广州市地方志新馆信息化建设项目（一期）——智能查询系统、在线修志系统、多媒体电子阅览室及专题展区部分应用系统和设备建设项目250万元，不断推动广州地方志信息化建设的转型升级，继续走在全国前列。

三、明清修志和新方志编修经费来源与使用情况比较启示

显然，明清两代的修志成就在古代史上极为突出，与其修志经费的多元性和相对有

---

① 广州市人民政府办公厅：《关于印发〈广州市地方志资料年报制度〉的通知》（穗府办〔2006〕1号）。

保障是密不可分的,同时,也与高效的经费使用分不开。而在修志经费的来源和使用方面,新方志编修与明清时期相比,也是既有相同点,又有差异性。在方志事业不断发展的过程中,新方志编修经费的来源,与明清两代相比,相同点是主体来源依然是来自国家和地方财政,然而,最大的区别是不再接受也不再需要民众的捐助,经费来源完全依靠财政拨付。而在修志经费的使用方向上,当前地方志事业的内涵更是有了巨大的变化,已形成以修志编鉴为主业、统筹兼顾理论研究、开发利用、信息化建设、方志馆建设、旧志整理等各项工作全面协调开展的事业新格局。通过明清修志与新方志编修经费来源与使用情况的比较,笔者有如下启示。

启示一:要不断拓展地方志修志编鉴主业任务。明清两代政府主持地方志编修工作,核心任务就是编修志书,即单一的修志出书,梓刻印行。而按照国务院《地方志工作条例》和《全国地方志事业发展规划纲要(2015—2020年)》(以下简称"《规划纲要》")"法定职责必须为"的要求,修志编鉴也是当代方志工作主业,是必须完成的一项法定职责,这就需要地方志工作机构切实承担主导作用,直笔著信史,继续为当代提供资政辅治之参考,为后世留下堪存堪鉴之记述。

启示二:要严守"八项规定",合理使用经费。明清两代修志经费的使用方向很纯粹和单一,修志经费除了安排修志场所外,主要用于聘请修志人员、提供日常饮食、购置纸张笔墨和志书印制材料。而当前,各级政府对地方志工作日益重视,新方志的编修经费有了全面保障和科学调配,还有不断增加的趋势,但是地方志工作者却面对了"无稿费,许多文稿没有署名权"的现状和"修志不得志,得志不修志"的舆论压力。即使如此,各级地方志工作者仍然要全面贯彻落实党中央和中央纪委关于党风廉政建设的各项部署,认真领会《中国共产党廉洁自律准则》和《中国共产党纪律处分条例》要求,强化规章制度的刚性执行,做好经费的有效管理和合理使用,以更好地继承和发扬中国古代传承地方文化、编修地方志书的优良传统,继续谱写地方志事业发展的新篇章。

启示三:要推进地方志由"一本书主义"向新兴事业转型升级。中华人民共和国成立后,随着地方志事业的升级发展,新方志的编修在修志理论和内容方面有着较明显的延续性,既有创新,也有发展。地方志事业内涵更是有了巨大的变化,地方志工作已经形成了以修志编鉴为主业,理论研究、方志馆建设、年报、开发利用、旧志整理、信息化建设、地情网、数据库、学会、期刊等工作协调开展的事业发展新格局,拓展了方志文化的内涵,丰富了地方志事业蓝图。面对新形势,我们更要统筹兼顾,多管齐下,综合施策,树立"共享方志"理念,提升开发利用水平,拓宽用志领域,提高全社会读志用志水平。要加快信息化和方志馆建设,大力推进"互联网+",推动传统手段与互联网新媒体相结合,承载乡愁,延续文脉。

启示四:要加强指导和管理引导拓展社会修志工作。明清两代修志经费呈现了多元性:一为官道,即地方政府拨款用于专业修志;二为民路,即通过乡绅村民,自发或被动地捐助银两,为修志事业做贡献。当代新方志编修经费来源,与明清两代相比,最大的区别则是完全依靠财政拨付。《规划纲要》强调要健全地方志工作机构主导、社会各界有序参与修志编鉴的途径和方式。《地方志工作条例》也强调要坚持党委领导、政府主持、地方志工作机构组织实施、社会各界广泛参与的地方志基本工作体制。笔者认为,地方志工作不能单打独斗，要树立开放治志理念，在坚持合作共赢的原则下，在加强与高等院校、科研院所、档案与图书馆等机构、单位的交流与合作的同时，全面统筹地方志系统内与系统外两种编纂力量，鼓励、引导并指导社会各界自筹经费或官助民补编纂部门志、行业志、年鉴和地情书，兴办民俗馆和民情馆，留存时代记忆，在更大范围、更宽领域、更深层次上形成全社会共同发展地方志事业的大好局面。

（作者单位：中共广州市委党史文献研究室）

口述史料的利用与地方党史的研究问题浅析

周艳红

一

自 20 世纪中叶以来,口述史的利用与研究引起了学界的大力重视。征集和研究口述史料成为中华人民共和国史和中共党史研究的一个重要内容。学界对口述史料的定义很多。一般来说,口述史料就是通过对历史亲历者、当事人的访谈搜集历史资料。它有几个来源:一是史学工作者与受访者合作的产物。史学工作者以访谈、录音、录像等形式,将当事人、知情人亲历、亲闻、亲见而口传的材料进行征集、整理,经与文字档案核实后,写成各种形式的著作,来记录历史。二是当事人、知情人记忆中亲历、亲闻、亲见的材料被记录下来后成为口述凭证。这样的史料可以当时做,也可以后来做;可以当事人自己做,也可以别人配合一起做。三是在实际工作中,史学工作者常将回忆录、回忆文集、书信、日记、笔记等私人化文本类史料视为口述史料。

地方党史的研究是中共党史研究中的一个重要内容,它主要研究中国共产党带领各族人民进行社会主义建设的历史。在中华人民共和国成立后,中国共产党是执政党,所以从一定意义上来说,中共党史具有政治学和历史学双重特征,和中华人民共和国史在很多地方是重叠的,都是中国当代史的一部分。由于这段历史离我们时间较近,加上政治等各方面的因素,因而地方党史和国史一样,都是处于刚开始研究的阶段。著名史学家王海光称之为"时过境未迁的历史"。他认为,"中国当代史是中国人魂牵梦绕的历史,国运、家运、个人命运都在其中飞扬起伏;中国当代史是刚刚走入历史的历史,其事不远,余音未绝,因果相续,尘埃未定;中国当代史是'时过境未迁'的历史,参与者众,察之则近,历史与现实相互影响,过去与现在难割昏晓"。因此,当事人的口述史在地方党史研究中的作用更加突出,如何正确利用口述史、推进地方党史的深层研究成为地方党史工作者的一个重要课题。

就党史研究而言,主要来源就是档案和口述史料,但是单凭文献档案资料研究,局限性很大。笔者在整理《回忆与反思——杨丰回忆录》时,其中有一个章节涉及农村合作化运动,结合当事人的口述,笔者在广州市国家档案馆查阅了大量的档案,整理了一段广州农村合作化运动的文字交给当事人。但是,当事人一看就说,这些档案都是假的,他还参与了"造假",真实的历史并不是这样。另外,许多重要的事件,并没有留下文字记载;即使有文字记载,又有许多重要的档案尚未开放。1987 年通过的《中华人民共和国档案法》规定:国家档案馆保管的档案,一般应当自形成之日起满 30 年向社会开放。经济、科学、技术、文化等类档案向社会开放的期限,可以少于 30 年,涉及国家安全或者重大利益以及其他到期不宜开放的档案向社会开放的期限，可以多于 30 年，具体期限由国家档案行政管理部门制定，报国务院批准施行。然而，由于许多制定文件的机构已经不存在，因此，这些档案的解密就无从谈起。我们在研究中就经常遇到档案难以查找的问题。在这样的条件下，寻找历史事件的当事人进行口述采访，成为拓展党史研究的学术空间、廓清历史谜团的重要方法与途径。就读者而言，要想了解丰富的党史内容，除了阅读通史、断代史和专题性史学著作外，一定要大量地阅读回忆录、书信、日记等私人化文本和口述史学作品，以便了解更多的细节。这样，才能使得口述史料的征集具有广泛的发展空间。

一直以来，党史部门非常重视口述史料的征集和整理研究，将它作为党史征集研究的重要基础工作之一。1980 年 5 月 7 日，中共中央办公厅发出《关于成立中央党史资料征集委员会的通知》。经中央批准，成立中央党史资料征集委员会，在中央党史编审委员会领导下，负责党史资料的征集工作。中央党史资料征集委员会的工作任务是：编制党史资料目录，组织撰写回忆录，交流党史资料。2008 年 12 月，中央有关部门联合下发了《关于征集领导干部个人留存的党史资料的通知》。2010 年 6 月 19 日，中共中央下发《关于加强和改进新形势下党史工作的意见》，强调要切实做好党史资料搜集整理工作，要继续抢救新民主主义革命时期党史资料，集中征集社会主义革命和建设时期党史资料，逐步开展改革开放和社会主义现代化建设新时期党史资料征集工作。同时，要抓紧征集领导干部及社会人士个人留存的党史资料，组织撰写反映党的历史的回忆录，注意征集口述史资料，"切实做好党史资料搜集整理工作"，"组织撰写反映党的历史的回忆录，注意征集口述史资料，按照有关规定做好收藏和出版工作"。为了加强对口述史等基础资料的征集，2012 年，中央党史研究室举行了座谈会，2017 年 6 月又举办了培训班，旨在广泛征集和研究包括口述史料在内的党史资料的征集和研究。

在中国，由于地域辽阔，政策的制定和实施具有很大的差异性，各地党史部门都对口述史料的征集非常重视，有的还制定了一定的规划，出版了大量的口述史料方面的书籍。一般来说，大部分地方党史部门都是以党史人物的研究为重点或以重大事件和活动的纪念为契机来征集党史资料。如在广州解放 60 年之际，广州市委党史研究室与广东革命历史博物馆联合征集参加广州解放和建设的老同志的口述史料，出版了《我与广州解放》一书；在抗美援朝 60 年之际，采访了数十位当事者，出版了《那段血与火的岁月》一书；另外还围绕纪念改革开放的契机，出版了《亲历改革开放》丛书，共 3 辑，收集了大量广州改革开放以来的口述史料。同时，还利用对重点人物的研究来征集口述史料，出版了大量的人物传记和回忆录。

二

在党史部门的重视和大力征集下，口述史料的使用成为地方党史研究的主要内容，要在如下几方面充分利用口述史料来加强地方党史的研究。

（一）利用口述史料可以理清历史发展的脉络，还原历史的事实，包括地方党史正本的撰写和党史专题的研究两个方面

这里所说的党史正本就是中国共产党的发展史和执政史，这是党史部门和从事党史工作者的首要任务。其中，最主要的两个史料来源就是口述史料和地方文献档案史料。文献是指已经出版的文件、讲话、档案、回忆录等，如《建国以来毛泽东文稿》《建国以来农业互助史料汇编》，基层档案史料主要是指各地政府部门以及各机关档案馆中保存的资料，其中包括工作报告、指示批示、会议材料、统计资料等。由于各种原因，许多档案文献与真实的历史事实有一定的差距。许多历史还存在于当事人的记忆当中。这样，口述史料是中共党史的最初表达形式和不可或缺的组成部分，而且很可能是最为精彩的组成部分。我们对党一大会议的记录，大部分是通过口述史料来实现的。中央党史研究室就提出，编写《中国共产党历史》的依据，一是党制定的各种决策，二是这些政策的执行，三就是当事人的口述。由于中国各地的差异性，口述史料的作用显得更为突出。长期从事地方党史工作的浙江省委党史研究室副主任王祖强认为，地方党史正本要形成"拳头产品"，必然要利用文献和其他基础资料，这是"拳头"中的"掌"，是最基础的部分；其他的基础工作包括口述史史料的使用就是"手指"，有了"掌"与"手指"，才能捏成"拳头"。

在地方党史研究的专题撰写方面，口述史料的利用也是相当关键的。利用当事人的口述，将文献记载未能展现的历史事件展现出来，将以文献为基础的历史研究成果所没有提供的一部分历史事实呈现到大众面前，为接近更可靠、更可信的历史提供了可能，也为厘清地方党史历史发展的脉络，还原历史的事实提供了更可靠、科学的依据。笔者在主持编写"广州改革开放实录"课题时，有一个专题写的是广州市城管执法队伍的发展与改革，作者就是通过当事人的口述，厘清了最基本的历史事实。

（二）利用口述史料可以找出历史发展更为细致、鲜为人知的材料，为地方党史的深化研究提供线索

口述史料具有直观性、生动性等特点，可以弥补档案文献的缺陷和盲点，填补资料空白，更可贵的还在于能够形象地揭示历史的真相，印证和重现历史。受访的当事人往往是重大历史事件的直接参与者，其叙述的历史事实至少具有一定的真实性，其中充满了档案资料所没有的生动而丰富的历史真实细节。从中可以看出，口述史料与档案之间存在许多色调乃至质性的差异。这些差异不仅不应当被粗糙的实证眼光过滤掉，而且应当成为启示我们倾听史料中不同声音、"杂音"乃至沉默的一个重要起点——特别是口述史中的经验感受使档案文献阅读的细腻化成为可能。在广州改革开放的历程中，流通领域的改革是最具代表性的，其中精彩的细节都通过口述史料的形式展现出来，如曾任广东省省长的朱森林谈到有人曾将买不到鱼的鱼票寄给任仲夷，杨丰的回忆中也提到广州蔬菜购销体制改革的过程中"一个保姆可以告倒一个省长"的趣闻，这是历史文献没有记录到的。笔者通过这些口述提供的线索进行深度挖掘，以广州市档案馆、广州市果蔬公司档案的材料进行辅证，撰写了《先行先试的广州蔬菜体制改革》一文，发表于《中共党史研究》2009年第11期，曾获学界的好评。从中可以看出，利用一些反映历史

真实的口述史料,可以为地方党史的研究提供有别于全国的线索,这正是地方党史最精彩的部分。

(三)利用口述史料可以为地方党史人物的研究提供最基本的素材

人物的研究是地方党史研究的重要内容。口述史料与文献资料一样,都具有一定的史料价值。其最大的价值,是能够反映一些鲜为人知的历史事实,尤其是对于当代人物或事件的研究来说,其可以补充文献资料的不足,解决文献资料无法解决的问题,得到文献资料所难以实现的满足。[①] 这点就在地方党史人物的研究上得到应用,口述史料的使用就显得尤为重要。笔者在撰写《留得青绿在人间——林西》一书时,由于传主林西没有留下任何日记和工作笔记,因而口述史料成为撰写的主要史料来源。通过对与林西一起生活工作过的数十位同志的采访,笔者清楚了林西生平的工作与贡献,特别是通过对与林西有精神交流的李桢荪的采访,使林西的形象立体起来。最终在确定标题时,李桢荪提到林西多次与他谈到最喜欢的诗词是明代诗人于谦的《石灰吟》,结合林西在园林绿化方面的成就,最后我们确定以"留得青绿在人间"作为整本书的标题。这些生动有力的口述史料,将使历史研究与考据更具说服力,成为不可或缺的组成部分。

(四)利用口述历史拓展地方党史研究的领域和范围

口述历史能够反映人民群众的生活和历史,可以帮史学家走出学术的象牙塔,走向社会,走入群众,发挥应用史学的功能,尤其是没有留下文字记录的广大基层民众,口述史可以弥补这方面的不足。地方党史主要研究的是中国共产党的执政史,但是在当下,要将中国共产党的执政历程展现在普通大众面前,引起大众的共鸣,就应该拓宽研究的领域,将党史的研究从决策引入普通百姓的柴米油盐当中。这样,就要广泛利用口述史料,增加党史学术成果的趣味性和生动性,使普通人参与到地方党史的研究当中,"使那些不掌握话语霸权的人们,包括社会底层的百姓、少数族群和妇女都有了发出自己声音的可能性,使这些人的经历、行为和记忆有了进入历史记录的机会,并因此构成历史的一部分"[②]。

三

口述史料是地方党史研究不可缺少的史料,但是对于党史工作而言,要做出一部信史,就必须正确地使用口述史料,"去粗取精、去伪存真",仔细地考证和辨异,在利用时,应注意以下三个问题。

(一)注意掌握和使用较重要的第一手材料

口述史料主要依靠的是人的记忆,有一定的偏误性,与史实有一定的误差,人的生

[①] 陈三井:《口述历史的理论及史料价值》,载《当代》(台湾)1998年第125期。
[②] 陈墨:《史学之谜:真实性、口述历史和人》,载《当代电影》2011年第3期。

命是有限的,记忆力旺盛的时期是有限的。这决定了口述史料的被访者是受限制的。在我们与被访者的接触中,不少人因年事已高,不是记忆力减退,就是耳聋眼花。口述者年久失记,致使回忆的情况不够准确,甚至不同的当事人对同一事件产生相抵牾的说法。这就要求地方党史工作者首先要尽可能找那些亲身参加重大历史事件的当事人来征集史料,要求口述者谈最熟悉、最了解的情况,在研究的过程中,要审慎地、批判地掌握材料,尽可能地使用这些第一手的资料,这样才能更可能地还原历史的真实。

(二)使用口述史料时,应综合考虑史料产生的各种条件和背景,对史料进行整体把握和综合分析

这主要是指要分析口述者所处的时代、所属的阶级和党派以及所持的政治观点,究竟哪些史料是可靠的、接近和符合实际的,因此,须进行多方面的检验,批判地加以审查,才能鉴别出来。这些史料有些真伪杂糅,有些口述者夸张或缩小历史真实面貌,特别是在叙述自己的经历时,常常会发生夸大或缩小某些事实的偏差;有些受政治环境影响,带着某种政治偏见或偏激情绪,内容往往失实。党史研究的一个重要内容就是中国共产党所制定的各种决策及其执行,但事件的决策者、普通参与者与少数利益受损者因所处的地位和所起的作用不同,他们观察问题的视角就会明显不同,这样,对同样的历史事件,不同的当事人会有不同的甚至是对立的历史记忆。因此,我们在使用口述材料时,应综合考虑各方的记忆和评价,认真分析多方口述内容的不同之处,即综合分析反映事件的每个侧面,不能仅听一面之词,只有倾听不同的当事人的不同意见,才能接近历史的真实。

(三)使用口述史料时,应该注意与文献档案进行甄别印证

在地方党史研究中,最主要的史料来源是各级机关所产生的档案,口述史实的使用应该注意与文献档案进行印证。档案是记录、报告各种有关资料及有关专题研究或调查的文件等的积累;是被保存的政府或公共机关的案卷、历史性文件和其他资料;是记录公共团体或官员行为的官方当代文件。它与民间材料或口述史料相比,更具有权威性和系统性。所以在具体的研究中,两者的印证和补充是必不可少的。"要印证一个学术观点或者历史史学观点时,是以书面材料为主,还是相信被访者的口述,则需要甄别。口述者的口述和公开出版物不符合时,应转而去查阅相关档案……档案记录的真实性较高。如果现存已解密的档案解决不了,口述工作者也不应单方面以被访者的口述来印证观点,如实列出书面材料和被访者的口述即可。"只有保持客观公正的立场,实事求是地实施自己的研究思路,将林林总总的口述凭证放进当时的经济环境和政治环境等特定的历史条件中进行比较分析,与文字史料相互印证,才能真实地还原历史本来的面目。①

著名口述史学家唐德刚曾经说过:做口述史"可能是件一言难尽的绝大错误",是

---

① 胡晓菁:《做口述史工作的几点体会》,载《经济发展方式转变与自主创新——第十二届中国科学技术协会年会》(第四卷),2010年。

"默默无闻、薪金低微、福利全无、对本身职业前途有害无益的苦差事"。[①] 而使用口述史料更是一项复杂细致的工作。党史的研究与历史的研究一样，追求的是历史的真实，但是历史真实只能追求，不能达到。在我们的党史研究中，只有遵循"收集史料要全，整理史料要求实，考证史料要求真，利用史料要求准"的原则和研究方法来使用口述史料，才能更可能地接近历史的真实。

（作者单位：中共广州市委党史文献研究室）

[①] 唐德刚：《史学与红学》，广西师范大学出版社2008年版，第124页。

试析党的重要文献《十八大以来重要文献选编（上）》

余宏檩

《十八大以来重要文献选编（上）》（以下简称"《选编》"）的出版，是我们党的文献编辑工作、思想理论工作和我国人民政治生活的重大事情。本文在通读《选编》的基础上，结合对十八大以来党的理论和精神的理解，尝试分析《选编》的编辑逻辑和特点，以及对地方党委主要文献选编的指导意义。

一、《选编》是党的重要文献编辑出版计划之一

《选编》是党的重要文献体系之一，《选编》的出版，是我们党的文献编辑工作、思想理论工作和我国人民政治生活的重大事情。从党的十一届三中全会以来，中国共产党确立一个观点：马克思主义和中国实践相结合的成果，是中国共产党人集体的智慧结晶，这一科学成果在中国革命历史中形成，并随着中国革命和建设实践的发展而不断发展。有了这样的观点做指导，党的文献编辑工作就有了新的方向。从 1980 年起，除了《毛泽东选集》外，《周恩来选集》《朱德选集》《刘少奇选集》等文献先后由中共中央文献研究室编辑出版。除了这些领袖著作类选编，中共中央文献研究室还先后选编了中华人民共和国成立前后和新时期重要文献，包括《中共中央文件选集》（一至十八），时间跨度是 1921—1949 年；《建国以来重要文献选编（第一册至第二十册）》，时间跨度是 1950—1965 年；从《三中全会以来重要文献选编》（上下）、《十二大以来重要文献选编》到《十八大以来重要文献选编》等以新时期历届中国共产党全国代表大会为时间节点的重要文献选编。继 2013 年 6 月出版《十七大以来重要文献选编》下册后开始编辑，并于 2014 年 9 月出版《十八大以来重要文献选编》上册。此后，于 2016 年 6 月 14 日和 2018 年 5 月 29 日，《十八大以来重要文献选编》中册和下册也先后编成并在全国各地发行（下册由中共中央党史和文献研究院编辑）。

二、《选编》围绕以习近平同志为核心的党中央治国理政思想和实践的具体内容选稿编辑

（一）《选编》是第一部全面反映习近平同志为核心的党中央治国理政思想和实践的综合性文献

作为第一部全面反映以习近平同志为核心的党中央治国理政思想和实践的综合性文献集，《十八大以来重要文献选编》上册内容十分丰富，涵盖国家大事的各个方面。收

入自 2012 年 11 月党的十八大至 2014 年 3 月第十二届全国人大第二次会议这段时间内的重要文献，共 70 篇，约 55 万字。其中，中共中央、全国人大、国务院、中央军委作出的决议、决定等 25 篇，中央领导同志的报告、讲话等 45 篇。据说，有 17 篇重要文献是第一次公开发表，中央领导同志的文稿都经其本人审定过。

这部文献集要反映了"党的十八大以来，面对复杂局面，以习近平同志为核心的党中央带领全党全军全国各族人民，总揽战略全局，把握发展大势，开启了波澜壮阔的伟大奋斗，进行了新的伟大斗争实践，开创了中国特色社会主义伟大事业全新局面"①，获得了广大干部群众衷心拥护和国际社会高度评价。这部文献集，选稿上真实记录了以习近平同志为核心的党中央，在新的历史起点上，高举中国特色社会主义伟大旗帜，以邓小平理论、"三个代表"重要思想、科学发展观为指导，全面贯彻落实党的十八大精神，"面对错综复杂的国际形势和艰巨繁重的国内改革发展稳定任务，中共中央团结带领全国各族人民，坚持稳中求进工作总基调，沉着应对各种风险和挑战，全面推进社会主义经济建设、政治建设、文化建设、社会建设、生态文明建设，对全面深化改革作出总体部署"②。"积极适应经济发展新常态，注重谋划全局性、战略性、长远性的重大问题"③"蹄疾步稳深化改革，持续有力推动发展，扎实有效改善民生，全面加强国防和军队建设，积极开展对外工作，聚精会神管党治党，对全面推进依法治国作出部署，改革开放和社会主义现代化建设各方面都取得新的重大进展"④ 的历史进程；集中反映了这一时期党中央紧紧围绕"坚持和发展中国特色社会主义、实现中华民族伟大复兴的中国梦"⑤ 过程中提出的重要思想、作出的重大决策、取得的显著成就和创造的新鲜经验。

这部文献集选稿收入了习近平同志的 24 篇文稿，其中有 8 篇是首次公开发表，包括：2013 年 1 月 5 日在新晋中央委员会的委员、候补委员学习贯彻党的十八大精神研讨班上的部分讲话《关于坚持和发展中国特色社会主义的几个问题》；2013 年 1 月 17 日、2 月 22 日分别在新华社和《人民日报》有关材料上所作的《厉行勤俭节约，反对铺张浪费》的批示；2013 年 1 月 22 日在第十八届中央纪委第二次全会上的部分讲话——《严明政治纪律，自觉维护党的团结统一》和《依纪依法严惩腐败，着力解决群众反映强烈的突出问题》；2013 年 12 月 12 日《在中央城镇化工作会议上的讲话》；2013 年 12 月 23 日《在中央农村工作会议上的讲话》；2014 年 1 月 7 日在中央政法工作会议上的部分讲话——《严格执法，公正司法》；2014 年 1 月 14 日在第十八届中央纪委第三次全会上的部分讲话——《严明党的组织纪律，增强组织纪律性》等。这些重要文献，内容涉及方

---

① 《历史的选择，人民的期待——党的十八大以来以习近平同志为核心的党中央治国理政评述》，载《人民日报》2017 年 1 月 3 日 01 版。

② 习近平：《在全国政协新年茶话会上的讲话》（2013 年 12 月 31 日），载《人民日报》2014 年 1 月 1 日 03 版。

③ 习近平：《在全国政协新年茶话会上的讲话》（2014 年 12 月 31 日），载《人民日报》2015 年 1 月 1 日 02 版。

④ 习近平：《中共中央国务院举行的春节团拜会上的讲话》（2015 年 2 月 17 日），载《人民日报》2015 年 2 月 18 日 01 版。

⑤ 《习近平谈治国理政》（第二卷），外文出版社 2017 年版，第 1 页。

方面面，集中反映了党的十八大以来习近平同志在改革发展稳定、内政外交国防、治党治国治军等各个方面提出的一系列新思想、新观点、新论断、新要求，深刻回答了新形势下党和国家事业发展的一系列重大理论和现实问题，不愧是一部综合性的重大文献。

（二）《选编》集中反映坚持和发展中国特色社会主义这一主线

开篇选稿是总起，非常重要。《选编》从2012年11月8日胡锦涛同志在十八大上的报告《坚定不移沿着中国特色社会主义道路前进，为全面建成小康社会而奋斗》编起，是有重要理由的。习近平同志在十八届中央政治局第一次集体学习时的讲话中指出，"坚持和发展中国特色社会主义是贯穿党的十八大报告的一条主线"①。坚持和发展中国特色社会主义，是贯穿党的十八大报告的一条主线，也是十八大以来党的全部理论与实践的鲜明主题，也可以说是《选编》的主线和主旋律。为了突出强调这一点，《选编》收入了党的十八大报告和习近平总书记在这方面的新的理论概括和理论阐释，对此做了充分反映，收入习近平总书记在十八届中央政治局第一次集体学习时的讲话《紧紧围绕坚持和发展中国特色社会主义　学习宣传贯彻党的十八大精神》，还有如《关于坚持和发展中国特色社会主义的几个问题》等多篇分量很重的文献，对中国特色社会主义的真谛要义做了深刻阐述。

比如，关于为什么要坚持走中国特色社会主义道路，中国特色社会主义源自哪里、特在何处，习近平总书记指出，"中国特色社会主义是改革开放新时期开创的，也是建立在我们党长期奋斗基础上的，是由我们党的几代中央领导集体团结带领全党全国人民历经千辛万苦、付出各种代价、接力探索取得的"，"承载着几代中国共产党人的理想和探索，寄托着无数仁人志士的夙愿和期盼，凝聚着亿万人民的奋斗和牺牲，是近代以来中国社会发展的必然选择，是发展中国、稳定中国的必由之路"，"中国特色社会主义是中国共产党和中国人民团结的旗帜、奋进的旗帜、胜利的旗帜"；"只有社会主义才能救中国，只有中国特色社会主义才能发展中国"，"中国特色社会主义是由道路、理论体系、制度三位一体构成的"，"中国特色社会主义特就特在其道路、理论体系、制度上，特就特在其实现途径、行动指南、根本保障的内在联系上，特就特在这三者统一于中国特色社会主义伟大实践上"②。关于中国特色社会主义的根本性质、发展规律，习近平总书记在新进中央委员会委员和候补委员学习贯彻党的十八大精神研讨班上指出："中国特色社会主义是社会主义而不是其他什么主义，科学社会主义基本原则不能丢，丢了就不是社会主义"，"真正做到'千磨万击还坚劲，任尔东西南北风'"；"我们党领导人民进行社会主义建设，有改革开放前和改革开放后两个历史时期"，"本质上都是我们党领导人民进行社会主义建设的实践探索"，"不能用改革开放后的历史时期否定改革开放前的历史时期，也不能用改革开放前的历史时期否定改革开放后的历史时期"，"道路问题是关系党的事业兴衰成败第一位的问题，道路就是党的生命"。习近平总书记还特地引用了鲁迅

---

① 《习近平谈治国理政》（第一卷），外文出版社2014年版，第7页。
② 中共中央文献研究室：《十八大以来重要文献选编（上）》，中央文献出版社2014年版，第72 – 82页。

名言"其实地上本没有路，走的人多了，也便成了路"①。

"中国特色社会主义，是科学社会主义理论逻辑和中国社会发展历史逻辑的辩证统一。"② 1942年3月，毛泽东在延安中央学习组讲话稿《如何研究中共党史》一文中指出："我们研究党史，必须是科学的，不是主观主义。"③ 2013年12月26日，习近平总书记在纪念毛泽东同志诞辰120周年座谈会上指出："历史就是历史，历史不能任意选择，一个民族的历史是一个民族安身立命的基础。""中华民族5000多年的文明史，中国人民近代以来170多年斗争史，中国共产党90多年的奋斗史，中华人民共和国60多年的发展史，都是人民书写的历史"④，"坚持和发展中国特色社会主义是一篇大文章"，"我们这一代共产党人的任务，就是继续把这篇大文章写下去"⑤。《选编》中习近平总书记这些重要的理论概括和阐述，蕴含着坚持和发展中国特色社会主义这条主线，为全党及全国人民在学习、贯彻坚持发展中国特色社会主义的新的内涵、基本方向提供了蓝本。

（三）《选编》纪录关于"中国梦"的重要论述

党的十八大以来，习近平总书记发表了一系列重要讲话，其中特别引人注目的是实现中华民族伟大复兴的中国梦。中国梦一经提出，便激起了全体中华儿女的强烈共鸣，也引起了国际社会的广泛关注。2012年11月29日上午，习近平总书记在参观《复兴之路》展览时发表讲话，用"雄关漫道真如铁""人间正道是沧桑""长风破浪会有时"⑥三句话，概括了中华民族的昨天、今天和明天，首次提出和阐述了"中国梦"的深刻内涵。这篇讲话以《中国梦，复兴路》为题收入《选编》。后来，习近平总书记在《在第十二届全国人民代表大会第一次会议上的讲话》《顺应时代前进潮流，促进世界和平发展》《在同各界优秀青年代表座谈时的讲话》《构建中美新型大国关系》《共圆中华民族伟大复兴的中国梦》等许多重要讲话中，对中国梦又多次做了阐述，形成了中国梦的战略思想。这些重要文献都选入《选编》，形成相对完整的理论体系。

从内涵上看，中国梦的基本内涵是"实现国家富强、民族振兴、人民幸福"，核心内涵是"中华民族伟大复兴"；"中国梦归根到底是人民的梦，必须紧紧依靠人民来实现，必须不断为人民造福"；实现中国梦"必须走中国道路"，"必须弘扬中国精神"，"必须凝聚中国力量"⑦。2013年6月7日，习近平总书记在与美国总统奥巴马会晤后共同见记者时指出中国梦"是和平、发展、合作、共赢的梦"，与"世界各国人民的美好

---

① 中共中央文献研究室：《十八大以来重要文献选编（上）》，中央文献出版社2014年版，第109－118页。
② 中共中央文献研究室：《十八大以来重要文献选编（上）》，中央文献出版社2014年版，第118页。
③ 《毛泽东文集》第2卷，人民出版社1993年版，第406页。
④ 中共中央文献研究室：《十八大以来重要文献选编（上）》，中央文献出版社2014年版，第687－701页。
⑤ 中共中央文献研究室：《十八大以来重要文献选编（上）》，中央文献出版社2014年版，第114页。
⑥ 中共中央文献研究室：《十八大以来重要文献选编（上）》，中央文献出版社2014年版，第83页。
⑦ 中共中央文献研究室：《十八大以来重要文献选编（上）》，中央文献出版社2014年版，第233－238页。

梦想相通"①；等等。

从提出中国梦的原因看，《选编》收入的《在同各界优秀青年代表座谈时的讲话》《共圆中华民族伟大复兴的中国梦》等相关内容做了回应。习近平同志指出，"党的十八大描绘了全面建成小康社会、加快推进社会主义现代化的宏伟蓝图，发出了向实现'两个一百年'奋斗目标进军的时代号召。根据党的十八大精神，我们明确提出要实现中华民族伟大复兴的中国梦"②等。

从历史看，"近代以后，我们的民族历经磨难，中华民族到了最危险的时候。自那时以来，为了实现中华民族伟大复兴，无数仁人志士奋起抗争，但一次又一次地失败了。中国共产党成立后，团结带领人民前仆后继、顽强奋斗，把贫穷落后的旧中国变成日益走向繁荣富强的新中国，中华民族伟大复兴展现出前所未有的光明前景"③。习近平总书记在2012年11月29日参观《复兴之路》展览时的讲话指出，"实现中华民族伟大复兴，就是中华民族近代以来最伟大的梦想。这个梦想，凝聚了几代中国人的夙愿，体现了中华民族和中国人民的整体利益，是每一个中华儿女的共同期盼。"④

从国际看，中国梦是与"世界各国人民的美好梦想相通"的，"是和平、发展、合作、共赢的梦"⑤，等等，反映了中国梦是顺应时代潮流和世界大势，以合作共赢为核心的。中国的发展对世界的影响，正如曲青山所说的"使具有500年历史的社会主义主张在世界上人口最多的国家成功开辟出具有高度现实性和可行性的正确道路"，"使具有近70年历史的中华人民共和国建设取得举世瞩目的成就，中国这个世界上最大的发展中国家在短短30多年里摆脱贫困并跃升为世界第二大经济体"，"中国共产党的伟大历史贡献，对中国和世界都具有重大的现实意义和深远的历史意义"⑥，中国未来的发展，对世界的影响无疑将更大、更深远。

《选编》通过各个维度，选入关于中国梦的相关内容，一定程度反映了中国梦的内涵和时代精神，反映了以习近平同志为核心的党中央的历史责任和使命担当。

（四）《选编》记录了全面深化改革的重要文献

全面深化改革是这一时期的重头戏，怎么选好反映篇目是极其关键的。《选编》收入了习近平总书记关于全面深化改革的重要论述和中央对于全面深化改革重要举措的相关重要文献。其中，最重要的就是党的十八届三中全会通过的《中共中央关于全面深化改革若干重大问题的决定》、习近平总书记在全会上做的《关于〈中共中央关于全面深化改革若干重大问题的决定〉的说明》和在全会上讲话的一部分《切实把思想统一到党

---

① 中共中央文献研究室：《十八大以来重要文献选编（上）》，中央文献出版社2014年版，第305页。
② 中共中央文献研究室：《十八大以来重要文献选编（上）》，中央文献出版社2014年版，第277页。
③ 中共中央文献研究室：《十八大以来重要文献选编（上）》，中央文献出版社2014年版，第69页。
④ 中共中央文献研究室：《十八大以来重要文献选编（上）》，中央文献出版社2014年版，第83-84页。
⑤ 中共中央文献研究室：《十八大以来重要文献选编（上）》，中央文献出版社2014年版，第305页。
⑥ 曲青山：《实现中华民族伟大复兴是近代以来中华民族最伟大的梦想》，载《人民日报》2017年11月29日07版。

的十八届三中全会精神上来》等几篇文献。党的十八届三中全会专题研究了全面深化改革问题，并通过了相关决定，深刻阐述了全面深化改革的重大意义、指导思想、总体思路，并从经济、政治、文化、社会、生态文明、国防和军队等方面对改革进行了全面部署，对未来中国改革开放做出了顶层设计，提出了改革的路线图和时间表，是全面深化改革的又一次总部署、总动员，在我国现代化建设进程中具有里程碑意义。这些文献内容，反映了习近平同志关于"停顿和倒退没有出路，改革开放只有进行时、没有完成时"①的强音。

《选编》收入的习近平关于全面深化改革的论述十分丰富。除收入习近平对全面深化改革的总目标的深刻阐释，还收入其他重要内容，如改革开放是实现中华民族伟大复兴的关键一招；改革开放是有方向、有立场、有原则的；全面深化改革的总目标是完善和发展中国特色社会主义制度、推进国家治理体系和治理能力现代化；把握全面深化改革的内在规律，坚持正确的方法论；坚持社会主义市场经济改革方向，使市场在资源配置中起决定性作用和更好发挥政府作用；坚定不移走中国特色社会主义政治发展道路，不断推进社会主义政治制度自我完善和发展；深化文化体制改革，加强社会主义核心价值体系建设；改革创新社会体制，促进公平正义、增进人民福祉；建立体现生态文明要求的目标体系、考核办法、奖惩机制；构建中国特色现代军事力量体系；实行更加积极主动的开放战略，完善互利共赢、多元平衡、安全高效的开放型经济体系；领导好全面深化改革这场攻坚战；等等。

《选编》还收入了李克强关于"加快转变职能、简政放权"的"政府的自我革命"的相关文献，收入了《国务院批转发展改革委等部门〈关于深化收入分配制度改革的若干意见〉的通知》《国务院关于印发〈中国（上海）自由贸易试验区总体方案〉的通知》《中共中央、国务院关于全面深化农村改革加快推进农业现代化的若干意见》等重要文件。加快转变政府职能，深化行政体制改革，是十八大后党中央、国务院作出的重大决策。书中所选收的第十二届全国人大第一次会议《关于国务院机构改革和职能转变方案的决定》《中共中央、国务院关于地方政府职能转变和机构改革的意见》和李克强《在国务院机构职能转变动员电视电话会议上的讲话》《在地方政府职能转变和机构改革工作电视电话会议上的讲话》等文献具体反映了这方面的内容。

（五）《选编》记录了党风廉政建设和反腐败斗争的相关文献

党的十八大以来，以习近平同志为核心的党中央坚定推进全面从严治党，制定和落实中央八项规定，开展党的群众路线教育实践活动，坚决反对形式主义、官僚主义、享乐主义和奢靡之风。这对我们党始终保持党的先进性和纯洁性具有十分重要的意义。2012年12月4日，中共中央政治局召开会议，审议通过了中央政治局关于改进工作作风、密切联系群众的八项规定，这是党中央着力抓的一件大事。党中央把落实八项规定作为改进工作作风的突破口，中央领导以身作则、率先垂范。在党中央带动下，全党上下贯彻落实八项规定蔚然成风，有力地推动了党风政风改进。围绕保持党的先进性和纯

---

① 中共中央文献研究室：《十八大以来重要文献选编（上）》，中央文献出版社2014年版，第494页。

洁性，在全党深入开展以为民、务实、清廉为主要内容的党的群众路线教育实践活动，是党的十八大做出的一项重大部署。从八项规定的提出，到党的群众路线教育实践活动在全党的深入开展，这一时期中央抓党的建设的力度很大，措施也很多。《选编》反映了这一时期中央突出抓党的建设的重大举措。

《选编》收入《中共中央关于在全党深入开展党的群众路线教育实践活动的意见》《在党的群众路线教育实践活动工作会议上的讲话》《以高度的政治责任感、良好的精神状态和扎实的工作作风，把教育实践活动组织好、开展好》等多篇重要文献，反映了为组织好这次教育实践活动，中央政治局确定全党开展活动的定位，反复研究活动方案，对全党开展活动进行动员部署，以及习近平总书记和刘云山等为指导这次活动在多个场合发表的重要讲话。《选编》集中反映习近平总书记关于这次活动的意义的相关论述。如："三个重大"和"三个必然要求"①，即开展党的群众路线教育实践活动，是我们党在新形势下坚持党要管党、从严治党的重大决策，是顺应群众期盼、加强学习型服务型创新型马克思主义执政党建设的重大部署，是推进中国特色社会主义的重大举措；开展党的群众路线教育实践活动，是实现党的十八大确定的奋斗目标的必然要求，是保持党的先进性和纯洁性、巩固党的执政基础和执政地位的必然要求，是解决群众反映强烈的突出问题的必然要求。又如活动的主要任务要聚焦到作风建设上，集中解决形式主义、官僚主义、享乐主义和奢靡之风这"四风"② 问题，"照镜子、正衣冠、洗洗澡、治治病"的总要求。《选编》还选入《党政机关厉行节约反对浪费条例》《党政领导干部选拔任用工作条例》等活动开展中党中央、国务院和中央有关部门先后出台的一系列条例、规定和意见。

十八大以来，党中央开展了党风廉政建设和反腐败斗争，这方面工作引起了全社会的广泛关注。党中央把党风廉政建设和反腐败斗争提到新高度，提出了一系列新的理念、思路和举措，经过全党上下共同努力，党风廉政建设和反腐败斗争取得了明显进展。《选编》选入《建立健全惩治和预防腐败体系2013—2017年工作规划》《厉行勤俭节约，反对铺张浪费》《严明政治纪律，自觉维护党的团结统一》《依纪依法严惩腐败，着力解决群众反映强烈的突出问题》《在全国组织工作会议上的讲话》《严明党的组织纪律，增强组织纪律性》《着力建设一个廉洁的政府》《深入学习贯彻党的十八大精神，努力开创党风廉政建设和反腐败斗争新局面》《聚焦中心任务，创新体制机制，深入推进党风廉政建设和反腐败斗争》等多篇重要文献，对这场斗争做了反映。

这些文献，集中反映习近平总书记"从严治党，惩治这一手决不能放松，要坚持'老虎''苍蝇'一起打，要坚持党纪国法面前没有例外，不管涉及谁，都要一查到底，决不姑息。要健全权力运行制约和监督体系，让人民监督权力，让权力在阳光下运行，

---

① 中共中央文献研究室：《十八大以来重要文献选编（上）》，中央文献出版社2014年版，第307－321页。

② 中共中央文献研究室：《十八大以来重要文献选编（上）》，中央文献出版社2014年版，第307－321页。

把权力关进制度的笼子里"①,以及王岐山"要通过加强理想信念教育,使领导干部'不想腐';加强体制机制创新和制度建设,强化监督管理,使领导干部'不能腐';坚持有腐必惩、有贪必肃,使领导干部'不敢腐'"②等内容和精神。

(六)《选编》记录了推动经济持续健康发展及保障改善民生的重要文献

《选编》根据党的十八大以来,面对国际经济环境复杂多变、经济下行压力较大的严峻形势,党中央顶住压力,及时研判分析经济形势,并采取有力措施积极加以应对,推动经济持续健康发展和保障改善民生的历程,对这一时期的重要文献进行筛选收编。

"以经济建设为中心是兴国之要,发展是解决我国所有问题的关键。"③这个时期,正如党的十八大报告指出的:"要适应国内外经济形势新变化,加快形成新的经济发展方式,把推动发展的立足点转到提高质量和效益上来。"④这一时期,党中央有针对性地推出了一系列重大举措。比如,召开中央农村工作会议,出台《中共中央、国务院关于全面深化农村改革加快推进农业现代化的若干意见》;召开中央城镇化工作会议,出台《国家新型城镇化规划(2014—2020年)》,进一步明确推进城镇化的指导思想、主要目标、基本原则和重点任务;印发《国务院关于化解产能严重过剩矛盾的指导意见》,明确提出化解产能严重过剩矛盾的总体要求、基本原则、主要目标和主要任务以及政策措施;等等。经过艰苦努力,这一时期我国经济运行总体平稳、农业生产再获丰收、结构调整取得新进展、人民生活继续改善、社会大局和谐稳定,实现了良好开局。在极为错综复杂的形势下,这些成绩的取得是十分不容易的。《选编》有针对性地收入了这些篇目并给予反映。

至于民生问题,《选编》选入《国务院批转发展改革委等部门〈关于深化收入分配制度改革的若干意见〉的通知》《国务院关于加快发展养老服务业的若干意见》《中共中央、国务院关于调整完善生育政策的意见》《国务院关于建立统一的城乡居民基本养老保险制度的意见》等多篇文献,从不同角度比较充分地反映了党和政府保障和改善民生的重要举措,反映了党中央在统筹教育、就业、收入分配、社会保障、医药卫生、住房、食品安全、安全生产等各方面工作,体现了"人民对美好生活的向往,就是我们的奋斗目标"⑤的强音。

(七)《选编》记录了党和国家事业其他方面工作新进展、新成就的重要文献

《选编》作为综合性文献集,全面反映了这一时期党和国家事业各方面工作的新进展、新成就。例如,选入《顺应时代前进潮流,促进世界和平发展》《构建中美新型大

---

① 中共中央文献研究室:《十八大以来重要文献选编(上)》,中央文献出版社2014年版,第135页。
② 中共中央文献研究室:《十八大以来重要文献选编(上)》,中央文献出版社2014年版,第731页。
③ 中共中央文献研究室:《十八大以来重要文献选编(上)》,中央文献出版社2014年版,第15页。
④ 中共中央文献研究室:《十八大以来重要文献选编(上)》,中央文献出版社2014年版,第1—44页。
⑤ 中共中央文献研究室:《十八大以来重要文献选编(上)》,中央文献出版社2014年版,第69页。

国关系》《共同维护和发展开放型世界经济》《深化改革开放，共创美好亚太》以及《中华人民共和国政府关于划设东海防空识别区的声明》等多篇重要文献，内容主要涉及这一时期习近平总书记出访时在多个重要场合发表精彩演讲。不同程度反映了党中央高举"和平、发展、合作、共赢"①的旗帜，"坚持国家不分大小、强弱、贫富一律平等"②，积极"构建新型大国关系"③，在我国发展的重要战略机遇期，开创中国外交工作的新局面。突出亮点就是党中央统揽政治、外交、经济社会发展全局做出建设丝绸之路经济带和21世纪海上丝绸之路的构想的重大战略决策。

在法治建设、协商民主建设、文化建设、生态文明建设、国防和军队建设和祖国统一等方面，《选编》也有所选录。法治建设方面，《选编》收入《在首都各界纪念现行宪法公布施行三十周年大会上的讲话》《严格执法，公正司法》《全国人民代表大会常务委员会工作报告》等文献，内容主要是"坚持把立法决策与改革决策更好结合起来，抓紧制定和修改同全面深化改革相关的法律，从法律制度上推动和落实改革举措，充分发挥立法在引领、推动和保障改革方面的重要作用"④。协商民主建设方面，《选编》收入党的十八大报告和2014年3月3日召开的全国政协第十二届第二次会议的《中国人民政治协商会议全国委员会常务委员会工作报告》等，主要内容是关于强调"要按照中共中央关于健全社会主义协商民主制度总体部署，进一步规范人民政协协商民主的内容、形式和程序"⑤；"进一步改进履职方式、提高履职能力、增强履职实效，着力推进履职能力现代化"⑥。文化建设方面，《选编》收入2013年12月11日中共中央办公厅印发的《关于培育和践行社会主义核心价值观的意见》。生态文明建设方面，《选编》收入2013年9月10日国务院关于印发《大气污染防治行动计划》和2013年12月16日张高丽的《大力推进生态文明，努力建设美丽中国》。国防和军队建设方面，《选编》收入党的十八届三中全会通过的《中共中央关于全面深化改革若干重大问题的决定》之第十五章"深化国防和军队改革"，强调"紧紧围绕建设一支听党指挥、能打胜仗、作风优良的人民军队这一党在新形势下的强军目标，着力解决制约国防和军队建设发展的突出矛盾和问题，创新发展军事理论，加强军事战略指导，完善新时期军事战略方针，构建中国特色现代军事力量体系"⑦。祖国统一方面，《选编》收入2014年2月18日习近平总书记会见国民党名誉主席连战时发表的谈话《共圆中华民族伟大复兴的中国梦》，主要精神是"两岸同胞是一家人，有着共同的血脉、共同的文化、共同的连结、共同的愿景"⑧。"希望两岸双方秉持'两岸一家亲'的理念，顺势而为，齐心协力，推动两岸关系和平发展取

---

① 中共中央文献研究室：《十八大以来重要文献选编（上）》，中央文献出版社2014年版，第259页。
② 中共中央文献研究室：《十八大以来重要文献选编（上）》，中央文献出版社2014年版，第260页。
③ 中共中央文献研究室：《十八大以来重要文献选编（上）》，中央文献出版社2014年版，第305页。
④ 中共中央文献研究室：《十八大以来重要文献选编（上）》，中央文献出版社2014年版，第873页。
⑤ 中共中央文献研究室：《十八大以来重要文献选编（上）》，中央文献出版社2014年版，第828－829页。
⑥ 中共中央文献研究室：《十八大以来重要文献选编（上）》，中央文献出版社2014年版，第826页。
⑦ 中共中央文献研究室：《十八大以来重要文献选编（上）》，中央文献出版社2014年版，第542页。
⑧ 中共中央文献研究室：《十八大以来重要文献选编（上）》，中央文献出版社2014年版，第774页。

得更多成果，造福两岸民众。"①

三、《选编》对于地方党委文献的编辑出版有重要的指导意义

我们党对这样一本重大《选编》的选稿肯定是非常严谨的，肯定是有很高的政治标准和内容标准的，编辑过程和选稿难度之大是我们无法想象的。选不选，如何选，全文选入还是节选，单独成篇还是集纳成篇，开篇和终篇的确定，等等，所有这些问题都需再三斟酌，最后还得审批。作为首部全面反映以习近平同志为核心的党中央治国理政思想和实践的综合性文献集，选稿内容必须覆盖治国理政各个重大方面。《选编》对地方党委文献的选编有重大的指导意义。例如，主线的指导意义，地方的改革与发展的过程，需要有一条主线来贯穿其中；内容涵盖的指导意义，地方的改革与发展所涉及的方方面面内容的构成和内核需要如《选编》这样去考虑；《选编》篇目之间的逻辑关系对地方党委文献的编辑也有着非同一般的参考意义；等等。

《十八大以来重要文献选编》上册同《习近平谈治国理政》《习近平关于实现中华民族伟大复兴的中国梦论述摘编》《习近平关于党的群众路线教育实践活动论述摘编》《习近平关于全面深化改革论述摘编》以及《习近平总书记系列重要讲话读本》等结合起来，是全党深入学习习近平总书记系列重要讲话精神，全面准确把握党中央重大理论观点、重大战略思想和重大决策部署的基本教材。这部文献集的编辑出版，对于广大干部群众学习掌握我们党理论创新的最新成果有重大意义，对于地方党委编辑反映地方改革与发展的主要文献有着重大的指导意义。

（作者单位：中共广州市委党史文献研究室）

---

① 中共中央文献研究室：《十八大以来重要文献选编（上）》，中央文献出版社 2014 年版，第 773 页。

广州市公务员培训开展习近平新时代中国特色社会主义思想教育的探索与实践
——以广州市政府系统培训中心为例

王璇瑶

党的第十九次全国代表大会,把习近平新时代中国特色社会主义思想确立为党必须长期坚持的指导思想,实现了党的指导思想又一次与时俱进。深入学习领会习近平新时代中国特色社会主义思想,用党的创新理论武装头脑、指导实践,对于全面建成小康社会,实现中华民族伟大复兴中国梦具有重大意义。

2018年11月,中共中央印发《2018—2022年全国干部教育培训规划》,强调干部教育培训的首要目标和核心任务是"以习近平新时代中国特色社会主义思想为中心内容的理论教育更加深入,使之系统权威进教材、生动有效进课堂、刻骨铭心进头脑"。

广州市政府系统培训中心始终坚定站位、积极谋划、勇于探索,在市直机关公务员培训中开展习近平新时代中国特色社会主义思想教育,形成了具有广州特色的生动实践。

一、在广州市公务员培训中开展习近平新时代中国特色社会主义思想教育的意义

干部教育培训是干部队伍建设的先导性、基础性、战略性工程,在进行伟大斗争、建设伟大工程、推进伟大事业、实现伟大梦想中具有不可替代的重要地位和作用。把习近平新时代中国特色社会主义思想列为干部教育培训的指导思想,在干部教育培训中全面深入开展习近平新时代中国特色社会主义思想教育,迫切且必要。

(一)掌舵导航——学习习近平新时代中国特色社会主义思想是坚持正确的政治方向与坐标定位的现实选择

"辨方位而正则。"习近平总书记在党的十九大报告中指出,经过长期努力,中国特色社会主义进入了新时代,这是我国发展新的历史方位。认清历史方位,是制定正确的路线方针政策的前提,习近平新时代中国特色社会主义思想就是保证党和国家发展进步的正确政治路线。政治路线确定后,干部是决定因素。要通过学习教育提升广大干部的政治水平和理论水平,把干部思想统一到党中央决策部署上来,使之成为勇担历史重任的好干部、忠诚路线、捍卫路线、遵循路线,始终沿着路线推动各方面工作。

（二）理论武装——学习习近平新时代中国特色社会主义思想是统一思想、汇集力量、提升先进性的重要武器

政治上的坚定，源于理论上的清醒。习近平总书记曾强调"一个政党要走在时代前列，一刻也离不开理论指导；一个领导干部要做好本职工作，一刻也离不开理论学习"。党的干部是推进党和国家事业的中坚力量，要深刻理解习近平新时代中国特色社会主义思想的时代背景、科学体系、精神实质和实践要求，在各项工作中全面准确贯彻落实，使之成为推动党和国家事业发展的强大思想武器和行动指南。

（三）基本遵循——习近平新时代中国特色社会主义思想是新时代干部教育培训的指导思想和工作指南

干部教育培训事业对贯彻落实新时代党的建设总要求和新时代党的组织路线、培养造就忠诚干净有担当的高素质专业化干部队伍、确保党的事业后继有人具有重大而深远的意义，必须始终坚持以习近平新时代中国特色社会主义思想作为指导思想和基本遵循，始终坚持正确的办学方向，把学习贯彻习近平新时代中国特色社会主义思想摆在干部教育培训最突出的位置，努力做到守土有责、守土尽责。

二、在公务员培训中开展习近平新时代中国特色社会主义思想教育的广州实践——以广州市政府系统培训中心为例

认真学习宣传贯彻习近平新时代中国特色社会主义思想，事关党和国家工作全局，事关中国特色社会主义事业长远发展。自习近平总书记在党的十九大报告上提出习近平新时代中国特色社会主义思想，并作出深刻阐述以来，广州市政府系统培训中心坚持把习近平新时代中国特色社会主义思想作为干部教育培训工作的行动指南和根本遵循，积极响应省委部署的"大学习、深调研、真落实"工作要求，把学习贯彻习近平新时代中国特色社会主义思想和党的十九大精神作为干部教育培训重中之重，在课程设计、教学形式等方面协同发力，线上培训与线下培训双向联动，实现了培训规模和培训效果双突破。

（一）抓住重点，理清脉络，科学设计课程体系

在公务员培训中扎实推进习近平新时代中国特色社会主义思想"三进"工作要求，"进课堂"是基础。广州市政府系统培训中心开设的"习近平新时代中国特色社会主义思想"课程强调政治性与整体性、与广东特色相统一，以习近平新时代中国特色社会主义思想为主线，聚焦党和国家中心工作，落脚广东广州发展实际，认真制定能突出培训重点、抓住培训关键，逻辑较为严密、体系较为完整的习近平新时代中国特色社会主义思想理论教育培训课程体系。

1. 突出政治性

广州市政府系统培训中心牢牢把握正确的政治方向，把习近平新时代中国特色社会主义思想和党的基本理论教育作为主课、首课、必修课，把增强领导干部贯彻落实习近

平新时代中国特色社会主义思想的专业能力训练作为重点课,全面教育引导广州市干部队伍切实用党的最新理论成果武装头脑、指导实践、推动工作。在课程体系设计上,以《新时代 新思想——学习习近平新时代中国特色社会主义思想》为开学第一课,通过阐述这一重要思想形成的历史条件和时代背景、强调新时代社会主要矛盾变化的依据特征及其意义,论述习近平新时代中国特色社会主义思想的理论逻辑和理论观点,使学员对这一重要思想的整体架构、关键要点建立认识,深刻感受新思想的强大力量,更加坚定理想信念。

2. 突出整体性

习近平新时代中国特色社会主义思想内容丰富、思想深邃,涵盖各个领域、各个方面。为在公务员培训中系统深化这一思想的学习教育,广州市政府系统培训中心在课程体系设计上突出整体性要求,在具体课程安排上,把学习领会习近平新时代中国特色社会主义思想同学习马克思主义科学理论贯通起来,设置"马克思主义经典著作学习",通过读马克思主义经典、悟马克思主义原理,引导公务员不断坚定马克思主义信仰和共产主义理想;同学习党史、国史、社会主义发展史贯通起来,设置党史教育专题,正科培训赴中国革命摇篮井冈山开展革命传统教育,副科培训赴东江纵队活动基地之一从化区吕田镇莲麻村开展革命历史教育,初任培训前往中共三大会址、农讲所、烈士陵园等地进行革命精神教育,以革命、建设、改革开放的光辉历史,讲好红色故事,让广大公务员在红色教育中接受精神洗礼;把这一思想中的"八个明确""十四个坚持"贯通起来,坚持全面学、贯通学、深入学,围绕"五位一体"总体布局和"四个全面"战略布局,分别开设"贯彻新发展理念 建设现代化经济体系""健全人民当家作主制度体系,发展社会主义民主政治""坚定文化自信 推动社会主义文化繁荣昌盛""创新社会治理 提高保障和改善民生水平""建设美丽中国 加快生态文明体制改革""全面从严治党 提高党的执政能力""法治思维与依法治国"等教学专题,通过专题性解读帮助公务员全面领会把握习近平新时代中国特色社会主义思想对社会主义现代化建设的总体把握和战略部署,不断提高适应新时代中国特色社会主义发展要求的能力。

3. 体现广东特色

习近平总书记对广东工作作出的重要批示、习近平总书记参加第十三届全国人大第一次会议广东代表团审议的重要讲话精神、习近平总书记视察广东重要讲话精神,是习近平新时代中国特色社会主义思想根据广东实际的延伸和发展,为广东工作指明了前进方向、提供了根本遵循。广州市政府系统培训中心在公务员培训中把学习习近平总书记对广东的一系列重要指示精神与学习习近平新时代中国特色社会主义思想和党的十九大精神结合起来,生动讲述广州贯彻落实习总书记重要指示精神和习近平新时代中国特色社会主义思想的实践故事:集中开展习近平总书记视察广东重要讲话精神培训班,对全市所有市直机关处级干部进行轮训;分批开展专题学习,开设"建设现代化经济体系""深化供给侧结构性改革""构建推动经济高质量发展的体制机制""粤港澳大湾区缘起与发展"等课程,通过学习培训,使全市广大党员干部迅速把思想和行动统一到习近平总书记重要讲话精神上来,坚决把习近平总书记重要讲话精神贯穿到广州发展各方面和全过程,推动广州在新时代发展出新出彩。

（二）创新方式，"网面"结合，全面增强教学效果

广州市政府系统培训中心在公务员培训开展习近平新时代中国特色社会主义思想教育中，积极创新培训方式，多途径多形式开展培训教学。

1. 创新面授培训教学方式

在面授培训中，除发挥课堂讲学优势外，还广泛采用了体验式教学、现场教学、微讲堂、知识竞赛、知识考核等多种方式，积极提升培训实效。

（1）突出主线、明确主题，积极打造现场教学基地。

现场教学是新时期公务员教育培训的重要教学方法，广州市政府系统培训中心积极围绕深化改革开放、推动高质量发展、提高发展平衡性和协调性、加强党的领导和党的建设等四个方面要求开发现场教学点，并广泛运用到各类型培训班次中，如正科培训为贯彻学习习近平总书记关于"全面深化改革"重要思想而开设的"大数据思维与政府治理创新"专题就采用"专题授课 + 现场教学 + 座谈研讨"形式，在一天的学习中，上午邀请国家超级计算广州中心和广州市气象局专家讲授超算知识和超算在政府治理中的应用实例，下午前往超算广州中心进行参观研讨，提升公务员运用大数据思维建设智慧政府、推进国家治理能力提升的能力；根据习近平总书记提出的提高发展平衡性和协调性要求，结合乡村振兴战略，组织副科级任职培训班到从化区莲麻村开展现场教学，实地调研了解绿色广州建设实践。

（2）分享体会、入脑入心，探索运用互动教学方法。

例如，通过以"如何在工作中贯彻落实'四个走在全国前列'"为主题开展学员"微讲堂"，学员化身微讲师进行授课，通过分享各自的学习体会和思想认识，对照习近平新时代中国特色社会主义思想检视思想言行与工作作风，促进学员更进一步加深对习近平总书记重要指示精神和习近平新时代中国特色社会主义思想的学习与思考、增强贯彻落实能力。另外，访谈式、辩论式、沙龙式等多种形式的互动研讨式教学在习近平新时代中国特色社会主义思想培训中也得到了充分运用，增强了理论学习教育的吸引力、感染力、说服力，有力地促进了学员在学前思考、学中参与、学后消化，实现了学习过程的延展与优化，确保培训内容入脑入心。

2. 推进网络培训平台建设

除组织面授培训外，广州市政府系统培训中心也充分借助网络平台，对全市公务员开展习近平新时代中国特色社会主义思想教育工作。截至 2018 年 10 月 31 日，广州市公务员培训网络大学堂已有包括综述性解读，以及党的建设、人才队伍建设、民主政治建设、行政体制改革、依法治国、社会治理、文化建设、生态文明建设、扶贫攻坚等专题性课程，共48门，126.5学时，为广州市公务员提供了一套系统完整的习近平中国特色社会主义思想网络课程。此外，广州还立足贯彻落实习近平新时代中国特色社会主义思想的具体实践，打造具有广州特色的"新时代　新作为"羊城学堂20讲系列讲座网络课程，为学员学习广州贯彻落实习近平新时代中国特色社会主义思想的新思路新作为提供平台。

广州市公务员培训慕课堂，截至 2018 年 10 月 31 日，已有"大国崛起的新时代"

"学宪法""学党章""生态文明""从严治党""红船精神""延安精神""长征精神"等系列课程与"跟习近平学领导艺术""粤港澳大湾区"等单个课程,共121个。

(三) 突出特色,打造品牌,推动学习持续深入

一是举办"新时代 新作为"系列讲座,突出抓好关键少数,充分发挥领导干部示范作用,由广州市20个市直机关单位一把手,结合工作实际,分专题围绕我市贯彻落实习近平新时代中国特色社会主义思想的新思路作为、奋力把广州建成向世界展示践行习近平新时代中国特色社会主义思想的重要"窗口"和"示范区"的新成就新征程进行宣讲。讲座立足广州实际、具有广州特色,在更大范围、更高层次、更深程度上宣传了我市贯彻落实"四个走在全国前列"重要要求的改革措施、非凡成就与未来规划等。

二是结合"改革开放40周年"主题,开发"粤港澳大湾区建设"主题教学线路。先是邀请暨南大学粤港澳经济研究所、广东外语外贸大学粤港澳大湾区研究院有关专家对粤港澳大湾区的历史、现状及建设前瞻进行介绍,再组织学员赴广州南沙、深圳前海、珠海横琴进行现场教学,感受广东敢闯敢试、敢为人先的改革精神,更坚定落实习近平总书记关于深化改革开放的指示要求。

(四) 政治为本,能力为重,建设专业师资队伍

教师是培训教学的具体承担者,培训教师的理论修养、道德修养和教学能力,直接影响习近平新时代中国特色社会主义思想"三进"工作的效果。广州市政府系统培训中心在公务员培训开展习近平新时代中国特色社会主义思想教育的实践中,坚持加强教师队伍建设,努力打造一支信念坚定、理论扎实、教学水平高的队伍,为宣传学习、贯彻落实新思想提供人才支撑。

1. 严格优先,注重教师选拔,累积优质培训师资

在师资选聘上,"讲政治"是前提,"三进"工作的最终目的是"进头脑"。作为习近平新时代中国特色社会主义思想教育的主要力量,教师首先要有坚定的理想信念,对习近平新时代中国特色社会主义学深悟透、弄懂做实,才能在培训中引导学员正确理解;"深研究"是基础,课堂教师要能准确把握习近平新时代中国特色社会主义思想的科学内涵和精神实质,并与自身专业特长相结合,才能讲深讲透这一重大思想;"教学活"是保障,授课教师必须具备多样的教学手段、深厚的理论诠释能力,才能最终将习近平新时代中国特色社会主义思想灌输到公务员队伍"头脑"中。秉着上述三条师资选聘原则,充分借助广州高校资源集中、学术论坛举办频繁的优势,通过旁听学术论坛、组织教学研讨等方式,广州为在公务员培训中开展习近平新时代中国特色社会主义思想教育广泛遴选了一批高水平专家学者、党政领导干部,进一步充实了习近平新时代中国特色社会主义思想教育培训的师资队伍。

2. 强化监控,沟通审核并重,提升教师授课质量

一是在培训前期,加强与授课教师的课前沟通,明确授课内容与要求,并提前收集教师课件和授课提纲,重点对内容的政治性进行把关,同时结合教师签收授课须知,严肃讲坛纪律;二是在培训实施过程中,采取随堂听课手段,保证教师在实际授课中内容

不变样、不走样，严格按照教学大纲要求实施落实；三是在培训结束后，通过开展培训评估，了解学员对培训的评价和建议。自习近平新时代中国特色社会主义思想培训开展以来，对相关授课主题的师资课件或提纲做到了凡讲必审，教学监控做到了凡"新（新教师、新课程）"必听，教学评估做到了凡课必评，在不断提升授课质量的同时也把好了政治关。

虽然广州市在公务员培训中开展习近平新时代中国特色社会主义思想教育的实践在培训内容、培训形式和教学手段上有其创新之处和突出成效，但对标对表全面分析，在培训教材等方面仍存在不足。习近平新时代中国特色社会主义思想"三进"工作的主要载体是"进教材"，当前公务员培训中常用的习近平新时代中国特色社会主义思想学习教材主要以《习近平谈治国理政》（第一、第二卷）、中共中央宣传部出版的《习近平新时代中国特色社会主义思想三十讲》、全国干部培训教材编审指导委员会组织编写的第五批全国干部培训教材为主，能够反映广州地方实践创新的精品教材仍然较少。

三、进一步深化广州在公务员培训中开展习近平新时代中国特色社会主义思想教育的建议

为进一步深化我市公务员队伍对习近平新时代中国特色社会主义思想的学习、理解和把握，本文提出以下建议。

（一）坚定站位，强化认识，以习近平新时代中国特色社会主义思想指导干部教育培训工作

深入学习贯彻习近平新时代中国特色社会主义思想是全党全国的首要政治任务。干部教育培训作为干部队伍学习习近平新时代中国特色社会主义思想的主渠道和主阵地，必须提高政治站位，树牢"四个意识"、坚定"四个自信"，坚决做到"两个维护"，坚持把习近平新时代中国特色社会主义思想作为培训工作的指导思想和基本遵循，作为培训教学的重要内容，作为干部教育第一堂政治必修课，深刻认识全面深入开展习近平新时代中国特色社会主义教育是培养造就忠诚干净担当的高素质专业化干部队伍，不断把新时代中国特色社会主义推向前进的必然要求。推进习近平新时代中国特色社会主义思想"三进"工作，干部教育培训者必须持续提升思想认识，才能在公务员培训中"学懂、弄通、做实、讲好"新思想，才能使公务员通过学习对新思想内化于心、外化于行。

（二）深化培训研究设计，打造精品培训课程

培训专题的设置，既要体现全面、系统、整体把握的要求，又要体现不同层次、不同职能培训对象的实际需要，因而在公务员培训中进行习近平新时代中国特色社会主义思想教育时，需要加强研究、科学设计，从培训要求、课程逻辑、培训对象三方面把握教学专题的设置。

从培训要求的角度看，按照习近平总书记提出的"高素质专业化干部队伍建设"要求，在培训课程体系上，在大力开展习近平新时代中国特色社会主义思想教育的同时，也要有党的基本理论和党性教育，更要有着眼于实践、解决现实问题的专业化能力培训

课程。

从课程逻辑的角度看,既要有总体、宏观的专题,如习近平新时代中国特色社会主义思想;也要有相对具体的专题,如经济思想、改革开放、生态文明、党的建设等;更要有更加细化的专题,如经济思想下可继续细化为三级专题,又如供给侧结构性改革、创新驱动发展战略、防范金融风险等。

从培训对象的角度看,既要有形而上层面具有思想引领作用的专题,如中国特色社会主义理想、马克思主义信仰、社会主义先进文化、社会主义核心价值观等;也要有形而下层面,按照工作层级、职能需要,设计具有提升执行能力作用的专题,如行政体制改革、国有企业改革、社会治理创新等。

在完成习近平新时代中国特色社会主义思想课程体系设计后,还需要着重精品课程的开发,可从课程体系中着重选择能体现广州实践的内容,进行开发打磨,凝练特色,形成品牌项目。

(三) 活化培训教学手段,打造精彩教学课堂

在公务员培训中开展习近平新时代中国特色社会主义思想教育,要把握好培训内容和干部特点,积极运用案例式、研讨式、体验式等教学方法,提升教学活力,增强培训吸引力。

在案例教学的打造上,可通过组织、鼓励各层次学员分享、撰写具有(广州)本地化、(部门)职能化、(个人)阅历化的习近平新时代中国特色社会主义思想践行案例,推动形成广州市践行新思想实践案例库,为案例教学课堂提供素材。

在现场教学的打造上,广州作为岭南文化的中心地、海上丝绸之路的发祥地、近现代革命的策源地、改革开放的前沿阵地,拥有丰富的现场教学基地资源,通过积极挖掘、开发、建设一批体现习近平新时代中国特色社会主义思想的现场教学基地,把改革事业不断发展的现场转化为看得见的课堂,把工作实际不断创新的实践转化为摸得着的教材。

在网络教学的打造上,要继续借力"网络大学堂"和"慕课堂"学习平台,打造学习习近平新时代中国特色社会主义的网络课堂。一要拓宽课件采购渠道,将更多优质的课程纳入网络培训中,充实网络课程库;二要加强课件自主录制,利用自录课件讲好广州故事,展示广州实践;三要结合多元生动的形式,如在网络平台上开设学习电台频道、学习交流板块等,为公务员队伍学习新思想创造新模式。

在教学环节的打造上,通过加强课前、课后学习机制,在课前设置思考题、课后加强学习感悟交流,延伸课堂环节,增强培训收获。

(四) 细化培训教材建设,打造特色教辅读物

教材体系建设,是与总体教学布局和培训体系建设相互联系、相互促进的有机整体。要进一步提升在公务员培训中开展习近平新时代中国特色社会主义思想教育的成效,一方面,要充分认识教材体系建设的重要意义,植根培训目标、着重理论研究、紧靠自身特色,组织专家学者编写一批能反映习近平新时代中国特色社会主义思想理论和创新实践的培训教材。另一方面,组织学员撰写习近平新时代中国特色社会主义思想学习心得

体会，择优筛选，编印成册，成为广州市公务员贯彻落实新思想的重要体现读本。

四、结语

新时代干部教育培训工作必须有新气象、新作为，广州坚持不懈用习近平新时代中国特色社会主义思想武装党员、教育干部、推动工作，把习近平新时代中国特色社会主义思想、党的十九大精神和习近平总书记重要讲话精神作为统揽培训教学工作的总纲，不断推进培训教学工作的创新探索实践，奋力推动习近平新时代中国特色社会主义思想落地生根、结出丰硕成果，为广州在全省实现"四个走在全国前列"、当好"两个重要窗口"中勇当排头兵，做出干部教育培训的贡献。

（作者单位：广州市政府系统培训中心）